安徽省志

Chorography of Anhui Province

检验检疫志

Inspection and Quarantine

（1960—2010）

安徽省地方志编纂委员会办公室
Compilatory Commission of Anhui Chorography

方志出版社
Publishing House of Local Records

图书在版编目（CIP）数据

安徽省志. 检验检疫志：1960—2010/ 安徽省地方志编纂委员会办公室.—北京：方志出版社，2018.7
ISBN 978-7-5144-2509-3

Ⅰ.①安… Ⅱ.①安… Ⅲ.①安徽—地方志②国境检疫—卫生检疫—概况—安徽—1960—2010 Ⅳ.①K295.4

中国版本图书馆CTP数据核字（2017）第220337号

安徽省志·检验检疫志（1960—2010）

编　　者：安徽省地方志编纂委员会办公室
责任编辑：李　静

出 版 人：冀祥德
出 版 者：方志出版社
地址　北京市朝阳区潘家园东里9号（国家方志馆4层）
邮编　100021
网址　http://www.fzph.org
发　　行：方志出版社发行中心
电话（010）67110500
经　　销：各地新华书店
印　　刷：安徽联众印刷有限公司

开　　本：889×1194　　1/16
印　　张：38
字　　数：527千字
版　　次：2018年7月第1版　　2018年7月第1次印刷
印　　数：0001-1500册

ISBN 978-7-5144-2509-3　　定价：420.00元

安徽省地方志编纂委员会

曾任安徽省地方志编纂委员会成员

（按姓氏笔画为序）

马新民	王　信	王　洵	王守亚	王宇铭	王佛生
王金山	王林建	王学银	王宜斌	方志华	邓顺华
叶如强	田唯谦	毕美家	吕振凡	朱　宁	朱文根
仲建成	任兆祥	刘　泉	刘成典	刘志祥	刘战平
江明安	孙永吉	孙亚军	李　明	李　斌	李玉华
李迎春	李抗美	李明阳	李维勇	杨本清	杨绿章
肖桂兰	吴　浩	吴韦人	吴世平	吴桂和	余　群
汪华东	汪建国	汪炳瑜	沈　毅	张　永	张少国
张正耀	张华建	张武扬	张岳峰	陈　平	陈亚萍
陈运才	陈素伟	林　红	罗　宏	罗建国	罗曙生
周　庆	周建春	郎　涛	郑　宏	赵卫弘	胡　冰
俞凤翔	洪治社	洪禹候	秦亚东	聂庆义	聂皖辉
莫　欣	夏邦文	夏育才	徐礼国	徐家声	高　莉
高维岭	郭　敏	郭本纯	黄发友	黄玉明	黄红文
黄家华	曹承锋	崔海燕	董　庆	董介林	蒋传华
蒋福亮	谢广祥	楚建平	蔡建平	樊　勇	

《安徽省志》总编室

主　任：郭德成

副主任：吴　静　吴良琴

成　员：(按姓氏笔画为序)

王富宏　计媛媛　史五一　朱海滨　孙　平　苏爱梅

杜中文　李宇涵　杨永成　余祖本　张　军　周小平

胡　利　胡卫星　章慧丽

《安徽省志•检验检疫志（1960—2010）》审稿组

初　审：吴良琴　缪传真

复　审：吴　静　丁艺宏

核　审：郭德成　吕小斌

审查验收

安徽省人民政府

《安徽省志·检验检疫志（1960—2010）》编纂委员会

主　任：吕小斌

副主任：包黎明 丁艺宏 徐京生 温劲松

名誉主任：姜宗亮

名誉副主任：汪文林 杨成锁 程愈强 戴永华 何宏恺

委　员：缪传真　张　新　吴成军　陈行书　李德好　李寒松
朱梦栩　刘　川　吴忠仁　马红岩　竺剑波　王　虎
王　振　贾　彤　陈　野　陈昌骏　余晓峰　叶向光
严伟民　陈　钧　张华荣　唐述林　张百存　何　勇
许向农　刘长坤　杭正东　张道环　吴　宁　姚　剑
郝向东　胡　军　卞学东　刘全卫　罗春明　王德文
张长俭

《安徽省志·检验检疫志（1960-2010）》编辑室

主　　编：缪传真

名誉主编：陈　野

执行主编：张玉兰

执行副主编：宫　宴

编辑室成员：邵　方　陈　宇　孙　政　赵丹青　诸葛国强

王　辉　殷丽华　杨启惠　李凌云　张晓青

陈　静　王玉环

编　　辑：杨　凯　周贤慧　焦　莹　刘　娟

安徽商检局办公楼，始建于1984年

1989年2月28日，省委、省人大、省政府和有关部门的领导出席宣传《商检法》新闻发布会

1990年5月22日，中国商检总公司副总经理孟庆发（右二）、瑞士通用公证行中国部总经理罗狮谷（左二）参观安徽商检局实验室

1990年11月25日，局长赵成友（右三）陪同英国农渔食品部高级兽医官阿伦布雷纳博士（左一）到合肥肉联厂查看屠宰设备运行情况

1996年12月28日，举行铜陵商检局开检仪式，安徽商检局局长倪进文致辞

检验人员对进口大型成套机械设备进行后续监管

合肥动植物检疫局办公楼，始建于1998年3月

1997年1月27日，检疫人员对出口日本的兰花进行检疫处理

1997年1月30日，对染疫松木包装进行现场烧毁处理

1997年，检疫人员对带有B病毒的进境日本猴进行检疫处理

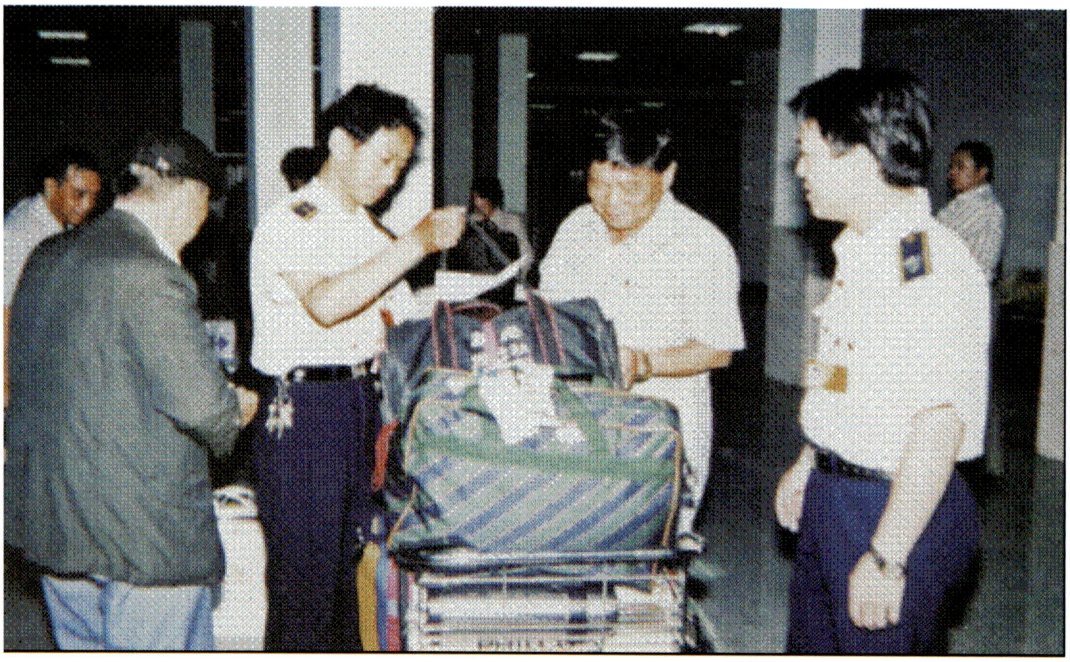

1997年7月，检疫人员对入境旅客携带物进行检疫查验

合肥卫生检疫局办公楼，始建于1995年12月

检疫人员对健康申明卡进行检查

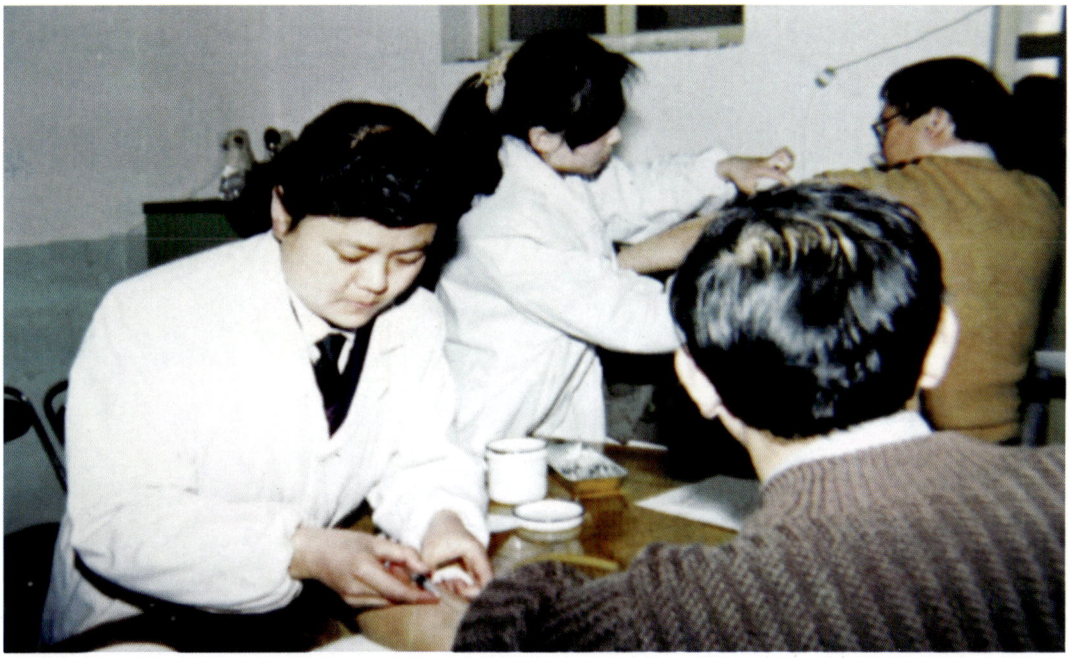

检疫人员对出境人员进行健康检查

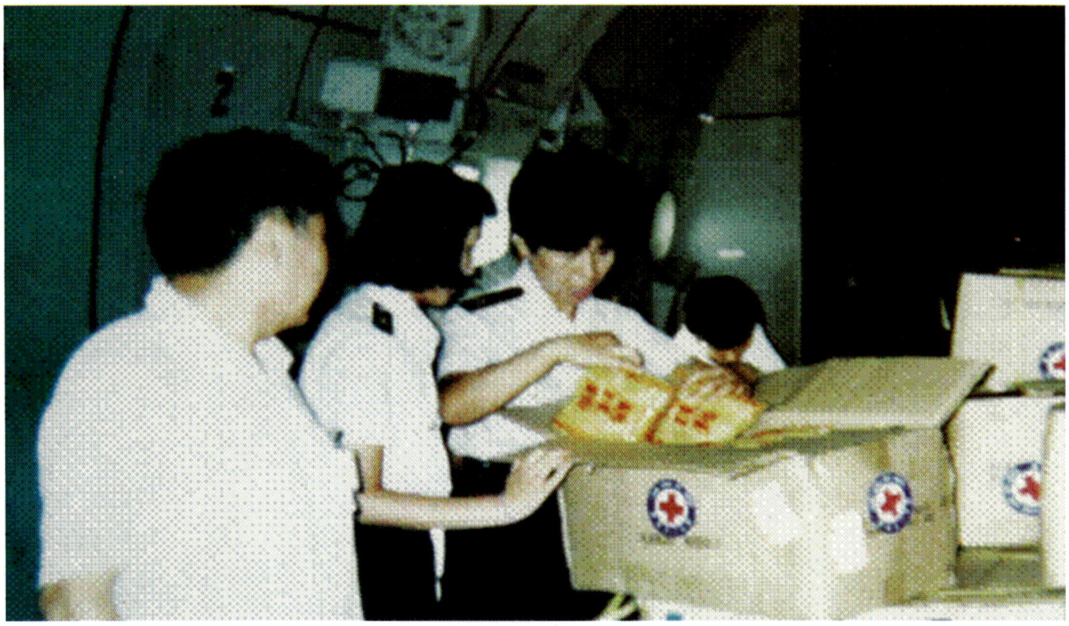

1991年8月10日，检疫人员对进境赈灾食品、衣物等进行现场抽样检查

合肥卫检局局长傅武查验出入境人员

1992年3月，安徽省委书记卢荣景（右一）慰问合肥卫检局干部职工

1993年4月，合肥港包机卫生检疫及登机卫生查验

1999年8月10日，安徽省副省长杨多良（右二）出席安徽检验检疫局揭牌仪式，安徽检验检疫局正式对外开展检验检疫业务

1999年11月，安徽省副省长卢家丰（左二）到安徽检验检疫局检查指导工作

2003年1月25日，国家质检总局局长李长江（右二）在安徽检验检疫局技术中心察看实验室建设情况

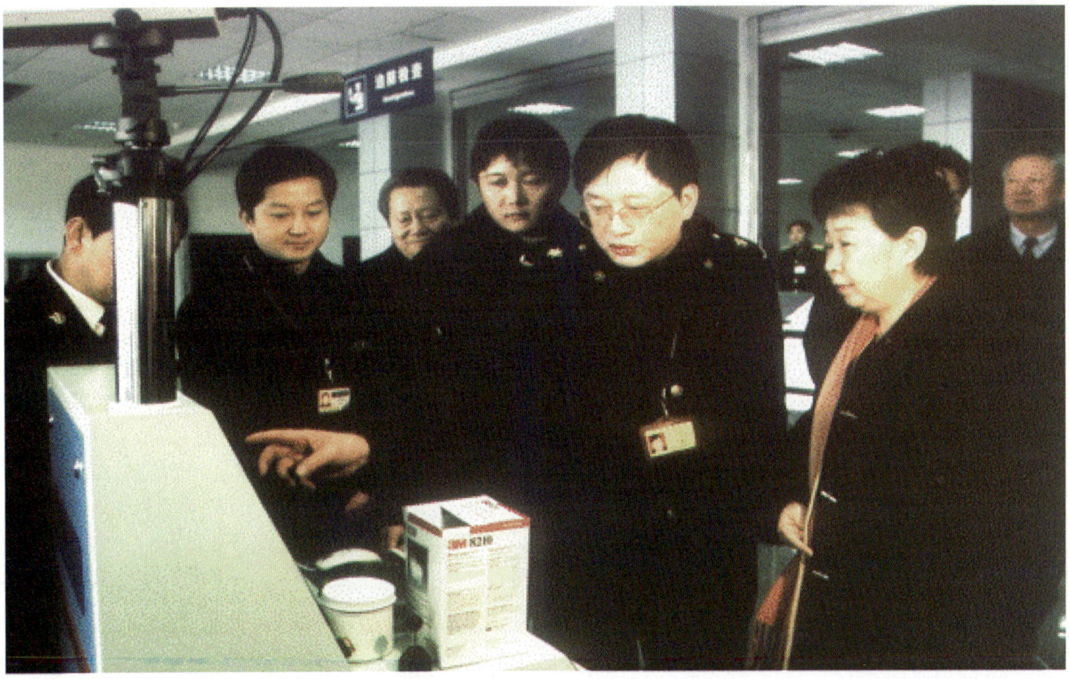

2004年1月，安徽省副省长文海英（右一）到合肥机场办事处检查指导工作

2009年5月27日，安徽省副省长谢广祥（左二）视察骆岗机场防控甲型流感

2010年6月20日，国家质检总局局长王勇（右一）在安徽检验检疫局检查指导工作

2002年10月，安徽农垦砀山果园场向安徽检验检疫局赠送锦旗

2003年11月29日，安徽省首批绿色通道企业授牌

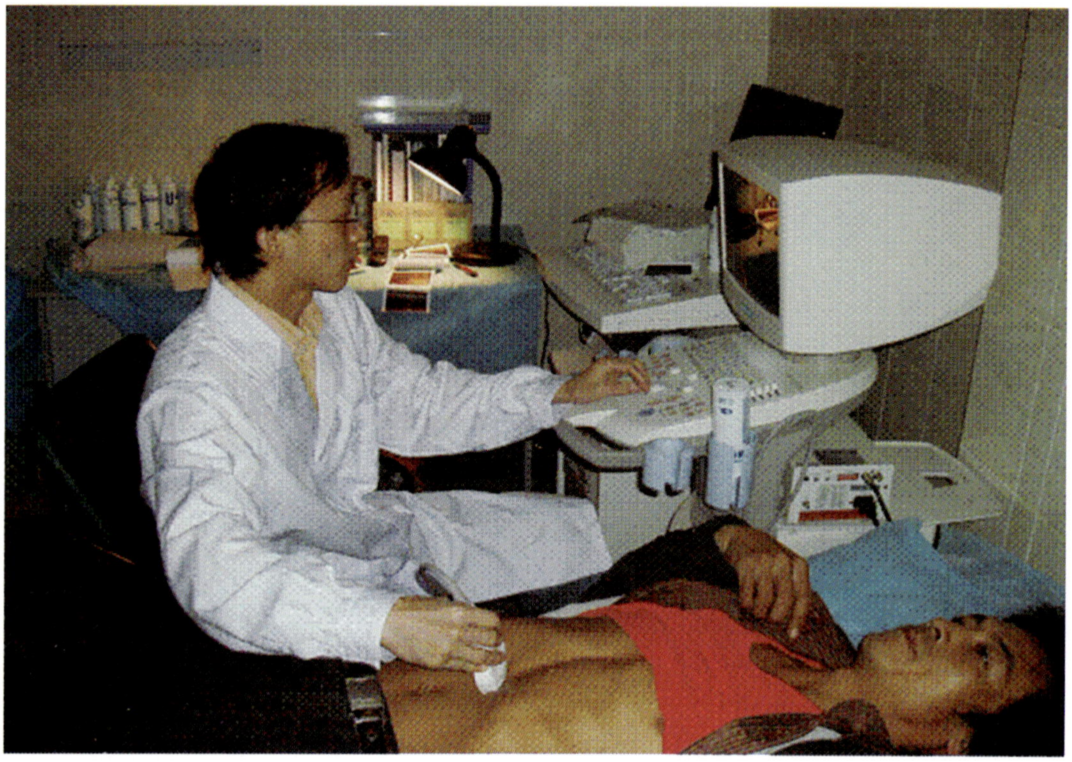

2006年11月12日，保健中心工作人员对出国人员进行体检

安徽检验检疫局报检服务窗口

对进口机械设备进行后续监管

对进口机械设备进行后续监管

对出口玩具进行质量监管

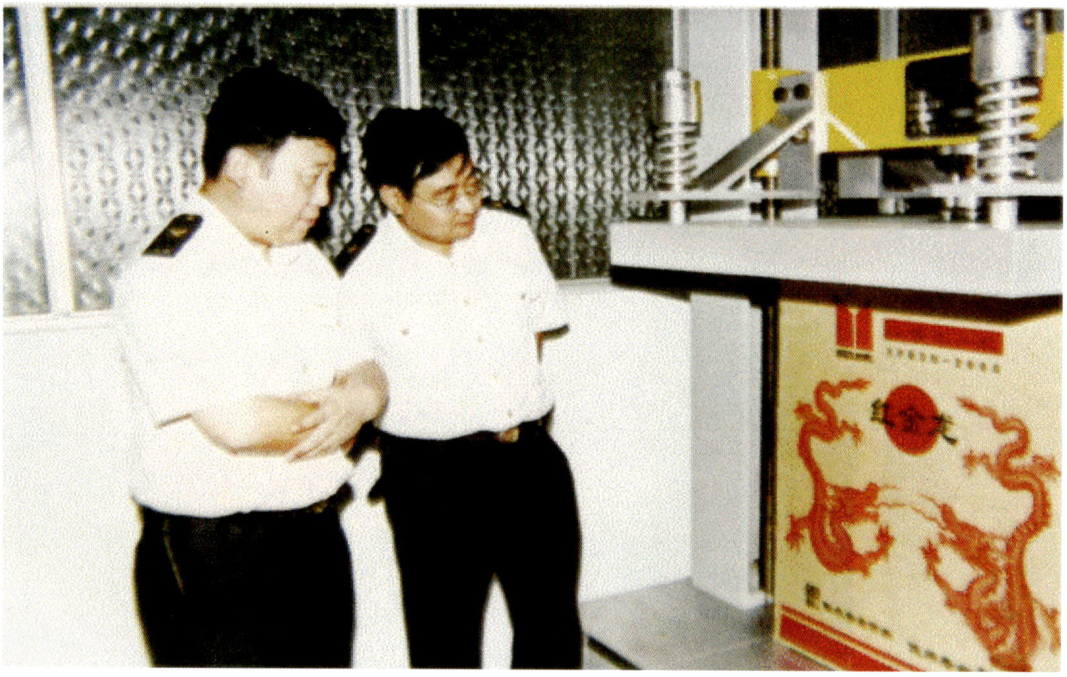

对出口包装纸箱进行压力测试

对出口货物危险品包装进行检验

对出口服装进行检验

油轮水尺计重

对进口酒类进行市场抽查

对进口食品化妆品进行市场抽查

对食品生产企业进口奶粉进行抽样检查

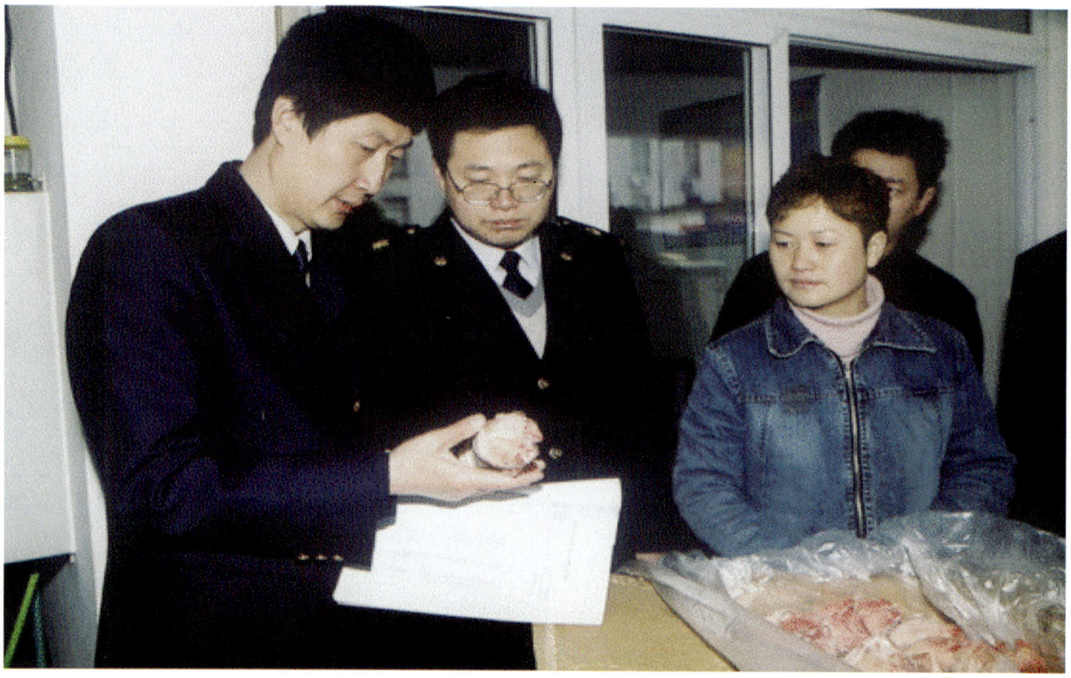

对冷库进口肉类进行检查

对进境木质包装进行检疫

对进境演艺动物进行监管

媒介生物监测（放鼠夹）

媒介生物监测（吸蚊子）

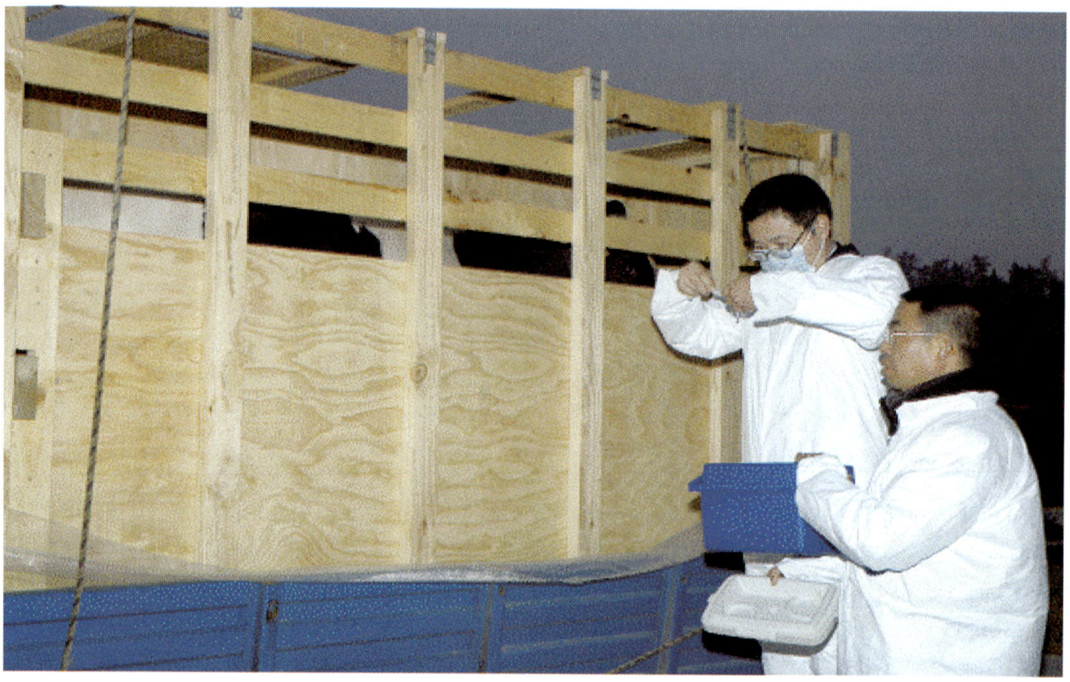

对进境奶牛进行预防接种

对出口螃蟹进行检疫

2009年11月，台湾包机首航现场检验检疫

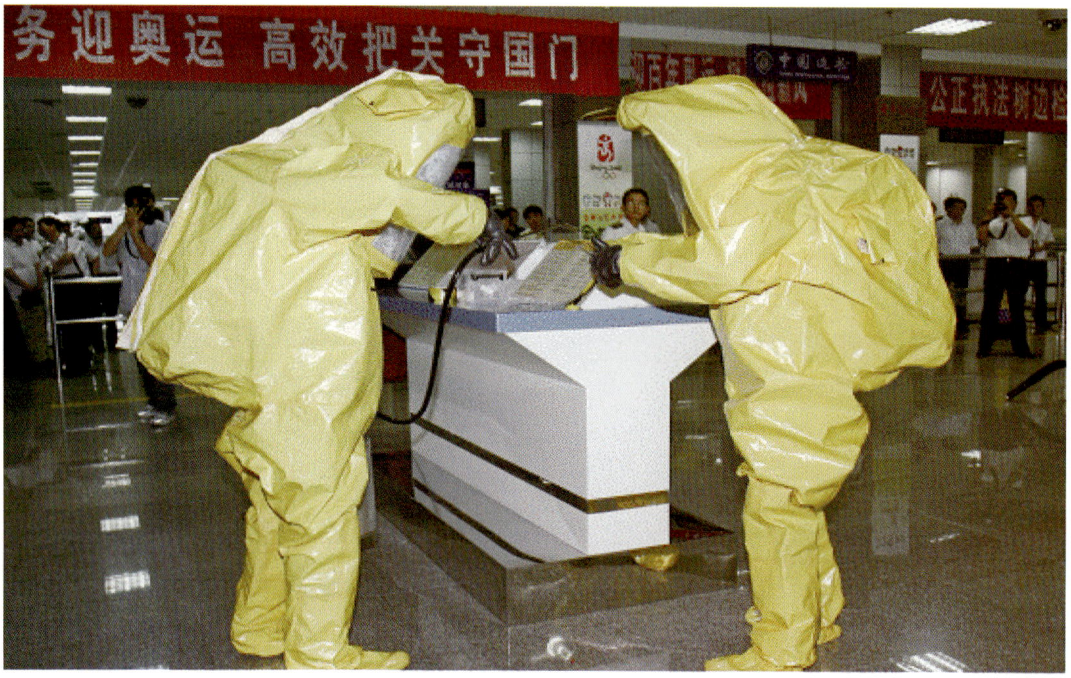

生物防恐演练

2004年10月，国家质检总局和安徽省人民政府在合肥签署备忘录，支持安徽省农产品出口

2005年8月，合肥海关、安徽检验检疫局签署关检合作备忘录

2007年10月，安徽检验检疫局与法国生物梅里埃公司签署实验室合作协议

2009年4月13日，省政府副秘书长韩军（右四）会见俄罗斯检验署副署长，安徽检验检疫局局长鲍俊凯（右二）陪同出席

2009年5月9日，安徽检验检疫局与安徽大学签署检学研全面合作框架协议

2010年10月29日，安徽检验检疫局与江苏检验检疫局签订合作备忘录

2000年2月，安徽检验检疫局局长陶武盛（左一）、副局长王新（左二）在马鞍山检验检疫局实验室检查指导工作

2002年4月，安徽检验检疫局纪检组长杨成锁（右一）作行政许可法专题学习班动员讲话

2003年12月23日，安徽检验检疫局副局长陈华忠（左二）调研农产品基地

2004年3月，安徽检验检疫局副局长吴世平（右一）在农产品基地调研

2005年3月，安徽检验检疫局副局长于競（左一）在茶叶出口基地调研

2006年11月，安徽检验检疫局副局长吕小斌（中）在香料生产企业调研

2007年9月，安徽检验检疫局副局长方元炜（左二）在宿松水产出口生产企业调研

2009年，安徽检验检疫局局长邱栋久（左二）在合力叉车股份有限公司调研

维护消费者权益宣传

2002年9月29日，召开全省新《商检法》宣贯大会

2001年6月，欧盟木质包装检疫代表团到安徽省考察松材线虫病，实地察看检测点

2007年11月，国外专家到安徽检验检疫局就实验室建设情况进行交流

2008年9月，安徽检验检疫局与印尼检疫代表团签订《中国安徽水稻杂交种子输往印度尼西亚出口前检疫会谈纪要》

2008年12月，安徽检验检疫局参加政风行风热线活动

2006年9月，安徽检验检疫局、合肥海关乒乓球友谊赛

2006 年11月，安徽检验检疫局与厦门检验检疫局进行羽毛球友谊赛

2008年3月，安徽检验检疫局新进人员军训成果汇报表演

2008年6月，安徽检验检疫局系统趣味运动会比赛

安徽检验检疫局办公楼

芜湖检验检疫局

蚌埠检验检疫局

安庆检验检疫局

铜陵检验检疫局

马鞍山检验检疫局

黄山检验检疫局

阜阳检验检疫局

池州检验检疫局

安徽检验检疫局合肥机场办事处

安徽检验检疫局淮北办事处

总 凡 例

一、《安徽省志（1986—2005）》以马克思列宁主义、毛泽东思想、邓小平理论、“三个代表”重要思想、科学发展观、习近平新时代中国特色社会主义思想为指导，坚持辩证唯物主义和历史唯物主义的立场、观点和方法，全面、客观、系统地记述1986—2005年间安徽省自然、政治、经济、文化、社会等方面的情况。

二、本志贯彻国务院《地方志工作条例》《安徽省地方志工作条例》，依法修志。

三、本志遵循中国地方志指导小组《地方志书质量规定》，力求存真求实、客观公正、全面系统，寓观点于记述之中。

四、本志各分志名称为《安徽省志·××志（1986—2005）》。

五、本志记述的地域范围为2005年的安徽省行政区域；时间上限为1986年，下限为2005年，少数分志的时限根据情况作适当上溯或下延，特色分志不设时限。

六、本志采用述、记、志、传、图、表、录等体裁，以志为主。各分志一般为篇章节条目体，部分为章节条目体，个别分志根据实际需要采用条目体。

七、入志人物坚持生不立传的原则。除人物志外，各分志坚持以事系人、人随事出的原则，不设人物录、人物简介。

八、本志采用规范书面语体文、记述体。表述力求严谨、朴实、简洁、流畅。语言文字、标点符号、计量单位等使用规范，按国家规定执行。

九、本志资料由各承编单位搜集整理，文中不注明出处。

十、本志采用省统计部门公布的法定数据，没有列入统计范围的，采用业务主管部门的统计数据。

十一、本志所涉组织、机构、法律法规、文件、会议等专有名称，第一次使用时用全称，简称括注于全称之后。各类译名以新华通讯社译文为准。

十二、本志所用地图均以安徽省测绘部门和有关部门绘制或审定的为准。

十三、本志设总凡例，各分志设凡例。

凡　例

一、《安徽省志·检验检疫志（1960—2010）》为新编志书。上限为1960年，下限为2010年。

二、本志书力求详尽真实地记述安徽检验检疫事业（1960—2010年）逐年发展、不断完善的历程。

三、本志书以志为主，述、志、图、表、录并用。按照篇章节条目体顺序，将“三检”（卫检、动植检和商检的简称）合并以前和“三检”合并以后分别记述。

四、本志书图片分类编排，按时间先后顺序排列，表格按所在篇章节编排顺序。如“表1-2-3”为第一篇第二章第三表。

五、本志书统计数据分别以原安徽商检局、合肥动植检局、合肥卫检局，安徽检验检疫局和所属各分支机构的年报统计为准。

六、本志书用批、批次、种、种次、吨、万吨、件次、家次、张、头、匹、支、只、例、率、项、套、台、个、万美元、元为计量单位。

七、本志书机构名称均以当时名称为准。

八、本志书资料由安徽检验检疫系统各部门各单位提供，部分资料来源于档案、年鉴。

九、《安徽检验检疫赋》较好地概括提炼了安徽检验检疫主要工作，为补充资料，在附录中予以收录，其超下限，特此说明。

目　　录

Main Contents

概 述

一

安徽是中国东部临江近海的一个内陆省份，跨长江、淮河中下游，东连江苏、浙江，西接湖北、河南，南邻江西，北靠山东。安徽正式建省于清康熙六年（1667年），取当时安庆、徽州两府首字得省名。境内的天柱山又称皖山，春秋时（公元前722—前481年）曾为皖国，故安徽简称皖。

安徽省东西宽约450公里，南北长约570公里，面积13.94万平方公里，约占全国总面积的1.45%，居华东第3位，全国第22位。

安徽对外贸易历史悠久。徽商从唐代开始逐渐形成。安徽丝绸唐时通过“丝绸之路”远销亚欧各国，茶叶也销到海外。南宋时期，徽商与西班牙、葡萄牙商人贸易，将安徽的农产品销往南洋。明朝时期，徽商与晋商结合，安徽的茶叶被辗转输往俄罗斯。清乾隆年间（1736—1795年）徽商鼎盛，不仅足迹遍布国内各地，而且贸易活跃于欧亚各国。鸦片战争爆发后，帝国主义强迫清政府签订一系列不平等条约，对外贸易在歧视和不平等中进行，洋货大量涌入，民族工商业无法与之竞争，徽商逐渐衰落。

清光绪二年（1876年），芜湖被列为通商口岸，对外开埠。自此，帝国主义列强逐渐把持安徽对外贸易，通过芜湖通商口岸向安徽运进鸦片、煤油、棉纱、棉布、纸烟等洋货，输出大米、茶叶、生丝、棉花、菜籽、花生、大豆、禽蛋、鹅鸭毛、铁矿石等农副产品和矿产品。抗日战争期间，日本在安徽大肆设立“日本洋行”，倾销日货，掠夺物资，供应战事。解放战争时期，美国取代了日本在华的一切权利，向安徽输入美货，美国把战后剩余物资和“过剩商品”大量向中国输入，芜湖市场几乎“无货不美”，美货成了“美祸”。

中华人民共和国成立至1976年的27年间，安徽对外贸易执行国家下达的出口商品收购调拨等计划任务，不直接对外经营。1977年，开始试办砀山梨等8种商品对香港、澳门自营出口。1981年，开始自营进口。1985年，实现出口商品全面自营。自此，安徽对外贸易进入快速增长时期。2000年，安徽进出口总额33.3亿美元，比1978年的0.112亿美元增长近300倍，居全国第11位，仅次于沿海省市。全省外向型企业1300

多家，出口产品1750多种，其中年出口额1000万美元以上的商品34种，出口市场约170个国家和地区。2005年，全省进出口总额91.2亿美元，比上年增长26.4%，其中出口总额51.9亿美元，增长31.8%，占全国出口额的0.68%。进出口额居中西部各省区前列，年出口额1000万美元以上商品43种，出口产品销往208个国家和地区。2010年，全省进出口总额242.8亿美元，比上年增长54.8%。其中进口总额118.6亿美元，增长74.6%；出口总额124.2亿美元，增长39.7%，占全国出口额的0.79%。

二

伴随安徽对外贸易的发展，安徽检验检疫机构从无到有、从小到大，基本形成水陆空港立体交叉、覆盖安徽的检验检疫网络。

1960年1月7日，成立中华人民共和国对外贸易部合肥商品检验局，接管安徽省部分进出口商品检验工作，结束安徽无检验检疫机构的历史。1980年8月1日，更名为中华人民共和国合肥进出口商品检验局；同年10月23日，机构升格为正厅级。1984年1月1日，更名为中华人民共和国安徽进出口商品检验局（简称安徽商检局）。

1964年，成立中华人民共和国农业部合肥植物检疫站（简称合肥植检站），负责安徽省进出境植物检疫工作。1989年1月1日，更名为中华人民共和国合肥植物检疫所（简称合肥植检所）。1989年5月27日，成立中华人民共和国合肥动物检疫所（简称合肥动检所），负责安徽省进出境动物检疫工作。1992年8月21日，合肥植检所、合肥动检所合并成立中华人民共和国合肥动植物检疫局（简称合肥动植检局），副厅级建制。

1982年3月29日，成立芜湖卫检所，为安徽最早的口岸卫生检疫机构。1989年2月27日，成立合肥卫生检疫所。1993年7月1日，合肥卫检所更名为中华人民共和国合肥卫生检疫局（简称合肥卫检局），正处级建制。

1998年5月25日，成立安徽“三检”（卫检、动植检和商检的简称）临时协调小组。

1999年8月，安徽“三检”在安徽境内的6个国家一类口岸和1个国家二类口岸设16个分支机构。其中，安徽商检局下设芜湖、蚌埠、安庆、铜陵、马鞍山5个商检局；合肥动植检局下设芜湖、安庆、铜陵、马鞍山、黄山、合肥机场6个动植检局；在合肥、安庆、铜陵、芜湖、马鞍山、黄山6个国家一类开放口岸设立6个口岸卫生检疫机构。

中华人民共和国安徽出入境检验检疫局（以下简称安徽检验检疫局）设立在安徽省合肥市。其前身是在1999年6月25日由安徽商检局、合肥动植检局和合肥卫检局合并组建，正厅级建制。1999年8月10日正式对外挂牌办公，下设芜湖、蚌埠、安庆、铜陵、马鞍山、黄山、阜阳检验检疫局和合肥机场办事处。截至2010年年底，安徽检验检疫局内设19个处室、4个直属事业单位、1个企业单位、1个社团组织，9个分支局和2个办事处。

三

安徽检验检疫工作历经近50年的发展，检验检疫业务由单一到齐全，从过去单纯的检验检疫拓展到现在的检验检疫、监管、鉴定、认证和注册等业务。

1977—2000年，检验出口商品41.66万批、688.85亿元。1980—2000年，检验进口商品2.75万批、40.71亿美元，其中检出不合格商品1485批，向外商提赔6917.80万美元。2001—2010年，检验检疫进出口货物82.596万批、403.84亿美元，向外商索赔3645.75万美元。

1982—2010年，签发普惠制产地证书42.13万份、135.73亿美元，按平均削减5%的关税计算，减免进口国关税6.79亿美元。至2010年年底，获出口食业卫生注册企业250家，获出口产品质量许可证企业189家，获3C免办证明1793份，农产品出口基地备案197家。

1993—1999年，检疫出入境动植物及其产品2.39万批、43.7亿元，2000—2010年，检疫出入境动植物及其产品6.698万批、24.70亿美元。至2010年年底，检疫查验出入境飞机8786架次、出入境船舶5782艘次、出入境标箱46.33万只，对出入境人员实施预防接种23.13万人次、监测体检21.68万人次，发现HbsAg阳性12331人、肺结核168人、性病599人；并于2003年发现首例艾滋病病例，截至2010年，共检测出艾滋病感染者8例。“三检”合一前，截获有害生物1195批、21种；“三检”合一后，截获动植物疫情988起，截获各类植物有害生物640多批。

1993年，安徽商检局出具了第一份《外商投资财产价值鉴定证书》，开始了外商投资财产鉴定工作。1993—2000年价值鉴定898批、39296万美元，降值率7.55%。2006—2010年，接受价值鉴定27批，申报价2573.79万元，经鉴定实际价值只有977.31万元，降值率60.03%。

四

截至2010年年底，安徽检验检疫局有固定资产24604.27万元；交通工具69辆，价值1873.32万元；办公用房36814.74平方米，原值5047.96万元；生活用房5340.18平方米，原值863.50万元。有各类实验室16个，获国家级计量认证资质和CNAS认可的实验室 11 个，分别为商品检验类实验室 8 个（生物分中心、纺织分中心、化学分中心、铜产品实验室、金属材料实验室、芜湖综合实验室、安庆综合实验室、蚌埠柠檬酸实验室）、卫生检疫类实验室 3 个（保健中心、芜湖卫检分中心、安庆卫检分中心）、无资质的实验室 5 个（茶叶实验室、玩具实验室、植物检疫实验室、转基因实验室、阜阳综合实验室）。国家质检总局规划的重点实验室 4 个、区域实验室 2 个、常规实验室 4 个。拥有仪器设备 1971 台、价值 10639.15 万元，其中属于世界先进水平的检测设备有：有气相色谱仪、液相色谱仪、气相色谱质谱联用仪、液相色谱串联质谱联用仪、红外光谱仪、原子吸收光谱仪、等离子体发射光谱仪、全自动酶标仪、大容量棉花综合测试仪、原棉分析机、B 超诊断仪等。

截至 2010 年，安徽检验检疫局共承担国家检验检疫局或国家质量监督检验检疫局（简称国家质检总局）、安徽省、安徽检验检疫局制（修）订标准项目 88 项，完成 64 项；9 项科研成果获国家检验检疫局或国家质检总局科技进步及科技兴检奖。2001—2010 年，7 篇论文获国家检验检疫局或国家质检总局优秀科技论文奖。2010 年，安徽检验检疫系统内部管理和精神文明建设取得优秀成绩，其中安徽检验检疫局蝉联三届“省级文明单位”，省局机关连续 10 年被评为“三优文明机关”，所有分支局都是市级以上文明单位（马鞍山检验检疫局蝉联三届“省级文明单位”、阜阳检验检疫局获得第八届“省级文明单位”）。全省检验检疫系统 11 个对外窗口单位中，有 10 个获得省级以上“青年文明号”，其中 4 个获得团中央“青年文明号”，安徽检验检疫局报检大厅连续 10 年获此荣誉。

成就载入史册，使命更加艰巨。放眼全球，展望未来，日益一体化的世界格局将推动安徽外向型经济快速发展，也为安徽检验检疫局带来新的机遇和挑战。站在新的历史起点上，任重而道远，新的形势和任务推动安徽检验检疫局励精图治，拼搏进取，开拓创新，为促进安徽省经济社会发展，作出新的历史贡献。

第一篇　行政管理

20世纪50年代，为了加强安徽出口商品的检验管理，上海商检局派驻安徽检验组，主要负责安庆、蚌埠、合肥食品出口检验业务。由于安徽进出口商品业务发展的需要，1960年1月，成立省商检机构，全称为中华人民共和国对外贸易部合肥商品检验局，属省外贸局管理，负责全省进出口商品检验业务。随后商检机构变动频繁。1980年10月，成立中华人民共和国合肥进出口商品检验局（正厅级），作为国家商检局直属机构，全面负责全省进出口商品检验监管工作。1984年1月，更名为安徽商检局。

20世纪60年代，进出境动植物检疫业务日趋繁重。1964年，农业部在安徽设立合肥植检站，1988年在安徽设立合肥动检所，1992年，农业部将两个单位合并成合肥动植检局，副厅级建制。

20世纪80年代，因对外开放需要，急需设置卫生检疫机构。1982年3月，成立芜湖卫检所。1989年2月，安徽省批准设立合肥卫检所。1989年8月，卫生部批准设立合肥卫检所。1993年7月，合肥卫检所更名为合肥卫检局。1997年6月，国家卫检局确定合肥卫检局为管理局，直属国家卫检局领导。

1998年，九届全国人大一次会议通过的国务院机构改革方案决定，将国家商检局、国家动植检局、国家卫检局合并组建为国家检验检疫局。1998年5月，按照国家检验检疫局的统一部署，成立安徽"三检"临时协调小组。1999年6月25日，国务院批准中央机构编制委员会办公室、国家检验检疫局拟定的《全国各地出入境检验检疫机构组建方案》，将国务院有关部门原设置在各地的出入境卫生检疫、动植物检疫和进出口商品检验机构合并，组建为国家检验检疫局设置在各地的检验检疫机构。根据《国务院办公厅关于印发国家出入境检验检疫机构组建方案的通知》，合肥卫检局、合肥动植检局、安徽商检局合并组建安徽检验检疫局，机构规格为正厅级，是国家检验检疫局设在安徽的直属机构，实行国家检验检疫局垂直管理体制。安徽检验检疫局是负责安徽出入境卫生检疫、动植物检疫和进出口商品检验的行政执法单位。1999年8月10日，安徽检验检疫局挂牌成立。

检验检疫业务改革是"三检"管理体制改革的一项至关重要的内容。"三检"合并之后，国家质检总局确定了检验检疫实行"一次报检、一次取样、一次检验检疫、一次卫生除害处理、一次收费、一次签证"的工作模式，并实施新的通关协调制度，安徽检验检疫局全面推行"六个一"工程，积极有序地推进"先报检、后报关"检验检疫通关制度，改革业务管理方式，主管全省进出口商品检验、进出境动植物检疫、出入境卫生检疫、鉴定、认证和监督管理工作。

第一章 机 构

清光绪二年（1876 年）以前，安徽没有直接对外的通商口岸。安徽农产品经上海、镇江、宁波、九江、汉口等口岸输往国外，各种洋货也经由上海等口岸输入到安徽各地。是年 7 月，《中英烟台条约》辟芜湖为通商口岸。清光绪三年（1877 年），芜湖开埠，安徽开始直接与国外开展进出口贸易。

民国 26 年（1937 年）1 月，上海商检局在安徽屯溪、祁门等地设立办事处，负责茶叶产地检验。这是安徽境内最早的检验检疫机构。20 世纪 50 年代，为了加强安徽出口商品的检验管理，上海商检局派驻安徽一个检验组，主要负责安庆、蚌埠、合肥地区食品出口检验业务。

第一节 商品检验机构

1960 年 1 月 7 日，国家对外贸易部批准成立对外贸易部合肥商品检验局，负责安徽省进出口商品检验工作，实行双重领导，以地方为主，行政隶属安徽省商业厅；1961 年 9 月，改属安徽省对外贸易局；1969 年 1 月，撤并入安徽省革命委员会生产指挥组对外贸易公司综合组；同年 9 月，改设商检组；1972 年 8 月，划属安徽省革命委员会商业局；1975 年 12 月 27 日，划归安徽省革命委员会对外贸易局，处级机构。办公地址：合肥市红星路 135 号（后为 177 号）。其主要职责演变为对安徽省进出口商品实施检验、监督管理和公证鉴定。尽管此间商检机构变动频繁，但对外贸易部合肥商检局这一名称始终保留不变。1980 年 3 月 25 日，成立合肥商检局芜湖商检处（为合肥商检局的派出机构）。同年 8 月，对外贸易局商检组更名为中华人民共和国合肥进出口商品检验局。同年 10 月 23 日，机构升格为正厅级。实行由国家商检总局和安徽省人民政府双重领导，以国家商检总局为主的管理体制。其中人员编制、机构设置、劳动指标、工资福利、业务工作、基建投资、财务收支由国家商检总局直接管理。主要职责不变。

1984 年 1 月 1 日，合肥商检局更名为安徽商检局，正厅级机构，行政隶属关系不变。主要职责是对安徽省重要的进出口商品和检验项目实施强制性的法定检验，对法定检验和法定检验范围以外的进出口商品实施监督管理，凭对外贸易关系人的申请办理各项进出口商品的鉴定业务。办公地址：合肥市芜湖路 97 号（后为 367 号）。1999 年 8 月，安徽商检局与合肥动植检局、合肥卫检局合并组建安徽检验检疫局。

1986 年 8 月 12 日，国务院同意设立安庆商检局，正处级机构，隶属于安徽商检局领导；1992 年 1 月 14 日，成立安庆商检局筹备处；1992 年 11 月 13 日，正式成立安庆商检局，并对外挂牌办公。1990 年 10 月 27 日，国务院同意设立马鞍山商检机构；1993 年 9 月 1 日，安徽商检局成立马鞍山商检局筹备处（正处级机构）；1997 年 1 月 24 日，成立马鞍山商检局；1997 年 2 月 2 日正式对外挂牌，同年 8 月 18 日，正式对外开检。1991 年 10 月 8 日，安徽商检局成立蚌埠商检局筹备处（正处级机构）；1992 年 9 月 9 日，成立蚌埠商检局，正处级机构；1994 年 7 月 1 日，正式对外挂牌办公。1993 年，国务院同意设置铜陵商检机构；1995 年 8 月 3 日，安徽商检局批准成立铜陵商检局筹备处；1996 年 12 月 20 日，正式成立铜陵商检局，正处级机构。

1997 年 1 月 7 日，国家商检局批准成立安徽商检局综合检测中心、机关服务中心、评估认证中心（均为正处级），为安徽商检局直属事业单位。其中，评估认证中心与中国进出口商品质量认证中心华中评审中心安徽分中心合署办公。

1997 年 9 月 15 日，安徽商检局将监管科技处计算机中心更名为安徽商检局计算机中心（副处级），为安徽商检局直属事业单位。

安徽商检机构领导班子成员一览表

表 1-1-1

机构名称及期限	机构级别	职务	姓名	任职时间
中华人民共和国合肥进出口商品检验局（1980.8—1984.1）	厅级	局长	赵成友	1983.11—1984.1
		副局长	赵明印	1981.2—1982.12
			赵成友	1981.2—1983.11
中华人民共和国合肥进出口商品检验局（1980.8—1984.1）	厅级	副局长	张忠文	1983.11—1984.1
			金永年	1983.11—1984.1
中华人民共和国安徽进出口商品检验局（1984.1—1999.8）	厅级	局长	赵成友	1984.1—1995.3
			倪进文	1996.4—1998.4
		副局长	张忠文	1984.1—1995.3
			金永年	1984.1—1991.6
			倪进文	1991.4—1996.4
			吴世平	1995.3—1999.8
			王新	1998.1—1999.8
			陶武盛	1998.4—1999.8
		局长助理	程杰	1995.3—1996.7
			王新	1995.3—1998.1

安徽商检系统人员编制情况统计表

表 1–1–2

<table>
<tr><th>年份</th><th>实有人数</th><th>其中专业技术人员</th><th>编制</th><th>年份</th><th>实有人数</th><th>其中专业技术人员</th><th>编制</th></tr>
<tr><td>1960</td><td></td><td></td><td rowspan="3">行政编制30名</td><td>1980</td><td>61</td><td>50</td><td>行政编制 11 名，企事业编制 66 名</td></tr>
<tr><td>1961</td><td>34</td><td>34</td><td>1981</td><td>73</td><td>41</td><td>行政编制 77 名，事业编制 30 名</td></tr>
<tr><td>1962</td><td>22</td><td>22</td><td>1982</td><td>90</td><td>75</td><td rowspan="2">行政编制 107 名</td></tr>
<tr><td>1963</td><td>21</td><td>21</td><td rowspan="3">企业编制20名</td><td>1983</td><td>96</td><td>70</td></tr>
<tr><td>1964</td><td></td><td></td><td>1984</td><td>111</td><td>86</td><td>编制 117 名</td></tr>
<tr><td>1965</td><td>20</td><td>20</td><td>1985</td><td>123</td><td>87</td><td>编制 132 名</td></tr>
<tr><td>1966</td><td></td><td></td><td rowspan="8"></td><td>1986</td><td>139</td><td>97</td><td rowspan="3">编制 152 名</td></tr>
<tr><td>1967</td><td></td><td></td><td>1987</td><td>154</td><td>126</td></tr>
<tr><td>1968</td><td></td><td></td><td>1988</td><td>177</td><td>145</td></tr>
<tr><td>1969</td><td>2</td><td>2</td><td>1989</td><td>175</td><td>148</td><td>编制 185 名</td></tr>
<tr><td>1970</td><td>4</td><td>4</td><td>1990</td><td>184</td><td>154</td><td rowspan="4">编制 235 名</td></tr>
<tr><td>1971</td><td></td><td></td><td>1991</td><td>189</td><td>152</td></tr>
<tr><td>1972</td><td></td><td></td><td>1992</td><td>201</td><td>171</td></tr>
<tr><td>1973</td><td></td><td></td><td>1993</td><td>249</td><td>214</td></tr>
<tr><td>1974</td><td>25</td><td>25</td><td>企业编制55名</td><td>1994</td><td>260</td><td>216</td><td rowspan="3"></td></tr>
<tr><td>1975</td><td>39</td><td>39</td><td rowspan="5">企业编制77名</td><td>1995</td><td>270</td><td>204</td></tr>
<tr><td>1976</td><td></td><td></td><td>1996</td><td>277</td><td>209</td></tr>
<tr><td>1977</td><td></td><td></td><td>1997</td><td>286</td><td>215</td><td rowspan="3">行政编制 231 名，事业编制 35 名，企业人员 29 名</td></tr>
<tr><td>1978</td><td>54</td><td>42</td><td>1998</td><td>290</td><td>219</td></tr>
<tr><td>1979</td><td>57</td><td></td><td>1999.8</td><td>293</td><td>218</td></tr>
</table>

机关（本部）

职能部门设置　1960年1月，外贸部合肥商检局成立时，内设行政检务室、食畜组、工业品组。1963年，内设机构改为检务室、畜检组、农检组。

1969年1月—1975年12月，外贸部合肥商检局机构变动频繁，工作人员较少，未设立内部机构。

1976年，外贸部合肥商检局机构成立，内部设立政工秘书科、畜食品检验科、农产品检验科、工业品检验科、进口物资检验科、综合化验室。

1979年，其内设机构调整为行政检务室、工业品检验室、农产品检验室、食品检验室、进口物资检验室、综合化验室。

1980年8月，外贸部合肥商检局更名为合肥商检局。同年10月，机构升格正厅级，内设机构相应升格。

1981年，内设机构调整为：办公室、人事处、对外业务处、农产品检验处、食畜产品检验处、工业品检验处、综合化验室。

1984年1月，合肥商检局更名为安徽商检局。根据国家商检局统一要求，内设机构调整为：一处、二处、三处、综合化验室、人事处、办公室。

1985年，增设综合业务处、轻工纺织处、机电五金钢材处。

1986年，内设机构调整为：办公室、人事处、食畜产品检验处、农副产品检验处、机电产品检验处、轻纺产品检验处、化验室。

1990年3月，增设监督管理处、检务处、监察审计室。

1991年，增设科技处、政治思想工作办公室。

1993年，撤销监督管理处，增设业务管理处、轻工包装检验处、三资企业财产评估处、农食畜产品化验室，轻纺产品检验处更名为纺织产品检验处、化验室更名为化矿产品化验室。

1996年4月，增设行财处。

1996年年底，内设机构演变为：办公室、人事处、行财处、监察审计室、政治思想工作办公室、食畜产品检验处、农副产品检验处、纺织产品检验处、机电产品检验处、轻工包装检验处、业务管理处、检务处、科技外、“三资”企业财产评估处、化矿产品化验室、农食畜产品化验室。

1997年5月，安徽商检局根据国家商检局批复的三定方案实施机构改革，内设办公室、人事教育处、行政财务处、政工处、监察审计室、监管科技处、检务鉴定处、检验一处、检验二处、检验三处、检验四处。

党团工会组织　局党组：1981年3月24日，经安徽省委常委研究，并商得中共国家商检局党组同意，设立中共合肥商检局党组。1984年3月，更名为中共安徽商检局党组。

中共安徽商检局党组历任成员一览表

表 1-1-3

机构名称及期限	机构级别	职务	姓名	任职时间
中华人民共和国合肥进出口商品检验局（1980.8—1984.1）	厅级	党组书记	赵明印	1981.8—1982.12
		党组副书记	赵明印	1981.3—1981.8
中华人民共和国合肥进出口商品检验局（1980.8—1984.1）	厅级	党组成员	赵成友	1981.3—1984.1
			孙福正	1981.9—1984.1
			王会奇	1981.9—1984.1
			叶一峰	1981.9—1984.1
中华人民共和国安徽进出口商品检验局（1984.1—1999.8）	厅级	党组书记	赵成友	1984.3—1995.3
			倪进文	1996.4—1998.4
		党组副书记	陶武盛	1998.4—1999.8
		党组成员	孙福正	1984.3—1993.7
			张忠文	1984.3—1995.3
			倪进文	1991.4—1996.4
			王正怀	1993.7—1998.3
			吴世平	1995.3—1999.8
			程　杰	1995.3—1996.7
			王　新	1995.3—1999.8
		纪检组长	孙福正	1991.12—1993.7
			王正怀	1993.7—1998.3

机关党委（支部）：外贸部合肥商检局成立初期，党员人数少，机构变动频繁，没有单独建立党支部。1976 年 1 月 9 日，安徽省革命委员会对外贸易局批准建立中共外贸部合肥商检局党支部，党员 14 名。1984 年 3 月，安徽省直机关党委批准建立中共安徽商检局机关党总支，党员 54 名。1990 年 5 月 30 日，安徽省直机关党委批准建立中共安徽商检局机关党委，党员 74 名。1991 年，安徽商检局增设思想政治工作办公室，胡政彬任思想政治工作办公室副主任。1997 年，思想政治工作办公室改为政治思想工作处。1999 年 8 月，安徽商检局有党员 121 名。

工会：1993 年 3 月 4 日，安徽省直机关工会委员会批准成立安徽商检局机关工会委员会。第一届工会领导班子由马善珠等7人组成，马善珠任主席，张锡炳任副主席。1996年，换届选举，第二届工会领导班子由李敏等5人组成，李敏兼任工会副主席，主持工作。1999年8月，安徽商检局有工会会员225名、工会小组14个。

共青团：1982年7月5日，共青团安徽省直机关委员会批准成立合肥商检局团支部。1984年1月，更名为安徽商检局机关团支部。1982年7月，裴忠安任团支部书记；1986年8月，贾彤任团支部副书记，主持工作；1991年5月，骆晓青任团支部副书记，主持工作；1996年7月—1999年8月，刘红川任团支部书记。

直属事业单位

安徽商检局综合检测中心　1976年，外贸部合肥商检局内部设立综合化验室（正科级）；1980年8月，更名为合肥商检局综合化验室，同年10月，综合化验室升格为处级；1984年，更名为安徽商检局综合化验室；1986年，更名为化验室；1993年1月，更名为化矿产品化验室，增设农食畜产品化验室（正处级）。1997年1月7日，国家商检局批准成立安徽商检局综合检测中心，为安徽商检局直属事业单位（正处级），事业编制16名。主要承担进出口化工、矿产、金属材料、纺织、畜产、食品等的理化项目检测，检测技术服务和其他委托检验业务。下设矿产品检测中心等3个检测中心。办公地址：合肥市红星路135号（后为177号）。1984年，迁至合肥市芜湖路97号（后为367号）。

安徽商检局评估认证中心　1994年1月28日，安徽、江苏商检局研究决定并报中国出口商品生产企业质量体系（ISO 9000）工作委员会审核批准，成立出口商品生产企业质量体系苏皖评审中心（简称苏皖评审中心），属非盈利性的独立对外开展出口商品生产企业质量体系评审的第三方认证机构。行政上隶属江苏、安徽商检局，业务上受中国出口商品生产企业质量体系（ISO 9000）工作委员会和中国出口商品生产企业质量体系评审中心的监督指导。主要职责：受理出口商品生产企业的申请或委托进行质量体系审核，为出口商品生产企业培训企业内部审核员提供服务；受理需方的申请或委托，对供方的质量体系进行审核。1994年5月24日，苏皖评审中心正式对外办公，内设综合部、安徽审核部和江苏审核部。叶兆清（江苏商检局副局长）任中心主任（1994年5月—1997年1月），倪进文（安徽商检局副局长）任中心副主任（1994年5月—1997年1月），程愈强任安徽审核部主任（1994年5月—1997年1月）。

1997年1月7日，国家商检局批准成立安徽商检局评估认证中心，为安徽商检局直属事业单位，正处级建制，事业编制10名，与中国进出口商品质量认证中心华中评审中心安徽分中心合署办公。主要职责：负责安徽省进出口商品生产企业的ISO 9000和ISO 14000质量体系评审的组织管理工作；负责全省外商投资财产价值鉴定及管理工作；接受用户委托的财产评估业务和非法定检验商品检验业务。内设评审认证部、资产价值鉴定部和咨询开发部。聘任程愈强为评审中心主任（1997年1月—1999年8月）。办公地址：合肥市芜湖路367号。

安徽商检局机关服务中心　1997年1月7日，国家商检局批准成立安徽商检局机关服务中心，为安徽商检局直属事业单位，正处级建制，事业编制10名。主要负责机关后勤服务，承担机关食堂及车辆管理、房屋修缮、水电供应、设施维修、环境改造、办公用品购买和制服发放等工作。内设一科、二科和车队。聘任程少能为机关服务中心主任（1997年8月—1999年8月）。办公地址：合肥市芜湖路367号。

安徽商检局计算机中心　996年，安徽商检局内设监管科技处计算机中心，主要负责计算机应用开发研究和设备维护。1997年9月15日，监管科技处计算机中心更名为安徽商检局计算机中心，为安徽商检局直属事业单位，副处级建制，胡锦文任计算机中心主任（1997年9月—1999年8月）。办公地址：合肥市芜湖路367号。

直属企业单位

安徽省进出口商品检验公司　1980年11月25日，国家商检局批准设立中国进出口商品检验总公司安徽省分公司（简称中检公司安徽分公司）。1981年7月1日，正式对外开展委托检验业务。赵明印、赵成友任中检公司安徽分公司副经理。1993年2月12日，注册成立安徽省进出口商品检验公司（简称安徽商检公司），全民性质，为安徽商检局下属企业单位，县处级机构，独立进行商品委托检验和公证鉴定工作。同时，将中检公司安徽分公司从安徽商检局检务处划出，与安徽商检公司合署办公，一套人马、两块牌子。聘任张晶为中检公司安徽分公司副经理（1993年4月—1994年12月），主持工作。1995年4月，宫宴代理安徽商检公司副经理，法人代表，主持工作。1995年8月，聘任宫宴为中检公司安徽分公司副经理。1997年7月，聘任吕小斌为中检公司安徽分公司经理。1998年4月，聘任吕小斌为安徽商检公司经理。1998年6月，免去宫宴安徽商检公司法人代表资格。公司内设业务部、综合部和财务部。办公地址：合肥市红星路135号（后为177号），1984年，迁至合肥市芜湖路97号（后为367号）。

安徽大丰经济技术服务公司　1984年10月12日，注册成立安徽大丰经济技术服务公司（简称大丰公司），集体性质，为安徽商检局下属企业单位。其目的是落实中央“关于广开门路、搞活经济、解决城镇就业问题及发展第三产业的决定”精神，解决安徽商检局待业知青和家属就业问题。其业务范围是充分利用商检局现有仪器化验设备、技术力量，开展内销商品委托检验、产品质量鉴定、科技咨询、外文资料翻译等技术服务工作，开办知青招待所和知青百货商店。1985年1月12日，任命石克力为大丰公司经理。1985年10月15日，大丰公司确定为副处级机构。1986年2月24日，因大丰公司的经营范围与自有流动资金不相适应，被安徽省体改办核准撤销。办公地址：合肥市芜湖路97号（后为367号）。

安徽商检局劳动服务公司　1991 年 4 月 6 日，成立安徽商检局劳动服务公司（简称劳服公司），集体性质，为安徽商检局下属企业单位，正处级机构。其目的是解决职工子女就业问题。经营范围是为进出口商品的扦样、制样、鉴重等检验工作提供劳务，为外贸经营单位和生产企业提供技术咨询和技术服务，受理内销商品的委托检验和鉴定业务，接受局机关委托的其他服务。余国友为首任法人代表、副经理（1991 年 4 月—1994 年 3 月），主持工作；林旭程继任法人代表、经理（1994 年 3 月—1999 年 8 月）。1997 年 7 月，劳服公司挂靠安徽商检公司。办公地址：合肥市芜湖路 97 号（后为 367 号）。

根据工作需要，机构改革中保留安徽商检局劳动服务公司，2000 年 6 月，更名为安徽检验检疫局劳动服务公司（简称劳动服务公司），挂靠安徽检验检疫局机关服务中心，聘任林旭程为劳动服务公司经理（1999 年 11 月—2001 年 7 月）。2001 年 7 月 25 日，劳动服务公司停止一切经营活动，按程序办理注销手续，人员划归机关服务中心管理。

第二节　动植物检疫机构

1964 年，农业部在安徽设立专门的进出境植物检疫机构。随着安徽对外贸易活动和对外开放口岸的增加，安徽进出境动植物检疫机构不断发展，至 1997 年 8 月，农业部在安徽省合肥、安庆、马鞍山、铜陵、芜湖、黄山 6 个国家一类开放口岸设立 7 个（含合肥机场）进出境动植物检疫机构。

合肥植物检疫所　1964 年，建立中华人民共和国农业部合肥植物检疫站（简称合肥植检站），按照国家规定接管安徽省对外植物检疫工作，与安徽省植物检疫站合署办公，科级建制，隶属安徽省农业厅粮食生产处，1973 年，隶属于安徽省农林局植保处，1983 年，机构改革后隶属于安徽省农牧渔业厅植物保护总站。办公地址：合肥市徽州路 19 号（后为美菱大道 421 号），同年，迁至合肥市植保路 11 号（后为丰收路 10 号）。

1988 年，农业部决定改变设在省、自治区的农业部动、植物检疫站名称。1989 年 1 月 1 日，合肥植检站更名为中华人民共和国合肥植物检疫所（简称合肥植检所）。为适应安徽省对外植物检疫工作需要，1990 年 8 月 26 日，安徽省机构编制委员会批准合肥植检所为安徽省农牧渔业厅直属事业单位，机构升格为处级建制，事业编制 12 名（不含芜湖植检分所 6 名编制）。主要职责：依据《中华人民共和国进出口动植物检疫条例》和《植物检疫条例》行使职能。检疫业务工作受农业部和安徽省双重领导。办公地址：合肥市丰收路 10 号。

合肥动物检疫所　20 世纪 80 年代后期，安徽省先后从西德、丹麦、荷兰、美国、新西兰、澳大利亚等国引进种牛（奶牛）、种羊、种鸡（种蛋），对朝鲜等国家和中国香港地区出口种兔、菜牛及畜产品。进出境动物检疫均由上海、北京、南京、哈尔滨等口岸实施，工作十分不便。安徽省政府多次要求在合肥建立进出境动物检疫机构。1988年7月30日，农业部同意建立中华人民共和国合肥动物检疫所（简称合肥动检所），检疫业务工作受农业部和安徽省双重领导，以农业部为主。其人员编制、基建、事业费和开办费由安徽省负责解决。1989年5月27日，安徽省编制委员会批准成立合肥动检所，为安徽省农牧渔业厅下属事业单位，处级建制，编制15名。主要职责：承担进出合肥口岸的动物及动物产品的检疫任务。办公地址：合肥市合安路52号（后为金寨南路48号）。

合肥动植物检疫局 1992年8月21日，农业部决定改变部分省会动、植物检疫所隶属关系，将合肥动检所、合肥植检所合并成立中华人民共和国合肥动植物检疫局（简称合肥动植检局），直属国家动植检总所，实行双重领导，以部为主的领导管理体制，即人、财、物、检疫业务归农业部领导，党的关系归安徽省农牧渔业厅领导。副厅级建制，人员编制暂定50名（其中地方编制上划18名，其余由国家动植检总所内部调剂解决）。主要职责：根据国家动植物检疫法律、法规和有关规定，承担安徽省进出境动植物、动植物产品检疫业务；负责安徽省新开口岸动植物检疫机构的筹建和行政、业务领导。1993年5月15日，合肥动植检局对外挂牌办公。

1996年，核定编制102名（其中干部编制89名、工人编制13名）。办公地址：合肥市桐城南路21号（租用两套宿舍办公），1996年11月，迁至合肥市合作化南路186号（租用华储宾馆6楼办公），1998年3月18日，搬迁至合肥市东流路30号（合肥动植检局办公大楼）。

1988年5月18日，建立安庆动植物检疫所，副处级事业单位。1992年6月，安庆动植物检疫所更名为安庆动植检局。1994年5月19日，隶属关系改为合肥动植检局管理。1996年4月15日，升格为正处级。

1991年3月16日，国家动植检总所批准设立马鞍山动植检所，副处级建制，由安庆动植检所负责筹建。1994年5月19日，所更名为局，改属合肥动植检局管理并负责筹建工作。1996年4月15日，机构升格为正处级。1997年4月28日，正式对外挂牌办公。

1993年12月31日，国家动植检总所批准设立芜湖动植检局，处级建制，隶属合肥动植检局管理。1994年5月18日，正式对外挂牌办公。

1993年12月31日，国家动植检总所批准设立黄山动植检局，处级建制，隶属合肥动植检局管理。1994年3月24日，正式对外挂牌办公。

1993年12月31日，国家动植检总所批准设立铜陵动植检局，处级建制，隶属于合肥动植检局管理。1995年4月5日，正式对外挂牌办公。

1996 年 12 月 30 日，设立合肥机场动植检局，副处级建制，隶属合肥动植检局管理。1997 年 8 月 4 日，正式对外挂牌办公。

合肥动植检机构历任领导班子成员一览表

表 1–1–4

<table>
<tr><th>机构名称及期限</th><th>机构级别</th><th>职务</th><th>姓名</th><th>任职时间</th></tr>
<tr><td rowspan="3">中华人民共和国合肥动植物检疫局（1992.8—1999.8）</td><td rowspan="3">副厅级</td><td rowspan="2">筹备组负责人</td><td>杨潮波</td><td>1992.8—1996.6</td></tr>
<tr><td>赵志敏</td><td>1992.8—1996.6</td></tr>
<tr><td>局长</td><td>张学明</td><td>1996.6—1997.7</td></tr>
</table>

安徽动植检系统人员编制情况统计表

表 1–1–5

<table>
<tr><th>年份</th><th>实有人数</th><th>其中专业技术人员</th><th>编制</th><th>年份</th><th>实有人数</th><th>其中专业技术人员</th><th>编制</th></tr>
<tr><td>1964—1967</td><td>4</td><td>4</td><td rowspan="2">为内设机构，没有单位核定编制</td><td>1992</td><td>23</td><td>18</td><td>暂定事业编制 65 名</td></tr>
<tr><td>1968—1974</td><td></td><td></td><td>1993</td><td>20</td><td>17</td><td rowspan="3">暂定事业编制 114 名</td></tr>
<tr><td>1974—1981</td><td>2</td><td>2</td><td rowspan="3">为内设机构，没有单位核定编制</td><td>1994</td><td>26</td><td>22</td></tr>
<tr><td>1982—1984</td><td>3</td><td>3</td><td>1995</td><td>38</td><td>31</td></tr>
<tr><td>1985—1987</td><td>5</td><td>5</td><td>1996</td><td>50</td><td>38</td><td rowspan="5">核定事业编制 89 名，工人编制 13 名</td></tr>
<tr><td>1988</td><td>15</td><td>13</td><td>事业编制 5 名</td><td>1997</td><td>57</td><td>43</td></tr>
<tr><td>1989</td><td>15</td><td>13</td><td>事业编制 20 名</td><td>1998</td><td>57</td><td>43</td></tr>
<tr><td>1990</td><td>18</td><td>15</td><td>事业编制 38 名</td><td rowspan="2">1999.8</td><td rowspan="2">57</td><td rowspan="2">43</td></tr>
<tr><td>1991</td><td>19</td><td>15</td><td>事业编制 48 名</td></tr>
</table>

机关（本部）

职能部门设置　1964 年—1990 年 8 月，合肥植检站（所）为科级单位，工作人员少，检疫业务量小，机构变动频繁，未内设职能部门。1990 年 8 月，合肥植检所升格为处级，内设对内检疫科、对外检疫科。

1991 年 10 月，合肥动检所内设综合科、进出口动物检疫科。

1993 年 5 月，合肥动植检局对外挂牌办公时，人员少，内部暂设行政办公室、业务办公室。

1996 年 6 月，内设副处级职能部门 7 个，即：办公室、动物检疫处、植物检疫处、综合业务处、财务处、人事处（党委办公室）。

党团工会组织　局党组：1996 年 6 月 5 日，经中共农业部党组研究，并征得中共安徽省委同意，设立中共合肥动植检局党组。张学明任党组书记，杨潮波、刘长坤任党组成员。

机关党总支（支部）：1993 年 5 月—1996 年 9 月，合肥动植检局机关党组织关系挂靠安徽省农业厅机关党委。1994 年 4 月 11 日，建立中共合肥动植检局机关党支部，杨潮波为支部书记，党员 5 人。1996 年 9 月—1999 年 8 月，合肥动植检局机关党组织关系直属中共安徽省直机关工委。1996 年 9 月 28 日，建立中共合肥动植检局机关党总支，经民主选举报省直工委批准，杨潮波为总支书记，党员 8 人，下设 2 个党支部。1999 年 8 月，党员 18 人。

工会：1994 年 5 月 3 日，成立合肥动植检局机关工会，挂靠安徽省农业厅机关工会，会员 10 人，选举张道环为工会主席。1996 年 9 月，直属安徽省直机关工会，会员 26 人。1999 年 8 月，会员 34 人。

社团组织

合肥动植检局职工技术协会　1996 年 9 月 19 日，安徽省职工技术协会批准成立合肥动植检局职工技术协会（简称职工技协），挂靠合肥动植检局机关工会。张道环兼任职工技协临时负责人。主要职责：协助行政机关开展技术攻关、岗位培训，提高职工素质；帮助外贸企业开展技术革新、技术培训和技术服务。1997 年，选举张深义兼任职工技协会长、张道环兼任职工技协秘书长。1999 年 4 月，职工技协停止活动。办公地址：合肥市桐城南路 21 号，1996 年 11 月，迁至合肥市合作化南路 186 号，1998 年，迁至合肥市东流路 30 号。

第三节　卫生检疫机构

1982 年以前，安徽省境内未设立口岸卫生检疫机构，检疫业务由上海、南京等口岸卫生检疫机构实施。1982 年 3 月 29 日，成立芜湖卫检所，为安徽最早的口岸卫生检疫机构。此后，随着安徽对外开放的扩大，安徽口岸卫生检疫机构不断完善，至 1999 年 8 月，在安徽省合肥、安庆、铜陵、芜湖、马鞍山、黄山 6 个国家一类开放口岸设立 6 个口岸卫生检疫机构。

合肥卫生检疫所（局）　1988 年 8 月 26 日，合肥至香港临时包机开通，急需在合肥设置卫生检疫机构。1989 年 2 月 27 日，安徽省编委批准成立合肥卫生检疫所，为安徽省卫生厅直属事业单位，处级建制，定编 10 名。同年 7 月 1 日，合肥卫检所租赁合肥市芜湖路 125 号安徽省防疫站招待所 3 楼两间客房开始筹建工作。1989 年 8 月 4 日，卫生部批准设立中华人民共和国合肥卫生检疫所（简称合肥卫检所），级别、编制和隶属关系不变。同年10月6日，增编10名，计定事业编制20名。同年11月1日，合肥卫检所正式对外办公。1989年12月21日，合肥卫检所办理了首例健康证明书。1990年11月28日，合肥卫检所办公地点搬迁至合肥市芜湖路125号安徽省防疫站3号宿舍楼。

1992年1月1日，合肥卫检所改由卫生部卫生检疫总所直接管理。1992年1月8日，合肥卫检所加挂“中华人民共和国合肥进口食品卫生监督检验所”牌子，即一套人马、两块牌子。1992年4月，卫生部卫生检疫总所将全国卫检机构分为7片管理，合肥卫检所划为上海片管理。主要职责：办理出入境人员健康体检、预防接种，开展国际航班检疫查验，承担合肥口岸进口食品卫生监督检验。办公地址：合肥市芜湖路125号。

1993年7月1日，合肥卫检所更名为中华人民共和国合肥卫生检疫局（简称合肥卫检局）。级别、编制、隶属关系及主要职责不变。1995年12月22日，合肥卫检局办公地址由芜湖路迁至梅山路60号新建办公楼，建筑面积1080平方米。

1997年6月10日，国家卫检局确定合肥卫检局为管理局，直属国家卫检局领导，负责对安徽省内的芜湖、安庆、马鞍山、铜陵、黄山卫检局进行行政和业务管理，级别不变。

其他口岸卫生检疫机构 1982年3月29日，成立芜湖卫检所，正科级建制；1992年1月1日，归卫生部卫生检疫总所直接管理。1992年3月23日，经卫生部卫生检疫总所批准，更名为芜湖卫检局。

1988年3月25日，成立安庆卫检所，正科级建制；1992年1月1日，归卫生部卫生检疫总所直接管理；1992年2月20日，经卫生部卫生检疫总所批准，更名为安庆卫检局（正处级）。

1995年4月17日，成立铜陵卫检局，机构级别正处级，隶属于卫生部卫生检疫总所，由上海卫检局负责筹建工作。同年5月10日，正式对外开展工作。

1995年5月20日，成立黄山卫检局，机构级别正处级，隶属于卫生部卫生检疫总所。

1997年9月1日，成立马鞍山卫检局，机构规格正处级，隶属于合肥卫检局管理。1999年4月28日，正式对外挂牌办公。

安徽卫检系统人员编制情况统计表

表 1-1-6

<table>
<tr><th>年份</th><th>实有人数</th><th>其中专业技术人员</th><th>编制</th><th>年份</th><th>实有人数</th><th>其中专业技术人员</th><th>编制</th></tr>
<tr><td>1982</td><td>5</td><td>4</td><td rowspan="2">事业编制 5 名</td><td>1991</td><td>19</td><td>17</td><td rowspan="4">事业编制 38 名</td></tr>
<tr><td>1983</td><td>5</td><td>4</td><td>1992</td><td>19</td><td>17</td></tr>
<tr><td>1984</td><td>5</td><td>4</td><td rowspan="4">事业编制 5 名</td><td>1993</td><td>23</td><td>21</td></tr>
<tr><td>1985</td><td>5</td><td>4</td><td>1994</td><td>24</td><td>21</td></tr>
<tr><td>1986</td><td>5</td><td>4</td><td>1995</td><td>29</td><td>25</td><td>事业编制 74 名</td></tr>
<tr><td>1987</td><td>5</td><td>4</td><td>1996</td><td>28</td><td>24</td><td>事业编制 86 名</td></tr>
<tr><td>1988</td><td>10</td><td>9</td><td>事业编制 18 名</td><td>1997</td><td>27</td><td>22</td><td rowspan="3">事业编制 106 名</td></tr>
<tr><td>1989</td><td>14</td><td>12</td><td rowspan="2">事业编制 38 名</td><td>1998</td><td>26</td><td>21</td></tr>
<tr><td>1990</td><td>18</td><td>15</td><td>1999.8</td><td>25</td><td>20</td></tr>
</table>

机关（本部）

职能部门设置　1989—1992 年，合肥卫检所内设办公室、业务科。

1993—1996 年，合肥卫检局内设办公室、业务处（正科级）。

1997—1999 年 8 月，合肥卫检局内设 5 个副处级职能部门，即办公室、人事处、计财处、业务管理处、监察室。

党团工会组织　局党组：1997 年 7 月 22 日，中共国家卫检局党委批准成立中共合肥卫检局党组。傅武任党组书记，高长茂、何德芳、周兰英、汪宗如为党组成员。

党支部：1990 年 5 月 4 日，中共安徽省卫生厅机关党委批准成立中共合肥卫检局党支部，龙国凡任党支部书记，党员 4 名。1999 年 8 月，党员 6 名。

社团组织

安徽国际旅行卫生保健协会　1997 年 6 月，安徽省民政厅批准成立安徽国际旅行卫生保健协会（简称卫生保健协会），挂靠合肥卫检局，其业务主管单位是安徽省卫生厅。杨多良（安徽省政府副省长）任名誉会长、傅武任会长（法人代表）、吴兵任秘书长。主要职责：根据协会章程，开展科学研究和学术交流活动；开展国际旅行卫生保健服务，包括体检、保健、预防接种，咨询等；开展科技开发，兴办经济技术实体，监制与推荐国际旅行卫生保健用品；维护国际旅行卫生保健工作者的合法权益。办公地址：合肥市梅山路 60 号。

第四节 检验检疫机构

1998年5月25日，国家检验检疫局决定成立安徽“三检”临时协调小组，负责安徽“三检”合并之前的协调工作，确保改革过渡期间政令畅通、步调一致。临时协调小组由陶武盛、程泉乐、傅武组成，陶武盛任组长。

1999年6月25日，国务院印发《全国各地出入境检验检疫局机构组建方案》。合肥卫检局、合肥动植检局和安徽商检局合并组建中华人民共和国安徽出入境检验检疫局（简称安徽检验检疫局），正厅级建制，是负责安徽省出入境卫生检疫、动植物检疫和进出口商品检验的执法单位；实行垂直管理体制，隶属于国家检验检疫局直接领导。核定行政编制270名（含分支机构116名），事业编制85名（含分支机构31名）。内设16个职能处室，下设4个直属事业单位、1个社团组织、2个事业附属单位，7个分支局和1个办事处。

1999年8月10日，安徽检验检疫局在合肥举行挂牌仪式，对外宣布成立，安徽省副省长杨多良、省委组织部副部长张耀文参加揭牌仪式。陶武盛任局长，王新、吴世平、丁美兰（女）任副局长，王恩茂任纪检组长，傅武任局长助理。办公地址设在芜湖路367号（原商检办公楼），2007年迁至合肥市屯溪路329号。

1999年11月24日，芜湖、蚌埠、安庆、马鞍山、铜陵、黄山检验检疫局同时挂牌成立。

安徽检验检疫局领导班子成员一览表

表1-1-7

职　务	姓　名	任职时间
局长、党组书记	陶武盛	1999.8—2000.9
	程　杰	2000.9—2008.10
	鲍俊凯	2008.10—2009.4
	邱栋久	2009.4—
副局长、党组成员	王　新	1999.8—2002.4
	吴世平	1999.8—2010.12
副局长、党组成员	丁美兰	1999.8—2003.1
	张志恩	2003.1—2003.9
	吕小斌	2003.5—
	陈华忠	2003.9—2006.12

续表 1-1-7

职　务	姓　名	任职时间
副局长、党组成员	于 竸	2004.10—2007.12
	方元炜	2007.3—
纪检组长、党组成员	王恩茂	1999.8—2001.12
	杨成锁	2001.12—2007.12
	张艳芳	2007.12—
局长助理、党组成员	傅 武	1999.8—2003.8
	吴世平	2010.12—
副巡视员	葛正瑚	2001.9—2005.11
	傅 武	2003.8—2004.4
	江 松	2006.9—2010.6
	徐业平	2010.10—
	于光伟	2010.10—

机关（本部）

职能部门设置　1999 年 10 月 26 日，经国家检验检疫局批准，安徽检验检疫局机关内设 16 个职能处室，即办公室、法制与综合业务处、卫生检疫处、动物检验检疫处、植物检验检疫处、食品检验监督处、机电检验处、轻纺检验处、化矿检验处、检务处、科技与认证处、人事处、财务处、机关党委办公室（政工处）、监察审计室和离退休干部处。

党团工会组织　局党组：1999 年 8 月 5 日，经中共国家检验检疫局党组与中共安徽省委协商同意，国家检验检疫局党组决定将中共安徽商检局党组、中共合肥动植检局党组和中共合肥卫检局党组合并改为中共安徽检验检疫局党组，陶武盛任党组书记。

机关党委：2000 年 1 月 18 日，中共安徽省直机关工委批准成立中共安徽检验检疫局机关党委。下设 18 个党支部，党员 169 名（其中女党员 37 名）。经全体党员大会选举并报经中共安徽省直机关工委同意，王新任机关党委书记、杨成锁任机关党委常务副书记、胡政彬任机关党委专职副书记。之后，分别改由吴世平、张艳芳任党委书记。2004 年 8 月起，朱秋明任机关党委专职副书记。

工会：2000 年 5 月 31 日，安徽省直机关工会批准成立安徽检验检疫局机关工会。下设 21 个工会小组，工会会员 269 名。李敏任工会副主席，主持工作。

直属事业单位

安徽检验检疫局检验检疫技术中心　1999 年 10 月 26 日，国家检验检疫局批准成立安徽检验检疫局检验检疫技术中心（简称安徽检验检疫局技术中心），正处级建制，事业编制 18 名。下设化学技术分中心、纺织技术分中心和生物技术分中心。聘任毋光明为安徽检验检疫局技术中心主任（1999 年 11 月—2004 年 1 月）。主要职责：承担检验检疫的实验室检测、隔离检疫、研究咨询与检疫风险分析；承担科研与技术开发、服务，提供技术指导，开展有关检验检疫方法标准的制修订；按照有关规定，承担委托检验、鉴定和非法定检验检疫、鉴定的检测实验。实有职工 26 人。办公地址：合肥市芜湖路 367 号。

安徽国际旅行卫生保健中心　1999 年 10 月 26 日，国家检验检疫局批准成立安徽国际旅行卫生保健中心，正处级建制，事业编制 8 名。聘任高长茂为安徽国际旅行卫生保健中心主任（1999 年 11 月—2003 年 1 月）。主要职责：负责传染病监测与健康体检、旅行预防接种、卫生保健咨询、医疗保健门诊、卫生检疫技术科研开发与技术服务，提供技术指导。实有职工 7 人。办公地址：合肥市梅山路 60 号。2003 年 1–12 月，吴雪原为保健中心负责人，2003 年 12 月，吴雪原聘任为保健中心主任。2006 年 7 月，国际医疗救助组织来保健中心现场考核，同年 12 月，批准为中国第 28 家国际医疗救助组织成员。2009 年 10 月 30 日，保健中心搬迁至芜湖路 367 号，开展业务包括：出入境人员传染病监测体检、预防接种、卫生保健咨询、国际医疗救助。

安徽检验检疫局质量管理体系评审中心　1997 年年初，成立安徽评审中心。程愈强担任中心主任、彭湘安任副主任，在安徽省区域独立开展认证工作。

1999 年 10 月 26 日，国家检验检疫局批准成立安徽检验检疫局质量管理体系评审中心，与中国进出口商品质量认证中心安徽评审中心实行一套人马、两块牌子。正处级建制，事业编制 8 名。聘任程愈强为评审中心主任（1999 年 11 月—2007 年 3 月）。主要职责：承担质量管理体系的评审、宣传，对获评单位的业务指导和跟踪检查。实有职工 8 人。办公地址：合肥市梅山路 60 号。

2007 年 6 月，安徽评审中心与中检安徽公司合并，成立了中检安徽公司。程愈强担任公司董事长、翟跃于 2007 年 6 月—2007 年 10 月期间担任总经理；2007 年 10 月后，程愈强担任公司董事长兼总经理。

安徽检验检疫局机关服务中心　1999 年 10 月 26 日，国家检验检疫局批准成立安徽检验检疫局机关服务中心，正处级建制，事业编制 20 名。聘任陈野为机关服务中心主任（1999 年 11 月—2007 年 4 月）。主要职责：承担机关后勤服务保障工作和机关委托的行政事务工作；管理所属服务经营、卫生除害等单位。实有职工 31 人。办公地址：合肥市芜湖路 367 号，2007 年迁至合肥屯溪路 329 号新建办公大楼内。

2001 年 10 月，服务中心为独立事业法人，成为安徽检验检疫局事业单位改革重要标志，2002 年 1 月，正式实行中心财务独立。

1999 年—2007 年 4 月，陈野任主任，马一方任副主任；2007 年 4 月—2007 年 10 月，陈行书任主任；2007 年 10 月—2008 年，赵学奎任中心副主任，主持工作。

社团组织

安徽检验检疫协会　1999 年 8 月，机构改革中保留安徽国际旅行卫生保健协会（简称卫生保健协会）。2000 年 4 月 3 日，经安徽省卫生厅同意和安徽省民政厅批准，卫生保健协会业务主管部门由安徽省卫生厅变更为安徽检验检疫局。2001 年 5 月 24 日，经安徽省民政厅批准，卫生保健协会更名为安徽出入境检验检疫协会（简称安徽检验检疫协会）。主要职责：根据协会章程，开展检验检疫政策性理论研究和学术交流活动；开展检验检疫法律、法规宣传，普及检验检疫知识；开展检验检疫技术服务和咨询服务；兴办法律允许的经济实体。傅武兼任安徽检验检疫协会会长（法人代表）、吕小斌兼任安徽检验检疫协会秘书长。

第一届理事会由 83 名理事组成，其中有 54 名为常务理事会成员，共吸收个人会员 366 人、团体会员 177 家。按照社团管理条例规定，经第一届理事会推荐并通过，安徽省人民政府副省长文海英任名誉会长。

根据工作需要，保留安徽商检公司，仍与中检公司安徽分公司合署办公，挂靠安徽检验检疫协会。聘任吕小斌为安徽商检公司经理（法人代表）。公司内设业务部和综合部。

职能配置

安徽检验检疫局职责　1999 年 10 月，国家检验检疫局明确将原“三检”机构承担的职能合并，由新组建的安徽检验检疫局承担，其主要职责包括：贯彻执行出入境卫生检疫、动植物检疫和进出口商品检验法律、法规和政策规定的实施细则、办法及工作规程，负责所辖区域的检验检疫、鉴定、认证和监督管理等行政执法工作。负责实施出入境卫生检疫、传染病监测和卫生监督，负责口岸传染病预防与控制工作，负责出入境人员的预防接种和传染病监测体检的管理工作。负责实施出入境动植物及其产品和其他检疫物的检验检疫与监督管理，负责动植物疫情监测、调查工作，办理国家检验检疫局授权的动植物检疫审批，实施动植物疫情的紧急预防措施。负责实施进出口商品（含食品）的法定检验和监督管理，负责实施一般包装和出口危险品货物包装检验，负责进出口商品鉴定管理工作，负责实施外商投资财产鉴定，办理进出口商品复验工作。负责实施对进出口食品、动植物及其产品等的生产（养殖、种植）、加工和存放等单位的卫生、检疫注册，负责实施进出口产品、体系认证和实验室认可、人员注册等工作，并监督管理。负责实施国家实现进口许可制度的民用商品的入境验证，负责出口、转口商品的有关出境验证。负责实施出入境交通运载工具和集装箱及容器的卫生监督、检疫监督和有关适载检验、鉴定，负责出入境交通运载工具、集装箱、包装物及铺垫材料和货物的卫生除害处理的管理工作。负责执行国家、国务院有关部

门和国家检验检疫局签署的有关检疫、检验的国际协议、协定和议定书等，负责技术性贸易壁垒协定和检疫协议的实施工作。负责签发检验检疫证单和标识、封识，并进行监督管理，负责出口商品普惠制原产地证和一般产地证的签证工作。负责对所辖区域内的检验检疫业务统计，调查和收集国外传染病疫情、动植物疫情和国际贸易商品质量状况，提供有关信息。负责所辖区域内各类涉外检验检疫、鉴定和认证机构（包括中外合资、合作机构）以及卫生除害处理机构的监督管理。负责检验检疫科技、标准化和信息化工作，负责有关的国际合作与交流工作。负责人事管理、教育培训、外事、财务、基建、物资管理、纪检监察、审计、精神文明建设与思想政治工作。承办国家检验检疫局交办的其他工作。

内设处室职责及调整情况　办公室负责协调机关日常工作和督查督办，组织重要会议，负责秘书、机要、保密、文印、档案、政务信息与宣传、外事等工作。2007 年 9 月，安徽检验检疫局根据中国加入 WTO 后检验检疫业务工作内容和要求的新变化以及国家质检总局巡视组对局内设机构的建议，对局办公室职能进行了调整。调整后职能为：负责局系统公文处理各项工作。承担局党组会、局长办公会和一类、二类会议安排工作。负责局党组决定重要事项的督查督办工作。承担管理机关文书、证单、科技及各种资料档案工作。负责保密工作、承担保密委员会日常工作。负责全局信息、简报的搜集、整理，编写安徽检验检疫局大事记。负责协调对外接待管理的计划安排和外事工作。负责计算机信息系统的运行、开发和维护管理工作。安排局领导的日常工作和服务工作。对分支机构和直属事业单位办公室工作进行业务指导。负责本部门的精神文明建设和职工的思想政治工作。承办局领导交办的其他工作。

法制与综合业务处负责有关检验检疫法制工作及执法督查、稽查工作，承办行政处罚、复议、诉讼和司法调查及法制宣传教育，负责检验检疫业务综合与口岸业务协调，负责涉外检验检疫、鉴定、认证卫生除害处理机构的监督管理。2007 年 9 月，安徽检验检疫局对局法制与综合业务职能进行了调整；2008 年 8 月，根据业务工作需要对法制与综合业务处职能再次进行了修订调整。修订后职能为：负责进出口商品检验检疫业务的行政许可界定、清理、调整和执法监督、CIQ2000 行政许可业务编码的维护。负责商检、动植检、卫检三法的执法稽查，实施对违法企业和法人进行案件调查并依法实施处罚以及与司法部门的执法协作。负责检验检疫法律法规、方针、政策的宣传教育工作，并督促分支机构法制宣教工作的落实。承办行政听证、行政复议、行政诉讼工作。负责口岸内地执法协作，口岸、出口加工区建设开放与总局的协调，对口承办法规司、通关司相关业务。组织审定局各单位有关制度、规定、办法，并负责清理工作。承办国家质检总局、省政府有关法律、法规、草案的修订、征求意见的答复。负责依法行政监督抽查，对检验检疫行政执法人员的违法违规行为进行查处。负责对检验检疫证书、证单、入境流向单、业务用印鉴实施管理。负责司法接待及协调处理司法调查和取证工作。会同有关部门对社会流通领域进口商品实施监管和抽查。负责检验检疫有关单位依法行政工作活动的记录和档案建立。负责进出口企业的违法违规行为档案的建立，实施违法企业黑名单制度。负责本部门的精神文明建设和职工的思想政治工作。承办局领导交办的其他工作。

卫生检疫处负责出入境卫生检疫、传染病监测和口岸卫生监督，收集国内外有关传染病疫情信息，负责传染病监测体检与预防接种的管理工作。2007 年 9 月，安徽检验检疫局对卫生检疫职能进行了调整。调整后职能为：负责全省出入境卫生检疫、业务工作指导和监督管理工作。负责全省出入境人员传染病监测体检和预防接种工作的监督管理。负责职权内卫生检疫执法行政许可审批工作。负责检疫处理单位和人员的资质审核和发证。负责出入境卫生检疫法律、法规、方针、政策的宣传工作。责国内外有关传染病疫情信息的搜集、分析、整理和报告工作。负责本部门文件、资料、质量活动记录等的整理与保管。负责本部门的精神文明建设和职工的思想政治工作。承办局领导交办的其他工作。

动物检验检疫处负责出入境动物及其产品（含动物性水产品）和其他应检物的检验检疫和监督管理，承办授权的进境动物检疫审批，收集动物疫情信息，承办出入境动物及其产品的卫生和检疫注册的考核与监督检查。2007 年 9 月，安徽检验检疫局对动物检验检疫职能进行了调整。调整后职能为：负责辖区内出入境动物、动物产品、动物性水产品等应检物的法定检验检疫和监管工作。负责检验检疫法律、法规、方针、政策的宣传工作。研究拟定主管商品检验检疫监管办法和操作规程并组织实施。根据国家质检总局授权，负责进境动物、动物产品的检疫审批工作。负责对生产加工和存放主管商品的涉外进出口生产经营企业（厂、库）的卫生、检疫注册登记、质量认证的考核和监督检查。对认可的检验鉴定机构和检验人员实施考核和监督检查。负责出入境动物隔离检疫场所以及出境活动物、出口企业的考核、审批和督查工作。协助相关部门进行出入境动物、动物产品检疫处理单位和人员的资质认可。负责主管商品的检验检疫标签、封识、批次、标本和样品管理。协助有关部门调查重大检验检疫质量问题，查处违法违章行为，承办复检工作。搜集、整理、报告国内外有关动物疫情的信息。负责本处标准、资料、质量活动记录的整理与保管工作。对分支机构和直属事业单位进行对口业务指导。负责本部门的精神文明建设和职工的思想政治工作。承办局领导交办的其他工作。

植物检验检疫处负责出入境植物及其产品和其他应检物的检验检疫和监督管理，承办授权的进境植物检疫审批，收集植物疫情信息，承办出入境植物及其产品的卫生和检疫注册的考核与监督检查。2007 年 9 月，安徽检验检疫局对植物检验检疫职能进行了调整。调整后职能为：负责辖区内出入境植物、植物产品等应检物的检验检疫和监管工作。负责检验检疫法律、法规、方针、政策的宣传工作，研究拟定主管商品的检验检疫监管办法和操作规程并组织实施。根据国家质检总局授权，办理进境植物、植物产品的检疫审批工作，负责植物隔离检疫场所的考核、审批和监管工作。负责对生产加工和存放主管商品的涉外进出口生产经营企业（厂、库）申请的质量认证、卫生、检疫注册登记的考核与监督检查，推荐并指导外贸进出口生产经营企业对外注册。协助相关部门进行出入境植物、植物产品检疫处理单位和人员的资质考核。负责主管商品的检验检疫标签管理、封识管理、批次管理和样品管理。协助有关部门调查重大检验检疫质量问题，查处违法违章行为，承办复检工作。对分支机构和直属事业单位进行对口业务指导。负责本部门标准、资料、质量活动记录的整理与保管工作，搜集、整理、报告国内外植物病虫害等疫情信息。负责本部门的精神文明建设和职工的思想政治工作。承办局领导交办的其他工作。

食品检验监督处负责进出口食品的卫生、质量检验和监督管理，承办进出口食品卫生的考核和监督检查。2007年9月，安徽检验检疫局对食品检验监督职能进行了调整。调整后职能为：贯彻执行进出口食品卫生法律、法规和政策规定及工作规程，拟定全省进出口食品检验监管制度及管理办法和工作规划、计划并组织实施。负责辖区内进出口食品的法定检验检疫和监督管理。负责组织对国内外有关食品、化妆品检验检疫信息、资料的收集、分析工作，组织实施对进出口食品、化妆品的安全、卫生的风险分析及国内外技术交流工作。负责辖区内进出口食品、化妆品的标签、检验检疫标志、封识及批次管理和样品管理工作。负责组织实施对进出口食品、化妆品生产、加工、储存、经营等单位及场所的日常监管工作。组织实施国家质检总局安排的进出口食品的残留监控计划。协助有关部门对出口食品企业进行卫生注册登记工作和对出口基地进行备案工作。协助有关部门调查重大检验检疫质量问题、查处违法违章行为，承办复检工作。协助有关部门对流通领域进口食品进行抽查和监督管理。对分支机构和办事处进行对口业务指导工作。负责本部门的精神文明建设和职工的思想政治工作。承办局领导交办的其他工作。

机电检验处负责进出口机电仪器、成套设备、车辆等商品的法定检验和监督管理，负责外商投资财产鉴定工作，承办分管商品的进出口安全质量许可的考核和监督检查。2007年9月，安徽检验检疫局对机电检验职能进行了调整。调整后职能为：负责辖区内进出口机电产品及零部件的法定检验、鉴定和监管工作。负责检验检疫法律、法规、方针、政策的宣传工作。研究拟定主管商品的检验监管办法和操作规程并组织实施。负责外商投资财产价值鉴定工作的组织实施和监管。根据国家质检总局授权负责对实行出口许可制度商品出境验证管理工作。负责主管商品的检验检疫标签管理、封识管理、批次管理和样品管理。会同有关部门对流通领域进口机电产品进行检查和监管。协助有关部门调查重大检验质量问题，查处违法违章行为，承办复验工作。对实施出进口安全质量许可、质量认证的商品和有关单位实施考核并进行监督检查。协助有关部门对认可的检验鉴定机构和检验人员进行考核和监督检查。对分支机构和直属事业单位进行对口业务指导负责本处标准、资料、质量活动记录的整理与保管工作。负责本部门的精神文明建设和职工的思想政治工作。承办局领导交办的其他工作。

轻纺检验处负责进出口轻工、纺织等商品的法定检验和监督管理，承办分管商品的进出口安全质量许可的考核和监督管理。2007 年 9 月，安徽检验检疫局对轻纺检验职能进行了调整。调整后职能为：负责辖区内轻工、纺织产品、进出口纸张和纸浆、进口废纸、危险品包装、出入境食品包装及包装材料的法定检验、鉴定和和监管工作，并负责对一般商品运输包装实施监装。负责检验检疫法律、法规、方针、政策的宣传工作。根据法律法规和国家质检总局有关规定，研究拟定主管商品的检验监管办法和操作规程并组织实施。负责出口危险货物包装质量许可证考核和监督检查，负责出入境食品包装及包装材料和一般出口商品运输包装生产企业的备案管理工作。负责主管商品的检验检疫标签管理、封识管理、批次管理和样品管理。负责对实施出口纺织品标识的检查和监管。协助有关部门管理纺织原料的检疫工作。协助有关部门对认可的检验鉴定机构进行考核和监督检查。协助有关部门对流通领域进口商品进行监管和抽查。协助有关部门调查重大检验质量问题，查处违法违章行为，承办复验工作。负责本部门标准、资料、质量活动记录的整理与保管工作。对分支机构和直属事业单位进行对口业务指导。负责本部门的精神文明建设和职工的思想政治工作。承办局领导交办的其他工作。

化矿检验处负责进出口化矿产品、金属材料、橡胶塑料等商品和包装的法定检验和监督管理，承办分管商品的出口质量许可、包装许可的考核和监督检查。2005 年 8 月 16 日，撤销化矿检验处。

检务处负责检验检疫证书证单的签发工作，负责检验检疫报检、计收费、签证、放行、业务统计及流程管理，负责普惠制原产地证和一般原产地证的签发与监督管理。2007 年 9 月，安徽检验检疫局对检务职能进行了调整；2008 年 8 月，根据业务工作需要对检务处职能再次进行了修订调整。修订后职能为：负责辖区检验检疫业务的报检、计费、放行、签证管理及业务统计工作。负责全省代理报检单位注册登记、辖区自理报检单位备案登记和报检员注册登记管理工作。负责组织全省代理报检单位、辖区自理报检单位和报检员定期审核，以及全省报检员资格考试工作。负责辖区检验检疫业务、产地证业务原始档案的整理归档、保管、查询及定期销毁管理工作，以及报检（申领）

单位、报检员（申报员）注册登记及日常管理档案的整理和保管。负责检验检疫综合业务管理系统（CIQ2000）中有关检务业务流程及其权限设置的管理；负责口岸内地联合执法系统的使用管理。研究制定检务工作计划并组织实施，组织承办上级布置的有关检务工作重点任务。 会同有关部门检查检验检疫证书质量和调查重大检务工作质量问题。配合查处违法违规行为。负责辖区内各类原产地证申领单位及申报员的注册登记管理，各类原产地证的申报、计费、审签和注册调查、签证调（抽）查及退证查询工作。对分支机构进行对口业务指导。负责本部门文件、资料等文书档案工作的整理与保管工作。负责本部门的精神文明建设和职工的思想政治工作。承办局领导交办的其他工作。

科技与认证处负责有关检验检疫的科技、标准化工作，负责科技攻关和技术引进、交流，负责情报资料、实验室、仪器设备、计算机信息系统等管理工作。负责管理和组织实施进出口卫生、检疫注册和安全质量许可、出口质量许可、质量认证认可。2007 年 9 月，安徽检验检疫局对科技与认证职能进行了调整。调整为科技与认证监管 2 个处室，其职能分别为：

科技处负责全省系统科技管理、标准化工作。负责全省系统实验室建设的规划和监督。负责检验检疫法律、法规、方针、政策的宣传工作。研究制订全省系统科技发展规划并组织实施。开展科技合作与交流，组织科技攻关和科研成果的鉴定、推广和应用。研究制定检验检疫标准和技术法规工作规划并宣传贯彻。负责国内外高科技产业主要农、食、植产业科学技术，自主知识产权的信息收集和发布。负责本部门文件、资料、质量活动记录的整理与保管工作。负责本部门的精神文明建设和职工的思想政治工作。承办局领导交办的其他工作。

认证监管处负责制定全省系统认证监管、出口商品注册、卫生注册等规章和操作程序，并监督和组织实施。负责辖区内出口食品、化妆品生产、加工单位的卫生注册登记和 HACCP 验证工作，组织实施申请注册企业的考核评审、发证和监督管理工作，组织实施注册登记企业对外的推荐工作。负责辖区内出口商品生产企业注册登记工作，组织实施申请注册企业的考核评审、发证工作。负责农产品出口基地认证备案工作，负责出口企业地理标志产品注册保护申请的初审和推荐工作，负责原产国标记认证注册工作，负责原产地认证工作。负责全省系统的认证监管人员培训、考核工作。负责委托社会检测机构的符合性审查和监管工作。负责强制性产品认证工作的监督管理，承办强制性产品免办审批及需要特殊处理程序放行的产品管理工作，组织实施对国家实行进出口许可制度的民用商品入境验证工作。负责认证市场的日常监督管理和认证稽查工作。受理对认证活动的申诉，组织查处认证市场违法行为。负责向国家认监委报告在认证工作中发生的重要事项以及在检查中发现的应当由国家认监委组织查处的有关认证认可违法行为。定期统计和填报有关认证监管工作统计报表。负责全省各类原产地证申签单位及申领员（手签员）的注册登记管理工作，负责辖区各类原产地证的申报、计费、审签管理工作，负责全省各类原产地证的注册调查、签证调（抽）查。对分支机构和直属事业单位进行对口业务指导。负责本部门标准、资料、质量活动记录的整理与保管工作。负责本部门的精神文明建设和职工的思想政治工作。承办局领导和认监委交办的其他事项。2008 年 8 月，根据业务工作需要对认证监管职能进行了修订调整。修订后职能为：负责制定全省系统认证监管、出口商品注册、卫生注册登记等审批发证，并组织抽查和监督。负责辖区内出口食品、化妆品生产加工企业的卫生注册登记工作的审批、发证、抽查和监督管理。负责出口产品质量标准的评定、出口生产企业的质量体系评审和质量管理制度的审定工作，组织实施 HACCP 验证和注册企业对外推荐工作。负责辖区内出口商品生产企业注册和农产品出口基地认证备案工作的审批、发证、抽查及监督管理。负责出口企业地理标志产品注册保护申请的初审、推荐和原产国标记认证工作。负责 3C 产品认证工作的监督管理，承办 3C 产品免办审批及需要特殊处理程序放行的产品管理工作，负责认证市场的日常监督管理和认证稽查工作；受理对认证活动的申诉。负责全省系统认证监管人员培训、考核工作，负责委托社会检测机构的符合性审查和监管工作。负责向国家认监委报告在认证工作中发生的重要事项，定期统计和填报有关认证监管工作统计报表。对分支机构和直属事业单位进行对口业务指导。负责卫生注册企业、质量许可企业、备案基地、产品质量标准和地理标志、原产国标记产品的档案建设与管理。负责本部门标准、资料、质量活动记录的整理与保管工作。负责本部门的精神文明建设和职工的思想政治工作。承办局领导和认监委交办的其他事项。

人事处负责办理省局和下属分支机构、事业单位的干部任免、调配、考核、公务员管理、职称评聘、机构编制、劳动工作和教育培训及安全保卫等工作。2007 年 9 月，安徽检验检疫局对人事职能进行了调整。调整后职能为：研究制定全省系统干部人事管理工作的规章制度并监督和组织实施。负责全省系统公务员管理和干部的考核、录用、调配、任免、轮岗交流和奖惩工作。负责全省系统机构编制、劳动工资和社会保险的管理和组织实施工作。负责全省系统职工教育培训工作的统一管理、协调与监督工作。负责直属事业单位专业技术职务评聘、考核的组织工作。负责机关劳动纪律的监督检查和职工病事假、公休假、奖金发放的审批与管理，会同有关部门组织实施机关职工福利工作。负责本省系统人力资源开发与管理工作，负责对学科技术带头人等专业技术人才库的管理。负责出国人员政审、护照管理等外事工作。负责全省系统干部、机构编制、劳动工资、教育培训的统计工作和干部人事档案的管理工作。负责本部门文件、资料、质量活动记录的整理与保管工作。负责本部门的精神文明建设和职工的思想政治工作。承办局领导交办的其他工作。

财务处负责省局和下属单位的财务会计、基建计划、国有资产管理，负责对下属单位的财务监督检查。2007 年 9 月，安徽检验检疫局对财务职能进行了调整。调整后职能为：根据国家有关政策法规和国家质检总局有关规定，拟定本系统财务、会计和基本建设、国有资产管理办法。负责本系统财务预算和决算工作，审核、下达本系统年度财务预算，审核、汇总、上报本系统会计报表和其他会计信息。负责编制、审核、下达本系统年度基本建设项目规划和资金计划，负责基本建设预算和决算工作，负责基本建设项目的管理工作。负责系统行政和事业性收费票据发放和使用管理工作，办理本局日常收费结算，按规定管理本局会计档案。负责本系统财务管理工作的业务指导和监督检查工作，拟定本系统财务稽查办法，开展财务专项检查，协助有关部门开展内部审计工作。负责本局会计核算和财务管理，会同有关部门负责本局职工福利工作，负责本系统工作人员制服的计划管理工作，会同有关部门拟定本局经费管理办法，承办经费的审批和报销工作。负责本系统国有资产管理工作，参与本局对外经济合同的签订工作，负责系统政府采购工作。协调有关部门拟定仪器设备配置计划，负责落实仪器设备的配置资金；负责本局设备、消耗品、通讯及办公设施管理。负责本局直属企事业单位财务监督管理、指导和协调工作，对分支机构进行业务对口指导。负责制定落实本处年度工作计划和岗位职责，负责本处文件、资料质量活动记录的整理和保管工作。负责本部门精神文明建设和职工思想政治工作。承办局领导交办的其他工作。

机关党委办公室（政工处）研究制定机关党建工作规划、年度计划和系统思想政治工作的措施并组织实施。负责机关精神文明建设，指导协调创建活动，负责机关扶贫、支教等社会公益活动的管理工作。指导全系统的精神文明建设工作和思想政治工作。负责局党组中心组理论学习的组织实施和协调工作。拟定机关政治理论学习计划并监督执行了解掌握机关党组织的工作情况和党员的思想动态，总结交流经验。负责机关、直属单位入党积极分子的培养和发展新党员工作。协助有关部门抓好机关党风廉政建设工作和对违纪党员的审查、处理工作。指导机关工会、妇女工作、领导共青团工作。负责本部门文件、资料、质量活动记录的整理与保管工作。承办局领导交办的其他工作。

监察审计室负责系统行政监察和内部审计工作。负责系统党风廉政建设和反腐败工作相关制度建设，并监督执行。负责监督检查系统贯彻执行国家的法律、法规及国家质检总局、本局制定的规章制度和依法行政情况。协助局党组贯彻落实上级纪检监察机关的指示、决定，宣传党的纪检监察工作的方针、政策，加强系统党风廉政建设和反腐败工作。加强系统行业作风建设。加强对各级领导班子和领导干部的监察，建立各级领导干部廉政档案。负责查处系统行政监察对象违反党纪、政纪行为。负责受理对监察对象信访举报，受理对监察对象的控告、检举和申诉，依法维护监察对象的合法权益。对驻分支机构专职监察机构和人员进行业务指导和管理。参与对系统行政执法情况进行执法监察，参与系统工作质量和重大检验检疫质量事故及重大案件的调查和处理。参与系统重大项目的过程监督，即政府采购、项目建设、大额资金的使用等工作。负责拟定系统内部审计工作年度计划、相关制度。负责组织对系统财务收支、预算的执行情况、基本建设、国有资产管理及使用情况等方面进行审计监督。负责对财务收支有关的经济活动及其经济效益进行审计监督，对会计报表的真实性、合法性进行审计。负责组织对有关人员进行任期经济责任审计。负责组织对系统内财务违纪问题进行专项财务检查。承办上级纪检监察机关和审计机关交办的工作事项。承办局领导交办的其他工作。

离退休干部处负责贯彻落实党和国家对离退休人员的各项方针、政策及安徽检验检疫局有关离退休工作规定。负责落实离退休干部的“政治、生活”待遇。负责制定机关离退休干部年度工作计划，并组织实施，做好年度工作总结。负责组织离退休干部阅文和学习（传阅）总局党组和局党组有关文件，执行中央、国家质检总局党组和局党组各项决议。抓好离退休干部队伍的思想建设。负责承办离退休干部参加有关集体学习、开会活动等事项。在机关党委领导下，认真地做好离退休干部党支部的组织建设工作。负责离退休干部活动场所、设施和配备车辆的管理、使用工作。负责组织离退休干部外出参观改革开放成果学习活动，开展有益于身心健康的文体活动和健康疗养工作。负责办理离退休干部的婚丧、看病和生活保障等事项，做好平时看望、慰问等工作。按信访规定和要求，做好离退休干部的来信、来访工作，及时处理、解决与反馈。负责全局离退休干部的统计报表工作和本处文件、资料、质量活动记录的整理与保管工作。负责对分支机构离退休干部的宏观性指导工作。定期进行业务指导。加强离退休干部处自身建设，组织工作人员学习政治理论和业务知识，不断提高政治业务素质，以提高部门的整体管理与服务水平。承办局领导交办的其他工作。

设立检验监管筹备处，负责全省系统检验监管工作的指导和对分支机构、业务部门工作质量的监督检查。负责全省系统辖区业务划分和调整工作，对检验检疫秩序实施监督管理。负责出口生产企业分类管理和绿色通道管理工作，以及出口企业免验产品的组织评定、监管工作，并建立档案。负责业务管理工作各项制度的制定并组织实施。负责全省系统检验检疫业务统计及进出口商品质量分析工作。负责全省系统电子监管和口岸视频监控网络建设的组织协调工作。负责目录外出口商品监督抽查的组织协调工作。负责对涉外检验检疫鉴定机构和人员的监督管理工作。负责对进口废旧物品监管的组织协调工作。负责收集出口国产品质量信息，对进出口企业及产品质量信誉实施监督管理。负责本部门的精神文明建设和职工的思想政治工作。承办局领导交办的其他工作。2008 年 8 月，根据业务工作需要对检验监管筹备职能进行了修订调整。修订后职能为：负责全省检验检疫业务管理监督和组织协调，负责全省辖区业务划分和调整。负责全省检验检疫业务管理制度制定，负责分支机构、业务处室工作质量的监督检查。负责出口生产企业分类管理评定和绿色通道管理工作，负责评定全省进出口直通放行企业名单和审定建立直通产品目录，并建立相关档案。负责全省出口免验产品审批工作。负责电子监管系统和口岸视频监控系统的建设方案规划。负责目录外出口商品的监督、抽查、监管和企业、产品档案的建立。负责检验检疫证书、证单、标识、封识以及业务用印鉴的发放管理，对使用情况实施监督管理。负责全省进出口商品统计、半年和年度质量分析工作。负责全省国内、国外检验检疫鉴定机构和人员资质评定发证的管理工作。负责对进口废旧物品监管的组织协调工作。负责本部门的精神文明建设和职工的思想政治工作。承办局领导交办的其他工作。

设立 WTO 办公室，发挥政府服务职能，对国外技术性贸易措施进行研究和跟踪，研究全省重要出口产品及出口受阻产品的主要进口国贸易壁垒现状与对策。组织专家组开展评议和咨询工作，组织专家、企业针对安徽省影响较大的 TBT-SPS 通报进行分析研究、风险评估并提出应对建议，解答企业需要了解和解决的问题。根据国家质检总局检验检疫中心工作任务，对检验检疫事业的发展建设提供战略发展性的研究，为局党组决策提供依据、建议和方案。根据中心工作任务负责起草或参与起草本局有关重要文件和重要会议领导讲话、报告等文稿。围绕检验检疫工作任务，对全省检验检疫业务工作中的重大问题、热点、难点问题进行调研论证。依托中国 WTO/TBT-SPS 国家通报咨询中心的通报咨询工作制度，及时有效地向全省进出口企业通报与相关产业有关的 TBT-SPS 信息。针对全省出口优势产业和产品，积极预警，降低技术性贸易措施的影响。根据省政府授权负责与国家质检总局 WTO/TBT 和 SPS 咨询点联系并承办国家质检总局咨询点交办的有关工作，负责与地方商务部门关于 WTO 通报咨询等工作的联系协调。积极宣传 WTO/TBT-SPS 相关知识，组织开展必要的培训。收集、整理、综合分析国内外有重要参考价值的本专业方面的信息资料，编写发行政策研究刊物，提供信息服务。对局党组交办的研究课题开展专题性研究。负责《中国国门时报》社安徽记者站的工作。承办局领导交办的其他工作。

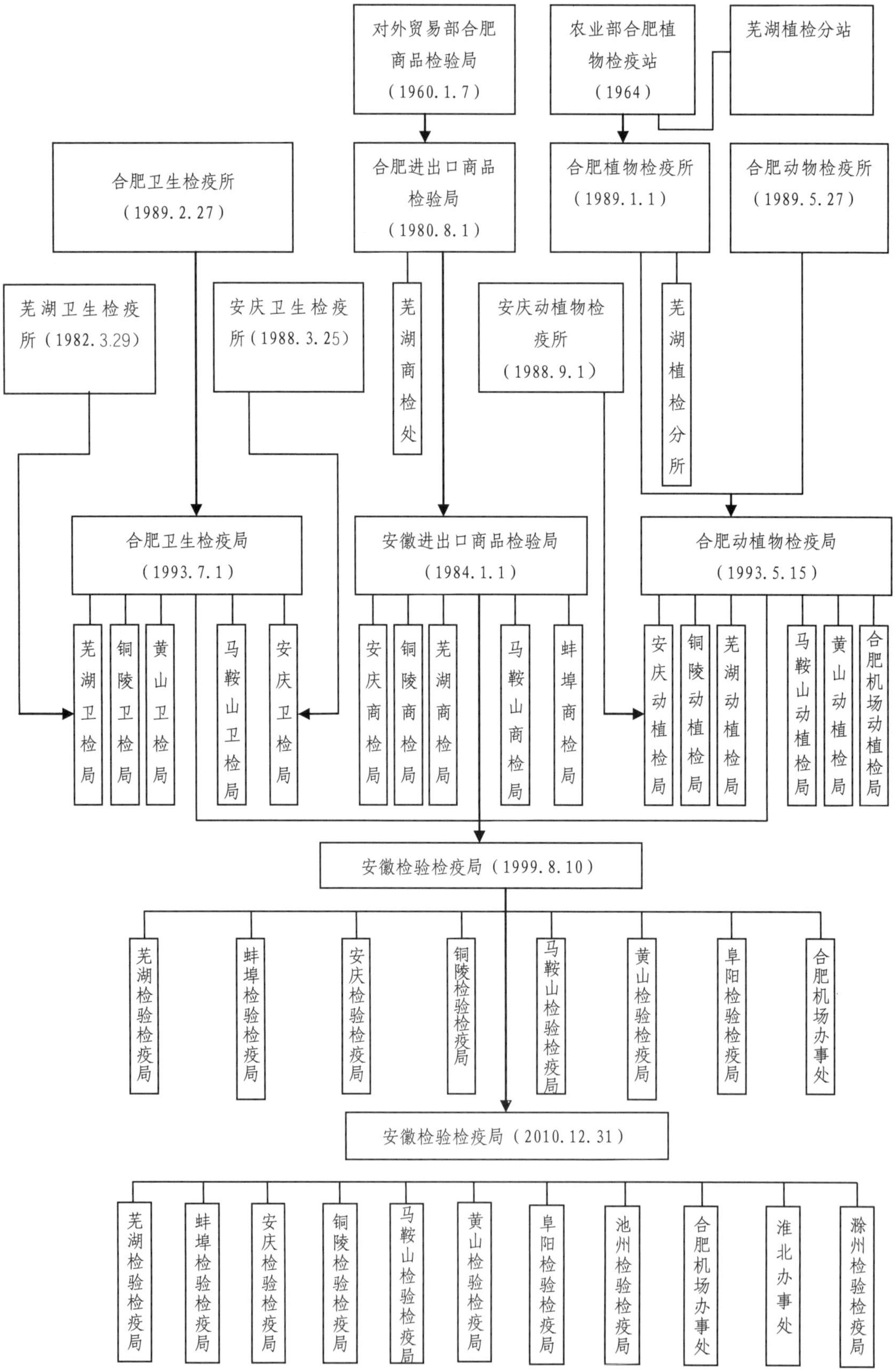

图 1-1-1 安徽检验检疫机构演变图

第二章 政务管理

第一节　公文管理与会议管理

公文管理　1999—2010年，安徽检验检疫局本着高效、精简的原则，加强公文管理，控制公文数量，为机关和上级部门服务。1999年，发文、发函332件；2000年，发文、发函443件；2001年，发文、发函459件；2002年，发文、发函376件；2003年，发文、发函464件，内部签报127件；2004年发文、发函505件；2005年，发文、发函626件，内部签报230件；2006年，发文、发函460件、内部签报183件；2007年，发文、发函697件，内部签报174件；2008年，发文、发函484件，内部签报145件；2009年，发文、发函515件，内部签报209件；2010年，发文、发函440件，内部签报290件。

重要会议组织与管理　2007年6月6日，安徽检验检疫局制定《安徽检验检疫局会议管理实施办法》，将全局召开的会议分成三类，并对分工进行明确。一类会议是指局党组召开的，由主要领导参加并主持的会议，由办公室负责主办；二类会议是指涉及全系统工作的，由分管局长参加的重要会议，由职能部门负责主办；三类会议是指各部门召开的各种会议，由召开会议的部门负责主办。为严格控制会议数量、规模和会期，提高会议效率，除一类会议外，其他会议均采用视频会议；二类会议，未经局长批准不得要求分支局主要负责人参加；三类会议，经局长批准分支局分管副局长可以参加。一类会议由办公室负责申报会议计划和会议经费预算，所需经费由省局承担。经批准召开的非视频二类、三类会议的交通费、住宿费由会议代表自理。各类会议食宿均安排在省局机关食堂和招待所。

视频会议系统是安徽检验检疫系统会议的主要方式，是提高会议质量、节约会议成本的重要途径。为保证视频会议的正常进行，制定《安徽检验检疫局视频会议系统管理规程》，对视频会议准备工作作了具体要求。

第二节　档案管理

商品检验系统档案管理　1984年5月，安徽商检局成立综合档案室，由文书机要人员兼管档案。1989 年后，档案管理逐步走上规范，调整充实专职档案人员，建立档案库房，配备必要设施，档案管理范围由过去单一的文书档案扩大到文书、会计、科技、基建、声像等档案。

1991 年，安徽商检局根据国家商检局《关于开展商检机关档案室上等级工作的通知》和《关于进行档案工作检查评比的通知》精神，确定 1 名副局长分管档案工作，办公室确定 1 名副主任抓具体工作。同年，建立和完善档案工作的各项规章制度，如《安徽商检局档案管理实施办法》《档案立卷类目》《档案保管期限规定》《档案保密制度》《档案借阅制度》《档案安全管理制度》《档案鉴定制度》《会议档案立卷归档制度》《会计档案管理制度》《声像档案管理制度》等，同时制定《档案室职责范围》《档案人员岗位责任制》《办公室分管主任岗位责任制》《兼职档案人员职责》等，按照这些规章制度，切实抓好商检机关档案室管理工作。在省档案局的指导下，对文书档案、会计档案、声像档案及其他专业档案重新整理、归档、编目，档案管理工作有了新的起色。

1997 年 2 月 3 日，国家商检局审核批准安徽商检局为商检系统机关档案管理一级单位。12 月 25 日，国家商检局审核批准安庆商检局为商检系统机关档案管理三级单位。

1999 年“三检”合一后，档案移交安徽检验检疫局档案室。

1960—1999 年安徽商检局文书档案统计表

表 1-2-1

年份	本年案卷总数	其中：（卷）			本年案卷起止号			到本年止累计（卷）			
		永久	长期	短期	永久	长期	短期	永久	长期	短期	合计
1960	23	11	12		4–14	8–19		14	19		33
1961	22	9	13		15–23	20–32		23	32		55
1962	22	7	15		24–30	33–47		30	47		77
1963	19	7	12		31–37	48–59		37	59		96
1964	14	4	10		38–41	60–69		41	69		110
1965	12	6	6		42–47	70–75		47	75		122
1966	9	2	7		48–49	76–82		49	82		131
1967	8	2	6		50–51	83–88		51	88		139
1968	6	3	3		52–54	89–91		54	91		145
1969	1		1			92		54	92		146
1970	3	1	2		55	93–94		55	94		149

续表 1-2-1

年份	本年案卷总数	其中：（卷）			本年案卷起止号			到本年止累计（卷）			
		永久	长期	短期	永久	长期	短期	永久	长期	短期	合计
1971	2		2			95–96		55	96		151
1972	9	3	6		56–58	97–102		58	102		160
1973	10	4	6		59–62	103–108		62	108		170
1974	8	3	5		63–65	109–113		65	113		178
1975	14	5	9		66–70	114–122		70	122		192
1976	15	4	11		71–74	123–133		74	133		207
1977	26	6	20		75–80	134–153		80	153		233
1978	30	12	18		81–92	154–171		92	171		263
1979	46	16	30		93–108	172–201		108	201		309
1980	45	17	23	5	109–125	202–224	1–5	125	224	5	354
1981	48	26	15	7	126–151	225–239	6–12	151	239	12	402
1982	57	21	21	15	152–172	240–260	13–27	172	260	27	459
1983	51	15	28	8	173–187	261–288	28–35	187	288	35	510
1984	73	30	29	14	188–217	289–317	36–49	217	317	49	583
1985	63	21	31	11	218–238	318–348	60–60	238	348	60	646
1986	81	37	35	9	239–275	349–383	61–69	275	383	69	727
1987	128	41	74	13	276–316	384–457	70–82	316	457	82	855
1988	120	57	54	9	317–373	458–511	83–91	373	511	91	975
1989	130	46	64	20	374–419	512–575	92–111	419	575	111	1105
1990	170	52	78	40	420–471	576–653	112–151	471	653	151	1275
1991	195	46	104	45	1–46	1–104	1–45	46	104	45	195
1992	203	49	97	57	47–95	105–201	46–102	95	201	102	398
1993	152	5	78	39	96–130	202–279	103–141	130	279	141	550
1994	142	38	59	45	131–168	280–338	142–186	168	338	186	692

续表 1-2-1

年份	本年案卷总数	其中：（卷）			本年案卷起止号			到本年止累计（卷）			
		永久	长期	短期	永久	长期	短期	永久	长期	短期	合计
1995	180	46	74	60	169-214	339-412	187-246	214	412	246	872
1996	141	36	57	48	215-250	413-469	247-294	250	469	294	1013
1997	148	46	58	44	251-296	470-527	295-338	296	527	338	1161
1998	149	28	65	56	297-324	528-592	339-394	324	592	394	1310
1999	133	23	66	44	325-347	593-658	395-438	347	658	438	1443

1974—1995 年安徽商检局室藏会计档案统计表

表 1-2-2

年份	凭证		账本		报表		至本年止累计卷（盒）			
	卷数	归档起止号	卷数	归档起止号	卷数	归档起止号	凭证	账本	报 表	合计
1974	1	1	1				1	1		2
1975	17	2-18	6		1		18	7	1	26
1976	20	19-38	4		1		38	11	1	50
1977	26	39-64	4		1		64	15	1	80
1978	23	65-87	4		1		87	19	1	107
1979	33	88-120	5		1		120	24	1	145
1980	31	121-151	3		1		151	27	1	179
1981	35	152-186	4		1		186	31	1	218
1982	42	187-228	4		1		228	35	1	264
1983	41	229-269	4		1		269	39	1	309
1984	55	270-324	4		1		324	43	1	368
1985	55	1-55	5		1		379	48	1	428
1986	65	1-65	5		1		444	53	1	498
1987	80	1-80	5		1		524	58	1	583

续表 1-2-2

年份	凭证		账本		报表		至本年止累计卷（盒）			
	卷数	归档起止号	卷数	归档起止号	卷数	归档起止号	凭证	账本	报表	合计
1988	85	1-85	5		1		609	63	1	673
1989	83	1-83	6		1		692	69	1	762
1990	106	1-106	5		1		798	74	1	873
1991	133	1-133	6		1		931	80	1	1012
1992	130	1-130	9		1		1061	89	1	1151
1993	138	1-138	9		1		1199	98	1	1298
1994	148	1-148					1347	98		1445
1995	160	1-160					1507	98		1605

1981—1996 年安徽商检局照片档案统计表

表 1-2-3

立卷年度	主题	本年度数		至本年度累计	
		册数	张数	册数	张数
1981—1991	领导活动类	1	24		
1990—1996	会议类	1	44		
1990	外事类	1	2		
1991—1996	活动类	1	6	4	76

动植物检疫系统档案管理　合肥动植检局的档案一直由办公室兼管。1996 年，开始对历史档案进行全面收集、整理；1997 年年底，成立综合档案室，配备专用库房、档案柜、电脑、档案软件及一些简易的档案装订工具。

文书档案方面，根据国家动植检局下发的《口岸动植物检疫系统档案管理办法》，将机关 1988—1999 年 7 月的文书档案整理归档，按保管期限组织机构立卷。

会计档案方面，财务处按照国家档案局和财政部颁发的《会计档案管理办法》来整理和划分管理期限。1998 年共有会计档案 416 卷。其中报表类 26 卷、账簿类 79 卷、凭证类 228 卷、其他类 83 卷；整理基建档案 24 卷，照片档案 2 册。

1999 年“三检”合一后，档案移交安徽检验检疫局档案室。

1988—1999 年合肥动植物检疫局文书档案统计表

表 1–2–4

年份	本年案卷总数	其中：（卷）			本年案卷起止号			到本年止累计（卷）			
		永久	长期	短期	永久	长期	短期	永久	长期	短期	合计
1988	1	1	1		1–1	1–1		1	1		2
1989								1	1		2
1990	1		1			1–1		1	2		3
1991								1	2		3
1992	6	1	1	4	1–1	1–1	1–4	2	3	4	9
1993	46	4	3	39	1–4	1—3	1–39	6	6	43	55
1994	62	3	17	42	1–3	1–17	1–42	9	23	85	117
1995	108	12	48	48	1–12	1–48	1–48	21	71	133	225
1996	139	11	62	66	1–11	1–62	1–66	32	133	199	364
1997	155	13	55	87	1–13	1–55	1–87	45	188	286	519
1998	145	11	47	87	1–11	1–47	1–87	56	235	373	664
1999	83	8	42	33	1–8	1–42	1–33	64	277	406	747

卫生检疫系统档案管理　1995 年年底，合肥卫检局迁至新办公楼后设立档案室，配备兼职档案员 1 人，配有库房 1 间、档案柜 4 组及一些简易的档案装订工具。在“三检”合一前，抽出人员脱产整理档案。1989—1999 年 7 月，共形成档案 337 卷。其中文书档案 147 卷、财务档案 182 卷、基建档案 2 卷、职称档案 4 卷、仪器档案 2 卷。

全宗内档案主要分 4 类：综合类包括工作计划、总结、规划制度、报表、大事记、机构沿革等；组织机构人事类包括机构变动、更改名称、印章启用、干部任免、调动、调资、人员编制等；行政财务类包括财务管理、财务收支等；业务类包括上级机关对于业务工作的指示、意见、批复，本单位形成的业务工作计划、报告、结论等。

1999 年“三检”合一后，档案移交安徽检验检疫局档案室。

1989—1999 年合肥卫生检疫局文书档案统计表

表 1–2–5

年分	本年案卷总数	其中：（卷）			本年案卷起止号			到本年止累计（卷）			
		永久	长期	短期	永久	长期	短期	永久	长期	短期	合计
1989	8	3	5		1–3	1–5		3	5		8
1990	5	2	3		1–2	1–3		5	8		13
1991	10	4	4	2	1–4	1–4	1–2	9	12	2	23
1992	15	8	4	3	1–8	1–4	1–3	17	16	5	38
1993	16	8	4	4	1–8	1–4	1–4	25	20	9	54
1994	12	4	4	4	1–4	1–4	1–4	29	24	13	66
1995	15	4	7	4	1–4	1–7	1–4	33	31	17	81
1996	13	4	3	6	1–4	1–3	1–6	37	34	23	94
1997	18	7	8	3	1–7	1–8	1–3	44	42	26	112
1998	29	8	11	10	1–8	1–11	1–10	52	53	36	141
1999	28	5	15	8	1–5	1–15	1–8	57	68	44	169

检验检疫系统档案管理　安徽检验检疫局机关档案管理一直按照国家档案局和国家质检总局有关法规来管理，设有综合档案室，属办公室直接领导，有专职档案员 1 名，各处室配有兼职档案员，建有机关档案管理网络。

2000 年 4 月 8 日，安徽检验检疫局根据《中华人民共和国档案法》和国家检验检疫局《检验检疫机关档案工作管理办法》，制定《安徽检验检疫系统机关档案管理实施办法》并下发各分支机构执行。

2002 年 2 月，国家质检总局下发《关于印发 < 国家质量监督检验检疫总局机关档案工作管理办法 > 等 4 项规章制度的通知》。同年，安徽检验检疫局转发《国家质检总局关于 < 国家质量监督检验检疫总局机关资料收集管理规定 > 等 4 项规章制度的通知》，强调加强文件材料的收集、整理立卷、归档，加强会议材料的管理，加强声像档案的收集、整理工作，使综合档案管理逐步走向规范。

2003 年，局机关文件材料的整理开始采用国家档案局批准发布的档案行业标准 DT/

T22-2000《归档文件整理规则》进行整理归档。归档文件的整理单位由卷改为件，简化档案归档程序，提高档案利用效果。

2007 年 5 月，安徽检验检疫局搬迁到屯溪路 329 号新办公大楼，档案设施和档案管理思路重新做了定位。提出要建设一个“档案馆”式的档案管理模式。档案管理实行集中统一领导，分块各负其责，实行“三统一、一完善”，即档案管理在设施上统一、在制度建设上统一、在检查标准上统一，完善陈列室、电子阅览室和档案网络化管理，为提高安徽检验检疫局档案管理水平发挥积极作用。

在档案管理硬件方面，具备了可存放 50 年档案、设施较为齐全的专业库房；档案装具一律采用移动型密集架。档案室库共有 6 间、275 平方米。其中，工作用房 50 平方米、阅文室 25 平方米、文书库房 50 平方米、检务档案库房 50 平方米、科技档案资料库房 50 平方米、人事监察档案库房 50 平方米、陈列室 110 平方米、电子阅览室 50 平方米。先后投入 30 多万元用于档案基础建设。实现档案库房、调阅室和机要档案人员办公室“三分开”。设置荣誉实物档案陈列室，配备有档案密集架 10 列（61.5 立方米）、检索目录柜 2 套，以及计算机、打印机、复印机、碎纸机、装订机、缝纫机、除湿机、灭火器、铁门、铁窗等一系列设施，满足了机关档案的管理需要，从硬件上保证档案存放的安全。在技术防范上，从防火、防盗、防潮、防高温、防水、防鼠、防虫、防光、防尘、防有害气体要求入手，严格落实档案库房技术防范措施，使库房环境达到“十防”要求，延长档案存放寿命。

档案管理技术软件也得到发展，具有较先进的档案计算机数字检索工具。1998 年，购置津科档案管理软件系统（单机版）对库存档案进行著录。2007 年，购置津科翰林全息安全型档案管理系统（检验检疫网络版）。通过计算机辅助档案管理软件进行档案检索、统计、编目等工作，及时地调阅、输出各类档案目录、封面、备考表和有关数据，提高工作效率和查全率、查准率。2008 年年底，建立文书档案目录数据库共 3.5 万多条，推进办公自动化系统与档案系统的一体化应用，方便局机关及分支机构利用网络查询档案目录。

2008 年，安徽检验检疫局在省档案局的具体指导下，编制《安徽检验检疫档案分类与编号方案》，完成对各类档案的收集、整理、自查等工作，同时汇编《安徽检验检疫局 1999—2007 年大事记》《安徽检验检疫局 1999—2007 年统计数据》。2008 年 8 月，通过安徽省机关档案工作目标管理考评，晋升为档案工作管理省一级单位。

同年，根据国家档案局《机关文件材料归档范围和文书档案保管期限规定》（第 8 号令）和省档案局要求，结合检验检疫系统档案特点，编制了《安徽检验检疫局机关文件材料归档范围和文书档案保管期限规定》。经多次修改，报省档案局审核批准实施。2008 年，局机关文件材料开始按照省档案局批准实施的新规定进行整理、归档；

文书档案的保管期限也从以往的永久、长期、短期改进为永久、定期30年、定期10年。

1999—2010年安徽检验检疫局文书档案统计表

表1-2-6

所属年度	永久（卷、件）	长期（卷、件）	短期（卷、件）	小计（卷、件）
1999	16	68	82	166
2000	20	307	204	531
2001	24	220	150	394
2002	33	198	48	279
2003	175	872	430	1477
2004	127	787	919	1833
2005	138	1107	1037	2282
2006	81	916	858	1855
2007	117	1273	1163	2553
2008	208	1156	671	2035
2009	326	1297	874	2497
2010	309	935	1250	2494

1994—2006年安徽检验检疫局室藏会计档案统计表

表1-2-7

所属年度	会计凭证	会计账簿	财务报告	其他	小计
1994		12			12
1995		12			12
1996	170	10			180
1997	201	9		2	212
1998	193	9		2	204
1999	225	18	1	8	252
2000	258	7	3	7	275
2001	219	7	9	3	238

表 1-2-7

2002	215	7	7		229
2003	189	8	7	2	206
2004	175	7	16		198
2005	200	7	19		226
2006	219	7	9		235
合计	4442	334	130	125	5031

2002—2010 年安徽检验检疫局照片档案统计表

表 1-2-8

年度	工作类		会议类		至本年度累计	
	张数	册数	张数	册数	张数	册数
2002—2010	78	1				
2002—2007			90	1		
2007—2008			83	1		
2002—2007	89	1				
2007—2008	87	1				
2008	56	1			483	6
2009	189	4	91	2	763	12
2010	101	2	49	1	913	15

2008 年安徽检验检疫局科研、基建、设备档案统计表

表 1-2-9

立卷年度	科研（卷）	基建（卷）	设备（卷）
2008	23	38	60
合计	121 卷		

2008—2009 年安徽检验检疫局实物档案统计表

表 1-2-10

立卷年度	牌匾	证书	奖杯	奖旗	合计
2008	28	12	16	3	59
2009	2				61

第三节　保密工作

在国家质检总局与安徽省保密委的领导下，根据工作实际，制定《安徽检验检疫局保密管理规定》《安徽检验检疫局涉密人员管理规定》等一系列保密规章制度，使保密工作有法可依、有章可循，较好地完成“保安全、保发展”的保密工作任务。

保密组织　1991 年 5 月 15 日，安徽商检局成立局保密委员会。由 1 名局领导担任主任，成员为各处室的主要负责人；办公室负责保密委员会的日常工作，并确定了兼职保密人员。

“三检”合一后，1999 年 12 月 22 日，安徽检验检疫局成立第一届保密委员会。由 1 名局领导担任主任，保密委员会下设保密工作办公室，由办公室工作人员组成，具体负责日常保密工作的组织实施。各分支机构、直属单位也相继设立保密工作领导小组。全局形成保密工作立体网络，保密工作更加规范化和系统化。

2001—2010 年，安徽检验检疫局根据人员变动情况先后 5 次对局保密委员会成员进行了调整。

保密培训与宣传　2001 年，选派 1 名保密工作人员参加省保密委举办的计算机信息系统安全保密管理培训班。

2002 年 6 月，开展处级以上领导干部保密法规制度知识测试活动。全局 106 名处级干部参加了测试。

2000—2010 年，安徽检验检疫局保密办先后选派 4 名保密工作人员参加省保密局举办的涉密岗位工作人员培训班。

2003—2010 年，结合初任公务员培训和职工岗前培训，对新上岗的公务员和转调人员进行保密知识教育，提高其对保密工作重要性的认识。订购《保密工作》期刊，供保密委员会委员、各处室、分支局和直属单位学习；订购保密录像带，在安徽检验检疫局机关和直属单位播放。

2003 年和 2008 年，为纪念《中华人民共和国保守国家秘密法》颁布 15 周年和 20

周年，安徽检验检疫局开展了丰富多彩的保密宣传教育活动。组织干部职工观看保密形势的警示教育片、开展保密工作论坛、参加保密知识竞赛，刊出图文并茂的保密法知识板报，促使全体干部职工树立保密意识、加强保密工作，确保检验检疫工作安全有效开展。

保密设施　安徽检验检疫局办公室设立机要室，配备专职机要秘书，严格执行密码电报、机要文件管理要求，坚持密电密复，严防失、泄密事件的发生。

为确保计算机系统的安全，2000 年，安徽检验检疫局对局机关大楼进行了计算机网络改造。2002—2004 年，先后为处级以上领导干部安装了“网络安全隔离卡”。

2006 年，随着办公自动化系统在全局的推广运行和计算机信息网络的广泛应用，为保证文件信息的安全性，安徽检验检疫局对局域网和互联网实行物理隔离，局网络中心统一管理全局的计算机硬件、软件，涉密计算机实行单机专人专用，保证文件信息的安全。

2003 和 2005 年，安徽检验检疫局配合省保密委在全局范围内组织了 2 次大规模的计算机涉密检查，及时发现漏洞和解决问题，杜绝泄密事件发生，彻底切断网络泄密途径，保证保密工作顺利开展。

保密目标管理责任制　1999—2010 年，安徽检验检疫局每年对照省委保密委下发的《省直单位保密工作目标管理考核标准》要求，把各项保密工作任务纳入本单位、本系统总体工作目标，统筹安排、明确责任、加强监督、抓好落实。

第四节　外事、信访、督查督办与接待工作

外事　2000 年，安徽检验检疫局出访 11 个团组、14 人次；2001 年，出访 9 个团组、10 人次；2002 年，出访 7 个团组、13 人次；2003 年，出访 11 个团组、22 人次；2004 年，出访 12 个团组、13 人次；2005 年，出访 14 个团组、19 人次；2006 年，出访 18 个团组、29 人次；2007 年，出访 9 个团组、10 人次；2008 年，出访 2 个团组、2 人次。出访涉及美国、加拿大、英国、法国、德国、丹麦、比利时、俄罗斯、瑞典、挪威、意大利、塞浦路斯、奥地利、荷兰、西班牙、葡萄牙、克罗地亚、罗马尼亚、土耳其、阿尔及利亚、埃及、阿根廷、智利、秘鲁、巴西、阿根廷、玻利维亚、塞内加尔、马里、突尼斯、利比亚、澳大利亚、新西兰、日本、韩国、新加坡、马来西亚、泰国 38 个国家和中国香港、台湾等地区。

信访　2000 年，根据《中华人民共和国信访条例》和《关于领导干部定期接待群众来访的意见》有关规定，安徽检验检疫局印发《安徽检验检疫局局长接待日制度》，对局长接待日的接待方式、接待要求、接待范围、接待内容及其他信访事项作出具体要求。

2006 年，根据《中国共产党纪律检查机关控告申诉工作条例》等有关规定，安徽检验检疫局制定《安徽检验检疫系统信访监督实施办法》，对信访监督范围、监督程序、信访监督方式作出明确规定。

督查督办　督查督办工作是通过督促、检查、协调、反馈等手段，推动全局重大决策、工作部署和各项规章制度得以及时贯彻落实的过程。2005 年，安徽检验检疫局党组分别对网络提速及承诺的优惠条件、语言平台服务系统和电子缴费系统、工作质量评价体系和关检合作备忘录、所属事业单位暂借开办费规定事项等 4 项工作进行督办。2006 年，安徽检验检疫局党组对职工购房公积金贷款事项、30 家出口农产品生产基地备案工作、三片监察部门（皖南、皖北、省局）和审计室人员配备事宜、沿江 5 口岸卫生处理检验及卫生业务规范管理等 4 项工作进行督办。2007 年，安徽检验检疫局党组对建设"安徽国检"网站工作、加强 CIQ 业务系统安全方案工作和完善办公自动化系统安全配置工作进行督办。2008—2010 年，重点围绕检验检疫机构建设、实验室建设、质量提升活动等开展督查督办。

接待工作　2000 年，安徽检验检疫局制定并印发《安徽检验检疫局接待管理工作暂行办法》。1999 年，安徽检验检疫局接待部级干部 3 人次、厅级干部 15 人次、处级干部 78 人次；2000 年，接待部级干部 3 人次、厅级干部 23 人次、处级干部 103 人次；2001 年，接待厅级干部 18 人次、处级干部 121 人次；2002 年，接待部级干部 4 人次、厅级干部 16 人次、处级干部 126 人次；2003 年，接待部级干部 2 人次、厅级干部 12 人次、处级干部 79 人次；2004 年，接待部级干部 3 人次、厅级干部 25 人次、处级干部 97 人次；2005 年，接待部级干部 1 人次、厅级干部 18 人次、处级干部 69 人次；2006 年，接待部级干部 1 人次、厅级干部 21 人次、处级干部 121 人次；2007 年，接待部级干部 4 人次、厅级干部 27 人次、处级干部 139 人次。2008—2010 年，接待部级干部近 20 人次。

第五节　其他重要政务工作

政策研究

政研机构沿革、职能和人员情况　2005 年 8 月，安徽检验检疫局成立政策研究室（正处级机构），独立于办公室之外，列入内设机构序列。2007 年 3 月，除保留原来的政策研究室职能外，增加 WTO 工作，更名为 WTO 应对办公室，有 3 名正式人员和 1 名聘用人员。其中主任 1 人、副主任 1 人。由局党组主要负责人亲自分管。

政策研究室（WTO 办）主要职能为政策研究、对外宣传、起草重要材料和 WTO 工作。具体有以下 9 项任务：根据总局检验检疫中心工作任务，对事业的发展建设提出战略发展性研究，为局党组决策提供依据、建议和方案。围绕检验检疫工作任务，对全省检验检疫业务工作中的重大问题、热点、难点问题进行调研论证。负责起草或参与起草本局有关重要文件和重要会议领导讲话、报告等文稿。收集、整理、综合分析国内外有重要参考价值的本专业方面的信息资料，编写发行政策研究书刊，提供信息服务。负责全局新闻宣传工作，收集、编辑、审核各类宣传稿件。承担《中国国门时报》安徽记者站的工作。对局党组交办的研究课题开展专题研究。与国家质检总局 WTO/TBT 和 SPS 咨询点联系，并承办国家质检总局咨询点交办的有关工作。及时向安徽省进出口企业通报 TBT、SPS 信息。针对安徽进出口优势产业和产品，做好质量预警预报，降低技术性贸易措施的影响。宣传 TBT、SPS 知识。组织专家组开展 TBT、SPS 评议工作。

宏观政策研究成果　2007 年，组织编写《检验检疫基础知识教程》（以下简称《教程》）。缪传真同志主编，系统内 20 多名专业岗位专家合作编写，分管副局长撰写后记。同年 11 月，编著完成，并印发给系统各部门参阅。《教程》适用于检验检疫新进人员岗前培训，也是全局干部职工了解全面工作的贴近实际的读本。同年 6 月，组织编写《安徽应对欧盟 REACH 法规研究报告》。对欧盟 REACH 法规的内容、特点、出台背景、对中国和安徽省出口化工产品贸易的影响，以及相关出口企业、政府部门和行会组织如何共同应对 REACH 法规作了详细论述。8 月，组织编写《安徽进出口食品安全简论》。年底，对检验机构职能调整方案及合肥 2 个国家级经济技术开发区和 1 个省级开发区设立检验检疫机构可行性进行调研，并编写调研报告。

2008 年，组织编写《在开放视野下看安徽检验检疫》，用于新进人员培训。围绕贯彻落实国家质检总局《关于促进中部崛起的合作框架协议》开展相关调研，并编写上报专题报告。针对出口退运工作、支持安徽农产品食品出口工作、在安徽设立农产品进境口岸工作、科研和实验室建设工作、应对技术性贸易壁垒工作、检验检疫机构建设工作等，提出建议。

创刊《思考》和《壁垒》2 个内部刊物。《思考》主要发表政策研究方面的理论探讨文章。《壁垒》是在中国加入世贸组织进入“后过渡期”，国外对中国出口产品设置技术性贸易壁垒愈演愈烈的背景下创刊，涵盖国外通报、技术型贸易措施预警、产品出口形势分析等多方面内容。2007—2008 年，共编印《思考》18 期、《壁垒》13 期。

新闻宣传　安徽检验检疫局的新闻宣传工作，采取以《中国国门时报》为主阵地，《安徽日报》等党报媒体和都市报、地市报刊为重要补充，广播、电视、网络媒体及手机报等新兴媒体全覆盖的宣传策略，新闻宣传工作力度逐年加强。2007 年后，在《中国国门时报》等新闻媒体发表了一系列稿件、图片和视频材料，大力宣传安徽检验检疫系统贯彻以质取胜战略，狠抓产品质量和食品安全专项整治，打击逃漏检，堵截疫情疫病，构建长效检验检疫监管机制所取得的成效，取得了较好的宣传效果。

2007 年，安徽检验检疫系统在省部级新闻媒体上发表宣传稿件 29 篇次，《中国国门时报》22 篇次、《安徽日报》7 篇次。其中，结合产品质量整治活动，发表了宣传专版《质量整治迸发光彩》、局长访谈《擦亮“安徽制造”》、政策理论文章以及多篇宣传安徽检验检疫执法把关工作成效的报道，取得了较好的社会反响。

2008 年，安徽检验检疫局在《中国国门时报》上刊登宣传报道 42 篇次，与 2007 年相比翻了近一番。11 月，国家质检总局副局长支树平到安徽调研，安徽检验检疫局组织的新闻稿被国家质检总局新闻办确定为“两报”（《中国国门时报》《中国质量报》）通稿。在奥运会期间，安徽检验检疫局组织的 1 篇以“中国国门时报本报评论员”名义发表的社论，被国家质检总局网站转载。在纪念改革开放 30 周年活动中，题为《三十年改革开放，质检时代的强音》的宣传报道，系统回顾了安徽检验检疫局近 8 年来的工作成绩。参加《中国国门时报》改革开放 30 年征文比赛，组织撰写的反映安徽检验检疫局改革开放以来建设发展成果的新闻通讯《广阔背景的剪影》，以材料鲜活、结构新颖、人物生动等特点，获征文比赛二等奖。12 月 18 日是中国共产党十一届三中全会召开 30 周年纪念日，《中国国门时报》组织的专版纪念文章突出了安徽。安徽检验检疫局撰写了新闻综述《在改革开放的“起点”腾飞》。此外，在 2008 年《中国国门时报》好新闻评比中，安徽检验检疫局撰写的《最重的金牌是质量》《信心比黄金更重要》和《积极贯彻，深入落实》获优秀新闻奖。

2009 年是“质量和安全年”。安徽检验检疫局围绕质量宣传、质量提升、质量服务、质量整治和质量建设，进一步加强了新闻宣传工作力度，在《中国国门时报》和《安徽日报》、安徽卫视等地方主流媒体发表了一系列稿件、图片和视频材料。2009 年，安徽检验检疫局在《中国国门时报》上刊登宣传稿件 66 篇，比 2008 年增长 57%。在《安徽日报》发表宣传稿件 25 篇，在《新安晚报》《安徽商报》《安徽市场报》等都市报刊发表稿件 42 篇，组织安徽电视台、安徽人民广播电台采访刊播稿件 20 篇次。稿件采用量均比 2008 年同期有大幅提高。

在安徽检验检疫系统“百名干部企业行”、淮北办事处挂牌、中俄汽车论坛、认证认可宣传日、“三检合一”10 周年等大型活动中，精心策划、组织宣传。新华网、国家质检总局网站、安徽政府网、中安在线等主流网络媒体和安徽移动手机报等新兴媒体纷纷进行转载。其中中俄汽车技术论坛的新闻报道被国务院网站转载。此外，对安徽检验检疫局荣获首届安徽慈善奖、与安徽大学进行检学研全方位合作、采取多项措施支持外包产业、帮助安徽省某研究所成功索赔 130 多万元、扶持茶叶出口、芜湖截获国外有害生物根结线虫、检验检疫部门扶持小岗村黑豆出口等新闻点及时进行报道。其中《春风化雨沐梨都——安徽检验检疫部门帮扶砀山果蔬产品出口纪实》刊登在《中国国门时报》7 月 31 日头版头条，《南亳药香飘四海——安徽检验检疫局助推亳州中药产品出口纪实》刊登在《中国国门时报》12 月 15 日头版头条。加强对安徽检验检疫部门防控甲型

H1N1 流感疫情的宣传报道，仅 2009 年 5 月，相关新闻报道见报 39 篇（其中《中国国门时报》见报 7 篇，《安徽日报》见报 5 篇），电视报道 12 篇次，广播报道 4 篇次，树立了检验检疫部门积极有效应对疫情、把好国门第一道关口的正面形象。

2010 年，安徽检验检疫局在《中国国门时报》《中国质量报》和《中国检验检疫》杂志上刊登稿件 61 篇；在《安徽日报》《福建日报》《解放日报》发表宣传稿件 21 篇；在《新安晚报》《安徽商报》《市场星报》等都市类报刊发表稿件 15 篇；组织安徽电视台、安徽人民广播电台采访刊播稿件 7 篇次。在《中国国门时报》累计刊登头版稿件 20 余篇，头版头条 4 篇，两次整版宣传安徽检验检疫局促进质量提升、服务皖江崛起的先进事迹和典型案例。主动加强与《安徽日报》、安徽卫视、安徽人民广播电台等省级新闻媒体和地方主流媒体的沟通协作，建立联系人制度，把安徽检验检疫局严把国门，服务地方外贸发展的举措、经验和亮点进行联合报道，让社会各界人士更多、更深入地了解安徽检验检疫。4 月 1 日《安徽日报》二版头条刊登了由安徽检验检疫局参与撰写的题为《检验检疫多措并举服务皖江》的新闻通讯，开创安徽检验检疫局新闻通讯上省级党报版面头条的首例。7 月 3 日，安徽卫视《安徽新闻联播》头条播报了由安徽检验检疫局配合采编录制的通讯《安徽：加强服务帮扶，出口快速增长》，开创了安徽检验检疫局建局 10 年来新闻综述上《安徽新闻联播》头条的先河。

在安徽检验检疫系统“质检邀您看企业”、认证认可宣传日、食品农产品质量安全示范区建设砀山现场会、“实验室开放日”等大型活动中，有关新闻稿件第一时间见报、播出。在大质量工作机制和大质检文化建设开展初期，安徽检验检疫局适时制订“两大”建设新闻宣传工作方案，从指导思想、组织领导、宣传内容和宣传方式方面进行细化，提出要求，促进地方质量总体水平不断提高，形成全社会重视质量、关心质量、振兴质量的良好局面。

建议提案答复 2009 年年初，对全国人大代表、省工艺进出口公司总经理薛颖等 12 位代表联名提出的《关于简化商品种类表、程序，建立国际互认平台的建议》，全国政协委员、合肥市政协副主席王世清等委员提出的《关于减免出口汽车检验费扶持民族品牌的建议》等 4 件提案，安徽检验检疫局主动约请代表、委员面对面恳谈，有的放矢地解释政策、虚心听取意见，并就检验检疫目录、规费、认证以及贸易便利化、以质取胜等问题进行深入探讨，现场解决代表提出的问题。提案人员对安徽检验检疫局充分尊重代表和委员，上门接受监督，及时通报情况，认真答复办理的做法表示非常满意，对检验检疫现行政策和规定也给予理解。王世清委员还深有感触地说：“面对当前金融危机，检验检疫局超前谋划，主动作为，积极服务地方经济，许多工作做得比我们想像的要好得多，确实难能可贵，提案的答复也是我们近年来最满意的答卷之一。”

第三章　人事管理

安徽检验检疫局的人事管理工作包括机构设置、人员管理、干部管理、技术职称管理、劳动工资、职工教育培训、社会保险等工作。在安徽检验检疫局成立之前，完成机构设置、人员编制的调研、申报工作。1999 年 8 月 10 日，安徽检验检疫局成立后，先后完成了机构组建、人员定岗分流、干部考察任免工作。加强各级领导班子建设，组织开展公务员过渡培训、登记工作；推行民主推荐和竞争上岗等干部选拔任用制度，实行干部任前公示、试用期制度、公务员和事业编制人员公开招录制度。加大干部交流力度，积极稳妥推进系统事、企业单位改革；加强人才队伍建设，开展职称评审。做好劳动工资和职工保险福利工作。加强干部职工教育培训。做好人事档案管理和外事审查工作。

安徽检验检疫局人事管理工作开拓创新、规范管理，使全局干部职工队伍结构和人员素质得到较大改善和提高，为全系统检验检疫工作的顺利开展奠定了坚实基础。

第一节　机构管理

1999 年 8 月安徽检验检疫局成立至 2010 年，根据安徽外向型经济和检验检疫业务发展情况，调整了机构格局。

机关内设处室

机关处室调整情况　2002 年 4 月 12 日，科技与认证处更名为科技处，其所辖认证与许可制度科划归认证工作办公室。

2003 年 8 月 1 日，监察审计室更名为监察室，审计职能划出成立审计室。审计室、国资办划归财务处管理。

2005 年 1 月 21 日，科技与认证处分设为科技处和认证监管处，增加处级领导职数 3 名，人员编制由局内部调剂。分设后的科技处、认证监管处分别承担局职责范围内的科技工作和认证监管工作职责。2005 年 2 月 25 日，成立安徽检验检疫局认证监管处。原认证工作办公室予以撤销，其职能由认证监管处承担，内设科室不变。

2005 年 8 月 16 日，撤销化矿检验处。

2005 年 8 月 18 日，成立政策研究室。

2007 年 3 月 20 日，成立 WTO 应对办公室。

2007 年 7 月 10 日，撤销政工处。机关党委办公室和政工处合署办公，机构名称为机关党委办公室（政工处）；审计室并入监察室，机构名称为监察审计室。

2007 年 9 月 5 日，根据入世后检验检疫业务工作内容和要求的新变化，以及国家质检总局巡视组对安徽检验检疫局内设机构的建议，安徽检验检疫局对机关内设机构及职能进行调整。调整后的内设机构为：办公室、法制与综合业务处、检验监管筹备处、认证监管处、卫生检疫处、检务处、动物检验检疫处、植物检验检疫处、食品检验监督处、机电检验处、轻纺检验处、科技处、人事处、财务处、离退休干部处、机关党委办公室（政工处）、监察审计室、WTO 办公室。

2009 年 8 月 5 日，根据国家质检总局巡视组对安徽检验检疫局机构设置有关指导意见，结合实际工作，经局党组研究决定，撤销“WTO 应对办公室”。将“WTO 办”职能分别调整至办公室和科技处负责。

分支机构

2004 年，国家质检总局同意设立安徽检验检疫局淮北办事处（正处级），行政编制 20 名，由省局内部调剂。

2006 年 11 月，国家质检总局同意设立池州出入境检验检疫局，核定行政编制 20 名。

2010 年 6 月，国家质检总局同意设立安徽检验检疫局合肥新站综合实验区办事处和芜湖出口加工区办事处，分别核定行政编制 15 名，均由省局内部调剂。

2010 年 6 月，国家质检总局同意设立滁州出入境检验检疫局，核定行政编制 30 名，其中，核增 5 名，其余由省局内部调剂。

直属事业单位

1999 年 10 月 26 日，国家检验检疫局批准成立安徽检验检疫局机关服务中心。根据工作需要，机构改革中保留安徽商检局劳动服务公司。2000 年 6 月，更名为安徽检验检疫局劳动服务公司，挂靠安徽检验检疫局机关服务中心。2001 年 7 月 25 日，劳动服务公司停止一切经营活动，按程序办理注销手续，人员划归机关服务中心管理。

2002 年 4 月 5 日，成立国有资产经营开发办公室。主要负责局机关委托管理的国有资产经营开发工作，委托局机关服务中心管理。2003 年 8 月 1 日，国资办划归财务处管理。2005 年 6 月 29 日，撤销财务处国有资产经营开发办公室，成立安徽检验检疫局国有资产经营开发办公室。其相关职能从财务处划出。2007 年 7 月 10 日，撤销安徽检验检疫局国有资产管理中心，其职能、人员整体划归机关服务中心。

2003 年 5 月 22 日，安徽检验检疫局印发《关于安徽检验检疫协会业务范围及内设机构的通知》。协会内设综合部、检验鉴定部、技术服务部、培训部、信息咨询中心。

2007年7月10日，撤销安徽检验检疫局接待中心。其职能、人员整体划归安徽检验检疫协会。

截至2010年年底，安徽检验检疫局内设18个处室、4个直属事业单位、1个企业单位、1个社团组织，9个分支局和2个办事处。

第二节　人员管理

人员编制变化情况　安徽检验检疫局成立后，随着检验检疫业务的不断发展，系统在编人员数量不断增加。

1999年，行政编制270名（局机关154名、分支机构116名）；事业编制85名。

2002年，行政编制270名（局机关154名、分支机构116名）；事业编制93名（含增加8名计算机专业人员）。

2003年，行政编制270名（局机关154名、分支机构116名）；事业编制133名。

2004年，行政编制270名（局机关134名、分支机构136名）；事业编制133名。

2005年，行政编制282名（局机关134名、分支机构148名）；事业编制138名。

2006年，行政编制302名（局机关134名、分支机构168名）；事业编制138名。

2007年，行政编制312名（局机关144名、分支机构168名）；事业编制138名。

2008年，行政编制317名（局机关144名、分支机构173名）；事业编制138名。

2009年，行政编制333名（局机关141名、分支机构192名）；事业编制138名。

2010年，行政编制338名（局机关111名、分支机构227名）；事业编制138名。

领导和人事管理

安徽商检局　局领导由国家商检局统一考核配备。1981年3月成立局党组。1981年8月，内设人事处。处级及以下干部由人事处组织考核，报省局党组批准任命。截至1999年8月，安徽商检局共有在职干部职工293人。其中，局级干部3人、处级干部51人。

合肥动植检局　局领导由国家动植检局统一考核配备。1996年6月，成立局党组，内设人事处。处级干部由局党组考核，报国家动植检局批准任命。科级干部由人事处组织考核，报局党组批准任命。“三检”合一前，共有在职干部职工57人。其中，局领导3人、处级干部9人。

合肥卫检局　合肥、安庆、芜湖、铜陵卫检局直属国家卫检局领导或属上海片管理时，局领导均由国家卫检局考核任命。1997年7月，合肥卫检局为全省卫检系统的管理局，成立局党组，内设人事处，负责全省系统内处级干部考核，报国家卫检局批准任命。统一组织科级及以下干部的考核，由局党组批准任命。“三检”合一前，共

有在职干部职工 25 名。其中，局领导 2 名、处级干部 6 名。

安徽检验检疫局　人事管理统一由人事处负责。根据国家检验检疫局的规定，直属局领导统一由国家检验检疫局考核任命，处级干部除人事、财务、监察部门主要负责人必须在任命前报国家检验检疫局人事司同意外，其他处级干部由人事处组织考核，报局党组批准任命，正职报国家检验检疫局人事司备案；科级干部由各部门、分支机构组织考核，报人事处审查，局党组批准任命。截至 2010 年 12 月，全局系统实有职工 439 人（省局机关 166 人、事业单位 78 人、分支机构 195 人），其中，局领导 8 人，处级领导干部 72 人。

干部交流轮岗　“三检”合一以来，安徽检验检疫局历届党组高度重视干部队伍建设，认真落实干部交流制度。根据中组部《党政领导干部交流工作规定》和国家质检总局《直属检验检疫局领导干部交流工作暂行办法》等规定，制定《公务员职位轮换（轮岗）实施细则》《工作人员任职回避和公务回避实施细则》《跨地区交流干部及帮助工作人员有关事项的暂行规定》等有关干部交流的规章制度。1999 年 12 月—2010 年 12 月，实施干部交流轮岗达 219 人次。其中，涉及厅局级干部交流 11 人次、处级干部交流轮岗 125 人次、科级干部交流轮岗 83 人次。

推行竞争上岗　2006 年 2 月，为进一步推进干部人事制度改革，拓宽选人用人渠道，根据《国家公务员职务升降暂行规定》《党政领导干部选拔任用工作条例》和《关于党政机关推行竞争上岗的意见》，安徽检验检疫局拿出 6 个副处级领导职位在系统内开展竞争上岗。经过公开报名、资格审查、民主测评、笔试、面试、党组研究、任前公示等程序，6 人脱颖而出走上领导岗位。2010 年 11 月，竞争上岗 18 名副处级领导干部。

公务员及事业编制招录　2003 年起，安徽检验检疫局开始公开招录公务员，并探索事业编制人员公开招聘工作。2003—2010 年，通过公开招录（聘）方式，共招录公务员 86 名、事业编制 18 名。

公务员招录程序　每年 8 月 31 日前，向国家质检总局报送下一年度的增人计划。按人事部规定时间对报名考生开展网上资格初审，通过资格审查的考生参加人事部组织的笔试，安徽检验检疫局根据笔试成绩，按 1:5 的比例组织各职位考生资格复审和面试，根据考生总成绩按 1:1 的比例确定拟录用人员，并组织体检、考察，考察合格后经国家质检总局备案，人事部对拟录用人员进行公示，公示无异议办理录用手续。

事业编制人员公开招聘程序　每年 3 月底前，编制本年度事业编制增人计划。计划经安徽检验检疫局党组讨论通过后，向社会发布招聘公告，考生报名后进行资格初审，自行命题组织笔试，按 1:5 的比例组织各职位考生资格复审、面试和专业测试，根据考生总成绩按 1:1 比例确定拟招聘人员，并组织体检、考察，考察合格后进行公示，公示无异议经党组研究决定，办理录用手续。

录用公务员人数　2003年，3名；2004年，8名；2005年，5名；2006年，16名；2007年，7名；2008年，19名；2009年，10名；2010年，18名。

招聘事业编制人数　2005年，1名；2006年，2名；2007年，1名；2008年，3名；2009年，9名；2010年，5名。

工作人员年度考核　根据并参照《国家公务员考核暂行办法》《中华人民共和国公务员法》《公务员考核规定（试行）》要求，安徽检验检疫局组织干部职工的年度考核工作。

2000年，参加考核干部、职工361人，其中考核优秀的49人、称职的311人；2001年，参加考核干部、职工341人，其中考核优秀的47人、称职的294人；2002年，参加考核干部、职工356人，其中考核优秀的49人、称职的307人；2003年，参加考核干部、职工381人，其中考核优秀的49人、称职的332人；2004年，参加考核干部、职工387人，其中考核优秀的48人、称职的339人；2005年，参加考核干部、职工372人，其中考核优秀的46人、称职的326人；2006年，参加考核干部、职工386人，其中考核优秀的47人、称职的339人；2007年，参加考核干部、职工393人，其中考核优秀的51人、称职的342人；2008年，参加考核干部、职工406人，其中考核优秀的68人、称职的338人；2009年，参加考核干部、职工425人，其中考核优秀的73人、称职的352人；2010年，参加考核干部、职工439人，其中考核优秀的75人、称职的364人。

第三节　技术职称管理

1981年，安徽商检局成立中级评委会，对工程、经济、农艺、兽医、卫生系列初、中级专业技术职务直接进行评定，并报国家商检局备案；对高级专业技术职务的评定，由中评委推荐，报国家商检局高评委评审。截至1998年8月，有专业技术人员218名。

1991年，合肥卫检局成立初级评委会，对卫生系列初级专业技术职务直接进行评定，对中级专业技术职务的评定，由初级评委推荐，报上海片中评委评审，对高级专业技术职务的评定，由初级评委报上海片推荐，报国家卫检局高评委评审。截至1999年8月，有专业技术干部20名。

1994年，合肥动植检局成立初级评委会，对农艺、兽医系列初级专业技术职务直接进行评定，对中、高级专业职务的评定，由初评委推荐，报国家动植检局中、高评委评审。截至1999年8月，有专业技术人员43名。

2000年1月，安徽检验检疫局成立临时中级评委会。2000年10月，成立中级评委会。对工程、经济、农艺、兽医、卫生系列初、中级专业技术职务直接进行评定，并报国家检验检疫局备案，对高级专业技术职务的评定，由中评委推荐，报国家检验检疫局高评委评审。评委成员包括王新、丁美兰、傅武、刘长坤、陶卫平、吴雪原、仇多军、周文扬、胡海明、葛正瑚、毋光明、朱梦栩、诸声伟、程愈强、吕小斌。王新为主任委员，丁美兰、傅武为副主任委员。后增加马红岩为中评委委员。

2003 年，增加杨成锁为主任委员，免去王新中评委主任委员，增加诸声伟为中评委委员，免去周兰英中评委委员，秘书长为汪文林。2006 年，增加李寒松、吴雪原、胡乐华、程愈强、汪文林为中评委委员，免去杨浩然中评委委员。2007 年，增加于競为主任委员，免去杨成锁中评委主任委员，秘书长为刘红川。2008 年，增加张艳芳为主任委员，免去于競中评委主任委员，吕小斌为副主任委员，免去其委员，增加孟毅祥为中评委委员，免去周文扬中评委委员。

安徽检验检疫局严格按照国家检验检疫局《关于印发有关职称管理办法的通知》《关于印发有关职称评审的通知》规定要求，开展工程、农业、卫生、经济 4 大主系列技术职称评审工作。2000—2010 年，共有 15 人通过国家质检总局高级专业技术职务评审委员会评审，取得高级专业技术职务任职资格；11 人通过安徽检验检疫局中级专业技术职务评审委员会评审，取得中级专业技术职务任职资格。

第四节　教育培训

安徽商检局、合肥动植检局、合肥卫检局的职工教育主要是抓好职工在职培训。安徽检验检疫局组建后，制定了职工教育培训管理办法。对局内举办培训班、国家质检总局和地方政府组织的培训、进修进行统一管理，组织职工进行岗前培训、岗位培训、专业技术培训、外语培训、计算机培训、公务员培训、领导干部综合业务培训、学历教育培训等，全面提高职工政治、文化、业务、技术素质和管理水平，实现教育培训管理的科学化、制度化和规范化。

安徽检验检疫局认真贯彻落实《干部教育培训工作条例（试行）》《公务员培训规定（试行）》《质检系统“十五”干部教育培训规划》《质检系统“十一五”干部教育培训规划》，牢固树立人才强检思想，不断改进教育培训的方式方法。2000 年，出台《安徽检验检疫局职工教育培训管理办法》。2000—2010 年，安徽检验检疫局自办培训班 163 期，参加国家质检总局和地方政府举办的各类培训班 460 余期，参加各类培训班 4300 多人次。

第二篇　卫生检疫

安徽口岸旅客出入境检疫、出入境交通工具检疫量、港口年吞吐量呈逐渐增加态势。

1982年以前，安徽省境内未设立口岸卫生检疫机构，检疫业务由上海、南京等口岸卫生检疫机构实施。随着对外开放的扩大，安徽口岸机构不断完善。1982年3月—1999年8月，合肥、安庆、铜陵、芜湖、马鞍山、黄山6个国家一类口岸设立6个口岸卫生检疫机构，开展卫生检疫业务。

1999年8月10日，“三检”合一后，安徽检验检疫局承担安徽口岸的卫生检疫执法把关业务职能。在经济全球化，中国加入世贸组织后人员、交通工具、货物等不断增多的形势下，安徽检验检疫局结合卫生检疫的业务特点，加强内部管理，狠抓业务质量，逐步进行业务改革，有效地应对疫病疫情，经受住了2003年“传染性非典型肺炎”（以下简称“非典”）等疫情的考验，切实地履行了为国把关的工作职责。

第一章　人员、交通工具及其他卫生检疫

本章记述安徽出入境人员、交通工具、集装箱、特殊物品检疫查验的工作情况。

第一节　出入境人员检疫

1988年8月26日，合肥至香港的包机开航，开启了安徽出入境人员的卫生检疫工作。1990年4月以后，由原来每周1个航班增加到每周2个航班。开航之初，合肥未设卫生检疫机构，先后由芜湖卫检所、安庆卫检所派员到合肥骆岗机场进行检查。1989年5月，合肥卫检所成立，1989年12月21日，合肥卫检所办理了首例健康证明书。从1990年6月1日起，负责合肥机场的出入境交通工具、人员的卫生查验工作。

1993年5月28日，黄山至香港包机开航，扩大了出入境人员卫生检疫的范围。每周2个航班，由合肥卫检所派驻人员实施卫生检疫。1993年10月以后，由合肥卫检所黄山办事处承担检疫工作。1995年12月，黄山卫检局成立，负责黄山口岸卫生检疫工作。

1999年8月，卫检、动植检、商检3个机构合并后，由安徽检验检疫局及分支机构负责出入境人员检疫工作。

“三检”合一后，境内外各种传染病疫情不断发生、传播。2002年，霍乱、鼠疫、登革热、流脑、西尼罗热等疫情不断爆发，给人民身体健康造成严重威胁。针对疫情，安徽检验检疫局及时转发国家质检总局的公告和通知，结合实际，研究预防控制办法，指导各口岸分支机构在口岸一线严密布防，加强卫生检疫查验、卫生监督和后续监管，构筑全方位防御体系，有效地防止了国外疫情的传入。

2003年，“非典”在中华大地上肆虐。在“非典”疫情发生的第一时间，安徽检验检疫局成立防治“非典”工作领导小组。省局就防治“非典”进行动员和部署，要求做好10个方面工作。10月下旬，制订了《2003年—2004年度防治非典型肺炎工作实施方案》。各分支局、合肥机场办事处、各处室、各直属单位迅速落实。“一把手”亲自抓、其他领导成员分工负责制，积极做好各自的工作。4个沿江分支局重点加强了对出入境船舶、船员的检疫查验。对来自“非典”流行地区的入境船舶查验船方填写的《航海健康申报书》，对船内宿舍、餐厅等场所实施预防性消毒。黄山检验检疫局、

合肥机场办与民航等单位建立密切协作机制，制订应急处置方案，落实临时隔离室。在查验通道，通过热红外测温仪监测每位出入境旅客的体温，审验填报的健康申明卡。实施旅客通道定期消毒，加强对飞机、公共场所卫生消毒及交通员工、从业人员健康状况的督查。安徽国际旅行卫生保健中心开展防控“非典”业务学习培训，调整人员分工，增设服务台，安排专人负责测量体温、查验健康申报卡。在体检时，增加询问病史、有无与“非典”病人或疑似感染者接触史、观察体征、健康询查等内容。通过新闻媒体，向公众宣传“非典”流行时期出入境人员健康检查及签证等新的要求。各分支局在对出入境人员健康体检时，加强对“非典”的监测，严格执行国家质检总局的有关规定。密切关注和搜集每天国内外“非典”疫情信息，坚持每天值班（包括节假日）制度。加强与省卫生厅、防病局、市传染病医院、肺科医院的联系，落实出入境人员中出现“非典”可疑病人移送、诊断治疗协作事项，集中订购分发了急需的防护用品、器械等并印制了新启用的《出境健康申明卡》《入境健康申明卡》《无 SARS 健康证明》。在系统上下共同努力下，没有一例“非典”感染者通过安徽省口岸出入境，取得了抗击“非典”斗争阶段性胜利。

2006 年 10 月，安徽检验检疫局首次开展口岸登革热监测工作。芜湖检验检疫局对一艘来自韩国的泰国籍船舶上 19 名泰国船员实施传染病监测。经现场快速检测发现其中 18 名船员 IgG 阳性、2 名 IgM 弱阳性，送省局保健中心确诊后排除近期感染“登革热”的可能。芜湖检验检疫局针对监测情况，提醒船方做好各项防护工作，船方深表感谢。

2007 年，为加强艾滋病的宣传教育工作，围绕“遏制艾滋、履行承诺”的宣传日主题，安徽检验检疫局向系统内干部职工发放《艾滋病防治条例》《口岸艾滋病防治管理办法》《世界艾滋病日特刊》和《口岸艾滋病预防册》500 余份。同时，积极开展对外宣传，介绍防治知识，散发《世界艾滋病日特刊》《口岸艾滋病预防册》等宣传材料 5000 余份，接受近百人次咨询，圆满完成 2007 年“世界艾滋病日”宣传工作。

2008 年，安徽合肥骆岗机场作为北京奥运会的备降机场，承担着奥运备降、安保等重要工作。安徽检验检疫局成立以“一把手”负总责、分管局领导任组长的奥运工作领导小组、奥运应急工作组、奥运会卫生检疫查验工作组，设置物流通关组、卫生检疫监督组、卫生处理组、综合保障组和反恐协作组 5 个技术保障组和 1 个办公室，制订《安徽检验检疫局奥运组织方案和应急预案》《安徽检验检疫局 2008 年北京奥运会卫生检疫工作实施方案》和《口岸食物中毒应急处理预案》，完善和细化核、生、化恐怖事件处置预案和演练计划；与口岸联检单位、地方反恐办和卫生部门建立奥运突发事件合作机制；对食品、饮用水生产经营单位强化管理，对口岸重点区域医学媒介生物进行高密度的监测，对季节消长进行分析。更新完善突发事件防护、处理设施设备。进行生物恐怖事件、口岸食物中毒、核与辐射、传染病人、预防接种以及卫生处理突发事件等内容的应急处置演练，增强了合肥骆岗备降机场应对突发公共卫生事件的综合能力。

2009 年，结合安徽口岸实际，安徽检验检疫局认真落实《2009—2012 年全国口岸卫生检疫核心能力建设方案》。

2010 年，安徽检验检疫局充分发挥口岸医学排查和流行病学调查的作用，落实修改后的六部委甲型 H1N1 流感口岸防控操作规程，做好打“持久战”的准备，将应急措施常态化、规范化，全力以赴做好口岸防控工作。在继续做好口岸疫情防控工作的同时，切实加强内部防控工作。

2004 年，安徽口岸检疫出入境人员 37819 人次；2005 年，检疫出入境人员 35971 人次；2006 年，检疫出入境人员 59375 人次；2007 年，检疫出入境人员 64429 人次；2008 年，检疫出入境人员 45856 人次；2009 年，检疫出入境人员 74653 人次；2010 年，检疫出入境人员 124986 人次。

第二节　交通工具和集装箱检疫

随着对外经济交往的增多，出入境交通工具和集装箱数量逐年增加，各类传染病媒介生物随之传出传入的风险逐渐加大，安徽检验检疫局切实履行出入境口岸的卫生检疫职责，密切关注出入境交通工具和集装箱的卫生状况及病媒生物携带情况。

2007 年，芜湖检验检疫局加强对入境集装箱查验、监管和卫生处理工作，对来自加拿大的 1 个装有进口废纸的集装箱实施熏蒸后，掏箱查验时，发现箱内有千余只死亡的小昆虫，经鉴定为螨类，在安徽境内尚属首次。

2001—2010 年安徽检验检疫局交通工具及集装箱卫生检疫工作统计表

表 2-1-1

年份	飞机（架）	船舶（艘）	集装箱（箱）
2001	466	292	12400
2002	590	388	14300
2003	386	500	20828
2004	452	346	22434
2005	313	282	19934
2006	555	338	48833
2007	657	287	64812

2008	384	235	61771
2009	704	359	64707
2010	1033	367	79678

第三节　特殊商品检疫

特殊物品出入境时需办理检疫审批手续。携带人、邮寄人、货主或代理人应向出入境口岸如实申报，同时提供审批单、国家进出口批件和有关证明、检验证书等相关资料。现场检疫内容包括审批单、国家进出口批件是否齐备，项目是否完整，并在规定的有效期内；申报的特殊物品品名、数量、产地、批号等与审批单、国家进出口批件是否相符；特殊物品的证明、证书、检验报告等有关资料是否齐全；特殊物品的内外包装标识是否与审批单、国家进出口批件等相符；特殊物品的包装是否完整，有无破损、泄漏情况，是否具备保存条件。

1991 年 7 月 26 日—8 月 29 日，合肥卫检所全体人员对国外援助救灾物资进行了卫生检疫和化验工作，检测面粉 120 吨、大米 330 吨、其他食品 3.1 万件。

2000 年，国内全面实行新的检验检疫通关模式，全系统加强了对特殊物品、废旧物品等卫生检疫重点监管对象的检疫力度。

2002 年，签发特殊物品（出口人血白蛋白和样管）审批单 11 份。

2003 年，与省卫生厅联合转发卫生部、国家质检总局关于加强医用特殊物品出入境卫生检疫管理的通知；签发出口韩国人血白蛋白 12 批、8234 公斤及出境血清样管 20 批、443 公斤，签发特殊物品审批单 32 份。

2004 年，签发出口至韩国的人血白蛋白 11 批、3978 公斤，出境血清样管 14 批、313 公斤，签发特殊物品审批单 25 份。

2005 年，审批出口至韩国的人血白蛋白 6 批、3759.9 公斤，血清样管 15 批、213.5 公斤，进口 Amei—D 抗血清 4 批、152.7 升，签发特殊物品审批单 25 份。

第二章　传染病监测及卫生监督

本章记述安徽开展出入境传染病监测、媒介生物监测、卫生监督与卫生处理及安徽国际旅行卫生保健工作的情况。

第一节　传染病监测

传染病监测是指对特定环境、人群进行流行病学、血清学、病原学、临床症状以及其他影响因素的调查研究，预测传染病发生、发展和流行规律，提出检疫措施并评价预防效果，目的是预防和控制疾病，保障人体健康。

2000 年，体检出入境人员 51678 人次，检查出 HbsAg 阳性 2199 人、肺结核 19 人、梅毒 2 人。实施霍乱疫苗接种 55395 人、黄疸病疫苗接种 1428 人、甲肝疫苗接种 2309 人、乙肝疫苗接种 1728 人。1995 年以后，根据去美国等地留学人员的要求，开展了麻疹、流行性腮腺炎、风疹疫苗的预防接种。

安徽国际旅行卫生保健中心以及安庆、铜陵检验检疫局 3 个艾滋病初筛实验室通过了国家检验检疫局的考核检查，获得资格证书。

2001 年，查验出入境旅客 3.37 万人次，监测体检 7198 例，发现病例 688 人。

2002 年，签发艾滋病报告单 283 份、免疫证明 481 份、出境人员健康检查记录表 82 份、健康证书 5555 份。预防接种 5526 人次，健康检查 5555 人，查出 HbsAg 阳性 384 人、丙肝抗体阳性 9 人、肺结核 11 人、性病 3 人。

2003 年，完成出入境人员健康体检 9457 人，查出性病 10 人、肺结核 16 人、HbsAg 阳性 514 人，查出外籍人员艾滋病抗体阳性 1 人，属安徽检验检疫局首次发现。收验入境健康申明卡 9744 份、出境健康申明卡 12277 份。在质量考评中，3 个艾滋病初筛实验室中 2 个获得优秀、1 个获得良好，受到国家质检总局通报表扬。举办 E—Y 全标法艾滋病快速检测技术培训班，受训 11 人。

2004 年，完成出入境人员健康体检 10667 人，查出性病 8 人、肺结核 22 人、HbsAg 阳性 623 人，查出外籍人员艾滋病抗体阳性 1 人。收验健康申明卡 37819 份。按照国家质检总局《关于对艾滋病卫生检疫工作进行总结的通知》要求，上报《安徽检验检疫局艾滋病卫生检疫工作总结》。按照国家质检总局《关于加强近期卫生检疫和安全管理的紧急通知》要求，对机场办、保健中心等有关单位的卫生检疫和安全管理进行检查，上报辖区内卫生检疫工作开展安全管理检查情况。

"非典"疫情出现后，按照《关于加强口岸"非典"卫生检疫工作的紧急通知》要求，安徽检验检疫局立即启动了2003—2004年口岸非典性肺炎疫情监测报告和防治工作实施方案，迅速下发《关于做好我局非典性肺炎防治工作的紧急通知》，切实加强出入境人员检疫查验和"非典"疫情的监测工作，恢复"非典"疫情报告和值班制度，按照"早发现、早报告、早隔离、早治疗"的要求，认真贯彻落实责任制，严防"非典"疫情的传入和传出。

2005年，收验健康申明卡16104份，完成出入境人员健康体检8743人，查出艾滋病抗体阳性1人、HbsAg阳性575人、性病13人、肺结核13人、非传染病817人。

安徽检验检疫局和省卫生厅联合印发《关于转发〈关于贯彻落实传染病防治法加强传染病疫情通报管理工作的通知〉的通知》，制订《安徽省卫生厅、卫生防病局、安徽检验检疫局卫检处传染病疫情通报工作方案》，建立传染病疫情信息通报制度，每月10日前相互通报本省发生的甲、乙类传染病疫情，口岸及境外传染病和国境检疫传染病疫情情况。与省商务厅联合印发了《关于转发〈关于加强外派劳务人员体检工作的通知〉的通知》。按照国家质检总局要求，上报安徽检验检疫局2004年艾滋病防治工作总结和2004年以来全球艾滋病项目监测工作总结。

针对可能出现的口岸"非典"、人禽流感和海啸灾区传染病疫情，安徽检验检疫局牢固树立疫情观念，落实体温检测、健康申报、医学巡查、病人控制、通风消毒、疫情报告、自身防护、宣传教育8项制度，做到"五个不漏"、"五个到位"和"五个及时"。落实测温仪的维护与较准工作，配备满足工作需要的测温仪和温度计。按要求实行日"零"报告制度，由专人值班，负责汇集各口岸分支机构《入境人员人禽流感疫情日"零"报告表》，每日11时前报局高致病性禽流感防控办公室。

制订《安徽检验检疫局应对流感大流行应急技术实施方案》，切实做好所辖口岸应对流感大流行的准备工作。建立健全应对口岸突发公共卫生事件工作机制，制定《安徽检验检疫局处置口岸突发公共卫生事件及核与核辐射恐怖事件预案》《安徽检验检疫局口岸鼠疫控制应急预案》，落实所需的设施及物资储备，安排一线人员进行相关专业培训，加强与地方各有关部门的协调配合，防止和遏制口岸突发公共卫生及核辐射恐怖事件的发生。坚持预防为主，在各口岸检疫查验现场，设置防病咨询台，通过显示屏、宣传册等多种形式，开展口岸防病宣传工作，提高出境人员的防病意识，做好个人防护，防止在境外感染传染病。

2006年，完成出入境人员健康体检15361人，以劳务人员为主。检出各种疾病及症状 2784 人次，其中 HIV 抗体阳性 1 人、HbsAg 阳性 971 人、丙肝抗体阳性 18 人、性病 40 人、肺结核 14 人、非传染病 1740 人。在沿江口岸、空港口岸开展了夏季秋季重点传染病霍乱和登革热监测。

2007 年，完成出入境人员健康体检 18994 人，检出各种疾病及症状 3989 人次，其中 HIV 抗体阳性 4 人、HbsAg 阳性 1262 人、丙肝抗体阳性 23 人、性病 120 人、肺结核 10 人、非传染病 2570 人。安徽国际旅行卫生保健中心和芜湖分中心检测出 4 例艾滋病病毒感染者，是前 4 年检出数量的总和，尤其是芜湖分中心首次检出 1 名入境台胞感染艾滋病病毒，及时将疫情专报安徽省政府。

同年，在合肥骆岗机场和黄山机场举行了人感染禽流感发热病人现场处置演练。

安徽国际旅行卫生保健中心及下属芜湖、安庆 2 个分中心及时购入所需器材和试剂，确保了毒品监测、疟原虫检测、丝虫检测等项目的顺利开展，新增了结核菌素试验检查项目。设置咨询台，派专人接待咨询，大大方便了留学生体检，受到留学生的好评。安庆检验检疫局保健分中心新开展了登革热的检测和血中乙醇的气相色谱测定。黄山检验检疫局积极参与国际救援行动，7 月，1 名韩国游客因脑出血，需要送返韩国进行治疗，黄山检验检疫局卫生检疫人员在进行医学检查后，护送病人登机，指挥有关人员妥善安置病人。10 月，接到北京 SOS 救援中心的请求，按规定进行查验，把 1 名因脑出血的日本游客移送上急救飞机，实际检疫查验所用时间控制在 10 分钟内。《黄山日报》《政务通报》对黄山检验检疫局提供的高效便捷服务进行了报道。

2008 年，完成出入境人员健康体检 25350 人，预防接种 28215 人。检出各种疾病及症状 5644 人次，其中 HbsAg 阳性 1846 人、丙肝抗体阳性 33 人、性病 183 人、肺结核 19 人、非传染病 3563 人。进行霍乱监测 6 次，异常 0 次；登革热监测 2 次，异常 0 次。

按照《关于严格规范口岸传染病监测工作的紧急通知》要求，加强空港和沿江口岸传染病监测工作的管理，规范执法行为。按照《关于启用 < 疫苗接种或预防措施国际证书 > 打印软件的通知》要求，安徽检验检疫局组织安徽国际旅行卫生保健中心、芜湖分中心、安庆分中心认真做好新打印软件的调试工作，并于 3 月 1 日正式启用该软件。按照国家质检总局《关于加强出入境人员手足口病防控工作的通知》要求，加强出入境人员的卫生检疫，严防手足口病经口岸传播。

2009 年，完成出入境人员健康体检 27236 人。检出 HIV 抗体阳性 3 人、HbsAg 阳性 1779 人、性病 122 人、肺结核 16 人、非传染病 4404 人。

2010 年，完成出入境人员健康体检 28105 人。检出 HIV 抗体阳性 6 人、HbsAg 阳性 1904 人、性病 98 人、肺结核 25 人、非传染病 5478 人。

1983—2000 年安徽检验检疫系统预防接种、监测体检情况统计览表

表 2-2-1

年份	预防接种人数	监测体检人数	发现疾病 / 异常人数					
			梅毒	HbsAg阳性	异常肝功能	肺结核	其他	合计
1983	83	—	—	—	—	—	—	—
1984	224	—	—	—	—	—	—	—
1985	328	69	—	—	—	—	—	—
1986	194	155	—	—	—	—	—	—
1987	276	136	—	7	7	—	—	14
1988	220	150	—	15	—	—	—	15
1989	504	333	—	20	—	—	—	20
1990	2162	2615	—	51	5	—	—	56
1991	3384	3247	—	74	3	—	2	79
1992	5690	5461	—	97	2	—	2	101
1993	6409	5549	—	196	7	—	—	203
1994	8028	5312	—	216	9	1	—	226
1995	6336	5027	—	254	3	3	—	260
1996	6269	5467	—	316	4	4	4	328
1997	5090	4450	1	234	19	5	9	268
1998	4269	3625	1	179	17	1	7	205
1999	4592	3847	—	204	17	1	5	227
2000	6834	6235	—	336	27	4	3	370

2001—2010 年安徽检验检疫系统传染病监测体检及发现病例情况览表

表 2-2-2

年份	传染病监测体检		发现病例				
	监测体检总数	艾滋病监测总数	HIV 感染及 AIDS	性病	乙肝表抗阳性	肺结核	非传染病
2001	5104	5104	0	0	274	3	—
2002	5555	283	0	3	384	11	—

表 2-2-2

年份	传染病监测体检		发现病例				
	监测体检总数	艾滋病监测总数	HIV 感染及 AIDS	性病	乙肝表抗阳性	肺结核	非传染病
2003	9457	9457	1	10	514	16	—
2004	10667	10667	1	8	623	22	—
2005	8743	8743	1	13	575	13	817
2006	15361	15361	1	40	971	14	1740
2007	18994	18994	4	120	1262	10	2570
2008	25350	25350	0	183	1846	19	3563
2009	27236	27236	3	122	1779	16	4404
2010	28105	28105	6	98	1904	25	5478

第二节　医学媒介生物监测

安徽省比较适合各种媒介生物的孳生和繁殖。准确掌握国境口岸医学媒介生物本底构成及出入境交通工具、运输设备、货物等携带的医学媒介生物种类，有助于正确评估通过医学媒介生物传播的疾病经国境口岸传入传出的风险。

本底调查　2000 年，对合肥骆岗机场开展了鼠类、蚊类等媒介生物本地调查，截获小家鼠、黄胸鼠、褐家鼠、黑线姬鼠 4 种鼠类 181 只，制作标本 11 只；截获光色库蚊、中华按蚊、阿蚊、摇蚊 4 种蚊类 4118 只，制作标本 95 只。

2001 年，国家质检总局发文要求进行口岸医学媒介生物本底调查，第一轮调查工作由卫生检疫处承担。

第一轮调查　第一轮调查主要针对鼠类和蚊类。结果为：2000 年 11 月—2001 年 10 月，对合肥口岸的媒介生物鼠类进行调查；2001 年 4—12 月，对蚊类进行调查。共捕鼠 231 只，发现鼠类 2 目 2 科 4 属 5 种，分别为褐家鼠、黄胸鼠、黑线姬鼠、小家鼠、臭鼩鼱 。年平均鼠密度为 3.86% ，黑线姬鼠为优势种。对 56 份鼠肺、鼠血标本进行了 EHF•V 抗原、抗体检测，均为阴性；捕蚊 4655 只，发现蚊类 2 亚科 4 属 6 种，分别为淡色库蚊、骚扰阿蚊、三带喙库蚊、二带喙库蚊、中华按蚊、白蚊伊蚊。蚊类密度为 64.65 只 / 人工小时，其中淡色库蚊为优势种，6 月、7 月、8 月、9 月为高峰期。

第二轮调查　鼠螨类分项。结果：全年共布有效鼠夹和笼 12723 个，共捕鼠形动物 173 只，鼠密度为 1.36%，隶属于 2 目 2 科 4 属 5 种，分别为黑线姬鼠、黄胸鼠、褐家鼠、小家鼠和灰麝鼩，其中褐家鼠为优势鼠种，占鼠种构成比 39.31%；螨类 19 只，隶属于 1 目 2 科 4 属 4 种，分别为耶氏厉螨、格氏血厉螨、厩真厉螨、柏氏禽刺螨；肾综合征出血热抗原检测阳性 3 例。

蝇类分项。结果：共捕获蝇类 7781 只，平均每笼 111.6 只，隶属于 2 目 3 科 7 种，分别为黑色黑麻蝇、市蝇、家蝇、亮绿蝇、大头金蝇、绿光绿蝇、厕蝇，其中亮绿蝇最高、黑色黑麻蝇第二、绿光绿蝇居三。

蜚蠊类分项。结果：共捕获蜚蠊 221 只，其中德国小蠊 105 只、美洲大蠊 45 只、黑胸大蠊 61 只、褐斑大蠊 10 只。

2005 年，向国家质检总局报告已经完成的合肥机场口岸鼠疫、蚊类的本底调查和各口岸日常监测工作情况，以及下一步工作开展计划。按照医学媒介生物本底调查工作计划，制订《安徽检验检疫局口岸医学媒介生物本底调查方案》，印发《关于开展医学媒介生物本底调查及加强口岸医学媒介动态监测工作的通知》，落实本底调查及动态监测工作经费，购置所需的器械及设施。首次举办“病媒节肢动物调查培训班”，提高系统相关人员的业务知识水平。

2006 年，口岸医学媒介生物本底调查捕获鼠类 5 种、383 只，分别为黑线姬鼠、黄胸鼠、褐家鼠、小家鼠和灰麝鼩，其中褐家鼠为优势鼠种；蚤类 14 只；螨类 4 种、21 只。

2007 年，顺利结束第一期鼠、蚤和螨本底调查工作，及时开展第二期蚊蝇的本底调查工作。在第一期调查中，全面了解到安徽各口岸鼠的种群数量、种群构成、季节消长和携带螨、蚤的情况。本底调查捕获医学媒介生物共 49386 只，其中蚊类 8570 只、蝇类 40724 只、蠓类 92 只。

2008 年，顺利结束第二期蚊蝇本底调查工作，及时开展第三期蜚蠊的本底调查工作。在本底调查中，共捕获医学媒介生物共 552 只，其中蚊类 11 只、蝇类 288 只、蠊类 253 只。

在第二周期医学媒介生物本底调查中，合肥机场共布有效鼠夹和笼 12723 个，捕鼠形动物 173 只，鼠密度为 1.36%，隶属于 2 目 2 科 4 属 5 种，分别为黑线姬鼠、黄胸鼠、褐家鼠、小家鼠和灰麝鼩，其中褐家鼠为优势鼠种，占鼠种构成比 39.31%。螨类 19 只，隶属于 1 目 2 科 4 属 4 种，分别为耶氏厉螨、格氏血厉螨、厩真厉螨、柏氏禽刺螨；肾综合征出血热抗原检测阳性 3 例。共布有效蝇笼 70 个，捕获蝇类 7781 只，平均每笼捕 111.6 只，隶属于 2 目 3 科 7 种，分别为黑色黑麻蝇、市蝇、家蝇、亮绿蝇、大头金蝇、绿光绿蝇、厕蝇，其中亮绿蝇最高、黑色黑麻蝇第二、绿光绿蝇居三。捕获境螂 180 只，发现 2 科 4 种，分别为德国小蠊、美洲大蠊、黑胸大蠊、褐斑大蠊。年平均密度为 32.8%，其中德国小蠊 33.9%、美洲大蠊 42.2%、黑胸大蠊 22.8%、褐斑大蠊 1.1%。

黄山机场捕获鼠形动物17只，以褐家鼠为优势种群，占捕获总数的47.06%；其次为黑线姬鼠，占29.41%；黄胸鼠占11.76%；小家鼠占11.76%。共捕获成蚊4655只，淡色库蚊4288只，占92.12%，为优势种；其次为骚扰阿蚊，127只，占总数的2.73%；三带喙库蚊88只，占1.89%；中华按蚊68只，占1.46%；二带喙库蚊77只，占1.65%；白纹伊蚊7只，占0.15%。共布有效蝇笼70个，捕获蝇类4521只，平均每笼捕64.5只，隶属于2目3科7种，分别为黑色黑麻蝇、市蝇、家蝇、亮绿蝇、大头金蝇、绿光绿蝇、厕蝇，其中亮绿蝇最高、黑色黑麻蝇第二、绿光绿蝇居三。

芜湖港布捕鼠夹10800夹次、捕鼠笼60笼次，捕获老鼠36只，其中小家鼠32只、褐家鼠1只，黄雄鼠3只，捕获活鼠3只。共布诱蚊、蠓灯48灯次，捕蝇笼72笼次，共捕获中华按蚊、库蚊等计388只，吸血蠓162只。大头金蝇、丝光绿蝇、厩腐蝇、麻蝇、铜绿蝇、家蝇等计1481只。布放蜚蠊诱捕器26次，捕获美洲大蠊1只。

池州港捕获小家鼠34只、黑线姬鼠32只、小林姬鼠2只、黄胸鼠9只、褐家鼠9只、社鼠2只、针毛鼠2只、普通鼩鼱8只、灰麝鼩30只；印鼠客蚤19只、耶氏厉螨2只、厩真厉螨2只、柏禽刺螨1只；淡色库蚊657只、三带喙库蚊78只、中华按蚊561只、骚扰阿蚊65只、白纹伊蚊7只；舍蝇4795只、市蝇1273只、厩腐蝇3158只、元厕蝇2756只、大头金蝇183只、丝光绿蝇76只、棕尾别麻蝇157只；美洲大蠊17只。

安庆港捕获小家鼠21只、黑线姬鼠7只、黄胸鼠2只、社鼠1只；印鼠客蚤19只、耶氏厉螨1只、厩真厉螨1只；淡色库蚊4225只、三带喙库蚊130只、中华按蚊426只、骚扰阿蚊73只、白纹伊蚊13只；舍蝇6223只、市蝇1538只、厩腐蝇5265只、元厕蝇1755只、大头金蝇456只、丝光绿蝇27只、棕尾别麻蝇382只；美洲大蠊22只。

马鞍山港开展口岸啮齿动物调查31次，布放鼠夹3000余个，有效夹2800余个，布放鼠笼50次，捕获小家鼠7只，鼠密度为0.25%。捕获蝇650只，优势种为家蝇；蚊41只，优势种为淡色库蚊；蠓26只。

医学媒介生物监测 2003年，马鞍山检验检疫局先后3次从入境装运废纸的集装箱中截获5只活鼠（褐家鼠1只、小家鼠4只）。

2004年，马鞍山检验检疫局从入境集装箱中截获黄胸鼠1只。

2005年，安徽各口岸截获医学媒介生物76只，其中蝇类70只、蜚蠊2只、蠓类1只、蚊类3只。

2006年，安徽各口岸截获医学媒介生物1832只，其中鼠类5只、蝇类620只、蠊类1207只。马鞍山检验检疫局在进口废纸中查出日本大蠊1200余只、褐壳虫13200余只，引起当地政府高度重视。

2007年，安徽各口岸截获医学媒介生物2290只，其中鼠类8只、蚊类249只、蝇类1031只、蠊类2只、蠓类1000只。

2008年，安徽各口岸截获医学媒介生物523只，其中蚊类20只、蝇类501只、蠊类2只。

2009年，安徽各口岸截获医学媒介生物778只，其中蝇类764只，蚊类3只，鼠类2只，蠊类9只。本底调查捕获蠊类51只。

2010年，安徽各口岸截获医学媒介生物436只，其中蝇类392只，蚊类2只，蠊类42只。

第三节　卫生监督

卫生监督主要对口岸公共场所、交通工具的卫生状况、食品及病媒昆虫等进行监督检查。实施海港口岸船舶进港卫生监督制度，使用船舶卫生档案卡，增强对船舶的管理力度。对口岸从业人员进行健康检查，发放口岸卫生许可证书等。

口岸卫生管理　对国境口岸内的饮食服务行业进行监督管理是口岸卫生监督的重要内容。安徽口岸，特别是合肥、黄山空港口岸饮食服务行业具有点多、面广、成分复杂、数量大、从业人员多等特点，为规范对口岸内卫生生产经营单位、供水部门、为出入境交通员工和旅客提供服务的宾馆、生活服务单位的卫生监督行为，安徽检验检疫局口岸分支机构重点抓住“食品卫生许可证”“健康证”“卫生知识培训合格证”审批环节，把好源头，以“三证管理”、经常性卫生监督、档案管理为重点，建立健全一系列的管理办法，全面开展饮食服务行业卫生监督工作。对转运到安徽的进口食品进行市场监督，检查卫生检验证书、中文标识、防伪标签等后续管理工作。

1996年，合肥卫检局对合肥骆岗机场的空气、微小气候、噪声、照度等进行了监测。

至2000年年底，卫生监督出入境飞机3239架次、船舶2310艘次，口岸公共场所环境监督143次。

2003年，黄山检验检疫局发现出入境交通员工所持健康证明过期，立即要求体检后取得新的健康证明再上岗。合肥机场办对1家航空食品生产企业卫生检查合格后换发了卫生许可证。结合防治“非典”，加强对口岸环境卫生的检查，指导督促对公共场所实施定期消毒。

2004年6月下旬，对机场办和有关分支局的口岸卫生监督工作进行了检查，上报《国境口岸食品生产经营单位卫生监督专项调查表》。9月下旬，对机场办、分支局的口岸食品卫生安全监管工作进行了检查，重点对口岸食品生产经营单位、服务行业及从业人员有无“三证”情况进行了专项清查。

2005年，对出入境交通工具及口岸设施进行卫生监督726次，其中航空器291架次、船舶288艘次。口岸设施卫生监督147次，其中，口岸储存场地6次、口岸食品生产经营单位 49 次、服务行业 92 次。签发口岸食品生产经营单位卫生许可证 6 个，换证 10 个。上报合肥、黄山空港辖区内环境微小气候及空气卫生质量监测数据。

2006 年，对出入境交通工具及口岸场所进行卫生监督 898 次，其中航空器 555 架次、船舶 204 艘次、口岸储存场地 35 次、口岸食品生产经营单位 62 次、服务行业 42 次。新发口岸食品生产经营单位卫生许可证 7 个、口岸服务行业卫生许可证 1 个、口岸储存场地卫生许可证 5 个，到期换证 1 个。对口岸食品生产经营单位、公共场所、航空器进行了 37 次微小气候监测。

2007 年，对出入境交通工具及口岸场所进行卫生监督 1122 次，其中航空器 657 架次、船舶 203 艘次、口岸储存场地 54 次、口岸食品生产经营单位 73 次、服务行业 79 次、口岸监督 56 次。新发口岸食品生产经营单位卫生许可证 2 个、口岸服务行业卫生许可证 2 个，延续口岸食品生产经营单位卫生许可证 5 个。放射性监测 349 次，异常数为 0 次；霍乱监测 15 次，异常数为 0 次；登革热监测 14 次，异常数为 0 次；对口岸食品生产经营单位、公共场所、航空器进行了 107 次微小气候监测。

2008 年，对出入境交通工具及口岸场所进行卫生监督 1318 次，其中航空器 384 架次、船舶 169 艘次、口岸储存场地 94 次、口岸食品生产经营单位 419 次、服务行业 212 次、口岸监督 40 次。新发口岸食品生产经营单位卫生许可证 5 个、口岸服务行业卫生许可证 5 个，延续食品生产经营单位卫生许可证 2 个、服务行业卫生许可证 1 个、储存场地卫生许可证 1 个。从业人员体检 361 人。对公共场所进行放射性监测 45 次，异常数 0 次；对口岸食品生产经营单位、公共场所、航空器进行了 60 次微小气候监测。

2008 年 4—7 月，对合肥、黄山 2 个空港区域的零售、餐饮、休闲场所共 19 家企业开展清查、整治，完善重点区域监管机制，通过自查和整改，完成了对两个空港的专项整治验收工作。

技能提升与自查 2009 年，参加国家质检总局口岸食品卫生监督技能竞赛。对一线食品卫生监督人员进行业务培训后，从中选派 2 名选手参加在上海举办的华东片口岸食品卫生监督技能竞赛，通过竞赛进一步提高口岸食品卫生监督人员的能力和水平。

2010 年，完成了七个一类口岸的自查工作，对口岸卫生监督业务能力及保障水平进行督导检查。

第四节 卫生处理

人员培训 2002 年，安徽检验检疫局选派 6 人参加国家质检总局在南京举办的卫生处理培训班，均取得合格证书。印发了卫生处理管理法规和业务操作教材，对全局卫生处理安全工作进行集中检查。

2003 年，选派 2 名业务科长参加国家质检总局组织的口岸卫生监督员业务培训班。

2006 年，成立沿江 5 口岸卫生处理检疫监管办公室。采取现场督查、集中培训、健全制度、规范操作、拓展业务等有力措施，使沿江 5 口岸的卫生检疫和卫生处理工作基本实现规范化、制度化、程序化。为提高卫生处理突发事故应急处置能力，组织沿江 5 口岸卫生处理负责人和业务骨干参加全国检验检疫系统口岸卫生处理规范操作和应对突发事故应急处置演练。组织检验检疫协会、中国检验认证集团安徽公司、芜湖、马鞍山检验检疫局卫生处理负责人和业务骨干赴山东检验检疫局考察学习进口废纸卫生处理工作，有效提高卫生处理技术水平和管理水平。

2007 年 7 月，举办卫生处理安全和质量培训班。组织观摩进口废纸熏蒸作业操作示范，进行模拟卫生处理事故现场演练。铜陵检验检疫局首次开展了对铜陵铁牛集团公司进口装载二手设备的熏蒸处理。安庆检验检疫局新开展集装箱消毒和熏蒸工作。

2009 年 7 月，组织开展“卫生处理质量安全月”活动，活动共分为卫生处理安全质量检查、举办卫生处理质量和安全知识培训两个部分。

2010 年，选派 2 名选手参加“比知识、比技能、比服务”为主题的口岸卫生处理技能竞赛，取得良好成绩。

卫生处理情况　1997 年 9 月，铜陵卫检局对 1 艘因海事纠纷在锚地停泊了 6 个月之久、卫生状况很差的外籍船舶进行消杀灭卫生处理。灭鼠 4 只，灭蟑螂 1000 余只，对 15 名船员的过敏性、化脓性皮肤病进行药物治疗，经过 10 天的卫生处理，基本符合要求，签发了“卫生处理证书”和“除鼠证书”。

2004 年，对入境标箱进行卫生除害处理 11782 只、占安徽省入境标箱总数 86.99%，其中来自疫区的 2098 只；入境船舶压舱水消毒 760 吨；卫生除害处理进出口货物 79980 吨（主要是进口废纸、废五金、废电池、旧电线电缆、二手设备、旧钢琴、废钢船等）；对发现入境货物中夹带的生活垃圾、集装箱中的死、活鼠、货物木质包装中植物检疫性害虫，进行消、杀、灭、销毁处理。认真扎实地开展卫生检疫监管“严把四关、三查”活动，针对存在问题，进行认真整改。

2005 年，实施航空器消毒卫生处理 152 架次，标箱消毒卫生处理 16429 只。对中国检验认证集团安徽公司、安徽英斯佩克技术咨询服务公司申请从事卫生处理工作，准予备案登记。对系统内卫生处理工作进行自查和整改，印发了《安徽检验检疫局卫生处理监督管理规定》和补充规定，使卫生处理工作做到安全、科学。

2006 年，消毒标箱 27842 只、船舶 49 艘次、飞机 277 架次，消毒进口废纸 23.59 万吨、废五金 3900.06 吨、旧设备 3 批，飞机杀虫 1 架次，熏蒸杀虫 161 标箱，除鼠 42 标箱。

2007 年，消毒处理标箱 13716 只、船舶 43 艘次、飞机 329 架次。杀虫除鼠处理进境标箱 16367 只、废纸 17.07 万吨、废五金 7438.1 吨，同比分别增长 8224.62%、

15172.00%、88.41%。消毒入境标箱 460 只，熏蒸处理 2 只。

2008 年，消毒处理标箱 13944 只、船舶 44 艘次、飞机 191 架次、进境废五金 1.26 万吨，杀虫处理进境标箱 22336 只、25.02 万吨。

2009 年，消毒处理入境飞机 351 架次，船舶 87 艘次，集装箱 10817 标箱，废五金等 158934.31 吨。杀虫除鼠处理入境集装箱 37408 标箱、废纸 408983.78 吨。

2010 年，消毒处理入境飞机 516 架次，船舶 48 艘次，集装箱 19797 标箱，废五金等 130331.31 吨。杀虫除鼠处理入境集装箱 38874 标箱、废纸 431615 吨。

第五节　国际旅行卫生保健

国际旅行卫生保健学是一门研究旅行环境条件对旅行者人体功能的影响和健康危害因素及其防治规律的综合性学科。它是现代公共卫生的一个重要分支，是在旅行条件下保护旅行者健康的具体实践和应用。

1994 年 11 月 23 日，民政部正式批准成立中国国际旅行卫生保健协会（ITHA）。此后，各省、直辖市、自治区相继成立 42 家国际旅行卫生保健协会，成为中国国际旅行卫生保健协会的会员。各口岸相继成立“国际旅行卫生保健服务中心”“国际旅行卫生保健门诊部”，开展国际旅行卫生保健服务，并广泛进行国际学术合作与交流。

1999 年 11 月，安徽国际旅行卫生保健中心同时在芜湖、蚌埠、安庆、马鞍山、铜陵、黄山六地检验检疫局设立安徽国际旅行卫生保健分中心。为出入境旅行者提供健康检查、预防接种、医学检验、旅行卫生健康咨询、医疗救助等服务。

根据国家质检总局关于健康检查和预防接种管理规定，安徽国际旅行卫生保健中心从 2001 年 4 月 5 日起，签发“国际旅行健康证明书”和“国际预防接种证书”。

2004 年 5 月，中国国际旅行卫生保健中心对安徽国际旅行卫生保健中心和所属分支局有关单位进行了检查，严格执行《中华人民共和国职业医师法》《医疗机构管理条例》《医疗事故处理条例》等医疗卫生管理法律、行政法规、部门规章和诊疗护理规范，严格履行国际旅行保健中心职责。对医务人员的使用进行严格审查，对聘用的无医师职业证书的临床检查人员、无专业技术职务资格证书的检验人员、无国家护理职业证书的护理人员进行清理，确保从事医师和护士的人员均持有相应的资格证书。并于 7 月，将清理整顿和规范管理检查结果，上报国家质检总局。

同年 8 月 12—14 日，中国国际旅行卫生保健中心召开了安徽国际旅行卫生保健中心改革方案研讨会。重点讨论《安徽国际旅行卫生保健中心改革方案（讨论稿）》《安徽国际旅行卫生保健中心财务管理体制改革实施细则（讨论稿）》。决定将 6 个分支局的出入境人员健康体检工作整合由 2 个保健分中心开展，安徽国际旅行卫生保健中心作为法人承担相应责任，并对分中心实施业务领导。通过业务、人事和财务制度改革，支持、帮助保健中心建立起管理有力、富有生机的新机制，不断提高保健服务质量和效率。

2005 年 5 月，中国国际旅行卫生保健中心对芜湖、安庆保健分中心进行了检查。2 个分中心的机构证书、科室设置、专业岗位人员、基本设备、建筑、设施和环境指标均达到要求，顺利通过了核查小组的现场核查验收，和安徽国际旅行卫生保健中心一起成为国家质检总局公布的第一批达标的保健中心。

2006 年，在国家质检总局组织的 164 个保健中心卫生检疫实验室考评和能力验证活动中，安徽国际旅行卫生保健中心和芜湖、安庆保健分中心均通过考评和能力验证。

同年，安徽国际旅行卫生保健中心积极引入国际旅行医学的发展理念，加强医疗急救必备设施的投入，扩大预防接种种类和咨询项目，开设 24 小时英文热线电话。12 月 3 日，国际旅行者医疗救助协会（IAMAT）主席和顾问对保健中心的人员资质、工作环境、体检设备、体检及预防接种业务、各种医疗急救必备设备和药品进行了实地察看，给予高度评价。安徽国际旅行卫生保健中心成为其在国内授权的第 28 家定点医疗与救助服务单位。

2007 年，安徽国际旅行卫生保健中心会同省卫生厅防病局、省疾病预防控制中心和国际旅行保健中心召开了传染病疫情信息通报会，交流了 2006 年安徽省外派劳务人员体检和管理工作情况，重点就外派劳务人员在体检中及回国劳务人员的健康检查重点问题进行了深入探讨。经过流行病学调查及时把安徽省发现的 3 例输入性恶性疟疾病例上报国家质检总局。

2009 年，安徽国际旅行卫生保健中心认真履行职能，积极对商务、外经、劳务输出等单位和部门进行走访和电话联系，了解年度劳务输出计划等相关信息。同时主动与十余家劳务输出单位建立灵活便捷的业务沟通与反聘机制，受到服务单位的好评。同年中心及分中心顺利通过国家质检总局组织的保健中心后续监督管理考核组考核。充分发挥自身优势，采取措施，扎实有效地做好甲型 H1N1 流感防控工作。

预防接种　预防接种是国境卫生检疫综合措施的重要组成部分，是安徽国际旅行卫生保健中心的工作职责之一。对国际旅行者是否需要实施预防接种，要视其访问的线路和所到达国家的要求及其传染病疫情而确定。目前，对国际旅行者开展的预防接种主要有 3 类：

法定预防接种。按照《国际卫生条例》《中华人民共和国国境卫生检疫法》及其实施细则等法律法规必须实施的预防接种。如对前往黄热病疫区的人员接种黄热病疫苗。

抵达国要求和规定的预防接种。如到沙特的朝觐人员，需要出示霍乱、流脑疫苗的接种证书。

推荐的预防接种。一般视前往国家的传染病疫情及留学人员前往国家学校要求而定，如白破、麻风腮、水痘、流脑、流感、乙型肝炎、伤寒等疫苗。

1995 年前，主要预防接种项目有霍乱、黄热病、甲肝、乙肝等，1995 年后，根据去美国等地留学人员的要求，开展了麻疹、流行性腮腺炎、风疹的预防接种工作。

截至 2000 年年底，共实施霍乱疫苗接种 55395 人、黄热病疫苗接种 1428 人、甲肝疫苗接种 2309 人、乙肝疫苗接种 1728 人。

2001—2010 年安徽国际旅行卫生保健中心预防接种情况统计表

表 2–2–3　　单位：人

年份	霍乱	黄热病	其他	合计
2001	4614	463	0	5077
2002	2617	533	2841	5991
2003	711	609	4499	5819
2004	1098	888	6560	8546
2005	108	1324	8289	9721
2006	1382	2132	10309	13823
2007	3429	3159	12892	19480
2008	8995	8468	11026	28489
2009	6522	4409	17128	28059
2010	8355	6624	19530	34509

预防给药　据旅行者的不同旅行路线和旅行地区传染病疫情情况，提供经济实用的旅行保健系列产品和预防给药。安徽国际旅行卫生保健中心有保健药盒、抗疟药、驱蚊霜等保健用品供国际旅行者选择。

如前往疟疾疫区，建议携带抗疟药物。疟疾预防方法的选择因许多因素而有不同，如旅行的地区、逗留时间、旅行季节、已知旅行国家寄生虫对药物的敏感性、旅行者年龄、健康状况、是否怀孕、以往或现在的病情等均是选择时必须综合考虑的。选择时应由旅行卫生保健专业人员提供建议。同时，旅行者旅行时要有防蚊措施。

第三篇　动植物检验检疫

本篇记述了1960至2010年间，出入境动植物检验检疫部门认真履行国家法律赋予的职责，有效开展进出境动物及动物产品的检验检疫，健全完善源头可追溯、过程可控制、流向可跟踪、产品可召回、责任可追究等一系列出入境动植物及动植物产品安全监管的长效机制，开展动植物疫病监测和调查，建立快速反应机制及风险分析评估等动植物检验检疫监督管理机制的工作情况。

第一章 动物检验检疫

进出境动物检疫工作主要是防止动物疫情疫病的传入和传出，保护中国农牧渔业生产安全和人体健康，促进外经贸事业健康发展。20 世纪 50 年代，上海商检局派驻安徽检验组，主要负责安庆、蚌埠、合肥地区食品出口检验业务，开始了安徽出口动物产品的检验检疫工作。“三检”合一前，安徽进出境动物及动物产品检验检疫工作由合肥商检局和合肥动检所（合肥动植检局）分别负责实施。1999 年，“三检”合一后，安徽进出境动物检疫职能由安徽检验检疫局统一行使。

1999 年，安徽检验检疫局成立后，依据《中华人民共和国进出境动植物检疫法》《中华人民共和国进出境动植物检疫法实施条例》有关规定，按照国家检验检疫局和国家质检总局的要求以及安徽检验检疫局制定的《安徽出入境检验检疫业务分工管理规定》，对安徽省进出境动物及动物产品实施检验检疫。安徽进出境动物检验检疫工作具有批次多、批量小、敏感程度高、工作难度大等特点。多年来，安徽检验检疫局较好地完成了动物检验检疫把关任务，为维护安徽农牧渔业生产安全和人体健康、促进外向型经济发展作出了积极的贡献。

第一节 检疫审批

1999 年至 2010 年，安徽检验检疫局负责对进境动物及动物产品办理检疫审批初审工作。其中办理的进境动物有荷斯坦种公牛、种鸭、波尔山羊、长颈鹿、斑马、伴侣犬、凯门鳄、小海豚、小海狮、试验鼠、牛精液、胚胎等；进境动物产品（包括非食用动物产品）有冻禽肉类、冻猪副产品、皮张、水洗羽绒羽毛、羊毛条、蚕茧、蚕丝等。

2003 年，为适应“大通关”的需要，进一步加强进境动植物检疫审批的有效监管，方便企业申请，提高审批效率，国家质检总局开发了进境动植物检疫许可证管理系统，并于当年 5 月 1 日正式启用。自此，所有有关的进境动物及动物产品均实行“检疫许可证”网上申请、网上审批。

第二节 进境动物及动物产品的检验检疫

进境动物检验检疫 安徽口岸进境动物数量较少，主要是种用动物、伴侣动物、观赏用的野生动物等，进境时按规定实施现场检疫和隔离检疫。

种用动物 2006年1月11日，安徽精英种畜有限公司从新西兰进口4头纯种荷斯坦种公牛，属安徽省第一次直接从国外进口大动物，也是安徽检验检疫局第一次承担进口活牛隔离检疫工作。进境种用动物检疫一直是动物检疫工作的头等大事，为防止国外动物疫病的传入，安徽检验检疫局严格按照国家质检总局的有关规定以及“进境动植物检疫许可证”的要求，从隔离场选址、建设、考核、上报获批，到进口前期策划、有关事项准备、协调、现场检疫，直至隔离检疫结束，均精心组织、细致准备、严格实施。2006年2月25日，圆满完成45天隔离检疫任务后出具了《入境货物检验检疫证明》。2007年，接受2家企业进境动物遗传物质（冻精）备案申请，并上报国家质检总局动植检司备案。

演艺动物 进境演艺动物的检疫主要是做好进境动物的检疫监管，在演出停留期间需对其进行认真的临床观察，并对动物的排泄物、分泌物、饲料残料及被污染的场地、运输工具和隔离场所进行消毒和无害化处理，防止演艺动物与其他动物接触或被调离出规定的隔离场所。此外，还要做好演艺动物运离本省的押运与移交工作。

2001年5月31日—6月2日，俄罗斯马戏团到安徽合肥、铜陵、淮南演出。35只演出动物有狮子、猴、狒狒、熊、蟒蛇、马、狗、鸽子等；2003年，阿拉木图马戏团5只白虎、4只熊、6匹马、12只犬，从霍尔果斯口岸入境到合肥野生动物园演出；2004年，俄罗斯马戏公司山及洛夫马戏团到安徽合肥、淮南、淮北演出5天，32只演出动物有非洲狮子、恒河猴、尼狒、狒狒、巨熊、棕熊、虎斑蟒蛇、马、狗等，安徽检验检疫局均按有关规定圆满地完成了检疫监管任务。

伴侣动物（犬、猫） 伴侣动物主要是指旅客携带进境用作宠物的犬、猫。按规定，旅客随身携带仅限1只。入境的犬、猫须经狂犬病免疫注射，并附有输出国家或地区官方兽医证书，入境后作30天隔离检疫。1999—2010年，检疫入境旅客携带宠物18只。

观赏动物和野生动物 1997年，合肥动植检局首次检疫合肥野生动物园从日本引进的日本猴77只。其中25只被检出B病毒相关抗体阳性，按规定进行扑杀处理，并对其尸体进行焚烧、深埋。2007年，合肥野生动物园先后从南非引进斑马4匹、长颈鹿2头。2007—2008年，合肥海洋馆从日本进口伪虎鲸、小海狮、小海豚、水獭共12只。安徽检验检疫局按照检疫条款规定在进境前进行隔离场考核、并在进境后进行隔离检疫45天。上述观赏动物和野生动物进境口岸均为上海，目的地为合肥地区，检疫工作主要是入境口岸现场检疫和防疫消毒，入境后在指定地点做隔离检疫。

水生动物及其他　为发展安徽特种水产养殖业，2006年12月—2007年7月，安徽永丰鳄鱼养殖有限公司先后从中国台湾引进凯门鳄鱼2批、600条，2批鳄鱼均从福建莆田口岸入境，在庐江县汤池镇临时隔离场进行为期30天的隔离检疫。2009年南陵县长江生态龟鳖养殖专业合作社与北京富洋行贸易有限公司合作，从美国批量引进蛇鳄龟、佛罗里达龟、角龟种苗；从泰国进口鳖卵，引进上述龟鳖种苗和卵在芜湖检验检疫局辖区进行隔离检疫。2007年，中国科技大学从日本进口实验鼠35只，经隔离检疫合格后，用于科研实验。

进境动物产品检验检疫　安徽进境动物产品品种及数量均较少。进境动物产品有食用动物产品和非食用动物产品。其中食用动物产品品种主要有冻鸡翅、凤爪、鸡腿肉、鸡胸肉等禽类产品，猪排、猪脚、猪肚、猪尾等猪副产品，水产品以及少量的海豹肉等。2000—2010年，检验检疫91批、2770.9吨，主要来自美国、巴西、阿根廷、法国、丹麦、加拿大等国家。非食用动物产品有盐渍或蓝湿牛皮、羊皮、水洗羽绒羽毛、火鸡毛、原羊毛、羊毛条、猪骨粒、废蚕丝等。1988年，首次检疫羊毛绒520吨。1994年，首次检疫羊皮21.4万张，鱼苗22万尾。1995年，首次检疫牛皮2078张。2000—2010年，检验检疫192批、7430.7吨，主要来自美国、澳大利亚、英国、荷兰、乌兹别克斯坦、朝鲜等十几个国家和地区。

冻肉　2004年5月9日—2008年4月17日，安徽检验检疫局上报国家质检总局公布裴顿食品(安徽)有限公司等4家进口肉类收货人备案企业。2006年以前，安徽辖区进口肉类检疫审批在安徽检验检疫局办理，安徽检验检疫局严格按检疫审批原则和审批程序，规范审批业务管理，严把进口产品疫区关，并根据检疫审批的要求对进口肉类实施检验检疫。从2006年起，国家质检总局调整进口冻肉的检疫审批权限，进口肉类检疫审批一律由国家质检总局或进境口岸局办理，安徽检验检疫局未直接办理过肉类进口审批初审。辖区内的进口肉类企业均通过上海、南京、大连等进境口岸办理进境前的审批和进境后的检验检疫。

水产品　通过安徽检验检疫局审批直接进口的水产品很少。1999—2008年，安徽辖区仅进口1批水产品。2001年，安徽省设备进出口公司从加拿大进口海豹肉30.864吨，经上海入境，检验检疫合格后放行。

皮张　为促进皮张加工厂来料加工贸易顺利发展，从2002年开始，安徽检验检疫局指导辖区内5家皮张加工厂进行整改，并通过注册登记，被列入国家质检总局进境动物产品定点加工企业名录。

2008年，安徽辖区内能正常进行进境动物皮张加工的企业仅有利辛汝集制革有限公司1家。该企业位于阜阳检验检疫局辖区，进口牛皮主要来自比利时、澳大利亚等国，企业按进境牛皮检验检疫要求建立了卫生防疫等制度，硬件设施较为完善。

进境牛皮主要经由连云港等口岸检验检疫局转至安徽。阜阳检验检疫局利用口岸内地联合执法系统获知相关信息，按照进境动物皮毛检验检疫工作的相关要求，对进境牛皮进行现场查验，对装载货物的容器、包装外表、铺垫材料、场地等现场消毒处理进行监督，相关记录完善。对进口原皮实行批批现场查验，在日常监管的基础上，每年定期监管不少于2次，主要检查企业消毒防疫等制度的执行情况及进境原皮的加工使用情况，以防改变流向、逃避监管。员工按规定进行健康体检。

2006年以前，由于安徽检验检疫局实验室尚未开展进境动物皮张炭疽实验室检疫工作，主要委托安徽农业大学动物科技学院进行检测，未检出阳性结果。2006年以后，按照国家质检总局有关要求，对进境动物皮张进行抽样，送镇江检验检疫局实施炭疽监测，未检出炭疽杆菌阳性皮张。

猪骨粒　2008年6月22日，蚌埠丰原明胶有限公司从荷兰进口8000吨猪骨粒获批。该批货物从南京口岸入境，蚌埠检验检疫局负责检验检疫并监管加工过程的防疫工作。

动物源性饲料　国家质检总局未对内地检验检疫局进口饲料检疫审批授权。进口动物源性饲料如肉骨粉、乳清粉、鱼粉等，均通过入境口岸检验检疫局审批、检验检疫监管，检测或监测合格后放行。

2001—2010年安徽检验检疫局进境动物和动物产品检验检疫业务统计表

表3-1-1

年份	2001	2002	2003	2004	2005	2006	2007	2008	2009	2010
种牛（头/批）	–	–	–	–	–	4/1	–	–	–	–
演艺动物（只/批）	35/1	–	27/1	32/1	–	–	–	–	2/1	–
观赏野生动物（匹/批）	–	–	–	–	–	–	–	5/2	–	–
水生动物(万尾/批)	–	–	–	–	–	–	–	–	17.4/25	31.2/35
水产品（吨/批）	–	–	–	–	–	67.2/3	166.4/7	111.4/5	181/8	187.3/9
冻肉类（吨/批）	–	–	–	354.8/9	1467.3/43	–	–	–	209.4/6	26/1
动物源性饲料（吨/批）	86.9/6	–	–	–	–	–	–	–	2851.1/16	2255.1/30
生皮张（吨/批）	962.1/6	136/4	1005.6/37	501.7/22	–	–	–	1275.7/37	2878.1/66	671.5/20

截获疫情 在进境动物检疫中，先后截获的重要疫情有：1994 年 2 月 28 日，合肥动植检局在对香港至合肥包机旅客及行李实施检疫时，发现 1 位泰国商人无检疫证书携带来自澳大利亚的牛冻精 200 支。这是合肥空港开放以来，首次截获此类物品。1997 年 1 月，合肥动植检局在对日本赠送合肥野生动物园 77 只日本猴实施检疫时，检出 B 病毒相关抗体阳性猴 25 只，并对 25 只阳性猴予以扑杀焚烧深埋处理。1997 年 4 月 14 日，合肥动植检局在对香港至合肥包机旅客以及行李实施检疫时，截获台湾旅客携带来自疫区的腊肉和腊肠各 1 公斤，按照规定给予销毁处理。

第三节 出境动物及动物产品的检验检疫

出境动物检验检疫

安哥拉种兔 1991 年 11 月—1992 年 4 月，合肥动检所先后 3（批）次对固镇县种兔场出口到朝鲜的 500 只安哥拉种兔实施检疫。在出境前的隔离检疫期间，圆满完成临床检疫、实验室检疫，上述种兔顺利输往朝鲜。这是安徽出入境动物检疫机构成立后，首次开展的出境动物检疫工作。

供港澳活畜 供港活畜的检疫业务自 1997 年开始，由安徽商检局和合肥动植检局联合实施。当年检疫出口活牛 500 头，1998 年，检疫 632 头，2000 年，检疫 1405 头。1999 年—2010 年，安徽供港活畜有生猪、活牛。

1999 年 4 月，安徽商检局和合肥动植检局组成联合工作组开展供港生猪养殖场注册和检验检疫工作，注册猪养殖场 3 个。

1999 年 5 月初，涡阳县万头生猪养殖场首批 80 头生猪供港，至此，结束了安徽省没有活猪供港的历史。1999 年，安徽检验检疫局检验检疫供港生猪 2960 头。2000 年，检疫 320 头。2001 年以后，安徽省未再有活猪供港。

1997 年，安徽辖区供港活牛开始检验检疫。当时全省共有 3 家注册活牛育肥场。为了更好地做好供港澳活牛检验检疫工作，1999 年 12 月 14 日，受副省长卢家丰委托，省政府副秘书长主持召开了安徽检验检疫局、省农业厅、省外经贸委、省交通厅、蚌埠铁路局、省兽医工作站等单位负责人参加的全省供港澳活牛检验检疫工作协调会，并以安徽省政府办公厅的名义向各有关部门和地方市政府发了会议纪要。

2005 年后，全省仅有 1 家供港活牛注册育肥场，每年供港活牛 500 ~ 1200 头。根据《供港澳活牛检验检疫管理办法》及国家质检总局有关规定和要求，安徽检验检疫局每年对供港活牛进行“7+37”药物残留监测。禁、限用药监测结果全部呈阴性。在供港活牛检验检疫工作中，安徽检验检疫局积极加强与地方农牧等有关部门的联系，切实把好“源头”关。连续 10 年供港活牛没有发生质量事故，且供港活牛的质量在香港五丰行排名一直位居前列。

扬子鳄　1997年，25只人工繁育的扬子鳄由合肥动植检局下属芜湖动植检局检疫合格，顺利出口丹麦。这是合肥动植检局首次检疫经国家濒危物种进出口管理办公室批准的出境动物。

鲜活水产品　安徽出口的鲜活水产品主要有大闸蟹、泥鳅。全省共有12家出口水生动物养殖场，其中11家螃蟹养殖场、1家泥鳅养殖场。11家螃蟹养殖场中，马鞍山检验检疫局辖区1家、芜湖检验检疫局辖区1家，1家泥鳅养殖场属蚌埠检验检疫局辖区。

安徽辖区11家出口大闸蟹注册企业，共计注册养殖水面35万亩，是全国出口大闸蟹主要省份之一。主要出口日本、新加坡等国家以及输往中国香港、澳门、台湾地区。2007年、2008年由于“硝基呋喃”事件后，输台大闸蟹一直处于停滞状态。

根据《出境水生动物检验检疫监督管理办法》和有关文件要求，安徽检验检疫局出台一系列措施，严把准入门槛，严格执行大闸蟹养殖场注册制度，对于新申请注册的出口养殖场，坚持仅对大水面的养殖场进行注册。注册前，抽取养殖用水、饲料、大闸蟹进行氯霉素、呋喃类及其代谢物、孔雀石绿及其代谢物、硫丹等项目检测，合格后方可注册；加强年度审核，审核养殖场饲料、用药、水质监控制度和追溯体系的落实情况，同时对养殖用水、饲料进行氯霉素、呋喃类及其代谢物、孔雀石绿及其代谢物、硫丹等项目实验室检测；强化日常监管，在大闸蟹出口季节，定期抽取大闸蟹进行相关残留物质检测。在出口监管方面，一直坚持对出口大闸蟹批批加贴封识，同时积极和深圳、上海、珠海等口岸局协调，做好大闸蟹的出口检验检疫工作。

出境动物产品检验检疫　2000—2010年，全省共检验检疫冻肉类83523吨、动物水产品36503吨、水生动物2525吨、生皮张2974吨、动物鬃毛类36600吨、动物性饲料534吨。

2001年，安徽省有出口肉类注册企业9家。其中7家冻猪肉、牛肉注册企业，2家出口禽肉企业。后来，由于市场因素、企业自身条件、经营状况、基地建设、疫病残留等问题的限制，2家出口禽肉加工企业和3家出口猪肉加工企业先后被取消出口卫生注册资格。

安徽曾是肉类出口大省，猪肉出口量排名一直紧跟四川、河南之后，连续多年稳定在1.5万吨左右，主要出口俄罗斯。2004年9月17日，俄罗斯以中国疫情不明对出口肉类实行封关限制，安徽省肉类企业失去了主要出口市场。禽肉原来主要出口日本、中东等国家和地区以及中国香港，由于禽流感等因素，2003年以后，冻禽肉一直是零出口。因此，安徽省自此没有出口禽肉卫生注册企业。

2008年，安徽辖区有出口肉类（猪肉、牛肉）注册企业4家。其中安徽福润肉类加工有限公司、安徽省东升食品公司（出口猪肉）、安徽阜阳兴阜肉类加工总厂（出口牛肉）3 家企业属阜阳检验检疫局管辖；安徽省瀚森荷金来肉牛集团有限公司属蚌埠检验检疫局管辖。猪肉主要出口朝鲜、利比里亚、越南、刚果；牛肉主要出口中国香港和中东地区。

根据国家质检总局《进出境肉类产品检验检疫管理办法》等一系列文件规定以及有关出口肉类检验检疫规范，安徽检验检疫局制定了《安徽出口肉类检验检疫基本要求》。为加强出口加工用猪饲养场的安全卫生管理，从源头保证出口猪肉产品的质量安全，根据《关于印发 < 出口加工用肉猪饲养场检验检疫备案条件和要求 > 的通知》，注重加强肉类出口加工企业的配套备案养殖场建设。2006 年 8 月，通过考核，备案养殖场 12 家；2007 年，年审时取消了 7 家不符合备案条件养殖场的备案资格；2008 年，根据国家质检总局食品安全局 7 月 24 日电话会议要求，再对安徽辖区出口加工用肉猪备案养殖场进行了严格清查。经查实，所有备案饲养场均没有进行生产投入品的检测，不能证明其所使用的投入品不含莱克多巴胺、氯霉素、盐酸克伦特罗、硝基呋喃类等违禁药物成分，存在使用药物成分不明情况，且均未申请年审。鉴于上述情况，取消安徽辖区 5 家出口加工用肉猪饲养场的备案资格，于 8 月 14 日报国家质检总局，同时发文重申所有出口肉类加工企业出口屠宰用的动物必须来自经检验检疫机构备案的饲养场；坚决杜绝非备案饲养场的原料动物用于生产加工出口产品，并要求检验检疫机构加强对企业原料验收、生产加工和仓储管理的日常监管，对出口前产品批批进行莱克多巴胺、氯霉素、盐酸克伦特罗、硝基呋喃类等药残和病原微生物的检测，确保出口肉类不含违禁药物成分和致病微生物，限用药物不得超标。

参照《供港澳活牛检验检疫管理办法》的注册条件，2008 年 4 月，对蚌埠宏业食品有限公司申请的 2 家架子牛育肥场现场考核，并在抽取尿样进行禁用和限用药检测全部合格的基础上，进行备案管理，以实现对该公司出口肉类罐头的原料控制。

2000—2010 年安徽检验检疫局出境动物和动物产品检验检疫业务统计表

表 3-1-2

年份	2000	2001	2002	2003	2004	2005	2006	2007	2008	2009	2010
动物源性饲料（KG/ 批）			2000/1		4916/7	9219/6	18860/3	184688/12	24052/16	123400/26	166600/32
冻肉类（KG/ 批）	566878/22	4667765/144	13465117/209	12636963/170	11734547/108	6061017/74	17247706/172	13152349/139	2169832/103	989800/63	831200/53
动物水产品（KG/ 批）	985683/53	2960038/153	2782204/268	3827364/298	1967049/196	4270195/404	4707336/448	3228914/279	3751891/302	3001600/273	5020700/489
生皮张（KG/ 批）	13453/2	119254/9	47315/14	64869/11	149903/19	521224/65	946878/78	644646/96	388088/47	1680/2	77400/8
水生动物（KG/ 批）	129607/30	333501/51	442320/138	247795/95	330908/91	355562/185	368000/199	88873/95	40474/97	33 只 /2	20 只 /2 188000/27
动物鬃毛类（KG/ 批）	1431071/346	2388212/506	1857272/351	1981378/504	2482020/439	2384609/472	2929419/476	4019635/514	3933816/467	5612800/1072	7580200/1142

第四节　动物疫病监测和调查

在动物检疫的实践中，安徽检验检疫局已形成一整套的动物疫病监测和调查制度，对辖区出口畜禽、水产品备案/注册养殖场采取不同的监测和调查方法。

对出口肉类加工企业配套备案畜禽养殖场的监测　从1999年开始，对出口猪、牛肉加工企业配套备案养殖场的供宰动物实施口蹄疫疫病监测。监测频率为每个肉类加工厂每2个月进行1次，牛以县为单位，每县采样不少于60头；猪以乡为单位，每乡抽2个“动物产地检疫合格证明”，每证抽3头；对出口禽肉加工企业配套备案养殖场的供宰禽类实施禽流感、新城疫疫病监测，样品来自5个不同家禽养殖场，以每个禽类加工厂为单位，每2个月进行1次采样监测，每次采样量30只。

省内肉类出口中断后，对相应的配套备案养殖场的疫病疫情监测工作也随之停止。

动物冠状病毒流行病学调查　针对2003年“非典”肆虐全球的严重疫情形势，根据国家质检总局和上海检验检疫局的要求，安徽检验检疫局与上海检验检疫局共同开展动物冠状病毒流行病学调查。2003年11月—2004年10月，历时1年时间，从猪、鸡、鸭、牛、犬5种动物抽取血清样品588份、拭子样品164份进行动物冠状病毒流行病学调查。

开展重大动物疫病防控工作　2004年1月30日，广德县和马鞍山市发生疑似高致病禽流感。根据省防治重大动物疫病指挥部和国家质检总局指示精神，安徽检验检疫局立即启动重大动物疫情应急方案，研究部署安徽辖区进出境禽流感疫情防控工作。2005年5月13日，农业部公布了山东泰安、江苏无锡2起亚洲Ⅰ型口蹄疫疫情，根据国家质检总局的要求，安徽检验检疫局部署本局系统的疫情防控，加强与省农委畜牧兽医局沟通联系，掌握疫情动态，落实疫情报告制度。2005年8月，针对四川省部分地方发生猪链球菌病疫情，安徽检验检疫局认真做好出口活猪注册/备案养殖场猪链球菌病疫情监控工作。作为省防控高致病性禽流感指挥部主要成员单位，安徽检验检疫局曾多次参加秋冬季重大动物疫病防控工作对口督导，部署落实重大动物疫病防控，确保疫情稳定，保障出口动物及其产品的安全卫生。由分管副局长率动检处负责人和专业技术人员分别赴铜陵、巢湖等市对口督导口蹄疫、禽流感等重大动物疫病防控工作。

第五节　动物及动物产品残留物质监测

1999年3月，遵照“针对欧盟、兼顾整个出口”原则，外经贸部、农业部和国家检验检疫局（简称两部一局），参照欧盟96/23EC等法规要求，结合中国的实际情况，共同制订了《中华人民共和国动物及动物源食品中残留物质监控计划》。该计划在两部一局的共同配合和积极努力下，连续2年在全国30个省份的牛、马、猪、禽、兔、水产品、蜂蜜、肠衣、牛奶等动物产品中抽取近2000个样品，开展近70项残留物质的监测，完成近2万个监测数据（其中国家检验检疫局完成近1.2万个数据），基本上对中国的动物源性食品中有毒有害物质的本底污染状况有了一个初步的了解，并据此对外提供了中国的年度残留监控报告。2001年，香港政府公布37种农、兽药残留限量标准，加强了对进口肉类食品的检验。2007年，日本公布“肯定列表”制度，重新修订、提高动物源性食品的农残、药残的限量标准，加大技术性贸易保护的力度。新加坡、以色列、阿根廷和韩国都纷纷要求中国政府提供残留物质监控计划和报告。实施残留监控以确保食品安全已成为世界各国的共识。2001年，国家质检总局制订《供港食用动物药残留监控计划》。其后，国家质检总局和农业部发出“7＋37”监控计划文件，要求禁用7种药物及第一阶段实施管制10种药物，第二阶段增加管制27种药物。

1999—2001年，安徽检验检疫局严格按照文件的要求，按分工和进度制定计划，开展活动物和出口动物源性食品的监测工作。

2001—2010年，安徽检验检疫局每年都对全省范围出口动物及动物源性食品、进口动物源性食品进行残留物质监控抽样及检测。在总结上一年度及往年残留监控工作的基础上，重点考虑监控检出阳性情况以及安徽省出口动物产品实际情况和分布情况，制定当年出口动物产品残留物质监控抽样及检测计划。如2008年，共检测386个样品、143个项目。其中：蜂蜜，计划检测106个样品、42个项目；蜂王浆，计划检测26个样品、39个项目；猪肝，计划检测56个样品、18个项目；小龙虾，计划检测96个样品、5个项目；鮰鱼，计划检测54个样品、24个项目；鳗鱼，计划检测48个样品、15个项目。抽样范围涉及六安、蚌埠、滁州、巢湖、阜阳、合肥等地区68个取样点、26个出口企业，检测项目涉及26大类、52种有毒有害物质，实际得到1030个检测数据。

随着安徽检验检疫局的发展和职能范围的扩大，经过多年的不懈努力，技术队伍不断壮大，配备有先进仪器设备，建立专业检测实验室，检测能力和检测水平有了很大提高。

2001—2010 年安徽检验检疫局残留监控一览表

表 3-1-3　　单位：个

年份	抽样数量	抽样品种	检测项目	超标项目	超标品种
2001	30	蜂蜜、小龙虾	22	链霉素、四环素	蜂蜜
2002	39	蜂蜜、小龙虾、鸡肝	28	氯羟吡啶	鸡肝
2003	36	小龙虾、鸡肝	13		
2004	96	小龙虾、鸡肝、鳗鱼	42		
2006	166	小龙虾、鸡肝、猪肝、肾	52	镉	猪肾
2007	236	小龙虾、猪肝、鳗鱼、鮰鱼	64		
2008	386	小龙虾、猪肝、鳗鱼、鮰鱼、蜂蜜、蜂王浆	72	卡巴氧、氟喹诺酮	猪肝、蜂蜜
2009	325	小龙虾、鸡肝、猪肝、肾、肉、蜂蜜、鮰鱼	279	喹乙醇	猪肝
2010	343	猪肝、肾、肉、牛肝、脂肪肉、鸡肝、脂肪、肾肉、鮰鱼、小龙虾、蜂蜜、猪肠衣、鳗鱼	460	链霉素、甲硝达唑	蜂蜜

第六节　应急处理机制

为保证在境内外发生高致病性禽流感时，能及时、有序、高效地处理疫情，防止疫情的传入和传出，保护畜牧业生产安全和人体健康，促进对外贸易的发展，按照国家质检总局《关于印发〈进出境高致病性禽流感应急处理预案〉的通知》要求，安徽检验检疫局成立高致病性禽流感防治工作领导小组，统一领导全省高致病性禽流感防治工作，同时，制订《安徽检验检疫局高致病性禽流感防治应急处理预案》。

安徽检验检疫局高致病性禽流感防治工作小组的职责是：根据境内外发生或进出境检疫与监测中发现的高致病性禽流感疫情，决定启动高致病性禽流感防治应急处理预案；制定实施高致病性禽流感应急处理预案的实施细则，指挥实施高致病性禽流感应急处理预案的具体工作；负责向国家质检总局报告高致病性禽流感防治应急处理的实施和疫情动态，协调香港特区政府检验检疫部门、地方政府兽医行政主管部门以及其他相关部门的工作。

安徽检验检疫局高致病性禽流感防治应急处理预案适用于安徽境内、外发生和检疫工作与疫情监测中发现动物和人员感染高致病性禽流感的应急处理。预案内容包括应急处理小组组织机构与职能、应急处理方案的启动与终止、疫情确证依据和诊断程序与措施，应急措施与疫情报告。预案明确了境外以及境内发生高致病性禽流感或者疑似高致病性禽流感疫情时应采取的应急措施，与相关政府部门和进出口企业、生产养殖单位的配合。

第二章　植物检验检疫

“三检”合一前，安徽进出境植物检验检疫工作由合肥商检局和合肥植检所（合肥动植检局）分别负责实施。1999 年，安徽检验检疫局成立后，依据《中华人民共和国进出境动植物检疫法》《中华人民共和国进出境动植物检疫法实施条例》，按照国家检验检疫局和国家质检总局的要求以及安徽检验检疫局《安徽出入境检验检疫业务分工管理规定》，对安徽省进出境的植物和植物产品实施检验检疫。安徽进出境植物检验检疫工作具有批次多、批量小、监管距离远、工作难度高等特点。安徽检验检疫局较好地完成了植物检验检疫把关任务，为维护安徽农业生产作出了积极的贡献。

第一节　检疫审批

为防范外来有害生物的入侵，杜绝有害生物通过进出口贸易等途径传入中国，保证中国经济、生态与社会安全和国家利益的需要，安徽检验检疫局根据国家质检总局《动植物检疫审批名录》和《进境动植物检疫审批管理办法》要求，开展了进境植物检疫的审批工作。在多年进境植物检疫审批工作实践中，已形成了一整套的进境植物检疫审批工作制度和监管工作制度。2002 年后，在安徽检验检疫局办理进境植物检疫审批的企业有中国烟草国际有限公司等，办理进境植物检疫许可证的植物产品有烟草、豌豆、苜蓿草等。

第二节　进境植物检验检疫

进境植物检疫　安徽省是中国的内陆省份，进境植物检疫的批次较少，多为进境转关植物，相对而言，检疫监管工作是安徽进境植物检疫的工作重点。1994 年，检疫美国、新加坡 4 批药材、包装材料。1997 年，进境检疫 60 批，检疫物主要为植物包装材料、种子、原棉和药材等。

2000—2010 年安徽检验检疫局进境植物及其产品检疫情况统计表

表 3-2-1

年份	品名	批次	数（重）量
2000	植物	49	888243 千克
	植物产品	848	42 立方米，3387 件 ,159080235 千克
2001	植物	123	1146542 千克，70001 株
	植物产品	6123	1577912 立方米，203428 件 ,404609103 千克
2002	植物	125	2329091 千克，276900 株
	植物产品	5273	35301 立方米，127911 件，1177744577 千克
2003	植物	118	1375809 千克，729330 株
	植物产品	4971	20642 立方米，193102 件，572728572 千克
2004	植物	153	803966 千克，857910 株
	植物产品	4379	73926 立方米，97812 件，99037853 千克
2005	植物	268	1026910 千克，1318939 株
	植物产品	6343	422375 立方米，90057 件，175774280 千克
2006	植物	268	2243639 千克，655210 株
	植物产品	7119	429323 立方米，243337 件，189532914 千克
2007	植物	321	4902302 千克 ,1518345 株
	植物产品	7998	8824386364 立方米，929265 件，281650528 千克
2008	植物	421	9210010 千克，1788013 株
	植物产品	9625	163324 立方米，173761 件，182140468 千克
2009	植物	1	8500 株
	植物产品	105	114 件，292 立方米，15800802 千克
2010	植物	4	230400 株，16 千克
	植物产品	234	12 把，609 立方米，32482599 千克

截获疫情 植物检疫截获疫情是反映植物检疫工作效能的重要方面，也是相关部门对外谈判、行政决策、指导科研的基础。

1963年，检疫法国进口的粮食时截获谷象和毒麦。

1964年，检疫加拿大进口的6000吨大麦、小麦时截获小麦霜霉病。

1972年、1979年，分别在检疫伊拉克进口的蜜枣和巴基斯坦进口的皮棉中截获谷斑皮蠹。

1986年，检疫法国进口油菜籽截获大量杂草籽。

1994年6月9日，检疫扬子集团公司从新加坡进口货物的木质包装中，截获大量褐草甲、书虱和隐翅虫等。

1995年4月7日，合肥动植检局在对安徽粮油进出口公司从日本引进300箱、30吨甘薯种检验时，发现种薯有黑斑病、软腐病，箱发病率100%。同年5月和8月，芜湖动植检局在浔阳轮货舱检疫中截获小菌虫和在检疫俄罗斯废钢船中截获印度谷螟。10月28日，合肥动植检局和黄山动植检局检疫人员在对转关到黄山的13只装有奥地利索道的集装箱进行检疫时发现育蛴科、蚁科和寄蝇科昆虫，对从集装箱卸出的包装及时用DDVP进行表面灭虫和用溴甲烷熏蒸处理，并对设备开拆后的包装全部烧毁。

1997年，合肥动植检局分别从美国包装垫木和美国进口保龄球木质材料中截获狭颈动白蚁，进行了熏蒸灭虫处理。1月27日，检疫绩溪长安塑料有限公司进出口设备木包装时发现大量松褐天牛虫孔，12月中旬，检疫安徽涂山纺织厂从美国进口的1100吨原棉中，截获毛覃甲、浆曲露尾甲、赤拟谷盗、仓潜等害虫。

1998年6月，合肥动植检局在从马来西亚进口的天然橡胶的木包装中截获二类有害生物双钩异翅长蠹（死虫）。

2000年7月17日，安徽检验检疫局在佳安轮胎有限公司从马来西亚进口的26标箱天然橡胶的木质包装上截获双钩异翅长蠹。

2001年5月，黄山检验检疫局在日本进境木质包装中截获了松材线虫，防止了对黄山松的入侵，黄山市政府授予黄山检验检疫局集体三等功。8月，安徽检验检疫局从美国进境的化工原料的木质包装中截获大量天牛幼虫和鳞翅目蛹。9月，安徽检验检疫局现场检疫合肥日立挖掘机有限公司从日本进口的1批设备时发现有蓝变现象，经实验室检验，检出滑刃属活体线虫。

2002年11月，安徽检验检疫局在安徽菲特有限公司从美国进口的设备木质包装中检出活体松材线虫。

2008年6月，黄山检验检疫局在对从法国进口的聚乙烯粒子外包装检疫时截获人心果阿夜蛾。

2009年，共上报各类疫情及违规情况124批次。安徽检验检疫局从进境木薯干中截获咖啡豆象、长头谷盗、锈赤扁谷盗，发现2批次进境木包装违规。芜湖检验检疫局从荷兰进口的苗木中检出大量爪哇根结线虫属的线虫，黄山检验检疫局从韩国进口的集装箱中截获双齿谷盗活虫等有害生物。

第三节 出境植物检验检疫

安徽出境植物及其产品主要有：瓜果、蔬菜、中药材、粮谷、植物调料、种苗、竹藤柳草等100多个品种，主要销往美国、加拿大、澳大利亚、新西兰、法国、德国、泰国、马来西亚、新加坡、孟加拉、俄罗斯、日本、韩国等国家和中国香港、中国台湾地区。

瓜果　安徽省早在20世纪70年代就有瓜果出口。但品种单一，以砀山梨为主，主要销往东南亚等国家和中国香港地区，对部分欧盟国家也有少量出口。1997年，砀山梨出口48批、1066.33吨，2000年，达171批、6642吨。产品主要销往中国香港地区和新加坡、菲律宾、越南、泰国、柬埔寨、印度尼西亚、马来西亚等国家。但由于出口水果品种单一、品质不高、加工粗糙、产品附加值低，导致出口难度大，绿色贸易壁垒也严重限制了出口。自2002年后，安徽水果出口不增反减，出口形势不容乐观。

1991—1998年安徽省出境瓜果检验检疫情况统计表

表3-2-2

年份	批次	数量（吨）	货值（万美元）	销往国家和地区
1991	174	5429.135		日本、韩国、澳大利亚、法国、美国、泰国、新加坡、沙特、俄罗斯、西班牙、比利时、意大利、荷兰、马来西亚、以色列、秘鲁、委内瑞拉、墨西哥、南非，中国台湾和香港地区
1992	139	3790.131		
1993	111	2323.987		
1994	112	2244.006	2549.73	
1995	209	3692.29	4087.07	
1996	315	6162.745	7403.68	
1997	227	3065.433	3409.05	
1998	275	6868.89	3984.40	

2002—2010 年安徽省出境瓜果统计表

表 3-2-3

年份	批次	数量（箱）	重量（吨）	销往国家
2002	89	169223	2273	新加坡、沙特、俄罗斯、法国、西班牙、比利时、美国、意大利、荷兰、马来西亚、以色列、秘鲁、菲律宾、柬埔寨、德国、阿塞拜疆、越南、安哥拉、罗马尼亚、塞浦路斯、毛里求斯
2003	65	159276	1876	
2004	41	63296	850	
2005	41	86242	891	
2006	50	100641	992	
2007	17	36109	406	
2008	9	20618	206	
2009	7	20226	190	
2010	1	2200	22	

蔬菜 安徽省速冻蔬菜20世纪70年代小批量加工，调拨上海食品进出口公司出口，因质量达不到国际标准，生产一度停止。1984 年，开始大规模生产速冻蔬菜。

安徽省速冻蔬菜自营出口从 1984 年开始，出口 101 吨、6 万美元，1992 年出口 6884 吨、618 万美元。

2000 年 4 月，在合肥举办了“全省脱水蔬菜卫生注册工作会议”。有 40 多家脱水蔬菜厂的法人代表参加了会议。会议组织学习了有关卫生注册的有关文件，并就卫生注册的具体条件、标准、方法及有关问题进行研讨；不少厂家雷厉风行，抓管理、抓卫生、抓技改，确保了 2000 年出口的脱水蔬菜总体质量高于往年。

2000 年安徽省出境蔬菜检验检疫情况统计表

表 3-2-4

产品	批次（次）	重量（吨）	金额（美元）
保鲜菜、盐渍菜、干果及其他杂品	720	21806	10821380
脱水蔬菜	1029	15157	13242862
薇菜干	65	357	3778883
山蛰菜	85	692	2276745
蕨菜	2	14.6	73000
速冻蔬菜	340	5139	5076800

“卫生注册”是市场准入的标志之一，是保障人民健康的需要，是与世界接轨的需要。2001年，脱水菜厂多、底子薄、管理不规范。为了做好卫生注册工作，安徽检验检疫局进行广泛的宣传，组织有关单位、有关人员认真学习卫生注册相关文件，并就卫生注册的具体条件、标准、方法及有关问题，做出详细的说明。有不少企业行动快，经过整改，达到卫生注册的要求；有些企业卫生注册达标有一定难度，安徽检验检疫局深入企业，帮助重新规划、搞好环境卫生，改进加工工艺和流程，更换先进的设备，制定各项规章制度，完善检验设备和标准，使其逐步规范。20余家加工企业通过辅导，顺利完成卫生注册，为安徽省脱水蔬菜生产进一步发展打下良好的基础。

2001年安徽省出境蔬菜检验检疫情况统计表

表3-2-5

产品	批次（次）	重量（吨）	金额（万美元）
盐渍菜	33	942	65
板栗	70	1624	228
白蒜	117	5915	248
脱水蔬菜	959	14160	1194
薇菜干、山蛰菜	139	936	450
速冻蔬菜	222	3189	353
其他保鲜菜及杂品	140	3268	169

2002年，通过抓产品质量、卫生注册，企业的质量意识明显提高，操作较规范、质量较稳定。山蛰菜是安徽省的特产。经过工厂、外贸、检验检疫等单位多年的共同努力，在国际市场上，尤其在日本市场上销路较畅，信誉较好。山蛰菜加工时往往是多雨季节，为了确保山蛰菜的色泽和水分，减少损失，部分农民在加工时采用煨炕的方法，这样加工出来的山蜇菜外表虽然好看，但二氧化硫容易超标。二氧化硫的含量在食品中比较敏感，许多国家（包括日本）纳入强制性检测。安徽检验检疫局在山蜇菜的检验检疫中，努力做好二氧化硫的检测、预防工作，并指导农民采用先进方法加工，从整体上保证了出口山蛰菜质量。

2002年安徽省出境蔬菜检验检疫情况统计表

表3-2-6

产品	批次（次）	重量（吨）	金额（美元）
盐渍菜	22	1176	300854
板栗	30	724	1221566

续表 3-2-6

产品	批次（次）	重量（吨）	金额（美元）
白蒜	104	7988	3280170
脱水蔬菜	1332	20476	16071424
薇菜干、山蛰菜	232	1276	6016638
速冻蔬菜	180	2124	2382800
其他保鲜菜及杂品	138	2652	2587658

2003 年，由于安徽的出口蔬菜加工厂布局分散，且规模偏小，年加工出口量都在数百吨之间，加工的品种较多，加上日本对速冻蔬菜的农残控制得很严，加大了产品出口的难度。为此，在每个产品加工前和出口前分别抽取原料样品和成品样品先做农残检测，合格的原料再投入加工，检测符合要求的成品才允许外贸部门出口。检验检疫的出口速冻蔬菜基本没出现质量及农残超标问题。

2003 年安徽省出境蔬菜检验检疫情况统计表

表 3-2-7

产品	批次（次）	重量（吨）	金额（万美元）
盐渍菜	38	1244	60
板栗	78	1814	204
白蒜	149	10089	318
脱水蔬菜	976	17715	1633
山野菜	190	997	611
速冻蔬菜	219	2086	243
保鲜菜	16	274	16

2004 年，安徽省出境速冻蔬菜检验检疫开始批批抽样送检农药残留量，要求加工厂在每一个品种生产加工前对原料进行农残摸底，不符合要求的原料不能投产。按照国家质检总局关于《进出境蔬菜检验检疫管理办法》（试行）的通知及出境蔬菜种植基地备案管理细则的要求，引导说服各加工企业重视蔬菜基地建设。为了杜绝农残超标，从源头抓起，加强蔬菜种植基地备案管理，成片的蔬菜基地要创造条件申请备案注册。当年已有巢湖华康食品有限公司 3000 亩蔬菜基地通过备案考核，顺利举行挂牌仪式，另外还有 2 家在审核中。由于加强了管理，检验检疫中严格执行有关规定，安徽出口的速冻蔬菜未发生因质量和农残超标而退货索赔事件。

2004 年安徽省出境蔬菜检验检疫情况统计表

表 3-2-8

产品	批次（次）	重量（吨）	金额（万美元）
盐渍菜	39	794	35
板栗	81	2045	226
白蒜	176	10424	410
脱水蔬菜	690	11479	1387
山野菜	209	934	648
速冻蔬菜	263	2094	245
保鲜菜	41	1581	92

2005年，安徽省出口的脱水蔬菜整体水平高于上年，但在全国来说仍属于中等水平。主要原因是生产原材料蒜片的加工点难以控制，制约了脱水蔬菜的整体发展。安徽检验检疫局通过采取有效措施，确保出口商品的质量、安全、卫生。一是帮助企业提高管理水平，采用新技术、新工艺等措施提高出口商品质量；二是切实帮助企业加强蔬菜基地建设，从源头抓起，控制农残，控制有毒有害物质；三是认真及时进行重金属、生物、化学、农残等常规检测和针对性检测；四是关注国内外信息，捕捉最新动态，找出潜在的敏感问题，提前应对。

2005 年安徽省出境蔬菜检验检疫情况统计表

表 3-2-9

产品	批次（次）	重量（吨）	金额（万美元）
盐渍菜	32	857	39
板栗	124	2926	321
白蒜	210	12772	601
脱水蔬菜	1076	17867	2536
山野菜	252	996	637
速冻蔬菜	215	2025	236
保鲜菜	48	1352	94
水煮菜	33	200	42
鲜葛根	10	889	27

2006年,安徽检验检疫局对全省5家出口速冻蔬菜厂进行卫生注册复查换证,除1家工作量较大未完成外，其余4家都换证结束，并对全省速冻蔬菜加工企业的种植基地进行备案登记。年内各加工企业所用的原料基本上都是自备基地的原料。为应对日本“肯定列度”制度的实施，安徽检验检疫局积极采取防范措施，消除产品潜在的隐患。出口到日本的所有产品,没有发生农残超标及质量等事故。

2006年安徽省出境蔬菜检验检疫情况统计表

表3-2-10

产品	批次（次）	重量（吨）	金额（万美元）
盐渍菜	31	722	44
板栗	104	2412	326
白蒜	572	34818	920
脱水蔬菜	1221	20249	5040
山野菜	233	1179	787
速冻蔬菜	247	2769	326
保鲜菜	39	848	48
鲜葛根	18	1293	38

2007年，各蔬菜加工厂为适应国际市场需求，积极贯彻执行国家质检总局有关文件精神，按要求对自己生产的蔬菜种植基地申请备案登记。安徽检验检疫局对全省23家蔬菜加工企业的67块备案登记蔬菜基地进行了1个月的清理核查。对存在的问题，提出改进意见。同时在种植期间加强对使用农药的管理，增加原料及成品的农残检测频率，确保出口日本的速冻蔬菜农药残留符合日本“肯定列表”要求。各外贸企业还积极开发韩国及欧美市场，打破了原来安徽省速冻蔬菜只对日本出口的单一局面。

2007年安徽省出境蔬菜检验检疫情况统计表

表3-2-11

产品	批次（次）	重量（吨）	金额（万美元）
盐渍菜	28	506	42
板栗	147	3849	410
白蒜	458	8849	621
脱水蔬菜	1011	16204	3678

产品	批次（次）	重量（吨）	金额（万美元）
山野菜	287	1219	895
速冻蔬菜	312	3563	410
保鲜菜	13	313	16
鲜葛根	24	1762	53

2008 年，紧紧围绕国家质检总局对出口食品专项整治和加强检验监管工作的总体要求，安徽检验检疫局采用日常监管和批批检验检疫相结合的方式对辖区内 18 家出口脱水蔬菜卫生注册企业、20 家出口速冻蔬菜卫生注册企业、2 家出口盐渍菜卫生注册企业实行源头基地备案把关，生产过程日常监管。出口蔬菜及其制品质量有所提高，达到了监管有效、方便进出的目的。所有出口的蔬菜制品在运输包装上批批加贴 CIQ 标识。

2008 年安徽省出境蔬菜检验检疫情况统计表

表 3-2-12

产品	批次（次）	重量（吨）	金额（万美元）
盐渍菜	31	714	54
板栗	119	3714	504
白蒜	275	5309	311
脱水蔬菜	708	11342	2575
山野菜	157	729	539
速冻蔬菜	240	3066	386
鲜葛根	16	714	54

2009 年以“毒饺子”和“问题奶粉”事件为契机，对山野菜出口企业和生产企业进行了两次安全整顿。针对可能存在的问题和安全隐患进行了周密分析，全面提升卫生、质量管理体系和食品防护计划。对取得卫生登记证书的企业，加强后续管理工作。在强化产品检验检疫、加贴检验检疫标志、批号、生产日期和卫生登记号管理的同时，实施质量承诺制度。2009 年，秋季山蜇菜受到早期干旱、中期阴雨天和后期霜冻、暴雪以及种植面积减少的影响，出口质量安全存在较大隐患，安徽检验检疫局及时进行风险分析，采取因势利导、管扶结合等措施，力保出口安全。

2009 年安徽省出境蔬菜检验检疫情况统计表

表 3-2-13

产品	批次（次）	重量（吨）	金额（万美元）
盐渍菜	26	533	35
板栗	104	3026	425
白蒜	203	8641	763
脱水蔬菜	114	1468	437
山野菜	142	668	594
速冻蔬菜	240	3066	386
鲜葛根	17	807	35
其他植物产品	7	241	82

2010 年以《中华人民共和国食品安全法》贯彻为主题，积极开展食品安全整顿工作。根据食品安全整顿的要求和产品特点，成立安全整顿小组，制订具体时间和步骤，任务到组、责任到人，指导辖区内出口企业和备案基地进行自查自纠，并认真检查企业的质量体系保障、食品防护计划、溯源管理、基地的农业化学品投入管理、原料出入库台账、加工记录、成品出入库台账等。做到“源头能控制、过程可追溯、安全有保障”。

2010 年安徽省出境蔬菜检验检疫情况统计表

表 3-2-14

产品	批次（次）	重量（吨）	金额（万美元）
盐渍菜	28	536	39
板栗	81	2236	224
白蒜	137	5342	547
脱水蔬菜	198	2806	904
山野菜	188	764	929
速冻蔬菜	210	2987	510
鲜葛根	17	623	25
其他植物产品	7	337	115

中药材　安徽中药材种类繁多。主产区亳州市为中国四大药都之首，是“神医”华佗的故乡、国家中药材生产基地。该市有全国最大的中药材交易中心，集聚了全国绝大部分中药材种类，品种达1000多种，给安徽中药材出口奠定了良好基础。

1991—2010年，安徽出口中药材主要品种为枸杞子、半夏、当归、黄芪、川芎、甘草、白芍、菊花、地黄、白术、远志、茯苓、枳实、牛膝、山楂、决明子、红花、艾制品、野玫瑰果、丹参等348个品种。主要输往韩国、马来西亚、日本、德国、西班牙、澳大利亚、美国、新加坡、巴西、印度尼西亚、泰国等30多个国家和中国台湾、中国香港地区。

出口中药材的检验检疫，主要按照《进出口枸杞检验规程》（SN/T 0878–2000）《出口干菊花检验规程》（SN/T 1020–2001）《进出境植物性药材检疫规程》（SN/T 1508–2005）《药用植物及制剂进出口绿色行业标准》（WM2–2001）《关于加强输韩中药材二氧化硫检测工作的通知》《关于印发输韩中药材中重金属和农药残留限量标准及检测方法的函》《关于韩国制订中药材中二氧化硫和黄曲霉毒素相关标准事宜的通知》和《中国药典2005、2010版》等标准和规定进行。

随着中药材出口量的逐年扩大，韩国、日本等主要进口国家和地区对有害生物和二氧化硫、重金属、农药残留量、黄曲霉毒素等有毒有害物质的检测和限量越来越苛刻，对安徽中药材的出口产生了十分不利的影响。针对这种情况，安徽检验检疫局加大日常检疫监管力度，深入加工企业进行现场指导。重点对病虫害、泥土、杂草和杂草籽等项目严格检疫，加强晒场、车间、原料仓库和成品仓库的卫生除害和标识管理工作，防止有害生物的侵入和二次污染。强化企业内部管理和厂检实验室投入，在二氧化硫、重金属、农药残留等方面基本上做到自检自控，有效地防止了不合格原料流入到加工环节。通过各种渠道搜集相关进口国和地区的标准和规定，及时向出口企业通报，指导企业有效应对国外技术性贸易措施。

出口中药材品种繁多，来自千家万户。硫磺熏蒸杀虫和漂白等传统加工方法根深蒂固，二氧化硫残留超标现象时有发生。针对这一情况，安徽检验检疫局在出口中药材的集中区亳州市多次召开出口中药材企业现场座谈会，分析中药材出口形势、加工现状和问题，帮助企业规范原料供应商合格评价制度，并建立原料收购和使用台账，帮助企业改进和完善质量管理体系。

安徽出口中药材的质量安全状况总体良好，大多数企业内部有品质自控检测能力。出口中药材生产企业全部通过注册登记考核，企业能按照质量管理手册进行有序管理，产品加工均能按照GMP操作程序进行，企业内部管理较完善，质量安全意识得到强化。大部分企业加大了实验室的资金和人员投入，在二氧化硫、重金属、农药残留等有毒有害物质方面基本上做到了自检自控。对原料进行检测，较大程度上防止了不合格原料流入加工和出口环节。80% 以上的出口企业进行了中药材有效成分定量分析和形态鉴别，最大程度地控制了假冒伪劣产品进入国际市场。部分出口企业对原料二氧化硫难以控制或易超标的品种，采取采购新鲜原料，企业自行加工和烘干处理，产品质量、有效成分提高，有效地控制了该品种二氧化硫含量超标事件的发生。

2008 年 11 月 5 日，为了进一步做好出口中药材检验检疫监管工作，安徽检验检疫局根据国家质检总局《关于加强出口植物产品企业注册登记管理的通知》要求，结合安徽实际，印发《关于出口中药材生产企业注册登记管理的通知》，明确安徽出口中药材企业注册登记、考核和日常监督管理。2008 年 12 月，根据注册登记条件和考核要求，全省 4 家中药材企业通过了注册登记考核。

2009 年，安徽检验检疫局积极指导辖区中药材生产企业及时开展“质量和安全年”活动。宣传普及有关质量安全的法律法规和技术方法；建立健全内部质量管理制度；增强意识、严格管理，落实产品质量的第一责任，着力提高企业的质量安全责任意识。

在国际金融危机尚未见底，国际市场萎缩、贸易保护主义抬头、人民币汇率升值等叠加因素困扰之下，积极开展以“送信心、送政策、送标准、送技术、送培训”为内容的“五送”服务，认真了解企业进出口情况，将宣传检验检疫相关知识的“综合礼包”和为出口产品特点量身定做的“专业礼包”赠送于企业，及时为企业提供服务和扶持。

认真组织开展中药材安全大检查和集中整治行动，大力宣传《中华人民共和国食品安全法》，确定企业围绕质量安全进行自查自纠，积极引导企业加强内部管理，促使企业进一步完善以有害生物、有毒有害物质控制、安全防护计划和溯源管理等为核心的质量管理体系。

2010 年，安徽检验检疫局以“抓质量水平提升，促发展方式转变”为主题，积极指导辖区中药材生产企业开展“质量月”活动。宣传普及有关质量安全的法律法规和技术方法；开展“质量提升服务进万企”“质量对比提升”活动，为企业送政策、送技术、送标准等，组织多次免费培训服务，帮助企业建立健全内部质量管理制度，解读进出口产品质量知识，加强产品质量控制，严防产品质量问题的发生；帮助企业分析和解决质量问题，做好“扶优”“促中”工作。进一步强化企业质量主体意识、质量安全意识和质量诚信意识。

1991—2010 年安徽省出口中药材检验检疫情况统计表

表 3-2-15

年份	批次	数量（吨）	货值	有害生物截获情况
1991	3	58.5	—	药材甲、烟草甲、大谷盗、印度谷螟等

续表 3-2-15

年份	批次	数量（吨）	货值	有害生物截获情况
1992	129	733.7	—	药材甲、烟草甲、大谷盗、印度谷螟等
1993	198	1283.6	—	
1994	107	762.2	1117.86 万元	
1995	83	726.9	1218.39 万元	
1996	49	858.6	1485.32 万元	
1997	232	4047.3	3731.22 万元	
1998	107	1585.4	1657.00 万元	
1999	70	1051.5	1063.51 万元	
2000	55	304	28.71 万美元	
2001	117	830	134.44 万美元	
2002	150	1275	177.48 万美元	
2003	308	3289	375.24 万美元	
2004	302	3237	399.35 万美元	药材甲、烟草甲、大谷盗、印度谷螟等
2005	458	5298	753.70 万美元	
2006	776	18297	1710.36 万美元	
2007	1326	15388	2854.25 万美元	
2008	1810	18515	3962.37 万美元	
2009	698	15275	2466.64 万美元	
2010	729	11333	4095.44 万美元	

稻米、小麦　安徽位于中国江淮流域，是传统的农业大省，是稻米和小麦的重要产区。

大米　20 世纪 70 年代，安徽地区开始出口大米，是安徽出境检疫最早的植物产品之一。主销日本、韩国、东南亚、西非、俄罗斯、蒙古、古巴、中东等国家和地区。出口品种主要是杂交籼米、特二粳米以及对非洲地区出口陈米。出口量为 3 万 ~ 50 万吨。其中 1997—2003 年为出口高峰期，每年出口量在 40 万吨左右。2004 年后由于国家宏观调控政策的影响，出口大米急剧减少。

出口大米是安徽传统优势出口农产品。为保证质量，安徽检验检疫局对出口大米进行全过程检验管理。从加工厂的卫生登记管理、原粮来源监管、加工过程和发运进行严格把关。

2000—2010 年安徽省出口大米检验检疫情况统计表

表 3-2-16

年份	检验批次	检验重量（吨）
2000	91	78414
2001	368	281336
2002	460	392780
2003	570	472380
2004	17	10001
2005	50	38702
2006	65	41285
2007	37	43572
2008	15	7769

小麦　2007 年，安徽开始小麦出口。当年通过安徽省粮油食品进出口（集团）公司在安徽组织出口小麦 7 万吨。由于国家粮食体制的改革，所有出口小麦货源均通过安徽粮食批发市场竞卖 2006 年产国家托市粮。小麦主要分布在安徽省阜南、颍上、蒙城、定远、来安、凤台、临泉、全椒、庐江、肥西等县的粮库。根据国家质检总局动植司关于做好出口粮食检验检疫工作通知和国家质检总局出口小麦专题会议精神，根据大宗散装农产品的特点，安徽检验检疫局改变传统的检验模式，制定科学详细的出口小麦检验检疫操作计划，执行产地仓库检验检疫合格后，监管发运，口岸复查的检验监管模式。在确保检验质量的同时，特别加强发运过程的监管，保证检验检疫合格的货物发运到口岸。同时按照粮食卫生标准（GB2715-2005）对出口小麦农残进行监测，并注重加强与口岸局的联系和沟通，及时了解小麦的到货情况，协调发运中遇到的问题，保证了安徽出口小麦的质量和安全。2007 年，检验检疫出口小麦 93 批次、77500 吨；2008 年，检验检疫出口小麦 16 批次、8900 吨。

种苗　种苗是植物检验检疫风险极高的农产品，受到世界各国检验检疫部门的高度关注。安徽种苗由早期的少量邮寄种子检疫及个别盆景检疫到后来种苗批量出口。1991 年出口 18 批、34 公斤蔬菜种子，229 盆观赏苗木。1995 年，安徽省粮油食品进出口（集团）公司组织了 3 个品种 5000 株兰花苗出口到日本。合肥动植检局检疫人员采取 0.04%DDVP 浸根 2 分钟的方法进行消毒处理，并对消毒后的根实施镜检，没有发现线虫、昆虫等有害生物。这批兰花苗在日本顺利通关。1998 年出口 196 批、4.23 万公斤蔬菜、稻种和 339.43 万株观赏花卉，主要出口至孟加拉国、巴基斯坦、印度等东南亚国家。

2006 年前，主要以西甜瓜种、辣椒及番茄种子、紫云英种（苕子）等为主，主要销往印度、新加坡、美国、日本、马来西亚、韩国等。2006 年后，杂交稻种出口量增多，主要出口孟加拉、巴基斯坦、印尼、菲律宾等国家。

2007 年，为确保出境种苗质量和安全，防止疫情传出，安徽检验检疫局根据《关于加强进出境种苗花卉检验检疫工作的通知》，制定《安徽出境种苗花卉检验检疫监督管理细则》，对出境种苗生产经营企业全面实施注册登记管理。2008 年年底，全省有 16 家企业通过注册登记，其中 13 家出口种子、3 家出口苗木。

安徽省出境种苗生产经营企业一览表

表 3-2-17

企业名称	注册登记号
安徽隆平高科种业有限公司	3400ZM001
合肥丰乐种业股份有限公司	3400ZM002
合肥庞氏农产品有限公司	3400ZM003
安徽荃银禾丰种业有限公司	3400ZM004
安徽徽大商贸有限公司	3400ZM005
合肥益群种子有限责任公司	3400ZM006
安徽袁氏农业科技发展有限公司	3400ZM007
六安绿宇果树花卉研究中心	3400ZM008
合肥江淮园艺研究所	3400ZM009
合肥三生种业有限公司	3400ZM010
安徽福斯特种苗有限公司	3400ZM011
四川禾嘉种业有限公司（安徽分公司）	3400ZM012
安徽屯丰种业科技有限公司	3400ZM015
安徽国豪农业科技有限公司	3400ZM016
芜湖欧标农业发展有限公司	3401ZM001
阜阳市大京九菊圃	3406ZM001

2008 年年初，芜湖欧标农业公司向芜湖检验检疫局报检出口 8 批树苗，全部输往荷兰。对这 8 批出口树苗，芜湖检验检疫局要求生产企业在加工时按照选株、整形、去除病虫枝叶、清洗根部泥土、用 500~800 倍多菌灵浸根、用苔藓保湿、捆扎等程序进行，并且实施逐批检查、现场按 10% 比例抽取样品，对直径大于 2 厘米以上的抽检树苗样品每捆剖检 2 株，在现场检疫时未发现害虫。上述 8 批出口树苗陆续到达荷兰口岸后，经荷兰植物检疫部门抽样检查未发现任何病虫害植株，并在完成查验后全部放行进入荷兰国内。但荷兰植检部门随后在生产场所突击检查时，于第二、第三和第七批次的红枫品种上发现了星天牛。为避免类似事件再次发生，采取对生产基地内所有苗木作一次全面的病虫害调查；加大对该基地的日常监管和害虫监测力度；在现场检疫时提高对星天牛寄主植物的抽样比例和剖检比例；强化苗木的溯源管理，外调幼苗来自注册基地；建立专门的出口红枫苗木的生产基地，做好有效隔离和病虫害（特别是星天牛）防治工作。

2008 年 9 月 11 日和 18 日，印度尼西亚农业部检疫署代表团 ARIFIM TASRIF 等一行 9 人到皖进行杂交稻种出口预检工作，与安徽检验检疫局进行交流，签署《安徽杂交水稻输往印尼出口前检疫会谈纪要》，打开了安徽杂交稻种对印尼出口的大门。

2009 年，安徽出口种子处于井喷期。其中出口稻种 1 万多吨，位居全国前列。主要出口到印度尼西亚、巴基斯坦、孟加拉、菲律宾等东南亚国家。全年对印尼出口稻种 3955 吨，安徽检验检疫局配合印尼 PSI 代表团两次预检，同时，派员赴印尼，了解全省水稻在当地的种植情况，并积极为企业应对检疫壁垒扩大出口服务。2010 年，安徽出口稻种继续保持全国领先，全年出口 8623 吨，其中对印尼出口稻种 3100 多吨。

2003—2010 年安徽省出境种苗检验检疫情况统计表

表 3-2-18

年份	批次	重量（吨）	货值（万美元）
2003	39	8.58	28.94
2004	94	50.75	131.72
2005	124	85.10	198.71
2006	165	147.47	317.24
其中稻种	35	111.47	214.37
2007	197	210.71	405.12
其中稻种	25	136.39	222.30
2008	278	425.94	899.00
其中稻种	56	411.08	775.38

续表 3-2-18

年份	批次	重量（吨）	货值（万美元）
2009	431	11432.20	2608.28
其中稻种	186	10603.9	2319.7
2010	467	9137.11	2685.07
其中稻种	182	8623.1	2154.7

竹、木、藤、柳、草 竹木藤柳草制品是安徽传统的出口产品。皖南山区、大别山区、滁州、阜阳等地有丰富的资源，具有很强的出口优势，出口量逐年增长，出口国家逐年拓展。1991 年，出口日本和韩国 9 批、14.65 吨。1993 年，出口美国、日本等 6 个国家 45 批、588.63 吨。1995 年，出口美国、日本等 12 个国家 196 批、4713.88 吨。1998 年，出口美国、日本等 27 个国家 314 批、2862.07 吨。2007 年，出口木制品 2868 批，6283.58 万美元。2008 年，出口木制品 1636 批，7733.61 万美元。2009 年，出口木制品 1501 批，4766.68 万美元。2010 年，出口木制品 1164 批，3114.48 万美元。主要输往美国、英国、比利时、阿联酋、加拿大、越南、叙利亚、挪威、马来西亚等 80 个国家和地区。2007 年之前，以竹、藤、柳、草编织品为主，2007 年之后，向附加值较高的竹木工艺品、强化地板、复合地板、竹地板、胶合板、布艺、铁艺制品及其混合制品、深加工产品以及机械化程度较高的产品发展。竹藤柳草制品企业多为手工生产为主的劳动密集型产业，投资少、规模小。经过多年市场培育，有些企业不断发展壮大，并逐渐成为规模性生产企业，有的企业已发展成为全国农业产业化重点龙头企业和全国新农村建设百强示范企业。安徽省竹藤柳草企业主要集中在六安、阜阳等经济欠发达的地区。竹藤柳草制品出口已成为当地创汇新的增长点和支柱产业之一。

2004 年 8 月 2 日，为贯彻《出境竹木草制品检疫管理办法》，规范安徽省出境竹木草制品检疫监督管理工作，安徽检验检疫局印发《安徽出境竹木草制品检疫监督管理细则》。

2008 年 2 月 1 日，为进一步提高出境竹木草制品质量安全水平，国家质检总局下发《关于进一步加强出境竹木草制品检验检疫监管工作的通知》，要求从 2008 年 4 月 1 日起，全面实施出境竹木草制品生产企业注册登记，督促企业进一步完善以有害生物、有毒有害物质控制和溯源管理为核心的质量管理体系。

2009—2010 年，安徽检验检疫局围绕“监管与服务”两条主线，针对国外技术性贸易措施对我国出口木制品严格限制、企业出口面临重重关卡的现状，采取一系列举措，积极帮助企业扩大出口创汇。具体为：加强宣传，及时搜集国内外技术法规和标准，主动通报信息，提供技术服务。针对美国、欧盟、加拿大等国家技术性贸易壁垒，深入到各家企业逐一开展政策讲解和技术培训，组织企业相关人员学习相关法规知识。主动创新监管方式，加强对企业在产品设计开发上的安全项目的确认，即在生产企业和客户签订合同后，由检验检疫人员对设计方案进行预审，对木制品样品进行安全性项目预检。严格抽样检测，把好产品的安全项目检验关，出口木制品涉及大量安全项目的检验，安徽检验检疫局采取“法检前移”的监管新措施，将出口木制品的原料、辅料在投产前实施安全指标检测。在检验监管工作中，对于基础比较薄弱的企业，帮扶企业提升注册登记的基本条件，指导企业完善和规范质量管理体系，设计原辅料进出台账、帮助企业建立原料批以及生产批的溯源制度，如实记录原辅料的供应商、品名、规格、数重量、使用情况记录、检测报告情况、符合性抽测验证情况等标准摸板。加强出口企业的分类管理工作，对不同类别的企业实施相应的检验监管模式。同时，加强检疫风险控制，指导出口木制品生产企业对厂区、生产区、仓储区的卫生控制和周边环境疫情的调查，增加必要的除害处理设施，确保检疫方面不出问题。积极探索建立保证产品质量安全的长效机制，提高出口企业“产品质量第一责任人”意识，强化诚实守信意识，建立健全内部产品质量管理制度，严把原材料进厂关，严格按照标准组织生产，严格生产过程控制，严格检验检测，严把产品出厂关，建立健全缺陷产品召回制度。

2010 年，为适应检验检疫形势发展和实现传统检验模式转变的需要，制定《安徽出境竹木草制品生产企业分类管理实施细则》，并编写《竹木草制品风险分析报告》。通过电子监管平台落实风险分析成果的应用转化，实现竹木草制品检验监管模式的转变。

植物调料 阜阳市是调料品的主要产地。随着植物调料使用范围的逐步扩大，植物调料出口量日益增长。产品主要销往美国、法国、日本、加拿大、德国、以色列、韩国、泰国、印度等几十个国家和中国香港地区。安徽出口的植物调料主要品种为蒜制品、姜制品、辣椒等，而这些品种又是脱水蔬菜的主要部分，并且它们的 HS 编码是一样的。因此，将出境植物调料合并在出境蔬菜的脱水蔬菜中。

木质包装 国际贸易中，木质包装来源越来越复杂，其携带的有害生物随同货物贸易从一个国家（地区）传到另一个国家（地区）的风险也越来越大。因此，有关国际组织和各国政府纷纷研究对策，加强对木质包装携带有害生物的控制。

1998 年 9 月 11 日，美国农业部部长签署一项新法令，要求所有来自中国的货物木质包装必须进行检疫处理。随后加拿大、英国、巴西、欧盟、澳大利亚等国相继对中国出口货物木质包装实施新的植物检疫标准。1999 年，检疫处理 1604 批、56602 件。其中美国 1379 批、49764 件，加拿大 107 批、3494 件，澳大利亚 83 批、1475 件。2000 年，检疫处理 376 批、10036 件。其中美国 314 批、8624 件，加拿大 18 批、359 件，澳大利亚 17 批、547 件。2002 年 3 月，国际植保公约组织（IPPC）发布了国际植物检疫措施标准第 15 号《国际贸易中的木质包装材料管理准则》（ISPM15），建议所有国家（地区）对用于国际贸易中的木质包装按标准实施有效的熏蒸处理或热处理，并加施统一的 IPPC 专用标识。2005 年 1 月，国家质检总局颁布实施《出境货物木质包装检疫处理管理办法》。

2005 年 3 月，安徽检验检疫局发布《安徽出境货物木质包装检疫处理监督管理细则》，对出境木包装企业实行注册登记制度。根据相关规定，熏蒸处理方式改由简易熏蒸库熏蒸处理。通过考核，当年 30 家企业获得熏蒸处理标识加施资格。

2006 年 7 月，安徽检验检疫局发布《出境货物木质包装热处理要求》，标志安徽检验检疫局所监管的木质包装企业开始采取热处理的检疫处理方式。当年 2 家木包装企业获得热处理标识加施资格。

2007 年，处理 2094 批、118 万件，其中熏蒸处理木包装 1726 批、72.5 万件，热处理 368 批、45.5 万件。主要出口欧盟、美国、加拿大、澳大利亚、巴西、印度等 30 多个国家和地区。

2008 年，安徽检验检疫局结合安徽企业实际情况发布《安徽出境货物木质包装标识加施企业监管实施规范（试行）》，标志安徽检验检疫局所监管的木质包装企业进入快速发展的轨道。截至 2008 年年底，安徽共有 48 家木包装企业获得标识加施资格。

2009 年至 2010 年，安徽再增加 5 家木包装热处理标识加施企业。全省达到 53 家。2009 年检疫处理 6076 批次，189 万件，2010 年检疫处理 8584 批次，出口木包装超过 291 万件。

其他植物产品

花生　安徽是中国花生种植的主产区。江南山岗旱田、江淮丘陵、淮北平原都有种植。随着农业经济结构的调整，种植区域也发生了很大的变化。总体的情况是，由南向北呈递增的趋势。安徽花生的品种有：淮河以北的长粒型鲁花。该产品粒型大，含油量较高，比较适合榨油；淮河以南的圆粒型白沙。该产品粒型呈圆型，植物蛋白含量较高，具有质量佳、口感好，是做炒货、休闲食品的原料。

在国际市场上，安徽每年的出口量由 20 世纪 60—70 年代出口到东南亚的 1000 ~ 2000 吨，发展到出口到欧盟、美国、加拿大、澳大利亚、中东地区，最高年出口量在 7000 ~ 9000 吨。2001 年至 2003 年，随着国内农产品价格的上升，花生的出口价格也在不断地提高。安徽省每年的出口量在 4000 吨左右。出口的品种有脱红衣花生。主要出口欧盟、美国、加拿大、澳大利亚。对其他地区出口的是花生仁。

安徽检验检疫局对全省出口花生严格检验检疫，加强风险预测。特别是针对花生中的黄曲霉毒素以及其他多种有毒有害物质的限量要求，按照欧盟以及世界各国的限量要求，进行质量控制。其主要做法为：加强对农产品安全卫生宣传，帮助企业提高质量意识。

将欧盟设置的技术壁垒和有关政策要求以及我国的有关规定向出口企业进行宣传、贯彻，使企业及时了解相关输入国家的技术检测要求，进一步增强安全、卫生、质量意识；帮助企业加大设备投资、改造，提高出口花生的档次。对全省出口欧盟的花生，全部采用脱衣花生。因为，一方面花生的产品档次提高，质量稳定，同时也适合欧盟市场的消费习惯；另一方面避免了因花生衣的覆裹，其外表正常，内部被霉菌污染变质，在加工过程中不易被剔除，而检验中经常被检测出黄曲霉毒素超过欧盟的限量，被判定不合格。

根据全省的气候情况，安徽检验检疫局帮助出口企业合理规避质量安全隐患。支持花生出口企业在每年的9月下旬至次年的5月中旬出口，有效避开每年6—8月份江淮地区梅雨季节高温高湿的环境，防止因高温高湿滋生的霉菌对产品的侵蚀。

安徽检验检疫局指导企业采用产品真空包装。由于黄曲霉毒素霉菌孢子在自然界中的空气、水源、各种动、植物的表面都存在，而且花生又最容易感染、滋生黄曲霉毒素，采用真空包装可形成有效隔离，避免霉菌孢子的污染和抑制各种霉菌孢子滋生。

由于出口欧盟全部是脱衣花生，产品经过脱壳、去衣（红色的种皮），缺少了天然的自身保护层，在加工、装箱（包）、运输等过程中极易受到外界的挤、压、碰、撞的损伤，导致产品的变质，发生内在的变化，产生毒素源的滋生、污染。安徽检验检疫局要求出口企业，实行门到门的运输方式，减少对产品损伤的次数，保证出口花生的质量。

黑豆　2008年9月，中共中央总书记胡锦涛到凤阳小岗村考察农村工作，当地农民反映黑豆出口受阻问题，影响农民的收入。为贯彻胡锦涛“一定要让农民兄弟的腰包鼓起来”的指示精神，安徽检验检疫局多次组织专门人员，深入小岗村及周边地区调查黑豆种植、加工、经营状况，分析出口受阻原因。调查发现，是当地信息不畅、盲目跟风、种植面积过大，加之市场需求萎缩，导致产品过剩积压。

2002年至2008年间，小岗村周边黑豆产品加工一直是庭院式或简易塑料棚内加工，工艺简单；2008年，当地尚无1家经营户办理出口卫生登记。

在找到黑豆出口受阻原因后，安徽检验检疫局联合地方有关部门，倡导经营户成立行业协会，开展重点帮扶，帮助他们对生产加工的场地、环境进行整改，并全程指导，确保黑豆产品检验合格。最终帮助凤阳县阳光农业发展有限公司争取到生产加工黑豆任务，顺利出口创汇。

出口植物产品检验检疫案例

1983年，安徽商检局首次接受对波兰出口1.9万吨油菜籽检验任务。由于货源分散在5个地市的11个县，且要求2个月完成出口任务，时间紧任务重。检验机构抽调5名检验人员深入到基层粮站了解货源质量情况，帮助有关单位采用先进的方法加工合格油菜籽，还采取就地检验就地发证的办法，保证了出口任务顺利完成。

1985年，商检人员针对出口烤烟油红叶突出、等级混杂、合格率低的问题，会同省烟草公司一起查找原因，明确改进目标。先后帮助工厂制定了32条措施，解决了烤烟质量问题，提高了产品合格率。1985年9月份，省土产公司在六安地区收购5000吨草粉，蛋白质含量低于15%，达不到出口标准，而在滁县地区收购4000吨的草粉，蛋白质含量达20%。商检人员根据这些情况，向收购单位建议将六安地区收购的草粉与滁县地区收购的草粉混合加工成颗粒出口，帮助解决了5000吨草粉不合格的问题，避免了150万元的经济损失。

1987年，中国粮油进出口总公司下达安徽对苏联出口600吨白蒜计划，这是安徽首次对苏出口白蒜。从任务下达到装运出口仅十几天时间。商检人员深入加工点收购，帮助外贸单位挑选货源，指导加工，并做到随时加工、随时检验，使外贸单位圆满完成了出口任务，出口白蒜质量获得好评。

1997年7月，安徽省X公司与S省Z公司签订脱水大蒜粒购销合同，合同约定：X公司自1997年8月至1998年4月向Z公司供应2种规格的脱水蒜粒455吨，共计4858.175元，质量标准按“商检出口技术标准执行”，如有纠纷，双方协商解决，协商不成，提交Q市仲裁委员会仲裁。1997年8月，S省总公司（Z公司的母公司）与美国1家公司签订了脱水蒜粒购销合同。同年9月，S省总公司3次委托X公司向安徽商检局和合肥动植检局代理报检，安徽商检局检验合格后签发了3份放行单。货物抵美后，外商以质量不合格为由将货物退回Q市。Z公司以此为由拒付X公司货款，并单方终止合同。双方在协商不成的情况下，X公司根据合同仲裁条款向Q市仲裁委申请仲裁。Q市仲裁委为查清有关事实，致函安徽商检局对美方退回的货物进行复检。安徽商检局按SN/T230 2-93及GB8861-88进行检验，结果是除Z方提出的所谓“杂质”问题外，其他各项指标均符合标准要求，最后根据检验结果出具了技术服务报告单。现场检查还发现，货物唛头存在明显不一致现象，而且无其他证据表明货物是X公司原销售的蒜粒。Q市仲裁委又向国家商检局咨询“杂质”问题，K公司的1位人员以个人名义，未盖公章的形式作了答复：“蒜粒是以蒜片为原料加工的，可以参照脱水蒜片的杂质标准处理。”Q市仲裁委采纳了这项意见，裁决X公司败诉。

2010年3月，有一批党参（批号：10010901；重量：3.6吨）因SO2超出韩国限量要求，被韩国通报。发生通报事件后，商检人员立即到企业进行核查。经调查，本批党参为安徽检验检疫局辖区内企业1月份生产，共计50多吨，为企业从产地甘肃直接采购新鲜原料进行生产加工，不存在用硫磺熏蒸的情况。2月—7月间分6批发往韩国，共计18.51吨。在本次货物通报的同时，先后共有3批党参发往韩国，与通报的党参为同批货物，均未出现二氧化硫超标现象，并顺利通关。发生通报事件后，企业立即与韩国客户进行联系。据客户反映，在韩国官方检测前，客户自己已经从货物中抽取样品进行检测合格，客户认为是韩国官方搞错了样品（韩国海关的监管区不但有官方货物，也有私人货物，可以随意进出，管理混乱）。随后与韩国官方交涉后，该批党参已重新检测合格，顺利入关。此事件反应了韩国通关检查存在瑕疵。出口企业在出口产品被国外通报时，首先对产品的采购、加工、检测进行全面检查；其次要全面分析产生问题的原因，认真加强企业的质量管理，防微杜渐；再者加强与进口商的沟通和协调。

第四节　旅客携带植物检疫

安徽省有 2 个涉外机场口岸，合肥骆岗航空口岸和黄山航空口岸。合肥骆岗机场 1978 年交付使用，1988 年，被国务院定为一类口岸，并于当年开始飞行合肥至香港临时包机。2006 年，升级为国际机场。先后开通了合肥至香港、泰国、韩国、日本、波兰、美国等多条临时或长期线路。常态航线有首尔、新加坡、台北、香港、澳门，年出入境旅客约 10 万人次。黄山口岸是 1992 年经国务院批准的对港澳地区开放的一类口岸，相继执行过香港、澳门航班和日本、韩国包机。合肥空港检疫工作最早由合肥植物检疫所和合肥动物检疫所负责。1993 年 5 月，由合肥动植物检疫局负责检疫工作。1997 年 8 月 4 日，合肥机场动植检局成立，接管合肥骆岗机场检疫工作。"三检"合一后，合肥口岸和黄山口岸分别由安徽检验检疫局合肥机场办事处和黄山检验检疫局负责施检。截获携带物有水果、花卉、皮张、动物标本、种苗、牛冻精等，截获疫情有桔小实蝇、介壳虫、红圆蚧、长尾粉蚧等。

1994 年 2 月 25 日，安徽省政府印发《安徽省航空口岸管理暂行办法》，合肥动植检局作为口岸联检单位负责对出入境的货物、行李、飞机等实施检疫监督。

1994 年 8 月初，合肥动植物检疫局旅检人员在香港至合肥包机检疫中，从 1 名台湾籍旅客行李中截获了苹果，室内饲养后发现大量螟蛾科幼虫和虫卵。

1997 年 9 月 5 日和 19 日，合肥机场动植物检疫局从入境台湾旅客托运行李中 2 次查获禁止进境物。分别是 8 公斤槟榔果（叶）和 5 公斤龙眼。从槟榔上截获害虫红圆蚧，在龙眼上截获长尾粉蚧。

1997 年 4 月 24 日，合肥动植物检疫局转发《关于进一步对旅客携带物加强动植物检疫工作的通知》，对广州、北京、天津动植物检疫局陆续截获地中海实蝇表示关注，要求旅检工作只能加强，不能放松。

第五节　植物检疫监督管理

除害处理的监督管理　进出境检疫处理主要针对禁止或限制进出境检疫不合格的货物、物品、装载容器、包装物，以及车辆、专用运输工具、隔离检疫场所、堆放场地、仓库和加工点的有害生物。为规范和保证检疫处理效果，1991 年 4 月 23 日，动植物检疫总所印发了《口岸植物检疫熏蒸处理工作管理试行办法》。对熏蒸处理工作作出具体规定，推荐溴甲烷和磷化铝为熏蒸药剂。1993 年 9 月 1 日，安徽省轻工进出口公司向澳大利亚出口 1 批木柄钢丝刷和毛刷，外方要求溴甲烷熏蒸处理，安徽检验检疫局指导熏蒸消毒。这是安徽检验检疫系统首次开展出口货物的溴甲烷熏蒸处理。1994 年 8 月 12 日和 20—21 日，合肥动植物检疫局分别对申报注册的合肥市粮食二库熏蒸队和蚌埠市动植物产品消毒熏蒸专业队进行技术培训。这是安徽检疫检疫系统首届熏蒸技术培训班，22 人参加了培训。

由于木包装检疫处理的要求，熏蒸处理成为植物检验检疫的重要部分。1998 年 12 月 24 日，国家检验检疫局印发了《熏蒸消毒监督管理办法（试行）》，对日常监督管理和证书有效期作出具体规定。安徽检验检疫局按照监督管理办法的要求，对申请从事出入境熏蒸消毒业务的单位多次进行培训。熏蒸消毒监督管理工作逐步走上规范化的道路。

1999 年，“三检”合一后，检疫处理范围进一步扩大，更多的企业申请从事出入境熏蒸消毒业务。安徽检验检疫局对熏蒸人员进行法律法规、熏蒸药剂、操作规程、生产安全等培训，实行持证上岗。2010 年年底，全省有 5 家公司获得从事熏蒸消毒业务资格。

2010 年安徽地区经考核合格的熏蒸处理企业一栏表（中英文）

表 3-2-20

	企业名称 Company Name	地址 Address
1	中国检验认证集团安徽有限公司 CHINA CERTIFICATION & INSPECTION (GROUP) ANHUI CO.,LTD	安徽省合肥市芜湖路 367 号 367,WUHU ROAD,HEFEI,ANHUI,P.R.CHINA
2	芜湖口岸振兴卫生处理服务有限公司 WUHU PROMOTION AND HYGIENE PROCESSING SERVICE COMPANY LIMITED	中国安徽省芜湖市银湖北路 202 号 202# NORTH YIN HU ROAD,WUHU CITY, ANHUI, CHINA
3	合肥建生植物熏蒸技术有限责任公司 JIANSHENG FUMIGATION TECHNOLOGY FOR PLANTS LTD.COMPANY OF HEFEI	合肥新加坡花园 1 栋 206 室 206#1BLOCK,SINGAPORE GARDEN,HEFEI
4	安徽省华纳熏蒸科技有限公司 ANHUI PROVINCE HUANA FUMIGATION TECHNOLOGY CO.,LTD.	蚌埠市解放一路 190 号 2 栋 NO.303 ROOM NO.2 NO.190 JIEFANG ONE ROAD, BENGBU CITY, ANHUI PROVINCE
5	安徽省英斯佩克技术咨询有限公司 ANHUI INSPEK TECHNIC CONSULTATION SERVICE CO.,LTD	合肥市屯溪路 329 号 329,TUNXI ROAD,HEFEI,ANHUI,P.R.CHINA

进境植物检疫隔离的监管　进境种子、苗木隔离检疫是安徽口岸进境植物检疫的业务之一。为防止危险性病虫害随种苗传入，安徽检验检疫局开展了进境种苗隔离种植地条件的认定、生长期疫情的调查等工作，严格把关，发现疫情及时采取措施。

1997 年，完成安徽粮油进出口公司从日本进口的胡萝卜种子在黄山市的隔离种植地检疫监管。

2000 年 1 月 1 日，国家检验检疫局下发《进境植物繁殖材料检疫管理办法》和《进境植物繁殖材料隔离检疫圃管理办法》，安徽检验检疫局积极落实相关工作。

2002 年，完成从台湾进境的蔬菜种子合肥隔离种植地的检疫监管。

2003 年，完成安徽安岱棉种业公司从美国进口的棉种在固镇县隔离种植地的检疫监管。同年，完成中种集团公司从日本进口的水稻种子在全椒县隔离种植地的检疫监管。

2007 年，完成省医保进出口公司从日本进境的当归种子在舒城县隔离种植地的检疫监管。

2009 年，完成安徽荃银高科种业股份有限公司从以色列进境的番茄种子在合肥隔离种植地的检疫监管。

进口植物产品生产、加工、存放企业的监管　为防止国外有害生物随进境植物产品传入中国，安徽检验检疫局严格按照国家质检总局加强检疫审批、境外预检、进境检疫及检疫监管等要求，把国外有害生物传入的风险降低到中方可接受的水平。在多年进口植物产品生产、加工、存放监管工作的实践中，已形成一整套的监管工作制度。具体做法是：在接到入境口岸检验检疫局通知或使用单位报告后，及时做好植物产品监管准备工作，要求生产、加工、存放企业有单独仓库存放，有专人管理，建立出入库登记核销制度，未经检验检疫部门许可不得转让或挪作他用。植物产品在生产加工过程中要采取严格的防疫措施，各生产环节产生的废弃下脚料要集中做销毁处理并做记录。

第六节　植物疫情监测与调查

实蝇监测　根据国家检验检疫局制定的《全国口岸实蝇监测技术方案和要求》，结合安徽实际情况，2000 年，安徽检验检疫局成立以分管副局长为组长的安徽实蝇监测工作领导小组，制订了《安徽省实蝇诱捕实施方案》。在合肥、黄山、马鞍山、芜湖、安庆、铜陵、蚌埠、阜阳及砀山果园场和园艺场等 10 个地方设置诱捕点，不同年份各地区设置地点略有变化，具体情况为合肥地区主要设置在骆岗机场、包河公园、安农大校园、农萃园等地；黄山地区主要设置在黄山郊区、黄山市农科所（靠近黄山国际机场）等地；芜湖地区主要设置在进境苗圃检疫隔离场——欧标农业发展有限公司、局机关大院等地；铜陵地区主要设置在铜陵市苗圃、局机关大院等地；安庆地区主要设置在菱湖公园、外贸集装箱码头等地；马鞍山地区主要设置在进口废纸的山鹰造纸厂、局机关大院等地；蚌埠、阜阳、砀山等地区主要设置在梨树、苹果、石榴等果园内。通过定时观测记录，定期补充药物，获得系统的观测数据，对诱捕到的标本进行分类，并制作了少量标本，通过对各地诱捕的资料进行统计与分析，基本掌握了安徽省实蝇的发生情况。

2001—2010 年安徽省实蝇诱捕情况一览表

表 3-2-21

年份	地中海实蝇诱剂	桔小实蝇诱剂	瓜实蝇诱剂	蛋白诱饵	S—诱捕器	M—诱捕器	监测时间段（月、日）	小计
2001	23	40	39	8	102	8	5.1—9.30	110
2002	50	60	60	40	170	40	5.1—9.30	210
2003	50	35	35	50	150	50	5.1—9.30	200
2004	100	30	30	50	160	50	5.1—9.30	210
2005	100	30	30	50	160	50	5.1—9.30	210
2006	100	30	30	50	160	50	5.1—9.30	210
2007	100	30	30	50	160	50	5.1—9.30	210
2008	100	30	60	50	190	50	5.1—10.3	240
2009	100	30	60	50	190	50	5.1—10.3	240
2010	100	30	60	50	190	50	5.1—10.3	240
合计	823	345	434	448	1632	448		2080

杂草种子疫情调查　安徽检验检疫局历年来对外来有害生物防控非常重视，在进境植物产品加工、储存企业周边及运入路线沿线定期开展外来杂草的监控工作。2008 年以来，每年均按照《外来杂草监测技术指南》并结合安徽实际情况，制定和实施当年的安徽外来杂草监控计划。在检验监管工作同时不断督促进口企业加强监管自控，对下脚和撒漏情况及时处理，有效地防范外来有害杂草的侵入。如 2008 年 6 月 1 日—10 月 30 日，实行 2 次监测。监测区域为进口粮谷装卸港口、码头及周边，进口粮谷运输的车站、铁路、公路、内河航道沿线，进口粮谷定点加工厂及周边，进口粮谷储

存仓库及周边。监测方法为：按照监测方案，监测员在监测区域或监测点内徒步逐行、逐片检查。

第七节　风险分析

风险分析是检验检疫科学决策的基础。2009 年 8 月，安徽检验检疫局成立了产品质量风险分析委员会，下设秘书处和 8 个专业组。负责开展风险分析知识培训，组织专门人员收集相关信息，对有关风险因子进行分析评估。根据评估的结果，确定产品的风险级别、抽检比例和监管频次，有针对性地将自检力量放在高风险产品上，扭转了监管缺位或监管不力的现象。同年植检专业组完成了输韩中药材、小麦蛋白粉、芝麻、竹木草等第一批出口产品的风险分析工作。

第四篇　食品检验与监管

安徽进口食品多数经沿海口岸转口，直接从本省口岸进口批次少、货值小。出口食品主要销往美国、日本、欧洲等国家和地区以及中国香港。出口产品以初级农产品和传统食品为主，部分食品仍然沿袭传统的手工工艺，生产规模偏小、加工层次有待提高。

1999年“三检”合一前，原合肥卫生检疫局负责进口食品检验工作，安徽商检局负责出口食品检验工作。“三检”合一后，安徽检验检疫局负责进出口食品的卫生、质量检验和监督管理工作。

第一章 进出口食品管理

本章主要记述安徽检验检疫局进出口食品检验监管情况。安徽检验检疫局积极支持和配合地方政府在出口食品原料种植、养殖基地较为集中的地区建立“出口食品质量安全示范区”，创新出口产业集聚区管理机制，对条件成熟的全省出口产业集聚区，设立检验检疫工作组，派人驻点检验。对示范区生产的出口食品实行抽查检验、减少检测项目和便利通关等优惠措施。

第一节 进口食品检验管理

进口食品检验工作始于1991年。当年夏天，安徽遭受特大洪灾，境外赈灾食品不断运进，原合肥卫生检疫局查验进口食品11类。主要有面粉120吨、大米33吨、其他食品31000件。1995年12月，检验进口马来西亚棕榈油3277吨；1996年1月，检验进口香港人造蛇肉21吨；1997年8月，检验进口希腊葡萄酒3批、229.37吨；1999年1月，检验进口澳大利亚脱脂奶粉2批、51吨，乳清粉2批、65吨；1995—2000年，检验德国、韩国和日本进口糖及精制糖20批、1570.63吨。

2000—2008年，安徽检验检疫局检验进口食品共11批次、187.65吨，主要品种有红酒和红茶。其中2007年4批、2008年6批，呈增长态势。2009—2010年，安徽检验检疫局检验进口食品共85批次、793.39吨，主要品种有红酒、食用植物油和婴幼儿配方奶粉，较2009年以前呈明显增长态势。

第二节 出口食品检验管理

罐头 罐头是安徽重点出口食品。安徽地区出口罐头检验始于1958年，由当时的上海进出口商品检验局合肥工作组承担。1958年前苏联援建的第一个出口罐头厂——蚌埠肉联厂罐头车间建成。1958—1961年，蚌埠罐头厂、胡玉美罐头厂、屯溪罐头厂和萧县罐头厂先后建成。1958年，蚌埠罐头厂和胡玉美罐头厂开始生产出口肉类罐头。1977年，萧县葡萄酒厂扩建罐头车间，年产罐头能力达3000吨；同年，砀山葡萄酒厂开始出口罐头。此时，安徽省在安庆、蚌埠、屯溪、萧县、砀山建成5个生产出口罐头的骨干企业，初步形成了年产 1.5 万吨罐头能力。到 2010 年，经过几十年的发展，全省罐头年出口量近 10 万吨，主要为肉类罐头、蔬菜类罐头、水果类罐头以及鱼类罐头。

出口罐头是法检商品。20 世纪 50 年代，安徽商检机构根据对苏贸易合同和中国外贸部签定的出口罐头质量暂行标准进行检验。检验的主要项目有物理、感官、微生物（重点是 5 种致病菌）、化学（重金属）和包装等。20 世纪 50—60 年代，安徽商检机构实施驻厂检验。

从 20 世纪 60 年代开始，随着马口铁罐的广泛使用，对罐内壁的腐蚀剂硫化等项目作出规定。1977 年，轻工业部、对外贸易部制定了“出口罐头产品标准补充条款”。1981 年，中国粮油食品进出口总公司、国家商检局和轻工业部食品局转发了加拿大对中国蘑菇罐头检验暂行规定及对美、加出口罐头检验的补充规定，规范对美、加出口蘑菇罐头的检验工作。1981 年，中国粮油食品进出口总公司、国家商检局和轻工业部食品局下发对美、加出口罐头检验操作规程，规定了对美、加出口蘑菇罐头以外的其他罐头的检验操作规程。

20 世纪 80 年代后，安徽商检局配备了加压、减压试漏仪、空罐检测切割机和投影仪、阿贝折光仪、卷边测微仪、杀菌强度 F 值检测仪等检测设备。检测手段和检测方法有了较大变化，由过去的感官项目为重点转向以安全卫生为重点。

20 世纪 80 年代中期开始，安徽商检局按照国家商检局 1984 年颁布的《出口食品厂、库最低卫生要求》规定，对出口罐头生产企业首次实施卫生注册制度。出口罐头食品生产企业必须获得卫生注册才能生产出口产品，否则一律不准出口。1989 年，安徽胡玉美罐头厂出口美国的蘑菇罐头被检出金黄色葡萄球菌肠毒素，发生“89 蘑菇罐头事件”。中国出口到美国的蘑菇罐头从被自动扣留，逐步发展到全面禁止。安徽商检局为了配合国家商检局解决“蘑菇事件”，与上海商检局微生物专家一起对工厂生产蘑菇罐头全过程进行微生物调查，分析原因，制定控制措施，确定检测方法，最终使工厂恢复生产出口。

1994 年，国家商检局修改“最低卫生要求”，公布《出口食品厂、库卫生注册细则》。1995 年，发布《出口罐头加工企业注册卫生规范》和《出口罐头检验操作规程》（SN0400-1995），对出口罐头检验操作作出明确规定。2002 年，国家质检总局颁布《出口食品生产企业卫生注册登记管理规定》，规定出口罐头生产企业必须建立 HACCP 体系，同时修订《出口罐头加工企业注册卫生规范》。安徽检验检疫局对所有的出口罐头生产企业实施 HACCP 体系的官方验证。2003 年，国家质检总局编写了《检验检疫工作手册》（进出口罐头检验分手册），统一了检验检疫流程，规范了检验检疫工作程序，保证了检验检疫工作质量。

2000—2010 年，安徽检验检疫局检验出口罐头 25549 批、58.84 万吨，进口罐头 5 批、34.45 吨。

2000—2010 年安徽省进出口罐头检验情况统计表

表 4-1-1

时间	出境			入境		
	批次	数重量（吨）	货物总值（美元）	批次	数重量（吨）	货物总值（美元）
2000	436	9974	9690931	—	—	—
2001	2210	43915	40111803	1	9.990	9990
2002	1380	27018	27967844	—	—	—
2003	1324	25185	28906337	1	6.304	18540
2004	1272	22342	25433728	1	17.040	17375
2005	1305	21718	25984926	1	1.000	32000
2006	2450	50846	52841227	—	—	—
2007	3594	92329	93689941	—	—	—
2008	3714	104789	102115912	—	—	—
2009	3821	98130	91308788	—	—	0—
2010	4043	92152	98182658	1	0.116	1062
合计	25549	588398	596234095	5	34.45	78967

茶叶　安徽省是中国主要产茶省份之一，茶叶是安徽传统出口产品，主要品种为祁红和屯绿。

中华人民共和国成立后至 20 世纪 80 年代前，中国茶叶出口实行统一经营。安徽省茶叶出口收购从 1950 年开始，到 1981 年收购的茶叶全部调拨上海市茶叶进出口公司出口。

1980 年 6 月，合肥商检局开始实施出口茶叶产地检验。

1982 年，外贸部允许各主要产茶省经营毛茶和副茶出口业务。同年 11 月，合肥商检局开始检验由安徽省茶叶公司经营的安徽省第一批自营出口茶叶——烘青毛茶。当年出口 3 批、20.165 吨。

1984 年，安徽省茶叶公司正式获得自营出口经营权，可以经营出口工夫红茶和绿茶眉茶系列各花色级别的产品。1985—1992 年，是安徽茶叶出口高速发展时期。1988 年，检验出口茶叶 857 批、18143.94 吨。1992 年，检验出口茶叶 19196.0 吨，这是安徽商检局出口茶叶检验量较高的一年。1995 年，因政府间茶叶贸易合同大幅度减少，出口茶叶检验量下降为 9983 吨。1996—2000 年，检验出口茶叶维持在 1.1 万吨左右。

1986年，开展“出口食品厂(库)卫生注册”工作。1989年，第一批17家茶厂先后通过卫生注册考核，全部卫生注册厂都可以生产原箱出口茶叶。

1988年，安徽出口茶叶毛茶质量因接连几年出现收购“大战”等原因而下降。为了确保出口茶叶质量，安徽商检机构与省茶叶进出口公司签订了技术服务协定，向公司提供技术咨询，改变过去主要依靠把成品关的做法，直接派商检人员到拼配厂参与验收956批、参与拼配265批。对低于加工样品的次茶进行逐批筛选，重拣重做，较好地解决了出口茶叶质量问题。安徽绿茶特珍特级、特珍一级获第二十七届国际食品节银质奖。

1992年，安徽省仅安徽省茶叶公司1家经营出口茶叶。随着改革开放的深入，出口茶叶经营单位增多。1993年，省粮油进出口公司经营了1000吨输往独联体的茶叶。

1992年和1995年，2次对安徽出口茶叶进行了全面的农药残留普查。

1994年，国家商检局公布《出口食品厂、库卫生注册细则》。

1997年，外贸部将茶叶出口许可证管理交由“中国土畜产商会茶叶分会”管理。检验格局也发生了变化。绿茶出口由原先19个局检验改为5个局检验，即上海、浙江、安徽、江西、宁波商检局。其他14个局的出口绿茶检验权被取消，其辖区内的出口绿茶检验由经营企业自己选择向上述5个局中的一个局报检。安徽商检局受理过广东、广西、湖南、湖北等省茶叶进出口公司的报检。国家商检局将此项规定实行了2年，后又逐步恢复了就地报检。

2000年，12家注册茶叶厂可以生产“原箱”出口茶叶，8家注册茶厂取得茶叶自营出口权。

为提高茶叶卫生质量，2000年和2001年，分别就卫生质量监管工作开过全省各茶厂(公司)卫生质量负责人会议，通过学习有关法规和ISO9000、GMP、SSOP、HACCP、WTO等方面的交流，提高认识，提高管理水平，为安徽省茶叶加工出口再上新台阶奠定基础。

2002年，欧盟实行的茶叶农药残留限量标准共118项。按照国家质检总局《关于进一步加强出口茶叶卫生检验及监督管理工作通知》规定，对其中13项农药残留必须实施批批检测，规定项目以外的实行抽查。凡农残超过欧盟限量标准的，一律不准出口或转口至欧盟市场。

2002年，国家质检总局颁布第20号令，实施《出口食品生产企业卫生注册登记管理规定》，国家商检局1994年公布的《出口食品厂、库卫生注册细则》同时废止。

2003年，安徽检验检疫局起草《出口茶叶生产企业注册卫生规范》。2004年，通过国家质检总局审定，正式发布实施。

2005 年，国家质检总局下发《关于对出口茶叶种植基地实行检验检疫备案管理的通知》，决定对出口茶叶种植基地实行检验检疫备案管理。

2006 年，日本正式施行《食品中残留农业化学品肯定列表制度》。涉及到茶叶农残限量指标大大增加，达到 276(种)类。茶叶的农残项目改“茶汤检测法”为“全茶溶剂检测法”，并明确设限外农残指标将视为违法。国家质检总局下文通知对输日茶叶检测 10 个项目；对出口欧盟，由原来 13 项检测项目调整为 15 项，限量标准按欧盟新标准执行。

检验内容：出口茶叶检验内容主要包括品质、理化、数量、重量、包装、卫生等 6 个方面。

品质：条索(规格)、整碎、净度、色泽、香气、滋味、汤色、叶底(嫩度、色泽、匀度)；

理化：水分、灰分、粉末；

数量：件数(包括批件数、小包装每件 xx 盒、袋泡茶每盒 xx 袋)；

重量：单位(批、件、盒、袋)毛重、皮重、净重；

包装：种类、质量、规格、标记、卫生；

卫生检测：感官检验有无非茶有害夹杂物、茶叶是否受污染或变质、农药残留、重金属、黄曲霉毒素、微生物、放射性污染。

主要输往国家和地区：

非洲：摩洛哥、尼日利亚、马里、阿尔及利亚、塞内加尔、毛里塔尼亚、尼日尔、多哥、塞拉利昂、贝宁、加纳、马达加斯加等；

亚洲：乌兹别克斯坦、日本、哈萨克斯坦、巴基斯坦、叙利亚、沙特阿拉伯、印度尼西亚、阿富汗、吉尔吉斯共和国、土库曼斯坦、哈萨克斯坦、韩国、新加坡等国家，中国香港、中国澳门、中国台湾地区等；

欧洲：俄罗斯、英国、德国、法国、丹麦、波兰、荷兰、芬兰、意大利、瑞典、瑞士等；

美洲：美国、加拿大；

大洋洲：澳大利亚、新西兰。

1982—2010 年安徽省出口茶叶检验情况统计表

表 4–1–2

年份	批次	数量（吨）	年份	批次	数量（吨）
1982	8	62.345	1997	759	12350.000
1983	16	90.229	1998	830	9415.000
1984	17	619.416	1999	1000	11457.000
1985	198	3719.439	2000	973	11193.000
1986	372	7212.116	2001	857	11494.19
1987	517	10890.334	2002	845	9480.51
1988	857	18143.940	2003	1009	12468.4
1989	706	17810.147	2004	1105	16446.76
1990	736	16690.696	2005	1342	18405.42
1991	631	15905.937	2006	1477	22000
1992	839	19196.000	2007	1470	21507
1993	959	16015.000	2008	1232	23489
1994	996	17632.000	2009	1343	29496
1995	794	9983.000	2010	1470	33293
1996	790	11160.000			

蜂产品　蜂蜜是安徽省主要的出口农副产品。出口量位居全国前列。主销日本、欧美等国家和中国香港地区。早期出口日本占 40%，后期有所下降。

1983 年，是安徽商检局出口蜂蜜检验的第一年。当年出口检验 9 批、67 吨，全部销往日本。1984 年 58 批、466 吨，1985 年 170 批、1375 吨，1987 年和 1991 年因抗生素、杀虫脒影响，出口受阻。1992 年后，随着抗生素、杀虫脒、同位素等影响蜂蜜质量问题的解决，经批批检验出证，出口量节节上升，成为安徽农业创汇龙头产品之一。1986—1998 年保持在 7000 ~ 9000 吨之间，1999 年，686 批、12600 吨，2000 年，出口 13100 吨，位居全国第一。

“三检”合一前，由安徽商检局检验一处负责全省出口蜂蜜的检验工作。“三检”合一后，由安徽检验检疫局食检处负责出口蜂蜜的检验检疫工作和监督管理。2005 年开始，凡出口企业所在地成立检验检疫分支机构的，交由所在地分支机构检验检疫和监督管理。全省出口蜂蜜加工企业的卫生注册管理工作由安徽检验检疫局统一负责。

1999 年，国家检验检疫局为保障动物源性食品出口安全，制订实施出口动物源性食品残留监控计划。安徽检验检疫局出口蜂蜜残留监控计划开始实施。

2000 年，国家检验检疫局根据出口蜂蜜检验工作的需要，发布了《出口蜂蜜检验检疫管理办法》。安徽检验检疫局作为起草单位之一，参与制订和修改。同年，针对蜂蜜包装桶严重影响出口蜂蜜的质量，国家检验检疫局发布对出口蜂蜜包装桶加强管理的通知。对蜂蜜包装桶的材质、卫生状况、使用年限作出了明确规定。

2001 年，为贯彻落实《出口蜂蜜检验检疫管理办法》和《关于对出口蜂蜜包装桶加强管理的通知》，国家质检总局组织实施对全国出口蜂蜜企业的检查。安徽检验检疫局作为检查组成员参与检查。此次检查中，安徽检验检疫局出口蜂蜜检验工作和出口蜂蜜企业顺利通过了国家质检总局检查组的检查。2001 年，经安徽检验检疫局检验合格出口蜂蜜 1.8 万多吨，再次居全国出口蜂蜜首位。

2002 年，由于中国动物源性产品在欧盟被检出含有禁用药物氯霉素，导致欧盟停止进口中国动物源性产品。各主要进口国对中国出口蜂蜜安全卫生质量陆续提出要求。为保证蜂蜜的顺利出口，国家质检总局连续发文，要求加强对出口蜂蜜中抗生素的检测，并从养蜂户的管理、原料验收和检测、检验证书的出具等方面提出明确要求，确保出口蜂蜜符合进口国的相关规定。同年，国家质检总局提请欧盟对中国蜂蜜、蜂王浆出口解除禁令，并对蜂蜜、蜂王浆的安全卫生质量控制、检验检疫监督管理做出详细的说明。

2003 年，为促使欧盟早日对中国出口蜂产品解禁，国家质检总局下发《关于欧盟来华检查残留监控计划中出口蜂产品的有关要求》，对出口蜂产品检验检疫工作和对出口的蜂产品加工企业必须具备的条件作出明确规定，并组织专家组对中国首批申请对欧盟出口的蜂产品加工企业进行了核查。安徽省有 3 家企业获得了首批对欧出口资格。同年，为统一检验检疫工作流程，规范检验检疫工作秩序，保证检验检疫工作质量，国家质检总局组织编写进出口蜂蜜检验检疫工作手册，安徽检验检疫局参与了此项工作。

2004 年，欧盟对中国部分动物源性食品解禁。为保证中国出口动物源性食品安全，国家质检总局下发《关于进一步加强对出口欧盟动物源性食品检验检疫和监督管理工作的通知》，明确规定出口食品安全实行“一把手”负责制。对出口欧盟加工企业清理整顿和检验检疫工作提出了具体要求并对出口食品企业实施“红黑名单”制度。

2005 年，为加强出口蜂蜜的源头管理，有效控制出口蜂产品中农兽药残留问题，国家质检总局发布《关于对出口蜂产品养蜂基地实行检验检疫备案管理的通知》，对出口蜂产品加工企业养蜂基地检验检疫备案条件以及出口蜂产品追溯规程提出明确要求。检验检疫机构和出口蜂产品加工企业必须对备案的养蜂基地实行监督检查。安徽检验检疫局对全省出口蜂蜜加工企业养蜂基地实行备案管理。

2006 年后，为进一步做好出口蜂产品检验检疫工作，有效应对国外技术贸易壁垒，国家质检总局组织成立出口蜂产品检验检疫协作组，安徽检验检疫局作为成员之一参与了协作组工作。协作组针对不同市场的要求、进口国官方的预警通报以及中国残留监控计划实施情况撰写出口蜂产品风险分析评估报告，制定出口蜂蜜、蜂王浆质量安全控制规范，修改进出口蜂蜜检验检疫管理办法，修订进出口蜂蜜检验检疫工作手册。

1994—2010 年安徽省出口蜂蜜检验情况统计表

表 4–1–3

年份	出口量（吨）	金额（万美元）	批次
1994	7609	—	—
1995	10219	—	—
1996	11151	—	—
1997	9176	—	—
1998	10231	—	—
1999	12600	—	—
2000	13100	—	—
2001	18158	1652	912
2002	11299	1133	582
2003	8452	987	442
2004	14085	1530	737
2005	16844	1582	389
2006	10978	1436	227
2007	9815	1439	219
2008	13656	2243	254
2009	10505	1782	222
2010	13267	2405	255

炒货食品　安徽省坚果炒货食品历史悠久。由于其特殊的营养保健功能，价廉物美的大众特质，多年来一直深受人们的欢迎和喜爱。主要产品有熟制瓜子、核桃、花生等坚果及其籽仁类，属于中国传统食品。

炒货食品的出口历史较短。2000 年，合肥华泰食品公司与安徽小刘食品公司出口瓜子 5 批、27.8 吨、4.8 万美元，拉开了安徽省炒货食品出口的序幕。当时，瓜子的生产加工条件较为简陋，采取“土炕房”烘烤和铁锅手工翻炒的方式制作。无论是生产加工工艺还是生产设备都较落后，生产规模和产能也较小。同时，出口瓜子主要是根据中国有关标准和要求对成品的杂质、色泽、口味、霉变粒等项目实施检验，方式较为单一。

2001—2005 年，炒货食品出口出现较快增长。2005 年，已出口炒货食品 821 批、6536.9 吨、1856.6 万美元，品种由瓜子扩大到酥糖、裹衣豆果、米果、瓜子、花生等多种产品，出口也从原先的中国香港扩大到欧盟、美国、日本、东南亚等多个国家和中国港澳台地区。出口企业从最初的 2 家扩大到 5 家。

2001 年，裹衣豆果第一次出口 16 批、17.6 万美元。随后，逐年递增。2002 年，85 批、115.8 万美元，2003 年，124 批、160.0 万美元，2004 年，175 批、258.8 万美元，2005 年，238 批、366.0 万美元。酥糖制品出口从 2003 年的 21 批、182.9 万美元到 2005 年的 218 批、1030.5 万美元，实现跨越式发展。酥糖系列产品在美国市场广受欢迎。

面对炒货食品出口的新情况，检验检疫部门严格遵守《出口食品生产企业卫生注册登记管理规定》，贯彻落实质量至上的方针，努力探索出以“帮、促、扶”为核心理念的有效检验监管方式、方法。针对炒货企业基础薄弱、管理水平低、产品质量不稳定的现状，在厂区选址布局、流程设计、硬件设备改造、实验室建设等方面主动给予帮助和具体指导，促进企业改进优化工艺流程，淘汰落后生产方式，提升企业质量管理水平。同时，面对出口国家和地区不断增多的情况，加强对进口国标准和要求的搜集、整理。对出口炒货食品的检验放行逐渐过渡到以进口国标准为依据，实现检验把关的新要求。对质量意识淡薄、质量卫生条件差且不配合整改的个别企业，坚决取消其出口资格。

2006 年以后，安徽省炒货食品出口质量和规模总体稳中有升。出口炒货食品的种类日益增多。从最初的熟制葵花籽单一品种扩大到椰香、薄荷、咸甘葵花籽和西瓜子、茶瓜子等多个品种。酥糖制品也从早先的杏仁和腰果糖发展到后来的芝麻、花生、蓝莓等不同系列和品种。

2008 年，国际金融危机对中国出口产生了一定负面影响。炒货食品订单减少、开工不足、数量下降。为摆脱金融危机负面影响、保证外贸出口平稳发展、提升产品质量和安全水平，安徽检验检疫局连续开展“质量安全年”“质量提升年”“一对一帮扶”等活动。立足于强化企业质量安全责任意识，帮助企业解读质量管理体系，按照进口国标准组织生产，为企业出口提供各项便利措施，鼓励和扶持企业实现产品更新和档次提升，出口比较稳定。

2000—2010 年安徽省出口炒货食品检验情况统计表

表 4-1-4

年 份	品 种	批次	货值（万美元）
2000	熟制瓜子	5	4.8
2001	熟制瓜子、裹衣豆果	314	302.1

续表 4–1–4

2002	熟制瓜子、裹衣豆果、花生	466	610.2
2003	熟制瓜子、裹衣豆果、花生、酥糖制品	621	835.8
2004	熟制瓜子、裹衣豆果、花生、酥糖制品	702	1443.4
2005	熟制瓜子、裹衣豆果、花生、酥糖制品	821	1856.5
2006	熟制瓜子、裹衣豆果、花生、酥糖制品	971	2354.6
2007	熟制瓜子、裹衣豆果、花生、酥糖制品、米果	1129	2830.1
2008	熟制瓜子、裹衣豆果、花生、酥糖制品、米果	979	2753.2
2009	熟制瓜子、裹衣豆果、花生、酥糖制品、米果	914	2686.6
2010	熟制瓜子、裹衣豆果、花生、酥糖制品、米果	785	2432.6

速冻食品　安徽为农业生产大省，江淮流域在蔬菜和薯类的种植方面有悠久历史和传统，速冻山芋类产品的生产加工有着得天独厚的环境和条件。1988 年，由安徽粮油食品进出口公司率先组织生产并成功出口日本市场。经过多年的努力和发展，从事经营生产的公司数量不断增加并开拓了韩国市场。产品在质量和数量上都有明显的提高和增长。1997 年，出口速冻山芋 259 批、600 万美元；1998 年，出口 264 批、652 万美元；1999 年，出口 248 批、433.4 万美元；2000 年，出口 236 批、416.9 万美元。

2002 年 4 月，国家质检总局发布《出口食品生产企业卫生注册登记管理规定》。速冻山芋类产品属于管理规定要求的卫生注册需评审 HACCP 体系的目录之列。按规定安徽检验检疫局陆续完成对辖区内出口食品企业 HACCP 体系的官方验证。

产品生产加工期间，加强对工厂的实时监管，将工作重点放在确保食品质量安全体系运行的有效性上。从原料接收到生产加工过程及成品包装储存的整个工艺流程环节，针对发现的质量、安全、卫生隐患，及时督促工厂认真整改并要求工厂加强自身实验室的检测能力，提高检测水平。通过检测使产品生产过程的卫生、安全及质量得到及时充分准确的验证。同时，督促加工厂引进科学的生产质量管理经验，以减少生产成本，提高生产效率。加强对从业人员食品卫生安全意识宣传教育和指导培训，使生产企业员工理解和懂得食品卫生安全的重要性、必要性，增强责任感，主动自觉遵守食品加工企业的各项规章制度和要求，并做到各项生产过程记录的真实准确和可追溯性。

在产品的质量检验上严格按照产品标准和对外贸易合同要求施检。及时搜集进口国对产品的微生物、农药残留等各项指标的限量和要求。出口前依据标准进行检验并抽样检测，合格后予以放行，从而确保产品质量和卫生安全达标。没有因微生物、农药残留超标、以及其他质量安全问题造成索赔和退货。

2006 年 5 月，日本对华实施了“肯定列表”制度。为应对此技术壁垒，确保产品顺畅出口，安徽检验检疫局主要从基地管理和加工用原料方面，致力于发展原料基地建设，原料基地实行农场化管理。由农业技术人员统一进行科学规范化的播种、施肥用药，每年生产前对收获的原料进行农残抽检，杜绝生产原料农残超标事件的发生。产品出口前，对成品再次实施农残抽检，保证出口产品符合进口国的要求。

2002—2010 年安徽省出口速冻山芋类产品检验情况统计表

表 4-1-5

年份	检验批数	重量（千克）	货值（美元）
2002	238	6664633	5705388
2003	222	4839393	4059669
2004	228	4771434	4210992
2005	271	5644589	5015678
2006	360	6303201	6132295
2007	369	7069194	6868772
2008	325	7217446	7770653
2009	741	18275660	18316792
2010	851	19655153	22451502

出口蜂王浆干粉“逃检”处罚案例

1996 年 4 月，合肥海关截获 1 批未经报检的蜂王浆干粉。经初步查明，该货系 Z 省 X 蜂产品公司所有。X 公司与日本某家公司签订了收购蜂王浆干粉的合同。合同约定 X 公司向日方提供 400 公斤蜂王浆干粉，货值 24.65 万元。X 公司在安徽省收购货物后，未依法报检便申请报关验放。合肥海关向安徽商检局作了情况通报。安徽商检局当即登记立案，成立由检验人员和法制工作人员组成的调查小组赶赴 X 公司，对违法行为进行了深入调查。X 公司负责人表示不了解蜂王浆干粉须当地商检机构检验合格才能报关出境的规定，愿意立即改正，接受处罚。调查人员对仓库内堆放的蜂王浆干粉进行了现场勘验，封存，责令 X 公司 3 天之内报检，并查阅复制了 X 公司与日方签订的购销合同、票证及其他资料。调查结束后，小组人员向局领导作了汇报，建议根据情节处以 5000 元罚款。局领导经过审慎讨论，决定采纳调查小组意见，局主要领导签发了行政处罚决定书。处罚决定书送达后的第三天，X 公司便向安徽商检局指定的专用账户缴足了罚款，并办理了补检手续。

第二章　进出口标签管理

“三检”合一后，安徽检验检疫局设立食品检验监督处，承担全省进出口食品标签管理职能。

第一节　相关法规

2000年2月15日，国家检验检疫局发布《进出口食品标签管理办法》，并于同年4月1日起实行。2月25日，国家检验检疫局印发《关于执行〈进出口食品标签管理办法〉的通知》，指定国家检验检疫局标准法规中心标签办公室办理进出口标签终审，指定北京、上海、广东、香港中检公司为初审机构。标签审核证书由国家检验检疫局标签办统一发放。3月24日，国家检验检疫局印发《关于执行〈进出口食品标签管理办法〉的补充通知》，发布《进出口食品标签审核细则》。5月9日，国家检验检疫局印发《关于落实〈进出口食品标签管理办法〉〈进出口化妆品监督检验管理办法〉有关问题的通知》，对宣传、标签审核和后续管理等方面提出要求。

2000年9月5日，国家检验检疫局在湖南长沙召开全国进出口食品标签审核工作会议，就深入领会国家检验检疫局19号令精神、审核方面的重点、需要注意的问题作了深入研讨。

2003年11月，国家质检总局在黑龙江召开全国食品标签审核工作会议。对前阶段食品标签审核工作进行回顾和总结，并就11个方面问题进行深入细致的讨论。

2004年7月，国家质检总局印发《进出口食品标签审核操作规程》。重新梳理食品标签审核工作，严格按照行政许可的有关规定，对申请材料、受理要求等进行书面规定。

2005年10月，国家质检总局在安徽省召开全国进出境食品标签会议。结合行政许可法和进出口商品检验法实施条例，就进出口预包装食品标签审核的重点、需要注意的问题作了归纳和分析，明确工作目标。

2006年3月，国家质检总局发布《关于调整进出口食品、化妆品标签审核制度的公告》。规定自2006年4月1日起，进出口食品的标签审核与进出口食品检验检疫结合进行，不再实行预先审核。各级受理机构不再受理进出口食品、化妆品标签预先审核申请，检验检疫机构不再强制要求凭“进（出）口食品、化妆品标签审核证书”报检。对进出口食品、化妆品实施检验检疫时要对进出口食品、化妆品标签内容是否符合法律法规和标准规定要求以及与质量有关内容的真实性、准确性进行检验。经检验合格的，在按规定出具的检验证明文件中加注“标签经审核合格”。4 月，国家质检总局在北京召开第一期进出口食品安全培训班，就如何贯彻第 44 号公告作出部署，并就下一步标签检验工作做了分析和探讨。5 月，国家质检总局为贯彻第 44 号公告，下发《关于印发〈进出口食品、化妆品标签检验规程（试行）〉的通知》，规范、统一各检验检疫机构执法把关行为。

第二节　执行情况

根据国家检验检疫局的要求，2000 年 2 月，安徽检验检疫局成立“安徽进出口食品标签审核及后续管理工作领导小组”。局领导任组长，亲自抓标签审核工作。同时选派 9 人参加国家检验检疫局组织的标签审核培训班并获得培训证书。

为使有关企业了解标签审核要求，2000 年 3 月，安徽检验检疫局印发《关于加强进出口食品标签管理工作的通知》。2000 年 7 月，召开“全省进出口食品标签审核及后续管理会议”，对食品标签审核工作作了具体安排。随着标签审核工作的开展，安徽检验检疫局又印发《关于进出口食品凭标签审核证书报检的紧急通知》。

2006 年 6 月，为贯彻国家质检总局第 44 号公告和国家质检总局的相关文件精神，安徽检验检疫局举办全省进出口食品标签法规培训班，就主要贸易国家和地区的标签法规和《进出口食品、化妆品标签检验规程（试行）》作了详细介绍，对如何将标签检验纳入进出口食品检验检疫进行专题讲解，对标签检验中的格式版面检验和符合性检测进行了规范。

第五篇　化矿、轻纺与机电产品检验与鉴定

第一章　化工及矿产品检验

安徽省化矿类出口商品较多。主要有薄荷香料、阴极铜、草酸、柠檬酸、橡胶轮胎、钾明矾、合成香料、人造刚玉等。其中阴极铜出口量较大。“三检”合一前，由安徽商检局及其分支机构检验；“三检”合一后，由安徽检验检疫局及其分支机构检验。

第一节　出口化工及矿产品检验

阴极铜　1995 年，安徽商检机构开始检验出口阴极铜。该商品主要出口韩国、日本等国家和中国香港地区。主要生产厂家为铜陵有色金属公司、金隆铜业有限公司、芜湖冶炼厂和池州冶炼厂。

薄荷香料　出口薄荷香料产品的企业主要是安徽丰乐香料有限责任公司。2006 年前，六安还有部分小香料厂有出口，2006 年后基本没有出口。

薄荷素油是法检产品，经检验的出口量较大（包括少量胡椒薄荷素油）。薄荷脑为非法检产品，需要出健康证或品质证时企业才会报检，因此经检验的出口量较小。企业出口的薄荷脑的数量远远大于出口薄荷素油的数量。

薄荷素油和薄荷脑都有相应的国家标准。作为食品添加剂时有强制性标准：亚洲薄荷素油 GB8319—2003、天然薄荷脑 GB2862—2006，另有相应的推荐性标准：亚洲薄荷素油 GB/T12653—2002。强制性标准与推荐性标准相比多了重金属和砷含量的要求。

安徽丰乐香料有限公司出口的薄荷素油和薄荷脑多数都是工业用途。一般按照合同进行检验，合同规定总醇含量（一般大于 50%）或左旋脑含量（一般大于 30%）。一般是符合药典的要求，如 CP2000、CP2005 或 CP/BP/USP 标准等。

药典的要求与国家标准类似。如对薄荷素油，必测的项目如外观、乙醇溶混度、相对密度、折光率、旋光度等指标。不同标准之间只是宽严范围略有不同。另外总醇含量、酯值、酸值等指标有的标准做了要求，有的未做要求。

2006 年至 2010 年间，薄荷香料出口情况较好，没有出现指标不符合要求的质量争议情况。

2006—2010 年安徽省出口薄荷香料检验情况统计表

表 5-1-1

年份	货物名称	批次	重量	货值
2006 年	薄荷油	20 批	30.09 吨	37.68 万美元
	薄荷脑	11 批	8.18 吨	15.48 万美元
2007 年	薄荷油	27 批	58.05 吨	67.14 万美元
	薄荷脑	17 批	45.84 吨	84.13 万美元
2008 年	薄荷油	42 批	99.72 吨	166.64 万美元
2008 年	薄荷脑	9 批	16.15 吨	29.62 万美元
2009 年	薄荷油	66 批	148.03 吨	162.48 万美元
	薄荷脑	33 批	75.95 吨	99.96 万美元
2010 年	薄荷油	56 批	173.43 吨	266.76 万美元
	薄荷脑	37 批	153.53 吨	304.39 万美元

柠檬酸 柠檬酸及其盐类是安徽丰原生物化学股份有限公司（以下简称“丰原生化”）的主要产品。1994 年，蚌埠商检局开检，柠檬酸及其盐类一直是其检验的大宗商品之一。“三检”合一后，柠檬酸及其盐类的检验工作由蚌埠检验检疫局负责。检验人员依据 GB8269—1998（现已被 GB8269—2006 取代）对其产品进行抽样，并根据 BP93、BP98、E330、E331、USP27、FCCIV、EP4 等有关标准，对产品采取批批检验的方式，严格把关，出口产品质量一直保持较高水平。

2005 年，根据《出口工业产品生产企业分类管理办法》和《安徽出口工业产品生产企业分类管理实施细则》的规定，经过安徽检验检疫局考核核准，对丰原生化按照一类企业实施分类管理，出口货物抽检比例调整为 5% ~ 15%。

丰原生化前期出口所使用的包装袋为纸袋，柠檬酸到达对方口岸后易吸潮结块。后经检验检疫部门与企业协商，丰原生化改用纸塑复合袋，使问题得到较好的解决。

2001—2010 年安徽省出口柠檬酸检验情况统计表

表 5-1-2

年份	批次	数重量（万吨）	货值（万美元）
2001	2207	—	6513
2002	2767	—	6764
2003	2602	—	6839

续表 5-1-2

2004	2173	10.45	7774
2005	2224	8.89	6790
2006	2578	9.46	6605
2007	2124	7.68	6296
2008	1509	7.11	7564
2009	1832	7.10	6389
2010	1872	7.79	7930

橡胶轮胎　1992 年，安徽商检局开始对出口轮胎进行检验监管。主要是出口机动车轮胎、摩托车轮胎，由机电处负责。1999 年机构改革后，轮胎产品检验监管划归原化矿产品检验处检验监管。2005 年，化矿处撤销，轮胎检验业务划归技术中心检验科检验监管。

2000—2010 年安徽省出口轮胎检验情况统计表

表 5-1-3

年份	出口批次	数量（万条）	货值（万美元）
2000	601	103	2853
2001	1627	280	6951
2002	2262	299	8640
2003	2632	307	9702
2004	3882	425	16900
2005	4413	458	20719
2006	4912	596	25770
2007	5261	734	34547
2008	5569	664	33042
2009	5022	630	27145
2010	6811	737	36532

聚乙烯醇　安徽检验检疫局辖区内生产出口聚乙烯醇的企业主要是安徽皖维高新材料股份有限公司。自 2007 年起聚乙烯醇被列入《法检目录》，检验业务划归技术中心检验科检验监管。

2007—2010 年安徽省出口聚乙烯醇检验情况统计表

表 5-1-4

年份	出口批次	重量（吨）	货值（万美元）
2007	93	5483	968
2008	174	13542	3151
2009	145	8387	1595
2010	160	11604	2270

第二节　进口铜精矿检验

总体状况　20 世纪 60 年代初，安徽铜陵开始进口铜精矿。当时，由上海商检局检验。60 年代中期到 80 年代中期，上海、江苏、江西和湖北商检局分别承担过铜陵进口铜精矿的检验业务。1987 年，安徽商检局开始检验进口铜精矿，当年与南通商检局共同检验，1988 年，开始独立检验进口铜精矿。1997—2010 年，辖区主要进口铜精矿企业是铜陵有色金属集团控股有限公司和金隆铜业有限公司。企业主要从智利、澳大利亚、瑞士、加拿大、秘鲁、蒙古、毛里塔尼亚、墨西哥以及亚美尼亚等国家采购。

检验监管　铜精矿是以质计价的高价值商品。以成交批中铜、金、银的纯金属量作为结算依据。同时对影响冶炼和环境的有害元素砷、镉、铅、氟等要求在限量以下，超过限量则按规定罚款。进口铜精矿中铜、金、银含量与合同基本一致。除来自墨西哥、毛里塔尼亚的铜精矿中有害元素砷含量在国家规定的限量范围内比较高外，其他都符合要求。进口铜精矿普遍存在短少现象。水分含量的检测结果比装货港高。为保证检验结果的准确性和提高工作效率，安徽检验检疫局在长期的检验工作中，通过大量实验，不断摸索新的检测方法。从 1991 年开始，在样品处理上采用微波消解方法。消化处理 1 个样品只需 15 分钟，而且 1 次溶样可以测定 6 个项目，成功用于铜精矿中银、砷、汞、铬、锌等元素的测定。1997 年，建立了全商检系统第一个火试金实验室，从而能够完全按合同规定的方法测定铜精矿中的金和银。

安徽检验检疫局根据《中华人民共和国进出口商品检验法》《中华人民共和国进出口商品检验法实施条例》及相关政策法规，按照国家质检总局 2003 年第 117 号公告和 2006 年第 49 号公告以及贸易合同要求，对铜精矿实施放射性检测、有害元素、品质及重量的检验以及后续监管，保护人民的健康和安全，保护环境安全，维护国家利益。

1988—2010 年安徽省进口铜精矿检验情况统计表

表 5-1-5

年份	批次	重量（吨）	货值（万美元）
1988	11	75700	4385
1989	6	61000	3602
1990	9	85100	4679
1991	10	97100	6340
1992	9	88300	4460
1993	10	92700	4584
1994	5	42800	3323
1995	6	44700	4480
1996	6	47700	3603
1997	26	236500	10169
1998	37	331400	13558
1999	46	303000	11322
2000	27	278000	13210
2001	24	225565	10663
2002	26	259727	9701
2003	24	231997	9670
2004	14	103682	7263
2005	11	104997	8609
2006	16	102343	13399
2007	105	83436	16120
2008	43	81460	16712
2009	31	44009	5924
2010	51	88654	16740

铜精矿标准使用情况一览表

表 5-1-6

标准编号	标准名称	检测项目
GB14263-1993	散装浮选铜精矿取样、制样方法	
SN/T1537-2005	进口矿产品放射性检验规程	γ 射线剂量
GB/T 3884.1 ~ 10-2000	铜精矿化学分析方法	Cu、Ag、Au
SN/T 2047-2008	进口铜精矿中杂质元素含量的测定—电感耦合等离子体原子发射光谱法	Pb、F、Hg、As、Cd

铜精矿检验案例

2008 年 3 月 4 日，铜陵市金隆铜业有限公司向铜陵检验检疫局报检了 1 批进口铜精矿，合同号 JLSW2007-YL1015、提单号 MSCUMM408771、69 只标箱、报检重量 1837.220 湿吨 /1690.2424 干吨、货物总值 362.22 万美元。在检验检疫过程中，发现该批货的砷含量为 0.44%，并未超标但接近上限。2006 年第 49 号《关于公布进口铜精矿中砷等有害元素限量的公告》中的砷的限量为 0.5%。铜陵检验检疫局根据这个情况及时与金隆铜业有限公司相关人员联系，提醒该企业重视。该企业积极配合，在随后的合同签订中将砷等有害元素限量要求纳入进口铜精矿贸易合同的条款内容，并提出了砷的含量在低于 0.5% 的情况下如高于 0.3% 将对发货方罚款的相应条款，有效地保障了进货的环保要求。此后未出现砷含量高于 0.3% 的情况。

第二章　轻纺产品检验

安徽是轻纺产品大省，轻纺产品种类较多。玩具、服装、鞋类一直是安徽出口的拳头产品。本篇主要记述轻纺产品检验监管工作情况。

第一节　出口玩具产品检验

中国是玩具产品生产和消费大国，也是国际玩具产品的主要出口国。世界玩具的三分之一由中国生产。安徽玩具出口 2008—2010 年排在全国前十位，以毛绒玩具为主，是中国三大毛绒玩具主产区之一。产品主要销往美国、欧盟、南美、东南亚等一些国家和地区。

2001—2010 年，安徽出口玩具累计 70697 批、94134.64 万美元，其中不合格 267 批、378.18 万美元。2009 年出口玩具 9724 批、17435.97 万美元，其中不合格 99 批、133.73 万美元；2010 年出口玩具 10261 批、22759.45 万美元，其中不合格 114 批、198.70 万美元。

为加强对出口玩具的检验和监管，1990 年，国家商检局对出口玩具实施法定检验。1992 年，对列入法定检验的商品在全国范围内实施“出口玩具生产质量许可证”制度。2007 年，由于轰动全球的玩具“召回事件”引发玩具质量安全风波。国家质检总局对法检范围内的玩具产品实施更新后的出口玩具质量许可证（注册登记）制度。安徽检验检疫局按照新发布的《出口玩具质量许可（注册登记）工作实施细节》（试行）《出口玩具质量许可（注册登记）工作企业审核要求》（试行）等文件，完善、调整出口质量许可（注册登记）工作。对已经向生产加工企业颁发的玩具出口质量许可证按照新发布的相关规定进行一次全面清查。

安徽检验检疫局成立以局长为组长的专项整治领导小组，整治安徽地区企业 136 家。整治后注销 27 家、暂停 18 家、吊销 3 家，合计 48 家。整治后有效许可证企业 88 家，淘汰率 35%。此次整治活动使安徽玩具企业更加规范，实现了淘汰一批、整改一批、帮扶一批的目标。2008 年，按国家质检总局的布署对玩具企业进行了“产能核定”专项整治。2009 年，在专项整治的基础上，安徽检验检疫局将玩具整治的重点放在原辅材料进厂把关上。采用风险评估的方法，结合安徽玩具企业的现状适时调整了高风险原、辅材料的严控目录并进一步规范了关键检测设备配置要求。2010 年围绕“质量提升”，通过扶持出口玩具集聚区健康发展、坚持质量安全情况通报会、加大培训力度、积极推行分类管理和电子监管工作等方式，提高检验监管工作的针对性和有效性，持续推进出口玩具的质量提升。

自 2007 年玩具专项整治以后，出口玩具均按照输入国或地区法律法规、强制性标准实施检验；输入国法律法规、技术标准无明确规定的按照中国法律法规、国家强制性标准实施。出口美国的玩具必须符合美国 ASTM F963 标准；出口欧盟的玩具必须符合欧盟 EN71 协调标准；出口日本的玩具必须符合日本 ST2002 标准；出口其他国家的玩具必须符合 GB6675 标准。玩具产品的检验已由原来的感官检验转到安全、卫生、健康、环保项目上来。玩具的安全性主要包括玩具的机械物理、燃烧、化学、电性能 4 个方面。

安徽省出口玩具集聚区为天长市，出口玩具占全省玩具出口总量的 80%，“量”的优势明显。但是，长期单一生产低端毛绒玩具，企业规模偏小，技术含量低，“质”的薄弱环节较多。针对这一现状，2008 年，安徽检验检疫局邀请国内玩具专家在天长举办“毛绒电玩具标准培训会议”，倡导出口玩具企业加大产品设计和研发投入，从单一生产毛绒玩具向发展品牌毛绒玩具、毛绒电玩具、动漫玩具等附加值高产品升级换代。2009 年，开展“送信心、送政策、送标准、送技术、送培训”的“五送”活动。汇编多个技术标准、问题解答等“企业行”专项礼包。

2006 年后，安徽检验检疫局在安徽玩具产业集聚区——天长市举办了 8 场主题公益活动。2008 年 5 月 20 日，召开“2008 年安徽出口玩具生产企业专题整治工作会议”，积极探索实践天长集聚区“区域化管理”，创新监管模式，携手地方政府共筑出口产品质量安全把关体系。形成政府负总责、检验检疫部门依法行政、企业是产品第一责任人、相关部门齐抓共管的质量安全监管体系。

随着美国、欧盟等 40 多个国家的“法规飓风”，特别是涉及安全、卫生、环保的要求不断提高，安徽检验检疫局采用各种方式将技术性贸易壁垒和被通报及召回的案例及时告知企业，防微杜渐。及时收集并编制“玩具安全法律法规和技术标准汇编”，分“国内外玩具法律法规篇”“国内外玩具技术标准篇”和“国内外玩具技术标准续篇”三册，发送给玩具贸易及生产企业，加强标准更新的培训，收效明显。

第二节　出口鞋类产品检验

安徽出口鞋类以感官检验项目为主。产品主要销往日本、欧洲、美国、南美、东南亚等一些国家和地区。2001—2008 年，安徽出口鞋类产品累计 20148 个批、32253.3

万美元，其中不合格10批、48.9万美元。2009年出口鞋类产品2825批、15494.05万美元，其中不合格5批、9.7857万美元。2010年出口鞋类产品5494批、12254.68万美元，其中不合格7批、36.70万美元。经过多年的检验实践，安徽检验检疫局已建立了一套比较完善的管理办法和检验程序。检验标准在客户或进口国没有特殊要求的情况下一般采用国家质检总局2003年颁布的SN1309系列检验规程。随着国家新的商检法的颁布和实施，鞋类产品的检验也和其他出口产品一样，逐步由原来的感官检验项目转到安全、卫生、健康、环保检验项目上来。

鞋类的安全、卫生、健康、环保项目主要是指鞋类纺织和皮革材料中的偶氮染料、六价铬、五氯苯酚及其盐类和脂类的含量的检测；鞋类金属附件、人造革及涂层的重金属含量的检测；婴童鞋小配件的拉力、扭力、跌落、冲击、压力试验；婴童鞋金属配件可触及锐利边缘和尖端、金属附件的抗弯折性能的试验；婴童鞋的人造革、塑料薄膜的邻苯二甲酸酯的含量检测及鞋用干燥剂中的富马酸二甲酯含量的检测；劳保鞋的抗弯、抗压、防静电性能等的检测。

为及时应对国外通报等突发事件的发生，积极应对欧美等一些国家针对中国的贸易技术壁垒，安徽检验检疫局专门制定出一套有针对性的预防机制。

重视源头管理。对可能含有有毒有害物质的产品，尤其是容易发生问题的童鞋、劳保鞋等产品，在原料的采购环节要求出口鞋类企业进行严格的控制，要求出口企业建立起一整套考核供应商的严格质量管理体系及验收货物的程序。供应商应批批提供无毒无害的合格申明；容易出现问题的原材料，如染料、干燥剂等要定期送交有关权威检测机构进行有毒有害物质的检测；在材料的供货方或者配方改变时要及时送检，检测不合格的不得使用。

根据不同的国家和地区对安全、卫生、健康、环保指标的要求不同，对输往欧盟的产品重点要求企业注意对帮面材料的禁用偶氮染料、五氯苯酚、干燥剂使用的富马酸二甲脂、皮革中的六价铬、塑料材料中的镉和金属附件中的镍的释放量的检测；对输往美国的鞋类产品重点要求企业注意油漆和涂料的铅含量及童鞋小附件的检测；对输往日本的鞋类产品重点要求企业加强对残断针及鞋钉的检测。

第三节　货物包装检验

1985年，国家商检局等4部委联合颁发《海运出口危险货物包装检验管理办法（试行）》。安徽商检局开始依法对海运出口危险货物实施法定检验监管。从1987年起，安徽商检局开展对出口商品包装进行检验鉴定工作。1990年前，各类包装检验鉴定分别放在各个检验处室。1990年后，统一划归监督管理处集中管理，负责全省出口商品包装性能检验和海运出口危险货物包装性能检验和使用鉴定。“三检”合一后，在化矿处下设有包装科，统一承担合肥地区、六安地区、巢湖地区、滁州地区一般商品运输包装，进出口纸张、纸浆检验监管，承担合肥地区、六安地区、巢湖地区、滁州地区、阜阳地区危险品包装的检验监管，同时负责全省的危险品包装质量许可证考核工作。2005 年 8 月，化矿处撤销，人员分流到技术中心、轻纺处、监察室。阜阳检验检疫局人员通过资质考核后，将危险品包装交给阜阳检验检疫局。

安徽检验检疫局先后制定了《安徽省出口危险货物包装检验监管实施办法》《安徽省出口商品运输包装检验监管办法》《安徽省出口商品包装用原辅材料检验监管办法》《出口商品包装容器质量许可证考核工作规范》《出境危险货物包装检验监管工作程序》《关于对出口商品包装实行新的商检编号和出口危险货物包装实行标志管理的通知》《关于对海运出口危险货物小型气体容器包装实施检验和管理的通知》《安徽省出口烟花爆竹生产企业登记核查实施细则》等办法和规定。2005 年，根据修订后的商检法实施条例的有关规定，制定《出境危险货物包装安全检验监管工作规范》，从报检、检验、监管、统计及质量分析等各个环节提出规范要求，明确合格评定标准和程序、监管方式、监管内容等。配套印制《出境危险货物生产企业检验监管手册》，规范后续管理。

同时，开展出口危险货物危险特性鉴别与分类工作。对《国际海运危险货物规则》中列明的易燃液体、易燃固体、氧化性物质和有机过氧化物、毒性物质、放射性物质、腐蚀性物质和其他杂类危险货物，实行分类申报、分类检验、分级进行风险控制。加强和规范危包质量许可证考核工作，完成全省 18 家危包生产企业的现场考核，强化对危包质量许可证获证企业的后续监管，将平时检验抽查与年度监督检查结合起来，建立获证企业动态管理档案和监管手册。在出口危包获证企业中大力推行 ISO 9000 质量管理体系，促进全省危包获证企业质量管理水平的提高。

认真贯彻落实国家质检总局关于进出口食品包装容器、包装材料实施检验监管工作的有关规定，按照国家质检总局 2006 年 4 月和 7 月先后下发的《进出口食品包装容器、包装材料实施检验监管工作管理规定》和《进出口食品包装容器、包装材料检验监管工作规范（试行）》，明确开展工作程序、检验依据、检验监管范围及技术规范强制性要求等。

明确分工，密切配合，提高进出口食品包装检验监管工作能力。进出口食品包装检验监管工作涉及的点多面广，在系统内，轻纺处是食品包装容器、包装材料检验的业务主管部门，但业务涉及局各分支机构、动检处、植检处、食检处、技术中心、法综处、检务处、认证处等部门，以及食品包装生产企业。各部门密切配合，切实加快检验放行速度。

加强人员队伍及实验室建设，提高检验技术水平。进出口食品包装容器、包装材料的检验监管是一项新的工作，技术要求高，政策敏感。安徽检验检疫局加强对新知识、新技术、新法规的学习和掌握，特别加强对欧盟、美国、日本等发达国家食品包装法规及检测技术的研究和学习，不断提高检验监管人员的业务水平，不断提高实验室检测技术水平，完善实验室检测手段，确保各项工作规范有序地开展。

危包开检以来，安徽检验检疫局多次组织不同类型的出口危险货物包装统一检测活动、统一操作技术、统一检验标准、统一检验目光，开展企业间检验技术的交流，积极开展包装检验科研工作。参与制定《公路运输危险货物包装检验安全规范》和《水路运输危险货物包装检验安全规范》通则、性能检验、使用鉴定 6 个国家标准，参与制定《铁路运输出口危险货物包装检验规程》总则、性能检验、使用鉴定 3 个行业标准，参与制定《出口危险品打火机检验规程》《出口危险货物中型散装货物包装容器性能检验规程》等检验规程。2006 年，申报的行业标准《固体和液体的自燃性测定方法》获得国家质检总局立项。

2009—2010 年安徽省出口包装产品检验情况统计表

表 5-2-1

年份	一般运输商品包装批次	食品包装批次	性能检验批次	使用鉴定批次	打火机批次
2009	2144	466	80	627	132
2010	2255	472	96	717	151

第三章　机电产品检验

20 世纪 50 年代至 70 年代，安徽进出口机电产品很少。随着改革开放的不断深入，机电产品的进出口量不断上升。

20 世纪 80 年代初，安徽进出口机电产品主要由合肥进出口商品检验局检验三处机电组负责。当时进口业务主要有汽车、成套设备等。1982 年，部分机电产品出口，主要有轴承、电机、机床、磨料、磨具等。年出口量 200 批左右，货值不到 100 万美元，在安徽省出口产品中所占比重很小。安徽地处近海内陆，生产企业没有外贸自主经营权，机电商品主要为口岸贸易公司收购。主要的出口机电产品企业有：阜阳轴承厂、芜湖轴承厂、繁昌轴承厂、马鞍山机床厂、蚌埠机床厂、合肥砂轮厂、含山运漕砂轮厂、马鞍山砂轮厂、芜湖微型电机厂、皖南电机厂、黄山发电设备厂等。

进入 20 世纪 90 年代，随着外贸的发展，安徽省出口企业陆续取得了外贸自主经营权。出口机电产品比例不断增大，种类增加。机床、电线电缆、叉车、千斤顶、柴油机、电机、量具等成为安徽省主要的出口机电产品。特别是家用机床从 20 世纪 80 年代中后期开始，逐渐成为安徽省出口的特色产品。当时的家用机床出口厂家有：黄山太平机床厂、池州家用机床厂、安庆机床厂等。除此之外，全椒柴油机厂生产的农用单缸柴油机，出口批次和货值一度在全国名列前茅，最高年出口额达 1700 万美金。

20 世纪 90 年代中后期，安徽省家电产业异军突起，逐渐成为安徽省主流出口产品，其中合肥美菱股份有限公司和合肥华凌股份有限公司的冰箱、合肥荣事达有限公司的洗衣机成为代表性产品。

20 世纪 90 年代末，安徽省的汽车也开始走向国外，安徽江淮股份有限公司凭借着江淮 JAC 的自主品牌，逐步打入国际市场，轻卡和底盘出口多年位居全国第一。进入 21 世纪，安徽省汽车出口以奇瑞和江淮为龙头，出口产品包括轿车、轻卡、重卡、商务车、客车。

2000 年以后，安徽的家电产业呈现出遍地开花的态势，涌现出安徽欧力电气有限公司、合肥尊贵电器有限公司、合肥荣事达三洋电器股份有限公司等一批新兴家电企业。同时，电线电缆产品通过对外承包工程方式打入国际市场，成为安徽省主要的出口产品。天长、无为成为出口电线电缆的聚集区。20 世纪 90 年代，安徽合力股份有限公司一家独秀，后来又涌现安徽合叉叉车有限公司、安徽江淮银联重型工程机械有限公司等一批优秀的叉车企业。叉车成为安徽省最有特色的出口产品。

进入 21 世纪，机电产品的进出口突飞猛进。随着中国加入世界贸易组织（WTO）和《商检法》的修订，对进出口机电产品检验提出新的要求。安徽检验检疫局对机电产品检验管理工作进行大胆的改革，陆续推出检验监管新举措，探索检验监管新模式。

2000—2010 年安徽省进出口机电产品检验情况统计表

表 5-3-1

年份	批次	货值（美元）	年份	批次	货值（美元）
2000	1699	106881819	2006	13553	901685033
2001	4817	293794060	2007	18970	1410627976
2002	5899	1929926679	2008	21588	1554492647
2003	8413	511725678	2009	16496	1093534660
2004	9852	567357737	2010	23186	1620187853
2005	11729	738992053			

第一节　机电产品检验监管

“三检”合一前和“三检”合一后，安徽商品检验局机电处和安徽检验检疫局机电处负责辖区内进出口机电产品检验以及对进出口企业监督管理。负责检验规程的制订、业务协调和人员培训以及分支机构业务的指导工作，并将检验工作的重点由品质、规格、数量、重量向安全、卫生、健康、环保和反欺诈转移。

检验监管模式改革　随着中国对外贸易的发展，作为重要的机电产品之一的小家电产品，出口量越来越大，并已进入欧美等国际市场。由于出口小家电产品出现的安全质量问题，已影响到中国机电产品的出口，为了促进外贸发展，提高出口小家电产品的质量，1999 年 12 月 16 日，国家检验检疫局、对外贸易经济合作部、海关总署联合发布了《关于对出口小家电产品实施法定检验的通知》，规定自 2000 年 1 月 1 日起对出口 28 个 HS 编码的小家电商品实施出口法定检验。2000 年 1 月 7 日，国家检验检疫局发布了《关于出口小家电产品检验有关问题的通知》，针对 37 个 HS 编码提出小家电产品检验监管要求。2002 年 5 月，国家检验检疫局、国家质检总局就出口小家电检验发布一系列文件，确立小家电产品检验监管方式，对 37 个 HS 编码的出口小家电产品实施“出口产品型式试验 + 出口批次的抽批检验 + 工厂质量体系监督”的新检验监管模式。根据国家检验检疫局推出的 9 种检验监管模式的精神，安徽检验检疫局在机电产品检验上实行5种检验模式，分别是型式试验模式、周期检验模式、合格保证模式、符合性验证模式和抽样检验模式。这5种模式的推行，很大程度上解决了安徽检验检疫局机电产品检验长期存在的业务量大与检验资源不足之间的矛盾，为提高检验工作质量提供了保障。

1999年8月30日，为贯彻落实国务院千方百计扩大出口的指示，根据《国务院办公厅转发外经贸部关于进一步扶持鼓励机电产品出口意见的通知》《国家检验检疫局关于促进外经贸扩大出口意见的通知》精神，国家检验检疫局会同对外贸易经济合作部印发了《关于进一步加强机电产品检验监管工作促进机电产品扩大出口的通知》，建立出口机电产品分类检验监管制度。

根据国家检验检疫局精神，安徽检验检疫局和浙江检验检疫局被列入“出口机电产品生产企业实施分类监管工作试点”单位。为做好试点工作，安徽检验检疫局制订了《安徽检验检疫局出口机电产品分类试点工作方案》。结合出口机电产品实际情况，确定池州家用机床股份有限公司为试点企业。根据试点和调研情况，修改拟定《机电产品分类检验监管办法》《机电产品分类检验监管实施细则》《机电产品分类检验监管考核细则》。国家质检总局在安徽检验检疫局和浙江检验检疫局试点的基础上，于2003年7月18日印发《出口工业产品生产企业分类管理办法》。根据分类管理办法，安徽检验检疫局辖区内有10家出口机电产品企业获得一类企业资质，分别为：合肥华凌股份有限公司、合肥美菱股份有限公司、安徽世林照明股份有限公司、安徽合力股份有限公司、合肥荣事达洗衣设备制造有限公司、安徽省广德中鼎汽车工具有限公司、安徽全柴动力股份有限公司、中国扬子集团滁州扬子空调器有限公司、滁州兴田电产有限公司、合肥南亚桑拿设备股份有限公司。后增补了安徽江淮汽车股份有限公司为一类企业。

2008年年底，安徽省有出口机电产品一类企业13家，二类企业6家，其余200余家为三类企业，没有四类企业。

2009年5月26日，国家质检总局公布新的《出口工业产品企业分类管理办法》，于2009年8月1日起施行。安徽检验检疫局派出人员，参加国家质检总局组织的“出口工业产品生产企业分类管理办法”学习宣贯会，举行两次“出口工业产品生产企业分类管理办法”学习讲座，编写安徽检验检疫局机电产品风险分级标准。对一、二类分类管理企业进行摸底调查，全部建立档案。

2010年上半年，对辖区内出口企业进行排查摸底，全面开展了出口产品生产企业的分类管理实施工作。同年3—5月，组织现场评价审核组，对合力叉车公司、合肥欧力电器公司、合肥华凌电器有限公司、美的荣事达洗衣设备公司、全柴动力股份有限公司、晶弘电器公司、美菱英凯特洗衣机等十多家一二类企业进行分类管理现场考核，对辖区内三类企业进行书面评定，完成了对企业的分类工作并结合产品的风险分级，确定对企业的检验监管新模式。

电子监管　电子监管是中国电子检验检疫的重要组成部分。建立电子监管，可以把检验检疫系统有限的人力资源从繁重的批批检验模式中解放出来，有效提高监管和服务水平。2006 年，开始推行电子监管。当年，监管企业 3 个、监管产品 3 个、快速核放 366 批；2007 年，监管企业 14 个、监管产品 18 个、快速核放 3218 批；2008 年，监管企业 14 个、监管产品 18 个、快速核放 12150 批；2009 年，监管企业 21 个、监管产品 56 个、快速核放 15992 批；2010 年，监管企业 46 个、监管产品 81 个、快速核放 21556 批。

2010 年，组织相关检验人员深入学习和研究电子监管流程，为业务处室、分支局业务人员提供操作培训。推进过程中，成功试验企业不另外安装电子监管软件，按照无生产批号的方法使用原报验软件实施电子监管报验的途径，降低企业软件维修费用，实现所有企业均可通过电子监管的方式进行快速通关的设想。2010 年，符合条件的一、二类管理企业全部上线运行。

第二节　出口机电产品检验

机电产品主要有机床、柴油机、刃具、量具、轴承、电线电缆等。以前这些商品均为非法定检验商品，以致出口的机电商品存在一些质量问题，制约了中国对外贸易的发展。为了提高出口机电产品质量，扩大机电产品出口，1982 年 7 月 1 日，国家商检局对机床、电机、轴承、电线电缆、柴油机、汽车等 6 类出口机电产品实施法定检验。不久，法检商品种类又扩大到磨料、量具、机床工具等。安徽商检局积极落实检验措施，协助各生产厂家制定有关产品的检验制度，使保证出口机电产品的法定检验工作顺利开展。1986 年，国家商检局与有关部门联合下发《出口机电产品质量许可证管理试行条例》。安徽从机床和砂轮企业进行试点。安徽商检局和安徽省机械厅对相关企业进行预考核。安徽商检局派员赴山东参加国家商检局组织的山东省砂轮厂出口许可证试点考核工作，并根据《出口机电产品质量许可证管理试行条例》，对合肥砂轮厂、马鞍山机床厂、蚌埠机床厂实施了出口许可制度。之后，出口许可目录扩展到洗衣机、电风扇等轻工机电产品。2002 年，国家质检总局对行政许可制度进行了梳理，暂停出口质量许可证的办理，改由各直属局实施。

20 世纪 90 年代，安徽省的机电产品出口快速发展。叉车、汽车、冰箱、洗衣机、电线电缆、电光源、千斤顶、柴油机等成为主要的出口产品。

2000 年以后，家电、叉车、汽车等成为主要出口产品，据统计，2010 年出口货值超过5000万美元的大宗商品有冰箱、汽车、洗衣机、叉车。

家电产品 安徽是家电品牌集中度最高的省份之一，拥有美菱、三洋、美的、海尔、格力等诸多全国著名企业，配套产业也颇具规模。家电产品是安徽省出口产品的主力军，一直保持迅猛增长势头。直到2008年，受国际金融危机的影响，安徽省家电产品出口出现自2000年以来的首次负增长。

2006年，国家质检总局印发了《关于应对RoHS指令及出口电子电气产品中限用物质检验监管工作的通知》及《出口电子电气产品限用物质项目检验监管工作程序（试行）》。同年7月1日，欧盟RoHS指令正式实施，为避免安徽省出口欧盟的电子电气产品受到影响，确保出口产品符合要求，2006年9月20日—22日，安徽检验检疫局举办“全省电子电气产品限用物质项目检验监管工作会议”，对整机出口欧盟和零部件供应的25家企业、50多人进行了培训。

2008年，安徽检验检疫局承担了1项制定国家标准《进出口洗衣机安全试验方法》。《进出口洗衣机的安全要求和试验方法》是国家认证认可监督管理委员会下达的由检验检疫系统承担的2007年第6批国家标准制（修）定任务，是由原申报的《进出口洗衣机安全试验方法》修改后而编制的。该标准是以IEC 60335-1:2006《家用和类似用途电器的安全 通用要求》和IEC 60335-2-7:2008《家用和类似用途电器的安全 第二部分：洗衣机的特殊要求》为蓝本，将通用要求和特殊要求合二为一，从而制订的独立单行本标准。在接受标准编制任务后，安徽检验检疫局成立标准编制小组，制定工作方案并设计编写《进出口洗衣机的安全要求和试验方法》国家标准框架。随后，标准编制小组按GB/T1.1-2000标准的编制格式要求，先后收集了IEC、EN、AS/NZS、J等有关的产品标准，并组织人员翻译。标准正文编写以IEC最新版本标准为基准（IEC60335-1:2006、IEC60335-2-7:2008）。为了使《进出口洗衣机的安全要求和试验方法》国家标准能更好地指导实际检验，标准编制小组广泛地咨询了洗衣机生产单位和检验检疫系统的专家，使得标准更具先进性和适用性。

2000—2010年安徽省出口冰箱检验情况统计表

表5-3-2

年份	批次	货值（美元）	年份	批次	货值（美元）	年份	批次	货值（美元）
2000	162	10399382	2004	1862	106599079	2008	7285	341019209
2001	595	36993885	2005	3097	175642684	2009	6813	334760007
2002	805	37332025	2006	3938	204530622	2010	10178	490911043
2003	1389	66222698	2007	6338	293316115			

2000—2010 年安徽省出口洗衣机检验情况统计表

表 5-3-3

年份	批次	货值（美元）	年份	批次	货值（美元）	年份	批次	货值（美元）
2000	53	1651941	2004	436	12717525	2008	1010	68986944
2001	199	6182868	2005	694	24803498	2009	1274	79384713
2002	229	7164058	2006	794	28324596	2010	2005	140292252
2003	328	9229965	2007	1127	55775228			

汽车　安徽是中国汽车出口大省。奇瑞轿车、江淮轻卡和底盘等连续多年在全国同类产品中出口量排名第一，具有较强的出口优势。安徽的汽车检测技术保障能力较为雄厚，具有奇瑞、江淮和昌河等汽车生产和出口基地以及中国定远汽车试验场，具备较好的检测设备和试验条件。2006 年，安徽检验检疫局与奇瑞汽车股份有限公司、江淮汽车股份有限公司、合肥工业大学汽车学院等，建立了国外汽车标准法规联系工作机制，就国外汽车技术法规的新动态进行实时通报和交流，及时掌握国外的最新情况。基于以上优势条件，安徽检验检疫局承担了国家质检总局 2008 年科技支撑计划项目《进出口机动车辆技术性贸易措施体系及市场准入要求研究》的子课题——《美国汽车技术标准及法律法规体系研究》，对美国汽车技术标准和法规体系进行系统研究。从技术法规的角度提出出口汽车开拓美国市场的措施和意见，关注和跟踪美国汽车技术发展的新趋势，对美国非贸易技术壁垒进行研究探讨，为汽车生产商进入美国市场提供风险规避建议。

安徽检验检疫局在长期监督管理过程中发现，出口汽车主要质量问题有两点：一是适应性问题，即部分出口汽车不适应国外特殊条件（如高温或高寒气候）致部分零部件出现故障。如轿车内装饰件在高温地区容易开裂。二是零部件问题，即部分零部件质量不合格。如水箱漏水，导致发动机拉缸；主减速器凸缘螺母松动，导致主齿轮打齿；空调不工作，压缩机异响；机油消耗过度，活塞环断裂，缸盖端损坏。

2000—2010 年安徽省出口汽车检验情况统计表

表 5-3-4

年份	批次	货值（美元）	年份	批次	货值（美元）	年份	批次	货值（美元）
2000	11	4144096	2004	66	19167638	2008	895	256397411
2001	12	1227530	2005	219	66335726	2009	790	151859849
2002	33	15730067	2006	462	119088498	2010	1144	240612379
2003	50	18019468	2007	906	233924413			

叉车　叉车是安徽省最有特色的出口产品，主要为 1 ～ 5 吨内燃和电瓶平衡重式叉车。主销印度、菲律宾、利比亚、俄罗斯、埃及、阿联酋、乌兹别克斯坦、坦桑尼亚、赞比亚、南非、南美、北美和欧洲等国家和地区。

安徽检验检疫局对安徽省叉车生产企业实施分类管理制度，对符合条件的企业实施电子监管，对叉车生产的采购控制和设备管理过程加以严格监控，及时有效地解决叉车生产过程中遇到的一些难题，大大提高叉车成品合格率，加快叉车出口通关效率。目前各个国家和经济体都在研究制定相关的国际或地区的标准（或法规、协定）体系，对安全、环境提出越来越多的要求。叉车进入欧盟的通行证是EC安全认证。同时俄罗斯、东南亚和美洲等其他区域对 EC 安全认证也有较高的信任度。进入美国市场的叉车排放标准要符合美国 EPA 标准（EPA 是美国环境保护署 U.S Environmental Protection Agency 的英文缩写）。面对各国及经济体不同的技术要求，安徽检验检疫局协助生产厂家收集相关的国外技术性、安全性标准，对国外的新标准、新技术法规进行评估，对生产厂家发布警示，避免新标准实施后应对措施无法跟进的情况。

2000—2010 年安徽省出口叉车检验情况统计表

表 5-3-5

年份	批次	货值（美元）	年份	批次	货值（美元）	年份	批次	货值（美元）
2000	68	3769131	2004	630	34710762	2008	3468	176776783
2001	162	11696758	2005	853	57328637	2009	1421	66649580
2002	207	12855187	2006	1323	95476575	2010	2166	112091411
2003	360	19014827	2007	1721	136078829			

第三节　进口机电产品检验

进口商品检验，一般是按照合同规定检验。如合同无规定或规定不具体的按生产国标准检验。无生产国标准则按国际通用标准或中国标准检验。在进口商品检验中，督促收用货部门及时验收，并进行技术指导，协助解决验收中的问题，使验收工作符合合同规定和商检要求。未经检验的不准销售、使用。对残损、短缺等问题货物，查明原因，判定责任归属，对外进行索赔。

20 世纪 80 年代初期，国家对机床等 6 类出口机电产品实施法定检验之前，合肥商检局的机电产品检验以进口业务为主。当时由合肥商检局检验三处负责。进口机电产品主要有汽车、成套设备、办公用品。其中汽车进口量较大、批次较多。进口设备以成套设备为主，包括科研仪器和办公设备，重复进口现象比较多。安徽商检局组成调查组曾深入安庆、六安、合肥等企业调研食品设备重复引进问题，并向省政府提出防止重复进口、避免浪费的建议。1988 年，安徽商检局和安徽省财政厅联合制定进口索赔工作的奖励政策，有效地促进对外索赔工作的开展。20 世纪 90 年代至 21 世纪初，随着外贸的发展和安徽政府引进大项目的增多，机电产品进口量逐年增加，以成套设备、工程机械、机床和医疗器械为主。

成套设备　安庆石油化工总厂从法国赫尔蒂公司进口 1 套年产 30 万吨合成氨和加工 52 万吨尿素的大型成套化肥设备。此套设备自 1975 年 9 月到 1976 年 10 月分 5 批交货，共 7066 箱（件）、1200 多吨。1975 年 12 月，开始设备开箱验收和品质检验。1976 年 4 月，进行安装。1977 年，主体工程建成。驻厂员会同有关单位检验发现到货设备残损短缺 167 台（件）；查出短溢情况共填单 446 份，还查出一些包装混乱、难以清点、无法确认的问题。品质检验发现不同程度的质量缺陷或材料低劣 282 项。由于商品检验手续完备，法方信服地同厂方达成了处理意见。

20 世纪 80 年代，安徽宁国水泥厂是经国家经贸委批准引进的全国 3 家最大的水泥厂之一。1980 年 3 月，宁国水泥厂从日本引进日产水泥 4000 吨成套设备，价值 3700 万美元。1982 年年底，共到货 6 批、8392 箱。驻厂员和日方技术人员共同开箱检验，发现锈变 528 箱、残损 21 箱、缺件 91 箱。中日双方经协商分清责任达成协议。

1981 年 7 月，芜湖天河羽绒厂进口价值 56 万美元的羽毛加工设备。驻厂员在验收中发现合同品质条款不明确、技术质量不完备、部分零部件质量规格不符合要求等问题，向工厂提出解决意见，把住了质量检验关。

1989 年，国家商检局将成套设备列为法定检验商品，并于 1993 年 4 月 1 日开始实施《进口成套设备检验和监督管理实施细则》。1994 年 5 月 1 日，开始实施《进口成套设备检验规程》（SN/T0237–93），落实对进口成套设备的检验。

进口成套设备多系重型精密生产设备，其机械结构和电器性能复杂、巨大笨重、无法移动。安徽商检局对重大项目实施驻厂检验，一方面督促收货人认真验收，一方面参与安装调试和检测工作。

1960–2010 年安徽省主要成套设备检验情况一览表

表 5–3–6

企业名称	项目名称	设备货值
马钢（集团）控股有限公司	“十一五”新区项目	49530 万美元
滁州琅琊山抽水蓄能电站	发电成套设备	2400 万美元
安徽国风集团	BOPPE 薄膜项目	1700 万美元
淮南平圩电厂	二期工程成套设备	1603 万美元
安徽国风集团	木塑项目	800 万美元

续表 5-3-6

企业名称	项目名称	设备货值
合肥伊利乳业有限公司	成套设备	907 万美元
捷敏电子有限公司	集成电路封装成套设备	1645 万美元
合肥娃哈哈饮料有限公司	营养饮料项目	915 万美元
荣事达公司	洗衣机及电冰箱项目	500 万美元
乐凯公司	胶片用薄膜生产线	2000 万美元
	光扩散膜涂布生产线	3.58 亿日元
黄山索道公司	云谷寺索道项目	500 万美元
马鞍山山鹰造纸	包装及文化用纸项目	6594 万美元
淮化集团	环境污染综合治理项目	2000 万美元
合肥第五自来水厂	合肥供水工程	250 万美元
雷特玛公司	自粘合涂布生产线	490 万欧元
西伟德公司	新型建材生产线	188 万欧元
阿普拉公司	塑胶瓶生产线	300 万欧元
恒昊集团	激光视频头生产线	2500 万美元

医疗器械　2002 年，安徽检验检疫局在日常检验中查处了一批以旧顶新的二手彩超。上报国家质检总局后，引起高度重视，国家质检总局派检查组到安徽调查并向企业发出警示通报。2005 年 11 月 9—11 日，安徽检验检疫局对美国慈善基金会捐赠安徽医疗保健物品查验时，发现其中有 47 箱医疗用品已过使用有效期，废品率达 26%，及时向国家质检总局作了汇报，第一时间在《安徽日报》发表了新闻稿件。引起了内地、香港、美国媒体的高度关注。

2007 年 1 月 11—12 日，国家质检总局在合肥举办了全国检验检疫系统进口医疗器械技术交流会。会议对《进口医疗器械检验监督管理办法（草案）》进行讨论，广泛地征求意见。《进口医疗器械检验监督管理办法》于 2007 年 6 月 18 日正式发布。

旧机电产品　1997 年 12 月 22 日，国家经贸委印发《关于加强旧机电产品进口管理的通知》。这是国家首次针对进口旧机电存在的污染环境、严重影响人身和生产安全等问题，提出加强旧机电产品进口管理的文件。文件规定：自 1998 年 1 月 1 日起，除因特殊需要经国家机电产品进出口办公室批准外，不论何种外汇来源、贸易方式和进口渠道，一律不准进口旧的机电产品。随后，国家检验检疫局陆续印发《关于旧机电产品进口和商品检验的有关规定》《关于加强旧机电产品进口管理的补充通知》《关于补充说明旧机电产品进口及其检验有关问题的通知》，对进口旧机电实行进口许可和备案制度。

2002 年 12 月 31 日，国家质检总局印发《进口旧机电产品检验监督管理办法》。这是进口旧机电产品检验监管较为系统的重要规章，使进口旧机电产品的检验监督管理进入一个全面规范的阶段。之后，国家质检总局陆续发布了《装运前预检验设备目录》《第一批有条件备案的进口旧机电产品目录及适用范围以及不予备案的进口旧机电产品目录》《关于实施进口旧机电产品检验监督管理有关问题的紧急通知》《关于进口旧机电产品备案与办理进口许可工作的衔接问题的通知》等一系列文件。安徽检验检疫局非常重视进口旧机电产品的检验监管工作，按照国家质检总局相关文件要求，实行“备案、装运前预检验、到货检验、监督管理”4 个环节的全过程监管。在备案工作环节，不断加强备案人员培训，配置相关设备，严格审查备案资料，严格把好备案关，严格到货检验，严格逐批查验、验收。

2002 年 9 月，国家质检总局在北京举办首批进口旧机电产品装运前检验人员的培训。安徽检验检疫局 2 人参加培训，通过考试获得“进口旧机电产品装运前检验资格”。

2002 年 10 月，安徽检验检疫局对进口至安徽省的旧机电产品实行备案及装运前检验，并对进口至安徽省淮南的旧纺织设备赴韩国执行装运前检验。这是安徽检验检疫局首批办理的进口旧机电产品备案及首次专项赴国外执行的装运前检验。

2003 年 4 月，国家质检总局发布了一系列公告，公布应进行备案及装运前检验的旧机电产品目录。5 月 1 日开始，全国进口旧机电产品备案及装运前检验工作全面展开。

2007 年 1 月 1 日，国家质检总局印发《进口旧机电产品备案工作规范》和《进口旧机电产品装运前检验工作规范》，规定国家质检总局与直属局的备案权限，划分实行装运前检验的旧机电产品内容。经过培训和考试，安徽检验检疫局（含分支局）有 21 人获得“进口旧机电产品装运前检验资格”，3 人获得“进口旧机电产品备案资格”。

2009 年年底，国家质检总局发布《关于调整进口旧机电产品检验监管工作的通知》，进一步简化旧机电产品进口手续，提高检验监管的有效性。调整内容主要包括三个方面：一是调整进口旧机电产品的备案审批权限，进口旧机电产品的备案工作由各直属检验检疫局受理、审批后出具备案证书。二是调整《实施备案管理的进口旧机电产品目录》，对于不具有机械安全和电气安全风险的 599 个 HS 编码的旧机电产品，调出旧机电产品备案范围。三是从 2010 年 4 月 1 日起，对以“出口退货”“暂时出口复进口”“出口维修复进口”“国内结转”等四种特殊贸易方式报关进口的旧机电产品，不需办理备案手续。

2007 年，进口旧机电产品备案情况：共办理各种进口旧机电产品备案 63 批，其中国家质检总局办理 10 批、安徽检验检疫局办理 51 批、不予备案 2 批。安徽检验检疫局办理备案的有：指定中检海外公司执行装运前预检验 22 批、涉及金额 525.9 万美元，办理《免装运前预检验证明书》28 批、涉及金额 515.2 万美元。这些旧机电产品主要来源于欧共体、美国、日本、韩国等国家和地区以及中国台湾地区。产品类型主要为电子制造设备、机械加工设备等。不予备案的有 2 批：合肥高登威公司拟进口旧园林机械、合肥合力叉车公司拟进口旧电流控制器。这 2 家公司的国外发货人，在未办理相关备案手续的情况下，已将货物发运至中国口岸。而这些产品属需要执行装运前预检验的商品。对于这种违规行为，安徽检验检疫局作出了不予备案处理。

2008 年，进口旧机电产品备案情况：共办理各种进口旧机电产品备案 71 批。其中国家质检总局办理 10 批、备案货值 172.6 万美元。安徽检验检疫局办理 59 批、涉及金额 3450.5 万美元。不予备案 2 批。安徽检验检疫局办理备案的有：免予装运前检验 33 批、备案货值 124 万美元；执行装运前检验 26 批、备案货值 3153.9 万美元。这些旧机电产品主要来源于欧共体、美国、日本、韩国等国家和地区以及中国台湾地区。备案产品类型主要为电子制造设备、机械加工、产品包装设备等。不予备案的 2 批：安徽工艺进出口有限公司拟进口旧草席编织设备和合肥梯西姆机械有限责任公司拟进口旧叉车。安徽工艺进出口有限公司在未办理备案的情况下，进口的旧草席编织设备已经运抵中国上海港。这些设备属需要执行装运前预检验的商品。对于这种违规行为，安徽检验检疫局作出了不予备案处理。合肥梯西姆机械有限责任公司拟从日本进口二手叉车，经适当修理后重新投放国内市场。根据旧机电产品备案的相关政策，该公司不满足“再制造”的前提条件，对其作出不予备案处理。

2009 年，共办理各种进口旧机电产品备案 86 批，涉及货物金额 5843 万美元；不予备案 4 批，涉及货物金额 55 万美元。检验监管中发现的主要问题：一是申请人填写备案资料时并未仔细确认，在旧机电产品型号、生产年限等问题上屡屡出现错误，增加了备案机构的工作量。如合肥华耀田村从马来西亚进口的旧绕线机，在产品型号和生产年限上前后进行了三次变更。二是申请人将《禁止进口货物目录》内商品混入备案的旧成套设备中，以图蒙混过关。如安徽星马集团进口设备中夹带了旧电脑服务器等。三是因发货人延迟发货或其他原因，到货时已超过备案有效期，部分企业未及时进行延期，导致货物不能及时通关。如芜湖立新清洁用品从美国进口的旧喷气织机等。

2010 年，共办理各种进口旧机电产品备案 105 批，金额 2105 万美元；不予备案 3 批，涉及金额 27.8 万美元。加强旧机电产品到货检验力度，对辖区内到货的旧机电产品实施批批检验。在到货检验中共发现 2 批进口机电产品涉嫌未备案，全部退运。对已实施装运前检验的货物，除按我国强制性规范进行检验外，还严格核查货物与装运前检验证书的一致性。对装运前证书中的整改项，督促企业按要求进行整改，整改合格后才允许使用，保证了旧机电产品质量。

对外索赔 进口机电产品常因品质、规格型号与合同规定不符以及数量短少、货物残损等问题，需要向有关责任方提出索赔。短少主要是货物包装完好，但拆包后发现内部货物数量短少；残损主要是检验受损货物的残、短、渍、毁等情况，确定致损原因、受损程度；设备原设计制造不良主要是有些进口设备存在原设计或制造缺陷。这在货物开箱查验过程中并不能发现，通常在安装调试或使用过程中表现出来。而设备原设计制造不良缺陷容易导致生产事故。

对外索赔案例

1985 年，合肥洗衣机总厂从日本三洋电机株式会社引进 20 世纪 80 年代大波轮新水流双桶洗衣机设备及技术，总值近 6 亿日元。1986 年，设备到货后，安徽商检局同工厂等单位密切配合，组织检验、安装、调试，陆续发现整套设备存在不同程度的缺陷，向日商出具检验证书，索赔回 200 万元。

1985 年，国家物资局分拨给安徽省机电公司日本三菱 FK415 货车 225 辆。使用一段时间后，用户反映质量有问题。安徽商检局及时对这批车辆进行检验。发现使用后的这批车辆普遍存在横梁断裂、大梁变形开裂、铆钉松动脱落等质量问题，向日商提出索赔。日商 2 次派人检查 144 辆车后，承认质量有问题，认赔 279 万元。

1985 年至 1988 年，淮南矿务局同安徽商检局共同对淮南矿务局从英、美、日等国家进口的价值 7950 多万的设备、仪器和材料进行检验。发现短少、残损、品质缺陷等问题。有关单位依据商检证书向外索赔回 412 万元。

1986 年，马鞍山市无纺布厂从日本斋藤贸易株式会社引进 1 套无纺布热融衬生产设备，总值 2.098 亿日元。1987 年，货到后，经商检人员检验设备质量有问题，达不到合同规定的技术标准，据此对外出具检验证书。在索赔谈判中有关单位严格按合同办事，成功赔回 172 万元。

界首方便面厂从新加坡进口马来西亚棕榈油 200 吨、价值 10 万美元。经检验包装铁桶不仅破烂锈蚀严重，而且有汽油桶、农药桶、酒精桶及其他贴有有毒、易燃等标记的铁桶。桶盖及四周满是沥青等污物，桶内散发出强烈的农药等异味并且棕榈油的色泽、熔点等品质都不符合合同要求，不能用于方便面生产，致使工厂停工待料。经出证索赔，外商同意全部退货，加上补偿停产损失，共赔回 12.98 万美元。

1988 年，安徽省计委利用世界银行贷款，通过中技公司从比利时梅森公司订购土耳其镀锌板 4244 吨、价值 266.5 万美元，法国产冷轧板 2069 吨、价值 114.2 万美元。到货后，经检验镀锌板有 3 种规格镀锌量低于标准。外观存在锈蚀、露铁、划伤、锌疤等严重缺陷。冷轧板有 2 种规格实衡净重分别短少占 1.84% 和 1.95%。商检出证后，外商来现场观看了检验的样品，还抽检了一些镀锌板。结果对商检证书提不出异议。几经谈判，认赔 21 万美元。

1989 年，安徽商检局对本省进口价值 376 万美元的塑料严格检验把关，发现到货牌号与合同不符以及残损、短重、品质不稳定等问题，及时向外商出具检验证书，为对外索赔提供可靠的依据，赔回 69 万美元。

1989年，安徽省烟草公司从奥地利GAAB公司进口铝箔190吨。其中价值50万美元的90吨到货后，经安徽商检局检验发现因包装不良造成氧化，对外出具了检验证书。至1990年8月，该批货物赔款结案，赔回24.88万美元。

1996年6月4日，安徽商检局会同工商局对流通领域进口商品开展联合检查，发现B公司销售的10台松下29GF30R(单价约7000元)彩电没有商检证书,但均贴有“CCIB”安全标志。商检人员通过技术鉴定，发现这些标志没有防伪标记，系假冒标志。在事实面前，B公司负责人不得不承认该批货物未经报检就上柜销售，“CCIB”标志也是盗用自行加贴的。商检人员当场对这10台彩电作了封存处理，并责令B公司3日内到安徽商检局报检，取得合格证明后才能销售，根据《商检法实施条例》第50条（一）项和第54条规定，决定对B公司合并处罚7400元。

中国科技大学火灾科学国家重点实验室，购入日本PHOTRON公司生产的“高速动态分析仪”（HOTRON FASTCAM ULTIMA APX）。2006年3月7日下午，博士生刘义和陈东梁在实验室准备做试验，操作前刘义将主机接通电源，欲将其向一侧移动，他先用右手抓住主机的手柄，在他的左手刚触摸到主机左侧的瞬间，受到了一股强烈的电击，全身痉挛，持续时间约10秒，直到陈东梁将电源断开。遭电击后刘义处于半昏迷状态，立即被送往安徽医科大学第一附属医院抢救治疗。经医生抢救治疗后，刘义渐渐恢复，所幸未留下后遗症。

接到火灾实验室的报告后，安徽检验检疫局立即赶到现场对仪器进行检验。经检查发现实验系统的其他仪器均处于安全工作状态，而该仪器没有可靠的绝缘保护装置和接地保护装置，用电笔测试高速动态分析仪主机时发现外壳明显呈带电状态且连接在主机上的数据线及三角支架的所有部分均带电，万用表对地测得主机外壳电压为117伏。

中国电气安全相关强制性技术规范要求进口到中国的设备“必须有良好的电气绝缘”“必须保证设备的使用人员不通过辅助手段或工具不能触及到设备的带电部分”。而现场测得该仪器外壳带电达117伏，不符合中国强制性技术规范要求。检验人员当天出具了检验证书，评定结论为：“高速动态分析仪外壳带电导致操作人员被电击伤。上述问题系产品制造品质不良所致。”

根据安徽检验检疫局出具的检验证书，中科大要求日方立即派人来合肥处理此事。3月16日，日本PHOTRON公司设备维修人员到达火灾实验室，对故障设备进行测试，并与中科大共同签署了测试报告。结论描述为：“无论高速动态分析仪开关与否，主机和摄像头外壳接地电压都是117伏交流电。因为原配插头与中国电气标准要求的交流插座不匹配，所以都没有接地。”日方随即将原配的插头更换为中国标准的三相插头并对中科大博士生刘义给予人民币15万元的人身伤害赔偿。事后，国家质检总局根据安徽检验检疫局报告，发布了“关于日本PHOTRON公司高速动态分析仪”的警示通报。

2009年4月，机电处帮助省内一研究所成功对外索赔134万人民币。该研究所进口一台日本X射线荧光光谱仪。在开箱检验时，发现仪器内有少量水渍，且多处有严重锈蚀现象。机电处检验员仔细勘查了货物现场存放情况、货物内部构造等，认定货物残损的直接原因在于货物包装不当和表面防锈处理不当，责任在原制造商。尽管证据很充分，日方却仍找种种借口拒不认赔。经过3次与日方代表的现场技术交锋，终于说服日方，成功将货物退运。

第四节　援外物资检验

援外物资是指中国政府提供的无息贷款、低息贷款和无偿援助资金购置用于援外项目建设或交付给受援国政府一些生产和生活物资。为加强出口援外物资的检验管理工作，保证各方工作的顺利进行，有效地组织、协调、检查和处理援外物资检验事宜，历年来，国家商品检验主管部门多次出台相关检验管理规定对该工作进行规范和统一。

1998年4月，国家商检局和外经贸部联合下发《对外援助物资检验管理办法（试行）》。1998年7月，国家检验检疫局下发《关于加强援外物资检验管理的通知》。1999年，国家检验检疫局和外经贸部联合下发《关于进一步加强对外援助物资检验管理有关事宜的通知》，对供货厂商资质、援外物资的市场采购产品的限制条件、检验机构及检验项目，以及对国内采购的进口商品、特殊放行、信息反馈等检验事宜、援外物资总承包企业的填表、报检联系、合同要求和资金结算等事宜作出具体规定。

2002年12月20日，国家质检总局、海关总署、外经贸部联合发布《关于加强我国对外经济技术援助物资质量监督和口岸验放管理的通知》，规定通关单必须加注“援外出口物资”字样，海关凭企业提交的外经贸部出具的援外项目任务通知函以及口岸检验检疫机构出具的“援外出口物资”字样的通关单验放。2003年11月27日和2004年3月18日，国家质检总局先后下发《关于下发<援外物资检验联合协调小组会议纪要（第四号）>的通知》和《关于下发<援外物资检验联合协调小组会议纪要（第五号）>的通知》，统一援外物资换证凭单填报方式。

安徽检验检疫局检验援外物资主要包括光缆、灯具、阀门、变压器、叉车、发电机组、钢管等产品。销往委内瑞拉、塞拉利昂、赞比亚、安哥拉、毛里求斯等国家。

2005—2010年安徽省援外物资检验情况统计表

表5-3-7

年份	批次	货值（美元）	年份	批次	货值（美元）
2005	2	5363	2008	393	154401377
2006	56	8369115	2009	512	113101152
2007	117	22210047	2010	572	128918635

第五节 价值鉴定业务

价值鉴定工作是进出口商品检验工作的基本任务之一。价值鉴定工作是以非贸易当事人的第三者身份，根据对外贸易关系人的申请，接受办理价值鉴定业务。价值鉴定工作是以公正的立场，通过走访、调研，运用科学的手段，实事求是地进行独立鉴定。

1991 年 10 月 28 日，国家商检局发布《外商投资财产鉴定办法（试行）》。1991 年 11 月 13 日，国家商检局发布《外商投资财产鉴定规程（试行）》。1993 年，安徽商检局出具了第一份《外商投资财产价值鉴定证书》。1994 年 3 月 18 日，国家商检局、财政部联合发布《外商投资财产鉴定管理办法》。1994 年 4 月 27 日，安徽商检局与安徽省财政厅联合发布《关于转发〈外商投资财产鉴定管理办法〉的通知》。1994 年 12 月，安徽商检局有 5 人参加专业培训，通过考试获得了国家商检局颁发的"资格证书"，准予从事外商投资财产价值鉴定工作。1997 年 11 月 24 日，国家商检局、海关总署联合印发了《关于加强外商投资财产价值鉴定的通知》。1999 年，安徽商检局（含分支局）有 15 人通过培训、考试获得了"资格证书"。为帮助安徽"三资"企业搞好外资利用工作，检验检疫部门报经安徽省政府批准发布《安徽省外商投资有形财产鉴定办法》，从而把鉴定工作纳入了法制轨道，保护了投资各方的合法权益。

1993—2000 年，价值鉴定 898 批、39296 万美元，降值 2969 万美元，降值率 7.55%。

1996 年，外商投资财产价值鉴定工作由安徽商检局机电处移交给"安徽评审中心"；2003 年，外商投资财产价值鉴定工作又由"安徽评审中心"移交给安徽检验检疫局机电处。

安徽省外商投资财产价值鉴定情况统计表

表 5-3-8

年 份		2006	2007	2008
总体情况	批次	6	6	15
	申报价	1027486.69	4025144.00	20685225.00
	鉴定价	919255.40	3943151.00	4910670.00
	升降额	−108231.29	−81993.00	−15774555.00
	升降率	−10.53%	−2.04%	−76.26%

续表 5-3-8

年 份		2006	2007	2008
高价低报	批次	0	0	2
	申报价	—	—	678103.46
	鉴定价	—	—	738962.56
	低报额	—	—	60859.10
	低报率	—	—	8.97%
低价高报	批次	4	3	9
	申报价	936070.49	2815793.00	19931605.00
	鉴定价	827839.20	2733800.00	4110112.00
	高报额	108231.29	81993.00	15821493.00
	高报率	11.56%	2.91%	79.38%

外商投资财产价值鉴定案例

1994 年 4 月，安徽省 W 公司与台商成立合资企业 Q 公司，生产拉链及松紧带系列产品。Q 公司从台湾购置生产设备，发票价值 93.3 万美元，到货后向安徽商检局申请鉴定。安徽商检局于 1995 年 4 月 18 日出具证书，鉴定该批设备为进口设备，价值 81.6 万美元。Q 公司没有提出异议。

1996 年 12 月，C 市公安局根据举报，发现 Q 公司中方负责人有诈骗嫌疑，设备可能属假冒进口，遂逮捕了犯罪嫌疑人。为深入查明案情，认定犯罪嫌疑人的刑事责任，该市公安局向国家商检局 J 司申请价值鉴定。国家商检局 J 司指定 S、F 商检局有关人员组成鉴定小组。鉴定小组于 1997 年 1 月 30 日以 S 商检局名义出具证书。鉴定设备部分系假冒进口，价值 14.1 万美元。与安徽商检局鉴定结果相差较大。

1998 年 12 月 16 日，C 银行与 W 公司以安徽商检局检验员违法执行职务，故意出具虚假价值鉴定报告，致使抵押贷款和出资无法收回为由，向安徽商检局提交行政赔偿申请书。要求赔偿资金损失 598.2 万元。安徽商检局审查认为此行为不构成行政赔偿责任，决定不予赔偿。1999 年 3 月 4 日，C 银行和 W 公司向合肥市中级人民法院提起行政赔偿诉讼，要求判令安徽商检局赔偿。合肥市中级人民法院 2 次开庭审理认为：原告不具有单独提起行政赔偿的主体资格，其资金损失与鉴定行为之间没有法律上因果关系，驳回原告起诉。C 银行不服，遂上诉安徽省高院，要求撤销一审裁定，判决安徽商检局赔偿。省高院多次合议研究作出终审判决，驳回上诉，维持一审裁定。安徽商检局胜诉结案。

安徽某水泥开发有限公司，合资外方作价投资的设备报价 3172.77 万元。经商检部门鉴定实际价值只有 451.74 万元，降值率达 85.8%，虚报之高，令人震惊。

郎溪上野忠食品加工有限公司位于安徽省郎溪县建平镇祥村及高湾，是一家中日合资企业。2005 年 9 月，该公司从日本大阪进口了 9 台生产设备。由于是合资企业，这些设备作为外方用作出资的设备。2006 年 3 月，该公司向芜湖检验检疫局提出了进口设备价值鉴定的申请，目的是确定进口设备真实的市场价值，供合资双方审验机构对财产的价值进行审验。

安徽检验检疫局机电处在接到芜湖检验检疫局提出的协助请求后，派相关工作人员在芜湖检验检疫局的配合下赴生产现场进行查勘。查勘结果：到货设备全新，已处于正常生产过程中；9 台设备中有 8 台为生产设备，1 台为辅助设备；由于这 8 台生产设备所用的供电制式不符合中国供电网路的要求，为此，特进口 1 台变压器以满足设备正常生产供电制式的要求。

按照相关规定，进口设备必须符合中国的一切标准和法规，其中就包含供电制式。但由于企业生产急需该套设备，来不及向厂家专门订购，所以将用于日本国内生产的相同设备转运至中国，故设备所用的供电制式不符合中国网路标准的要求，从而特别进口了 1 台变压器。这台变压器不是食品生产必须的，因而在鉴定给值上需大幅降低。另外，其余设备均为传统的通用型设备，在食品加工机械市场非常常见，没有科技含量。其中 5 台设备制造工艺水平和国产设备没有明显区别，但报价高出中国国产设备 6—7 倍。通过市场调研，对国内同类设备成交情况进行了解，并结合现场勘查情况，经过反复比较，仔细分析，充分考虑日本劳动生产力成本等因素，给出鉴定价值，由报价的 933.5 万日元，鉴定仅为 430 万日元，贬值率达 53.9%。

第六节　出口机电产品装运前检验

2004 年 1 月 17 日，国家质检总局发布 2004 年第 7 号公告。公告称：为促进中国和塞拉利昂两国之间贸易的顺利发展，根据《中华人民共和国国家质量监督检验检疫总局与塞拉利昂共和国贸易工业和国有企业部合作协议》及其实施方案，决定自 2004 年 2 月 1 日起，中国向塞拉利昂出口的商品将实施装运前检验。

2006 年 4 月 25 日，国家质检总局与埃塞俄比亚贸易工业部在北京签署《中华人民共和国国家质量监督检验检疫总局与埃塞俄比亚联邦民主共和国贸易工业部关于中国出口产品装运前检验合作协议》（以下简称《中埃质检合作协议》）。根据《中埃质检合作协议》，国家质检总局于2006年7月14日发布《关于对出口埃塞俄比亚产品实施装运前检验的公告》，决定自2006年10月1日起，对中国出口埃塞俄比亚的产品实施装运前检验。

2009年2月24日，国家质检总局与埃及贸易工业部签署《中华人民共和国国家质检总局与阿拉伯埃及共和国贸易工业部关于中国出口工业产品装运前检验谅解备忘录》（以下简称《中埃质检谅解备忘录》）。埃及成为中国继埃塞俄比亚和塞拉利昂之后，第三个需要实施出口产品装运前检验的非洲国家。自2009年5月1日起，出口到埃及（包括通过第三国转口）的工业产品需在检验检疫机构办理"装运前检验证书"，埃及进出口货物监管总局等有关部门将凭中国检验检疫机构签发的检验证书办理中国出口埃及工业产品的验证放行。根据《中埃质检谅解备忘录》和国家质检总局2009年第25号《关于对出口埃及工业产品实施装运前检验的公告》精神，实施装运前检验的监管产品范围涵盖包括法定检验检疫目录内、外的全部出口工业产品（无论货物金额是否超过2000美元）。检验内容包括实物检验、检测、核价和监装等项工作。实施批批检验、批批签证。出入境检验检疫机构出具的装运前检验证书是进口商向埃及进出口监管总局提交的必要单证之一，也是埃及海关验证放行的重要依据。

2004—2010年安徽省出口塞拉利昂商品装运前检验统计表

表5-3-9

年份	批次	货值（美元）
2004	16	94663
2005	25	160477
2006	26	237588
2007	11	153247
2008	16	323718
2009	16	282021
2010	10	46566

2006—2010 年安徽省出口埃塞俄比亚商品装运前检验统计表

表 5-3-10

年份	批次	货值（美元）
2006	4	1069845
2007	81	3408920
2008	68	10886000
2009	71	11015205
2010	110	21037364

2009—2010 年安徽省出口埃及商品装运前检验统计表

表 5-3-11

年份	批次	货值（美元）
2009	262	18060909
2010	379	38880070

第七节　进口机电产品装运前检验

《中华人民共和国进出口商品检验法实施条例》第二章第二十一条规定：“对属于法定检验范围内的关系国计民生、价值较高、技术复杂的以及其他重要的进口商品和大型成套设备，应当按照对外贸易合同约定监造、装运前检验或监装。收货人保留到货后最终检验和索赔的权利。出入境检验检疫机构可以根据需要派出检验人员参加或者组织实施监造、装运前检验或者监装。”

2002 年 12 月 31 日，国家质检总局发布《进口旧机电产品检验监督管理办法》。其中第一章第六条规定：“国家根据需要，对涉及国家安全、环境保护、人类和动植物健康的旧机电产品实施装运前预检验和到货检验。”

2003 年 8 月 18 日，国家质检总局发布《进口旧机电产品检验监督程序规定》。其中第一章第四条规定：“‘装运前预检验’是指进口旧机电产品在启运港装运之前，由检验检疫机构或者经国家质检总局认可的装运前预检验机构依据我国国家技术规范的强制性要求，对旧机电产品的安全、卫生、环境保护项目所进行的初步评价。”

安徽检验检疫局积极贯彻落实国家质检总局相关规定，对辖区内需执行装运前检验的大型进口项目按相关规定严格执行。

进口旧机电产品执行装运前检验情况　2001 年，赴德国对全椒柴油机集团有限公司进口二手发动机缸体生产线执行装运前检验。

2002 年，赴韩国对安徽信昊纺织有限公司进口二手纺织设备执行装运前检验。

2003 年，赴挪威对芜湖东泰纸业有限公司进口二手造纸设备执行装运前检验。

2004 年，赴韩国对安徽江淮汽车集团有限公司进口二手发动机生产线执行装运前检验。

2005 年，赴美国对安徽淮化集团有限公司进口二手硝酸设备执行装运前检验。

2006 年，赴墨西哥对芜湖安西汽车变速箱有限公司进口二手汽车发动机生产线执行装运前检验；赴德国对安徽新集煤矿有限公司进口二手掘进设备执行装运前检验。

2007 年，赴日本对日立空调（芜湖）有限公司进口二手空调生产设备执行装运前检验；随国家质检总局组团，赴美国对河北草原发展有限公司进口二手草原围栏生产设备执行装运前检验；赴意大利对铜陵铁牛集团有限公司进口二手发动机生产线执行装运前检验；赴德国对铜陵中科铜都有限公司进口二手铜粉生产线执行装运前检验。

2008 年，赴匈牙利对安庆华泰纸业有限公司进口二手造纸设备执行装运前检验。

2009 年，赴日本对日本先锋集团的二手等离子彩屏生产线进行考察。

2010 年，赴日本对松下马达株式会社的一套二手平衡修正系统进行装运前检验。

进口旧机电产品装运前检验案例

安徽 A 化工集团有限公司成立于 1953 年，是一家大型国有企业，同时也是安徽省最大的煤化工生产企业，位居我国石化工业百强之列。该公司有着 50 多年的煤化工生产经验。20 世纪 90 年代末开始，先后从国外引进了多项专利技术和生产装置。

2004 年下半年，安徽检验检疫局从有关方面得悉 A 化工集团计划从美国引进 1 套二手稀硝酸生产设备后，立即派员赶往 A 化工集团约见主要领导，了解情况，宣传国家对旧机电产品检验监管的政策。A 化工集团按照要求，于 2005 年 1 月向安徽检验检疫局申请二手硝酸设备进口备案，并递交了《进口旧机电产品备案申请书》及《进口旧机电产品装运前预检验申请书》。

通过对 A 化工集团提供的文件初审，发现其资料不全、设备清单不清、HS 编码不准确。工作人员要求企业提供准确 HS 编码的设备清单。为了对二手硝酸生产设备的情况有进一步了解，要求其提供与该设备有关所有资料。A 化工集团提供了二手硝酸生产设备完整的清单、工艺要求、设备状况、环保情况、设备保养和运行记录与该公司人员多次赴美的现场照片、《考察报告》、《调研材料》等材料。

通过认真审核所提交的资料，此套设备年产 11 万吨具有强腐蚀性的稀硝酸，含有大量泵、阀、釜、塔等重污染的化工设备和压力容器。根据国家质检总局 2003 年第 40 号公告《装运前检验的设备目录》，该套二手硝酸生产设备需进行装运前预检验。

设备在拆卸前需由安徽检验检疫局执行装运前预检验，预检验合格后才允许拆卸。拆卸下的设备须按预检验人员签发的告知书进行必要的清理。不符合要求的不允许装船。

2005 年 4 月 30 日，安徽检验检疫局派出 2 名工作人员赴美国执行装运前预检验工作。通过对现场的文件审核和现场检验，预检验小组验证了二手硝酸设备与备案材料的符合性和一致性，以及环保和尾气排放是否符合中国标准。现场提出 9 大问题，要求企业认真整改，整改完毕合格后方可装运。重申了凡运回国内的设备和金属结构件应是可利用资源。废物原料不在《装运前预检验备案书》的许可之内，不得装箱。根据在境外执行装运前预检验的情况，安徽检验检疫局的预检验人员回国后在规定的时限内出具了《装运前预检验报告》，签发了《进口旧机电产品装运前预检验证书》。

自 2005 年 5 月，这套设备开始分 10 批运抵中国。最后 1 批到货日期为 2006 年 1 月。在运输中，所有设备及附件的包装均未用原木。裸装大件加装了支架和托盘，集装箱内货物均被有效固定，没有混乱堆放的情况，因而设备到货状态较好，基本没有变形和损伤。所有设备及附件均被安全运回国内，稍加整修即可安装使用。在到货检验中发现，A 化工集团较好地执行了现场预检验工作中提出的整改意见。设备上的锈蚀、尘土、残液大部分已清除，部分设备边缘上的伤人锐角已被修钝。明令告知禁带的控制系统、过滤器、电动机等废物均未夹带。2006 年 6 月 20 日，整套设备安装完毕，首次试用，运转良好。6 月 30 日，正式投入运行，整套设备运转至今取得令人满意的效果。稀硝酸浓度达 57% ~ 58%，装置负荷达 75% ~ 80%，废气排放仅为中国允许值的 1/10。二手稀硝酸设备的引进取得圆满成功。

2009 年，合肥市政府计划从日本先锋公司引进二手等离子彩屏生产线。6 月份，机电处随合肥组团现场对设备状况进行考察。考察结束后向合肥市政府提交了调研报告，给合肥市政府决策提供了依据。合肥市政府最终取消了引进计划。

第八节　出口免验

出口商品免验，是国家质检总局对符合条件的法定检验出口商品实施出口免于检验、直接发行和免收相关费用的一项优惠政策，是国家授予出口企业最高的殊荣。为实施以质取胜和品牌战略，国家质检总局大力推进国家出口商品免验制度，扶持培育自主创新出口品牌，鼓励优质商品出口，促进产品结构调整和外贸增长方式的转变，提升出口商品在国际市场的综合竞争力。根据《中华人民共和国进出口商品检验法》及其实施条例的有关规定，2002 年 7 月和 2004 年 6 月，国家质检总局先后发布了《进出口商品免验办法》和《出口商品免验工作规范（试行）》。

安徽地处近海内陆，贸易量在全国排名中游。出口商品免验办法发布初期，安徽检验检疫局并没有开展免验工作。随着安徽省外贸发展，重点企业的自主品牌出口量不断增加，安徽检验检疫局开始积极推动免验工作。

2007 年，选取安徽省江淮汽车股份有限公司、奇瑞汽车股份有限公司和合肥美菱股份有限公司 3 家最具代表性的出口企业开展免验工作。多次深入企业指导、帮助企业苦练内功，加强产品质量控制，做好免验前期准备工作。对 3 家企业申请免验的产品抽取样品，按照国家质检总局要求送相应的国家检测中心做型式试验，依法加大对符合条件的出口工业产品实施免验支持。

2008 年，组织内部专家组对这 3 家企业完成出口免验的初审工作，并将相关材料上报国家质检总局。顺利完成国家质检总局对奇瑞汽车股份有限公司生产出口的 T11 系列城市多功能轿车、江淮汽车股份有限公司生产出口的 HFC1048K8 和 HFC1061K8 型载货汽车和合肥美菱股份有限公司生产出口的 BCD-280W 和 BCD-175D 型冷藏冷冻箱免验的纠正预防措施的验证和资料的审核上报工作。

2009 年 7 月，国家质检总局审核组对三家企业进行现场审核。

2010 年 5 月，奇瑞汽车、美菱电器、江淮汽车被国家质检总局授予安徽省首批“出口产品免验”证书，由此打破了安徽“出口免验”产品的零纪录。

第六篇　检务与原产地证明

检务部门是安徽检验检疫系统对外服务的重要窗口，是检验检疫机关与报检企业及代理人之间的桥梁和纽带。检务工作具有很强的政策性、涉外性、时效性。1960年以前，安徽没有商检机构，也没有商检检务。1960年1月，安徽商检机构接管了口岸商检机构在安徽的部分进出口商品检验工作，负责验残、出证和对外索赔。内设行政检务室，负责检务工作。1982年，商检检务工作由办公室管理，检务人员5人。1985年，成立综合业务处，管理检务工作，人员10人。1990年，检务从综合业务处独立，成立检务处，人员16人。每年签发各类检验检疫证单量近万份，原产地证明约6000份。1997年，检务处更名为检务鉴定处，增加了鉴定职能，人员20人。开发了MACNIS2000商品检验和检务微机系统，检务工作在网上进行。

1995年8月7日，为方便货主、促进贸易、协调检疫各处室间的关系，发挥动植检局的对外窗口作用，合肥动植检局检务部门正式成立，人员2人。行使接受报检、出证放行、计收费以及报检单位登记注册和报检员培训职能。1996年10月底，合肥动植物局内设综合业务处等7个处室，检务归属综合业务处。主要负责接受报检、出证放行、计费、统计等工作。出证放行由手工制作到使用CAPQ综合业务管理系统。自1995年合肥动植检局检务部门成立到1999年8月“三检”合一为止，接受报检1.5万批，签发各类单证近3万份，组织8次报检员培训，对123家外贸报检单位实施了注册登记。

1999年8月，安徽检验检疫局正式挂牌。将原“三检”的检务、出证、计费、统计、综合等职能合并，组建新的检务处。内设签证、产地证、综合业务等科室，负责检务工作。

第一章　检务工作

第一节　主要管理职能

1999年8月，“三检”合一后，安徽检验检疫局对原“三检”的检务业务进行深度融合。在局本部及各分支机构均设立检务业务管理部门，实现了系统检务业务的统一运作和管理。2000年1月1日，实施新的通关模式，启用新的证单、新的印章、新的档案管理方式。2000年8月，正式使用检验检疫综合业务计算机管理系统。随后，陆续使用电子转单、电子签证、电子报检，并明确安徽检验检疫局检务处主要职能：负责全省辖区出入境法检货物检验检疫业务的报检、计费、放行、签证管理工作，报检单位注册（备案）登记和报检员注册登记管理、定期审核及日常监管；负责各类原产地证的申报、计费、审签和注册调查、签证调（抽）查及退证查询管理工作，原产地证申领单位及申报员的注册（备案）登记管理、定期审核及日常监管；负责系统空白证单、业务印章及业务档案的统一管理；负责安徽检验检疫业务统计管理工作；负责组织收集、审查、汇总各分支机构检验检疫业务统计数据；负责研究制定检务工作计划并组织实施，组织承办上级布置的有关检务工作重点任务，会同有关部门检查检验检疫证单质量和调查重大检务工作质量问题等。

第二节　主要业务

从2000年起，安徽检验检疫局检务工作的重点是认真落实“六个一”（一次报检、一次取样、一次检验检疫、一次卫生除害处理、一次收费、一次签证）工程的业务改革方案，深度融合原“三检”的检务工作；全面启用新的检验检疫业务单证和印章，主动与合肥海关协调，认真落实“先报检，后报关”新的通关制度；全面推广应用CIQ2000综合业务管理系统，设置科学统一的安徽检验检疫业务流程；积极推广“电子报检、电子转单、电子签证”三电工程，全面推进大通关建设；做好出入境法检货物的报检计费、签证放行、空白证单及业务印章、业务统计、报检单位及报检员管理，原产地证的申报计费、审核签发管理。检务业务工作逐步走上规范统一、高效便捷的轨道。2008 年为应对国际金融危机，安徽检验检疫局适时推出多项举措，扩大出口产品免验范围，缩短办证周期，节假日也开展预约帮办服务，加速进出口企业通关助推安徽外贸发展。

受金融危机带来的全球经济衰退影响，2008—2009 年安徽省外贸遭遇到困难，出口企业生产订单明显减少，生产开工不足，企业利润大幅下降。为帮扶出口企业应对困难，安徽检验检疫局出台多项措施支持地方外向型经济平稳发展，如减轻企业缴费负担，支持符合条件企业享受国家有关检验检疫收费的减免政策；为方便企业缴费，制定多种灵活方便的缴费方式，企业可以任意选择。提高办事效率，在原来缩短办事周期基础上，进一步充实窗口单证审核人员力量，简化业务流程运转环节，尽力缩短单证审核放行周期，提高放行工作效率；坚持特事特办、急事急办、节假日预约帮办等服务措施，方便进出口企业快速通关；扩大出口一类企业、绿色通道企业数量和产品免验范围；减少抽检批次，加快通关速度，降低通关成本，缩短进出口产品检验和办理质量许可证及相关免办证明的周期。

1999 年，受理报检 2.77 万批，2010 年，受理报检 15.9 万批，业务量比 1999 年增长 4.7 倍。1999 年，签发各类检验检疫证单 3.17 万份，2010 年，签发各类检验检疫证单 17.8 万份，业务量比 1999 年增长 4.6 倍。1999 年，签发各类原产地证 1.8 万份、5.6 亿美元，2010 年，签发各类原产地证 7.2 万份、31 亿美元，分别比 1999 年增长 3 倍和 4.54 倍。1999 年，备案登记 470 个，2010 年，备案登记 1870 个，增长 3 倍。1999 年，未实行注册报检员管理，2005 年开始实行，2010 年，注册报检员 281 人。

第三节　证单、印章、标志、封识和统计管理

空白证单及业务印章　“三检”合一后，新的检验检疫证单有 60 多种。由国家检验检疫局统一设计、统一印刷、统一管理并在证书上印有统一编号、防伪标志和底纹，还参照国际上通行做法在证书下端加注了免责条款。2000 年 1 月 1 日起，安徽检验检疫局在全省范围内统一使用国家检验检疫局发放的检验检疫证单和印章。

“三检”合一后，新的检验检疫业务印章有 2 种，即中英文对照的签证印章和检验检疫专用章。从 2000 年 1 月 1 日起，这 2 种印章与新证单同时启用，由国家检验检疫局统一设计、统一印章、统一颁发。

2000 年，安徽检验检疫局检务处负责检验检疫证单及业务印章的统一管理并按照国家检验检疫局的规定和要求，建立健全了检验检疫空白证单及业务印章的征订、入库、登记、保管、领用、发放和核销等规章制度，做到专人保管、专库存放、专人使用。2005 年 9 月，相关管理职能调整到法制业务处。

2000年，安徽检验检疫局制定《安徽检验检疫局空白证单和签证印章管理规定》。2008年，予以修订。在全省范围内规范、加强检验检疫空白证单和签证印章的管理，防止滥用、丢失等情况发生。

标志和封识 安徽检验检疫局负责安徽辖区检验检疫封识、标志的管理工作，执行《出入境检验检疫封识管理办法》和《出入境检验检疫标志管理办法》。安徽检验检疫局科技处负责封识、标志的统一管理。根据各单位的使用情况，拟定使用计划，并向国家质检总局标准法规中心统一订购，同时负责向各单位分发。后来，相关管理职能调整到检验监管处。

业务统计 1980年，安徽商检机构升格后，商检统计工作应运而生。最初的安徽商检业务统计工作在财务部门。当时商品检验的品种、数量少，表格也简单。由财务人员按月手工填制一份检验商品的批次、数量、收购金额等。

1981年，国家商检局在北京西山举办第一期商检机构统计人员培训班，全国各直属局均派人参加。从此商检机构有了专门统计人员，业务统计工作也朝着商检专业化方向发展。安徽商检局的业务统计职能由财务部门划至检务部门。报表增至2份，一份为“进出口商品检验情况统计表”，一份为“出口商品输往国情况统计”。建立了相应的统计上报制度，这种统计模式一直延至1988年。

1987年5月，国家商检局召开全系统的统计工作会议。会议确定改革原有业务统计表，加快商检统计工作向信息化、计算机方向发展。会议讨论了《商检机构业务统计制度》，修改了新的统计报表。1988年10月，国家商检局在大连举办第一期商检统计计算机培训班，部署1989年统计工作，启用新的“统计制度”及新的统计报表。全系统实行计算机统计。安徽商检局在检务部门改建了计算机房，给统计工作专门配置了1台电脑。从此商检统计工作结束了手工计算的古老方式，替之以准确、快速的计算机统计，统计工作质量上了一个新台阶。

1989—1999年，随着进出口贸易的发展，商品检验工作的加强，商检统计工作不断改进。统计为各级领导的宏观管理、工作决策提供了大量的信息服务。根据发展需要，11年中，国家商检局对商检统计程序进行了3次大的改动：1989—1999年为第一套统计程序；1991—1993年为第二套程序；1994—1999年为第三套程序，即“全国商检综合业务管理系统”。3套程序其操作系统逐步升级，统计功能逐步扩大。最初的统计报表只局限于商检检验情况统计，至第三套程序，上报的报表及数据库已体现商检全部工作职能，包括检验工作质量、鉴定工作情况、监督管理情况以及各种统计分析表。

安徽商检局在贯彻落实国家商检局统计制度过程中，统计工作质量逐年提高。统计人员由最初计算机加减手工填制报表，发展到将检务部门原始的报检、检验资料逐条录入计算机，利用计算机进行数据处理。后又发展成利用局域网采集所需的统计信息。

上报国家商检局报表、数据的形式由邮寄报表、邮寄磁盘，发展到通过电信传输数据。20 世纪 90 年代中期，安徽商检局与各分支机构检验数据实现了电讯传输。

安徽商检统计工作在完成向国家商检局上报的各项统计报表、数据外，还根据本局业务管理需要，编制本局“进出口商品检验情况统计表”。按照“统计制度”要求，建立统计台帐、报表档案，为商检发展史留下了宝贵的数据资料。

“三检”合一后，安徽检验检疫局检务处负责业务统计工作。检务处依据国家质检总局有关规定，指导全局各检务部门加强业务统计管理工作，统计工作质量逐步提高。具体工作主要是：执行统计制度，按时审核汇总上报各类定期和不定期报表；在规范录入、整理归档、审核汇总等方面强化统计质量意识，努力提高统计数据的及时性和准确性；认真完成半年和全年的业务统计分析报告，供上级领导决策参考；按照国家质检总局要求，每年定期对全局上一年有关业务统计数据质量情况进行核查，发现问题分析原因，发出核查通报，督促有关部门予以重视改进；参加国家质检总局统计工作研究，如参与《2003 年检验检疫统计分析年度报告》的编写、业务统计制度的修订、国家质检总局重点攻关课题《我国出入境货物质量评价体系和应用分析》的研究、《检验检疫电子监管需求分析系统》的研制等。

2005 年 9 月，业务统计管理职能调整到法制业务处。

第四节　检务业务管理

1999—2010 年，安徽检验检疫局检务部门不断健全完善协调沟通体系，注重检务业务的统一协调及指导，努力形成全局检务业务管理合力，促进全系统检务工作上台阶。

业务制度建设　1999 年至 2010 年的 12 年间，安徽检验检疫局根据上级重点工作部署和检务管理工作需要，对局检务业务有关规定进行全面梳理、系统分类，结合实际，整合修订 14 项次检务业务管理制度。统一报检计费、签证放行、报检业务更改、报检员管理、报检大厅管理、证单流程中断清理、报检单位管理、产地证签证管理等关键业务管理规范。针对电子转单质量问题，及时出台相应的强化管理要求。规范检验检疫证书拟稿并加强审核。拟定加强报检放行监管工作方案。在电子申报、凭证报检、报检单据、放行审核、报检更改等方面，制定强化监管规范行为的具体规定，努力提高报检监管质量。通过不断健全检务业务主要规章，形成全局检务主要业务的操作规范，强化检务业务的规范管理，提高检务人员业务素质和执法水平，增强检务业务管理的系统性、科学性、有效性。

业务指导　由于原“三检”在业务管理特别是检务管理上存在较大的差异，“三检”合一后，作为检验检疫业务流程的第一个环节，检务工作急需规范和统一。按照国家质检总局的有关文件和规定，安徽检验检疫局加强对检验检疫报检工作的管理，规范检验检疫执法行为，理顺检验检疫业务运作关系。

每年召开安徽检验检疫局系统检务工作会议和产地证工作会议各 1 次。总结检务工作情况，分析形势和问题，结合国家质检总局规定及安徽检验检疫局实际，制定工作重点，研究解决重点业务问题。每逢国家质检总局颁布各项检务新规定，检务部门均研究具体细则，统一口径，规范检务工作质量。

检务部门加强日常工作中的业务联系及指导。对于分支机构业务遇到的难题，注重交流，积极指导，重点解决新业务中出现的新问题。加强对分支机构新进检务人员的培养，优先安排参加国家质检总局举办的有关检务业务培训。支持分支机构将新进人员派到安徽检验检疫局检务处进行业务培训，进行对口指导，帮助提高检务业务素质及处理业务能力。

重点工作 2007 年，根据国家质检总局关于开展质量安全专项整治工作部署，检务部门认真组织质量安全自查。组织检验监管放行情况调研，了解检验力量配备；组织集装箱业务监管和非法检业务调整工作调研；组织全省报检单位清查整治，明确 10 项工作重点；组织报检单位自查，发放自查登记表，分片到分支局辖区现场核查代理报检单位和报检管理情况，查找突出问题，制定整改措施；指导分支局加强规范管理，强化报检单位及报检员、报检行为及签发证单的监管，进一步提高检务监管工作质量。面对口岸检验机构强化通关查验监管情况变化，及时研究出台管理办法。如涉及出口食品集装箱适载检验，换证凭单加注质量许可证号或卫生注册号，更改工作联系单管理等。

第五节　大通关建设和口岸协作

大通关建设 2003年起，国家质检总局大力推广检验检疫大通关建设。全面实施“三电工程”，即电子申报、电子放行、电子签证管理。安徽检验检疫局严格按照国家质检总局部署，实行大通关制度、提高通关效率。通过推进大通关建设，提高检验检疫工作效能，促进外贸发展。在实施过程中积极发展信息化建设，改革检验检疫监管模式，与海关共同协调完善通关放行制度，成功实现“三电工程”。以最短的时间、最低的成本为企业提供最好的服务。截至 2010 年，安徽检验检疫局的“三电工程”运转正常。电子申报率、电子转单率、电子签证率接近 100%。在提速、减负、增效和严密监管各方面都取得了很好的成效。

业务系统建设 加强电子业务系统建设。1999 年，仅有 CIQ2000 综合业务管理系统和产地证签证综合业务管理系统。2010 年，已使用各类电子业务系统 10 多个。1999 年，全靠人工出具各类通关单据。2010年，检务各类通关证明主要通过电子系统传递通关信息。检务业务全部实行电子化管理，如电子报检、计费、转单、通关、签证、直通放行等。

通关单联网核查 2007年11月，海关总署和国家质检总局决定，自2008年1月起，在全国范围内实施“通关单联网核查”系统，建立通关单联网核查协调机制。2008年1月起，安徽检验检疫局与合肥海关加强协作，密切配合，不断强化通关单联网核查协调功能，努力发挥协调机制监管作用。安徽检验检疫局按照国家质检总局部署，牵头组织实施通关单联网核查系统上线运行。为使该系统平稳有效运行，与合肥海关协商建立“检关通关单联网核查协调机制”。通过建立联席会议制度，通报各自系统运行及管理情况，分析问题并提出改进建议，统一管理口径。同时加强系统运转情况的跟踪和核查，统一指导企业报检与报关行为，加强与海关等口岸部门的沟通，主动协调处理企业报关难题。

电子放行 为加强电子转单审核把关，安徽检验检疫局检务部门对符合转单条件的签证放行坚持实行强制性电子转单。全局放行转单率达95%以上。通过实行强制性电子转单，不仅减少业务部门审签和信息流转等中间环节，减轻制单的劳动强度，减少拟制换证凭单时的可能差错，大大提高签证质量，简化放行手续，减少企业成本，加快通关速度，极大地方便企业。

电子监管 2006年，安徽检验检疫局检务部门积极参与电子监管系统上线前期准备工作，协调有关软件公司和业务处室，按时为多家试点企业安装企业端软件并认真参与操作规范研究，数次提出修改意见。试点企业试运行后，主动联系有关企业、业务部门和软件公司了解系统企业端快速核放运行反馈情况，不断改进检务放行依据。安排专人负责快速核放操作管理，掌握运行情况，发现问题及时采取措施，确保安全实施。

口岸建设 随着安徽外向型经济的迅猛发展，滁州、宣城、六安、巢湖先后通过向省政府报告、市长登门恳谈等各种途径表达设立机构的愿望。安徽检验检疫局先后协调办理了长江水运口岸开放范围、池州口岸继续停靠外籍船舶、黄山至泰国韩国等临时国际包机计划、黄山机场国际航站楼的扩建等工作。

2009年7月21日，国家口岸扩大开放验收组先后对安徽省马鞍山、池州口岸进行了检查验收，一致同意两市口岸正式对外轮开放。这标志着八百里皖江上，安庆、铜陵、芜湖等五个一类口岸全部对外籍船舶开放，是安徽省沿江城市带外向型经济发展历程中的里程碑。

2010年，安徽检验检疫局做好合肥新站区、芜湖出口加工区、宣城等检验检疫新机构的报批、基础设施的规划、筹建等工作。6月，国家质检总局批复同意设立安徽检验检疫局芜湖出口加工区办事处、合肥新站综合试验区办事处，均为正处级建制。7月，国务院办公厅复函批准设立安徽合肥出口加工区。2010年1月、3月，马鞍山长江公共码头、铜陵金园码头先后正式对外扩大开放，黄山空港对外开放顺利通过省级验收，示范区对外开放实现了跨越式发展。

区域协作 为了发挥检验检疫联动把关优势，推进大质检文化建设，优化通关环境，2010年3月，与上海、江苏检验检疫局协商草拟《合作备忘录》。4月，与厦门检验检疫局签署《皖厦检验检疫合作合作备忘录》。5月，与江苏、陕西、新疆等9个检验检疫局共同商讨拟定《新亚欧大陆桥检验检疫合作备忘录》及6个配套办法。6月，与上海检验检疫局签署《关于建立业务协调机制的合作备忘录》。10月，与江苏检验检疫局签署《关于建立业务协调机制的合作备忘录》。11月，与湖北、上海检验检疫局等多次沟通协调，讨论泛长三角联席会议议程、文件材料，参加预备会议及2010年泛长三角合作机制联席会议。这些区域间的协作，对积极创新检管模式、推进大陆桥区域的大通关建设起到重要的作用。

合肥京东方六代线是安徽抢抓产业调整机遇，成功引进的高科技大项目。安徽检验检疫局充分利用《合作备忘录》达成的条款，积极与上海等口岸进行协调，先行先试，率先开通京东方进口设备直通放行，变过去口岸、内地两道关口为一道关口，实现了一次报检、一次检验检疫、一次放行。平均每个集装箱通关时间减少2天，费用节省300元，企业进出口实现了零库存，开启了中部各检验检疫局直通放行之先河。京东方直通放行对推进皖江示范区建设，促进贸易便利化和区域经济协调发展都具有重大意义。

第六节 窗口建设

检务窗口人员时刻在外界的关注下工作。一举一动、一言一行都代表检验检疫局的形象。窗口人员也是效能办、纪律检查人员的重点关注对象。安徽检验检疫局检务人员注重自身形象，做到着装规范、挂牌上岗、举止文明和礼貌服务。

安徽检验检疫局检务部门以创建青年文明号、青年岗位能手为契机，围绕中心工作，内抓质量，外树形象，有力地推动安徽检验检疫事业的发展。安徽检验检疫局检务部门年签发各种证单量17万余份。业务岗位人均年签发量1万多份。差错率一直控制在1‰以内。

制定《报检大厅管理办法》。规定岗位职责，督促执行，加强管理；加强学习，互相提醒促进，增强自身修养，提升公共服务意识和心理调适能力，提高自身素质，保证工作质量及工作环境；采取“一人多岗”“岗位轮换”等，培养“一专多能”的综合人员，既解决前台人手不足问题，又使前台人员可适度轮换，减轻工作压力。

加强检务公开，充分利用局门户网站、报检大厅公示牌、检务公告牌、电子触摸屏等各种媒介公布检务部门岗位职责、办事流程、签证周期、收费标准、服务承诺、廉政纪律、监督举报电话和最新规定要求。方便企业了解查询有关规定，顺利开展检验检疫业务。通过发放“青年文明号服务卡”，方便企业办事和联系。通过设立意见箱，发放客户意见征询函，对服务质量进行跟踪反馈。同时邀请企业报检员座谈，了解报检单位的需求，改进工作作风。

1999 年，安徽检验检疫局报检大厅被团中央授予“全国青年文明号”称号。2003 年，被共青团中央、国家质检总局授予“全国青年文明号”称号。检务处于 2003 年被授予“全国质检系统先进单位”称号，2003 年、2008 年被授予“安徽检验检疫系统先进集体”称号、2009 年被团省委授予“省级青年文明号”称号。

第七节　报检业务管理

报检方式　“三检”合并初期，企业报检必须先人工填制报检单，然后到检验检疫报检大厅检务报检窗口办理报检手续。2001 年 5 月，国家质检总局率先对传统的出入境货物申报方式进行改革。陆续在全国试点应用企业电子报检方式和出口货物电子转单方式，相继出台《出入境检验检疫电子报检管理办法（试行）》和《出入境检验检疫电子转单管理办法（试行）》。调整检验检疫业务流程，允许企业电子报检后直接与施检部门联系检验检疫，再到检务部门办理计费及签证手续。减少企业往返环节，提高企业报检效率，降低企业管理成本。出境货物电子转单实现了产地检验检疫信息的口岸共享，加快了口岸通关速度，有利于加强口岸局对出境货物的监管。经过试点运行，同年 7 月，国家质检总局下发《关于推广电子报检和电子转单有关问题的通知》，要求各地检验检疫机构积极推广电子报检和电子转单工作方式。电子报检及电子转单进入全面应用阶段。

2002 年 6 月，国家质检总局根据国务院有关领导的指示，印发《关于进一步推进电子报检、产地证电子签证工作的通知》。要求各检验检疫机构全力推广电子申报方式，争取在 2002 年年底，业务量大的口岸局全面实现检验检疫业务申报电子化。为贯彻落实国家质检总局的工作部署，安徽检验检疫局就推广电子报检应用的工作作出安排，在安徽检验检疫局本部及各分支机构免费安装了自助式电子报检终端，供报检员自助录入报检数据，逐步取消检务前台直接接单受理报检。

2005 年 10 月 1 日，安徽检验检疫局自主研发的“安徽进出口企业检验检疫业务电子服务平台”正式开通。系统开通后，安徽检验检疫局检务部门严格执行电子收费服务。检务部门工作人员从网上计费后，报检员通过语音平台获得计费值，在当地银行网点缴纳检验检疫费，再从语音平台获取缴费成功的确认信息。企业还可委托具备资质的中介服务机构代领取检验检疫单证、电子转单或将单证和发票邮寄本人。电子服务平台有效地改进原有工作模式，使报检业务流程由报检员驱动式转变为证单驱动式，基本杜绝企业报检员在机关处室之间来回跑的现象。

相关报检规定　“三检”合一后，作为检验检疫业务流程的第一个环节，报检工作急需规范和统一。国家检验检疫局、国家质检总局和安徽检验检疫局陆续出台了一系列管理文件，加强对检验检疫报检工作的管理，规范检验检疫执法行为，理顺检验检疫业务运作关系。

1999年12月，国家检验检疫局发布《出入境检验检疫报检规定》（以下简称《报检规定》），从2000年1月起执行。《报检规定》明确了检验检疫的报检范围、报检资格、报检随附单证、报检更改和报检时限及地点等有关内容，从而奠定检务工作规范化的基础。

1999年12月，国家检验检疫局和海关总署联合制定并下发《关于启用检验检疫出入境货物通关单的通知》，决定自2000年1月起，建立新的检验检疫货物通关制度，实施“先报检、后报关”的通关模式。其主要内容为：取消原“商检、动植检、卫检”以用放行单、证书以及在报关单上加盖放行章等通关放行形式。2000年1月1日，对实施进出境检验检疫的货物，正式启用《入境货物通关单》和《出境货物通关单》，并在通关单上加盖检验检疫专用章。对列入法检商品目录范围内的进出口货物，海关一律凭货物报关地检验检疫局签发的《入境货物通关单》和《出境货物通关单》验放。

2000年5月，国家检验检疫局陆续发布了进口汽车、供港澳活羊、供港澳活牛、出口动物饲料、出口观赏鱼、出口烟花爆竹等检验检疫管理办法。明确各类产品的报检要求，规范检验检疫工作，逐步构建检验检疫的业务管理体系。

报检管理措施　1999年12月，安徽检验检疫局印发有关规定，由检务部门和分支机构的业务综合部门统一签发出入境通关单和有关检验检疫单证。2000年，国家检验检疫局出台“一次报检、一次取样、一次检验检疫、一次卫生除害处理、一次收费、一次签证”的规定。安徽检验检疫局进一步加强对进出口货物的报检、计费、检验检疫和监管工作。

2000年6月，安徽检验检疫局开始运行全国检验检疫统一的CIQ2000计算机综合业务系统。实现从受理报检到报检全套单据档案归档的全部操作并启动对报检单位和报检员的管理功能。7月，对安徽辖区进行电子转单试点工作。此举将转单时间从原来的至少2天，压缩到几分钟，大大加快口岸通关速度。2002年年底，开始对出口货物进行电子报检的试点工作。

2004 年 3 月，国家质检总局要求所有出境货物发货人和入境货物收货人电子报检时，必须输入备案登记代码。安徽检验检疫局检务部门非常重视这项工作，及早公布国家质检总局规定，作好宣传解释工作；抓紧时间为企业办理本地的注册登记手续以及异地企业的备案登记手续，积极为已登记过的本地企业补办备案证明书，以方便他们及时到口岸办理异地备案登记手续；及时做好企业登记备案情况的系统输入工作，保证系统正确识别。

第八节　计费业务管理

“三检”合一初计收费管理　出入境法检货物检验检疫费用是国家法定收费。范围包括进出口商品品质检验费、出口商品检验费、签证费、鉴定费、委托检验费等。

2000 年，按照国家检验检疫局《关于加强检验检疫计收费管理工作有关意见的通知》要求，结合政务公开制度的落实，安徽检验检疫局在各有关报检窗口公开收费办法和收费标准以及一系列降费文件，供报检企业查阅。通过多次召开企业座谈会，征求企业对安徽检验检疫局计收费工作方面的意见，增强计收费工作的透明度。按照国家检验检疫局《关于在检验检疫系统开展治乱减负自查工作的通知》要求，安徽检验检疫局对局本部和分支机构以及部分事业单位的出入境货物检验检疫计费和收费进行检查。新的检验检疫机构建立后，在业务融合困难较大、容易引起计收费混乱的情况下，计费和收费工作管理得当，计收费制度到位，收费票据规范，尤其是在 CIQ2000 计算机综合业务系统试点和运行后，计费更为规范，减少了随意性和差错，客观上对规范计费项目、提高计费工作质量提供了保证。

《出入境检验检疫计收费管理办法》实施　2004 年 3 月，为认真贯彻《出入境检验检疫计收费管理办法》，国家质检总局召开检验检疫收费办法宣贯工作会议。按照国家质检总局计费工作会议部署，安徽检验检疫局认真抓好有关贯彻落实工作。召开检务工作会议，组织收费规定、项目和标准的培训；配合科技部门，按时完成新的收费系统的升级转换；认真研究并指导各分支局实施新的收费办法，准确使用新的收费系统及标准；注意发现疑难问题，把握规范准确操作；通过研究协调，使各类产品的计费管理，从多年来按照系统惯例由局各业务部门自管，统一实行检务网上管理。依据新的标准计费，进一步规范了法检商品计费管理；重视重点环节的审核把关，如对涉及加工贸易减费的实行备案登记严格审核、对涉及共检计费的按照规定程序把关，严防逃漏费行为；及时对外公示国家质检总局有关规定，做好宣传解释和咨询工作；严格执行新的收费标准，将报检员考试发证费调整为统一由财务部门收取上缴。通过检务人员的艰苦努力和有关部门的大力配合，新的计收费办法及系统得以顺利实施和运作。

计费业务日常管理 加强计费业务的日常管理，保证电子计费工作效率。对涉及进口报检和加工贸易出口计费打折等特殊情况，仍然坚持凭单审核计费，防止发生错费漏费，确保电子计费系统安全稳妥运行和计费工作质量。对于企业质疑收费方式的调整或不能及时查到计费信息的反映和投诉，检务部门通过宣传解释减少误解。同时及时与有关管理部门沟通，协调处理，减少企业矛盾。

减免收费政策 2006 年，依据国家质检总局有关规定，支持有关企业降低因禽流感疫情造成的影响，安徽检验检疫局按照规定认真执行减免收费政策，同时做好免收记录。全年共计免收辖区企业出口禽类及其产品检验检疫费 51.94 万元。2007 年，认真执行农产品减免收费规定，减免收费 157.8 万元。2010 年，减免收费涉及 3.7 万批、624 万元。

第九节 签证业务管理

“三检”合一初签证放行业务 签证放行是检验检疫业务流程的最后程序。“三检”合一之初，安徽检验检疫局的签证放行工作仍沿用原“三检”的签证放行模式，对商检、动植物、卫检业务仍签发原“三检”使用的各类证单。1999 年 10 月 29 日，国家检验检疫局颁发《关于启用检验检疫证单有关事宜的通知》，决定于 2000 年 1 月 1 日起启用统一的检验检疫证单（简称 CIQ 证单）。1999 年 12 月 23 日，国家检验检疫局与海关总署联合发布《关于启用检验检疫出入境货物通关单的通知》，决定自 2000 年 1 月 1 日起实行先“先报检、后报关”的新通关协调制度，检验检疫机关对出入境法检货物检验检疫合格的，签发《入境货物通关单》和《出境货物通关单》并加盖检验检疫专用章，对列入《出入境检验检疫机构实施检验检疫的进出口商品目录》内的出入境货物，海关凭报关地检验检疫机构签发的《入境货物通关单》和《出境货物通关单》放行。新的通关协调制度取消了原“三检”以放行单放行、证书放行、在报关单加盖放行章放行的方式。随后，为了规范检验检疫签证工作，国家检验检疫局制定《出入境检验检疫签证管理办法》并于 2009 年进行修订，对报检、计收费、证书审核签发、证书更改、证书种类、格式等均做出明确要求。

签证质量及时限管理 为落实国家质检总局《出入境检验检疫签证管理办法》，安徽检验检疫局采取措施保证重点，统一证书格式和要求，力图规范整洁；积极与口岸局沟通，了解协调办理通关手续相关特殊要求，主动搞好配合；根据企业需求急事急办，加强重点审核缩短签证周期，及时审签装运前检验证书，确保企业顺利办理口岸通关放行手续；针对签证过程中遇到的疑难问题，及时组织研究，认真稳妥处理。

通过多种切实可行的措施，确保新规定顺利实施。

出口食品证单签证管理　2007年，根据出口食品专项整治工作部署，对出口食品单证情况进行摸底分析，摸清单证现状、存在问题并提出可行性措施和建议；制订监管方案并与业务部门沟通讨论，统一重点监管范围及口径，结合检务工作实际，确定相关单证审核监管要点。实行每单处领导、科长、审单岗位人员“三级审核”制度。在坚持常规审单程序及标准基础上，重点审查检验检疫原始记录、执法人员自行扦样记录、经国家质检总局认可的检测报告，做到单证材料100%齐全。切实加强出口食品单证的重点监管。

第十节　报检单位和报检员管理

“三检”合一后，在国家质检总局出台有关管理规定之前，安徽检验检疫局陆续制定若干管理措施加强对报检单位和报检员的管理，为较早全面实行报检员凭证报检管理的直属局之一。2002年11月6日，国家质检总局颁布《出入境检验检疫报检单位管理规定》，从2003年1月1日起实施。根据规定，报检单位必须经检验检疫机构注册（备案）登记，方可从事检验检疫报检业务。

自理报检单位管理　根据国家质检总局《出入境检验检疫报检单位管理规定》，安徽检验检疫局检务部门加强自理报检单位备案登记管理工作。2004年12月前，统一要求企业持规定材料到检务大厅人工受理审核。实行备案登记。

2004年9月，国家质检总局部署报检单位及报检员注册登记管理系统启用准备工作。安徽检验检疫局积极做好有关注册管理系统的实施工作。组织全省报检企业申请办理电子密钥，做好宣传公示、组织协调和业务指导，至年底督促有关软件公司集中代办约700家，为2005年实行凭密钥电子申报管理做好准备；组织办理系统检务人员和网管员的电子密钥，组织注册管理系统相关操作培训；组织系统检务部门分2次对全省报检企业的注册登记和异地备案数据进行全面清理、审核维护，清理上报属地规范和不规范数据4000条左右、异地备案数据1.6万条，从而保证全省报检企业注册登记信息在国家质检总局注册管理系统的规范注册和集中正常使用；指导新的报检企业使用注册管理系统进行网上备案登记申请和审核，正确使用注册管理系统，规范自理报检企业的备案登记管理。

2005年1月，正式实施报检单位及报检员注册登记管理系统。企业备案登记一律通过网上申报，现场受理审核，系统自动产生备案登记号，才能实行电子申报。

2006年，安徽检验检疫局印发《关于进一步加强自理报检单位管理工作的通知》，进一步支持企业自理报检。对于一类、二类管理企业、绿色通道企业、电子监管企业的自理报检予以重点支持与保证并在各报检大厅设置自助报检设施，方便自理报检单位自助申报。

在日常工作中，加强自理报检单位备案登记管理工作。按照规定办理备案企业的信息更改、备案注销、延期审核、诚信管理、分类管理等，逐步完善以诚信管理为基础、差错登记为手段的报检单位和报检员监管机制。严格日常差错登记和分类管理，落实质量信用等级评价制度，加强日常监管，促进企业提高申报质量、规范报检行为。

代理报检单位管理 2003 年年初，安徽检验检疫局对全省代理报检单位情况进行调查摸底。2004 年 11 月，根据国家质检总局部署，安徽检验检疫局正式组织全省代理报检单位的注册登记工作。当年按照规范程序（网上申请、前台受理、现场核查、省局初审、上报国家质检总局审批、对外公示、批复、注册登记发证）受理了 6 家单位申请。2005 年 1 月，国家质检总局批复 5 家并于上半年进行了注册登记。

2004 年 8 月，国家质检总局印发《代理报检单位注册登记工作规范》，部署注册登记工作。决定自 2005 年 7 月 1 日起，实行凭证代理报检制度。10 月，印发《报检单位和报检员管理有关工作规范》，实行统一规范管理。11 月，部署注册登记申请受理工作。2005 年 3 月，修订印发《代理报检单位注册登记工作规范》，完善管理制度。6 月，印发《关于进一步加强和规范代理报检管理的通知》，要求强化管理、加强监督、行业自律等。6 月—7 月，印发《关于对代理报检单位注册登记申请单位公示问题的通知》及补充通知，对有关公示问题作出具体部署和要求。11 月，印发《关于进一步落实加强和规范代理报检管理的通知》，部署自查和检查工作，提出进一步规范管理要求。

2005 年 3 月—6 月，根据国家质检总局部署，安徽检验检疫局组织 2005 年对代理单位注册登记申请工作。共受理了 5 家单位申请，经安徽检验检疫局初审基本合格 4 家，上报审批。国家质检总局分别于 6 月、10 月对外公示。2006 年 1 月，经请示国家质检总局同意，依据有关规定，公示期间没有问题的申请单位，可以保留代理报检资格，开展代理业务。当月，安徽检验检疫局发文通知上述 4 家单位凭资格开展代理业务。2006 年 11 月，国家质检总局正式批复予以注册登记。

安徽检验检疫局从 2005 年 7 月 1 日起，正式实行凭证代理报检管理。未经国家质检总局行政许可审批的单位不得开展此项业务。2008 年年底，安徽省共有 9 家代理报检单位经过审批注册登记从事代理报检业务。其中省局辖区 3 家，芜湖、马鞍山各 2 家，蚌埠、安庆各 1 家。各单位设置专门业务部门，配备报检员和必要设施，按照基本流程开展代理业务。根据业务的实际情况，不断改进完善自身的管理和服务。承担安徽省内 40% 左右的报检业务，保证了凭证报检工作的顺利实施和平稳过渡。

安徽检验检疫局严格执行凭证代理报检的管理规定，进一步加强全省代理报检业务的管理，规范代理报检行为，严格代理报检秩序。首先，检验检疫系统各检务部门严格把关，严格代理报检资质审核。凡未经国家质检总局审批行政许可注册登记的代理报检单位，一律不得从事代理报检业务；经过注册登记的代理报检单位也不得以任何形式出让其资质供他人办理代理报检业务。加强对代理报检单位的业务指导和监督检查。督促代理报检单位严格自律，规范代理行为，提高服务水平和工作效率，以满足外贸委托人的代理需求。重点加强对代缴检验检疫费和代理服务收费行为的监督检查，掌握各代理报检单位的收费标准，严肃查处违规收费和恶性竞争现象。根据检验检疫系统工作实际，统一安排经过注册登记的代理报检单位到代理报检机构尚为空白的分支局辖区设立临时代理报检点，以保证该区域代理报检业务的正常运转，保证凭证报检工作的顺利实施。

在日常管理中，加强指导和监管，严防随意性操作或违规代理现象发生。规范代理报检单位年审工作管理，实行季报管理制度，加强各代理报检单位的现场核查，针对存在的突出问题下发《整改通知书》。限期整改、跟踪整改情况。强化安徽检验检疫局检务部门代理报检工作的监管职能，督促企业进一步规范代理行为，提高业务水平和工作质量，努力为进出口企业提供优质服务。

2007 年起，不定期组织全省代理报检工作座谈会，通报建设发展情况和存在问题，提出整改要求，重申有关规定，督促加强行业自律。

报检员管理　2002 年 11 月 6 日，国家质检总局颁布《出入境检验检疫报检员管理规定》并于 2003 年 1 月 1 日起实施。根据规定，报检员必须参加报检员资格全国统一考试，合格后获得报检资格，并经检验检疫机构注册登记，方可从事检验检疫报检业务。

2003 年 9 月，安徽检验检疫局组织全省第一次报检员资格全国统一考试。

2003—2010 年，安徽检验检疫局共组织了 10 次全省统一考试。网上报名超万人，现场资格确认 8000 多人。参考 6300 多人，获得资格近 3100 人，通过率达 50%，为建立合格报检员队伍打下良好基础。

2005 年起，通过报检员资格全国统一考试具有报检员资格证的人员，一律通过报检单位及报检员注册登记管理系统办理网上注册登记手续，领取报检员证，凭证办理本企业的报检业务。无证人员一律通过代理报检单位办理代理报检业务。

在日常工作中，安徽检验检疫局注重加强报检员管理工作。按照规定办理信息更改、注册注销、延期审核、诚信管理、分类管理等，逐步完善以诚信管理为基础、差错登记为手段的报检员监管机制。严格差错登记，提高申报质量。

凭证报检管理　2005 年 7 月 1 日，依据国家质检总局第 33 号令、第 34 号令等行政规章，安徽检验检疫局开始执行报检人员凭证报检，自理报检单位凭证电子申报，代理报检单位凭证代理报检。正式实施凭证报检管理制度，进一步强化报检工作质量的源头管理。

该项工作涉及面广、管理力度大。检务部门拟定工作方案，在各相关部门的配合下，做了大量的前期准备工作。从 2003 年起，采取各种方式宣传国家质检总局有关规定，多次以通知、公告形式告知企业。积极参与研究协调落实各代理报检点的设置，以保证企业代理报检工作的平稳过渡。延长安徽检验检疫局发放的老报检员证的使用期限，方便相关报检企业，减轻过渡期代理报检工作的压力，从而为凭证报检工作奠定基础。

实行凭证报检和凭证代理制度的具体要求：申报办理业务的企业，必须使用本单位的备案登记编号，方可实行远程电子申报；必须使用注册登记在本单位的报检员注册登记号方可实施网上电子申报；前来检验检疫机构办理报检及相关业务的人员，须持有本人注册登记的《报检员证》，方可办理本单位的报检及计费、签证放行等相关业务；代理报检单位，必须具有国家质检总局行政许可审批的代理报检资格并且在本单位已经备案具有代理报检资格的报检员实施注册登记后，方可凭证代理电子申报和办理报检及相关手续。

2005 年 7 月 1 日起，安徽检验检疫局 CIQ2000 业务管理系统自动设限，不再受理无注册报检员的自理报检单位和代理报检单位的电子申报，检务等业务部门也停止受理相关单位的报检及相关业务。报检及相关业务委托已注册的代理报检单位实施。

第二章　原产地证明

原产地证明是证明商品原产地，即货物的生产或制造地的一种法律证明文字，是商品进入国际贸易领域的“经济国籍”和“护照”，同时也是进口国对货物确定税率待遇、进行贸易统计、实行数量限制和控制的主要依据之一。原产地证明由原产地证书和原产地标识两部分组成。原产地证书按用途分为优惠原产地证书和非优惠原产地证书两大类；按种类分为一般原产地证书、普惠制原产地证书、区域性优惠原产地证书和专用原产地证书四大类。原产地标识分原产国标识和地理标志。

安徽检验检疫局作为国家质检总局设在安徽的检验检疫机构，是一般原产地证书、普惠制原产地证书、区域性优惠原产地等证书的官方签证机构。安徽检验检疫局负责对安徽辖区原产地各项业务的管理，为本地对外贸易的发展作出贡献。

第一节　原产地证明业务种类

一般原产地证明书（C.O.）　凡是与中国建立外交关系的国家，产品出口时只要符合中国原产地标准的均可以申请办理一般原产地注明书。

普惠制优惠原产地证明书　“普惠制”，全称普遍优惠制，是发展中国家在联合国贸易与发展会议范围内通过斗争取得的一种贸易优惠。其内容是工业发达国家给予发展中国家出口工业制成品、半制成品和一部分农产品、纺织品普遍的、非歧视的、非互惠的实行免或减进口关税优惠制度。享受这项待遇的发展中国家，向给惠国家出口产品时，由于进口关税减免，因而在给惠国市场上的竞争能力就相应加强。各给惠国家对于来自受惠国的商品进口都规定必须提供产地证明书。中国从 1979 年 12 月 1 日起规定，凡属给惠国规定必须由官方机构签发普惠制产地证明书的，均由中国商检机构负责办理签证工作。安徽商检局签发普惠制产地证明书从 1980 年开始。

区域性优惠原产地证明书　指签订有区域性贸易协定的经济集团内的国家或签订有双边贸易协议国家的官方机构签发的享受互惠减让关税的凭证，各地检验机构是中国政府授权的唯一签发机构。随着中国经济发展，可以享受普惠制关税优惠待遇与优惠幅度会越来越小，而区域性贸易关税协议和双边贸易关税协议的优惠一般是双方对等的，有利于促进双方互补贸易，增强各自的经济发展与合作。

亚太贸易协定原产地证明书 亚太贸易协定于 2006 年 9 月 1 日开始实施，协定涉及的国家有韩国、印度、斯里兰卡、孟加拉国和中国，凡是出口至这些国家的纺织品、鞋类、陶瓷制品、玻璃制品、灯具、玩具等产品都会享受关税减免待遇。

东盟原产地证明书（FORME） 东盟自由贸易区协定于 2005 年 7 月 20 日开始实施，协定涉及的国家有马来西亚、印度尼西亚、泰国、菲律宾、文莱、越南、老挝、柬埔寨、缅甸和中国，凡是出口至这些国家的 7000 多个税目的产品可以享受不同程度的关税减免。

中—智原产地证明书（FORMF） 中国和智利自由贸易区协定（以下简称《协定》）于 2006 年 10 月 1 日开始实施，税目总数 97% 以上的产品将于 10 年内分阶段降为零关税，智利方 74% 的税目进口关税定于《协定》生效后立即降为零。

中—巴原产地证明书（FTA） 中国和巴基斯坦自由贸易区协定（以下简称《协定》）于 2007 年 7 月 1 日开始实施，自《协定》生效 5 年内，双方对占各自税目总数 85% 的产品按照不同的降税幅度实施降税，其中 36% 的产品将在 3 年内降为零。

中—新原产地证明书 中国和新西兰自由贸易协定（以下简称《协定》）于 2008 年 10 月 1 日开始实施，自《协定》生效时起，中国出口至新西兰 63.6% 的产品即实现零关税，在 2016 年前分阶段逐步取消从中国进口产品的关税，直至关税降为零。

第二节 原产地证明签证和管理

原产地证明签证 安徽检验检疫局原产地证明书签证工作充分利用国际条款和国家有关的管理规定，严格把关，落实好原产地证签证和管理工作并充分运用电子签证为企业提供方便快捷的服务，使原产地证明书签证工作稳步发展，证书签证量逐年增长，一直位居中西部地区首位，为安徽对外经济贸易快速发展作出了积极贡献。

1999—2010 年，共签发各类优惠原产地证书 73.4 亿美元，初步测算，减免进口关税 3.7 亿美元。

签发原产地证明书：1999 年，签发各类原产地证 1.8 万份、5.6 亿美元，2010 年，7.2 万份、31 亿美元，分别增长 3 倍、4.54 倍。

签发普惠制原产地证明书：1999 年，签发 1.43 万份、4.1 亿美元，2010 年，4.1 万份、17.8 亿美元，分别增长 1.87 倍、3.34 倍。

签发一般产地证明书：1999 年，签发 0.38 万份、1.5 亿美元，2010 年，2 万份、8 亿美元，分别增长 4.26 倍、4.33 倍。

签发自贸区优惠产地证明书：从 2003 年开始签发，第一年 8 份、13.6 万美元，2010 年，增加到 1.1 万份、5.2 亿美元。

产地证明书签证规费收费：1999年，收费70万元，2008年，208.5万元，业务量增长1.98倍。

签证涉及国家：普惠制产地证涉及的国家由1999年的27个发展到2008年的39个，各类自贸区优惠产地证涉及的国家共有18个。

申报企业量：由1999年的350家增加到2008年的1253家，增长2.58倍。

原产地证明签证管理

签证审核　对申请单位报送的（电子）证书证稿及相关单据进行（机上）审核校验。审核结果回执在2日内返回企业。

签证调查　对于签证审核过程中的重点产品或证书内容进行实地调查，核实产品或证书的真实性和准确性。

签证抽查　对于重点企业或产品，结合企业分类及诚信情况，每年按照一定比例进行不定期实地抽查（国家质检总局规定为5%～10%）。提前书面告知，做好记录存档备案。

退证查询调查　对于国外退证查询要求，针对提出的问题进行调查核实。分别进行书面核查和实地调查。根据审核调查结果，在6个月内复函并需经分管领导审签。

空白证书及业务档案管理　专人负责空白证书的征订、验收登记、保管领用、发放等各环节台账，确保安全。做好电子业务档案和纸质业务档案的整理归档、编号存档、安全保管和定期销毁管理，严格各类档案调查审批登记管理。建立健全注册登记、各类调查、定期审核和培训考核发证档案。保证资料完整，管理规范。

第三节　业务管理新系统的推广应用

2006年，按照国家质检总局要求，安徽检验检疫局检务部门共完成全省1000多家签证企业有关注册登记数据的核查调整。针对“问题”数据，查清原因改进完善，将规范数据重新逐一导入系统、汇总上报国家质检总局，为原产地业务新的管理系统顺利上线打下基础。

2007年，国家质检总局组织推广新的原产地证综合业务管理系统。为确保新系统上线运行，7—8月，安徽检验检疫局组织实施产地证新系统推广应用：拟定实施方案，安排系统配置及人财物方面的保障；组织各检务部门检查岗位设备配置情况，合理确定需求方案；汇总审核原系统企业注册数据移植表按期上报。组织专家进行5期系统和企业培训，参培人员达460人。新系统增加了自动审单、统计查询、区域优惠证系统管理等功能，推广运行十分顺利。

2008年，对历年注册登记企业进行系统审核。在企业自查基础上，重新征集企业备案信息，加强备案信息的系统维护，组织有关申报电子数据的统一核查，完成签证人员手签笔迹的重新备案上报工作。按期组织产地证业务收费管理系统的实施运行。将手工计收费升级为系统计收费管理，强化了系统控制功能。

第四节　产地证申报凭证管理

2005 年 6 月，为配合凭证申办工作开展，依据国家质检总局有关规定，组织全省产地证申领员的业务培训考核，拟定培训计划，编印 10 多万字的培训教材和试卷，安排检务骨干备课授课。7—8 月，举办 4 期培训班，600 多人参加，并组织考试和发证工作。

2008 年，经过周密安排，建立产地证申报凭证管理机制。年初，制订工作方案，稳步组织实施：通过年审完善备案企业及申报员档案；组织 2 期优惠政策及业务规范培训，280 家企业、300 多名申报员参加。10 月，正式实施凭证申办产地证管理。

2009 年，为进一步推进产地证凭证管理，分别在皖南、皖北组织申领员业务培训两期，参与企业达 350 家，360 名申领员参加。企业申领员不仅提高了业务申报水平，而且提高了办证效率。

2010 年，为积极提升优惠政策的利用率，分别在合肥和安庆组织两期申领员培训，参加企业达 180 家，人数达 190 人。

第五节　产地证申报企业和申领员管理

原产地申报员（又称申领员）制度是保护企业合法权益的重要措施。企业凭“申领员证”申办原产地证书。企业的申领员由注册企业的法人代表授权，申领员凭“申领员证”申领证书，可以杜绝冒领证书的行为，保证证书的真实性。

申领员凭证管理　为了加强各类原产地证申报业务的管理，进一步规范申报行为，维护正常申报秩序，确保申报工作质量，根据国家有关原产地证签证管理规定，结合安徽检验检疫局工作实际，2008 年 10 月 1 日起，正式实施原产地证申报业务凭证管理制度。出口企业实行网上电子申报和现场办理申报相关业务，一律实行凭证管理。

安徽检验检疫局每季度组织 1 次企业申领员业务培训。对新注册登记企业申领员或原注册企业更换的申领员，进行相关业务培训及考核。合格人员发给申领员证，凭证办理本单位的申报和领证业务。对未经业务培训考核持有申领员证的企业，必须通过代理机构，方可办理申报及领证业务。从事产地证代理业务必须经过安徽检验检疫局审批同意，其申领员必须经过培训考核并取得申领员证，方准从事产地证代理业务。加强对申领员的日常管理和监督，参照国家质检总局有关报检员管理规范，对申领员进行差错登记，实行扣分管理，规范申领行为。

申报企业注册登记管理　2007年6月，为进一步加强原产地证签证管理工作，安徽检验检疫局印发《关于进一步加强原产地证签证管理工作的通知》，加强申报企业的注册登记管理。各类产地证申请企业必须办理注册登记申请，按有关规定提交完整的单位及产品注册资料，以及申领员注册资料，按规定交纳注册登记费。检务部门依据有关规定受理，按照程序进行审核，以确保申报材料的真实性。主要对注册资料书面审核，审核资料是否齐全并符合规定；对单位及产品进行实地调查，审核资料的真实性和准确性；对产品原产地标准进行审核；对单位申领员资质条件进行审核并组织培训考核；对经审核符合注册规定的单位进行编号注册，颁发注册登记证书；对于符合有关规定的产品办理注册备案手续。注册单位或申领员的注册信息发生变更后，企业办理申请更改，审核合格后予以办理更改登记。

申报企业分类管理　从2007年起，安徽检验检疫局对已获准注册企业实行分类管理。凡注册企业年签证量在1000份以上，经考核确定为诚信企业的，可定为A类企业，签证周期为半天，签证费用按月结算。除特定产品、敏感产品外，签证调查比例约为1%；凡注册企业年签证量在500～1000份，经考核基本确定为诚信企业的，可定为B类企业，签证周期为1天。除特定产品、敏感产品以外，签证调查比例约为2%；凡注册企业年签证量在500份以下和新注册企业，均定为C类企业，签证周期为两天。签证调查比例为5%～10%，列为重点监控对象。

申报企业定期审核管理　一般原产地证有效期为1年，优惠原产地证为两年。企业有效期满前1个月内提出延期申请，经过调查审核合格的准予延期。对没及时提出延期申请的企业注销注册登记号。如企业再申请重新办理注册登记并按规定重新交纳注册登记费。对于考核合格注册登记的申领员进行定期审核，每两年1次。申领员有效期满前1个月内提出延期申请，经调查审核合格的准予延期。对没及时提出延期申请的，重新申请注册，参加培训考核合格后，重新注册并颁发申领员证。结合年审对分类企业进行综合考评，根据企业诚信度或业务量考核情况，对企业的分类等级进行相应调整。

第六节　原产地政策宣传及推广

1997年至2010年间，国家商检局、国家检验检疫局、国家质检总局出台多项特殊优惠产地证政策规定。安徽商检局、安徽检验检疫局特别重视普惠制原产地工作，积极加大宣传贯彻力度，多次组织新政策宣贯会。1998年，通过广播、电视、报刊进行大张旗鼓的宣传。联合省经贸委、合肥海关向全省有关部门和出口企业印发了提高普惠制利用水平的通知。在省、市外经贸委系统和全省出口企业举办多期普惠制知识讲座和报验员培训班。上千名有关人员和报验员参加学习培训。签证人员从国际贸易大环境、大趋势的角度，宣讲普惠制在开拓市场、提高售价、促销商品、吸引外商投资等方面的优势，详细介绍给惠国家、给惠方法、给惠期限、优惠比例等最新政策及利用技巧，努力清除普惠制利用死角，提高普惠制利用率。蚌埠丰原集团充分利用普惠制，降低进口商成本。1998 年，出口柠檬酸 4 万多吨，出口量雄踞亚洲第一。其中利用普惠制顺利对欧洲和日本出口约 1.44 万吨、1300 万美元。安徽化工进出口公司利用普惠制出口 PVC 及其短纤、 520 万美元，同比增长 44.4%。桐城鸿润集团利用普惠制出口创汇 1000 万美元，同比增长 1400%，盈利 300 万元。

指导企业用好用活普惠制。虽然很多企业已逐步了解普惠制，但在具体问题上仍难以把握，签证人员热情地进行指导。合肥 1 家进出口公司组织了 1 批、191 万元的纺织品到瑞士。外商在信用证上开出要“产地证”。外贸人员理解为“一般产地证”，签证人员及时建议该批货物应开普惠制产地证。外贸人员认为瑞士只有合成材料才能享受普惠制，签证人员根据检验情况提醒他们，该批纺织品实际含棉 70%、化纤 30%，正是合成材料，建议打电话向外商和海关确认。为此，该企业不仅由此分享了 2 万美元的减免关税，而且避免了一般产地证签出，不能通关结汇，甚至耽误交货影响公司信誉的损失。蚌埠新光皮件厂接受西欧 1 宗货值 70 万美元的出口订单。他们原以为西欧已将该产品“毕业”，不再给予优惠。签证人员及时反馈该产品仍享受普惠制的信息并介绍利用技巧，提高了产品竞争力。急事急办、特事特办，签证人员加班为出口企业制证，对外地有急事不能来合肥办证的，接受邮件办证，办好证后用邮件一一寄回，大大方便了企业。

随着推广力度的不断加大，安徽检验检疫局特殊优惠原产地证签证量大幅增长，帮助出口企业较大幅度地减免进口国关税，促进企业扩大出口，提高安徽产品在国际市场上的竞争力。

第七篇　科技建设

检验检疫部门是以技术手段为依托的执法部门。科技实力和技术手段是提高检验检疫工作质量的基础。重视科研工作，走科技兴检之路，调动科技人员的工作积极性，加强实验室建设，增强综合科技实力，是促进检验检疫技术进步，满足检验检疫业务需要，发挥检验检疫技术支撑作用的重要保证。

第一章　科技管理

1990 年，安徽商检局内设监管处，成立第一届科技委，负责全省商检系统的科技管理工作。1997 年，监管处更名为监管科技处。安徽动植检、卫检机构十分重视科技工作，但未设立专门机构。1999 年，安徽检验检疫局设立科技与认证处。自成立科技委以来，共任命过 5 届科技委委员。

安徽检验检疫局积极贯彻落实国家重大科技方针、政策和《国家质检总局“十一五”科技发展规划》，大力推进“科技兴检”战略。2006 年，起草并颁布《科学技术带头人与外语人才库管理办法》《安徽检验检疫局科学技术奖励办法（试行）》。历年来选拔了多位优秀中青年、优秀专家，其中纪桐云为享受国务院特殊津贴的专家，吴雪原、温劲松、张旭东成为“新世纪百千万人才工程”国家级人选。

第一节　计划与实施

承担国家质检总局科研计划项目、认监委标准计划项目、安徽省地方科研项目和安徽省地方标准，下达安徽检验检疫局立项的科研项目。

安徽检验检疫系统科研项目一览表

表 7-1-1

类别	序号	项目名称	负责人	成果登记号
承担国家质检总局科研计划项目	1	虾仁超高压杀菌保险关键技术研究	吕小斌	G2007-511
	2	检测实验室人员绩效评估体系的研究	马红岩	G2007-512
	3	食品中二氧化硫检测方法的评价和研究	芦雁	G2008-123
	4	加工贸易出口降费的开环管理与程序控制	段逸舟	G2008-122
	5	冷柱头进样技术在食品中多残留农药分析中的应用研究	郑屏	G2010-354
	6	入境货物逃漏检数据跟踪系统研究及应用分析	段逸舟	G2009-664
	7	进出口蜂蜜中转基因成分检测方法的建立	余晓峰	G2010-663
	8	印迹聚合物材料的制备及其在主要除草剂残留分析中的应用	郑屏	G2010-354
	9	进出口机动车辆技术性贸易措施体系及市场准入要求研究	徐业平	
	10	车载式快速口岸卫生处理集成系统	陈钧	G2010-353
	11	进口铜精矿风险分析与监管模式研究	李德军	
	12	三唑类杀菌剂残留的新型亲和萃取技术及HPLC/MS/MS确证检测技术研究	胡艳云	
	13	检验、检测、监管联动制衡的可行性研究与技术路线图	段逸舟	
	14	检验检疫用碳纳米管气体传感器设计及应用	徐业平	
	15	出入境口岸航空食品食源性致病微生物污染风险分析、快速检验及监管体系的研究	余晓峰	
	16	果蔬产业聚集区质量安全控制体系研究与应用	吴忠仁	
	17	砀山梨高效安全控制措施—梨炭疽等发病规律及纳米硅诱导抗性的研究	姚剑	
	18	针对稻粒黑粉病菌的杂交稻种出口前检疫处理方法研究	戴雷	

续表 7-1-1

类别	序号	项目名称	负责人	成果登记号
承担认监委标准计划项目	1	出口熟肉制品检验规程	邵建民	SN/T0977-2000
	2	出口薇菜干、鲜蒜苔检验规程	赵庆庭	SN/T1006-7-2001
	3	出口山蛰菜检验规程	赵庆庭	SN/T1387-2004
	4	出口鲜竹笋检验规程	赵庆庭	SN/T1352-2004
	5	进出口轮胎检验规程(第6部分 摩托车轮胎)	徐斌	SN/T1636.6-2005
	6	火试金重量法测定粗铜中金、银含量	孙致安	SN/T1789-2006
	7	进出口肉类罐头中铅、镉的检验方法：原子吸收光谱法	马红岩	SN/T0851-2000
	8	进出口鲜蒜苔检验规程	赵庆庭	SN/T1007-2001
	9	出口粮谷中甲基嘧啶磷残留量检验方法	朱梦栩	SN0137-1992
	10	出口黑白电视广播接收机技术性能检验规程	孟庆锐	SN0024-1992
	11	出口彩色电视广播接收机技术性能检验规程	孟庆锐	SN0025-1992
	12	进出口水果和蔬菜中唑螨酯残留量检测方法 高效液相色谱法	郑屏	SN/T1977-2007
	13	出口商品运输包装塑料编织袋检验规程	裴忠安	SN/T0274-1993
	14	出口商品运输包装复合塑料编织袋检验规程	裴忠安	SN/T0275-1993
	15	出口水泥类商品运输包装检验规程	温劲松	SN/T0713-1997
	16	出口金属罐装食品类商品运输包装检验规程	温劲松	SN/T0714-1997
	17	出口芳香油、单离和合成香料馏程的测定法	吕小斌	SN/T0735.14-1999
	18	出口芳香油、单离和合成香料水分测定法（蒸馏法）	黄君如	SN/T0735.16-1999
	19	铁路运输出口危险货物包装检验规程：总则	温劲松	SN/T0805.1-1999
	20	铁路运输出口危险货物包装检验规程：使用鉴定	温劲松	SN/T0805.3-1999
	21	进口铜精矿中杂质元素含量的测定 电感耦合等离子体原子发射光谱法	马红岩	SN/T2047-2008
	22	进口锦纶丝束检验规程	施桂珍	SN/T0054-1992
	23	进口彩色电视广播接收机技术性能检验规程	刘川	SN/T0904-2000
	24	出口水果中乙硫磷残留量检验方法	王新	SN0151-1992

续表 7-1-1

类别	序号	项目名称	负责人	成果登记号
承担认监委标准计划项目	25	进口铜精矿中多种杂质元素的测定	马红岩	SN/T2047-2008
	26	固体和液体危险品的自燃性检测方法	卞学东	
	27	食品包装及材料—纺织材料制品（面粉袋和麻袋等）检验规程	卞学东	
	28	进出口家用和类似用途电器检验规程	仇多军	
	29	进出口商品衡器计重规程——天平	姚逢辰	
	30	进出口商品衡器计重规程——轨道衡器	姚逢辰	
	31	红脂大小蠹检疫鉴定方法	姚　剑	
	32	进口硫化铜精矿检验规程	马红岩	
	33	进出口家用和类似用途电器检验规程——远红外加热产品	徐业平	
	34	出口茶叶中三氯杀螨醇残留量检验方法	朱梦栩	SN/T0348.1-1995
	35	进出口食品添加剂焦亚硫酸钾分析方法	郑屏	
	36	进出口食品添加剂柠檬酸钠分析方法	盛旋	
	37	进出口食品添加剂硫酸锰的分析方法	胡艳云	
	38	进出口食品添加剂丙二醇分析方法	张蕾	
	39	进出口食品添加剂 NP 红分析方法	胡艳云	
	40	进出口食品添加剂碘化钠分析方法	孙昊	
	41	进出口农产品中地散磷的测定	盛旋	
	42	进出口农产品中联苯三唑醇的测定	胡艳云	
	43	进出口苹果黑星病菌检疫鉴定方法	姚剑	
	44	进出口松针褐斑病菌检疫鉴定方法	姚剑	
	45	进出口动物性食品中志贺氏菌定量检测及制、取样方法	郑海松	
	46	进出口洗衣机安全实验方法	徐业平	
	47	三系杂交水稻的鉴定方法——实时荧光 PCR 法	姚剑	
	48	进出口家用及类似用途电器检验规程——电动机压缩机	王新天	
	49	进出口食品中组胺酶的快速检测 ELISA 法	郑海松	
	50	松针褐枯病菌检疫鉴定方法	姚剑	

续表 7-1-1

类别	序号	项目名称	负责人	成果登记号
	51	亚棕象甲检疫鉴定方法	姚剑	
	52	出口炒货类食品检验规程	黄 伟	
	53	进出口包装材料中砷、钡、镉、铬、汞、铅、硒、锑的检测 ICP MS 法	韩芳	
安徽省自然科学基金项目	1	食源性致病菌的 LAMP 检测技术研究	郑海松	
	2	红脂大小蠹对松树嗜食性及白僵菌生防研究	姚剑	G2010-355
	3	脱水蒜制品中卫生指标菌及主要致病微生物检测方法研究	余晓峰	
	4	氢化物发生—原子吸收光谱法测定柠檬酸中微量铅	王伟	G2010-312
	5	染色棉纱线染色性能检测方法的研究	张健	
	6	风险分析在出口炒应用研究货类休闲食品检验监管中的应用研究	黄伟	
	7	液相色谱—串联质谱结合化学计量学方法对茶叶进行快速鉴别和质量控制的研究	盛旋	
安徽省自然科学基金项目	1	环境水中痕量三唑类杂环农药的分子印迹检测技术	胡艳云等	
安徽省科委科研项目	2	食品中抗生素残留的测量评估，危害分析和防范措施研究	徐慧群等	05282
安徽省自然科学基金项目	3	红脂大小蠹信息和遗传分化性及其在检疫上的应用研究	姚剑等	070411029
安徽省地方标准	1	出口 H 型钢检验规程	卜志宏等	DB34/T211-2000
	2	轮胎拆装机	昂朝阳等	DB34/T228-2002
	3	移动液压千斤顶	昂朝阳等	DB34/T229-2002

第二节　科技成果

获奖的科技成果 科技工作是检验检疫工作中技术性含量较高的工作。随着世界科学技术进步，国际贸易中的商品结构不断发生变化，检验检疫技术要求越来越高。为适应形势发展要求，积极开展了检验检疫技术研究和应用工作，取得了一些成果。部分项目受到国家商检局、国家检验检疫局、国家质检总局和有关部门的奖励。

安徽商检局获得的科技成果

安徽商检局科技成果一览表

表 7–1–2

年份	项目名称	鉴定（应用）情况	类别
1982	出口食品沙门氏菌属包括亚利桑那检验方法的验证	当年经国家商检局鉴定验证数据证明此方法优于美国 AOAC 方法。确定为专业标准。获得 1984 年外贸部科技一等奖、1985 年国家科技进步三等奖。	国家商检局立项，安徽商检局是参加验证单位之一，获得荣誉证书和奖励。参加人员：袁越、孙朝金
1982	出口玉米中马拉硫磷残留量测定方法	1988 年通过国家商检局组织的鉴定，确定为专业标准，自 1989 年 9 月 1 日起实施，标准号：ZBB22014–88	国家商检局下达的科研项目，研究人员：朱梦栩、崔镜、王新
1982	出口苹果中乙硫磷残留量测定方法	1988 年通过国家商检局组织的鉴定，确定为专业标准，自 1989 年 9 月 1 日起实施，标准号：ZBB31013–88。	国家商检局下达的科研项目，研究人员：朱梦栩、崔镜、王新
1983	对出口粮食及食品中“六六六”、“DDT”等农药残留量的普查与研究	该项目获得 1985 年国家科技进步二等奖	由国家商检局组织各地商检局对本地区进行普查，安徽商检局获得奖励。参加人员：王新、朱梦栩
1984	出口无铅皮蛋的试制	当年试制成功，并由工厂小批量试产 38 箱 6080 枚发往香港试销。	安徽商检局立项研究人员：张锡秉、张正芳
1986	出口玉米中甲基嘧啶磷残留量测定方法	1988 年通过国家商检局组织的鉴定，确定为专业标准，自 1989 年 9 月 1 日起实施，标准号：ZBB22018–88。	国家商检局下达的科研项目，研究人员：朱梦栩、王新
1986	巯基棉直接分离、富集石墨炉原子吸收法定蜂蜜中铅测含量的方法	在实际检验中应用效果良好，比传统方法既简便又迅速。在全国第三届原子光谱学术会议上被评为优秀论文一等奖。	安徽商检局立项研究人员：马红岩、吴世平

续表 7-1-2

年份	项目名称	鉴定（应用）情况	类别
1986	出口玉米中马拉硫磷残留量测定方法	1988 年通过国家商检局组织的鉴定，确定为专业标准，自 1989 年 9 月 1 日起实施，标准号：ZBB22014-88。	国家商检局下达的科研项目，研究人员：朱梦栩、崔镜、王新
1986	出口芳香油、单离和合成香料—镏程的测定	1988 年通过国家商检局组织的鉴定，确定为专业标准，自 1989 年 3 月 30 日起实施，标准号：ZBY40014-88。	国家商检局下达的科研项目，研究人员：吕小斌
1987	铜精砂中铜、金含量的同时测定方法	在实际检验中应用，不但可节省样品分别处理时所需时间和试剂，而且测定的灵敏度和重现性也很理想，提高了工作效率和检测准确度。	安徽商检局立项 研究人员：吴世平、陈昌俊、马红岩、胡海明、陈彦侠
1987	原子吸收分光光度计应用于紫光可见分光光度分析	通过实际应用，提高了精密仪器使用效率，得到有关专家的较高评价，论文已在专业刊物上发表。	安徽商检局立项 研究人员： 吴世平、马红岩
1987	巯基棉富集分离，石墨炉原子吸收测定罐头及食品中铅、镉的方法	1988 年通过国家商检局组织的鉴定，确定为专业标准，1989 年开始实施，标准号：ZBX71003-88。	国家商检局下达的科研项目，研究人员：马红岩、吴世平
1988	出口棉纶丝束检验规程	1988 年通过国家商检局组织的鉴定，确定为专业标准。	国家商检局下达的科研项目 研究人员：施桂珍
1994	出口安全食品工程的研究：出口猪肉检验和质量控制与提高的研究	商检系统科技进步一等奖	国家商检局立项，安徽商检局是参加单位之一。 参加人员：朱梦栩
1994	出口留兰香油中内在组分的研究及香芹酮含量的色谱测定	通过国家商检局组织的鉴定，获安徽商检局科技进步二等奖	国家商检局下达的科研项目，研究人员：吕小斌、王新、朱梦栩
1996	出口茶叶中三氯杀螨醇残留量检验方法 --- 气相色谱法	通过国家商检局组织的鉴定，获商检系统科技进步三等奖、安徽商检局科技进步二等奖、	国家商检局下达的科研项目，研究人员：朱梦栩、王勇

安徽检验检疫局获得的科技成果

安徽检验检疫局获“科技兴检奖”科技成果一览表

表 7-1-3

年度	项目名称	等级	完成人	完成单位
2000	铁路运输出口危险品货物包装检验规程	三等	温劲松等	安徽检验检疫局
2000	现代商检业务网络集成系统	三等	刘俊等	安徽检验检疫局
2002	进出口检验检疫标准全文检索系统	三等	朱梦栩、吕小斌等	湖北检验检疫局
2004	公路运输危险货物包装检验安全规范系列标准	三等	温劲松等	山东检验检疫局
2005	主要食品的安全标准的基础研究子课题	二等	吴雪原等	中国标准化研究院
2005	铁路运输危险货物包装检验安全规范系列国家标准	三等	温劲松等	检验检疫协会
2005	化学品分类和标签安全规范——对水环境的危害系列标准	三等	温劲松等	山东检验检疫局
2007	食品储藏、包装运输过程中安全控制技术研究	一等	温劲松等	化工部标准化研究所
2009	十种植物繁殖材料病毒快速检测体系的研究	三等	余晓峰等	安徽检验检疫局

安徽检验检疫局“科技兴检奖”（2009—2010 年）项目一览表

表 7-1-4

等级	项目名称	完成人	完成单位
二等	粗铜中金、银量的测定 火试重量法	孙致安	铜陵检验检疫局
二等	检测实验室人员绩效评估体系的研究	马红岩	技术中心
二等	进出口铜精矿中多种杂质元素的测定 电感耦合等离子体发射光谱（ICP-AES）法	马红岩	技术中心
一等	食品中二氧化硫检测方法的评价和研究	芦雁	检务处
一等	虾仁超高压杀菌保鲜关键技术研究	吕小斌	技术中心

获国家检验检疫局或国家质检总局优秀科技论文奖论文一览表

表 7-1-5

年度	论文名称	等级	作者	完成单位
2001	再谈掺假薄荷原油的鉴别	三等	张祥等	化矿处
2001	食品中偶氮染料 PONCEAU 2R 的快速测定	三等	郑屏等	技术中心
2001	浅谈我国有机食品发展策略	三等	李寒松等	认证处
2008	粮谷中热不稳定性农药多残留量的检测方法——气相色谱质谱法：评价柱头进样方式和常规热不分流进样方式的影响	二等	郑屏等	技术中心
2008	畜禽产品中单核细胞增生李斯特氏菌的快速检测	三等	余晓峰等	技术中心
2008	僵菌脂肪酸、酯酶、脂肪酶及其与毒力的关系	三等	姚剑等	技术中心
2008	冷柱头进样技术在食品中多残留农药分析中的应用研究	二等	郑屏等	技术中心
2009	畜禽产品中单核细胞增生李斯特氏菌的快速检测	三等	余晓峰等	技术中心

获安徽省优秀科技论文奖论文一览表

表 7-1-6

年度	论文名称	作者	完成单位
2000	关于触蒸对煮茧丝胶溶失率影响因素的研究	张健等	技术中心
2003	生丝国家新标准的颁布实施对缫丝企业的影响	孟毅祥等	技术中心
2003	关于《生丝》标准送审稿的试套验证	孟毅祥等	技术中心
2007	生丝实验室检测过程的管理	诸声伟等	技术中心
2008	冷柱头进样技术在食品中多残留农药分析中的应用研究	郑屏等	技术中心

第三节　科技设备

安徽检验检疫机构初建时，检验检疫仪器设备很少。20 世纪 70 年代末，仪器设备总值只有十几万元。20 世纪 80 年代，随着安徽商检机构的发展，新建 5 层 3304 平方米的检验检疫办公大楼。按照进出口商品类别设置专业检验室和综合化验室，陆续添置一批较先进的检测仪器设备。1987 年起，按照国家商检二级认证实验室的标准要求，对局实验室进行改造，改善了检测环境、增添了一些较先进的精密仪器设备。1990 年，中心实验室、纺织材料实验室、农副产品检验实验室、家用电器电子产品电气安全实验室、金属材料力学金相实验室等5个实验室通过国家商检二级认证实验室考核评审。截至2010年，仪器设备总值已达10868.5万元。

安徽检验检疫局20万元以上仪器设备一览表

表7-1-7

统一编号	资产名称	型号规格	生产国别	制造厂商	到货日期	原值（元/人民币）
198634AQ0010	纱线条干均匀度仪	USTER TESTER I	瑞士	USTER LTD	1986年11月15日	225133.11
199134AQ0007	高速冷冻离心机	J2-HS	美国	贝克曼公司	1991年11月20日	230943.92
199234F00020	ICP发射光谱仪		法国	科梅夫公司	1992年12月8日	854379.00
199334G00050	原子吸收分光光度计	AA-680G	日本	日本岛津公司	1993年4月2日	371889.82
199434AQ0001	气相色谱仪	HP5890B	美国	惠普公司	1994年5月6日	220652.50
199434AQ0006	气相色谱仪（气质）	GC-5890B/5972	美国	惠普公司	1994年9月25日	708283.90
199534AQ0005	气相色谱仪	PE AUTO SYSTEM	美国	PE公司	1995年12月20日	280360.00
199734AQ0001	液相色谱仪	HP1100	美国	惠普公司	1997年11月28日	537600.00
199734AQ0003	原子吸收分光光度计	PE300	美国	PE公司	1997年6月8日	680080.00
199834F00062	微波煮解器	MARS-5	美国	培安公司	1998年9月20日	336000.00
199934AQ0027	自动免疫分析仪	MINIVIDAS	美国	梅里埃公司	1999年12月28日	240840.00
199934F00176	直读光谱仪	ARL 4460	瑞士	瑞士ARL公司	1999年6月20日	614318.40
199934I00011	碳硫分析仪	LECOCS200	美国	LECO公司	1999年6月20日	377689.44
200034F00406	原子吸收分光光度计	PE800	美国	PE公司	2000年12月22日	799600.00

续表 7-1-7

统一编号	资产名称	型号规格	生产国别	制造厂商	到货日期	原值（元/人民币）
200134AQ0001	粉碎混合机	STEPHAN UM44A	德国	STEPHAN 公司	2001 年 10 月 16 日	228868.00
200134AW0001	X 光机诊断仪	万东 F51-5	中国	北京万东公司	2001 年 10 月 26 日	658550.00
200134I00012	电液伺服万能试验机	WAW Y1000	中国	济南试金集团公司	2001 年 11 月 30 日	779680.00
200234AB0001	立体显微镜	M2	德国	莱卡公司	2002 年 12 月 25 日	207000.00
200234AQ0001	气相色谱仪	Agilent6890N	美国	安捷伦公司	2002 年 12 月 31 日	268500.00
200234AQ0008	色谱质谱联用仪	Agilent6890N	美国	安捷伦公司	2002 年 12 月 31 日	930000.00
200234AQ0009	微生物鉴定仪	VITEK32	法国	生物梅里埃公司	2002 年 12 月 31 日	578000.00
200234AW0012	生化分析仪	康微 2900	美国	康微公司	2002 年 12 月 31 日	390000.00
200234B00006	立体显微 MZ212.5	MZ212.5	德国	莱卡公司	2002 年 12 月 25 日	207000.00
200234G00011	立体显微镜	M2	德国	莱卡公司	2002 年 12 月 26 日	207000.00
200234I00008	倒置金相显微镜	GX51	日本	奥林巴斯公司	2002 年 12 月 20 日	288000.00
200334AF0004	原子吸收光谱仪	spectr AA-55B	美国	瓦里安公司	2003 年 12 月 23 日	230000.00
200334AP0005	红外热成像测温系统	IR235	中国	武汉高德公司	2003 年 12 月 1 日	261160.00
200334AQ0002	液相色谱荧光检测器	1525/2475	美国	Waters 公司	2003 年 10 月 22 日	338000.00
200334AQ0009	液质联用仪	Anglent 1100	美国	安捷伦公司	2003 年 6 月 30 日	1698000.00
200334AQ0012	Charm II7600 检测系统	CharmII7600	美国	Charm 公司	2003 年 7 月 24 日	298700.00
200334B00075	生化分析仪	康微 2900	美国	康微公司	2003 年 12 月 11 日	355000.00

续表 7-1-7

统一编号	资产名称	型号规格	生产国别	制造厂商	到货日期	原值（元 / 人民币）
200334B00084	原子吸收光谱仪	Analyst 700	美国	Perkin Elmer 公司	2003 年 12 月 25 日	500000.00
200434AQ0024	气相色谱仪	Anglent 6890	美国	安捷伦公司	2004 年 12 月 24 日	377955.90
200434AQ0028	大容量棉花综合测试仪	HVI spectrum I	美国	USTER 公司	2004 年 12 月 30 日	1580000.00
200434B00020	气相色谱仪	Anglent 6890	中国	安捷伦公司	2004 年 12 月 24 日	377955.90
200534AQ0013	基因探针化学发光检测仪	GEN–probe	法国	生物梅里埃公司	2005 年 12 月 2 日	340000.00
200534AQ0042	荧光 PCR 仪	ABI7500	美国	ABI 公司	2005 年 12 年 13 日	539500.00
200534AW0004	全自动生化分析仪	backman	中国	贝克曼公司	2005 年 12 月 31 日	560250.00
200534B00002	X 光机 F51—6H	F51–6H	中国	万东医疗公司	2005 年 4 月 8 日	500000.00
200534D00012	X 光机	F51–5H	中国	万东医疗公司	2005 年 11 月 29 日	580000.00
200534I00018	原子吸收分光光度计	AA240FS	美国	瓦里安公司	2005 年 12 月 13 日	245571.74
200634AM0090	等离子发射光谱仪	ICAP 6300	美国	热电仪器公司	2006 年 12 月 15 日	853600.00
200634AQ0002	气质联用仪	HP6890–5975	美国	安捷伦公司	2006 年 12 年 15 日	756000.00
200634AQ0005	实验台（新大楼）	2400*750	中国	北京鸣远实验家具	2006 年 12 月 13 日	449950.00
200634AQ0006	通风柜	1500*1800	中国	北京鸣远实验家具公司	2006 年 12 月 13 日	336700.00
200634AQ0008	凝胶色谱仪	Finagni GPC VARO	美国	LCTECH 公司	2006 年 12 月 15 日	300000.00
200634AW0001	B 超诊断仪	G20	德国	西门子公司	2006 年 9 月 29 日	398600.00

续表 7-1-7

统一编号	资产名称	型号规格	生产国别	制造厂商	到货日期	原值（元/人民币）
200634F00001	废气处理装置	SBW-100	中国	南通昆仑玻璃钢厂	2006年9月30日	399630.00
200734AM0022	X射线荧光光谱	A * ISO	中国	中轻公司	2007年11月22日	2028000.00
200734AM0100	马福炉	纳博热	德国	纳博勒公司	2007年12月10日	500000.00
200734AM0142	B超机	西门子	德国	西门子公司	2007年12月18日	299000.00
200734AM0160	气相色谱仪	岛津 GC-2010	日本	岛津公司	2007年12月18日	286000.00
200734AQ0019	全自动核酸提纯系统	EASY　MAG	中国	安徽亚美亚	2007年12月10日	761000.00
200734AQ0022	液质联用仪	API4000	美国	API公司	2007年12月11日	2640000.00
200734AQ0026	恒温恒湿系统	JOTON-JOV26	中国	南京拓展	2007年12月19日	630000.00
200734AQ0028	液质联用仪配件	API-4000II	中国	安徽亚美亚	2007年12月27日	555500.00
200834AM0003	B超机 Sonoline G20	Sonoline G20	德国	西门子	2008年6月20日	286000.00
200834AM0006	微波消解仪	Marsxpress	美国	CEM公司	2008年8月22日	240200.00
200834AM0007	微波消解仪	Marsxpress	美国	CEM公司	2008年8月22日	250170.00
200834AM0008	等离子体发射光谱仪	Lcap6300 Duo	美国	美国热电公司	2008年8月22日	743600.00
200834AM0009	液相色谱仪 Anglent 1200	Anglent　1200	美国	安捷伦	2008年8月22日	323200.00
200834AM0026	气相色谱质谱联用仪	300GCMSMS	美国	瓦里安公司	2008年11月17日	1538000.00
200834AM0091	电液伺服钢绞线试验机	SHT4605G	中国	深圳新三思	2008年12月19日	297600.00

续表 7–1–7

统一编号	资产名称	型号规格	生产国别	制造厂商	到货日期	原值（元 / 人民币）
200834AQ0002	超速制备离心机	Optima L–100xp	美国	贝克曼	2008 年 7 月 31 日	693000.00
200834AQ0003	高速冷冻离心机	Avanti–30I	美国	贝克曼	2008 年 7 月 31 日	284000.00
200834AQ0005	微波消解仪	Marsxpress	美国	CEM 公司	2008 年 8 月 22 日	275200.00
200834AQ0006	微波消解仪	Marsxpress	美国	CEM 公司	2008 年 8 月 22 日	281390.00
200834AQ0007	微波消解仪	Marsxpress	美国	CEM 公司	2008 年 8 月 22 日	275200.00
200834AQ0008	超效液相色谱仪	Waters UPLC	美国	美国沃特斯公司	2008 年 8 月 22 日	879500.00
200834AQ0009	原子吸收光谱仪	PEAA800	美国	PE 公司	2008 年 8 月 22 日	556000.00
200834AQ0010	原子吸收光谱仪	PEAA800	美国	PE 公司	2008 年 8 月 22 日	556000.00
200834AQ0011	原子吸收光谱仪	PEAA800	美国	PE 公司	2008 年 8 月 22 日	556000.00
200834AQ0012	气质联用仪	5975C	美国	安捷伦	2008 年 8 月 22 日	666650.00
200834AQ0013	气质联用仪	5975C	美国	安捷伦	2008 年 8 月 22 日	646700.00
200834AQ0014	气质联用仪	QP2010	日本	岛津公司	2008 年 8 月 22 日	552600.00
200834AQ0015	微生物鉴定仪	II–Compact	法国	维泰克公司	2008 年 8 月 22 日	523600.00
200834AQ0016	气相色谱仪	Anglent 7890	美国	安捷伦	2008 年 8 月 22 日	444400.00
200834AQ0017	气相色谱仪	Anglent 7890	美国	安捷伦	2008 年 8 月 22 日	400700.00
200834AQ0018	气相色谱仪	Anglent 7890	美国	安捷伦	2008 年 8 月 22 日	444400.00
200834AQ0019	气相色谱仪	Anglent 7890	美国	安捷伦	2008 年 8 月 22 日	343800.00

续表 7-1-7

统一编号	资产名称	型号规格	生产国别	制造厂商	到货日期	原值（元 / 人民币）
200834AQ0020	液相色谱仪	Anglent 1200	美国	安捷伦	2008 年 8 月 22 日	461700.00
200834AQ0021	超高压色谱仪	Anglent RRLC	美国	安捷伦	2008 年 8 月 22 日	623300.00
200834AQ0022	体视显微镜	Imager-A1	德国	莱斯公司	2008 年 9 月 3 日	622600.00
200834AQ0024	离子色谱仪	TCS-3000	美国	美国戴安公司	2008 年 10 月 17 日	721919.00
200834AQ0025	快速溶剂萃取仪	ACE　300	美国	戴安公司	2008 年 10 月 17 日	494081.00
200834AQ0026	气相色谱质谱联用仪	300GCMSMS	美国	瓦里安公司	2008 年 11 月 17 日	1538000.00
200834AQ0036	电感耦合等离子体质谱仪	PCS-IP	美国	ELAN DRC	2008 年 11 月 20 日	1490600.00
200834AQ0041	全自动 DNA/RNA 分析系统	QIAXCEL	瑞士	QIAGEN	2008 年 12 月 15 日	360000.00
200834AQ0042	等离子光谱质谱仪	7500CX	美国	安捷伦	2008 年 12 月 15 日	1106000.00
200834AQ0043	液相色谱质谱联用仪	API 4000	美国	AB 公司	2008 年 12 月 15 日	2573370.00
200834AQ0044	等离子光谱质谱仪	ELANDRC-E	美国	PE 公司	2008 年 12 月 15 日	1459000.00
200834AQ0048	液相色谱串联质谱联用仪	1200+6410B	美国	Agilent	2008 年 12 月 16 日	1955900.00
200834AQ0050	台式离心机	激光诱导荧火检测器	美国	贝克曼	2008 年 12 月 16 日	360000.00
200834AQ0051	多功能微孔板检测仪	PARADIGM	美国	贝克曼	2008 年 12 月 16 日	362000.00
200834AQ0056	毛细管电泳仪	P/ACE MDQ	美国	贝克曼	2008 年 12 月 19 日	576000.00
200834AQ0057	倒置显微镜	DMI 3000B	德国	徕卡	2008 年 12 月 19 日	240000.00

续表 7-1-7

统一编号	资产名称	型号规格	生产国别	制造厂商	到货日期	原值（元 / 人民币）
200834AQ0065	全自动固相萃取仪	SPEi	美国	J2	2008 年 12 月 19 日	393800.00
200834AQ0066	双臂万能材料试验机	3365	美国	INSTRON	2008 年 12 月 19 日	482000.00
200834AQ0081	能量色散 X 荧光光谱仪	EDX-720	日本	岛津	2008 年 12 月 19 日	478000.00
200834AQ0082	高级电动显微镜	Axioimager	德国	ZEISS	2008 年 12 月 19 日	478700.00
200834AQ0083	凝胶色谱仪	GDC	美国	J2	2008 年 12 月 19 日	350000.00
200834AQ0090	顶空进样器	TrurboMartix	美国	PE 公司	2008 年 12 月 19 日	359500.00
200834AQ0093	定氮仪	2300	瑞典	FOSS	2008 年 12 月 19 日	373900.00
200834AQ0096	全自动索取氏抽提器	B-811	瑞士	BUCHI	2008 年 12 月 26 日	222000.00
200834AW0003	全自动酶标分析仪	西亚克 Alisei	意大利	西亚克公司	2008 年 8 月 22 日	412100.00
200834AW0004	五分类血细胞分析仪	COULTER	美国	贝克曼	2008 年 8 月 22 日	298000.00
200834AW0005	电化学发光仪	E411	美国	罗氏	2008 年 9 月 3 日	420000.00
200834AW0006	全自动免疫酶标分析仪	VIDAS 30	法国	生物梅里埃	2008 年 9 月 3 日	496260.00
200834AW0008	B 超机	Envisor CHD	荷兰	飞利浦	2008 年 11 月 14 日	668000.00
200834AW0013	骨密度仪	Insight	美国	GE	2008 年 12 月 19 日	268000.00
200834AW0017	全自动酶免分析仪	STARLET4CH-1W-5P	瑞士	哈美顿	2008 年 12 月 29 日	980000.00
200934AM0178	原子荧光光度计	AFS-930D	中国	北京吉天	2009 年 12 月 1 日	220000.00
200934AQ0003	高速冷冻离心机	AvantiJ-30I	美国	贝克曼	2009 年 11 月 23 日	279300.00

续表 7-1-7

统一编号	资产名称	型号规格	生产国别	制造厂商	到货日期	原值（元 / 人民币）
200934AQ0005	同位素质谱计	20-20H	英国	SERCON	2009 年 8 月 24 日	2820000.00
200934AQ0006	全自动微生物定量检测仪	BAX Q7	美国	杜邦公司	2009 年 11 月 26 日	768000.00
200934AQ0011	辐射食品检测仪	SURRC PPSL	中国	上海吉帮	2009 年 12 月 10 日	235000.00
200934AQ0016	全封闭隔离饲养笼	2L12MAC30TT	意大利	PECMAP	2009 年 12 月 15 日	233200.00
200934AW0003	微生物鉴定仪	COMPACT	法国	梅里埃	2009 年 8 月 27 日	600000.00
200934AW0004	全自动酶标仪	ALISER	美国	ALISER	2009 年 8 月 28 日	350000.00
200934AW0005	荧光定量 PCR 仪	ABI-7500	美国	ABI	2009 年 11 月 4 日	440000.00
200934AW0007	黑白超声诊断仪	Prosound 4	日本	阿洛卡	2009 年 11 月 4 日	230000.00
200934AW0009	单槽 CR 系统	Point-of-care	美国	柯达	2009 年 12 月 10 日	338000.00
200934AW0013	全自动核酸提纯仪	QIACUBE	德国	QIAGEN	2009 年 12 月 10 日	298000.00
200934R00027	单板 DR（直接数字 X 线摄影系统）	Dijital DiagnostVR	美国	PHILIPS	2009 年 12 月 10 日	1453500.00
201034AM0030	全自动快速致病菌检测仪	MINI VIDAS	中国	梅里埃	2010 年 11 月 25 日	275800.00
201034AQ0083	生物化学分析仪器（生物芯片分析系统）	晶 BIOMIXERII/ LUXSCAN10K-A/ SMARTARRAY48	中国	四川甲骨基因科技有限公司	2010 年 9 月 20 日	1196000.00
201034AQ0084	测试片自动判读仪	6499	中国	南京晟康生化科技有限责任公司	2010 年 9 月 28 日	119000.00

续表 7-1-7

统一编号	资产名称	型号规格	生产国别	制造厂商	到货日期	原值（元 / 人民币）
201034AQ0085	微波灰化炉	pyro	意大利	合肥市科跃实验室设备有限公司	2010 年 9 月 29 日	219600.00
201034AQ0088	自动涨破强度测试仪	M229	中国香港	锡莱—亚太拉斯香港有限公司	2010 年 11 月 24 日	333500.00
201034AQ0089	耐静水压测试仪	M018	中国香港	锡莱—亚太拉斯香港有限公司	2010 年 11 月 24 日	203000.00
201034AW0254	无散瞳眼底照相机	TRC-NW300	日本	日本株式会社拓普康	2010 年 11 月 24 日	272000.00
201034AW0255	数字血型分析仪	WADiana Compact	西班牙	西班牙戴安娜	2010 年 11 月 24 日	545000.00
201034AW0256	荧光显微镜	DMI3000B	德国	德国徕卡	2010 年 11 月 24 日	278000.00

第四节　科技经费

安徽检验检疫局科技经费较少。2005 年，获国家质检总局、认监委科研制标经费 12 万元。2006 年，获国家质检总局、认监委科研制标经费 23 万元。2007 年，获国家质检总局、认监委科研制标经费 44 万元。2008 年，获国家质检总局、认监委科研制标经费 63.5 万元，获安徽检验检疫局科研补助经费 10 万元。2009 年，获国家质检总局、认监委科研制标经费 83.5 万元，获安徽检验检疫局科研补助经费 6 万元。2010 年，获国家质检总局、认监委科研制标经费 81 万元。

第五节　科技文献

科技论文、手册及资料　鼓励专家撰写科技论文。2000 年起，精选优秀论文并编印《安徽检验检疫论文选编（2000—2003）》《2004 年度安徽检验检疫论文集》《2005 年度安徽检验检疫论文集》。建立国内外标准资料电子文本库，广泛收集国家、行业、地方、企业标准和国际、国外标准、国外技术法规。其中国外标准收集了美国、澳大利亚、英国、加拿大、德国、日本、韩国、新加坡、菲律宾等20个国家和AASHTO、AATCC、AOAC、FCCV、FFV、IEC、ISO、UL等国外先进标准。同时还搜集了大量的欧盟指令和美国联邦法规等国外技术法规。建立标准和国外技术法规收集渠道并完善电子标准库。

文件标准

1992—2010年安徽商检局、安徽检验检疫局制定标准一览表

表7-1-8

类别	名称	标准号
国家标准	铁路运输危险货物包装检验等安全规范——通则	GB19359.1-2003
	铁路运输危险货物包装检验安全规范——使用检定	GB19359.2-2003
	公路运输危险货物包装检验安全规范——使用检定	GB19269.3-2003
国家标准	化学品分类、警示标签和警示性说明 安全规范皮肤腐蚀/刺激	GB 20593-2006
行业标准	出口熟肉制品检验规程	SN/T0977-2000
	出口薇菜干、鲜蒜苔检验规程	SN/T1006-7-2001
	出口山蛰菜检验规程	SN/T1387-2004
	出口鲜竹笋检验规程	SN/T1352－2004
	进出口轮胎检验规程(第6部分 摩托车轮胎)	SN/T1636.6-2005
	火试金重量法测定粗铜中金、含量	SN/T1789-2006
	进出口肉类罐头中铅、镉的检验方法:原子吸收光谱法	SN/T0851-2000
	进出口鲜蒜苔检验规程	SN/T1007-2001
	出口粮谷中马拉硫磷残留量检验方法	SN0131-1992
	出口粮谷中甲基嘧啶磷残留量检验方法	SN0137-1992
	出口黑白电视广播接收机技术性能检验规程	SN0024-1992
	出口彩色电视广播接收机技术性能检验规程	SN0025-1992
	进出口水果和蔬菜中唑螨酯残留量检测方法 高效液相色谱法	SN/T1977-2007
	出口商品运输包装塑料编织袋检验规程	SN/T0274-1993
	出口商品运输包装复合塑料编织袋检验规程	SN/T0275-1993
	出口水泥类商品运输包装检验规程	SN/T0713-1997
	出口金属罐装食品类商品运输包装检验规程	SN/T0714-1997

续表 7–1–8

类别	名称	标准号
行业标准	出口芳香油、单离和合成香料馏程的测定法	SN/T0735.14–1999
	出口芳香油、单离和合成香料水分测定法（蒸馏法）	SN/T0735.16–1999
	铁路运输出口危险货物包装检验规程：总则	SN/T0805.1–1999
	铁路运输出口危险货物包装检验规程：使用鉴定	SN/T0805.3–1999
行业标准	进口铜精矿中杂质元素含量的测定 电感耦合等离子体原子发射光谱法	SN/T2047–2008
	进口锦纶丝束检验规程	SN/T0054–1992
	进口彩色电视广播接收机技术性能检验规程	SN/T0904–2000
	出口水果中乙硫磷残留量检验方法	SN0151–1992
	出口茶叶中三氯杀螨醇残留量检验方法气相色谱法	SN/T0348.1–1995
	进口铜精矿中多种杂质元素的测定	SN/T2047–2008
	进出口食品添加剂检验规程 第 25 部分：食品工业用加工助剂	SN/T2360.25–2009
	食品接触材料检验规程 纺织材料类	SN/T2495–2010
	红脂大小蠹检疫鉴定方法	SN/T2599–2010
	进出口粮谷中马拉硫磷残留量检测方法	SN/T0131–2010
	进出口茶叶中三氯杀螨醇残留量检测方法	SN/T0348.1–2010
	进口硫化铜精矿检验规程	SN/T2673–2010
地方标准	出口英制千分尺	DB34/T134–1997
	出口编织渔网用热镀锌钢丝	DB34/T135–1997
	出口糖水板栗罐头检验规程	DB34/T136–1997
	精馏薄荷原油	DB34/T145–1997
	三炼薄荷素油	DB34/T146–1997
	出口 H 型钢检验规程	DB34/T211–2000
	轮胎拆装机	DB34/T228–2002
	移动液压千斤顶	DB34/T229–2002
	水体中三嗪类除草剂检测方法 分子印迹固相萃取－液相色谱串联质谱法	DB34/T1483–2002

专业书籍　安徽检验检疫局职工积极参与编写、出版检验检疫专业类书籍。1990年，朱梦栩参与编译由湖南科技出版社出版的《FDA-PAM 农药残留量分析手册》；1995 年，朱梦栩参与编译对外经贸出版社出版的《各国食品和饲料中农药、兽药残留量大全》；1997 年，邵建明编撰《出口禽肉加工卫生指南》，由安徽科技出版社出版。1999 年，朱梦栩以编委的身份参与湖南科技出版社出版的《保健食品工程》的编写工作。2000 年，陈钧编撰《进口轿车发动机检验与维修》《进口轿车故障诊断与维修》《进口轿车传动系统检验与维修》，由安徽科技出版社出版。2001 年，余晓峰参与编撰《进出口矿产品检测集萃》，由中国标准出版社出版。2004 年，陈钧编撰《汽车故障代码速查手册》，由安徽科技出版社出版。2005 年，姚剑编撰《迈入二十一世纪的中国生物防治》，由中国农业科技出版社出版。2006 年，朱梦栩作为副主编参加由对外经贸出版社出版的《食品中的危害与安全监控要典》的编译，余晓峰编撰《食品安全管理与检测技术新编》，由中国计量出版社出版。2007 年，余晓峰编撰《USDA/FSIS 微生物实验室检测指南》，由中国农业科技出版社出版。2008 年，王虎、陈宇在由中国纺织出版社出版的《出入境检验检疫法律基础教材》中负责第三篇第二章《进出境动植物检疫法律制度》的编辑工作。

专业资料与培训教材　2007 年，安徽检验检疫局汇集检验检疫各专业专家汇编《检验检疫基础知识教程》。

第六节　技术交流

2006 年，安徽检验检疫局与云南检验检疫局合作《大小蠹重要属种中国潜在分布区研究及对黄山风景区潜在风险性分析》课题，与湖南检验检疫局合作《出口茶叶农药残留控制关键技术》课题。

2007 年 12 月 21 日，安徽检验检疫局与法国生物梅里埃公司签订合作协议，共建“安徽 CIQ—生物梅里埃示范实验室”。同国内高等院校中国科学技术大学、安徽大学、合肥工业大学、安徽医科大学、安徽农业大学等和安徽省计量测试研究所、安徽省农业科学院、安徽省产品质量监督检验所等科研院所、检验机构建立了密切的合作关系。

2008 年，印度尼西亚农业部检疫署两次派代表团来安徽检验检疫局，就安徽水稻杂交种子出口印度尼西亚前检疫有关事项进行洽谈，签定《中国安徽水稻杂交种子输往印度尼西亚出口前检疫会谈纪要》。纪要的签定对促进双方检验检疫部门加强合作，共同促进安徽水稻杂交种子出口发挥了积极的作用。

2007—2010 年，安徽检验检疫局根据国家质检总局科研课题与高校和科研单位展开密切合作。与中国科技大学合作《三唑类杀菌剂残留的新型亲和萃取技术及 HPLC/

MS/MS 确证检测技术研究》课题；与安徽农业大学合作《砀山梨高效安全控制措施——梨炭疽等发病规律及纳米硅诱导抗性的研究》课题；与安徽农业科学院合作《针对稻粒黑粉病菌的杂交稻种出口前检疫处理方法研究试验协议书》课题。

2000—2010 年参加国家质检总局系统科技培训或技术交流情况一览表

表 7-1-9

培训时间	培训班名称
2000 年	旅行卫生保健、口岸医院门诊部定向培训班
	实蝇诱捕检测相关技术培训班
	出入境检验检疫综合业务计算机管理系统培训
	媒介生物鉴定和标本制作培训
	铁路危险包装检验培训班
	检验检疫传染病防治培训班
2001 年	有机农业和有机农产品生产、管理培训
	WTO/TBT—SPS 协议培训
	茶叶农残留研究
2002 年	检验检疫业务统计培训班
2003 年	CNAL 实验室评审员培训班
	罐头食品专业人业务培训
	标准化工作导则
	艾滋病快速检测技术
	美国生物恐怖应对法与食品出口
	全国国境口岸卫生检查员培训班
	CIQ2000V2.0 系统应用培训

续表 7-1-7

培训时间	培训班名称
2004 年	全国出口产品蜂产品中兽药残留检测技术培训班
	危险品及危险品包装技术培训
	动植物检疫出国预检人员培训班
	国内外纺织服装产品技术法规标准培训班的通知
	第二期出入境检验检疫实验室负责人培训班
	价值鉴定培训
	卫生检疫行业标准技术培训班
	国家残留物质分析与仪器操作
	国际动物检收实验室间能力验证培训班
	CQC 的 HACCP 审核员持续培训班
	原子荧光培训班
	LC/MSQ 化学工作站操作
	不确定度培训
	危险品及危险品包装技术危险品培训
	进境动物检疫审批
	HACCP 审核员持续发展培训班
	种苗传毒检测技术培训班
	推荐缺陷汽车产品召回专家库专家
	四环素残留监控检测新技术培训及比对实验
	卫生注册规定与食品企业 HACCP 体系建立培训班
	进口食品包装检验检疫管理及检测技术培训班

续表 7-1-7

培训时间	培训班名称
2005 年	标准审定会
	实验室质量控制技术研讨会
	口蹄疫检则培训班
	红火蚁检疫技术培训班
	奶粉中阪崎肠杆菌检测方法培训班
	医学媒介生物培训班
	科技成果登记系统 V3.0 版软件培训
	进境肉类培训班
	进口旧机电产品装运前预检验
	危包装检验工作研究
	全国检验检疫系统鼠疫培训班
	猪链球菌 2 型相关知识和检测技术培训班
	OIE 标准研讨会
	口蹄疫新型检测技术培训班
	进境肉类培训班
	食品安全管理体系审核员专业发展培训
	食品安全检测技术高级研修班
	国家科技成果登记系统 V3.0 版培训
	动物检疫新技术培训班
	集装箱检验检疫业务培训班
	动物源性食品监控工作会议及培训班

续表 7-1-7

培训时间	培训班名称
2005 年	全国进出境食品化妆品标签培训班
	出口商品装运前检验业务培训班
	对出口危包检验人员进行培训和资格考试
	新版 ISO/IEC17025 标准
	举办泡菜及相关产品中寄生虫卵检验技术的培训班
	新增新进境植物检疫性有害生物鉴定技术培训班
	检验检疫业务统计培训班
2006 年	BBR50HC 红外线体温检测仪校准装置使用培训
	食品安全管理体系系列标准宣贯班
	进口废物原料检验检疫人员持证上岗业务培训班
	禽流感等重大动物疫情防控预案培训班
	全国进出口轮胎检验培训班
	国家局第一期进出口食品安全培训班
	国家局第二期进出口食品安全培训班
	第三期全国质检系统 WTO 业务培训班
	第一期 SN0400《进出口罐头食品检验规程》宣贯班
	口蹄疫新型检测技术研讨会
	第一期卫生检疫监管培训班（预防接种）
	2006 年 CNAL 实验室评审会培训研讨会

续表 7–1–7

培训时间	培训班名称
2006 年	口岸卫生应急管理数据库和船舶卫生监督系统的填写 \ 维护
	第二期卫生检疫监管培训班
	国家局第一期预防接种培训班
	中澳检疫熏蒸技术培训班
	机械安全及机床检测培训班
	国家质检总局第一期检验监管培训班
	第二期 SNO400《进出口罐头食品检验规程》宣贯班
	进口废物原料检验检疫岗位资格培训班
	CFCs 检测技术培训班
	标准化发展战略高级研修班
	中国 \ 欧盟有机产品法规标准培训班
	美国新鲜果蔬良好农业规范 (GAP) 教师培训班
	水生动物疫病检测技术研讨会
	日本“肯定列表制度”相关检测技术培训
	出口米制品转基因大米成分检测技术培训班
	“入境货物口岸内地联合执法系统”推广应用工作
	卫生检疫电子监管系统培训
	与日本谷物检定协会开展技术交流活动
	第三期进出口食品安全培训班
	国家质检总局第二期检验监管培训班（暨进口旧机电备案人员培训班）

续表 7-1-7

培训时间	培训班名称
2007 年	国家质检总局 2007 年度欧盟化妆品法规培训班
	国家质检总局 2007 年度《国际卫生条例（2005）》宣贯培训班
	医学媒介生物采集、标本制作及分类鉴定培训班
	口岸卫生监督快速检测技术培训班
	动植物检验检疫管理培训班
	RoHS 认证工厂检查员培训班
	赴加拿大进行西罗热监测与监测培训
	食品、农产品质量安全控制高级研修班
	实验室资质认定评审员培训班
2008 年	国家质检总局 2007 年度欧盟食品法规培训班
	食品安全与防护培训班
	外来传染病监测技术培训班
	玩具及电子电器产品强制性认证监管及执法业务培训
	主要生物战剂和新发传染病监测技术研讨班
	国家质检总局 2008 年度进口旧机电产品备案人员资质培训班
	媒介生物携带病原体检测技术培训班
2009 年	检验检疫标准管理信息系统培训班
	出入境检验检疫系统实验室负责人培训班
2010 年	质检科技管理培训赴美团组出访
	2010 年度全国质检科研管理暨科研管理信息系统培训班

第二章　实验室建设

2010年，安徽检验检疫系统有各类实验室16个。获国家级计量认证资质和CNAS认可的实验室11个。分别为商品检验类实验室8个（生物分中心、纺织分中心、化学分中心、铜产品实验室、金属材料实验室、芜湖综合实验室、安庆综合实验室、蚌埠柠檬酸实验室），卫生检疫类实验室3个（省保健中心、芜湖卫检分中心、安庆卫检分中心），无资质的实验室5个（茶叶实验室、玩具实验室、植物检疫实验室、转基因实验室、阜阳综合实验室）。从管理体制上分，保健中心管理的实验室3个，技术中心管理的实验室9个，分支机构管理的实验室5个。

多年来，免费为出口企业开展企业实验室人员培训和产品检验知识培训，帮助企业实验室检验人员和质量检验人员提高专业水平和检验水平，指导企业提高产品质量与安全自检自控能力。对于出口企业急需上岗的实验室检验人员，出口企业可以选派人员到安徽检验检疫局技术中心实验室免费培训学习。至2010年，实验室承担着全省2400多个企业检验检测业务，可对800多个项目进行检验检测，技术水平保持在国内较先进的行列。

同时，通过安徽检验检疫局门户网站及时发布国外新的技术法规、检验标准、检测方法等信息，帮助企业采取相应措施，应对国外技术壁垒。

第一节　化学技术分中心

安徽检验检疫局化学技术分中心是2001年在技术中心化学实验室基础上设立的专业检测机构。2003年，在分中心的基础上，国家质检总局规划成立安徽残留及食品营养分析实验室（区域中心实验室）、国家食品添加剂及残留分析重点实验室；2007年5月实验室由芜湖路搬迁至屯溪路办公楼,实验室面积从600平方米扩展到1500平方米。

人员组成　1999年“三检合一”实验室成立之初，有工作人员5人。截至2010年，实验室人员为21人，其中高级职称3人，中级职称4人。

实验室管理　2000年，实验室按ISO/IEC导则25建立质量管理体系并通过CCIBLAC认可。

2003年，通过实验室CNAL、CMA评审。被国家质检总局指定为生物毒素检测机构。

2005年，实验室按照ISO/IEC17025：2005标准要求建立新的质量管理体系并于当年通过CNAS和国家级CMA计量认证评审。被欧盟技术委员会授予为出口欧盟茶叶指定检测机构。

2006年，实验室通过CNAS和CMA复评审。

2007年，食品包装材料检测业务纳入实验室管理。

2008年，实验室通过CNAS和CMA监督评审和国家实验室资质认定评审。

2009年，实验室通过CNAS和CMA复评审，被国家质检总局指定为输台中药材检测机构。

2010年，被国家质检总局指定为输台大闸蟹检测机构。

仪器设备 1999—2010年间，实验室配备了各类先进仪器设备80多台套，价值3000万元人民币。其中历年主要新增：2001年，新增液相色谱仪、气相色谱仪。2002年，新增气相色谱仪和气相色谱质谱仪。2003年，新增液相色谱质谱仪，原子荧光光谱仪。2004年，新增气相色谱仪。2006年，新增凝胶渗透色谱仪、旋转蒸发仪。2007年，新增液相色谱四极杆—离子阱串联质谱仪。2008年，新增液相色谱四极杆串联质谱仪、气相色谱仪2台，气相色谱质谱仪、气相色谱串联质谱联用仪、微波消解仪、超高压液相色谱仪、原子吸收光谱仪、离子色谱仪、毛细管电泳仪、电感耦合等离子体质谱仪、台式冷冻离心机2台、旋转蒸发仪、加速溶剂萃取仪、索氏提取仪、顶空进样器、凯氏定氮仪。2009年，新增高速冷冻离心机，稳定同位素质谱仪。2010年，新增微波灰化仪。

检测能力 承担出入境食品、化妆品、水产品、农副产品、畜禽产品中有毒有害物质及营养成分检测。具备同类产品中有毒有害物质及营养成分齐全的检测能力，能够承担法定检验要求的全部检测项目。

1998年，开检食品中铅、镉、砷、汞等重金属项目检测。开检蔬菜中六六六、滴滴涕等农残检测。

2000年，开检食品中黄曲霉毒素、赭曲霉毒素、呕吐毒素等生物毒素的检测。增加茶叶欧盟20项目的检测。

2002年，增加农残检测30多项。

2003年，增加动物源食品中孔雀石绿、结晶紫、硝基呋喃等兽药残留检测及蜂蜜中杀虫脒等残留的检测。

2004年，增加土霉素、四环素、金霉素等兽药残留的检测。

2005年，开展茶叶出口检测包括欧盟20项，日本10项等。

2007年，开展食品中苯甲酸、山梨酸、安赛蜜等添加剂检测，增加蜂蜜中100多种兽药残留的检测，动物源性食品中70多种兽药残留检测。

2009 年，增加输台中药全项目检测，葡萄酒全项目检测，农药残留项目已扩展到 100 多项。

2010 年，增加生活饮用水常规指标及非常规指标 60 余项的检测。

第二节　纺织技术分中心

安徽检验检疫局纺织技术分中心是 1999 年在商检丝类商品检验室（1988 年成立）基础上组建的专业检测机构，隶属于安徽检验检疫局技术中心。2003 年，国家质检总局在分中心的基础上规划成立国家级生丝检测重点实验室（安徽）。2007 年，进口棉花由轻纺处调入中心检测管理，羽绒羽毛由动检处调入中心实验室检测管理。2008 年，实验室按照国家标准《实验室安全通用要求》以及《实验室建筑技术规范》规划、设计、改造，实验室面积由 270 平方米扩建到 1500 平方米。2009 年，实验室改造完成，拥有两个检测环境控制符合 GB/T 6529—2008《纺织品 调湿和试验用标准大气》要求的恒温恒湿检测室（总面积 210 平方米）。同时，淘汰更新一批丝检检测设备；组建纺织品理化检测实验室。 2010 年，纺织品理化检测实验室开检；国家级生丝检测重点实验室（安徽）通过现场验收。

人员组成　商检生丝实验室成立初期（1988 年），有生丝检验检测人员 6 人，其中工程师 1 人。1999 年，“三检”合一，纺织技术分中心成立。实验室有检验及管理人员 11 人，其中大学本科 3 人，专科 5 人，高级工程师 1 人，工程师 1 人，助理工程师 2 人。截至 2010 年，实验室有检验及管理人员 14 人，其中研究生 3 人，大学本科 3 人，专科 4 人，高级工程师 3 人，工程师 1 人，助理工程师 1 人。

实验室管理　2000 年，实验室按 ISO/IEC 导则 25 建立质量管理体系；2000 年 12 月，丝类产品（生丝、绢丝、捻线丝、双宫丝、土丝）检验通过 CCIBLAC 认可。

2003 年，通过实验室 CNAL、CMA 评审。

2005 年，实验室按照 ISO/IEC17025：2005 标准要求建立新的质量管理体系并于当年通过 CNAS 和国家级 CMA 计量认证评审。

2006 年，实验室通过 CNAS 和 CMA 复评审。

2007 年，棉花、羽绒检测业务纳入实验室管理；通过国际羽绒羽毛局（IDFB）羽绒羽毛循环测试，获得 IDFB 认可证书。

2008 年，实验室通过 CNAS 和 CMA 监督评审和国家实验室资质认定评审；通过国际羽绒羽毛局（IDFB）羽绒羽毛循环测试。

2009 年，实验室通过 CNAS 和 CMA 复评审；通过国际羽绒羽毛局（IDFB）羽绒羽毛循环测试。

2010 年，实验室通过国际羽绒羽毛局（IDFB）羽绒羽毛循环测试。

仪器设备 实验室拥有检测设施和仪器设备 100 余台套，价值 800 余万元。根据《国家级重点实验室仪器设备配置指南》配备了满足丝类商品、棉花、羽绒羽毛和纺织品等检测以及对检测结果进行确证或验证的所必需的仪器设备。其中历年主要新增：2001 年，新增快速八篮烘箱、纱线捻度机。2003 年，新增万分之一电子天平。2004 年，新增振荡浊度仪、棉纤维综合检测仪。2005 年，新增生丝切断机、标准光源箱、耐洗色牢度试验机、全自动缩水率机、熨烫升华色近度试验仪、汗渍色牢度仪、刷洗色牢度摩擦仪。2007 年，新增恒温恒湿空调机组。2008 年，新增复丝强伸力机、全自动四篮烘箱、电子单纱强力机、纤维细度仪、万用强力仪、欧标缩水率仪、燃烧性能测试仪（垂直、水平、45 度）、气质联用仪、原子吸收光谱仪、紫外可见分光光度计。2009 年，新增色牢度和尺寸稳定测试仪、羽绒蓬松度测试仪。2010 年，新增生丝纤度仪、静水压试验机、万用强力试验机、数字式自动胀破强度测试仪、鹅鸭毛放大投影仪、防雨性测试仪、IKA 振动器。

检测能力 承担全省出入境丝类、棉花、羽绒羽毛等纺织品和原料的检测。具备齐全的检测能力，能够承担法定及社会委托检验检测要求的检测项目。

1999 年“三检合一”，实验室成立之初，主要从事生丝等丝类商品检测。

2000 年，丝类产品（生丝、绢丝、捻线丝、双宫丝、土丝）检验通过 CCIBLAC 认可。

2007 年，棉花、羽绒检测业务纳入实验室管理。开展进口棉花检测、羽毛羽绒检测，并通过 CNAS、CMA 认可、认证。

2008 年，新增羽毛羽绒部分日标、欧标项目检测。

2009 年，新增部分纺织品色牢度等项目检测。

2010 年，新增纺织品服装中纤维成分、偶氮等 40 余项物理化学检测项目检测。

第三节 生物技术分中心

安徽检验检疫局生物技术分中心是 1999 年在商检微生物实验室（1974 年 9 月组建）和动植检实验室基础上组建的专业检测机构，隶属于安徽检验检疫局技术中心。2003 年，在分中心的基础上，国家质检总局规划成立“国家级食源性致病微生物检测国家重点实验室”；2007 年 5 月实验室由芜湖路搬迁至屯溪路办公楼，实验室面积从 400 平方米扩展到 1500 平方米；2007 年 12 月 21 日，与法国生物梅里埃公司签订合作协议，在中心设立并共建 “安徽 CIQ—生物梅里埃示范实验室”。

人员组成 1999 年“三检合一”，实验室成立之初，有工作人员 5 人，其中 2 人为中级职称。2001 年，实验室工作人员 6 人，其中本科以上学历 4 人。2004 年，实验室工作人员 7 人，增加检验人员 1 人。其中本科学历 5 人、中级职称 4 人。2006 年，实验室工作人员 9 人，增加检验人员 1 人。其中本科学历 5 人、中级职称 4 人。2010 年，实验室工作人员 9 人，其中高级职称 3 人。

实验室管理　2001 年 3 月，通过 CCIBLAC 认可初评审，首次取得实验室认可资质。

2005 年 6 月，通过国家级计量认证，实验室同时获得实验室认可和计量认证。

2007 年 1 月，通过国家认可委 CNAS 认可，通过中国实验室国家合格评定委员会（CNAS）组织的现场审核，获得 CNAS 颁发的认可证书。

2010 年 10 月，在分中心基础上组建的国家级食源性致病微生物检测国家重点实验室通过总局验收。

仪器设备　根据《国家级重点实验室仪器设备配置指南》，配备满足食源性致病微生物检测以及对检测结果进行确证或验证所必需的仪器及配套设备，拥有国内一流检测设施和仪器设备 200 余台套，价值 1000 余万元。历年主要新增加设备：2005 年新增实时荧光 PCR 仪、蛋白核酸分析仪等 10 台仪器。2007 年新增恒温恒湿培养箱、厌氧工作站等 10 台仪器。2010 年新增生物芯片分析系统、高速冷冻离心机等 27 台仪器设备。

检测能力　实验室承担出入境食品、化妆品、水产品、农副产品、畜禽产品中卫生及致病微生物检测，具备同类产品中卫生及致病微生物齐全的检测能力，能够承担法定检验要求的全部检测项目。

1999 年“三检合一”，实验室成立之初，实验室只具备检测细菌总数、大肠杆菌等十几项检测能力。

2002 年，实验室增加口蹄疫、蜂蜜、水产品中氯霉素、链霉素残留检测能力。

2005 年，实验室增加转基因成分检测能力。

2007 年，实验室增加植物检疫检测能力。

第四节　电气安全实验室

1988 年，安徽商检局机电产品检验处为满足出口家电安全性能检测需要，购置电气安全性能综合试验仪，主要进行冰箱、洗衣机、电视机安全性能检测，归机电处管理。2004 年，成立“电气安全实验室”，划归技术中心管理，检测设备移交技术中心。

第五节　传染病检测实验室

安徽国际旅行卫生保健中心传染病检测实验室成立于 1999 年 11 月。主要承担安徽出入境人员传染病监测、口岸从业人员体检和社会体检的检疫工作，为卫生检疫工作提供技术支持。实验室面积 150 平方米。设有采血室、HIV 初筛室、综合实验室、资料室。

人员组成 医学实验室成立之初，有工作人员 2 人，其中 1 人为医学中级职称。2003 年，实验室工作人员 3 人，其中 2 人为医学检验专业人员、1 人为公卫医师，本科学历 1 人、中级职称 1 人。2006 年，实验室工作人员 5 人，增加检验师 2 人，其中本科学历 1 人、中级职称 1 人。2007 年，实验室工作人员为 5 人，增加检验师 1 人，1 人调局卫检处，其中中级职称 1 人。2008 年，实验室人员为 7 人，增加检验师 1 人、检验 1 人，其中本科学历 1 人、中级职称 1 人。2009 年，实验室人员为 9 人，增加检验师 1 人，其中本科学历 3 人、中级职称 1 人。2010 年，实验室人员为 10 人，增加主管检验师 1 人、检验师 1 人，其中本科学历 5 人、中级职称 2 人。

实验室管理 2000 年 8 月，保健中心艾滋病初筛实验室首批通过国家检验检疫局考核，获得艾滋病初筛资格。

2003 年，按照 ISO/IEC17025：2000 质量管理标准，建立实验室质量管理体系；实验室在建立之初即依据 ISO/IEC17025：2000 国际标准建立质量管理体系；2003 年 6 月，通过华东大区实验室注册，获得实验室资质认定。

2005 年，按照 ISO/IEC17025：2005 质量管理标准，建立实验室质量管理体系；5 月，通过中国实验室国家合格评定委员会（CNAS）组织的现场审核，获得 CNAS 颁发的认可证书。

2007 年 9 月，将芜湖、安庆分中心实验室纳入保健中心实验室质量管理体系，统一管理。

2008 年 3 月，保健中心与分中心实验室通过 CNAS 组织的现场审核（实验室通过第二次监督评审）。

2009 年 3 月，保健中心实验室与分中心实验室通过 CNAS 组织的 17025 体系第三次监督评审。

2010 年 6 月，保健中心实验室与分中心实验室通过 CNAS 组织的 17025 体系第二次复评审。

仪器设备 1999 年，实验室有 721 分光光度计、酶标仪、恒温箱、离心机、冰箱、冰柜、高压消毒锅等简单设备。所有检测项目均为手工操作。2003 年，实验室仪器设备总值 100 万元；2007 年，仪器设备总值 200 万元；2008 年，仪器设备总值 500 万元；2009 年，仪器设备总值 1020 万元；2010 年，仪器设备总值 1138 万元。

分子生物学室：ABI7500 荧光定量 PCR、ABI 梯度 PCR、凝胶成像系统、全自动核酸提纯 QIAcube、蛋白核酸定量仪、水平电泳槽、LogicA2 foot 生物安全柜、Logic 超净工作台、贝克曼 64R 高速冷冻离心机等。

生化室：贝克曼 CX4 全自动生化分析仪、迅达 DSI905 电解质分析仪、三洋

MDF—U5411 低温冰箱等。

免疫室：罗氏 E411 电化学发光仪、HAMLION 酶免之星、ALISEI 全自动酶免仪、贝克曼 22R 高速离心机等、三洋 MLS—3750 高压灭菌器。

微生物实验室：梅里埃 COMPACT2 全自动细菌鉴定仪、徕卡荧光倒置显微镜、BINDE 恒温恒湿培养箱、CO2 培养箱，生物安全柜等。

HIV 室：HIV 室按照确证实验室标准建设，积极努力获得确证实验室资格。HIV 室：酶标仪、洗板机、全自动蛋白印迹仪、LogicA2 foot 生物安全柜等。

常规实验室：三分类血球仪、五分类血球仪、戴安娜全自动血型检定仪、血流变仪。

检测能力　1999 年至 2003 年，只能做法定检测项目，共检测 6 项。

2006 年，增加血常规、尿常规的检测，乙肝 5 项，共计检测 35 项。

2007 年，增加大生化（血糖、血脂、肝功能、肾功能、心肌酶、电解质等）、疟疾、丝虫检测、甲胎蛋白、癌胚抗原、甲肝抗体、戊肝抗体等，共检测 70 项。

2009 年，增加电化学发光检测（总前列腺抗原、游离前列腺抗原、卵巢癌抗原）3 个项目。

2010 年，增加电化学发光乳腺癌抗原检测项目。

1999—2010 年安徽国际卫生保健中心传染病监测体检及发现病例统计表

表 7-2-1

年份	传染病监测体检总数	艾滋病监测人数	发现病例				
			HIV 感染	梅毒	HBsAg 阳性	丙肝	肺结核
1999	2704	2704	0	0	158	0	0
2000	3807	3797	0	0	225	0	0
2001	5104	5104	0	0	274	3	0
2002	6285	6285	0	3	430	11	9
2003	6852	6852	1	9	412	15	4
2004	8300	8300	1	10	498	21	5
2005	9054	9054	1	11	580	13	9
2006	12392	12507	0	9	794	9	14
2007	17265	17399	2	108	1185	10	19
2008	22067	22207	0	115	1676	13	31
2009	21986	22017	3	63	1421	33	5
2010	21735	21842	6	59	1469	31	13

第六节　铜原料及产品实验室

铜陵检验检疫局铜原料及产品实验室，是全国检验检疫系统1997年最早开展火试金检测的实验室，于2000年在原铜陵商检局实验室基础上组建。实验室以检测有色金属矿产品、有色金属材料、冶炼中间产品及冶炼副产品为检测重点。

人员组成　截至2010年，有专业技术人员7人（合同制工人4人、在职职工3人），其中高级职称1人、中级职称2人、技师3人。

仪器设备　截至2010年，有大型仪器设备14台套。包括原子吸收光谱仪（美国PE公司，AA800型，目前最先进型号）、电感耦合等离子体原子发射光谱仪（ICP-OES，美国热电公司，ICAP6300型）、原子荧光光度计（中国吉大公司，AFS-230a型）、火花直读光谱仪（用于电铜分析，瑞士ARL公司，ARL4460型）、紫外可见分光光度计（日本岛津公司，UV2550型）、大型光学金相显微镜（南京江南光学仪器公司，J-5型）、X射线荧光光谱仪（荷兰帕纳科公司，Axios4kw型）、试金炉（6台）、超微量天平（瑞士梅特勒托利多公司，UMT2型，最小分辨率0.1微克）。设备总值超过700万元。

设施与环境　有实验场地及配套面积1700平方米，其中检验场所面积为1200平方米。有完善的通风排污处理系统，能够有效避免对环境的污染。

资质认定　2000年，通过CCIBLAC基于ISO导则25的认可。2002年，通过CNAL基于ISO 17025的认可。2005年，通过CNAS的转版认可并维持认可资格。

检验工作　随着铜陵地区进口业务的增长，实验室的检测任务也逐渐增加。从成立至2010年年底，共检测进口铜精矿800余万吨、近15000批，粗杂铜10万余吨、2万多批，检测出口电解铜40余万吨、1600多批，货值近300亿人民币。

科研技术　从2003年开始，实验室共组织或参与起草6项检验检疫行业标准及1项有色行业标准。在与国际实验室比对方面，从2003年起，每年都参加由必和必拓公司组织的全球铜精矿协同试验，所得结果从未发生过岐离及离群。2003年，被批准为国家级铜原料及产品重点检测实验室；2006年，被国家质检总局授予全国“科技兴检”先进集体称号。

第七节　金属材料实验室

马鞍山检验检疫局金属材料实验室，是1998年由安徽商检局搬迁至马鞍山商检局的基础上建设、发展而成的，建立符合ISO/IEC17025-2005要求和实验室实际的质量体系，为检验检疫提供充足的技术保障。

人员组成及发展情况 实验室拥有一支实践经验丰富，理论扎实，专业技能娴熟的检测队伍。其中技术人员 4 人、工程师 2 人、助理工程师 1 人、技术工人 1 人。

1998 年，在安徽商检局帮助下，接收金属材料实验室的设备移交以及安装和调试工作，筹建力学室。仪器设备总值 49.6 万元。购置红外碳硫仪用于金属材料的碳硫含量分析。实验室人员积极创造条件对外检测，初步形成了早期的金属材料实验室。

1999 年，马鞍山检验检疫局成立。设立技术服务中心，实验室由技术服务中心管理，下设力学室。

2000 年，筹建金属材料实验室化学室，完成红外碳硫仪的安装调试；对马鞍山检验检疫局大楼 7 楼进行了改造，陆续购入紫外分光光度计、电子天平、通风橱等设备并开始对外检测金属材料中化学成分；金属材料实验室更名为安徽检验检疫局金属材料实验室，开始按照 ISO/IEC 导则 25 建立文件化的质量体系。

2001—2002 年，新增 100 吨电液伺服万能试验机等设备；新增金相显微镜、超声探伤检测仪等设备。

2003 年，马鞍山检验检疫局设立技术与服务分中心。实验室由技术与服务分中心管理，下设力学室、化学室和金相室。

2005 年，新增火焰原子吸收光谱仪等检测设备 5 台套；投资 50 万元对化学实验室进行了整体改造，实验室环境明显改善。

2007 年，检测出出口 H 型钢不合格，挽回巨大经济损失。安徽检验检疫局给予实验室有关人员通报嘉奖。

2008 年，新增等离子体发射光谱仪、钢绞线试验机等检测设备，检测项目增加到 190 多项。承担首个安徽检验检疫局科技项目《氢化物原子吸收光谱法测定柠檬酸中微量铅》。

2009 年，金属材料实验室共接受送检钢材 50 批次，140 个样品，170 个检测项目，489 个有效数据，共出具检测报告 50 份，无一份出现结果差错。共检测出不合格样品 2 批次，不合格检出率 4%。实验室充分利用现有设备，积极开展新检测项目。利用新增加的等离子发射光谱仪，积极探索新的检测方法，初步建立金属材料中 Mo、Cr、Cd、V、Mn、Pb、Cu 等多种元素含量检测方法。利用钢绞线试验机开展了出口预应力钢绞线和镀锌钢绞线破断拉力测试。

2010 年，金属材料实验室共接受送检钢材 66 批次，141 个样品，241 个检测项目，704 个有效数据，出具检测报告 66 份，共检测出不合格样品 4 批次，不合格检出率 6.06%，主要是镀锌钢绞线锌层和螺纹钢的屈服不合格。在日常工作中，实验室注重抓好管理体系的运行，顺利通过 CNAS 的换证复审。同时充分利用现有仪器设备，积极开展新检测项目开发工作，利用新增加的原子荧光光度计，积极开展柠檬酸中 Pb、As、Hg

检测方法的研究。积极寻求与当地高校合作，与安徽工业大学联合申报一项国家质检总局科研课题“高效、快速的生物样品前处理技术的研究与应用”。另外，实验室技术人员在2009年课题研究的基础上，积极撰写科技论文。《氢化物发生原子吸收光谱法测定柠檬酸中微量铅》一文被全国核心期刊《理化检验——化学分册》录用。同年6月，承担的首个科研课题《氢化物发生原子吸收光谱法测定柠檬酸中微量铅》通过国家质检总局专家组的课题鉴定。

资质认定 2000年，通过国家检验检疫实验室认可委员（CCIBLAC）现场评审，成为安徽检验检疫局首批通过实验室认可的5个实验室之一。2001年，获得国家检验检疫实验室认可委员（CCIBLAC）颁发的实验室认可证书，获得认可的检测项目共7项。2002年，获得国家检验检疫局注册实验室资格。2003年，通过中国实验室国家认可委员会（CNAL）ISO/IEC 17025认可，获认可项目共12项。2004年，获得计量认证实验室资格。2005年，顺利通过CNAL的换证复评审并更名为马鞍山检验检疫局金属材料实验室，认可检测项目增加到15项。

仪器设备 实验室在硬件方面有了长足的发展。有进口美国THERMO ICAP6300等离子体发射光谱仪、Leco CS200红外碳硫分析仪、瓦里安原子吸收光谱仪、英国UNICAM的UV330紫外分光光度计、日本OLYMPUS金相显微镜、德国Sartorius电子天平以及采用日本岛津技术的电液伺服万能试验机、新三思钢绞线专用试验机、探伤测试仪等先进的仪器设备，适合于金属材料理化性能的检测分析。

第八节 柠檬酸检测实验室

蚌埠检验检疫局综合实验室成立于2001年，主要职责是为蚌埠检验检疫局承担的柠檬酸、食品、胶类等产品的出口把关提供技术保障，并为此建立了实验室的质量管理体系。经过一年的运行，该实验室于2002年申报华东大区实验室注册考核，并于2003年取得了计量认证合格证书，共获得柠檬酸、油料、罐头和胶类四大类商品的十三个检测项目的计量认证资格。柠檬酸检测实验室在原蚌埠检验检疫局综合实验室的基础上发展而来的，主要负责辖区的柠檬酸产品检测工作。实验室开展柠檬酸的水分、含量等常规理化项目的检测以及食品微生物的检测。为了适应本地区柠檬酸贸易发展的需要，该实验室增强柠檬酸检测方面的仪器设备和检测力量，2006年划归安徽检验检疫局技术中心管理，主要承担柠檬酸及其衍生产品的品质检验。

人员组成 截至2010年，柠檬酸检测实验室有专业技术3人，其中中级职称1人、初级职称2人，大学本科学历3人（其中聘用人员两人）。

仪器设备 截至2010年，有大型仪器约20台，包括DL38卡尔费休水分滴定仪、

DL53全自动电位滴定仪、970CRT荧光分光光度计、BET-16M细菌内毒素测定仪、紫外可见分光光度计（日本岛津公司，UV2550型）、7550紫外分光光度计、微量电子天平（PB2002-N，AG204、AB204、AB204-S型）、SX-4-10马弗炉、DIRECT-Q3纯水器、101-A电热恒温干燥箱、DHG-9023A电热恒温干燥箱、JS-1冻力仪、ND-2勃氏黏度测试仪、LS-B50L型立式圆形压力蒸汽灭菌器、奥林巴斯CX40-32J02生物显微镜、奥林巴斯SZ1145-TRP体视显微镜、SW-CJ-IF净化工作台。总价值约60万元。

设施与环境　截至2010年，有实验场地及配套面积600平方米，其中检验场所面积为500平方米。

资质认定　2003年，实验室通过华东大区实验室注册考核取得了计量认证合格证书，共获得柠檬酸、油料、罐头和胶类四大类商品的十三个检测项目的计量认证资格。

检验工作　随着蚌埠及皖北地区进口业务的增长，实验室的检测任务也逐渐增加。

第九节　农副产品检测实验室

芜湖检验检疫局综合实验室于2002年获得MA计量认证。该实验室以农副产品农药残留、重金属残留等为检测重点。

人员组成　截至2010年，有专业技术人员5人（聘用人员2人、在职3人），其中研究生学历2人，中级职称2人。

仪器设备　截至2010年，设备总计60套（农检室，植检室），设备总值100万元，其中大型仪器设备4台套。包括原子吸收光谱仪（AA700型）、气相色谱仪（GC6890N），LC1200型液相色谱仪、紫外可见分光光度计（UV2550型）等。

设施与环境　截至2010年，有实验场地及配套面积540平方米。其中，检验场所面积为400平方米。有完善的通风排污处理系统，能够有效避免对环境的污染。

资质认定　2010年，该实验室准备食品资质认证的工作。

检验工作　2005年，检测样品90批；大米水分和杂质，微生物（细菌总数、大肠菌群、粪大肠菌群）木质包装（松材线虫）计130项。2006年，检测样品116批；大米重金属和水分，蜂蜜（蔗糖、果糖、还原糖、葡萄糖），微生物（细菌总数、大肠菌群、粪大肠菌群）木质包装（松材线虫）计310项。2007年，检测样品124批；冷冻蔬菜（有机磷、菊酯农残、重金属），蜂蜜（蔗糖、果糖、还原糖、葡萄糖），果冻，茶叶提取物（水分、重金属），食品添加剂（葡萄糖内酯），脱水蔬菜（二氧化硫），大米重金属、微生物（细菌总数、大肠菌群、粪大肠菌群），种植基地灌溉水和土壤重金属铅、镉、铜、锌，木质包装（松材线虫）计456项。2008年，检测样品90批；冷冻蔬菜（有机磷、菊酯农残、重金属），蜂蜜（蔗糖、果糖、还原糖、葡萄糖），果冻，茶叶提取物（水分、重金属），大米重金属，食品添加剂（葡萄糖内酯），脱水蔬菜（二氧化硫），进口钾肥（钾含量），微生物（细菌总数、大肠菌群、粪大肠菌群）、种植基地灌溉水和土壤重金属铅、镉、铜、锌计 410 项。2009 年，检测样品 161 批；冷冻蔬菜（有机磷、菊酯农残、重金属），蜂蜜（蔗糖、果糖、还原糖、葡萄糖），果冻，茶叶提取物（水分、重金属），食品添加剂（葡萄糖内酯），脱水蔬菜（二氧化硫），微生物（细菌总数、大肠菌群、粪大肠菌群），进口钾肥（钾含量），种植基地灌溉水和土壤重金属铅、镉、铜、锌计 478 项。2010 年，检测样品 330 批；冷冻蔬菜，蜂蜜，果冻，脱水蔬菜，种植基地灌溉水和土壤。主要检测项目包括有机磷、除虫菊酯农残，微生物（细菌总数、大肠菌群、粪大肠菌群），重金属铅、镉、铜、锌，理化水分、二氧化硫、酸价、过氧化值计 417 项。

科研技术 参加国家认监委组织的能力验证 3 项，结果均满意。

第三章　信息化建设

安徽检验检疫局信息化建设随着安徽检验检疫事业的不断发展，经历了从无到有、从小到大的发展过程。1985 年，安徽商检局购置第一台计算机。1994 年，合肥动植检局购置第一台计算机。同年，合肥卫生检疫局购置第一台计算机。1996 年，安徽商检局建立计算机局域网系统。同年，研制开发安徽商检业务管理应用系统。1997 年，建立芜湖、铜陵商检局计算机局域网系统，并与安徽商检局联网。1998 年 1 月 1 日，上网运行安徽商检业务管理应用系统。1998 年，建立蚌埠、安庆、马鞍山商检局计算机局域网系统，并与安徽商检局联网。1999 年 1 月 1 日，上网运行安徽商检业务管理应用系统。1999 年，建立黄山商检局计算机局域网系统并与安徽商检局联网。2000 年 4 月，安徽检验检疫局开始推广应用检验检疫综合业务计算机管理系统并先后在安徽检验检疫局和芜湖、蚌埠、安庆、铜陵、马鞍山、黄山检验检疫局 6 个分支机构上网运行。2002 年，建立阜阳检验检疫局计算机局域网系统，并与安徽检验检疫局联网，9 月，上网运行检验检疫综合业务计算机管理系统。2003 年，在安徽检验检疫局建立电子报检和电子转单平台，开通电子报检和电子转单业务。同年在芜湖、蚌埠、安庆、铜陵、马鞍山、黄山、阜阳检验检疫局建立电子报检和电子转单平台，开通电子报检和电子转单业务。2005 年 3 月，在安徽检验检疫局推广应用办公自动化系统（国家质检总局统一推广版本），实行纸质与电子文件并行。2006 年元月，安徽检验检疫局实行无纸化办公。2006 年 8 月，建立安徽检验检疫局大通关出口电子监管系统运行平台并开通使用大通关出口电子监管应用系统。2006 年 10 月，建立合肥机场办事处计算机局域网系统并与安徽检验检疫局联网。2007 年 5 月，建立安徽检验检疫局视频会议系统。该系统由安徽检验检疫局 2 个主会场和芜湖、蚌埠、安庆、铜陵、马鞍山、黄山、阜阳检验检疫局 7 个分会场组成。2010 年 1 月，建立池州局、淮北办视频会议系统并与省局主会场系统联网。2007 年 10 月，建立安徽检验检疫局办公自动化系统并上线运行投入使用。同年建立芜湖、蚌埠、安庆、铜陵、马鞍山、黄山、阜阳检验检疫局 7 个分支机构办公自动化系统。2008 年 1 月，建立天长办事处计算机局域网系统并与安徽检验检疫局联网。2008 年 8 月，建立合肥机场电子监管视频监控系统。2009 年 10 月，建立黄山机场电子监管视频监控系统。2010 年 1 月，池州检验检疫局、淮北办 CIQ2000 系统和办公自动化系统上线运行。2008 年 1 月，开通安徽检验检疫局门户网站。2010 年 9 月，网站进行升级改版，12 月正式启用新网站。

第一节　安徽商检局计算机网络应用系统

安徽商检局计算机网络应用系统《现代商检业务网络集成系统——MACNIS》（以下简称 MACNIS）是根据国家商检局制定的全国商检系统计算机开发应用“九五”规划的总体要求，结合本局检验业务的实际需求，按照数据标准化、流程规范化、管理科学化的原则，采用国际先进成熟、流行通用的软、硬件技术进行设计和开发的网络应用系统。1997 年 1 月 1 日，MACNIS 系统正式投入运行后，先后有江苏、广东、湖北、山东、新疆商检局和相关分支局前来参观、交流，普遍认为安徽商检局计算机网络系统在商检系统微机联网模式中达到领先水平。

安徽商检的广域网系统由安徽商检局和芜湖、铜陵、蚌埠、安庆、马鞍山商检局 6 个局域网组成。这 6 个局域网既可独立运行又能跨局远程操作。6 个小网组成 1 个大网，大网与小网融为一体，形成了安徽商检的广域网系统。

MACNIS 系统主要功能有：出口商品检验业务管理、进口商品检验业务管理和包装商品检验业务管理。以上 3 类功能在网上完成从报验到制证、归档所有流程的一条龙动态实时管理。MACNIS 系统具有数据格式自动转换功能，能将 SQL Sever 数据格式转换成其他常用的数据格式，如 Oracle 格式等。自动转换成 DBF 格式，满足国家商检局 ICI 统计程序的上报需要。

第二节　检验检疫综合业务管理系统

检验检疫综合业务计算机管理系统（以下简称 CIQ2000 系统）是检验检疫信息化工程的一个重要组成部分。该系统旨在解决检验检疫内部的受理报检、签证、统计、计收费、检验检疫以及鉴定、包装等方面的业务管理问题。因此，CIQ2000 系统在整个信息化工程中处于基础地位。CIQ2000 系统建设的总体目标是：在国家检验检疫局的统一组织与规划下，参考和借鉴海关业务管理体系，规范检验检疫业务模式与流程，采用统一的计算机网络、软硬件平台、数据库平台和开发工具，建立检验检疫综合业务计算机管理运行机制，为新的检验检疫模式的建立和实施，提供坚实可靠的技术保障。

2000 年 4 月，安徽检验检疫局全面推广应用 CIQ2000 系统，在全省广域网的基础上，先后完成安徽检验检疫局、芜湖、蚌埠、安庆、铜陵、马鞍山、黄山检验检疫局服务器的 CIQ2000 系统安装、配置和综合调试。2000 年 5 月，CIQ2000 系统在全省检验检疫机构上线运行，正式投入使用。2007 年 5 月，启用省局新大楼机房，建立全省检验检疫数据中心。2007 年 9 月，完成 CIQ2000 系统软硬件升级改造，启用双机双存储集群系统。2009 年 12 月，完成全省检验检疫业务数据大集中。2010 年 1 月，池州检验检疫局、淮北办 CIQ2000 系统上线运行。

第三节　出口货物电子监管系统

检验检疫监督管理是检验检疫工作的核心内容。实施电子化监管是检验检疫部门在新形势下更好地履行把关服务职责，贯彻实施国家扩大出口战略，实现“提速、减负、增效、严密监管”目标的重要举措。

2000 年，国家检验检疫局开发 CIQ2000 综合业务管理系统，在全国范围内实施“三电工程”（老三电），实现检验检疫业务的电子报检、电子签证和电子转单。2003 年，检验检疫信息化建设在“老三电”的基础上，逐步上升发展为“新三电”，即电子申报、电子监管、电子放行。同年，“新三电”的两头即电子申报和电子放行通过 CIQ2000 系统为主体的信息化建设予以实现。

为加快检验检疫电子化进程，2004 年，国家质检总局成功开发出口货物电子监管系统（以下简称电子监管系统）并分批在全国检验检疫机构推广应用。2006 年，安徽检验检疫局建立省局电子监管系统运行平台。在省局服务器上配置、部署专用服务器和配套软件。在平台上完成安装、调试出口电子监管应用系统并于当年投入运行、开通使用。2007 年 11 月，安徽检验检疫局完成全省检验检疫业务数据大集中，随后将电子监管系统运行平台升级扩展为全省检验检疫电子监管系统运行平台，于 2007 年 12 月投入运行、开通使用。全省出口外贸企业均可通过该平台实施电子监管业务。2009 年 10 月，完成电子监管系统软硬件升级改造。

第四节　办公自动化（OA）系统

办公自动化系统是政府部门用于日常行政办公和事务处理的计算机应用系统。它以合法、规范、科学的工作流程为核心，依靠计算机的网络化处理提高协同办公能力和办事效率，最终实现办公的自动化和无纸化。

2005 年 3 月，安徽检验检疫局推广应用办公自动化系统（国家质检总局推广版），并安装上线试运行。上线之初实行纸质与电子文件并行运行。经过熟悉、完善、改进后，2006 年 1 月起，实行无纸化办公。各分支机构作为一个内设部门设置在省局的 OA 系统中，只能接收安徽检验检疫局分送的文件，不能发文。2007 年 10 月，建立安徽检验检疫局办公自动化系统，并上线运行投入使用。同年，建立芜湖、蚌埠、安庆、铜陵、马鞍山、黄山、阜阳检验检疫局7个分支机构办公自动化系统，并上线运行投入使用。2009年7月，建立OA双机集群系统。2010年1月，完成OA系统升级改版，7.0版上线运行。2010年1月，池州检验检疫局、淮北办办公自动化系统上线运行。

第五节　计算机广域网建设

安徽检验检疫局计算机广域网建设大致经历了4个发展阶段。

第一阶段为初级阶段。1997年，安徽商检局开始建立全省广域网，网络专线模式为X.25，网络带宽为9600B。网络覆盖安徽商检局和芜湖、铜陵、蚌埠、安庆、马鞍山商检局5个分支机构。

第二阶段为提速阶段。2002年，全省广域网完成第一次全面提速，网络专线模式仍为X.25，网络带宽提升到64 KB。网络覆盖安徽检验检疫局和芜湖、铜陵、蚌埠、安庆、马鞍山、黄山、阜阳检验检疫局7个分支机构。

第三阶段为升级阶段。2005年，全省广域网完成全面升级，网络专线模式升级为SDH，网络带宽为2 MB。在网络专线模式升级的同时，完成第二次全省广域网提速。网络覆盖安徽检验检疫局和芜湖、铜陵、蚌埠、安庆、马鞍山、黄山、阜阳检验检疫局7个分支机构。

第四阶段为改造阶段。2007年，全省广域网完成双线路改造，将全省广域网由单线路、单路由模式改造为双线路、双路由主备模式，大大提高了广域网的安全性和可靠性。网络覆盖安徽检验检疫局和芜湖、铜陵、蚌埠、安庆、马鞍山、黄山、阜阳检验检疫局7个分支机构。2010年10月，完成全省广域网设备改造。2010年12月，网络覆盖安徽检验检疫局和芜湖、铜陵、蚌埠、安庆、马鞍山、黄山、阜阳、池州检验检疫局和淮北办9个分支机构。2007年，建立全省视频会议专网，网络专线模式为SDH，网络带宽为2 MB。视频网覆盖安徽检验检疫局和芜湖、铜陵、蚌埠、安庆、马鞍山、黄山、阜阳检验检疫局7个分支机构。2009年12月，视频网扩容，增加池州检验检疫局、淮北办两个分支机构。

第八篇　法制与综合业务管理

安徽检验检疫局严格执行《中华人民共和国进出口商品检验法》《中华人民共和国进出境动植物检疫法》《中华人民共和国国境卫生检疫法》《中华人民共和国食品卫生法》等法律和法规，结合安徽检验检疫业务建设情况，开展检验检疫法制建设工作。包括贯彻执行国家相关法律法规、政策、制定安徽检验检疫局业务规章制度以及开展普法宣传、法制教育等。

安徽检验检疫局在严格执法的基础上，积极开展业务协调、行政处罚、行政复议与应诉、工作质量检查及执法监督检查等综合业务管理工作，促进了安徽检验检疫工作质量和工作效率的提高。

第一章　法制建设

20世纪90年代末期，政府机关和各级行政执法部门机构体制改革全面展开。职能调整、职能转换开始进入实质性操作阶段。检验检疫法制建设也随着中心工作和重点任务的调整变化进入新的发展时期。本章记述了1999—2010年安徽检验检疫局开展业务规章制度建设、执法监督检查、行政处罚、行政复议与应诉及法制宣传教育的情况。

第一节　规章制度建设

检验检疫法制建设始终围绕检验检疫中心工作开展和推进。为促进安徽检验检疫事业健康发展，根据国家法律和法规，结合安徽实际，修订、废止旧有的已不适应新情况、新任务、新要求的制度规范，建立健全各项新的法规管理规章制度，以保证检验检疫工作行之有据，使各项具体职责工作有序实施。

规范性文件清理　“三检”合一后，安徽检验检疫局即着手对1999年以前的规范性文件进行清理。先后编制《出入境检验检疫执法手册》和《检验检疫法律服务手册》。2009年，作为学习科学发展观的实践运用，再次对1999—2008年10年间制定发布的规范性文件进行大规模的清理。这次清理主要是采取分级负责制，谁主管谁清理，逐级报审，统一报告情况。部门负责人参加规范性文件清理工作，对承担的清理性工作进行安排落实，做到及时清理，按时报送。按照国家质检总局《推行“三位一体”的通知》，安徽检验检疫局以科学发展为指导，严格按照检验检疫法律和国家政策法规，盘点执法依据，做好规范性文件的废、立、改工作。其间先后4次召开专题会议，对“三检”合一后10年间发布的290件规范性文件逐件进行了清理。经局务会审议决定：废止126件、修订93件、保留54件、新增7件、剔除非规范性文件10件。规范性文件的清理强化了制度建设，为科学管理提供了平台与保障，形成了用制度管人，按规章办事的体制机制，有力地提高了安徽检验检疫局依法行政的科学性与有效性，同时促使各项行政管理工作更加规范化、制度化。至2009年年底，需增、修订的100件文件，完成59件。因涉及“三定”方案或国家质检总局即将出台新规定等原因暂缓修订32件，进入发布程序1件，修订中8件。所有新增、修订的规范性文件逐一进行了法律前置审查，对文件的合法性、适用性、可操作性进行审核，提出修改意见。对构建长效机制，提高规范性文件质量，规范发布流程起到了积极的推动作用。

规章制度 为加强法制监督制度建设，全面推行行政执法责任制，10多年来，安徽检验检疫局先后制定和下发了一系列业务性规章制度。

2001年，为了加强内部管理，规范工作秩序，针对抽样、送样不够规范等问题，印发《关于做好送样管理的通知》。对抽样比例、抽样送样要求、原始记录、交接手续、检验时间等都作了具体要求，规范了送样检验工作程序。3月、7月和11月在系统内开展3次全面质量排查。把容易发生的质量问题和隐患列为排查重点，对排查出的问题制订长期、中期和近期的整改方案。

2002年，为支持配合国家质检总局的法制工作，王虎、陈宇参加了《商检法实施条例》修正案和《认证认可条例》的起草工作。为提高检验检疫执法权威和社会地位，安徽检验检疫局先后拟定《关于构建安徽检验检疫行政执法体系的方案》《关于成立安徽检验检疫行政执法领导小组的邀请函》《安徽检验检疫执法领导小组联席会议制度》等一系列文件，并邀请省公安厅、省检察院、省政府法制办等部门负责人参加组建的安徽检验检疫执法领导小组，建立罚缴分离制度；为保障人民健康安全，制定发布《安徽检验检疫局进出口食品化妆品检验检疫风险预警及快速反应管理办法》。

2003年1月，与上海、江苏检验检疫局等5局共同发起成立了沪苏浙甬皖检验检疫联络协调机制并签署《合作备忘录》，通过联席会议，推进交流合作，解决执法问题；3月，为服务外贸企业，结合安徽省实际，制定并颁布施行了《安徽出口商品生产企业分类管理办法（试行）》；5月，安徽检验检疫局和省人大常委会联手在全省境内开展《中华人民共和国固体废物污染环境防治法》执法检查活动。活动期间，严格执法把关，防止进口废物原料污染环境，方便进口企业，促进地方经济发展。

2004年，按照国家质检总局部署，安徽检验检疫局派员参加“国家质检总局行政许可项目的审定工作”会议；为做好代理报检单位注册管理工作，起草发布《安徽检验检疫局行政许可公文使用管理暂行办法》；为维护检验检疫秩序，规范检验检疫行为，起草《关于进一步规范检验检疫秩序若干问题的通知》《关于印发〈安徽检验检疫局委托社会检测机构检验检疫管理办法（试行）〉的通知》等规范性文件。

2005年，安徽检验检疫局重点加强了统计与空白证单的规范管理，参与国家质检总局《业务统计年度报告》的编写与会审、“出入境货物质量评价与应用分析”课题研究。同时申请的《加工贸易出口降费控制的开环管理与程序控制》课题被国家质检总局批准立项。

2006年，为配合国家质检总局口岸管理机制大变革，安徽检验检疫局主动参与国家质检总局通关司的口岸管理机制改革调研，撰写《完善口岸机制、推进大通关建设》检验检疫监管模式改革》等调研论文，提出“建立口岸与内地呼应联动，进境货物口岸接单、到货地检验，出境货物扩大绿色通道范围，直通直放机制”。为探索新检验监管模式，拟定了《法检与非法检商品业务界定实施方案》。

2007年上半年，为做好行政审批清理工作，依据相关法律，实施行政许可项目34项。其中出入境部分24项、认证认可监管部分10项，非行政许可审批项目4项并制定《安徽检验检疫政务中心管理规定》《接待司法调查规定》等规范性文件。

2008年伊始，胡锦涛总书记视察安徽时明确要求安徽“积极参与泛长三角区域发展分工，不断加强同兄弟省份的横向经济联合和协作”，安徽检验检疫局迅速行动，强化与长三角各检验检疫局协作，推行口岸内地直通放行，协调、参与赴苏州虚拟口岸调研考察，探索安徽虚拟口岸建立。6月25日，成立安徽省口岸协会并向省政府撰写建立虚拟口岸的报告，受到省政府副省长文海英的肯定和好评。

2010年年初，《皖江城市带承接产业转移示范区规划》获批。这是安徽省第一个上升为国家战略层面的规划，对加速安徽中部崛起具有重大而深远的意义。安徽检验检疫局局长邱栋久、副局长吕小斌利用春节假期亲自主持起草《安徽局服务示范区建设实施意见》（以下简称“意见”），出台18条切实可行的政策措施。做到同步跟踪、同步服务、同步保障，全力推进示范区建设。《意见》出台后，安徽省副省长花建慧批示：安徽检验检疫局服务示范区建设“谋划细致深入，工作积极主动”。

第二节　执法监督检查

法制监督机制　为使检验检疫执法工作更加规范，安徽检验检疫局建立了执法监督制约机制。在做好日常执法工作的基础上，组织职工学习，提高认识，夯实基础，及时梳理执法依据，分解执法职权，确定执法责任，勇于开拓创新，建立依法行政的长效机制，将执法监督工作制度化、经常化、有序化。严肃查处执法工作中越权、越位、缺位、不作为、乱作为的违法违规行为。根据安徽实际，参与建立和完善依法行政考核机制，制定了《安徽检验检疫工作质量评价体系》《安徽检验检疫政务中心管理规定》《安徽检验检疫局制定规范性文件规定》等规范性文件。向社会公布了25项行政许可事项，公开办事程序，广泛接受社会监督，有效推进了文明执法和依法行政。

执法检查　在应对“非典”重大疫情、处置三鹿牌婴幼儿奶粉事件、防控甲型H1N1流感以及处理禽流感、“苏丹红”、“二甘醇”等一系列突发事件中，安徽检验检疫局及时发现、查处违法行为。在抓好提高自身法律素质的同时也加大执法稽查力度。开展查处冻肉、进口奶粉、洋酒、防治“禽流感”等专项执法活动。查封合肥市三联冷库部分手续不全的冻肉及副食品，合计450余吨；深入淮南、亳州、阜阳、滁州等地集贸市场及冷库，对禽流感进行认真细致的检查，为安徽省“禽流感”防治取得最后胜利作出了应有的贡献；内部调查界首三宝线业有限责任公司报检进口棉花经检验品级降级事项；与合肥市相关领导商谈合肥出口加工区建设、项目对接，指导加工区有关检验检疫办公场所、查验区、卫生处理区及熏蒸房的规划设计等。

2009年，调查处理了浙江湖州康发来脱水菜厂出口蒜粒商业欺诈案、安徽恒联发公司变造检测报告案、上海钱国（安徽）木业装饰公司违规加施标识案、上海恩可埃认证公司违法认证案。累计涉案金额25万美元，顺利执行15.2万元。查封安徽天邦饲料科技公司不合格乳猪料5吨，移交地方政府处理。执法中，稽查人员一方面维护检验检疫法律尊严，对违规企业处以责错相当的处罚；另一方面以人为本，帮扶企业共克时艰。临泉恒联发公司变造技术中心检测报告，稽查人员在查清案情处以货值30%的罚款后，提醒企业需要保存哪些证据，对买家存在的商业欺诈进行追诉，弥补已经造成赔款、赔货等损失，让企业对处罚不仅心服口服，而且对检验检疫信赖感激。阜阳恒达公司为湖州康发来脱水菜厂提供蒜粉、蒜粒涉嫌换货案，货值10万元，企业承认换货情节，愿意接受处罚。调查取证时，稽查人员根据企业一句委屈抱怨的话，没有轻易做出处理，而是进行深入细致地调查，赶赴浙江湖州现场抽样取证，最终查明，阜阳原货已经出口，是湖州康发来公司调换货物，并转嫁责任。此案的查处不仅澄清了事实真相，追究了责任者，而且维护了安徽企业和商品的信誉。

2010年，利用《苏皖合作备忘录》及新亚欧大陆桥执法协作机制，通过协调地方政府、宣传质检法律，稽查震慑。督促安徽天象龙盟进口的1856万美元成套设备及时报检，树立了检验检疫权威，规范了皖北地区进口商品检验秩序。办理阜南质监局付刚多头举报进口食品饮料案，查明了事实，受到国家质检总局食品局的肯定。组织参加“质检系统‘双打’专项行动视频会议”，协调省质监局，制订全省质检系统“双打”行动方案，建立领导小组和“双打”联动机制，印发相关部署要求。组织开展打击和使用检验检疫假证书的专项行动；抽查了铜陵、黄山、池州、安庆检验检疫局，对发现的问题提出整改意见。对涉嫌伪造、使用检验检疫假证书的9家企业进行调查，查获了疑似假熏蒸消毒证书40份，发函深圳、广东、上海局核实证书真伪，以进一步处理。办理合肥茂凯进出口公司接待司法调查，协助福建局调查了华安进出口有限公司、徽商集团新能源股份有限公司涉嫌买卖检验检疫证单出口商品案件，提取有关证据资料交由福建局处理。内部调查界首三宝线业有限责任公司报检进口棉花经检验品级降级一事。

第三节　行政处罚、行政复议与应诉

行政处罚　安徽检验检疫局合理分解行政处罚职权，规范处罚程序时效，促进执法岗位间互相配合。参照国家质检总局提出的行政处罚案审“三分离”原则，重新修订《安徽检验检疫局行政处罚程序规定》。同时，配套制定部分行政处罚文书格式。通过业务骨干培训方式对行政处罚工作重点内容进行讲解。

加强法制队伍建设，提高依法行政水平。安徽检验检疫局贯彻国家质检总局会议精神，积极组织召开全局法制工作会议，拟定安徽检验检疫局“五五”普法教育规划，进一步提高法制工作人员遵法守法意识。避免行政执法工作中可能出现的行政过错，降低执法风险，规范执法行为。

安徽检验检疫局行政处罚工作恪守“证据确凿、认定事实清楚、适用依据确凿、程序合法、内容适当”这一基本要求，展现办案艺术与技巧。在处罚过程中进行法制宣传，充分体现“以人为本”、坚持处罚与教育相结合。

典型案例

ABB 配电变压器（合肥）有限公司是世界 500 强之一 ABB 集团公司设在大陆的独资企业。该公司进口 4 批价值 1000 多万元的机电设备，未报经检验就擅自安装使用。安徽检验检疫局多次发出进口商品报检通知单并屡次督促其报检，其拒不履行法定义务。为此，决定先立案调查，深入现场进行实地勘验，作了详细完整的调查笔录和勘验笔录。为确保处罚工作万无一失，调查小组又专门就本案的技术问题和法律运用问题请示了国家质检总局，得到肯定答复后，拟出处罚意见，报经局领导审批，对该公司处以 13.96 万元罚款。该公司主动放弃了听证，出具了致歉信，按时缴纳了罚款，补办了检验手续，并处理了公司有关责任人员。

安徽精科公司进口设备逃检案，案情比较复杂。精科公司借贷合肥某公司资金，委托省进出口公司进口设备，并代办商检、报关等手续。精科公司认为虽然有逃漏检行为，但自己不应受处罚。经过案情研究，稽查人员认为精科公司作为货物的第一销售人和使用人，是报检的责任主体；省进出口公司是货物代理方，是报检义务人。精科公司可以根据内贸合同追究省进出口公司的未履行报检义务的责任，但不能逃避作为责任主体应受的行政处罚。安徽检验检疫局根据商检法相关条款决定给予安徽精科公司罚款 25 万元的处罚。违法案件的处理扎实有效地宣贯了新《商检法》，震慑了违法行为人，树立了检验检疫执法的新形象。

1999 年，滁州银联社和滁州万达公司诉安徽商检局行政赔偿案、安庆通讯电缆厂诉安徽省商检公司财产纠纷案、出口泰国羽绒服质量诉讼案，由于局领导亲自做好协调工作，有关单位和人员的全力支持配合，这些案件均以胜诉而终审结案，较好地维护了安徽检验检疫局的正当权益。

行政复议 在案件的处理中，安徽检验检疫局根据案情把握稽查方式。例如在处理进口显像管案时，重点放在宣传教育，以惩治为辅，多次问询公司业务人员，了解案情的同时宣传商检法，告诫其依法报检、接受检验是维护自身的权益，宣传到货地检验的好处。由于执法准确、措施得力，至2010年没有发生一起复议、诉讼、赔偿案件。

行政诉讼的应诉 在行政诉讼中依法力争，主张执法工作的合法、合理、必要和有效，对原告不合法、不合理的诉讼请求进行有力抗辩，能够有效维护检验检疫执法权限，展示检验检疫执法形象。

根据《中华人民共和国行政诉讼法》《中华人民共和国行政复议法》和《中华人民共和国行政复议法实施条例》等法律和相关法规、规章，制定相关的行政诉讼应诉办法。安徽检验检疫局法综处负责组织协调行政诉讼应诉工作，会同有关方面研究应诉方案，指导起草相关法律规则，组织协调出庭应诉，协调有关方面履行判决或者裁定，整理归档案卷。涉案具体行政行为的主办处室或者安徽检验检疫局所属机构（以下统称责任处室）为应诉工作责任单位，处长或者部门负责人为第一责任人。责任处室按要求进行应诉准备，整理提供有关材料，办理相关文件，出庭应诉，办理有关履行判决或裁定的具体工作。

2001年至2010年间，安徽检验检疫局各级领导应对行政诉讼工作意识不断增强，广大执法人员在执法工作中认真保留证据、审慎选择依据的自觉性不断提高，行政诉讼应诉机制初步形成并在逐步完善，为有效应对行政诉讼案件提供了坚实基础。

第四节 法制宣传教育

法律法规培训 安徽检验检疫局在全面加强执法人员业务培训，提高执法人员专业素质的同时，积极开展法律法规的学习和培训，努力提高执法人员的法律意识和法律素质。

2001年，安徽检验检疫局被中宣部、司法部授予全国“三五”普法先进集体。这是国家级法制宣传工作最高奖，是在皖中直机关唯一获此殊荣的单位。

2002年，起草《安徽检验检疫“四五”普法规划实施方案》。明确系统“四五”普法的目标、任务、步骤、方法和工作要求，将新《中华人民共和国进出口商品检验法》的宣贯作为工作重点，开展较为系统的宣贯活动。分发《中华人民共和国进出口商品检验法》单行本及宣传资料2200多册，举办新《中华人民共和国进出口商品检验法》《检验检疫法律法规》讲座10次，收到良好成效。针对国家机关工作人员职务犯罪趋升形势以及国家对预防和打击职务犯罪的高度重视，及时播放最高检法律室主任主讲的《失职渎职犯罪的界限认定和法律责任》录像，对干部职工进行警示教育。

2003年，对系统内法制工作人员进行《中华人民共和国行政许可法》《认证认可条例》《特种设备安全监察条例》等法律法规培训工作，增强全局职工依法办事的能力；

参加国家质检总局组织选拔领导干部法律知识命题工作；参加商务部在南京组织的宣讲《内地与港澳加强经贸关系安排》报告会。

2004 年，为配合《中华人民共和国行政许可法》的正式施行，安徽检验检疫局主要领导赴京参加国家质检总局培训。随后，立即全面部署系统的《中华人民共和国行政许可法》宣传贯彻工作。制定宣讲计划，举办专题培训，局领导亲自宣讲条文并聘请安徽大学专家举办讲座，派人赴各分支局进行培训辅导，利用以会代训形式，分别在有关业务处室会议上举办培训。

2009 年，《中华人民共和国食品安全法》颁布后，专门邀请省政府法制办主任陈军举办安徽检验检疫局法制工作暨《食品安全法》宣贯培训会议。包括安徽检验检疫局党组成员、副巡视员、各处室主要负责人、分支机构及检验检疫系统约 150 人参加会议。5 月，党组中心组就《食品安全法》展开专题学习。各业务处室结合各自职能进行重点发言。局党组中心组集体学法为广大干部职工学法用法做出了表率。

"五五"普法期间，安徽检验检疫局先后举办了《中华人民共和国物权法》《公务员处分条例》《树立社会主义法治理念，推进依法行政》《预防职务犯罪》《中华人民共和国行政许可法》《最高人民检察院渎职侵权立案标准》等法律知识专题讲座；派员参加国家质检总局的《行政复议法实施条例》培训；参加全国质检系统法律知识竞赛，以赛促学，增强一线人员的执法意识和执法水平；参加全国质检系统食品安全法知识竞赛，在 59 个参赛单位、177 名选手中，以总分第 9 的名次，2 次走上颁奖台，分别领取团体优胜奖和个人优秀选手奖；组织全局系统参加国家质检总局"质检系统'双打'专项行动视频会议"，制订全省质检系统"双打"行动方案，建立领导小组和"双打"联动机制；将《检验检疫依法行政理论与实践》等多媒体法律讲座纳入新进人员初任培训。

普法宣传教育 法制工作部门对内对外大力开展普法教育，以宣传贯彻扩影响，以普法促执法。为依法行政、依法施检工作的顺利开展做了大量基础性和保障性工作。对社会的普法宣传注重普及法律法规知识，敦促企业守法经营，配合"质量和安全年"及"百名干部企业行"活动，编写综合礼包法律法规部分，送法上门。

制定印发年度普法计划。对"五五"普法工作作出了具体安排，明确目标，分步实施；集中开展《出入境检验检疫行政处罚程序规定》《国务院关于加强食品等产品安全监督管理的特别规定》、新《中华人民共和国进出口商品检验法》《中华人民共和国行政许可法》《商检法实施条例》等多部法律法规规章和国际条约的专题宣贯；认真做好各类日常普法工作，组织参加"质量和安全年""3.15"国际消费者权益日、世界认可日、法制宣传日等大型宣传咨询活动，编制《检验检疫法律和服务手册》，制定《安徽检验检疫工作质量评价体系》，建立和完善依法行政考核机制，制作印刷全套的检验检疫法律法规宣传漫画；派员参加系统内外有关部门组织的法律法规培训授课，派员参加检验鉴定人员资格考试法律培训授课、报检员资格考试检验检疫法律法规培训授课、国际贸易及流程培训班培训授课，宣传检验检疫机构和检验检疫机关；积极参与国家质检总局有关法律活动，参加国家质检总局《出入境检验检疫行政执法证考试大纲》的编写工作、《中华人民共和国国境卫生法》等法律、规章的修订工作，编写国家质检总局“五五”普法教材《出入境检验检疫法律基础教材》（中国纺织出版社）中第二篇第一章“进出口商品检验法律制度”和第二章“动植物检验检疫法律制度”8.8万字的编写任务，《出入境检验检疫法律实务问答》（化学工业出版社）中第四篇“进出境动植物检疫”4.6万字的编写任务，负责《执法证考试试题库》3个章节的出题工作；承办国家质检总局科研项目《检验检疫执法监督与过错责任追究制度研究》的评审鉴定。

世界贸易组织和技术性贸易措施知识培训　为正确理解和掌握《TBT协定》《SPS协定》和其他相关协定等专业知识，加强既懂专业又懂贸易、法规等专业人才的培养，确保对外技术性贸易壁垒应对工作切实有效，2006年3月，举办了“世界贸易组织和技术性贸易措施（WTO/TBT、SPS）”等相关专业知识培训班，至2010年先后4次开展WTO问卷调查。

利用WTO—SPS咨询点联系工作，及时回复国家质检总局及相关单位办理文件40余份。扩大了安徽检验检疫局的影响，为建设安徽检验检疫科技大局、建立完善的全国技术性贸易壁垒体系，维护外贸进出口的健康发展、维护国家经济安全做出应有的贡献。

第二章　认证认可管理

认证认可是确保质量安全的基础手段。作为国际上通行的管理方式，得到了广泛的应用，具有保障质量安全、促进对外贸易、推动节能环保、加强政府管理、提升社会公共效能等重要作用。1999 年，安徽检验检疫局内设科技与认证处，负责卫生、检疫注册登记、质量许可的申请、发证与协调管理工作；直属事业单位评审中心负责管理体系认证工作。

国家认监委成立以后，在全国建立和完善了统一的认证认可体系，使中国的认证认可工作步入了规范化和法制化的轨道。特别是《认证认可条例》的颁布实施，对地方认证监督管理部门的职责、工作程序、监督制约机制作了明确规定。为了进一步加强和规范认证工作，安徽检验检疫局党组研究决定组建认证工作办公室（认证办），这是检验检疫系统第一家专门成立的认证综合管理处室。2001 年 10 月 8 日，印发《关于认证工作办公室主要职能及内设机构的通知》，主要职责包括：出口食品生产企业注册登记、出口产品质量许可、社会实验室的资质认定、出口食品农产品生产基地管理、强制性产品认证的监管、认证市场管理、认证监管执法队伍的培训管理等。

2002 年 4 月 29 日，安徽检验检疫局召开全省系统首次认证监管工作会议，传达第一次全国认证认可会议精神，提出贯彻落实要求。这次会议的召开，标志着认证办职能正式启动。

2005 年 4 月，经国家质检总局批准设立认证监管处。在保留原认证办主要职能的基础上，增加了地理标志管理职能。各分支机构确定了辖区内认证监管工作的分管领导和兼职人员，全省检验检疫系统的认证监管网络基本形成。

1995 年，苏皖评审中心成立，开始了安徽的体系认证。经过多年发展壮大，中检集团安徽分公司已经成为安徽认证评审业的第一品牌，并拥有多项全国第一。在中检集团安徽分公司认证的有江淮汽车、合力叉车、合肥百大、丰原生化、金隆铜业、美菱股份等 50 多家安徽省内上市公司及大型企业。

第一节　强制性产品认证的管理

2002 年，认证办成立后，按照安徽检验检疫局党组要求，加强强制性产品认证执法检查工作。2003 年，强制性产品认证制度实施后，对涉及强制性产品认证的进口产品实施验证管理，对符合免于办理强制性产品认证的进口产品签发免办证明。为了规范产品验证和免办工作，安徽检验检疫局先后制定《安徽检验检疫局无需办理强制性产品认证具体要求》和《安徽检验检疫局办理免于办理强制性产品认证证明具体要求》，规定产品入境验证和免办的职责划分和监管要求。

2003 年，召开全省进出口机电产品检验监管工作会议，全省 94 家外贸企业、114 人参加。会议介绍了“3C”强制性产品认证制度的背景、面临的形势与任务，宣讲了“3C”认证规定及申请程序。随后，联合省外经贸厅、省经贸委发文宣传国家强制性产品认证制度，在全省政府主管部门和相关企业宣传强制性产品认证制度。

2003 年至 2010 年间，安徽检验检疫局按照产品入境和免办产品的特性进行风险分析，有针对性地开展后续监管工作。先后对办公设备、医疗器械等实施现场查验，对货证不符的产品做退货处理，对免办产品中用于科研测试的高风险产品重点进行后续监管，保证免办产品按申报的用途进行使用和处置。

2004 年 11 月，为了宣贯“3C”认证制度，推动这一制度在安徽的有效实施，安徽检验检疫局组织 2 个检查组，对 10 家出口生产企业进行了执法检查，宣传国家强制性产品认证制度，督促出口企业重视“3C”认证，加强对“3C”标志的使用和管理。

2007 年，针对国家认监委实施“3C”免办的新要求，及时对免办证明的申请、办理和后续监管等进行调整，并在互联网上公布。按照有关规定，加强进口企业申报材料的审查，对于企业自用的进口产品必须提交合格证明，对于后续监管和进口产品的质量安全，申请单位必须在申请时作出书面承诺；通过对高风险产品如研发用产品、医疗器械，加强进口后的查验，要求企业落实产品流向；对于进（来）料加工，要求进口单位在产品出口后 1 周内提交核销证明，严格把关。

2009 年，为了便利芜湖地区的进口企业，促进对外贸易，安徽检验检疫局积极联系口岸局，在芜湖检验检疫局签发免办证明方面取得口岸的支持。自 10 月开始，将芜湖检验检疫局辖区涉及来料加工、进料加工的免办证明交由芜湖检验检疫局签发并进行监管。运行效果良好，受到芜湖地区来 / 进料加工企业的普遍好评。

2010 年，认监委推出“3C 免办网络管理系统”。为了保证免办系统有效运行，安徽检验检疫局在 4 月对系统进行了设置和调试并于 4 月底在芜湖举办“免予办理强制性产品认证管理系统”推广会议。来自全省 40 余家企业的 60 多名代表出席会议。会议采用“以会代训”的方式，对“免予办理强制性产品认证管理系统”的使用进行讲解，并对在网上审批免办证明的后续监管工作进行部署。5 月开始，正式接受网上申请，比国家认监委发文要求的时间整整提前了一个月。由于之前准备工作充分，网上申请审批顺利开展。申请企业普遍反映，采用网上申请审批后，审批时间大大加快，基本实现了“7 × 24”的工作模式。

2002 年至 2010 年间，共举办各种培训班 14 期，培训系统内执法检查人员 200 余人次。按照国家认监委人员要求，连续 3 年组织培训全局系统认证监管人员 180 人次，并通过了国家认监委组织的认证监管人员全国统一考试。

第二节　出口商品质量许可

国家质检总局和国家认监委为规范出口产品质量许可制度，先后出台《出口产品质量许可证管理办法》《质量许可和卫生注册评审员管理办法》（国家检验检疫局第 15 号令）《出口玩具生产企业质量许可（注册登记）审核要求（试行）》《出口玩具质量许可（注册登记）实施细则（试行）》《输美日用陶瓷生产厂认证条件 [2003 版]》和《出口日用陶瓷质量许可证审核要求》。为规范出口产品质量许可证的发放审批流程，安徽检验检疫局先后制定《认证监管控制程序》以及出口产品质量许可证申请受理、抽封样、现场审核和证书发放、监管等专业指导书。

2002 年 9 月，召开全省出口玩具质量许可制度工作会议，部署和安排质量许可证管理措施。2003 年至 2010 年，举办培训班 5 期，对出口玩具、机械产品生产企业的人员进行培训，对提高出口产品生产企业质量管理水平起到了重要作用。

为了支持外贸扩大出口，2002 年，针对质量许可制度前几年的实施情况，采取换发临时证明书和填写登记表的办法，方便企业扩大出口。随着检验检疫行政许可项目的公布和新《商检法》的实施条例修订出台，出口商品质量许可制度也逐步明朗化，新《商检法》实施条例的第三十一条规定：检验检疫机构对涉及人身财产安全、健康的重要出口商品实施出口商品注册登记管理。

实施好出口质量许可制度，是检验检疫监管方式转变的具体举措。2005 年，参加国家认监委召开的“出口商品注册管理研讨会”，对实施注册制度的目录、实施细则、管理办法提出了具体意见，并按照认监委统一要求，结合安徽实际，制定许可证发放程序，规范许可证管理要求。

为贯彻落实国家质检总局有关文件和全国出口玩具专项整治工作会议精神，2007

年 8—11 月，安徽检验检疫局抽调 18 名工作人员开展出口玩具专项整治工作。审查出口布绒玩具企业 129 家、童车企业 4 家、塑胶玩具企业 1 家，注销证书 25 家、暂停 18 家、吊销 3 家。对新列入许可证管理的竹木玩具生产企业进行摸底调查，对现有的 3 家企业，组织有关分支局审核 2 家，另外 1 家放弃领证。通过工厂自查、拉网式清查，安徽检验检疫局出口玩具专项整治完成了 100% 拉网式清查的任务，初步达到提升一批、整顿一批、规范一批、清理一批的目标，为全面提升玩具总体质量安全水平奠定了基础。为了巩固专项整治成效，建立成效机制，印发实施《安徽检验检疫局加强出口玩具检验监管下阶段工作方案》，将国家质检总局、国家认监委有关要求进行分解，落实负责部门和完成时间。

2008 年，在前一年专项整治的基础上，安徽检验检疫局制作了新的出口玩具质量许可证，将出口目的市场及其对应的标准，列入许可证内容。同时，对于新申请的企业，要求工厂必须按照《出口玩具质量许可证实施细则》和《出口玩具质量许可证审核要求》建立健全质量管理体系。通过执行《出口玩具质量许可证实施细则》和《出口玩具质量许可证审核要求》，出口玩具生产企业的质量意识、管理水平均有进一步提高。

为了改变重发证轻监管的现状、巩固 2007 年出口玩具专项整治成果，安徽检验检疫局创新监管模式，采取“企业自查 + 报送自查材料 + 材料审核 + 重点抽查”的方式，对出口玩具企业进行 2008 年度监督审核。由于重点抽查基本上采用不预先通知的飞行审核方式，对了解出口玩具生产企业质量管理实际情况、督促企业持续改进提高质量管理，起到了极大的推动作用。

为提高人员素质，2008 年 1 月，在安徽玩具主产区——天长市举办了全省玩具生产企业质量管理培训班，来自 90 家企业的 140 位企业质量管理人员参加了培训。针对企业质量管理方面的问题和应采取的纠正和预防措施，进行了深入浅出的讲解，受到企业的欢迎。

2009 年，安徽检验检疫局制定并发布《出口机械类产品质量许可工作规范》，规范了出口机械类产品注册登记（质量许可）工作。

2003—2010 年安徽检验检疫局颁发出口商品质量许可证书情况统计表

表 8-2-1

年份	玩具类	机械类	陶瓷类	总计
2003	31	19	1	51
2004	30	32	1	63
2005	52	21	1	74
2006	22	16	1	39
2007	44	21	3	68
2008	56	18	0	74
2009	49	17	1	67
2010	30	11	3	44

第三节 出口食品卫生注册登记

安徽检验检疫局认证办成立后，统一负责出口食品卫生注册登记工作。具体包括企业的申请、材料审核、组织现场评审、审核结果、发证、建档或不予通过处理。2003 年、2004 年，先后印发《卫生注册登记工作指南、工作流程》，起草《关于出口食品卫生注册登记实施意见》，明确了卫生注册工作中认证办与分支机构和业务处室的职能分工协作机制，使出口食品卫生注册工作进一步规范化。2003 年，按照国家认监委要求对所有卫生注册登记企业进行“拉网式”检查，取消了 7 家企业注册资格。2004 年，重点选择了 35 家风险较高的注册企业列入年度监管计划，由辖区内的检验检疫机构重点监管并填写评审报告。为了保证监管有效，组织检查组对 10 个企业实施异地检查，异地检查比例达 28.6%。

2004 年，为进一步做好全省辖区内出口食品卫生注册工作，保证现场评审的工作质量，根据国家认监委有关规定，对从事食品、农副产品检验检疫人员进行了专项培训，聘任了 42 位卫生注册评审员。对外注册方面，2004 年确认 7 家符合条件的水产品生产企业对欧盟注册、推荐 11 家水产品加工企业对韩国注册、5 家蔬菜罐头加工企业对加拿大注册，均获得了批准。

2005 年，安徽检验检疫局进一步加强持证报检工作力度。对已注册企业加强动态管理；对 1 年以上未出口注册登记品种的企业按照有关规定取消其注册登记资格，共取消 22 家企业的注册登记资格；对全省出口肉类（禽类）产品的注册企业进行专项检查，督促企业加快硬件设备的改造，彻底清除卫生隐患，严格卫生质量管理，持续保持卫生注册的有效性；组织推荐2家水产品企业对欧盟注册，指导企业进行硬件设备改造，并针对存在的问题和不足帮助企业进行认真整改。

2006年，根据国家认监委有关要求，大力加强HACCP体系官方验证工作。重点加强6类食品的HACCP官方验证管理。在验证过程中，遵照国家认监委的要求，认真履行工作程序，严格区分官方验证与第三方认证的界限，禁止卫生注册与HACCP第三方认证挂钩，加强对相关企业的宣传。HACCP官方验证达到17家，累计56家次。对外注册方面，推荐1家肉类罐头企业对新加坡注册，获得新加坡官方批准。这是安徽检验检疫局对外注册工作新突破。

2007年，根据国家质检总局和国家认监委的工作部署和要求，8月—9月，抽调10名工作人员组成5个检查组，对全省223家出口食品卫生注册登记企业进行了拉网式检查，对28家企业的卫生注册登记资格做出了自动失效处理，吊销了7家企业的卫生注册登记资格。对外注册方面，检查了13家输美国水产品企业，开展了HACCP体系验证工作，保留10家、取消3家、新推荐1家对美国注册；2家水产品企业获欧盟注册；重新确认9家水产品企业对越南注册；推荐的10家水产品企业取得俄罗斯注册。对外注册中，加大对重点行业、新产业的支持力度。果汁生产是中国最具有优势的农产品深加工行业，也是安徽省近年来发展起来的新产业。为了扶持该行业的发展，安徽检验检疫局积极帮助出口企业完善质量管理体系，促进企业提高产品质量，使得安徽砀山海升果业有限责任公司通过输美果蔬汁HACCP验证。这标志着安徽省果汁生产企业对美注册取得“零”的突破，不仅提高企业经济效益，同时对安徽果汁行业的发展起到示范、推动作用，是安徽检验检疫局支持安徽省外向型经济发展的又一贡献。

2007年，安徽检验检疫局制定《安徽出入境检验检疫局出口食品生产企业卫生注册登记行政许可工作实施细则》，严格执行持证报检的规定。要求评审人员严格按照要求填写工作笔记，结合工作实际进行检查，注重发挥专业评审员作用。全年组织了96次现场评审任务，有32次是由施检处室的评审员担任评审组长。此举调动了评审员工作的积极性，增强了责任感。

2008年，根据国家认监委要求，安徽检验检疫局率先实现出口食品卫生注册（登记）信息化管理系统试运行工作。奥运期间，对辖区内供奥运食品生产企业加强监督管理，每星期向有关部门报告监管工作。监督管理方面，组织对出口到美国、日本、欧盟、韩国、印度等国家和地区以及中国香港、澳门的149家生产加工企业进行1次全面检查。检查重点是督促企业建立健全原辅料验收制度、原料基地的核销、日常监管和年审、完善企业质量管理体系，特别是产品追溯制度和安全防护制度，积极应对国外的质量纠纷和产品召回。使企业加强对质量管理和检验人员的培训、熟悉国内外官方法律法规和标准要求、强化生产加工过程的管理。检查结果：吊销 1 家企业的卫生注册资格；对 2 家加工车间不符合卫生注册要求的企业提出重建意见；对 15 家存在质量安全隐患的生产企业暂停受理出口报检；对 120 家存在管理和硬件设施问题的生产企业责令限期整改；取消 19 家企业的注册登记资格。通过专项检查，出口食品企业质量意识、诚信意识得到较大增强，内部管理和质量体系运行得到进一步规范。许多出口食品生产企业从被动应付逐渐转变为主动建立与加工能力相适应的备案基地，辖区内出口产品质量总体水平有了较大提高。对外注册方面，推荐 1 家果蔬汁企业对美注册并获得美国 FDA 批准。这是安徽省首家果蔬汁企业获得发达国家注册资格，也是安徽检验检疫局对外注册工作新的突破。另外，推荐了 1 家低酸罐头生产企业对加拿大注册。

2009 年，下发《关于对落实安徽检验检疫局“质量和安全年”活动业务指导组实施方案进行检查的通知》，组织指导对所有对外注册食品企业的监督检查和全部备案食品企业的“拉网式”检查。活动中共出动检查人员 800 余人次。通过在检查中发现的问题，注销了 25 家出口食品企业的备案资格，取消了 8 家次企业的对外注册资格，要求一批存在不符合项的企业限期整改。由于工作组织得力，安徽检验检疫局获得国家质检总局“质量和安全年”活动先进单位称号。对外注册方面，推荐 4 家水产企业对台湾地区注册，6 家水产企业对俄罗斯注册，1 家企业对美国 FDA 注册。另外，为加强对备案企业的监督管理，保证备案企业持续符合法律法规要求和进口国卫生当局的有关要求，经过反复检查、确认，报请国家认监委注册部取消了 3 家对加拿大出口低酸蔬菜罐头企业的资格。

2010 年，共计审批发证 89 份。其中复查换证证书 58 份，新批准备案企业 25 家，重新注册 4 份，变更地址和增加品种各 1 份。根据年终统计，有效期内备案企业比 2009 年同期增加 5.51%。监督管理方面，制定并发布 2010 年度定期监管计划，对 135 家备案（注册）企业进行了 176 次定期监管工作，派出监管人员 440 人次。对卫生注册评审员进行了两次专项集中培训；根据出口产品特点和出口地域情况，在某些大宗农副产品和食品出口地区对企业人员和监管人员也进行了产品和监管方面的专项培训。对外注册方面，推荐了 1 家肠衣注册企业对欧盟注册，1 家果蔬汁企业对美国注册，重新确认 6 家水产企业对俄罗斯注册；取消 4 家水产企业对韩国注册，取消 4 家水产企业对越南注册；并帮助全省水产品生产企业首次顺利通过了韩国农林水产食品部的官方检查。

2005—2010 年安徽检验检疫局卫生注册登记情况统计表

表 8-2-2

年份	罐头01	水产品02	肉及肉制品03	茶叶04	肠衣05	蜂产品06	蛋制品07	速冻果蔬、脱水果蔬08	糖类09	乳及乳制品10	饮料类11	酒类12	花生、干果、坚果制品13	果脯14	粮食制品及面糖制品15	食用油脂16	调味品17	速冻方便食品18	功能食品19	食品添加剂20	泡菜、腌渍菜21	登记D	合计
2005	18	14	8	17	2	7	0	37	1	0	4	8	5	1	10	10	4	0	3	0	1	63	220
2006	20	15	9	19	2	8	0	41	2	0	3	7	3	1	11	12	5	0	3	0	1	49	211
2007	22	15	5	19	2	6	0	45	1	1	4	8	5	1	10	8	3	0	3	0	2	64	224
2008	25	13	4	21	2	8	0	50	1	1	4	4	5	1	11	8	4	0	3	0	2	67	234
2009	24	13	4	22	2	9	0	49	0	1	4	4	6	1	9	8	4	0	4	0	2	70	236
2010	24	14	4	24	2	12	0	49	0	1	5	3	7	1	9	8	5	0	5	1	3	72	249

第四节　认证监管和实验室管理

管理体系检查　按照国家认监委的规定，2002 年和 2003 年，安徽检验检疫局开展中外合资管理体系认证咨询机构的审查。2002 年 4 月，审查 2 家咨询机构，国家认监委批准了 1 年的有效期。2003 年，按照国家认监委的部署，获得重新确认。2004 年以后，该项工作按规定由技术监督部门负责实施。

自 2003 年起，国家认监委每年都组织专项认证监管活动。安徽检验检疫局组织参与的主要有：2003 年，对质量管理体系获证企业的认证有效性稽查，共检查 5 家企业，发现不符合项 17 项；2004 年，对农产品认证机构、获证企业的认证有效性监督检查，共检查认证机构 5 家、认证企业 15 家，发现不符合项 40 多项；2005 年，对质量管理体系获证食品企业的认证有效性监督抽查，共抽查 15 家企业，不符合企业 5 家，并抽查了 2 家认证机构的 6 份认证档案，检查其认证的规范性。

2007 年，按照国家质检总局和国家认监委的统一部署，将认证执法检查纳入日常监管工作范围，认证稽查由各直属检验检疫局自主实施。

2003—2010 年安徽检验检疫局行政执法稽查情况统计表

表 8-2-3　　单位：家

年份	稽查企业数	稽查范围	出具整改要求的企业数
2003	5	国家认监委指派任务	3
2004	15	国家认监委指派任务	3
2005	15	国家认监委指派任务	2
2006	11	国家认监委指派任务	1
2007	30	出口生产企业管理体系	2
2008	40	出口生产企业管理体系	3
2009	11	出口生产企业管理体系	2
2010	109	出口生产企业管理体系	12

社会实验室资质管理　改革开放以来，安徽检验检疫局实验室检测手段不断增多、检测能力不断提高，在进出口商品质量把关方面发挥了重要作用。2002 年，5 个实验室通过 CCIBLAC 的第一次监督审核。2003 年，通过内部审核和管理评审，实验室质

量体系持续有效运行。32人参加了《量值溯源》和《测量不确定度》的培训。参加CNAL秘书处2003年实验室能力验证计划。安徽检验检疫局共有国家资质的实验室12个，其中CNAL认可实验室5个、国家计量认证实验室7个，分别为商品检验检疫类实验室8个、卫生检疫类实验室4个。在2次实验室调查基础上，拟定了安徽检验检疫系统实验室建设和发展规划的意见。经国家质检总局批准的实验室建设目标为：国家级重点实验室5个、区域中心实验室5个、检验检疫常规实验室5个。2005年3月，安徽检验检疫局有5个实验室通过了国家认监委组织的CNAL的专家组现场评审。实验室的全部工作按照ISO/IEC 17025标准运行。

为了加强对委托实验室的管理，安徽检验检疫局制定实施了《委托社会检测机构管理办法》，充分利用社会优质检测资源为检验检疫工作服务。2004年，受理4家社会实验室的委托申请，批准2家委托实验室，承担13个检测项目。为了提高企业从业人员的检测能力、缩小与检验检疫实验室之间的差距、保证检测数据的可靠性和科学性，安徽检验检疫局加强对企业实验室的指导和帮助，指导企业购置与生产相匹配的检测设备，除常规检验外，要求企业必须具备药物残留检验能力，满足原料验收的要求；向企业宣讲实验室管理的国际标准ISO/IEC17025：1999，帮助建立相应的实验室质量管理体系；鼓励企业积极创造条件争取通过国家计量认证或实验室认可；建立残留监控计划、疫情疫病防控方案和风险预警机制，完善卫生安全的全程自检自控体系。

第五节　出口原料基地备案管理和示范区建设

2003年，为了帮助企业应对国际市场农产品检验检疫新标准，推进农产品生产基地标准化建设，贯彻好国家质检总局“抓好一批出口农产品出口基地建设、形成出口方面龙头”的要求以及食品安全基地备案制度，安徽检验检疫局党组决定实施农产品基地备案管理，对3家基地进行帮扶，完成了备案工作。

根据国家质检总局和国家认监委对原料种植、养殖环节的监管要求，安徽检验检疫局开展农产品出口基地建设的试点工作。2004年，重点抓了10家农产品出口基地的建设。为了稳步推进试点工作，两名局党组成员分别带队，自2004年3月起，进行了为期2个月调研，与10个市的政府领导和农业、外经贸部门以及出口生产加工企业召开座谈会，实地走访全省优势农产品主要区域和30家出口龙头企业、省级外贸公司，了解情况、征求意见，帮助解决外贸出口方面存在的问题。2004年8月，安徽检验检疫局会同省商务厅召开全省卫生注册及基地建设工作会议，宣讲农产品出口基地备案条件、程序和要求；鼓励出口企业建立自有种植、养殖基地，开展农产品和食品认证，按进口市场要求获得有机产品认证或其他国际认证，提高出口竞争力。会后，大多企业相继成立了基地办、基地科等专门机构，配备了专兼职人员负责基地备案管理工作。安徽检验检疫局参照有关规定，组织人员制定了核查表，明确了 8 项标准条件，为规范审核工作提供了依据。2004 年，共有 19 家企业的 30 多个基地申请备案，考核 16 家企业 20 多个基地，批准 10 家作为首批试点单位。首批备案的 10 家基地，面积约 1.5 万亩，主要是蔬菜基地、果园、养殖场 3 类，涉及种养品种 30 多种；组织管理形式上主要是企业自有、长期租赁、反租倒包、“示范基地 + 农户”“公司 + 协会 + 农户”等；管理方式上实行源头管理，把原料基地当成第一车间进行管理，严格按照国际标准组织生产，建立生产技术操作规程和质量安全管理制度，统一种植计划、统一生产管理、统一农兽药采购使用、统一抽样检测、统一收购加工，确保原料质量安全卫生。据统计，10 家备案基地的农产品全部或 80% 以上自营或出口，2004 年，出口创汇 1000 万美元。

为了贯彻落实《中共中央国务院关于进一步加强农村工作提高农业综合生产能力若干政策的意见》，落实省政府与国家质检总局签订的《备忘录》要求，促进农产品扩大出口，2005 年，安徽检验检疫局会同省商务厅、省农委、省财政厅联合开展农产品出口示范基地建设，并列入全省检验检疫系统 2005 年 8 项重点工作之一。为了抓好农产品出口基地建设，成立领导小组，局长任领导小组组长，多次深入基地考察调研，通过座谈等多种形式，实地了解基地环境条件、生产规模和标准化、规范化落实情况，并向省政府报送了考察报告。首批 10 家示范基地名单确定后，局党组要求全省检验检疫机构发挥自身技术、信息等优势，对 10 个基地实行对口重点扶持，落实到相关处室、落实到责任负责人。

2006 年，国家质检总局要求对基地管理实行严格的备案制度。其中，印发实施了蔬菜、茶叶、蜂产品的基地检验检疫备案条件和要求，规定对敏感地区(如日本、欧盟)出口，自 2006 年 1 月 1 日起，其原料必须来自于备案基地，其他的自 2010 年 1 月 1 日起全面实施。为了适应这一新的管理模式，安徽检验检疫局组织起草了新的“备案程序”，改变现行由认证处“一竿子”到底的做法，明确由省局领导负责出口基地备案的审查批准；所辖地检验检疫机构具体负责基地备案的申请受理、现场考核及日常监督管理等工作；认证处负责基地备案的综合协调、审查报批、档案管理、统计汇总以及专项监督检查等工作。印发实施具体程序，包括申请受理、文件审查、审核通知、现场审核、初审意见、符合审查、局长审批、备案通知、汇总统计。新的备案程序的实施，对推行“公司 + 基地”的管理模式起到积极的推动作用。

2007 年，根据国家质检总局和国家认监委的统一部署，抽调 8 名审核员组成 4 个检查组，对全省 200 个出口食品原料基地进行了全面的清查。共取消 21 个基地，完成了出口食品原料基地 100% 清理检查目标。通过清理，出口加工企业建立基地的主动性增强，进一步强化了农药管理、推动了企业从成品到原料基地的可追溯体系建设。

为了建立基地备案管理工作的长效机制，安徽检验检疫局印发《关于进一步加强出口食品原料基地监督管理的通知》，进一步明确了原料核销、日常监管、年审等工作内容。

2008 年 4 月 30 日，国家质检总局规定出口植物源性食品原料种植基地实施检验检疫备案管理。备案品种扩大到 10 类，备案时间进一步明确，备案条件和要求也发生一些变化。安徽检验检疫局及时召开全省检验检疫系统基地备案工作会议，研究部署基地备案工作，对辖区内 2007 年年底已备案的 171 个基地进行年审，取消或暂停了 59 个基地备案资格。根据国家质检总局《关于加强出口植物源性食品原料种植基地检验检疫备案管理的通知》要求，基地实行属地管理，安徽检验检疫局向浙江、广西检验检疫局移交 2 个备案基地，同时接收福建、广东、江苏、上海、浙江、宁波检验检疫局移交到安徽检验检疫局的基地 31 个。其中省局辖区的 16 个基地中，验收通过的 2 个、不通过的 2 个、属重复备案不予验收的 12 个；分支机构辖区的 15 个基地中，验收通过 4 个、属重复备案不予验收的 7 个、整改的 4 个。

2009 年，安徽检验检疫局共备案出口植物源性食品原料种植基地 60 家，备案面积 13.3 万亩，合计备案 138 家，备案面积 40.12 万亩；备案出口蜂产品养蜂基地 12 家，蜂群 22.04 万群，合计备案 17 家，蜂群 24.75 万群。与省商务厅、省财政厅等部门联合对出口农产品示范基地进行动态管理，淘汰安徽省京州食品有限公司等 5 家基地，对怀宁三官实业有限公司给予警告，新增安徽省绿源工艺品有限公司等 13 家企业优秀示范基地。2005 年后，安徽检验检疫局与其他部门共同指导建设了 5 批 60 家农产品出口示范基地，涉及蔬菜、羽绒、茶叶、柳编等 18 个品种；2009 年基地种植面积已达 120 万亩，出口农产品 3.8 亿美元，占出口农产品总额的 42%。在各部门的共同努力下，2009 年安徽省出口农产品回升明显，同比出口降幅由年初的 –22.4% 回升至 –4.25%，比年初回升了 18.15 个百分点，高于全国农产品出口平均水平 1.55%。

2010 年，为强化源头管理，安徽检验检疫局组织开展对有效期内的出口植物源性食品原料种植备案基地及出口蜂产品养蜂备案基地进行检查，从源头上保证出口产品质量。检查的重点是备案基地是否存在收购非备案基地的原料，转让、借用、篡改基地备案号，不按规定购买施用农用化学品以及原料检出农药与申报农药不符等情况。对于检查中发现的数家不符合要求的备案基地，责令其限期整改。作为落实省部合作备忘录的具体行动，安徽检验检疫局请示省政府成立安徽省促进出口食品农产品质量安全示范区建设工作领导小组，出台《关于加快推进出口食品农产品质量安全示范区建设的意见》，得到了省政府的肯定。砀山出口果蔬质量安全示范区成功通过国家质检总局的现场验收；黄山检验检疫局与休宁县签署了共建休宁茶叶质量安全示范区的合作备忘录。8 月，全省出口食品农产品质量安全示范区建设现场会在砀山召开，这是安徽检验检疫局历史上首次以省政府名义召开的工作会议。副省长花建慧出席会议并讲话，省直相关部门领导、17 个地市分管副市长及相关部门负责人和部分企业主要负责人共 160 余人参会。副省长花建慧充分肯定了安徽检验检疫局主动服务地方经济建设的做法，肯定了“砀山经验”，要求向全省推广“四位一体”联动机制，科学有序地推进示范区建设，推动“皖”字号食品农产品“走出去”步伐。在全国出口食品农产品质量安全示范区建设工作座谈会上，安徽检验检疫局结合安徽实际，介绍了开展砀山果蔬示范区建设的经验，受到国家质检总局领导和兄弟局的一致好评，进一步肯定了安徽检验检疫局在质量安全示范区建设方面的经验和成果。

第三章　检验监管

为适应新时期安徽外贸快速发展形势，进一步转变重检验轻监管的工作方式，安徽检验检疫局从2006年8月开始筹备建设检验监管处。2007年11月开始进行部分业务接管工作。

第一节　预设机构

内设科室

综合科　负责综合科业务工作；负责进口废物原料国内收货人注册登记；负责全省出口电子监管的组织协调。

检验监管科　负责出口工业产品企业分类评定和监督管理；负责组织实施免验业务办理及其管理；承担全省企业诚信管理的组织协调；负责全省国内、国外检验检疫鉴定机构和人员的管理。

风险分析科　负责质量分析报告考评与汇编；负责全局风险分析管理工作；负责全局业务统计及其管理工作；负责全局业务统计数据核查工作；负责《目录》外商品抽查督察管理。

口岸管理科　负责全省特殊监管区、口岸开放建设的业务协调。

主要职责　负责全局检验检疫业务的管理和组织协调；指导质量办做好质量体系运行、管理工作。

承担全省业务辖区划分和调整。

负责全省特殊监管区、口岸开放和长三角、口岸内地及系统内外的业务协调；建立与各相关单位的合作机制。

负责全省出口企业电子监管和电子口岸建设的组织协调。

负责全省出入境企业诚信管理并对黑名单企业实施审核、管理。

负责全省出口生产企业分类管理和免验企业及产品的推荐、上报。

负责全局进出口商品统计和质量分析。

负责全局检验检疫风险分析的组织和协调；承办全省出口商品退货、召回、通报、销毁等信息的收集、调查、溯源，分析质量问题原因，配合有关单位追究责任。

负责全省目录外进出口商品的管理；负责全省国内、国外检验检疫鉴定机构和人员的管理。

负责全省进口废物原料的管理。

负责分支机构和直属企事业单位业务对口管理与指导；负责本部门党风廉政、精神文明建设和职工思想政治工作；承担本部门标准、资料、质量活动记录的整理与保管。

承办局领导交办的其他工作。

第二节　监管服务

2007 年 11 月，检验监管筹备处开始接管部分监管业务工作。按照国家质检总局的要求，在全面完成国务院要求的 3 个 100% 专项整治目标的基础上，结合安徽实际，增加了出口产品生产企业 100% 签订质量安全承诺书等 6 个 100% 目标，所有目标顺利完成。

2008 年，组织开展全省 5 项重点产品的专项整治工作。对全省 496 家（木制品 91 家、玩具 83 家、服装 322 家）企业进行了摸底、整治，并完成各项目标任务。通过专项整治，企业质量责任主体意识进一步增强，进出口重点产品质量安全水平明显提升，生产企业质量保证能力和质量管理水平明显提升，专项整治工作取得明显成效。

2009 年，根据国务院和国家质检总局的安排部署，开展"质量和安全年"活动并作为全年的工作主线。"质量和安全年"活动以"百名干部企业行"为切入点，突出"质量和安全年"的舆论宣传工作；以"帮扶外贸牵手行动"为着力点，突出质量服务和质量提升工作；以"三个结合"为落脚点，突出质量整治和质量建设工作。活动期间，共帮扶企业 1059 家，培训企业管理人员 1704 人次，发放宣传画宣传册等资料 1054 份。多家媒体报道了安徽检验检疫局"质量和安全年"活动，其中安徽卫视报道 5 次，安徽人民广播电台报道 3 次。

2009 年 8 月，自国家质检总局新《出口工业产品企业分类管理办法》实施以来，组织策划了十余次宣贯培训活动。通过集中培训、撰写文章、新闻媒体、报纸杂志、会议宣讲等方式广为宣传，扩大了检验检疫加强科学监管，实施分类管理的社会影响面，打下了很好的推广基础。同时，制定《安徽局出口工业产品企业分类管理评定工作规范（试行）》及其三个配套细则，并首先对原分类企业进行确认转换。全面展开新的企业分类和产品风险分级工作。截至 9 月底，全局系统评定出口工业产品生产企业一类企业 56 家、二类企业 243 家、三类企业 684 家，实施分类管理企业总数为 983 家。在产品风险分级方面，组织出口工业产品风险等级评定，完成对机电产品、轻纺和化矿金属产品等共计124种产品的风险评级并发布了安徽省《工业产品风险等级目录（第一批）》。其中高风险产品18种，较高风险产品42种，一般风险产品64种。

2009年11月1日，根据《关于公布〈进口可用作原料的固体废物国内收货人注册登记管理实施细则（试行）的公告〉》，开始正式受理辖区内进口固废原料国内收货人注册登记审批工作。

2010年，组织开展质量提升活动，着重实现服务发展、科学监管、基础保障三大能力的提升。成立了以局长邱栋久为组长、局领导全体成员参加的“质量提升”活动领导小组，各职能处室负责人为活动办公室成员，办公室设综合组、业务指导组、服务企业组、宣传信息组和检测工作整顿等5个工作组；制定《安徽检验检疫局“质量提升”活动的实施意见》，部署17项重点工作，安排22项重要活动（均完成）；加强督查指导，局领导带领3个督查组，对全局活动开展情况进行督查指导，明确活动重点；开展“五送”服务，各分支机构和业务处室深入企业调查研究，有针对性调查分析企业困难和要求，采取办培训班等方式进行帮扶，共组织免费培训53次，培训企业745家，解读产品32种；开展“质量对比”活动，确定150家帮扶企业，并从一类企业、绿色通道企业中确定“标杆”企业、“标杆”产品，通过座谈、培训、参观等方式，为企业提供互相交流、学习平台，帮助在产品质量和生产管理上找差距、找原因，定措施，实现产品质量和管理水平提升。

2010年，加快实施出口工业产品企业分类管理工作。大力推广电子监管应用，制定年度目标，使电子监管企业数突破100家。除组织有关处室人员参加国家质检总局培训外，还采取“走出去，请进来”的方式，多次组织全局性和单一性的培训和上门服务，宣传电子监管工作的意义及方法内容，指导推进工作。截至12月9日，全系统电子监管企业数103家，监管产品数208个，累计快速核放57500批次。

2008—2010年，安徽检验检疫局质量分析工作3年上了三个台阶。依据国家质检总局质量分析评估结果，系统排名由2007年的第30位上升到了2008年的第19位、2009年的第15位，平均得分由68分上升到2008年的80分和2009年的83.5分。

诚信系统　2009年，搭建完成安徽检验检疫局进出口企业诚信管理系统，相应的管理组织架构和运行体系运行有效。举办“进出口企业诚信管理系统”应用培训班，从“进出口企业诚信管理系统”技术概况、操作规程、电子密钥等多个方面，进行细致讲解和现场演示，为参训人员提供网上操作辅导，现场答疑。2009年年初，制定下发《安徽检验检疫局进出口企业诚信管理系统操作规范》，组织各相关单位企业诚信管理联络员培训工作和推广应用事宜；组织各相关单位对主要类型进出口企业实施企业诚信管理首次信用评定和周期性信用评定工作，根据企业在期限内的信用情况授予企业相应信用等级，企业信用等级的评定为实施检验检疫监管模式的转换打下了坚实基础；

对全省进出口企业诚信管理的日常运行，实施具体组织协调和综合管理工作，对各单位进出口企业诚信管理的实施情况和信用评定完成情况，多次进行即时通报，促进了工作开展和应用落实。

2010年，启动全省进出口企业诚信管理周期评定，授予企业相应信用等级。参加全国进出口企业诚信管理工作经验交流会；开展诚信企业申报推荐工作。对部门变动、人员调整的实施相应用户管理。落实新版防伪功能检验检疫空白证单的启用，对库存旧版检验检疫空白证单进行了相应准备、清理。

第四章　中国检验认证集团安徽有限公司

1993 年 2 月 12 日，安徽商检局成立国家商检总公司安徽分公司。下设业务部、综合部。

2004 年，根据《安徽商检公司改制方案》，公司改制组建新公司为“中国检验认证集团安徽有限公司”。集团公司股份为 51%，安徽出入境检验检疫局机关服务中心股份为 49%。

2007 年，根据《中国检验认证集团安徽有限公司重组方案》，原安徽公司与安徽评审中心整合重组。重组后名称为“中国检验认证集团安徽有限公司”（简称中检安徽公司）。

第一节　业务范围

负责进出口商品委托检验、鉴定业务、矿产品装港及到货的检验检测、PSI 装船前检验、工程监造、价值鉴定、供应商评审、卫生处理；负责 ISO 9001 质量管理体系、ISO 14001 环境管理体系、GB/T28001 职业健康安全管理体系、HACCP 食品安全管理体系、TS16949、GMP 良好生产规范认证、GAP 良好农业规范认证、绿色市场认证和生态纺织品、饲料产品、自愿性产品认证及培训；商务代理和咨询等。

第二节　业务概况

1993 年，中检安徽公司成立后，主要开展 CISS、铜精矿业务，与国际检验机构 SGS、ITS、BV 等合作，检验业务由转委托过渡到直接委托，与香港 SGS 签订了合作协议，检验长毛绒玩具。

2001 年，成立了智利办事处，进行海外装港检验业务。随着经济的发展，业务种类及检验产品不断增多。

公司传统业务主要是到货矿产品、装港铜精矿、PSI、水尺及国内外委托，后来增加了出口监装、非法检、代理报检及电子转单等业务品种。

从检验产品上看，到货矿产品原来主要是铜精矿、铅精矿，后来增加了阴极铜、粗铜、镍矿、铁矿等；鉴重业务除了煤炭，新增了苯及废钢的鉴重；国外装港检验产品原来主要是铜精矿，后来增加了粗铜、镍矿、铁矿等。

客户数量不断增加，服务区域不断扩大。过去各类检验主要集中在省内，现在有些检验已扩展到全国许多地方。比如到货粗铜的检验，除了在省内检验，还发展到江苏张家港、广东湛江、广西防城、江西和湖北等地。海外市场也不断扩大，过去主要在南美，后来在北美、东南亚都有装港检验。

南美装港业务从2000年开展以来，最初几年只有10万～20万吨的数量。到2006年，达到30多万吨。2007年和2008年，经过不懈努力，实现了翻倍增长，分别达到60多万吨。到2010年达70多万吨。客户也由最初的两三家发展到后来的七八家。有许多客户都是慕名而来，主动要求合作。比如山东祥光、山东方圆、甘肃白银等。在与这些企业合作的过程中，始终严把质量关，并在公正合理的原则下，把客户利益放在第一位，为客户争取利益，赢得了客户的信任与好评。

2007—2010 年中检安徽公司业务情况统计表

表 8-4-1　　单位：吨

年份	2007 年	2008 年	2009 年	2010 年
到货矿产品检验	105351	245042	210862	274849
国外装港检验	631040	668728	1132820	778939

第三节　认证评审

1992 年，安徽商检局首位接受 ISO 9001:1987 标准培训的程愈强顺利通过英国 BSI 考核取得审核员资证，从此有了自己的审核员。

1995 年，苏皖中心成立。安徽商检局共有 3 位审核员，分别是程愈强、陈建华、张旭东。不久，在安徽董铺岛举办了安徽第一期 ISO 9001 外审员培训班，培养了一批人才。其中安徽商检局有 15 人参加了培训，并取得了资格。

1995 年 10 月，对宁国中鼎密封件有限公司和阜阳嘉颍服饰有限公司进行了认证，开辟了安徽认证领域的先河。

1997 年年初，安徽评审中心成立，在安徽省区域独立开展认证工作。程愈强任中心主任，彭湘安任副主任， 另有 3 位工作人员。安徽评审中心注重人才培养，在全国商检系统中首批 16 名主任审核员中占 1 名，首批 3 名 ISO 14000 主任审核员中占 1 名，在全国首批 5 名 TS16949 审核员中占 2 名。

安徽评审中心颁发了全国首张外贸企业质量管理体系证书，颁发了经环境认可委员会认证的 CQC 第一张环境管理体系证书。

2007 年 7 月，安徽评审中心与中检安徽公司合并，成立了中检安徽公司，程愈强任公司总经理。

1997 年—2010 年，安徽评审中心（中检安徽公司）由最初 17 家认证企业，发展到 905 家企业。

2008 年，在对安徽江淮汽车股份有限公司 QMS/EMS/OHS 开展认证审核中，圆满完成了对江汽的再认证审核，受到了企业赞誉。后又多次对公司专家提供培训和帮助，为企业管理水平上台阶作了有益的贡献。

在中检安徽公司认证的有江淮汽车、合力叉车、合肥百大、丰原生化、金隆铜业、美菱股份、京东方等 50 多家安徽省内上市公司及大型企业。

1995—2010 年质量管理体系（ISO 体系）认证情况统计表

表 8-4-2

年份	ISO 9000 企业数	ISO 14001 企业数	ISO 18001 企业数	F/H	其他	总计
1995	2	0	0			2
1996	10	0	0			10
1997	17	0	0			17
1998	35	1	0			36
1999	98	3	0			101
2000	149	8	2			159
2001	208	14	5			227
2002	315	26	11			352
2003	506	35	18			559
2004	662	43	19			724
2005	712	55	26			793
2006	723	71	32			826
2007	740	74	36			850
2008	770	89	46			905
2009	819	109	62	57	1	1048
2010	840	128	79	64	5	1116

第五章　检验检疫协会

第一节　协会概况

协会成立　2003 年 11 月 28 日，安徽出入境检验检疫协会（简称安徽检验检疫协会）成立，前身是安徽国际旅行卫生保健协会。协会的成立得到了安徽省领导和省政府有关部门的大力支持，安徽省人民政府副省长文海英亲自出任名誉会长，合肥海关、省商务厅、省卫生厅、省农委、省经贸委、省质监局等 9 个厅局领导为协会名誉副会长。

协会性质　安徽检验检疫协会，是安徽省从事检验检疫事业的有关机构、企事业单位和有关组织及人士自愿组成的行业性按章程开展活动的非营利性社会团体，被安徽省民政厅认定为省级专业协会。

安徽检验检疫协会的宗旨是：遵守国家宪法、法律、法规和国家政策，遵守社会道德规范，联系和团结全省检验检疫事业的企、事业单位、社会团体及社会各界人士，开展国内外和行业间技术交流与合作，发挥政府和会员之间的桥梁、纽带作用，服务经济建设，服务进出口生产企业，为促进检验检疫事业和对外经济贸易发展服务。

协会接受业务主管单位安徽出入境检验检疫局的领导，接受安徽省社会团体登记管理机关安徽省民政厅的管理及中国出入境检验检疫协会的业务指导。

第二节　业务情况

协会工作　安徽检验检疫协会成立初期确定 12 项业务职能，积极在政府、企业之间架起了“三座桥”：在企业和国际市场之间发挥好桥梁和纽带作用；在企业和检验检疫部门之间发挥好桥梁和纽带作用；在进出口企业之间发挥好桥梁和纽带作用。

安徽检验检疫协会有正式员工 10 人，内设综合部、会务部、业务管理部、咨询部、联络部、技术服务部、培训部、车队，下设安徽金质会议服务有限公司，并管理运行安徽国检宾馆。业务涉及宣传与检验检疫工作有关的法律、法规、方针、政策，普及检验检疫知识，建立 TBT/SPS 数据库中心；围绕涉及安全、卫生、环保和国家经济安全等方面收集国内外卫生检疫、动植物检疫、商品检验信息资料；开展与国际卫生检疫、动植物检疫、商品检验有关的咨询与服务工作，以及其他社会委托性业务工作；举办各种培训班、讲习班或进修班；组织安排会员开展技术推广、技术服务、技术咨询活动，安排会员从事委托检验检疫业务工作；开展3C认证、欧盟REACH应对、卫生处理工作；接受办理政府和有关部门委托的与检验检疫相关的工作和任务；承办业务主管单位委托的其他工作和机关后勤及会议服务保障；创办安徽检验检疫协会网站和《检验检疫信息交流》刊物等。2006年，安徽检验检疫协会党支部被国家质检总局授予“全国质检系统先进基层党组织”荣誉称号；2007年，被评为“先进单位”；2008年，被中国出入境检验检疫协会评为全国检验检疫协会“先进单位”；2010年，被中国检验检疫协会评为全国检验检疫协会“质量诚信工作先进单位”，被安徽省民政厅评为“安徽省百优社会组织”、被中国出入境检验检疫协会评为全国检验检疫协会“工作先进单位”。

信息服务　办好《检验检疫信息交流》会刊，每年发行24期，每期约600份，共免费赠送会刊近40000份，扩大会刊在会员中的影响。宣传检验检疫政策和专项整治成果，增强会员企业的业务交流，服务经济建设，服务进出口生产企业，开辟协会网站，为会员单位服务、为检验检疫事业服务、为海内外从事外经外贸的机构提供服务。

技术法规研究　安徽检验检疫协会重视科研工作开展，联合院校、研究机构、相关企业开展科研活动，承接国家质检总局、安徽省科技厅多项科研项目，均能圆满完成。按照“科技兴检”的要求，积极参与科研项目和制标贯标工作，应对国际技术壁垒，制定产品应对技术措施。在安徽检验检疫协会会员中，积极通过技术和政策扶持，引导产业升级发展，注重自然资源的保护以及循环再利用，协同各地协会相关会员单位积极参与科技活动。

自成立以来，安徽检验检疫协会主持参与制定9项国家标准，5项行业标准，多次参加国家质检总局举办的WTO/SPS评议工作。针对欧盟、美国、日本提出的技术壁垒积极研究应对之策，为相关外贸企业提供应对培训，受到外贸企业的好评。

质量诚信　按照国家质检总局“全国进出口企业质量诚信工作会议”精神，安徽检验检疫协会积极发挥服务检验检疫、服务会员企业、服务社会的作用，加大企业诚信建设力度，促进广大进出口企业讲“诚信、重品行、抓质量”，推动“质量诚信”活动向纵深发展。先后共有49家会员企业获得“中国诚信质量企业”的称号。

报检员考务　全国报检员资格考试是安徽检验检疫协会的一项经常性的工作，历来对报检员考试工作高度重视，按照考试要求准备到位，考务现场布置到位，考场巡查责任到位，试卷交接准确到位，对考试及流程严密部署。考卷和答题卡全部收回，没有发生违规违纪现象，连续11年无事故，圆满完成了历年的考试考务工作。在办好全国报检员资格考试考务工作的同时，加强对报考人员的考前培训指导，联合省内相关高校，开设报检专业课程，组织编写高校精品教材《报检实务》，推动检验检疫事业的教育普及工作。

同时，还积极做好进出口商品检验鉴定人员资格考试的考务工作，完成了安徽省考生的考务服务工作。

口岸食品从业人员培训考试 根据国家质检总局和中国检验检疫协会的有关要求，组织实施口岸食品卫生从业人员卫生知识培训工作，专门派人参加国家质检总局相关师资培训，并在安徽省各个开放的口岸、机场相继实施了口岸食品从业人员卫生知识培训工作，聘请具有资质的老师对黄山空港口岸食品从业人员进行“食品安全与卫生”“口岸食品生产经营单位卫生管理”“出入境交通工具食品供应单位卫生管理及要求”“饮用水卫生”“环境与食品安全卫生”“食源性疾病预防与控制”“从业人员卫生与健康”等专业培训，并按照国家质检总局的统一要求进行相关业务知识考试。积极支持全国口岸核心能力建设的验收工作。

协会服务 以高度的责任感和饱满的工作热情，始终坚持“三个服务”，即服务于会员、服务于检验检疫、服务于外经外贸。切实履行协会的各项职能，积极稳妥地推进协会各项业务工作的开展，面向安徽省广大进出口企业和安徽省外向型经济的各个环节，充分发挥检验检疫部门人才、检验、技术、信息等优势，使安徽省的进出口企业能真正从中受益。先后走访相关会员企业 380 余家，征求会员单位意见和建议，急企业之所急，帮企业之所需。努力开展新会员发展工作，通过交流和宣传，不断提升协会在全省进出口企业中的影响。

口岸卫生除害处理 安徽检验检疫协会下属英斯佩克公司自成立以来，先后与多家单位签订服务合同，确保沿江口岸进境物资的消毒熏蒸业务、出境木质包装除害处理工作有力、有序、有效开展。自成立后，业务迅速发展，扩展到安徽沿江所有口岸以及其他相关地方。随着安徽检验检疫局的业务调整，英斯佩克公司已于 2008 年整体划走，脱离协会。

REACH 法规应对 为更好地做好安徽出口企业 REACH 法规应对工作，介绍欧盟 REACH 法规的最新规定和要求，帮助企业了解和掌握预注册、注册和符合性评估等操作要求，解决出口企业在应对 REACH 工作中实际存在的疑虑和困难，协会在网站上设立了 REACH 法规论坛，开通了应对工作咨询服务热线电话，就企业所关心的问题进行详细的解答，对在电话和网站上无法解释的问题，协会工作人员积极深入企业一线，现场解答企业的问题。通过一系列行之有效的举措，安徽省相关企业 REACH 法规应对工作有了整体提高。安徽省有 65 家化工企业与“中国检验检疫 REACH 解决中心”签订了正式的委托协议。其中 62 家企业向欧盟化学品署完成预注册、3 家企业完成 REACH 法规规定物质评估工作。

3C 认证检查 与中国质量认证中心上海分中心积极合作，推进安徽省企业 3C 认证工作的进程。在为安徽省认证企业提供政策咨询、以及宣贯各项新实施规则工作的同时，邀请中国质量认证中心上海分中心的部分认证专家走访协会的主要成员单位，与企业领导以及质量主管部门进行技术交流，并在国家强制认证、各项专业检测检验的技术方面达成合作意向，为企业培训认证企业的内审员。自 2003 年强制性产品认证实施以来，完成对 1670 多家企业的认证检查。受到中国质量认证中心多次嘉奖，2009 年获得“检查工作管理卓越奖”，多名协会的检查员获得个人优秀检查员。

第九篇　纪检监察、党建和精神文明建设

第一章　纪检监察工作

在驻国家质检总局纪检组、监察局和安徽检验检疫局党组的坚强领导下，安徽检验检疫局纪检监察工作坚持“标本兼治、综合治理、惩防并举、注重预防”的方针，紧紧围绕检验检疫中心工作，服务大局，把加强领导干部作风建设放在突出的位置，着力抓好干部职工的教育、监督和廉洁自律，着力抓好行风建设工作，着力抓好反腐倡廉工作体制机制创新，为安徽检验检疫事业快速发展提供了有力的保障。

2000 年 1 月，安徽检验检疫局下发《安徽检验检疫局关于实行党风廉政建设责任制规定的实施意见》，明确各级领导班子对所属单位（部门）及人员的廉政状况负全面责任，各单位（部门）主要负责人对本单位（部门）及人员的廉政状况负总责，领导班子副职根据分工对所分管单位（部门）的廉政状况负直接责任，纪检监察部门协助局党组抓好党风廉政建设的组织协调和监督检查工作。成立安徽检验检疫局党风建设责任制工作领导小组，由局党组书记、局长担任组长，纪检组长任副组长，其他党组成员和各职能部门主要负责人为领导小组成员。领导小组下设办公室，具体负责研究、组织、协调和检查党风建设的各项工作。

每年年初，召开安徽检验检疫局纪检监察工作会议，传达贯彻上级机关反腐倡廉工作会议精神，总结全系统去年党风廉政建设工作，布置全年工作任务。制定下发全系统年度反腐倡廉工作实施意见，按照“谁主管、谁负责”和“管行业必管行风”的原则，把反腐倡廉工作与各单位部门的具体业务工作紧密结合，将全年反腐倡廉工作任务进行分解，明确工作要求，确定主要责任部门和协助部门，保证党风廉政建设各项工作任务得到落实。年底，把各单位部门反腐倡廉工作情况，纳入到党风廉政建设责任制考核范围内，作为对各处级领导班子和领导干部考核评价的重要内容。党风廉政建设工作形成了主要领导亲自抓、分管领导直接抓、工作部门具体抓的格局，层层落实了工作责任制，为反腐倡廉工作正常开展提供了强大的组织保证。

第一节 廉政教育

2000年9月中旬，在全局组织开展警示教育周活动。利用胡长清、成克杰等典型案例，通过组织观看警示片、编发警示教育专刊和组织学习讨论等多种形式，向全体干部职工进行集中警示教育，对提高干部职工廉政意识、加强源头防范起到重要作用。

2001年10月，集中开展党风廉政教育月活动。组织科级以上党员领导干部参加了省纪委统一布置的党纪政纪条规学习和测试活动，应试人员参与率达到100%，增强了各级干部学法、知法、懂法、守法的意识。特别是集中组织处级干部的测试工作受到了安徽省直纪工委巡查组的充分肯定。

2002年6月，在全系统开展以“强化党的意识、正确行使权力”为主题的教育活动。组织部分局、处级领导干部观看了新闻纪实剧《汪洋湖》，组织播放了8集系列电教片《时代重任》以及典型案例教育片，布置各单位部门组织学习讨论，要求领导干部撰写心得体会，使领导干部受到了一次权力教育，廉洁自律意识进一步增强。

2003年，在全局系统开展以“责任重于泰山”为主题的系列教育活动，组织播放《责任重于泰山》《为民书记郑培民》《扭曲的人生》等电教片，组织干部职工参加省纪委廉洁从政知识竞答活动，收到了良好效果。

2004年5—7月，在全系统组织开展反腐倡廉警示教育月的活动。制定并下发《关于在处级领导干部中集中开展反腐倡廉警示教育活动的通知》，组织部分党组成员和处级领导干部分别参加了安徽省直工委组织的勤政廉政先进事迹报告会和警示教育2个大会。组织处以上领导干部参观了反腐倡廉警示教育图片展览。定期组织集体观看了《扭曲的人生》《王怀忠的两面人生》《在侥幸中走向堕落》等警示教育片，使各级领导干部受到了深刻的廉政教育。

2005年7月，参加省直机关集中开展的反腐倡廉形势主题宣传教育活动。组织干部职工观看了中纪委副书记刘峰岩主讲的《实施纲要》学习辅导报告电教片，在新华网安徽频道设置的《廉政前沿》和《廉政之窗》栏目中，为处级以上干部及有上网条件的科级干部人员申报了上网密码，及时了解有关党风廉政的新精神、新内容、新情况。

2007年6—7月，在全局党员领导干部中集中开展作风纪律教育活动。局党组下发《关于开展党员领导干部作风纪律教育月活动的通知》，将整个活动分为学习教育、对照检查、整改提高3个阶段。在学习教育阶段中，组织全局党员干部集体观看了《认真学习胡锦涛总书记重要讲话，全面加强领导干部作风建设》《考验——全面加强领导干部作风建设》《失衡的秤——王昭耀受贿案警示》等电教片，并下发了《领导干部作风建设知识问答》《正气颂——部分领导干部作风建设先进事迹汇编》《悔罪——

安徽省部分违法犯罪领导干部忏悔录》及《公仆新风谱》等学习资料。组织全体党员集体聆听了由国家质检总局党组书记李传卿主持、副书记支树平讲授的“增强忧患意识、做好质检工作”的党课。组织开展了以贯彻落实《中央纪委关于严格禁止利用职务上的便利谋取不正当利益的若干规定》为主题的“加强作风建设、促进廉洁从政”和国家质检总局组织的《预防渎职侵权犯罪》2个知识竞答活动，全系统党员干部617人次参加了笔试。在对照检查阶段，全体党员干部对照胡锦涛倡导的“八个方面”良好风气，联系本人思想作风、学风、工作作风、领导作风和生活作风现状，自查本人在作风纪律建设上存在的突出问题，分析原因，提出改进方向，并撰写一篇作风纪律教育心得体会交所在党支部。在整改提高阶段，各单位部门针对查找出来的问题，按照党风廉政建设责任制的要求，制定整改方案、明确整改重点、确定整改时限、落实整改责任。通过这次活动，安徽检验检疫局及时发现和解决党员领导干部在作风方面的苗头性、倾向性问题，使全局机关作风纪律建设在推动各项工作落实、服务外贸、促进地方经济建设等方面取得了新成效。

2008年7月，开展以“加强制度建设、坚持廉政勤政、促进科学发展”为主题的纪律教育月活动。在活动期间，组织省局干部职工集体观看《抵制诱惑警示录》《警惕颜色革命》等电教片。各处室、各单位严格按照活动要求，认真组织学习中央《建立健全惩治和预防腐败体系2008—2012年工作规划》和相关教育读本，并结合7月下旬召开的处级党员领导干部民主生活会，广泛征求干部职工意见，查找在严格遵守法律法规、党纪政纪等方面存在的问题，深刻剖析思想根源，明确努力方向，并制定整改措施，落实整改任务，规定整改期限。通过开展纪律教育月活动，进一步强化全系统干部职工廉洁从政意识，规范了从政行为，提高了自觉遵守党纪政纪的主动性，达到了预期目的。

按照安徽检验检疫局《关于实行廉政谈话制度的暂行规定》要求，在2003年、2004年、2006年共3次对89名提拔使用和变动岗位的处科级领导干部进行了廉政谈话活动，对他们提出了廉洁从政的希望和要求，增强了领导干部的廉政责任和自律意识。

2009年，组织开展“加强党性修养、弘扬优良作风、促进科学发展”主题纪律教育活动，领导干部作风建设取得新成效。组织省局干部职工集体观看七集系列电视片《在新的历史起点上——科学发展观高端讲坛》。组织部分党员干部在安徽大剧院观看反映王瑛同志先进事迹的话剧《红叶旅途》，使党员干部受到直观、生动的教育，心灵上接受了一次洗礼。组织处以上领导干部前往反腐倡廉警示教育基地——安徽蜀山监狱，通过听取职务犯罪服刑人员现身说法、观看警示教育片《失去自由的日子》、参观反腐倡廉警示教育展览等活动，接受了一场鲜活而生动实际的警示教育。

2010年，组织开展“学习《廉政准则》、规范从政行为、促进科学发展”主题纪律教育活动，要求各级党员干部以身作则，发挥表率作用，带头学习并严格执行《廉政准则》，在系统上下积极营造学习贯彻《廉政准则》的良好氛围。全局系统239人参加由省纪委组织的《廉政准则》知识测试活动。开展反腐倡廉征文活动，全局系统76名处级领导干部结合各自工作实际，撰写关于反腐倡廉建设的论文。为处以上领导干部发放质检系统2003年以来发生的典型案例汇编——《警示教育读本》，用本系统发生的案例，教育干部职工引以为戒，切实增强法纪观念。组织干部职工集体观看《插翅难逃——胡星受贿案警示录》《贪之害——贪权、贪财、贪色警示录》等警示教育片，做到了月月有警示，经常有提醒，不断增强党员干部拒腐防变意识。组织党员干部参观了六安大别山革命纪念馆，接受革命传统教育。

第二节　制度建设

2000年，根据“三检”合一后的机构、人员、业务等实际情况，安徽检验检疫局党组从建章立制入手，规范干部职工的从政行为，先后制定并下发《局党组关于实行党风廉政建设责任制的实施办法》《关于局党组民主生活会的规定》《关于各处级单位和部门定期召开党员领导干部民主生活会的规定》《关于建立廉政档案的若干规定》《兼职监察员聘任管理办法》《聘任社会廉政监督员管理办法》《关于实行检验检疫人员把关服务质量反馈卡制度的规定》《检验检疫工作人员在国内交往中收受礼品实行登记制度的暂行办法》《处级以上领导干部收入申报规定》《处级以上领导干部个人重大事项报告规定》等制度。

同年，根据建立廉政档案的制度要求，逐步完善全系统处级领导班子和处科级领导干部的廉政档案，涉及到29个部门和170名干部，共计60卷，作为对各处级领导班子和领导干部个人的廉政考核、评价、奖惩、调整和任用重要依据。

2001年，制定下发《处级领导干部经济责任审计暂行规定》，对独立核算单位离任的处级领导干部开展经济责任审计工作，加强了对领导干部经济责任的监督。同年，制定《关于违反预算外资金管理规定的行政处理暂行办法》，针对违反“收支两条线”规定和财经纪律的行为作出具体的处罚规定，严肃财经纪律，增强财务管理部门及人员的遵纪守法的意识。

2006年，印发《安徽检验检疫局党组关于贯彻落实〈建立健全教育、制度、监督并重的惩治和预防腐败体系实施纲要〉的具体意见》。根据《具体意见》要求，同年陆续出台《安徽检验检疫局关于实行三项谈话制度的实施意见》《安徽检验检疫局领导干部重大事项报告制度》《安徽检验检疫局信访监督实施办法》等制度。

2008年，按照安徽省委、省政府的部署，开展反腐倡廉制度建设推进年活动。安徽检验检疫局成立以局主要负责人任组长、纪检组长任副组长，各有关职能处室主要负责人为成员的制度建设推进年活动领导小组，印发《制度建设推进年活动意见》和《活动方案》。局主要负责人在全省检验检疫系统党风廉政建设工作会议上对开展制度建设推进年活动进行了专门动员。通过开展此项活动，完善了全局制度建设运行机制，促进了全局惩防制度体系的建设。

2009 年，在 2008 年开展反腐倡廉制度建设推进年活动的基础上，对自 1999 年“三检合一”以来发布的 283 项制度及规范性文件进行了清理，按照“保留、修订、新建、废止”的要求，经过“四上四下”的清理审核，经局务会审议批准，决定废止 126 件，修订 93 件，保留 54 件，剔除非规范性文件 10 件，新建 7 件。其中，涉及到党风廉政建设的制度共有 17 件。4 月，制定下发《安徽检验检疫局党组贯彻落实〈建立健全惩治和预防腐败体系 2008——2012 年工作规划〉的实施细则》，强化了监督措施，细化了工作责任，努力从源头上防止腐败现象和不正之风的产生。

第三节　专项治理

2001 年 5 月，为全面贯彻国务院《关于整顿和规范市场经济秩序的决定》精神，落实国家质检总局关于整顿和规范检验检疫工作秩序的通知，安徽检验检疫局由纪检监察部门牵头，组织开展“严格执法行为，严肃工作纪律，规范内部业务工作秩序”专项治理活动。由各单位、各部门认真开展自查自纠，检查清理自身的检验检疫工作秩序，发现、纠正存在的违规执法问题，采取措施消除隐患；组织进行抽查，针对薄弱环节采取措施，规范检验秩序；组织行政执法典型案例警示教育，及时制止违规执法的苗头现象；加大执法工作的审核把关和监督检查，完善监督制约机制；做到政令畅通，令行禁止，严格执法行为，预防和减少执法过错；维护正常的检验检疫秩序，严禁滥用职权越权行政，纠正重收费轻执法、重检验轻管理倾向；严格实行重大执法事项请示报告制度，认真执行《执法过错追究办法》，加大执法过错追究力度。

2001 年 5—9 月，根据中纪委的规定，按照安徽省纪委和国家质检总局的部署，采取个人自查登记、部门严格审核、局纪检监察部门把关的方式，对领导干部执行廉洁自律重点规定有关情况进行集中专项清理。具体内容：全局科级以上干部接受有关单位和个人的现金、有价证券情况；处局级干部配偶、子女经商办企业的情况；处局级干部及其配偶因私出国（境）护照、前往港澳通行证和国外长期居留证的持有情况；1998 年下半年以来，离职和离退休的处局级干部的受聘情况和个人从事经商办企业情况；近年来落实领导干部纪律处分的情况。同时，组织落实省里关于公配通讯工具货币化改革方案，督促有关单位及部门严格执行政策规定，认真规范操作程序。

2003年4月，根据省纪委《关于清理纠正国家公职人员拖欠公款行为的通知》和《关于清理党政机关、事业单位用公款为个人购买商业保险工作的通知》精神，对系统进行认真的检查核实，没有发现机关、事业单位用公款为个人购买商业保险违规的情况。对少数人因故未能及时还款的，按文件精神要求予以督促，及时还清了借款。

2005年，根据国家质检总局《关于深入开展治理整顿乱办班工作的通知》精神，安徽检验检疫局对各分支局、处室、企事业单位进行检查，没有发现违规情况，将检查结果上报国家质检总局和省政府纠风办。

2006年5月，根据国家质检总局党组《关于认真开展治理商业贿赂专项工作的实施意见》要求，安徽检验检疫局认真开展治理商业贿赂的专项工作。成立安徽检验检疫局治理商业贿赂专项工作领导小组，制订《安徽检验检疫局治理商业贿赂专项工作实施方案》。局党组要求，领导班子成员要按照“谁主管、谁负责”“管行业必须管行风”的要求，对所分管单位的治理商业贿赂工作认真担负起直接领导责任。在治理工作中做到“四个结合”：将开展治理商业贿赂专项工作与学习贯彻党章、开展树立社会主义荣辱观、认真践行“八荣八耻”的教育活动有机结合起来；把开展治理商业贿赂专项工作与落实《安徽检验检疫局党组贯彻落实〈实施纲要〉具体意见》和党风廉政建设责任制结合起来；把治理商业贿赂专项工作与建立健全规章制度结合起来；把治理商业贿赂专项工作与政务公开工作结合起来。各单位部门认真按照实施方案的要求，积极开展宣传教育和自查自纠工作。通过全面地调查摸底，安徽检验检疫局在治理商业贿赂工作方面情况良好，自2001年以来，没有接到有关商业贿赂方面的信访举报，各单位部门在自查中，未发现以权谋私、以检谋私、搞权钱交易等损害人民群众切身利益、破坏市场经济秩序的问题，在工程建设和政府采购过程中，未发现有违反国家有关规定和给予、收受不正当利益的问题。

同年，根据省纪委《关于清理纠正易地调动干部重复享受房改优惠政策和领导干部多占公房问题的通知》精神，安徽检验检疫局成立由监察室牵头，财务处、人事处组成的清房工作小组。经认真调查核实，安徽检验检疫局本部没有易地调动干部在新工作地重复享受房改优惠政策的情况，没有领导干部已按职务标准享受房改优惠政策又在同城无偿占有公有住房的情况。因各种原因借住的，监察室、财务处按照省直纪工委《关于确定干部职工违规超标准租住公有住房租金的通知》要求，调整了租金。

2007年，根据国家质检总局《关于清理评比达标表彰活动的实施方案》要求，对安徽检验检疫系统评比达标表彰活动进行一次全面的清理。经检查，安徽检验检疫局较好地执行中央和国家质检总局的各项规定，没有发现有违反文件规定的任何评比达标表彰活动。

同年，根据国家质检总局《关于认真贯彻实施〈中共中央纪委关于严格禁止利用职务上的便利谋取不正当利益的若干规定〉的通知》要求，认真组织党员干部对照“规定”提出的严格禁止的8种行为，逐条自查。领导干部根据自己所分管的业务范围，自查有无利用职务上的便利谋取不正当利益的行为。全局做到不漏一人，不留空白。经认真自查，安徽检验检疫局没有发现利用职务便利谋取不正当利益的行为。

2010年，按照中纪委等五部委《关于印发〈社会团体“小金库”专项治理实施办法〉的通知》和《关于印发〈国有及国有控股企业“小金库”专项治理实施办法〉的通知》的要求，制定工作实施方案，对局所属社会团体和国有及国有控股公司进行了检查，未发现违规现象。

同年，根据安徽省开展减轻企业负担专项治理工作的要求，对全系统涉企收费及落实各项惠企政策情况进行了检查。经检查，安徽检验检疫局严格执行国家发改委、财政部、国家质检总局关于检验检疫收费的文件要求。开展建筑工程领域的专项治理工作，对系统所属分支机构近年来的建筑修缮工程进行专项检查。

第四节　行风建设

安徽检验检疫局通过加强组织领导、完善工作机制、规范工作程序、征询各界意见、强化监督检查，推动了全系统行风建设工作的深入开展。

2000年，安徽检验检疫局把行风建设工作摆在突出的位置上，建立并完善监督网络。省局机关和各分支机构都向社会公布举报电话，在办公场所设置举报箱。根据《安徽检验检疫局聘任社会廉政监督员管理办法》规定，在外经贸企业和有关单位中聘请31名社会廉政监督员，颁发聘书，明确社会廉政监督员的权力、义务和责任，邀请他们对检验检疫人员的执法情况、服务状况、工作作风和廉政情况进行监督。每年召开社会行风监督员座谈会，向社会行风监督员介绍安徽检验检疫局加强行风建设的具体措施，认真听取他们的意见和建议。同时按照《安徽检验检疫局兼职监察员聘任管理办法》规定，在各分支机构、各直属单位和省局机关各处室聘任29名兼职监察员，通过他们协助本单位（部门）开展廉政教育、完成局里布置的廉政任务，督促部门负责人重视廉政工作，防堵薄弱环节，提醒或告诫工作人员增强廉政意识，同时向局里客观反映单位或人员存在的问题和不足，发挥廉政监督作用。为全体干部职工制作了质检系统行风建设的“十不准”、“五公开”卡片，要求随身携带，以作警示。加大窗口公开的力度，督促有关部门和分支机构在各报检大厅进一步完善检务“六公开”制度，对外公开办事指南、规定依据、检验流程、签证周期、收费标准、服务承诺、廉政纪律、部门职责、监督电话等信息，供企业了解和监督。

自2000年以来，按照《关于实行检验检疫人员把关服务质量反馈卡制度的规定》，每年向社会廉政监督员、外贸企业及报检员发放“检验检疫人员把关服务质量反馈卡”，截至2010年年底，累计发放“反馈卡”近5000份。针对“反馈卡”收集到的建议和意见，局纪检监察部门进行梳理，分发给各相关单位和部门，要求认真研究处置，并及时将处理情况反馈给外贸企业，从而畅通监督渠道，促进了安徽检验检疫局工作和服务质量的全面提高。

2008年12月，安徽检验检疫局积极参加由省纪委、省监察厅、省纠风办、省文行办和安徽人民广播电台联合举办的“检验检疫政风行风热线”特别节目。由局纪检组长率领有关处室负责人，在节目中以现场接听听众热线电话、解答问题的形式，回答了强制性认证、进口食品安全、出口绿色通道、产地证办理、电子监管等进出口企业和群众关注的热点问题，起到了较好的宣传效果，提升了检验检疫良好形象。

第五节　案件查办

信访办理　2000—2010年，安徽检验检疫局纪检监察部门收到信访举报和工作质量投诉60件。安徽检验检疫局认真对待每一件举报投诉，及时组织排查和初核，按照规定程序处理，核查率达100%。对经核实确实存在的个别不良现象，及时与有关处室通气，对当事人提出相应的批评教育，给予提醒告诫；对经调查不实的反映，及时予以澄清和提醒，督促检验检疫工作人员增强自我防范意识；对企业投诉服务质量方面的问题，积极了解情况沟通协调，及时主动帮助解决。

案件调查　2001年，对安徽检验检疫局财务处原出纳人员挪用公款违纪案件进行立案调查；2002年1月，根据立案调查结论，依据党纪政纪条规，对其进行了严肃处理，并向全系统发出了情况通报。

2001年5月，安徽检验检疫局对司法部门转来的安庆检验检疫局原局长助理违纪案件，严格按照党纪政纪条规和规定程序，给予其党纪政纪处分。

第六节　内部审计

安徽检验检疫局内部审计机构在局党组的领导下，依照“依法审计、服务大局、围绕中心、突出重点、求真务实”的工作方针，履行内部审计的监督和服务职责，积极学习和执行《审计署关于内部审计工作规定》和《内部审计准则》规定要求，按照国家质检总局有关内部审计工作会议精神，遵循查错纠弊、维护法纪、促进管理的宗旨，在加强单位经济管理和实现经济目标等方面发挥积极作用，实现内部审计为单位中心工作服务的思想理念，努力克服人员少、任务重、工作难度较大等困难，扎扎实实开展内审工作，较好地发挥了内部审计的监督作用。

制度建设　安徽检验检疫局内审机构组建后，注重加强制度建设，积极开展内部审计工作。为了规范具体操作，出台《内部审计工作暂行规定》《处级领导干部经济责任审计暂行规定》；为了严格预算外资金管理，出台《违反预算外资金管理规定的行政处理暂行规定》；为了加强基本建设、维修项目资金管理，堵塞漏洞，提高效益，纠正经济活动中不规范、不合法、损失浪费等违纪违规问题，出台《基建、修缮工程项目监督管理办法》。在此基础上，积极宣传国家质检总局和安徽检验检疫局的有关内部审计规定，依据规定内容和规范程序，认真开展内部审计工作。

经济责任审计　在已积累的经济责任审计经验的基础上，对经济责任审计的内容和方法作了进一步的规范和改进。在侧重评价经济责任指标完成情况、财经纪律执行情况及廉政建设执行情况的基础上，进一步注重资产、负债、损益的真实性核实和评价。通过分析、查证、实物盘点、计算等方法验证其真实性，分析效益情况。通过实施经济责任审计，在摸清家底，揭示问题的同时，坚持客观公正的原则，对各项责任履行情况作出客观的综合审计评价，为干部管理部门的考核、任免、调用提供依据，促进干部队伍的廉政建设。2003 年 1 月，对局机关工会负责人任职期间的经济责任进行就地离任审计，分清了工会负责人应承担的责任，提出了整改意见。4 月，对安徽省商检公司和中国商检总公司安徽分公司原经理经济责任进行审计，出具了审计报告，提出了审计意见。2007 年 11—12 月，分别对铜陵、马鞍山、黄山检验检疫局，局机关服务中心，中国质量认证中心安徽评审中心和中国检验认证集团公司安徽分公司等 7 家单位的原负责人进行离任经济责任审计，使离任人员安心，上任人员放心。2010 年，对 5 名离任的单位主要负责人进行了经济责任审计。

财务收支审计　结合会计规范要求以及内部授权审批制度规定，对财务收支进行审计，侧重于单位基础管理和规范方面，发现问题，及时自查自纠，提出改进意见，减少外部检查审计的风险。结合预算管理的要求，参与对单位预算执行情况的审计监督，在揭示与查处问题的同时，制约不合理、不合规、不合法经济活动，从而带动各单位共同防范相同问题的出现，促进问题的源头治理，为理顺管理提供服务。

内部审计部门一直要求各分支机构和独立核算企事业单位按时报送年度预算和会计报表，对财务情况进行分析，掌握财务预算的执行情况、专款的运用情况、执法收入是否按时足额上缴等情况，进行常规的内部审计监督。

2003 年 12 月，分别对蚌埠检验检疫局、安徽国际旅行卫生保健中心、中国质量认证中心安徽评审中心和原国资办管理的商贸中心和阳光超市进行了财务收支审计。2004 年 12 月，先后开展了对马鞍山、铜陵、阜阳检验检疫局和中国质量认证中心安徽评审中心的财务收支审计。2008 年 8 月，对局机关工会的财务收支情况进行了就地审计。2010 年，组织对蚌埠局、铜陵局和中检安徽分公司财务收支情况的年度审计工作，规范了财务管理。

基建维修工程审计 安徽检验检疫局在内部监督审核把关的基础上，1999—2008年，对已完成134个基建维修工程项目的决算组织委托审计。审核金额3106.94万元，审减额539.09万元，审减率17.35%，节约了资金。对于各分支机构自行委托的对较小规模基建维修项目进行的社会审计，要求报送有关资料和审计结果，进行监督检查。

1999年，完成审核项目1项，审核金额3.87万元，核减额1.81万元，核减率46.77%。

2000年，完成审核项目12项，审核金额39.99万元，核减额4.94万元，核减率12.35%。

2001年，完成审核项目5项，审核金额62.57万元，核减额5.96万元，核减率9.53%。

2002年，完成审核项目18项，审核金额195.57万元，核减额12.80万元，核减率6.54%。

2003年，完成审核项目38项，审核金额26.62万元，核减额1.42万元，核减率5.33%。

2004年，完成审核项目6项，审核金额481.33万元，核减额62.01万元，核减率12.88%。

2005年，完成审核项目9项，审核金额646.40万元，核减额108.82万元，核减率16.83%。

2006年，完成审核项目16项，审核金额331.67万元，核减额88.16万元，核减率26.58%。

2007年，完成审核项目6项，审核金额206.21万元，核减额62.82万元，核减率30.46%。

2008年，完成审核项目23项，审核金额1112.71万元，核减额190.35万元，核减率17.11%。

2009年，共审计工程决算额1415.13万元，审减额176.52万元，审减率12.47%。

2010年，共审计工程决算额1039.05万元，审减额216.94万元，审减率20.88%。

协助纪检监察部门 内部审计与纪检监察，具有各自不同的职能优势。在日常工作中，审计与监察工作融为一体，互相配合协调一致，责任明确保证重点，努力强化各自的监督职能。在监察办案工作中，内部审计人员根据需要配合调查，发挥了应有的作用。特别是2002年查处办结的安徽检验检疫局原财务出纳员挪用公款一案，内审人员在调查取证、验证和研究审理过程中做了大量的工作，使得案情更加明了，发挥了内部审计监督的职能优势。

政府采购和招投标监督 在研究探讨安徽检验检疫系统政府采购制度和招投标办法的同时，坚持参与对安徽检验检疫系统大额设备项目采购的邀议标工作的过程监督，起到了节约资金、防堵漏洞的作用。同时，对于各分支局自行组织的较大规模基建维修项目的招投标工作情况，会同相关部门进行跟踪监督。

队伍建设　积极参与安徽省内部审计师协会组织的各项活动，接受其对内部审计工作的业务指导。作为安徽省内部审计师协会团体会员和理事会理事单位，参加全省审计和内部审计工作会议，及时掌握内部审计工作的重点。参与内审协会组织的各类培训班的学习，交流了审计工作经验，拓宽了知识能力界面，提高了业务操作技能，使人员素质不断适应内部审计实践发展的新需要。同时，在队伍建设上强调专业化，对进入内部审计部门的人员严格把关，以确保具备专业能力的人员进入内部审计队伍。

第二章　党建和精神文明建设

安徽检验检疫局各级党组织团结和带领广大党员和群众，紧紧围绕检验检疫中心工作开展党的各项工作，努力探索党建工作的新路子，积极推进固本强基工程，广泛深入地开展各项创先争优活动，发挥了党支部的战斗堡垒作用和共产党员的先锋模范作用，保障了全局各项任务的完成，促进了安徽检验检疫事业的不断发展。

安徽检验检疫局各级党组织重视思想政治工作，坚持贯彻“两手抓，两手都要硬”的方针，在坚持以检验检疫业务建设为中心的同时，狠抓思想政治工作和精神文明建设。各基层党组织根据各单位的工作特点和党员队伍的思想状况，通过切实有效的思想政治工作和党员教育管理工作，确保了全局党员干部队伍的思想稳定，为检验检疫事业的发展创造了良好的环境。各级党组织重视工会、共青团、妇女会等群众团体工作，发挥全局干部职工的积极性和创造性，团结和带领全局干部职工投身检验检疫事业，全局物质文明建设和精神文明建设呈现出协调发展的良好局面。

第一节　机关党的建设

原商检、动植检、卫检机构一直对机关党的建设非常重视，“三检”时期，检验检疫系统涌现了一大批先进基层党组织、优秀共产党员和优秀党务工作者，他们在各自的工作岗位上起到了战斗堡垒和先锋模范作用，为推动检验检疫事业的发展发挥了中坚作用。

1999 年，“三检”合一，成立安徽检验检疫局，机关党的建设朝着系统化、规范化、制度化方向发展，及时贯彻党中央、国家质检总局党组和中共安徽省委的一系列部署，做了大量工作，为检验检疫事业的发展提供了强大的思想基础、理论指导和精神动力。

开展“三讲”教育　1999—2000 年，机关党的建设一项重要工作就是开展“三讲”教育活动。1999 年 12 月 1 日开始，国家检验检疫局驻安徽检验检疫局“三讲”教育巡视组一行 3 人到安徽检验检疫局，开展以“讲学习、讲政治、讲正气”为主要内容的“三讲”教育活动。

按照国家检验检疫局的统一部署，安徽检验检疫局作为第一批“三讲”直属局之一，

1999 年 11 月 23 日—2000 年 1 月 26 日，局机关集中开展了“讲学习、讲政治、讲正气”为主要内容的党性党风教育。在国家检验检疫局“三讲”办和巡视组的具体指导下，全局干部职工，包括离退休老同志，把“三讲”作为一切工作的头等大事，以高度的政治责任心和良好的精神状态，积极投入、认真参与、全面配合，保证了整个教育顺利进行，基本达到了国家检验检疫局“三讲”教育工作领导小组所规定的目标和要求，取得了比较好的成效。局党组针对查找出来的问题制定了整改方案，提出了 5 个方面 22 个项目的整改措施。

分支机构和直属单位“三讲”教育工作，从 2000 年 3 月 12 日至 4 月底，历时 1 个半月，抽调 21 名机关干部组成 7 个巡视组，实行党组成员定点联系 1 个“三讲”单位、巡视组组长常驻的办法，成功地运用和发挥了“三讲”经验，顺利完成了 4 个阶段的教育任务，基本上找准了基层单位领导班子和党员领导干部在党性党风方面存在的突出问题。

2000 年 6 月 8 日—28 日，在国家检验检疫局驻安徽检验检疫局“三讲”教育“回头看”检查组的指导下，安徽检验检疫局机关认真、扎实地开展了“三讲”教育“回头看”活动，通过深入进行再学习、再反思、再整改和再总结，提出了 6 个方面的整改意见并限期完成，得到国家检验检疫局检查组和全体干部职工的认可。10 月，又组织和领导了分支机构和直属单位的“回头看”活动，进一步巩固了“三讲”教育成果。

贯彻落实“三个代表”重要思想　2000 年是“三检”合一后的第一年，在党的建设方面，着重是巩固“三讲”教育成果，认真学习“三个代表”的重要思想，并以此指导和推进检验检疫的改革、建设和发展。安徽检验检疫局党组先后下发《关于认真学习江泽民“三个代表”重要思想的通知》《关于加强领导班子思想作风建设的意见》《关于进一步加强思想政治工作的意见》等文件，建立健全了党组理论中心组学习制度和全员政治学习制度，局党组提出用“三个代表”重要思想要求指导安徽检验检疫系统的各项工作。以中心组为核心带动党支部和处室学习；遵循“支部建在连上”的原则，将支部建在处室，把思想政治工作与日常工作结合起来。局党组在实践中及时总结出在团结中实干、在实干中团结的好经验，在年初全国检验检疫系统工作会议上作了典型发言。在建党 79 周年之际，局党组负责人为全体党员上了题为“加强思想政治工作、促进检验检疫事业发展”的党课。

建立健全机关党组织，按照规定的程序，选举成立了第一届机关党委，设立 18 个党支部。

为社会服务，积极承担省政府分配安徽检验检疫局的对口扶贫点任务，局领导在春节前，率有关部门负责人到扶贫点六安市七里沟乡扶贫慰问，把慰问金送到贫困户手中；全局职工踊跃捐款 1.6 万元，救助枞阳陈瑶湖镇受水灾的灾民；组织了 22 名职工开展义务献血活动；职工自费捐助希望工程，向社会表达检验检疫人员的一片爱心。

2002年，在国家质检总局党组的领导下，安徽检验检疫局党组和干部职工认真学习贯彻党的十六大和江泽民“5•31”重要讲话精神，实践“三个代表”重要思想。学习“三个代表”重要思想、实践“三个代表”重要思想，成为2002年政治思想教育工作的中心内容。2000—2002年，安徽检验检疫系统有7人荣获省直“优秀公仆”称号、1人获省级劳模称号、1人被评为省先进工作者、2名党员获省级以上“优秀党员”称号，3个党支部被评为全系统和全省先进党支部。

机关效能建设 这项工作起步于2005年。安徽检验检疫局主要做法有：加强宣传。成立领导小组和办公室，在报检大厅制作了加强效能建设的宣传牌，在局域网上设立效能建设专题、编发效能建设专题简报，设立效能建设投诉信箱和投诉电话。广泛宣传加强机关效能建设的重要意义，宣传省委、省政府和局党组的部署和要求，宣传身边的先进典型，推广先进经验，营造人人讲效能，事事讲效能的舆论氛围。

开展解放思想大讨论活动。拟定如何更新观念，切实增强工作的主动性、创造性；如何推进依法行政，切实规范机关行为；如何创新管理方式，提高行政效率；如何确保政令畅通，推进工作落实；如何树立社会主义荣辱观，改进“两风”，增进“两情”，为全省作出表率；如何更好地发挥自身职能作用，为安徽的外向型经济发展把好关、服好务等7个讨论题，以部门为单位开展大讨论活动，统一思想，达成共识。

制度规范。以规范化、标准化、科学化为目标，制定了一系列制度和规范性文件，如岗位责任制、服务承诺制、限时办结制、重大事项督办制、首问责任制、AB角工作制、办文办会制度等制度，形成了比较完善的局机关效能制度体系，实现以制度管人、以制度管事，从根本上保证局机关工作的高效能。

作风建设。效能建设领导小组广泛征求意见，发放调查函和征求意见表260余封，分别向省直13个厅局、7个分支机构、45家进出口企业书面征求安徽检验检疫局在依法行政履行职责情况、检验检疫人员廉洁从政情况、机关工作人员办事效率情况、实事求是客观公正处理问题情况、检验检疫工作人员工作作风情况、检验检疫队伍素质情况、为基层服务情况等7个方面的意见和建议，同时直接向前来报检大厅报检的一线报检人员征求意见和建议。走访了部分外贸企业和相关部门，面对面听取和征求意见。通过效能建设教育活动，干部职工执政为民、廉洁从政、依法行政、严格把关、热情服务的意识进一步加强，检验检疫队伍的整体形象得到进一步提升，促进了检验检疫工作的全面发展。

服务外贸。加强思想教育，认真学习好党章和胡锦涛关于“八荣八耻”的重要论述，大力开展宗旨观、政绩观、法制观、勤政观、廉洁观教育，切实转变观念，自觉做到依法施检，勤政为民，为进出口企业提供优质服务；加强业务建设，不断提高局机关工作人员的业务素质和工作能力；加强优质服务，提高服务水平和服务效率。

创建“效能建设红旗党支部”活动。安徽检验检疫局党组坚持用“三个代表”重要思想拓宽党建思路，深化党建内涵，提高党建水平，不断强化党组织的政治核心作用。在党支部中开展以“八荣八耻”为主要内容的社会主义荣誉观教育，建设好党支部班子，教育好党员，做好新时期发展党员工作，进一步壮大党员队伍。

创建学习型机关和知识型职工 安徽检验检疫局党组把“创建学习型机关、争当知识型职工”作为一项基础工作，把政治学习和思想教育放在首要位置。2005年，抓学习的主题是，提高对贯彻落实科学发展观的认识，增强紧迫感、提高自觉性。

坚持学习制度，创新学习形式。坚持以党组理论学习中心组为核心，吸纳各部门各单位主要负责人参加中心组学习，带动党员学习和全员学习。在集中学习时，采取每季度1次的封闭式脱产学习。参加集中学习的处以上干部，做到学前有预习、学习有笔记、学后有心得。

在学习中，根据不同的人员，提出不同的学习要求。对领导干部的学习教育，突出强调树立忠诚、创新、勤政、廉洁的意识，对广大职工的学习教育，突出强调树立爱岗敬业、遵纪守法、勤奋工作的意识。通过学习，大家认识到，“以人为本”在检验检疫工作中的体现就是通过行政执法，努力实现安全、卫生、健康、环保和防欺诈5大执法目标。“全面发展”就是构建和谐检验检疫，构建协调一致的管理体系，优化执法环境。“协调发展”就是统筹国内发展与对外开放，使检验检疫的合格评定程序与国际通行做法相适应，与口岸其他部门联手执法，与外贸企业良性互动。“可持续发展”就是通过调控进出口，提高资源利用质量，保护生态环境，保护知识产权，支持自主品牌创新，促进外贸增长方式的转变。

保持共产党员先进性教育活动 按照国家质检总局党组部署，在安徽省委的指导下，2006年2月1日，安徽检验检疫局认真开展了保持共产党员先进性教育活动。6月底，基本完成了各项任务，党员受教育面100%，群众的满意度100%。

建立长效学习机制。把党的建设理论的最新成果与检验检疫部门的工作相结合，在各项工作中创造性地加以实践，不但保证自己的言行与党中央的精神保持高度一致，而且保证安徽检验检疫系统各项工作的政治方向不偏，把党的政策化为干部职工的自觉行动和精神动力。

建立促进经济发展长效机制。中国加入世界贸易组织，兑现一系列承诺，进入“后过渡期”。内外双重压力对检验检疫工作提出了严峻的挑战，安徽检验检疫局发扬“先教”精神，增强大局意识、执法意识、服务意识，增强使命感、责任感、紧迫感。

建立技术进步长效机制。在行政执法环节，结合对外贸易方式的新变化，适应现代物流流转的新情况，针对安徽进出口商品的新特点，探索和建立检验监管的新模式。建立科学的合格评定方式，全面构建技术保障体系，大力提高技术保障能力，在高起点上、高标准上抓好实验室建设，力争设备配置超先，技术能力超强，科研能力超前。

建立工作质量长效机制。对重要工作、中心任务、重点工程，实行项目负责制，把群众反映强烈的问题作为重点，把可以解决的问题或通过努力可以解决的问题作为重点，把领导干部作风方面的问题作为重点。强化宏观管理，推进制度创新，加强政策研究，透彻领会，严格按规定、按制度、按程序办事。树立服务的理念，坚持首问负责制，能办的事马上就办，从各个环节提高效率。牢固树立民主意识，提高科学执政能力，实行“阳光行政”。

建立党员干部永葆先进性长效机制。坚持正面教育、自我教育。坚持开展主题实践活动，有计划地开展形式多样的党建活动，创新党员教育的形式、增强教育效果。坚持党的建设与各项工作的结合，通过加强对党员的教育和管理，引导党员立足岗位作奉献，争创一流的工作业绩。狠抓党员管理，加强培训，组织党的活动，增强党员意识。在注意质量和程序的基础上，做好发展党员工作，把优秀的年轻同志、专业技术人才吸收到党内来。

建立行风建设长效机制。实施党风廉政建设责任制，充分发挥廉政监督员和企业兼职监察员的作用，实施信息反馈制度。创新工作机制，通过信息化提高验放速度，满足现代物流运行的需要。提倡科学服务、规范服务、依法服务。推进文明创建工作，创建文明窗口、文明单位，提升文明单位和“青年文明号”的层次。

主题实践活动 2005年9月—2006年2月，在安徽省委和国家质检总局党组的统一领导下，全省检验检疫系统开展了深入学习实践科学发展观活动。整个活动紧紧围绕“提高思想认识、解决突出问题、创新体制机制、促进科学发展”总体目标，认真落实“党员干部受教育、科学发展上水平、人民群众得实惠”总体要求，始终贯穿安徽检验检疫局党组确定的“创新监管模式、提升行政能力、促进外贸发展、服务安徽崛起”主题，经过学习调研、分析检查、整改落实3个阶段，顺利完成了学习实践活动15项具体任务，做到“规定动作”不走样，“自选动作”有创新。在强化干部职工政治理论学习、改进机关工作作风、加强检验检疫业务管理、支持安徽外贸渡过难关等方面，取得了实实在在的效果。

创先争优活动 2010年5月17日，安徽检验检疫局举办新疆红其拉甫事迹报告会，以此为标志，拉开了全省检验检疫系统创先争优活动的序幕。红其拉甫检验检疫人创造的“特别能吃苦，特别能忍耐，特别能战斗，特别能奉献”的口岸人“四特精神”，激励着安徽检验检疫局广大党员奋力投身创先争优活动之中。

按照省直机关工委《关于在省直机关基层党组织和党员中深入开展创先争优活动的实施意见》，2010年5月26日，安徽检验检疫局印发《关于开展创先争优活动的通知》，活动主题为“创先争优走前头，服务发展作表率”。制定活动方案，提出总体要求：

履行职能，严把国门，改革创新，务求实效，统筹推进机关党的建设，充分发挥基层党组织的战斗堡垒作用和共产党员的先锋模范作用，在推动科学发展、促进社会和谐、服务人民群众、加强基层组织的实践中建功立业，努力实现组织创先进、党员争优秀、群众得实惠，为外贸发展加油，为安徽崛起给力。成立了创先争优活动领导小组和办事机构。党组成员变动后，及时调整了领导小组成员，确保领导工作不脱节。明确提出，创先争优活动要增强部门色彩，突出行业特色，体现服务内容，强化窗口建设，实行条块结合，对分支机构的创先争优活动一并纳入省局党组统一指导。基本上按照工作分工确定了省局领导联系点，确保领导点评覆盖到所有部门和单位。

创先争优活动坚持围绕中心，服务大局，主体思路是：把握“5个步骤”开展工作，即调查研究、公开承诺、领导点评、群众评议、评选表彰。具体是，让党员动起来，身份亮出来，承诺立起来，点评实起来，先进评出来，典型树起来，表率做出来，工作带起来。

弘扬沈浩精神，推进创先争优。早在2009年，沈浩同志刚刚逝世，安徽检验检疫局就召开青年干部座谈会，宣讲、学习、研讨沈浩精神。沈浩是机关下派到村里担任第一书记的，安徽检验检疫局的戴雷同志与沈浩同一期下派到村，工作条件更加艰苦。他结合自己的体验，解读了沈浩精神的丰富内涵，揭示了沈浩事迹中具有普遍教育意义的内容。随后，安徽检验检疫局再次主动要求下派一名干部到位于皖北的砀山县一个后进村担任第一书记，又派了一名干部到合肥市郊区担任第一书记。同时，选派精干人员到江淮分水岭肥东县牌坊民族乡挂职副乡长。

制度及学习型组织建设　严格遵守党组中心组理论学习制度，制定年度学习计划，保证集中学习时间和总学时；保证领导干部下基层调研时间，策划调研主题，形成调研报告。实行学习签到、学习记录、个人学习笔记“三点一线”的统一管理。党员领导干部过好双重组织生活，主动参加所在支部的活动。落实党组织主要负责人为党员讲党课制度。分支机构和企事业单位创造条件建设党员活动室，建立学习园地和成果展板；省局机关支部设立“制度墙”“图书角”。充实学习内容，营造学习氛围，创新学习方式，增强学习效果。确定每年4月为“读书月”，开展荐书、读书、评书活动，举行读书征文或读书演讲比赛。探索举办“安徽国检大讲堂”，请自己的专家讲自己的专业。倡导创建“学习型班子”“创新型团队”；倡导带着问题学习，带着课题调研。倡导与外贸企业党组织开展结对共建和主题联学活动。

贯彻基层组织工作条例精神，遵守各项党内制度。2010年6月，中央修订颁布《中国共产党党和国家机关基层组织工作条例》(以下简称“条例”)。各级党组织深入学习，自觉运用，对照检查，加强制度建设，提高机关党建的科学化、民主化、制度化水平。

严格遵守领导班子民主集中制原则。坚持集体领导、民主集中、个别酝酿、会议决定。

落实“三大一重”制度，即重大事项决策、重要干部任免、重要项目安排、大额资金的使用，必须经集体讨论做出决定。

健全机关党的工作责任制。落实《条例》提出的党组抓党建、主要负责人带头抓党建责任制。分支局党组书记牢固树立抓好党建是本职、不抓党建是失职、抓不好党建是不称职的观念，切实履行好抓党建“第一责任人”的职责。党组每年至少听取一次党支部工作汇报，专题研究党建工作。

认真执行党组民主生活会和党支部组织生活会制度。按照上级党组织的统一部署，每年一次，设立党组的机构召开党组民主生活会，未设立党组的机构召开组织生活会。规范会前、会中、会后的各项工作。省局党组领导参加联系点单位的民主生活会。省局机关党委、人事、监察部门负责组织协调工作。

建立和执行党务公开制度。坚持实事求是、面向基层、面向群众、不回避矛盾、不避重就轻，内容真实、全面、具体的原则，实施机关党委和党支部两级党务公开制度。围绕组织建设、重大事项、党员发展、党员管理、党费收缴、评比表彰、文明创建等事项，细化公开内容。

落实机关党内监督制度。加强对党员特别是党员领导干部的监督，主要包括政治纪律监督、组织纪律监督、工作作风监督、党风廉政监督和思想道德监督。确定每年7月为党员纪律教育月，开展廉洁教育活动和主题实践活动。

加强基层组织建设 安徽检验检疫局强化对全省检验检疫系统党的建设和思想政治工作的领导，突出了政工部门对系统内的指导职能。以党支部建设为重点，以落实“三会一课制度”等党支部工作制度为抓手，加强基层组织建设。探索建立安徽检验检疫系统基层党组织建设标准，选择不同类型的部门和单位开展试点。适时开展基层党组织建设系统互查互学活动。严格党员标准和程序，把好党员入口关，提高发展新党员质量。优化党员结构，注重在年轻技术骨干中发展党员。保障协检员和聘用人员中党员的政治权利。

开展党的纯洁性教育活动。加强对检验检疫一线党员的教育、监督和管理，多交流、多提醒、多诫勉。不断增强自我净化、自我完善、自我革新、自我提高的能力，保持党员、干部思想纯洁、队伍纯洁、作风纯洁、清正廉洁。

增强思想政治工作 安徽检验检疫局贯彻局党组提出的着力建设“五支队伍”，以增强诚信意识为重点，加强社会公德、职业道德、家庭美德、个人品德建设。探索具体化、个性化、人文化的思想政治工作方法，注重人文关怀和心理疏导，从关注工作对象的需求和感受出发，体贴人、关心人、爱护人、帮助人，尊重人格、尊重劳动、尊重创造。

广泛开展谈心活动。做到“五必谈”：岗位变动必谈、绩效下滑必谈、情绪波动必谈、收到举报必谈、工作失误必谈。在开展思想政治工作中，做到“三个一样”：在职人员与离退休人员一样，在编人员与聘用人员一样，领导干部与一般干部一样。

充分发挥群团组织的桥梁纽带作用，广泛开展群众性文化体育活动。注意利用“三八”“五四”“十一”等重大节日开展主题实践活动，寓教育于活动之中。强化共青团在青年干部职工中创意、引导和组织作用，开展各项丰富多彩的活动，激发青年干部职工的动力、活力和创造力。

党务和政工干部队伍建设　安徽检验检疫局强化对全省检验检疫系统机关党的建设和思想政治工作的指导，系统上下保持政治思想的一致性、队伍建设的一致性和行风建设的一致性，实现政令畅通、步调一致。加强党性锻炼和业务培训，着力打造一支检验检疫党务和政工干部队伍。各部门各单位以基层党组织建设为依托，在支部委员中培养兼职党务政工干部。对党务政工干部队伍建设的要求是：政治坚定、结构合理、精干高效、充满活力；对党务政工干部个人的要求是：守信念、讲奉献、有本领、重品行。对党务政工干部落实职能、落实目标、落实任务，纳入日常检查和绩效考核，同时，提供职位、提供资源、提供培训，关心党务政工干部的成长，调动他们的积极性。通过办好政工简报，反映工作动态，为全系统党建工作思想政治工作搭建交流的平台。通过不断创新工作理念、方式方法、手段载体，提高党建工作和思想政治工作科学化水平，实现工作的新跨越。

第二节　精神文明建设

“三检”时期的精神文明建设

安徽商检局　1991年11月，为贯彻中央和国家商检局加强思想政治工作的决定，成立了安徽商检局思想政治工作办公室，任命1名副处级专职干部，并召开了第一届思想政治工作会议。1995年，成立安徽商检局精神文明建设委员会，围绕开展“三观”“评选双先双优”“党员群众一帮一”等教育活动，取得了明显成效。1996年7月，印发了《安徽商检局创建文明实施办法》，全省系统创建精神文明、树立良好行风活动全面启动。1996年10月，参加全国商检系统“三观”教育知识竞赛，获团体第三名和组织奖。1997年9月，下达了《加强精神文明建设的实施意见（十条）》，明确由办公室牵头负责。1999年6月，3年创建目标如期完成，省局机关各处室、直属单位及所辖二级机构全部通过县（处）级“文明单位”考核验收。

1986—1999年，有2人获“安徽省社会主义建设积极分子”、3人评为安徽省先进工作者、6人评为“全国商检系统先进个人”。1996—1999年，安徽商检系统评出先进集体33个、先进个人33人次。

合肥动植检局　积极开展服务承诺活动和文明执法的窗口服务，取得明显成效。合肥动植检局连续 2 次被评为 1995—1996 年度、1997—1998 年度全省口岸共建精神文明先进单位。1997 年，安庆动植检局与安庆卫检、边检“结对子”被评为全国口岸共建精神文明先进集体。5 人次评为全国口岸动植检系统先进个人、16 人次评为全省口岸系统先进个人、30 人次评为合肥动植检局先进个人。

合肥卫检局　1991 年，在机关干部中开展了学习党史和党建理论活动。1994 年，制定岗位职责，开展了合肥空港口岸服务承诺活动，深入开展精神文明创建活动，切实改进服务质量。1993 年，合肥卫检局与合肥边检“结对子”评为全国口岸共建精神文明先进集体。1997 年，安庆卫检局“结对子”评为全国口岸共建精神文明先进集体。1 人评为全国卫检系统先进个人、25 人次评为全省口岸系统先进个人、40 人次评为全省卫检系统先进个人。

安徽检验检疫局成立后的精神文明建设　1999 年，安徽检验检疫局设立了机关党委办公室。2000 年 5 月 31 日，成立安徽检验检疫局机关工会。2000 年，成立了精神文明建设委员会。认真贯彻国家检验检疫局和省政府有关精神文明建设和党建的工作部署，先后下发《创建文明单位实施意见（考核办法及评分标准）》《加强精神文明建设实施意见十条》，2001 年，制定《安徽检验检疫系统创建文明行业活动实施意见》，按照这些规范性文件的要求，开展了内容丰富、形式多样的职业道德教育，坚持文明创建与各时期的中心工作结合起来，长抓不懈，取得了优异的成绩。

2000—2001 年，各级检验检疫机关广泛开展创文明单位、文明窗口活动，树立典型、推广先进、弘扬正气，形成团结一心、开拓进取、奋发向上、敢于奉献的良好氛围。安徽检验检疫局机关连续 2 年获省直文明委“三优文明机关”称号，获中宣部和司法部授予的“国家三五普法工作先进集体”称号；获省直工委“先进党支部”3 个、优秀党员 1 人、优秀党务工作者 1 人、人民优秀公仆 2 人；获国家检验检疫局先进工作者 2 人、先进集体 1 个、优秀基层党组织 1 个、优秀党员 1 人、优秀党务工作者 1 人；安徽检验检疫局报检大厅连续 2 年获团中央“青年文明号”称号。

2000 年，马鞍山检验检疫局报检大厅获得团中央“青年文明号”，马鞍山检验检疫局评为全国检验检疫系统先进单位。2001 年，除新建分支局外，全省检验检疫系统文明创建地市级以上“文明单位”称号 100% 的目标已经实现。马鞍山检验检疫局获市级“文明单位”和市直“支部目标管理先进单位”称号，蚌埠检验检疫局获“综合治理先进单位”和“计划生育先进单位”称号。2002 年，安徽检验检疫局连续第 4 年被评为省直“三优文明机关”，马鞍山检验检疫局被评为“省级文明单位”，5 个分支局被评为“市级文明单位”。窗口单位中，黄山检验检疫局报检大厅获省级“青年文明号”称号，另有 3 个分支局获市级“青年文明号”称号。铜陵检验检疫局在市政府组织的政风评议中获得 81.7 分的好成绩，名列口岸单位第一。

2000 年，安徽检验检疫局选举成立第一届机关工会组织及其相关群众组织，机关群众性文体活动逐步活跃起来。如在省直机关拔河比赛中获第六名，保龄球比赛中获第三名；与合肥海关进行乒乓球友谊赛，与合肥四方集团进行了羽毛球友谊赛；举办了保龄球、棋牌、拔河比赛，春节联欢会，庆“七一”联欢会，“三八”节女职工参观活动等。机关工会组织了首届职工书画展，丰富业余文化生活。成立职工议政组织，推进“阳光行政”工程，各项重点工作充分让群众参政议政，实施监督。2002 年，安徽检验检疫局工会被省直工会授予目标管理先进单位。2002 年，积极参与送温暖活动，党员干部向重灾区捐款 37100 元、衣物 1678 件。

2003 年，认真贯彻国家质检总局与共青团中央联合通知要求，结合安徽检验检疫实际，多次协调共青团安徽省委，牵头制定并以安徽检验检疫局精神文明建设领导小组名义与团省委联合下发了《创建“青年文明号”争当“青年文明号”能手活动意见》。

2003 年，在保持上年所取得成绩的基础上，又新增省级“青年文明号”2 个、全国“青年文明号”1 个。安徽检验检疫系统累计有 3 个“全国青年文明号”、4 个“省级青年文明号”，在全国检验检疫系统名列前三位。安徽检验检疫局连续 4 年被评为“三优文明机关”，2003 年 3 月再次被评为“合肥市卫生先进单位”。在全省“一先两优”评选活动中，机关有 2 人分别被评为省直机关“优秀人民公仆”“先进工作者”。

2003 年，淮河遭受严重洪涝灾害，安徽检验检疫局全体职工急灾区之所急，纷纷捐款捐物。蚌埠检验检疫局资助五河县朱顶镇 200 多名学生重返校园。扶贫 1 个乡，派出驻乡蹲点干部 1 名，并深入调研灾情，受到了省直工委的通报表扬。

2004 年，安徽检验检疫系统精神文明建设获奖牌数达到了历史新水平，共获得奖牌 19 块（不含重复的集体称号和个人奖牌）：省部级荣誉称号 7 个（安徽检验检疫局、马鞍山检验检疫局、阜阳检验检疫局为“省级文明单位”；安徽检验检疫局报检大厅、黄山检验检疫局和马鞍山检验检疫局综合业务科为“国家质检总局暨团中央青年文明号”；保健中心为“省文明窗口”），市级荣誉称号 9 个（芜湖、安庆、蚌埠、铜陵、黄山检验检疫局为“市级文明单位”；机关服务中心为“省直三优文明单位”；芜湖、蚌埠、阜阳检验检疫局综合业务科为“省青年文明号”），省直团工委、团市委荣誉称号 3 个（机场办事处、安徽检验检疫局办公室机要档案科为“省直机关青年文明号”；黄山检验检疫局旅检科为“团市委青年文明号”）。葛军、任尊育等一批人员获得“省直机关人民优秀公仆”个人荣誉称号。

2004 年，安徽检验检疫局圆满完成省委、省政府指定的对口帮扶重任。选派驻点干部和挂职干部 2 人，深入固镇等贫困地区，捐款 36238 元，捐助优质大米 12500 公斤。

2005 年，安徽检验检疫局和马鞍山检验检疫局双双蝉联安徽省第六届、第七届“省级文明单位”，安徽检验检疫局连续5年被评为“省直三优文明机关”。全省检验检疫系统11个对外窗口单位中，有10个获得省级以上“青年文明号”，新站办事处和铜陵检验检疫局的省级“青年文明号”为最新升级，其他都是连续保持荣誉。在省总工会开展的文明窗口创建活动中，安徽检验检疫局保健中心和黄山检验检疫局综合科榜上有名。蚌埠检验检疫局被蚌埠市授予“为人民服务，树行业新风”先进单位称号。

2008年，安徽检验检疫局3次蝉联“省级文明单位”、连续8年被评为“三优文明机关”，所有分支局都是市级以上文明单位，其中马鞍山检验检疫局3次蝉联“省级文明单位”、阜阳检验检疫局获得第八届“省级文明单位”称号。全省检验检疫系统11个对外窗口单位中，有10个获得省级以上“青年文明号”，其中4个获得团中央“青年文明号”、4个获得团省委“青年文明号”。在省总工会开展的文明窗口创建活动中，安徽检验检疫局有2个窗口获得“文明窗口称号”。

2009年，安庆检验检疫局报检大厅、黄山检验检疫局检验检疫科获得市级青年文明号；安徽检验检疫局报检大厅、芜湖检验检疫局综合业务科、安徽中检公司获得省直机关青年文明号；阜阳检验检疫局报检大厅获得国家级及省级青年文明号。

2010年，铜陵检验检疫局报检大厅获得市级青年文明号；安徽检验检疫局技术中心化学实验室获得省直青年文明号；黄山检验检疫局综合业务科、铜陵检验检疫局综合业务科、安徽检验检疫局报检大厅获得省级青年文明号。安徽检验检疫局获得安徽省政务公开先进集体，并获得省直六运会“道德风尚奖”。吴雪原同志当选“省直机关优秀女性”，并被授予省直机关“三八红旗手”荣誉称号。保健中心获得省直机关“巾帼文明岗”。

第十篇　检验检疫分支机构

"三检"合一前，安徽商检局下设芜湖、蚌埠、安庆、铜陵、马鞍山 5 个商检局，是统一监督管理安徽省进出口商品检验工作的主管机关，依法对安徽重要的进出口商品和检验项目实施强制性的法定检验，对法定检验商品和法定检验范围以外的进出口商品实施监督管理，凭对外贸易关系人的申请办理各项进出口商品鉴定业务。合肥动植检局下设芜湖、安庆、铜陵、马鞍山、黄山、合肥机场 6 个进出境动植检局，依法对进出国境的动植物及其制品进行检疫，依法对进入港口、机场、车站、邮局的检疫物以及检疫物的存放、加工、养殖、种植场所实施检疫，查阅、复制、摘录与检疫物有关的运行日志、货运单、合同、发票以及其他单证等，防止动物传染病、寄生虫病和植物危害性病、虫、杂草以及其他有害生物传入、传出国境，保护农、林、牧、渔业生产和人体健康。全省有合肥、芜湖、安庆、铜陵、马鞍山、黄山 6 个口岸卫生检疫局，依法对出入境人员、交通工具、运输设备、行李货物、邮包等物品实施医学检查、卫生检查和必要的卫生处理，并对国境口岸交通工具实施疾病监测和卫生监督，签发"健康证书""预防接种证书"等有关卫生检疫证件，进行进出口食品监督检验，以达到防止传染病由国外输入和国内传播，保障人类身体健康。1999 年 8 月，合肥动植检局和安徽商检局、合肥卫检局合并组建安徽检验检疫局，实现"三检"合一，截至 2010 年年底，安徽检验检疫局下设芜湖、蚌埠、安庆、铜陵、马鞍山、黄山、阜阳、池州、滁州检验检疫局和合肥机场办事处、淮北办事处，全面负责安徽省出入境人员、货物、运输工具及其他应检物的检验检疫监管、鉴定及所辖区域企业的检验检疫监管工作。

其中，滁州检验检疫局处于筹备阶段。2009 年 9 月 11 日，中央编办《关于成立中华人民共和国滁州出入境检验检疫局的批复》，同意成立中华人民共和国滁州出入境检验检疫局（正处级）。2010 年 6 月 17 日，国家质检总局发文明确中华人民共和国滁州出入境检验检疫局机构规格正处级。核定处级领导职数 3 名，行政编制 30 名。2010 年 8 月 14 日，安徽检验检疫局《关于成立滁州出入境检验检疫局筹备处的通知》，决定成立滁州出入境检验检疫局筹备处。

第一章　芜湖检验检疫局

芜湖襟江带河，水陆交通便利，历史上就是皖南和沿江地区最大的商品集散地，也是安徽近代工业、交通和文化教育事业发展较早的地区。中共十一届三中全会以后，芜湖的国民经济持续发展，外贸事业发展速度逐渐加快，成为安徽生产出口产品的重要基地。为加快出口物资的发运，减少中间环节，节省费用，促进对外贸易发展，1980年，国务院批准芜湖为长江外贸运输港口，设置口岸机构。根据需要相继建设了海关、卫生检疫、商品检验、植物检疫等检查检验机构。

截至2010年年底，芜湖检验检疫局在职干部职工34人。其中行政编制28人，事业编制6人，在职党员16人。内设机构有办公室、综合业务科、检验检疫一科、二科、卫检科以及技术服务分中心和安徽国际旅行卫生保健中心芜湖分中心。有综合实验室和卫检实验室。办公用房4180平方米。主要进出口商品有汽车、机电、轻工、纺织、服装、食品和农产品等。

第一节　机构沿革

芜湖卫检局　1980年，国务院批准芜湖港为对外贸易运输港口。同年，卫生部批准芜湖港设立卫生检疫机构。

1981年4月25日，省编委、省财政厅、省卫生厅联合发出关于芜湖港设立卫生检疫机构的通知，暂定编制5名。1981年5月，芜湖市防疫站派防疫科长、流行病学医师许奎文到秦皇岛参加全国检疫干部培训班学习，并兼管检疫工作。

1982年3月29日，芜湖市编委、市财政局、市卫生局决定成立芜湖卫检所，暂定事业编制5名。

1986年2月，芜湖市防疫站正式设立国境卫生检疫科（挂牌芜湖卫检所），许奎文任科长，配备4名专业人员。

1988年6月21日，芜湖市编制委员会核定芜湖卫检所事业编制10名。同年11月，省卫生厅与芜湖市卫生局商定芜湖卫检所由市卫生局管理，并报卫生部备案。

1988年6月26日，卫生部将芜湖卫检所从卫生部直接领导调整由省卫生厅领导和管理。

1990 年 12 月 29 日，省卫生厅、财政厅、省政府口岸办公室确定芜湖卫检所从 1991 年 1 月 1 日上划为卫生厅领导和管理。

芜湖动植检局　1980 年 2 月 13 日，农业部批准成立农业部合肥植物检疫站芜湖分站，在省植保植检站领导下进行工作。

1981 年 7 月 23 日，省编委同意在芜湖港设立合肥植物检疫站芜湖分站，科级单位，事业编制 6 名。

1988 年 9 月 9 日，国家动植检总所批准芜湖植物检疫分站改名为合肥植物检疫所芜湖分所（以下简称芜湖植检分所）。

1990 年 8 月 26 日，省编委批准成立合肥植物检疫所，芜湖植检分所隶属于安徽省农牧渔业厅合肥植物检疫所领导。

1988 年 12 月 5 日，芜湖植检分所由合肥迁至芜湖办公。

1993 年 12 月 31 日，国家动植检总所同意设立芜湖动植检局，作为合肥动植检局分支机构，规格正处级，编制 15 人。

芜湖商检局　1980 年 3 月 25 日，合肥商检局《关于成立芜湖商品检验处并同时启用印章的报告》指出，经省编委批准成立芜湖商检处，为合肥商检局的派出机构，其人权、财权及产权由合肥商检局统一管理，并正式对外办公，启用公章。3 月 28 日，安徽省对外贸易局《关于在芜湖港设立省外运公司芜湖办事处、芜湖商检处有关问题的函》指出，根据国务院通知精神，芜湖港于 4 月对外开放，按上级指示设立芜湖商检处。

1981 年 3 月 5 日，安徽省人民政府办公厅印发《关于设立芜湖进出口商品检验处的通知》，经国家商检局同意设立芜湖商检处。

1983 年 12 月 20 日，依据国家商检局通知，从 1984 年 1 月 1 日起，合肥商检局改名为安徽商检局，芜湖商检处亦更名为安徽商检局芜湖商检处。

根据 1986 年 6 月 13 日安徽省人民政府办公厅及 6 月 27 日国家商检局文件精神，芜湖商检处更名为芜湖商检局，并于 1986 年 3 月 15 日启用新印章。

1988 年 12 月 9 日，安徽商检局批准芜湖商检局内设第一检验科、第二检验科和办公室，县处级机构，定编 30 人。

1991 年 12 月 21 日，中共安徽商检局党组决定成立中共芜湖商检局党组。

1993 年 2 月 22 日，安徽商检局决定芜湖商检局内设 2 室 3 科，即办公室、农食畜产品检验科、机电产品检验科、轻工纺织品检验科、综合化验室。

1997 年 1 月 10 日，安徽商检局批准芜湖商检局内设 2 科 1 室，即办公室、第一检验科、第二检验科。

1997 年 7 月 7 日，中共安徽商检局党组决定芜湖商检局成立党组。

芜湖检验检疫局　1999 年，国家检验检疫局决定将原芜湖商检、动植检、卫检的职能合并，组建芜湖检验检疫局，为安徽检验检验局设在芜湖的分支机构。机构规格为正处级，施行安徽检验检验局直接管理的垂直管理体制。内设 1 室 3 科，即办公室、综合业务科、检验一科、检验二科。

2001 年 2 月，安徽检验检疫局成立芜湖检验检疫局技术与服务分中心。

2003 年 1 月，安徽检验检疫局决定成立安徽检验检疫局芜湖出口加工区工作组，负责芜湖出口加工区检验检疫用房及办公设施的验收及今后检验监管工作。2004 年，芜湖出口加工区工作组更名为芜湖出口加工区办事处。

2004 年 8 月，安徽检验检验局决定成立安徽国际旅行卫生保健中心芜湖分中心，负责芜湖市、马鞍山市、宣城市国境卫生检疫法规定的出入境人员医学检查、传染病检测、预防接种、健康咨询等工作，为防止传染病传入等执法任务提供技术保障和支持。

主要职责和内设机构　负责宣传贯彻《商检法》《动植物检疫法》《国境卫生检疫法》及其实施条例和国家有关检验检疫工作的方针、政策。管理所辖区域内出入境检验检疫、鉴定和监管工作；研究制定本局工作计划和发展规划，并组织实施。负责所辖区域内出入境人员卫生检疫、传染病监测和卫生监督工作；负责进出口食品卫生、质量的检验检疫和监管工作。组织实施辖区内出入境动植物及其产品、装载容器、运输工具的检验检疫和监管工作。负责所辖区域内进出口商品的法定检验、鉴定和法律法规规定的其他检验鉴定工作；对重要的进出口商品实施装运前的预检验、监造、监装和监管；归口管理对外贸易合同约定和申请办理的进出口商品的检验鉴定工作。负责所辖区域内进出口商品的鉴定、外商投资财产价值鉴定、进出口危险货物包装容器的鉴定工作。负责所辖区域进口安全质量许可、质量认证、出口质量许可、卫生检疫注册登记的考核和监管工作；对认可的涉外检验、鉴定机构（含中外合资、合作的检验、鉴定机构）和人民进行监督管理。负责辖区内检验检疫鉴定证书、一般原产地证书和普惠制原产地证书的签发和管理，负责办理报验、签证、计收费和业务综合工作。执行国家和国家质检总局签订的有关国际合作协议，组织实施和推广应用国际贸易商品质量和检验检疫方法标准。负责辖区内对外开放口岸的查验、协调工作。负责本单位的文档秘、科技、人事、财务、党政、纪检监察等综合管理工作。承办国家质检总局、安徽检验检疫局和市委、市政府的交办的其他事项。

办公室　协助局领导协调机关日常办公；负责局党组会、局务会等重要会议的协调和秘书工作；负责文秘、机要保密、信息宣传、文印、文书档案和督查督办工作；负责财务、人事管理及机关劳动纪律检查等行政管理工作。

综合业务科　接受并办理辖区内的报检、签证、计费和放行工作；承担普惠制原产地证书和一般产地证书的签发、退证查询与管理工作；负责检验检疫业务统计、商品质量情况分析和法规工作，管理检验检疫证单、证书、业务用印鉴，负责辖区内口岸鉴定业务的协调。

检验检疫一科　负责辖区内进出境动植物及其产品、食品、药品、轻工与纺织产品的法定检验检疫和监督管理工作，负责主管商品的标签、封识、标志、批次和样品的管理，对实施出口质量许可、卫生检疫注册登记的商品和单位以及认可检验鉴定机构（包括中外合资、合作的检验鉴定机构）、人员进行考核和监督管理，归口管理涉及安全卫生的进出口商品的监督检查等其它业务工作。

检验检疫二科　负责辖区内金属材料、家用电器、机电仪器、成套设备、车辆、化工原料及产品的法定检验鉴定和监督管理工作，辖区内口岸鉴定业务，负责主管商品的标签、封识、标志、批次和样品的管理，对实施进出口安全许可、出口质量许可、质量认证的商品和单位以及认可检验鉴定机构（包括中外合资、合作的检验鉴定机构）、人员进行考核和监督管理，归口管理涉及安全的进出口商品的后续管理等业务工作。

口岸卫生检疫科　负责辖区内的口岸疾病检疫监测、口岸卫生监督、辖区内出入境交通工具（含人员、货物、集装箱）卫生检疫及卫生处理监管工作。

技术与服务分中心　负责后勤保障、职工福利、接待、车辆管理、机关劳动纪律检查等行政管理工作。

保健中心芜湖分中心　负责芜湖市、马鞍山市、宣城市国境卫生检疫法规定的出入境人员医学检查、传染病检测、预防接种、健康咨询等工作，为防止传染病传入等执法任务提供技术保障和支持。

人员情况　芜湖商检局、芜湖动植检局、芜湖卫检局、芜湖检验检疫局人员情况见下表。

1980—1999 年芜湖商检局人员情况统计表

表 10-1-1

年份	在编人数	性别		党员	行政编制人员				事业编制人员			文化程度					专业职称	工人技术等级			正处级	副处级	正科级	副科级	
		男	女		干部	职工	工人 固定	工人 合同	干部	职工	合同工	博士生	研究生	大本	专科	高中		高级	中级	初级					
1980	1	1		1	1																1				
1981	3	3		1	1					2				1		1						1			
1982	10	8	2	4	7					3				3	1	3						2	1		
1983	13	11	2	4	9					4				3	2	3						2	2		
1984	17	15	2	4	13					4				6	2	4					1	1	2		
1985	14	13	1	4	12					2				7	2	4					1	1	2	1	
1986	14	13	1	4	12					2				5	3	4					1	1	2	1	
1987	17	16	1	5	15					2				7	3	4					1	1	2	1	
1988	24	23	1	8	22					2				10	7	4					1	1	2	1	
1989	25	24	1	9	22					3				10	7	4					1	1	6	2	
1990	25	23	2	9	22					3				12	7	3					1	1	6	2	
1991	24	22	2	8	21					3				12	7	3					1	1	5	2	
1992	28	26	2	13	25					3				13	7	4					2	2	7	8	
1993	29	27	2	14	26					3				14	7	3					2	3	7	8	
1994	27	25	2	11	24					3			1	14	6	3					1	2	11	7	
1995	27	25	2	11	24					3			1	14	7	2					1	2	9	7	
1996	26	23	3	11	23					3			1	14	6	3						4	8	7	
1997	22	20	2	10	19					3			1	12	4	4					1	2	4	7	
1998	22	20	2	10	19					3			1	12	4	4					1	2	4	7	
1999.1—11	22	20	2	10	19					3			1	12	4	4					1	2	4	7	

1989—1999 芜湖动植检局人员情况统计表

表 10-1-2

年份	在编人数	性别		党员	行政编制人员				事业编制人员			文化程度					专业职称	工人技术等级			正处级	副处级	正科级	副科级	
		男	女		干部	职工	工人		干部	职工	合同工	博士生	研究生	大本	专科	高中		高级	中级	初级					
							固定	合同																	
1989	3	3			3																				
1990	2	2			2																				
1991–1993	4	4			4																				
1994–1995	6	6			5					1															
1996–1999	8	7	1	5	6					2															

1986—1999 年芜湖卫检局人员情况统计表

表 10-1-3

年份	在编人数	性别		党员	行政编制人员				事业编制人员			文化程度					专业职称	工人技术等级				正处级		副处级		正科级		副科级	
		男	女		干部	职工	工人固定	工人合同	干部	职工	合同工	博士生	研究生	大本	专科	高中		高级	中级	初级									
1986—1990	4	4			4																								
1991—1994	5	5		3	4					1																			
1995	6	6			5					1																			
1996	5	5			5					1																			
1997—1999	4	4			4					1																			

1999—2010年芜湖检验检疫局人员情况统计表

表10-1-4

年份	在编人数	性别		党员	行政编制人员				事业编制人员			文化程度					专业职称	工人技术等级			正处级	副处级	正科级	副科级	
		男	女		干部	职工	工人（固定）	工人（合同）	干部	职工	合同工	博士生	研究生	大本	专科	高中		高级	中级	初级					
1999	28	25	3	13	22					6			2	14	5	7					2	2	6	7	
2000	28	25	3	13	22					6			2	14	5	7					2	2	6	7	
2001	27	24	3	13	21					6			2	14	5	7					2	2	5	7	
2002	28	25	3	14	22					6			2	15	5	7					2	2	6	8	
2003	29	26	3	15	23					6			2	16	5	7					2	2	6	8	
2004	29	26	3	15	23					6			2	16	5	7					2	2	6	8	
2005	30	27	3	16	25					5			2	17	5	6					2	4	6	8	
2006	29	26	3	16	24					5			2	17	5	6					2	3	6	8	
2007	29	26	3	16	24					5			2	17	5	5					2	3	6	9	
2008	31	28	3	16	26					5			2	18	6	5					2	3	6	9	
2009	34	30	4	17	28					6			3	20	6	5					2	2	6	9	
2010	34	29	5	16	28					6			3	20	6	5					2	3	5	9	

第二节　业务建设

“三检”合一前　1980 年至 1999 年的 20 年间，共检验进出口商品 32815 批、126 亿元，鉴定航次 274 次。其中检验、鉴定进口商品 3151 批、价值 6.7 亿美元。经检验出证对外提赔 200 多批、6500 万美元，为国家挽回经济损失 1100 多万美元。卫生检疫查验船舶 1267 艘次，主要为上海、天津、江苏、安徽、江西、湖北、福建等远洋运输公司的船舶。

1983—1999 年芜湖商检局检验鉴定出口产品统计表

表 10-1-5

年份	检验批次小计（批）	金额小计人民币（万元）	农副土特产粮油食品		机电仪器产品		化工、服装纺织品		化工、矿产金属材料	
			单位	检验量	单位	检验量	单量	检验量	单位	检验量
1983	115	1363	吨	1820.37						
1984	268	2213	吨	3272	台	15746	套 / 件	565900		
1985	679	3781	吨	19161.18	台	38058	套 / 件	1302254		
1986	1017	4752	吨	3814.25	台	106238	套 / 件	1489849		
1987	759	9074	吨	2218	台	173505	套 / 件	1303098		
1988	863	15229	吨	3200.38	台	97116	套 / 件	1778463		
1989	1667	15754	吨	13175.96	台 / 套	350027	件 / 箱	2407991	吨	4885.88
							米	4677000		
1990	2246	30843	吨	1461.90	台 / 套	421839	件 / 箱	3776360	吨	26274.4
							米	10593733		
1991	1977	32564	吨	5747	台	129246	码 / 件	2917255/30090	吨	40880
1992	2144	39592	吨	14373						
1993	2522	63437	吨	31375	台	378768	万米 / 万码 / 万件	1400/100/300	吨	4088

续表 10-1-5

年份	检验批次小计（批）	金额小计人民币（万元）	农副土特产粮油食品		机电仪器产品		化工、服装纺织品		化工、矿产金属材料	
			单位	检验量	单位	检验量	单量	检验量	单位	检验量
1994	2951	76500	吨	24807			万米/万米	1523/518	吨	120238
1995	2827	121300	亿元	0.75	亿元	1.6	万米/万件	1400/5101	吨	520000
1996	2686	149832	吨	3382	万台	36	万米/万件	790/750	万吨	70
1997	2090	90511	吨	5.1545	万台	46.2	万米/万件	350/405	万吨	54.5
1998	2212	50788								
1999	3177	52662								

1984—1999 年芜湖商检局检验进口产品统计表

表 10-1-6

年份	检验批次	检验金额（万美元）	主要品种	索赔情况		
				批次	提赔金额（万美元）	理赔金额（万美元）
1984	20		机械设备	6		更换设备
1985	143	1420	铜坯、机构设备、仪器设备	11	13.5	11
1986	158	2653	西服生产线，磷胺生产线，干洗机，塑料加工生产设备等	32	50	45
1987	190	3424	各种生产线，专用设备，成套设备，仪器，建筑工程机械车辆等	18	20	42（包括1986 年）
1988	248	5159	成套设备，生产线，专用设备仪器仪表工程机械，车辆及里件等	16	200	155
1989	298	6147	成套设备，机电仪器，车辆原木等	15	48	30

续表 10-1-6

年份	检验批次	检验金额（万美元）	主要品种	索赔情况		
				批次	提赔金额（万美元）	理赔金额（万美元）
1990	110	5729	成套设备，机电仪器，车辆原木等	20	10	10
1991	21	363				
1992	53	2630		16	88.78	88.78
1993	250	4635	塑料粒子			
1994	439	5367	机电设备、钢材	24	270	160
1995	252	2827	机电设备、钢材	34	52	52
1996	94	7224	机电设备、钢材		248	
1997	437	13728	机电设备、钢材、废料		300	300
1998	246	5000	机电设备、钢材		200	200
1999	192	762				

1980—2000 年芜湖商检局公证鉴定情况一览表

表 10-1-7

年份	容量计量			衡器计量			水尺计重			其他		
	航次	品种	重量（吨）	批次	品种	重量（吨）	航次	品种	重量（吨）	品种	单位	数量
1980				1	水泥	4000						
1981							1	废钢铁	2547			
1982	16	成品油	61997									
1983	11	成品油	45578									
1984	19	成品油	79802									
1985	34	成品油	124330	1	铜精沙	10922						
1986	22	成品油	82493									
1987	23	成品油	88071	1	铜精沙	9831						

续表 10-1-7

年份	容量计量			衡器计量			水尺计重			其他		
	航次	品种	重量（吨）	批次	品种	重量（吨）	航次	品种	重量（吨）	品种	单位	数量
1988	37	成品油	139086	10	铜精沙	70995	4	废钢、矿石	12185	集装箱	TEU	186
1989	4	成品油	16253	8	铜精沙	60832	5	矿石	19124	集装箱	TEU	517
				1	白银	0.583				原木	立方米	7889
										冷藏船	航次 / 舱	
1990	3	成品油	12150				6	矿石 石焦油	18357	集装箱	TEU	530
										冷藏船	航次 / 舱	7/28
1991	4	成品油	16235				5	矿石 石焦油	12750	集装箱	TEU	530
										冷藏船	航次 / 舱	9/36
1992	3	成品油	12580				8	废钢铁 矿石	23489	集装箱	TEU	497
										冷藏船	航次 / 舱	12/48
1993	4	成品油	15890				12	废钢铁 矿石	36927	集装箱	TEU	15/60
										冷藏船	航次 / 舱	620
1994	4	成品油	16350				3	矿石	7250	冷藏船	航次 / 舱	5/20
										集装箱	TEU	800
1995	1	成品油	4200				3	矿石	7000	冷藏船	航次 / 舱	16/64
										集装箱	TEU	820
1996							1	矿石	1732	冷藏船	航次 / 舱	16/64
										集装箱	TEU	800
1997							3	矿石		冷藏船	航次 / 舱	1/6
										集装箱	TEU	250
1998	1	沥青	1500				3	矿石	7200	集装箱	TEU	300
										验舱	个	4
1998	1	沥青	1500				3	矿石	7200	内贸煤炭	航次 / 重量	39/19.5 万吨

续表 10–1–7

<table>
<tr><th rowspan="2">年份</th><th colspan="3">容量计量</th><th colspan="3">衡器计量</th><th colspan="3">水尺计重</th><th colspan="3">其他</th></tr>
<tr><th>航次</th><th>品种</th><th>重量（吨）</th><th>批次</th><th>品种</th><th>重量（吨）</th><th>航次</th><th>品种</th><th>重量（吨）</th><th>品种</th><th>单位</th><th>数量</th></tr>
<tr><td rowspan="3">1999</td><td rowspan="3">9</td><td rowspan="3"></td><td rowspan="3"></td><td rowspan="3"></td><td rowspan="3"></td><td rowspan="3"></td><td rowspan="3"></td><td rowspan="3"></td><td rowspan="3"></td><td>内贸煤炭</td><td>航次 / 重量</td><td>64/31万吨</td></tr>
<tr><td>验舱</td><td>个</td><td>55</td></tr>
<tr><td>集装箱</td><td>TEU</td><td>280</td></tr>
<tr><td rowspan="3">2000</td><td rowspan="3">21</td><td rowspan="3">65000</td><td rowspan="3"></td><td rowspan="3"></td><td rowspan="3"></td><td rowspan="3"></td><td rowspan="3">3</td><td rowspan="3">矿石</td><td rowspan="3">9850</td><td>验舱</td><td>个</td><td>55</td></tr>
<tr><td>内贸液化气</td><td>航次 / 重量</td><td>16/8061吨</td></tr>
<tr><td>集装箱</td><td>TEU</td><td>280</td></tr>
</table>

1995—1999 年芜湖动植检局进境动物 / 动物产品统计表

表 10–1–8

年度	批次	货值（万元）	实检数重量	产地
1995	5	4498	500.615 吨	冰岛、澳大利亚
1996	1	332	244 吨	澳大利亚
1997	—	—	—	—
1998	—	—	—	—
1999	—	—	—	—

1995—1999 年芜湖动植检局出境动物 / 动物产品统计表

表 10–1–9

年份	主要品名	批次	货值（万元）	实检数重量
1995	动物水产品、鬃毛、蜂产品	19	4946	832 吨
1996	动物水产品、肉类鬃毛、蜂产品	56	4119	2390
1997	鳄鱼、肉脏、鬃毛、蜂产品	72	3217	2151 吨
1998	鳄鱼、水产品、肉脏、动物粉类	103	17646	3082
1999	—	—	—	—

1995—1998 年芜湖动植检局进境植物 / 植物产品统计表

表 10-1-10

年份	主要品名	批次	货值（万元）	实检数重量
1995	种子、苗木	2	4.8	3.022 吨
1997	木材、植物性油、植物性包装填充物	52	28069	16124 吨
1998	种子、粮谷、木材、药材	95	8046	11136 吨 31707 立方

1989—1998 年芜湖动植检局进出境植物 / 植物产品统计表

表 10-1-11

年份	主要品名	批次	货值（万元）	实检数重量
1989	饲料、棉花、蔬菜	—	—	7044 吨
1990	饲料、棉花、蔬菜	—	—	17035 吨
1991	粮谷、饲料、蔬菜	38	—	8494 吨
1992	苗木、棉花、蔬菜	193	10082	19024 吨
1993	茶叶、蔬菜、药材	387	7929	10803 吨
1994	茶叶、棉花、蔬菜	699	13987	20383 吨
1995	木材、瓜果、蔬菜	549	10495	12282 吨
1996	木材、瓜果、蔬菜	764	11065	16104 吨
1997	木材、瓜果、蔬菜	730	11948	14848 吨 1360 立方
1998	木材、瓜果、蔬菜	639	8599	10668 吨

“三检”合一后　2000 年，检验检疫出入境商品 4435 批、1.13 亿美元，其中出境 4147 批、7220 万美元，入境 288 批、4091 万美元。出具各类证书 1469 份，其中出境货物通关单 442 份。签发普惠制证书 1111 份、2683 万美元，签发一般原产地证 99 份。出入境人员体检 639 人，检验检疫标箱 4627 只，交通运输船舶 70 艘。发放“两证”（质量许可证和卫生注册证）2 家，指导企业申请卫生注册 5 家。检验鉴定标箱 300 只，外贸货物检验鉴定 25 船（76490 吨），内贸货物检验鉴定 14 船（2 万吨）。出具熏蒸

证书660份，检疫木质包装数量3.1万只。完成出入境人员健康体检639人。

2001年，检验检疫出入境商品4551批、1.3亿美元，其中出境货物4228批、7769万美元，入境货物323批、5189万美元。出具各类证书1428份，其中出境货物通关单346份，签发普惠制证书857份、2719万美元，签发一般原产地证书77份。出具价值鉴定证书1份。检验检疫交通运输船舶54艘，检验检疫标箱5488只，检验检疫出入境人员1153人次，出入境人员体检554人，完成特殊任务飞机检疫17架次。全年共监管熏蒸消毒业务118批，熏蒸消毒标箱63只，木托盘及包装箱约3540立方米。监管卫生除害处理进境标箱1768只，废钢船2艘约2万吨、废钢6000吨，二手设备4批。全年共检出不合格出口商品10批、23万美元，检出不合格进口商品4批、114.55万美元，对外出具索赔证书4份，3批索赔金额50万美元、1批货物进行了退换处理。完成出入境人员检疫1153次，出入境人员健康体检554次，其中外籍人员27人，检出乙肝病毒携带者28例，肺炎1例，冠心病、高血压等非传染性患者26例，预防接种499人次。全年鉴定货物38船、82986吨，船舶验舱146舱，鉴定标箱283只。受中检集团安徽商检公司的委托，开展了CISS业务及委托检验业务，共检验52批、标箱122只。

2002年，检验检疫出入境商品5504批、1.42亿美元，其中出境5200批、7642万美元，入境304批、6525万美元。出具各类证书1802份，其中出境货物通关单361份。签发普惠制产地证757份、2046万美元，签发一般原产地证175份。检验检疫交通运输船舶63艘，检验检疫标箱5245只。实施出入境人员检疫1244人次，其中外籍人员362人。体检485人，其中入境外籍人员22人、港澳台胞11人。查出乙肝患者1例，乙肝表面抗原携带者34例，高血压、冠心病等非传染病患者38例。检疫进口废旧物品9980吨，实施卫生除害处理标箱4864只。对5艘外籍船舶实施了鼠患检查和卫生检查，对合格的船舶签发免于除鼠证书5份，卫生证书2份。口岸鉴定标箱607只，检验鉴定货物28船、88712吨，验舱191舱。资产评估1批、23.5万美元。受中检集团安徽商检公司委托，CISS业务及委托检验业务27批、65个标。收到口岸局入境货物调离通知单121份、674.15万美元，报检92批，报检率为76%。检验检疫出不合格货物19批、46.1万元，其中对出口商品要求整改的8批、38.1万美元，进口商品对外出具理赔证书11批、8万美元。

2003年，检验检疫出入境商品4914批、1.6亿美元，其中出境4717批、10400万美元，入境197批、5668万美元。出具各类证书3024份、换证凭单4675份（其中电子转单242份），签发出境货物通关单393份、入境货物通关单1039份。签发普惠制原产地证1605份、3104万美元，签发一般原产地证386份。检疫查验出入境人员1926人次，其中外籍人员304人。出入境人员体检657人，其中出境601人、入境56人。检验检疫交通船舶110艘，其中出境51艘、入境59艘，实施船舶消毒21艘。检验检疫出入境标箱6125只。检疫进境废旧物品25批次、12881.84吨、429.15万美元，检验出不合格3批、提赔5039.6美元。推荐一类企业2家、二类企业6家。辖区内2家企业获批准实施“绿色通道”。收到口岸局入境货物调离通知单184份、7993.6335万美元，报检和实施检验的134批，报检率72.8%。检疫处理进境木质包装418批。综合实验室共检测82批，其中木质包装27批、微生物检测32批、大米检测33批。检出拟松材线虫、小杆滑刃线虫等有害生物8批，检出率27%；检出不符合要求的商品4批。卫检实验室检测2628项，检出梅毒1例，乙肝表面抗原阳性37例，陈旧性肺结核1例。信息化、电子化工作发展加快，自5月1日起，所有企业出口报检实行网上申报，停止手工签证。至10月，电子报检率96%，电子签证率100%。是年，口岸鉴定共检验鉴定标箱297只，检验鉴定货物46船、12.6万吨，验舱196舱。其他公证鉴定9船、23664吨。口岸查验26批。出口加工区检验检疫21批、70万美元。全年检验检疫出不合格货物47批、238.2万美元，其中对出口商品立即要求整改的8批、21.2万美元，进口商品对外出具索赔证书24批、提赔80万美元。

同年1月，芜湖检验检疫局在对从德国进口的货物检疫时，在木质包装中检出拟松材线虫和华刃线虫，这是芜湖局首次从欧盟进口的货物中检出有害生物。同年9月16日至18日，芜湖检验检疫局和安徽检验检疫局机电处组成的装运前预检验小组对日立家用电器（芜湖）有限公司进口的铝片冲压机、扩管冲压机、自动制冷剂封入机、空调测试装置等实施了装运前检验。这是芜湖局首次进行装运前预检验。

2004年，检验检疫出入境商品5800批、2.95亿美元，其中入境货物645批、1.47亿美元，出境货物5155批、1.48亿美元。签发出境货物通关单486份，入境通关单1191份。出具各类证书5031份，换证凭单5098份（其中电子转单2812份）。签发普惠制证书2000份、5792万美元，签发一般原产地证422份。检验检疫交通运输船舶84艘次（其中外籍轮30艘次），检验检疫出入境标箱7041只。港口鉴定进口货物39船、1265万吨，验舱88艘。价值鉴定4批、775万美元。检验检疫进境木质包装339批。检疫出入境人员1585人次，出入境人员体检537人次。测试体温978人次，收取健康申明卡978张，检测血清标本3296例，检出乙肝表面抗原阳性76例，梅毒患者1例。实施船舶卫生监督16艘次，封存来自禽流感疫区船舶冷冻食品6批，对来自“登革热”疫区的入境标箱全部进行灭蚊杀虫处理，实施船舶鼠患检疫1艘次并发放免于除鼠证书1份。收到口岸局转来的入境货物225批、1718万美元，已报检和实施检验的172批、1236万美元，报检率76.4%。

同年12月14日，芜湖奇瑞汽车公司申报一批来自日本的60个木质包装箱检疫。芜湖检验检疫局植检实验室抽样检测，发现松材滑刃线虫活体并将该批木质包装材料按要求集中焚烧。这是芜湖检验检疫局两年来第 20 次截获松材有害线虫。

2005 年，检验检疫出入境商品 7410 批（不含出境木质包装 4792 批）、3.64 亿美元，其中入境货物 653 批、1.44 亿美元，出境货物 6757 批、2.20 亿美元。签发出境货物通关单 788 份，入境货物通关单 1081 份。出具各类证书 5525 份，换证凭单 6705 份（其中电子转单 4677 份，电子转单率 69.75%）。签发普惠制证书 2000 份、5700 万美元，签发一般原产地证书 444 份。检验检疫出入境交通运输船舶 80 艘次（其中外籍轮 19 艘次），检验检疫出入境标箱 6668 只（其中入境 5582 只），卫生处理标箱 5582 只，检疫和卫生处理来自境外的废旧物品及二手设备 36 批。实施外贸水尺船鉴定 1 艘、鉴定重量 2000 吨，检验鉴定标箱 316 只（其中冷藏标箱 39 只，普通标箱 277 只）。检验检疫覆盖率 55.68%（芜湖 4.61 亿美元、宣城 1.6 亿美元），其中出口 66.33%，进口 55.56%。检疫出入境人员 1360 人次，出入境人员体检 625 人次。其中入境外籍人员 61 人、台胞 20 人，出境人员 544 人。查出传染病梅毒患者 2 例、丙肝患者 7 例、乙肝表面抗原携带者 43 例，肝功能不正常者 128 例，以及高血压、心电图 B 超、X 摄片异常者计 120 例。实施黄热病疫苗接种 128 人，发放霍乱预防药盒。实施船舶鼠患检查 3 艘，合格后签发免予除鼠证书 3 份。实施船舶卫生检查 1 艘，签发卫生证书 3 份。办理外国人健康检查验证 23 人，签发验证证明 23 份。共检疫各类进境木质包装材料 1041 批、35216 件、16709.15 万美元，其中检疫非法检货物的进境木质包装材料 383 批、12947 件、6143.07 万美元，其中现场抽查检疫 128 批，对现场检疫发现有可疑的送实验室进行检测 22 批，经分离镜检后发现线虫 1 批，现场查验发现其他有害的昆虫 2 批。接受各口岸局进口货物转单 130 批、589 万美元，已接受报检和实施检验的 117 批、486 万美元。批次覆盖率达 90%。

同年 6 月 9 日，芜湖检验检疫局检疫人员对一批从印度进口的 8 个集装箱未梳棉花进行口岸检疫时，现场发现 8 个集装箱内均带有活体蜘蛛。其中三个集装箱还携有活体皮蠹幼虫和拟步甲成虫。这三种生物均为有害生物，对棉花等农作物危害较大。本批进口印度未梳棉花，共 191.384 吨，芜湖检验检疫局对其进行分类鉴定和除害处理。

2006 年，检验检疫出入境商品 14689 批（其中出境木质包装 5578 批）、5.45 亿美元，同比分别增长 10.36% 和 36.93%。其中入境货物 715 批、1.13 亿美元，同比分别增长 2.58% 和降低 27.10%；出境货物 13974 批、4.32 亿美元，同比分别增长 11.38% 和 77.77%。签发出境货物通关单 1197 份、入境货物通关单 2016 份，出具各类证书 6239 份、换证凭单 7216 份（其中电子转单 6692 份，电子转单率 92.73%），签发普惠制证书 2516 份、1.7 亿美元，签发一般原产地证书 422 份。检验鉴定标箱 189 批、355 只。实施出口外贸水尺船鉴定 8 船、2.55 万吨。出口商品一次性检验不合格批为 6 批，进口商品一次性检验不合格批为 8 批、索赔 63.47 万美元。各类进境木质包装材料报检 2412 批、标箱

11935 只。其中口岸查验 1628 批、标箱 8806 只，取样检验 45 批，在木质包装材料上截获拟松材线虫等有害生物 17 批，查验无 IPPC 处理标识的木质包装 28 批，销毁或熏蒸处理 22 批。查验批次占报检批次 67.5%。检疫出入境船舶 97 艘次，其中入境 53 艘次，出境 44 艘次，外籍轮 83 艘次。卫生检疫查验出入境人员 1508 人次，测量船员体温 1026 人次，收健康申明卡 1045 张。出入境人员体检 1434 人，同比增长 95%。其中入境外国人、台胞 167 人。查出 HIV 阳性 1 例（这是安徽检验检疫系统首次在出国人员中查出 HIV 阳性）、传染性梅毒患者 4 例、传染性浸润型肺结核 2 例、陈旧性肺结核 17 例、丙肝 6 例、乙肝表面抗原携带者 97 例、谷丙转氨酶升高 300 例，查出高血压、脂肪肝、心脏病等非传染病患者 398 例。实施黄热病预防接种 380 人，签发预防接种禁忌证明 11 份，实施霍乱口服疫苗 260 人份，发放预防霍乱药盒 575 盒，还对来自德国、越南、马来西亚和日本等 18 个国家和地区 38 名进境人员体检验证，签发验证证明 38 份。检疫查验出入境标箱 19238 只，其中消毒 275 批、6047 只。实验室共检测 170 批，其中粮谷室 53 批、微生物室 94 批、植检室 23 批，植检室检测有 17 批检出活体线虫、2 个批检测出死体线虫。对入境的船舶实施卫生监督 19 艘，查获家蝇 28 只及蟑螂 1 只，对朱家桥外贸码头和四合山沥青码头实施卫生监督各 14 次。签发船舶免予除鼠证书 8 份、船舶卫生证书 9 份、口岸饮食供水人员从业健康证书 2 份。全年辖区内增补出了一类企业 4 家、二类企业 21 家，已通过的一类企业 6 家、二类企业 21 家、绿色通道企业 2 家。

同年 9 月，芜湖今典包装集团有限公司被批准获得木质包装热处理标识加施资格。这是安徽首家企业获得出境货物木质包装热处理标识加施资格，也是芜湖检验检疫局第一次对生产企业实现远程电子监管，实现了远程电子监管“零”的突破。

2007 年，检验检疫出入境商品 13870 批（含出境木质包装 3889 批）、9.98 亿美元，其中入境货物 680 批、1.33 亿美元，出境货物 13190 批、8.65 亿美元。签发出境货物通关单 1568 份、入境货物通关单 1730 份，出具各类证书 5476 份、换证凭单 8599 份（其中电子转单 7510 份，电子转单率 87.33%），签发普惠制证书 3528 份、4.2 亿美元，签发一般原产地证书 718 份、区域性产地证 317 份。检疫出入境船舶 80 艘次，其中入境 56 艘次、出境 24 艘次，检疫查验出入境标箱 41305 只，其中入境 13288 只、出境 28017 只，入境标箱实施卫生处理消毒 13288 只，查验废旧物品及二手设备 51 批次。检验鉴定标箱 257 批、538 只。口岸查验报检 2320 批次，其中实施查验的 696 批，抽查率 30%。送实验室检测 15 批次，截获有害生物 1 批，查出无木质包装标识 3 批。共检疫出入境船舶 80 艘次，检疫查验出入境人员 1284 人次，测量体温 870 人次，收取健康申明卡 870 张，未发现黄热病人和传染病疑似患者。体检出入境人员 1337 人次，HIV 阳性 2 例、传染病梅毒患者 11 名、传染性浸润性肺结核 2 例、陈旧性肺结核 8 例、丙肝5例、乙肝表面抗原携带者78例、谷丙转氨酶升高289例、非传染病201例。实施黄热病疫苗预防接种301人，推荐霍乱口服疫苗300人份。对来自德国、日本、越南、马来西亚、苏丹等16个国家的32名出入境外国专家和留学生实施体检验证，签发验证证明32份。2月起，率先在全省开展了芜湖朱家桥港区蚊蝇蠓本底调查工作，到11月底布诱蚊灯40灯次、捕蝇笼60笼次，捕获蚊虫388只、捕获吸蠓102只、捕获苍蝇1400只，部分做了标本，存放在标本室。

同年3月29日，芜湖口岸鼠、蚤、蜱、螨本底调查工作结束。本次调查自2006年4月起至2007年3月，前后历时一年，未发现蚤、蜱、螨等寄生媒介生物。本次鼠类本底调查工作的完成，进一步提高对芜湖口岸病媒生物种群的了解，为芜湖口岸的传染病防控工作打下坚实的基础。

2008年，检验检疫出入境商品15173批、12.19亿美元，其中入境货物969批、1.81亿美元，出境货物14204批、10.38亿美元。签发出境货物通关单1597份、入境货物通关单1049份，出具各类证书4840份、检验检疫证明990份、检验证书62份、换证凭单8365份（其中电子转单7687份），签发普惠制原产地证书3652份、5.48亿美元，签发一般原产地证书1190份、区域性产地证563份。检疫出入境船舶48艘次，检疫查验出入境标箱27599只，其中出境21243只、入境6356只，入境标箱实施卫生处理消毒6356只，出境标箱鉴定497批、1063只。接受木质包装报检1050批，现场查验522批，查验率47.7%，查出无IPPC标识1批，督促相关企业进行除害处理（来自德国），现场取样送实验室检测31批，未发现活体线虫。一次性检出不合格出口货物15批、30.94万美元，检验不合格进口货物5批，具检验证书5份、96.65万美元。卫生检疫出入境人员430人次，测量船员体温432人次。完成出入境人员体检2897人，同比增长220%以上，查处梅毒等传染病患者或病原体携带者240例、肝功能异常者560例、高血压、心脏病等非传染病患者356人，实施黄热病等预防接种949人，发放霍乱口服疫苗计608人份。芜湖保健分中心和实验室一次性顺利地通过了ISO 9001质量体系认证和CANS实验室17025认可。综合实验室检测199批，其中食品方面检测153批，开展了对出口农产品、食品备案基地的水质、土壤常规检测和建档。土壤水质监测11批，化肥4批，监测结果均未发现异常情况。

同年5月21日，芜湖检验检疫局与奇瑞汽车有限公司召开以“贯彻和落实全国质检工作精神 强化出口汽车的检验监管”为主题的座谈会并在奇瑞公司设立了检验检疫驻厂办公室，派驻专人对出口汽车的生产全过程进行现场实时地检验监管。在报检大厅为奇瑞公司设立了专门的进出口商品报检窗口，快捷、方便、有效地为奇瑞企业服务。在做好日常汽车出口检验监管工作的同时，帮助奇瑞公司于同年4月份顺利通过一类出口企业管理的考核，同时还帮助奇瑞做好出口产品免验申报工作。

2009年，检验检疫出入境商品153456批、8.96亿美元，其中入境货物1489批、3.19亿美元，出境货物13857批、5.77亿美元。签发出境货物通关单2303份、入境货物通关单1330份，出具各类证书4653份、检验检疫证明1141份、检验证书49份、换证凭单12113份（电子转单）、签发普惠制原产地证书3414份、签发一般原产地证书1947份、区域性产地证672份。检疫出入境船舶86艘次，检疫查验出入境标箱15960只，其中出境13898只、入境2062只。卫生检查疫出入境人员1154人次，完成出入境人员体检查2966人，查出各类病例674例。从芜湖口岸检验不合格出入境货物36批，货值148万美元，其中出境不合格9批，货值19万美元，入境不合格27批，货值129万美元。港口鉴定共检验鉴定集装箱954批1400标箱。检验检疫共收费753万元。农产品、纺织品共减免出入境检验检疫费43.5万元。

同年5月4日，芜湖检验检疫局检验检疫人员在对进境树苗现场检疫中发现有害生物爪哇根结线虫（Meloidogyne javanica）及检出小杆线虫。这是安徽省在进境苗木中首次截获重要检疫性有害生物。同年5月25日，芜湖检验检疫局保健中心工作人员在办理日常体检手续中查获两名持伪造“国际旅行健康证明书”劳务输出人员。同年7月11日，经国家质检总局审查组现场审查，同意将安徽奇瑞汽车股份公司生产的T11系列城市多功能轿车上报国家质检总局批准出口免验。这是安徽省第一家出口免验企业和我国乘用车行业的第一家出口免验企业。

2010年，检验检疫出入境商品19903批、14.54亿美元，其中入境货物1586批、3.27亿美元，出境货物18317批、11.27亿美元。签发出境货物通关单3179份、入境货物通关单1330份，出具各类证书6641份、检验检疫证明1856份、检验证书65份、换证凭单16018份（电子转单）、签发普惠制原产地证书3691份、签发一般原产地证书2437份、区域性产地证1054份。检疫出入境船舶96艘次，检疫查验出入境标箱22190只，其中出境17194只、入境4996只。卫生检疫出入境人员1284人次，完成出入境人员体检查3456人，查出各类病例760例。从芜湖口岸检验不合格出入境货物25批，货值129万美元，其中出境不合格16批，货值72万美元，入境不合格9批，货值57万美元。港口鉴定共检验鉴定集装箱1089批2051标箱。检验检疫共收费1106万元。农产品、纺织品共减免出入境检验检疫费47.16万元。

同年3月，芜湖出口加工区美的洗涤电器制造有限公司生产的FPHD2491KF型洗碗机顺利通过芜湖检验检疫局检验从芜湖口岸起运美国。同年5月，芜湖检验检疫局对辖区出口食品企业进行现场检查审核，芜湖蜂联有限公司对欧出口蜂蜜初审通过。同年7月7日，芜湖检验检疫局在口岸查获进口退运货物中夹带禁止进口固体废物；芜湖检验检疫局会同芜湖海关对由安徽中鼎密封件股份有限公司申报从美国进口退运的铁制螺栓货物进行了查验，查验中发现集装箱中夹带大量的废塑料薄膜。经检验鉴定为已使用过的表面沾有油污、未经清洗处理，属于国家规定禁止进口固体废物。其数量有 17 大件 200 公斤。

2000—2010 年芜湖检验检疫局出入境货物统计表

表 10-1-12

年份	出境货物总值（美元）	涉及批次	不合格批次	不合格金额（美元）	入境货物总值（美元）	涉及批次	不合格批次	不合格金额（美元）
2000	7220 万	4147			4091 万	288		
2001	7769 万	4228	10	23 万	5189 万	323	4	114.55 万
2002	7642 万	5200	8	38.1 万	6525 万	304	11	8 万
2003	1.04 亿	4717	8	21.2 万	5668 万	197	39	217 万
2004	1.48 亿	5155	43		1.47 亿	645		
2005	2.20 亿	6757			1.44 亿	653		
2006	4.32 亿	13974			1.13 亿	715	9	3063.47 万
2007	8.65 亿	13190			1.33 亿	680		
2008	10.38 亿	14204	15	30.94 万	1.81 亿	969	5	96.65 万
2009	5.77 亿	13857	9	19 万	3.19 亿	1489	27	129 万
2010	11.27 亿	18317	16	72 万	3.27 亿	1576	9	57 万

2000—2010 年芜湖检验检疫局产地证统计表

表 10-1-13

年份	一般原产地证书（份数）	普惠制证书（份数）	各类证书总数（份数）
2000	99	1111	1469
2001	77	857	935
2002	175	757	1802
2003	386	1605	3024
2004	422	2000	5031
2005	444	2000	5525
2006	422	2516	6239

续表 10-1-13

2007	718	3528	5476
2008	1190	3652	5472
2009	1947	4114	6033
2010	2437	3691	7182

2000—2010 年芜湖检验检疫局出入境标箱、木质包装检验检疫统计表

表 10-1-14

年份	2000	2001	2002	2003	2004	2005	2006	2007	2008	2009	2010
出入境标箱检疫及消毒数	4627	5488	5245	6125	7041	6668	19238	41305	27599	15960	22190
入境木质包装检疫数（批次）	3.1 万（件）	—	—	418	339	1041	2412	—	1050	389	404

2000—2010 年芜湖检验检疫局出入境检疫情况统计表

表 10-1-15

年 份	2000	2001	2002	2003	2004	2005	2006	2007	2008	2009	2010
出入境船舶检疫	70	54	63	110	84	80	97	80	48	33	96
检疫查验出入境人员	—	1153	1244	1926	1585	1360	1508	1284	430	1154	1284
出入境人员体检数	639	554	485	657	537	625	1434	1337	2897	2965	3456
发现病例数	—	55	73	39	77	300	825	596	1156	674	760
预防接种数	608	499	—	—	—	128	380	301	949	1305	2393

2001—2010 年芜湖检验检疫局公证鉴定情况统计表

表 10–1–16

年度	容量计量			水尺计重			其他		
	航次	品种	重量（吨）	航次	品种	重量（吨）	品种	单位	数量
2001	38	沥青	82986				集装箱	TEU	283
							验舱	个	146
2002	28	沥青	88712				集装箱	TEU	607
							验舱	个	191
2003	46	沥青	126000	9	矿石	23664	集装箱	TEU	297
							验舱	个	196
2004	39	沥青	126500				验舱	个	88
							集装箱	TEU	324
2005	13	沥青	42303	1	矿石	2000	验舱	个	106
							集装箱	TEU	316
2006	27	沥青	89793	8	矿沙	25500	验舱	个	230
							集装箱	TEU	355
2007	20	沥青	75357				验舱	个	168
							集装箱	TEU	538
2008	15	沥青	54412				验舱	个	136
							集装箱	TEU	1063
2009									2028
2010	11	沥青	48485.64						2252

第三节　思想文化建设

1996 年 4 月 23 日，芜湖动植检局胡家春被授予“省口岸共建文明先进个人”。

1996 年 5 月 17 日，芜湖动植检局与芜湖卫检局举办首次乒乓球友谊赛，通过友谊赛，增进了口岸单位之间的了解和协作。

1998 年，芜湖商检局获市级文明单位称号。

2001 年 4 月，芜湖市政府通报表彰芜湖检验检疫局为芜湖的经济建设和对外开放所作的贡献。芜湖口岸办授予芜湖检验检疫局芜湖口岸“共建文明口岸先进单位”。新芜区授予芜湖检验检疫局“社会治安综合治理先进单位”。

2002年，“芜湖口岸系统为保护黄山松构筑安全屏障——保卫‘迎客松’”在《国门时报》头版头条发表。芜湖市共建文明口岸领导小组授予芜湖检验检疫局为“芜湖口岸优质服务先进单位”并通报表彰。

2002年，芜湖检验检疫局先后组织了普法报告会4次，请有关专家讲授有关法律知识和新《商检法》，组织了全局职工进行了“三法”“四条例”的执法考试，均取得了较好的成绩。

2002年1月，芜湖市共建文明口岸领导小组表彰芜湖检验检疫局为“芜湖口岸优质服务先进单位”。通报表彰芜湖检验检疫局在“三个代表”重要思想精神指引下，强化服务意识，规范内部管理，提高口岸通关效率，树立了公正执法的社会形象，为优化芜湖市的投资环境，发展芜湖地方经济作出了重要贡献，为提高芜湖市对外开发水平发挥了积极作用。

2003年9月，芜湖检验检疫局综合科获团市委“青年文明号”称号。

2004年，芜湖检验检疫局参加了芜湖市政风评议活动，评议结果芜湖检验检疫局综合得分居全部参评单位前列。

2004年，芜湖检验检疫局开展了“3.15”法制宣传、艾滋病防治知识宣传、“非典”防范宣传等公益活动。

2004年春节前夕，芜湖检验检疫局开展了捐“一日薪”向特困群众送温暖活动，共捐款1600元。

2005年“五四”前夕，芜湖检验检疫局组织全体党员参观中共一大会址，新老党员重温了历史，增强了自律意识和廉政意识。

2005年，芜湖检验检疫局综合科获省级“青年文明号”称号。

2006年4月，芜湖检验检疫局被国家质检总局授予“四五”普法先进集体，这是安徽检验检疫系统分支局首次获得这一荣誉。

2007年3月16日，芜湖市人民政府通报表彰芜湖检验检疫局树立和落实科学发展观，按照芜湖市委、市政府的部署，依法行政、加强管理、扎实苦干，狠抓精神文明建设，强化服务意识，提高口岸通关效率，树立了公正执法的社会形象，全面完成了各项检验检疫任务，为优化芜湖投资环境，提高芜湖对外开放水平，服务地方经济作出的重要贡献。

2007年4月11日，国家质检总局和共青团中央授予芜湖检验检疫局综合业务科为“全国青年文明号”。

2008年5月，芜湖检验检疫局全体干部职工发扬“一方有难，八方支援”的精神，向四川震区先后发动2次捐款活动，30名职工2次捐款总额共17350元，所募款项在第一时间内送到芜湖市慈善总会。

2008年5月23日，芜湖检验检疫局党员领导率先垂范，带头行动，以普通党员的身份每人缴纳500元“特殊党费”。半天时间，24名党员共缴纳6000元“特殊党费”。

2008年9月27日，芜湖检验检疫局举行职工篮球定点投篮比赛，比赛分设男女组，比赛丰富职工文化生活，推进了精神文明创建工作。

2008年，芜湖检验检疫局获芜湖市第十三届文明单位称号。

2009年度，芜湖检验检疫局获团省委、安徽检验检疫局颁发的省级“青年文明号”

2009年12月31日，芜湖检验检疫局响应芜湖市委、市政府号召，在全局范围内再次开展了“送温暖、献爱心”主题实践活动。全局共有31人参加，出差在外和请假外出的同志也委托同事代捐，共捐款3061元。

2010年度，芜湖检验检疫局综合科在全国检验检疫系统窗口建设和证单质量提升活动中被评为“全国检验检疫系统文明窗口”。

2010年度，芜湖检验检疫局综合科获芜湖市“巾帼文明岗”；芜湖检验检疫局获全省趣味运动会分支局三等奖；芜湖检验检疫局获得“新皖江新青年”主题论坛活动征文优秀奖；王艳同志被评为全国检验检疫窗口服务文明标兵。

2010年4月14日，青海玉树发生7.1级地震，给当地居民生产生活造成了严重损害，芜湖检验检疫局组织募捐活动，共计募捐3650元人民币。

2010年10月11日，芜湖检验检疫局党支部党员代表一行至南陵县三里镇吕山村，与当地村支部进行了结对共建帮扶活动。

第四节　重要记事

1980年3月25日，合肥商检局芜湖处（简称芜湖商检处）成立。人权、财权及产权由合肥商检局统一管理，定编30人，建局在册1人。办公室设在当时的芜湖市团结西路37号102室，办公面积40多平方米。业务上主要协助合肥商检局在皖南地区（芜湖市、马鞍山市、铜陵市、黄山市、宣城地区）及安庆港口开展工作。芜湖商检处从1980年2月14日国务院批准芜湖港对外开放、办理国轮外贸运输业务以来，是口岸系统中成立最早的一家涉外机构。

1980年4月5日，对从芜湖首航香港的“泰山”号轮装载4000吨水泥作重量鉴定，自此翻开了芜湖商检工作的首页，也写下了芜湖商检处公证鉴定业务的第一篇。

1983年3月1日，芜湖商检处开验了冻猪肉及副产品、禽蛋、水产品等十几种商品。

1984年1月1日，合肥商检局芜湖处更名为安徽商检局芜湖处。

1984年6月1日，安徽商检局将皖南地区出口脱水菜、服装及机电等十几种产品划交芜湖商检处检验。

1985年8月29日，对马鞍山钢铁公司从澳大利亚进口的钢坯检验鉴定短重，出证索赔成功，赔偿金额81229.13美元。这是芜湖商检局建局来，检验进口商品第一宗出证索赔并获全额赔偿的案例。

1987年11月30日，根据《对重要出口商品生产企业派驻质量监督员试行办法》，报经国家、安徽商检局批准，芜湖微型电机厂为中国第一批派驻质量监督员企业，芜湖商检局刘子清进驻该厂。1989年5月1日，安徽商检局进行了芜湖商检局建局以来最大的一次业务交划，将皖南地区的出口粮油、腌渍菜、土特产、罐头、轻工、纺织、五金、化矿、进口汽车、机电仪、原木、胶合板等50多种类商品划交芜湖商检局检验。

1989年10月1日，芜湖商检局1332.62平方米的新办公大楼落成并交付使用，坐落于芜湖市团结西路65—1号。

1992年1月1日，安徽商检局批准芜湖商检局财务独立核算，实行核定收支、定额上交、超收分成的管理办法。

1992年，芜湖商检局对宁国仙霞竹木制品有限公司的中台合资项目进行了评估，出具了安徽省第一份涉外资产评估证书，拉开了芜湖商检局涉外评估工作的帷幕。

1993年3月5日，芜湖商检局实验室通过系统内三级考核认证。

1994年11月18日，芜湖动植检局与芜湖卫检局合建的办公大楼正式破土动工。

1997年7月7日，芜湖商检局成立局党组，成员3名，吴宁任党组书记。

1997年10月28日，芜湖动植检局检疫安徽省扬子鳄繁殖研究中心人工繁殖的25只活体扬子鳄。经检疫合格后，该批扬子鳄顺利空运出口到丹麦哥本哈根鳄鱼养殖中心。这是经国家濒危物种进出口管理办公室批准的中国首次向外国出口扬子鳄。

1997年11月5—7日，芜湖商检局与芜湖市公平交易局首次联合成立了“流通领域进口商品质量监督管理检查组”，首次对市区新百大厦、银座商厦等10家经营空调、微波炉、洗衣机等6大种类进口商品的商场进行了执法检查。查处了9家经营假冒伪劣进口商品的商家，维护了消费者利益。

1998年，国家商检局副局长王凤清在安徽商检局副局长王新陪同下，到芜湖商检局视察工作。

2001年8月，在芜湖检验检疫局帮助下，芜湖上汽奇瑞汽车公司顺利地通过考核，取得临时许可证。10台奇瑞牌轿车顺利地出口叙利亚，1台出口到韩国。

2002年7月18日，国家质检总局党组书记李传卿一行在省政府副秘书长、安徽检验检疫局局长、芜湖市政府领导及有关部门负责人陪同下到芜湖检验检疫局调研工作。

2002年9月，芜湖检验检疫局新大楼破土动工。

2002 年底，芜湖检验检疫局综合实验室和卫检实验室通过质检总局考核。

2003 年 1 月，芜湖检验检疫局在对从德国进口的货物检疫时，在木质包装中检出拟松材线虫和华刃线虫，这是芜湖检验检疫局首次从欧盟进口的货物中检出有害生物。

2003 年 2 月，芜湖检验检疫局出口加工区通过国家 9 部委的验收，正常开展检验检疫业务。

2003 年 4 月 19 日，省委书记王太华，省委常委、常务副省长张平在市委书记詹夏来，市委副书记、代市长沈卫国，市委常委、市委秘书长闵光辉等陪同下视察了安徽检验检疫局芜湖出口加工区工作组。

2003 年 9 月 16—18 日，芜湖检验检疫局和安徽检验检疫局机电处组成的装运前预检验小组对日立家用电器（芜湖）有限公司进口的铝片冲压机、扩管冲压机、自动制冷剂封入机、空调测试装置等实施了装运前检验。这是芜湖检验检疫局首次进行装运前预检验。

2004 年 1 月 12 日，芜湖市副市长韩军在市政府副秘书长和市口岸办负责人的陪同下至芜湖检验检疫局进行工作调研。韩军对芜湖检验检疫局 2003 年进一步解放思想、深化改革、转变职能、强化管理、严把国门、万众一心、众志成城，各项工作都有新的进步和突破给予了充分的肯定。

2004 年 12 月 1 日，芜湖检验检疫局和芜湖市卫生局、芜湖 CDC、芜湖市红十字会在芜湖市中心安徽师范大学门前联合举办芜湖市规模最大的一次预防艾滋病宣传活动。

2005 年 3 月 28 日，芜湖检验检疫局整体搬入新综合实验楼办公。

2006 年 6 月 23 日，芜湖检验检疫局首次作出行政处罚，对宁国某弹簧有限公司处以 5 万元的罚款。

2006 年 9 月，芜湖今典包装集团有限公司被批准获得木质包装热处理标识加施资格，这是安徽首家企业获得出境货物木质包装热处理标识加施资格，也是芜湖检验检疫局第一次对生产企业实现远程电子监管，实现了远程电子监管“零”的突破。

2006 年 10 月 20 日，芜湖市副市长尚力强到芜湖检验检疫局考察指导工作并作讲话。

2006 年 10 月 21 日，芜湖检验检疫局对来自韩国蔚山装载沥青的泰国籍船员进行登革热、梅毒和艾滋病检测，这也是安徽检验检疫局首次在入境人员中开展登革热病监测，经初步筛选，其中 18 人曾经感染过登革热。

2007 年 3 月 29 日，芜湖口岸鼠、蚤、蜱、螨本底调查工作结束。本次调查自 2006 年 4 月至 2007 年 3 月，前后历时 1 年。共布捕鼠夹 10800 夹次、捕鼠笼 60 笼次，捕获鼠类 36 只，未发现蚤、蜱、螨等寄生媒介生物。本次鼠类本底调查工作的圆满完成，将有助于进一步提高对芜湖口岸病媒生物种群的了解，为芜湖口岸的传染病防控工作打下坚实的基础。

2007 年 5 月 12 日，芜湖检验检疫局对来自日本悬挂中国香港旗帜的入境船舶“和州”轮进行了微小气候监测，这是芜湖检验检疫局首次开展船舶微小气候监测。

2007 年 6 月，芜湖检验检疫局启动了“卫生处理→检疫监管→报检→查验→签发通关单”的新流程，明确了货物集装箱的通关次序，一律实行先检疫后报检。

2008 年初，国家质检总局局长李长江视察芜湖检验检疫局，李长江和全体职工合影留念，并就芜湖检验检疫局目前和将来的工作作出指示。

2008 年 4 月，芜湖保健分中心和实验室一次性顺利通过 ISO 9001 质量体系认证和 CANS 实验室 17025 认可。

2008 年 4 月 15 日，中共芜湖市委常委、副市长尚力强到芜湖检验检疫局考察工作，现场宣读了芜湖市政府嘉奖令。

2009 年 2 月 6 日，安徽检验检疫局局长鲍俊凯到芜湖检验检疫局考察工作并看望全局职工，考察奇瑞公司。

2009 年 2 月 28 日，芜湖市人民政府发出通报，对芜湖检验检疫局进行表彰。

2009 年 5 月 1 日，开始对辖区内出口到埃及工业产品实施了装运前检验工作。

2009 年 5 月 4 日，芜湖检验检疫局检验检疫人员在对进境树苗现场检疫中发现有害生物爪哇根结线虫（Meloidogyne javanica）及检出小杆线虫，这是安徽省在进境苗木中首次截获的此类重要的检疫性有害生物。

2009 年 5 月 25 日，芜湖检验检疫局保健中心工作人员在办理日常体检手续中查获两名持伪造“国际旅行健康证明书”劳务输出人员。

2009 年 6 月 17 日，安徽检验检疫局纪检组长张艳芳带领相关处室负责人组成的督查组，到芜督查芜湖检验检疫局“质量和安全年”活动工作开展的情况。

2009 年 7 月 2 日，安徽检验检疫局局长邱栋久带领相关处室负责人，到芜湖开展工作调研。

2009 年 7 月 11 日，经国家质检总局审查组现场审查，同意将安徽奇瑞汽车股份公司生产的 T11 系列城市多功能轿车上报国家质检总局批准出口免验。这是安徽省第一家出口免验企业和我国乘用车行业的第一家出口免验企业。

2009 年 12 月 9 号，国家质检总局通关司司长刘新一行 6 人在芜湖开展“服务外贸企业检验检疫知识宣讲”活动。安徽检验检疫局副局长吕小斌出席活动。芜湖相关企业 150 多人参加听讲。

2010 年 1 月 12 日，以局长邱栋久为组长的安徽检验检疫局考核组来芜对芜湖检验检疫局领导班子进行考核，并看望芜湖局全体干部职工。

2010 年 3 月，芜湖出口加工区美的洗涤电器制造有限公司生产的 FPHD2491KF 型洗碗机顺利通过芜湖检验检疫局检验从芜湖口岸起运美国。

2010 年 7 月 7 日，芜湖检验检疫局在口岸查获进口退运货物中夹带禁止进口固体废物。会同芜湖海关对由安徽中鼎密封件股份有限公司申报从美国进口退运的铁制螺栓货物进行了查验，查验中发现集装箱中夹带大量的废塑料薄膜。经检验鉴定为已使用过的表面沾有油污、未经清洗处理，属于国家规定禁止进口固体废物。其数量有 17 大件 200 公斤。

2010 年 8 月 6 日，芜湖检验检疫局出口加工区办事处正式开检。开检当日受理报检 18 批，货值 359.16 万美元。其中，出口 17 批，357.12 万美元；进口 1 批，2.04 万美元。

2010 年 9 月 21 日，安徽检验检疫局局长邱栋久深入芜湖出口加工区工作点考察工作，看望和慰问一线职工。

2010 年 12 月 10 日，安徽检验检疫局成立专家组，依据《进出口商品免验办法》要求，对奇瑞 T11 系列轿车进行了出口免验年度审查。这是自 2009 年 7 月奇瑞汽车股份有限公司 T11 通过国家质检总局出口免验现场审查以来，第一次进行年度审查并顺利通过。

2010 年 12 月 21 日，安徽检验检疫局副局长吕小斌调研芜湖出口加工区内企业芜湖美的洗涤电器制造有限公司；对芜湖局创先争优工作开展情况及局党组成员进行了点评。

第五节　典型案例

2006 年，芜湖检验检疫局协助芜湖杉杉生物进口设备索赔成功，索赔金额 3000 万元，是芜湖检验检疫局历史上金额最大的一笔索赔。2002 年，芜湖天润生物技术有限公司从德国某公司进口了 1 套完整的超临界流体色谱分离装置，希望能完成从实验室微量分离到工业化批量分离。2002 年 9 月，设备运抵芜湖，芜湖检验检疫局检验人员到现场对货物进行初步开箱检验。检验中发现货物存在短少和漏装，及时出具了检验证书。2003 年 5 月，设备最后安装完成后开始试车，4 次调试均告失败，双方就试车不成功的原因产生争议，都认为是对方的责任。芜湖检验检疫局对这个项目十分重视，倾注人力重点把关。局长吴宁多次到现场参与调查，召开现场协调会。分管副局长田小虎和检验员纪文一道参加检验、检测工作。查阅了大量的技术资料，确定了技术标准和检验规程，专门请教相关技术专家，认真核对有关技术参数，以严谨、科学、公正、审慎的态度进行合格评定。安徽检验检疫局副局长吴世平先后 3 次率机电处、法制处技术和法规专家深入现场。仔细检测了设备硬件，多次与厂方召开了技术碰头会，核查调试情况。经过审慎周密的综合分析，于 2004 年 7 月 20 日出具了“检验证书”，检验评定意见认为试车失败系卖方责任所致。2004 年 12 月 8 日，中国国际经济贸易仲裁委员会上海分会正式受理芜湖天润生物技术公司提交的仲裁申请，“检验证书”的结论成为仲裁委员会绕不开的参照意见。2006 年 4 月 17 日，仲裁庭作出最终裁决，德国公司返还中方设备款 241.59 万欧元，支付中方经济损失及律师费 65.42 万元，支付 95% 的中方仲裁费和自己提出的全部反仲裁费合计 43.63 万元，并于 30 日内支付完毕。

第二章　蚌埠检验检疫局

蚌埠检验检疫局前身是蚌埠商检局。1999 年“三检”合一时，按照国家检验检疫局通知，上报“三定方案”，在原蚌埠商检局的基础上增设动植检、卫检职能，成立蚌埠检验检疫局。

蚌埠检验检疫局位于安徽省蚌埠市涂山路 338 号，为安徽检验检疫局的分支机构，正处级建制，实行垂直管理体制。1999 年 11 月 25 日，正式挂牌对外办公。内设办公室、综合业务科、业务一科、业务二科、技术与服务分中心、综合实验室。业务范围包括蚌埠、淮北、淮南、宿州地区进出口商品检验、鉴定、认证和行政执法等工作。

蚌埠检验检疫局借力改革开放、对外发展的东风，与地方经济建设共同起飞，不断加强队伍建设和业务建设，经近 10 年的发展，成为皖北地区对外经济贸易的重要窗口，为皖北对外开放做出了重要贡献。

第一节　机构沿革

蚌埠是内陆二类口岸，改革开放之前无商检机构。

为适应蚌埠及皖北地区对外经济贸易发展需要，1991 年 3 月，中共蚌埠市委、市政府会商安徽商检局筹建蚌埠商检局。10 月，蚌埠商检局筹备处成立（正处级）。

1992 年 9 月，蚌埠商检局正式成立。1994 年 7 月，开展检验业务，结束了皖北无商检的历史。12 月，办公地址由体育路 88 号（空军第十三飞行学院内）迁至涂山路 338 号。业务辖区为蚌埠、淮北、宿州地区。内设办公室、检验一科、检验二科、综合业务科、技术与服务分中心、综合实验室。

2002 年 4 月，安徽检验检疫局批准淮北工作组挂牌成立并开展业务，淮北工作组隶属蚌埠检验检疫局管理。2006 年 1 月，淮北检验检疫工作组撤销。

皖北地区没有动植检、卫检机构，1999 年 11 月“三检”合一时，在原蚌埠商检局的基础上，增设动植检、卫检职能，成立蚌埠检验检疫局。业务辖区增加了淮南地区。

主要职责　负责宣传贯彻商检法、动植物检疫法、国境卫生检疫法及其实施条例和国家有关检验检疫工作的方针、政策。管理辖区内检验检疫、鉴定和监管工作；研究制定本局工作计划和发展规划，并组织实施。负责辖区内出入境人员卫生检疫、传染病监测和卫生监督工作；负责进出口食品卫生、质量的检验检疫、监督工作。组织实施辖区内出入境动植物及其产品、装卸容器、运输工具的检验检疫和监管工作。负责辖区内进出口商品的法定检验、鉴定和法律法规规定的其他检验鉴定工作；对重要的进出口商品实施装运前的预检验、监造、监装和监管；归口管理对外贸易合同约定和申请办理的进出口商品的检验鉴定工作。负责辖区内进出口商品的鉴定、外商投资财产价值鉴定、进出口危险货物包装容器的鉴定工作。负责辖区内进口安全质量许可、质量认证、出口质量许可、卫生检疫注册登记的考核和监管工作。对认可的涉外检验、鉴定机构和人员进行监督管理。负责辖区内检验检疫鉴定证书、一般产地证书和普惠制原产地证书的签发和管理，负责办理报验、签证、计收费和业务综合工作。执行国家和国家质检总局签订的有关国际合作协议，组织实施和推广应用国际贸易商品质量和检验简易方法标准。负责辖区对外开放口岸的查验、协调工作。负责本单位的文档秘、科技、人事、财务、党政、纪检监察等综合管理工作。承办国家质检总局、安徽检验检疫局交办的其他工作。

内设机构　蚌埠检验检疫局内设办公室、检验一科、检验二科、综合业务科、技术与服务分中心5个科室。

办公室　负责文秘、机要保密、信息宣传、文印等工作。

综合科　负责报验、签证、计费、签发原产地证书和一般产地证书、退证查询等工作。

检验一科　负责动植物及其产品、食品及其包装、化工、矿产品的检验检疫工作。

检验二科　负责金属材料、家电、机电、成套设备、车辆、轻工、纺织、危险品包装等的检验检疫及鉴定工作。

技术与服务分中心　负责机关后勤保障、安全保卫等工作。

人员情况　1994—2010年，蚌埠商检局和蚌埠检验检疫局人员情况见下表

1994—2010年蚌埠商检局、蚌埠检验检疫局、人员统计表

表 10-2-1

年份	在编人数	性别		党员	行政编制人员				事业编制人员			文化程度					专业职称	工人技术等级			正处级	副处级	正科级	副科级
		男	女		干部	职工	工人固定	工人合同	干部	职工	合同工	博士生	研究生	本科	专科	高中		高级	中级	初级				
1994	27	22	5	6	12	11			1	2	1		2	18	7						1	1		11
1995	29	24	5	8	14	11			1	2	1		2	19	8						1	2		12
1996	29	24	5	8	14	11			1	2	1		2	14	8						1	2		12
1997	28	23	5	7	14	10			1	2	1		2	14	7						1	1		12
1998	27	22	5	8	13	10			1	2	1		2	19	6						1	2		12
1999	27	22	5	8	14	9			2	1	1		2	19	6						1	1		12
2000	26	21	5	7	12	8			2	1	1		3	16	7						1	1	3	9
2001	25	20	5	7	13	8			2	1	1		3	15	7						1	2	3	9
2002	26	21	5	9	14	8			2	1	1		3	17	6						1	2	4	9
2003	25	20	5	10	15	6			2	1	1		5	15	5						1	1	4	11
2004	26	21	5	12	17	5			2	1	1		4	17	5						1	1	7	6
2005	24	19	5	11	15	5			2	1	1		5	14	5						1	1	9	5
2006	24	19	5	11	15	5			2	1	1		5	14	5						1	1	9	5
2007	23	18	5	11	15	4			3		1		2	18	3						1	1	10	6
2008	21	16	5	13	14	3			3		1		1	18	2						1	1	9	6
2009	21	16	5	14	17	4															1	2	9	6
2010	21	16	5	15	15	6															1	1	9	6

第二节　业务建设

业务概况　1994年7月，蚌埠商检局始开展管辖区商检业务，至年底，受理出入境检验业务420批、1381万美元。出入境商品检验主要是工农业产品和食品，以出境商品占较大份额。出境的工业品一直以柠檬酸及其产品为主，入境商品主要包括成套设备、棉花等。

1995年，检验出入境商品2317批、5801万美元。此后几年，商品检验量一直稳步上升。1998年，检验5387批、9710万美元。

1999年11月，蚌埠检验检疫局成立后，增加了对动植物及其产品的检验检疫业务。2001年，包括冷藏猪肉及产品、羽毛、小龙虾、明胶、动物油脂等动物及其产品，检验检疫184批、304.8万美元，其中纯检疫12批、21.4万美元。木托板、木门、木刻、木制品、胶合板等植物产品，检验检疫1126批、7984.1万美元，其中纯检疫80批、169.8万美元。之后，每年对动物及其产品检验检疫大多为100多批、500万美元左右；对植物及其产品检验检疫呈减少趋势，多数年份均不超过300批、1000万美元。

2008年，检验检疫11230批、4.98亿美元，是批次货值最高的一年。

1995年起，为了使出口企业按国际通行的普惠制享受授惠国减免关税的待遇，蚌埠商检机构在开展商品检验中，按规定积极为企业签发普惠制证书。当年签发103份、420万美元。后来，证书签发量逐年增加，2010年签发2122份、9760万美元。16年间，累计签发21712份，平均每年1357份；11.04亿美元，平均每年0.70亿美元。

1994—2010年蚌埠商检局、蚌埠检验检疫局、检验检疫工作统计表

表10-2-2

年份	批次	货值（亿元）	普惠证书（份）	普惠制签证金额（万美元）	检出不合格产品	
					批次	货值（万美元）
1994	398	0.057	0	0	0	0
1995	2317	3.1	103	420	10	缺
1996	2703	4.7	273	960	3	3.76
1997	4191	5.95	477	2175	0	0
1998	5387	6.8	665	3850	1	300
1999	7431	7.87	792	4120	0	0
2000	9084	12	830	3216	0	0

续表 10-2-2

年份	批次	货值（亿元）	普惠证书（份）	普惠制签证金额（万美元）	检出不合格产品	
					批次	货值（万美元）
2001	4882	14	1019	4382	0	0
2002	6989	12.8	1382	4083	0	0
2003	7348	17.3	1341	9358	0	0
2004	7348	21.2	1480	15139	0	0
2005	8041	21.6	2022	14423	0	0
2006	8243	19.6	2305	9365	18	548
2007	10509	26.9	2441	10624	14	52
2008	11230	34.9	2021	8370	7	3.2
2009	10706	23.8	2439	10225	2	34.3
2010	9761	25.4	2122	9760	3	6.78

2001 年，安徽检验检疫局将皖北 4 市人员出境卫生检疫业务划交蚌埠检验检疫局，为此专设卫检室，承办出境人员的身体检查和预防接种工作。检疫对象主要是出国（境）考察、培训、留学和从事劳务的人员。蚌埠检验检疫局检测体检 392 人，预防接种 47 人，发现病例 48 人。2004 年 8 月，安徽检验检疫局将此项业务收回。

进口成套设备 蚌埠检验检疫局辖区淮南、淮北市煤炭主产地，两市矿务局进口成套设备较多。1994 年开检以来，主要进口成套设备有采煤机、筛选机、潜水搅拌器等，来自美国、德国、瑞典等国家，总体质量较好。日常检验执行要求及标准《进口成套设备检验和监督管理实施细则》、安徽检验检疫局《进口成套设备检验鉴定作业指导书》及 SN/T0237—93《进口成套设备检验规程》。具体检验中强化对进口成套设备中涉及安全、环保、健康、防欺诈等方面的监管。

1999—2010 年蚌埠检验检疫局进口成套设备检验情况统计表

表 10-2-3

年份	批次	数重量（台）	货值（万美元）	不合格统计		
				批次	数重量（台）	货值（万美元）
1999	26	132	615	0	0	0
2000	31	178	802	0	0	0
2001	49	221	1057	0	0	0

续表 10-2-3

年份	批次	数重量（台）	货值（万美元）	不合格统计		
				批次	数重量(台)	货值（万美元）
2002	94	229	2948	0	0	0
2003	114	373	2020	0	0	0
2004	102	394	5449	0	0	0
2005	50	422	4001	0	0	0
2006	76	343	3593	0	0	0
2007	66	124	2273	0	0	0
2008	62	279	2066	0	0	0
2009	24	120	1082	0	0	0
2010	14	58	84	0	0	0

进口医疗设备　主要进口医疗设备有 X 射线设备、超声波诊断仪等，来自美国、德国、日本等国家，总体质量较好。1999 年，检验执行标准为 SN/T 1430–2004《进口医疗器械检验规程》。检验环节为集装箱到货、开箱检验、安装调试等，检验内容按照合同要求逐项清点数量、检查 3C 认证标志。在使用调试期限和索赔期限内，及时回访医疗单位，了解进口设备的使用、安全等情况。

1999—2010 年蚌埠检验检疫局进口医疗设备检验情况统计表

表 10-2-4

年份	批次	数重量（台）	货值（万美元）	不合格统计		
				批次	数量	货值（万美元）
1999	7	16	307	0	0	0
2000	11	25	452	0	0	0
2001	12	24	468	0	0	0
2002	29	47	2948	0	0	0
2003	11	84	608	0	0	0
2004	19	48	251	0	0	0
2005	27	461	433	0	0	0
2006	31	54	480	0	0	0

续表 10-2-4

年份	批次	数重量（台）	货值（万美元）	不合格统计		
				批次	数量	货值（万美元）
2007	19	33	206	0	0	0
2008	18	29	165	0	0	0
2009	18	18	415	0	0	0
2010	14	14	436	0	0	0

进口棉花 2003年，开展进口棉花检验业务，具体检验工作由检验二科承担，执行标准为SN/T0775-2005《进出口棉花检验规程》。2003年至2005年，进口棉花质量比较稳定。2006年后，进口棉花陆续出现短重、污渍等问题，蚌埠检验检疫局严格按照国家质检总局《关于印发〈进出口棉花检验检疫工作规范〉的通知》要求，加强重量鉴定工作，发现短重，及时出具重量证书，帮助企业索赔。至2010年，出具重量证书39份、货值600余万美元。

2003—2010年蚌埠检验检疫局进口棉花检验情况统计表

表 10-2-5

年份	批次	重量（吨）	货值（万美元）	不合格统计		
				批次	重量（吨）	货值（万美元）
2003	2	291	41	0	0	0
2004	8	1885	343	0	0	0
2005	2	500	63	0	0	0
2006	22	4341	575	18	4110	548
2007	24	4688	654	14	375	52
2008	10	3211	521	4	10	1
2009	1	291	33	1	10	1
2010	2	618	116	2	1	1.6

出口柠檬酸 柠檬酸是安徽大宗出口商品，皖北是柠檬酸的主产区之一。1994年起，蚌埠商检局开始对安徽丰原集团出口的柠檬酸实施检验。1999年以来，有重点地参与现场检验，把好检验和对外出证关。之后又收集不同版本的最新检验标准，按照“监

管有效、方便进出”的要求，在检验力量、出证速度、批次管理、技术服务上加大力度，陆续帮助该集团获得卫生注册、HACCP 体系认证、ISO 14000 认证，使之在 2005 年成为安徽首批“绿色通道”企业和国家质检总局批准的一类出口管理企业。柠檬酸的主要检验标准是 BP2003，检测指标是含量（%）、水分（%）、重金属、草酸盐（≤ 350mg/kg）、细菌内毒素（IV/mg）等。多年来，柠檬酸质量稳定，未发生重大质量安全事故。

2001—2010 年蚌埠检验检疫局出口柠檬酸检验情况统计表

表 10-2-6

年份	批次	数重量（箱）	货值（万美元）	不合格统计		
				批次	数重量（台）	货值（万美元）
2001	2207		6513	0	0	0
2002	2767		6764	0	0	0
2003	2602		6839	0	0	0
2004	2173	10.45	7774	0	0	0
2005	2224	8.89	6790	0	0	0
2006	2578	9.46	6605	0	0	0
2007	2124	7.68	6296	0	0	0
2008	1509	7.11	7564	0	0	0
2009	1832	7.10	6389	0	0	0
2010	1872	7.79	7930	0	0	0

出口服装　1994 年，蚌埠商检局开检服装。1999 年“三检”合一后，服装产品的检验由蚌埠检验检疫局检验二科负责，出口品种主要有便服、工作服、衬衫、童装、浴衣等。使用标准为 SN/T1932.1-2008《进出口服装检验规程 通则》。2006 年，按照国家质检总局《关于做好进出口纺织品和服装安全、卫生和防欺诈等项目检验有关工作的规定》要求，送检时要求企业提供主要原、辅材料的质量安全合格证明材料及相关符合性声明，对出口到欧盟、美国、日本等国家的服装抽样着重加强可分解芳香胺染料、甲醛含量等指标检测。一直以来，出口服装产品质量稳定，发现的问题主要有线头不整、存在污渍等，反馈企业后均得到及时整改。

1999—2010年蚌埠检验检疫局出口服装检验情况统计表

表10-2-7

年份	批次	数重量(箱)	货值（万美元）	不合格统计		
				批次	数重量（台）	货值（万美元）
1999	151	36885	472	0	0	0
2000	172	42663	507	0	0	0
2001	188	52339	534	0	0	0
2002	169	35890	497	0	0	0
2003	433	99361	1073	0	0	0
2004	796	191978	2067	0	0	0
2005	917	275085	3051	0	0	0
2006	1180	408422	4462	0	0	0
2007	1257	402900	5050	0	0	0
2008	1493	458733	5799	0	0	0
2009	1118	433029	4572	0	0	0
2010	596	320285	4026	0	0	0

出口果蔬产品 安徽省砀山县是全国水果生产十强县之一，盛产黄桃和梨，集聚10家果蔬生产加工企业。2004年，蚌埠检验检疫局开始出口果汁检验检疫业务。2006年，开始出口果蔬罐头检验检疫业务。主要是糖水黄桃罐头和糖水梨罐头、浓缩苹果汁等10多个品种，销往欧盟、美国、加拿大、俄罗斯、澳大利亚和中东等国家和地区。检验执行标准为GB/T 18963-2003、GB/T 13516-92等。2007年3月，因丰原砀山梨业出口美国的浓缩果汁被FDA通报甲胺磷超标，重点加强了农药残留检测。2008年7月，蚌埠检验检疫局和砀山县政府签署了合作备忘录，积极探索建立果蔬产品集聚区源头监管新模式，构建了监管部门、地方政府、生产企业、行业协会“四位一体”的联合监管平台，共同推进农产品质量安全示范区建设。2010年8月，安徽省政府在砀山召开了“安徽出口食品（农产品）示范区建设现场会”。

2006—2010 年蚌埠检验检疫局出口果蔬罐头检验检疫情况统计表

表 10–2–8

年份	批次（批）	重量（万吨）	货值（万美元）	不合格统计		
				批次	重量（吨）	货值（万美元）
2006	987	2.56	1843	0	0	0
2007	2110	6.70	5584	0	0	0
2008	2570	8.06	7157	2	38.79	3.177
2009	2656	7.13	6262	0	0	0
2010	3009	6.93	6348	3	92.06	6.78

2004—2010 年蚌埠检验检疫局出口果汁检验检疫情况统计表

表 10–2–9

年份	批次（批）	重量（万吨）	货值（万美元）	不合格情况		
				批次	重量	货值
2004	16	0.2	135	0	0	0
2005	115	1.5	1007	0	0	0
2006	63	0.7	579	0	0	0
2007	27	0.2	150	1		
2008	71	1.1	1217	0	0	0
2009	152	1.25	1133.02	0	0	0
2010	223	2.35	2332.17	0	0	0

出口胶合板　2000 年 4 月，随着砀山中林企业有限公司在蚌埠检验检疫局报检出口了第一批胶合板，出境竹木草制品检验检疫业务正式开展。按照国外检疫要求，蚌埠检验检疫局对辖区内出口竹木草制品采取批批检验。2008 年，根据《关于进一步加强出境竹木草制品检验检疫监管工作的通知》要求，实施出境竹木草制品生产企业注册登记。至 2010 年，胶合板产品质量一直稳定。

2002—2010 年蚌埠检验检疫局出口竹木草制品检验检疫情况统计表

表 10-2-10

年份	批次	数重量	货值（万美元）	不合格统计		
				批次	数重量	货值
2002	114	17913 立方 /70.2 吨	450.2	0	0	0
2003	215	16910 立方 /122.2 吨	474.8	0	0	0
2004	116	7739 立方 /1087.6 吨	259.5	0	0	0
2005	210	26287 立方 /9452.1 吨	994.9	0	0	0
2006	301	39285 立方 /6723.7 吨	1312.5	0	0	0
2007	732	98508 立方 /5854.8 吨	3851.0	0	0	0
2008	707	104125 立方 /50.1 吨	4014.8	0	0	0
2009	358	130129 立方 /47.5 吨	1533.74	0	0	0
2010	71	4471 立方 /90.83 吨	187.46	0	0	0

出口冻肉 2005 年，开展出口冻去骨牛肉、冻牛肉检验检疫工作，出口企业为安徽省瀚森荷金来肉牛集团有限公司。按照《安徽出口肉类供宰动物饲养场备案工作程序》《进出境肉类产品检验检疫管理办法》要求，蚌埠检验检疫局对养殖基地实施登记备案管理制度，对企业实行“五统一”管理方式。并根据国内、外最新规定要求、预警通报，结合国外通报，我国和主要进口国家（地区）禁止、限制使用或被关注的有毒有害物质，设定出口检测项目。出口检验检疫合格率为 100%，没有出现一例国外通报安全卫生质量事故和外商投诉事件，产品销往日本等国家和中国香港、澳门地区。

2005—2010 年蚌埠检验检疫局出口冻去骨牛肉、冻牛肉检验检疫情况统计表

表 10-2-11

年份	出口批次（批）	重量（吨）	货值（万美元）
2005	1	24	5
2006	64	1104	213
2007	74	1297	332
2008	78	1338	463
2009	28	412	137.70
2010	0	0	0

出口韩国鲜活水产品　2007 年，新增对韩国出口活泥鳅检验检疫业务，这是蚌埠检验检疫局第一次检验检疫活体水生动物。按照《中韩关于进出口活水生动物检验检疫协议》《出境加工用水产养殖场检验检疫备案要求》，对养殖场实施登记备案管理制度，指导企业规范养殖，实现从投苗、饲料、用药等整个养殖过程的科学、规范，并获得了出口韩国水生动物注册场资格；同时密切关注国家质检总局关于输韩水生动物药物残留文件及养殖场养殖安全控制情况，及时变更检测项目或药物残留限量标准。强化源头管理、做好残留监控、及时调整检测、监测项目，加强检验检疫和监督管理。

2007—2010 年蚌埠检验检疫局出口活泥鳅检验检疫情况统计表

表 10-2-12

年份	批次（批）	重量（吨）	出口货值（万美元）
2007	24	267	76
2008	7	106	32
2009	1	15	4.54
2010	0	0	0

出口煤炭　2000 年，根据国家关于出口煤炭实行产地监管、口岸检验的新体制，安徽检验检疫局安排蚌埠检验检疫局承担出口煤炭的产地监管工作。为此，蚌埠检验检疫局及时派员到淮南、淮北、皖北 3 个矿业集团公司进行调研、宣传，对其报送的材料认真审核。至 2001 年 8 月，完成了对 3 个集团公司、7 个出口煤炭厂（矿）煤炭质量许可证的考核发证工作。之后监管体系进一步完善，使安徽出口煤炭质量一直稳定，受到日本、韩国等市场的信赖。

第三节　思想文化建设

蚌埠检验检疫局注重抓好业务建设的同时，抓好精神文明建设。利用中心组学习、“三会一课”、支部学习等平台认真学习马列主义、毛泽东思想、邓小平理论、“三个代表”重要思想、中共十六大、中共十七大会议精神以及国家质检总局年度会议精神。开展“保持共产党员先进性教育”“学习实践科学发展观”“作风教育月”“解放思想大讨论”等活动。加强党的建设，改进作风作风，机关党支部多次被评为“市直机关党建目标考核先进单位”。参加文明单位创建评比、文明行业、文明行业窗口、效能建设、政风评议等活动，获市级文明单位称号、市综合目标考核优良单位；综合科先后获市、省级青年文明号。设立纪检组长、兼职监察员，聘请行风监督员，每年向社会各界征求意见建议，开展廉政教育，建立廉政档案，没有发现违纪违法现象。开展和社区共建、结对帮扶、志愿者服务、向洪涝灾区捐款捐物等活动，社会知名度和影响力不断加大。

1999—2010 年蚌埠检验检疫局精神文明建设获奖情况一览表

表 10-2-13

年份	省（部）级表彰	市（地）级表彰
1999		文明单位
2000		
2001		文明单位标兵
2002		文明单位标兵、文明行业先进单位
2003		文明机关
2004	综合科省级青年文明号	市直机关党建考核三等奖
2005	安徽检验检疫系统先进集体	第十一届文明单位、市直机关党建考核二等奖
2006	综合科省级青年文明号	文明行业先进单位、市直机关党建考核三等奖
2007		第十二届文明单位、文明行业文明窗口、市直机关党建考核三等奖
2008	安徽检验检疫系统先进单位、综合科获省级青年文明号	市直机关党建考核三等奖
2009		第十三届文明单位
2010	安徽检验检疫系统重点工作先进单位	

第四节　重要记事

1992 年 9 月 9 日，国家商检局批准成立蚌埠商检局。

1994 年 7 月 1 日，蚌埠商检局正式对外开展检验业务。在市政府会议室举行了开检仪式。

1994 年 9 月 29 日，蚌埠市直机关工委同意成立蚌埠商检局机关党支部。

1994 年 12 月，蚌埠商检局由航校临时办公处迁入涂山路原药监大楼办公。

1997 年 3 月，蚌埠商检局被省口岸办授予“口岸单位先进集体”称号。

1997 年 5 月 21 日，安徽检验检疫局下达关于蚌埠商检局职能配置、内设机构和人员编制方案的通知。

1997 年 12 月 12 日，市直机关工会同意成立蚌埠商检局机关工会委员会。

1998 年 3 月 10 日，蚌埠商检局检验科室名称变更，原检验一科更名为检验二科，原检验二科更名为检验一科。

1998 年 11 月 6 日，蚌埠商检局与安徽检验检疫局实现微机联网。

1999 年 11 月 25 日，蚌埠检验检疫局挂牌成立，对外开展业务。

2001 年 2 月 22 日，安徽检验检疫局批准成立蚌埠检验检疫局技术与服务分中心。

2001 年 11 月 8 日，蚌埠检验检疫局开展出入境健康体检业务，蚌埠市、淮北市、宿州市有关部门前来祝贺。

2002 年 1 月 12 日，《国门时报》社社长范永戈到蚌埠检验检疫局参观调研。

2002 年 4 月 28 日，安徽检验检疫局淮北工作组挂牌成立并开展业务，淮北工作组隶属蚌埠检验检疫局。

2002 年 6 月，蚌埠检验检疫局获蚌埠市“文明单位标兵”、为人民服务创行业新风“先进单位”称号。

2002 年 8 月，皖酒集团 200 箱白酒出口香港，是蚌埠辖区首次出口白酒。

2003 年 3 月 3 日，国家质检总局纪检组长郭汝斌一行到蚌埠检验检疫局检查指导工作。

2004 年 8 月，蚌埠辖区首次出口果汁 39 吨，填补了安徽省果汁出口的空白。

2005 年 2 月 3 日，蚌埠检验检疫局获全省检验检疫系统先进集体称号，综合科获省级青年文明号。

2005 年 3—6 月，蚌埠检验检疫局开展保持共产党员先进性教育活动。

2007 年 5 月 21 日，蚌埠检验检疫局第一次使用视频参加质检系统会议。

2008 年 7 月 10 日，与砀山县政府签订果蔬集聚区源头监管新模式合作备忘录。安徽检验检疫局副局长方元炜、宿州市副市长张冬云出席。

2008 年 8 月 28 日，蚌埠检验检疫局辖区安徽瀚森荷金来公司万头黄牛养殖基地举行奠基仪式，省政府副省长赵树丛出席仪式并发表讲话。

2008 年 10 月 9 日，蚌埠检验检疫局启动深入学习实践科学发展观活动。

2009 年 3 月 30 日，蚌埠检验检疫局被评为蚌埠市 2008 年度食品安全监管工作达标单位。

2009 年 4 月 10 日，蚌埠检验检疫局被蚌埠市委、市政府授予“蚌埠市第十三届文明单位”荣誉称号。

2009 年 10 月 16 日，蚌埠检验检疫局召开深入学习实践科学发展观活动动员大会。

2009 年 11 月 26 日，蚌埠检验检疫局与蚌埠海关在淮北市共同举办第二届皖北三市政府、企业、关检“合作与发展论坛”。

2010 年 3 月 5 日，国家质检总局财务司司长王铁夫、安徽检验检疫局局长邱栋久等一行到蚌埠与市政府领导洽谈项目建设工作。

2010年6月30日，蚌埠检验检疫局召开创先争优活动动员大会，启动“创先争优”活动和“窗口建设”活动。

2010年10月8日，国家质检总局下发文件，批复同意蚌埠检验检疫局综合实验楼项目。

第五节　重要案例

1998年，蚌埠金黄山凹版印刷有限公司拟进口300多万美元的设备。蚌埠商检局在协助企业进行设备评估鉴定中，大量搜集与设备相近的技术资料和价格评估资料，对不同设备作出3次评估出证，评估结果受到中外双方认同。最终，企业以最合理价格选中1套最佳设备。

2002年，土耳其国给予中国普惠制待遇，蚌埠检验检疫局签证人员及时上门宣传土耳其普惠制方案和《曼谷协定》，对企业扩大土耳其市场起到了积极作用。安徽丰原集团、汉福对外贸易公司等相关企业享受到优惠待遇。蚌埠检验检疫局建立机制，之后数年，辖区相关企业陆续受益。

2006年，蚌埠辖区进口棉花较多，前后22批、4341吨。检出其中18批、548万美元棉花不合格，为历年之最。检验人员在最短时间内出具检验证书，为企业提供了索赔的法律依据，索赔4.73万美元。

第三章　安庆检验检疫局

1986 年 6 月 10 日，劳动人事部、国务院口岸领导小组同意安庆港设置有关检验检疫机构，卫检编制 8 人、商检编制 30 人、动植检编制 5 人。

安庆检验检疫局是由安庆卫检局、安庆动植检局、安庆商检局合并组建而成，为安徽检验检疫局分支机构，正处级建制。1999 年 11 月 25 日，正式挂牌对外办公，办公地址设在安庆市菱湖南路 533 号。下设办公室、综合业务科、检验一科、检验二科、检验三科、技术与服务分中心、保健分中心 7 个科室，正式在编职工 25 人。主要负责出入境人员、货物、运输工具及其他应检物的检验检疫监管、鉴定及所辖区域企业的检验检疫监管工作，涉及轻工、纺织、机电、化工、化矿、食品和农产品等商品的检验检疫工作。

第一节　机构沿革

安庆卫检局　1986 年 6 月 10 日，国务院批复同意安庆港为开办国轮外贸运输业务一类口岸。1986 年 9 月 27 日，省人民政府办公厅转发省口岸领导小组设立安庆卫检所，科级，编制 8 名，由安庆市编委解决，未明确组建部门和隶属关系。1986 年 10 月 24 日，安庆市编委批准安庆卫检所为科级建制，编制 8 名，由安庆市编委解决，未明确组建部门和隶属关系。1987 年 12 月 19 日，中共安庆市委组织部任命王志诚为安庆卫生检疫站站长（正科级）。安庆卫检所在安庆市委组织部、人事局和卫生局等部门的支持下，于 1987 年 12 月开始筹建。1988 年 3 月 25 日，卫生部批复同意设立安庆卫检所，编制 8 人，科级。1988 年 4 月 18 日，正式启用“中华人民共和国安庆卫生检疫所”公章。1989 年 2 月 20 日，安庆卫检所正式对外开展工作。1991 年 11 月 8 日，安徽省机构编制委员会调整安庆卫检所归安徽省卫生厅领导和管理。1992 年起，安庆卫检所上划卫生部卫检总所领导和管理。1992 年 2 月 20 日，经卫检总所批准，安庆卫检所更名为安庆卫检局（正处级）。1993 年 4 月 16 日，卫检总所将安庆卫检局改为直属领导，属上海片。1993 年 5 月 11 日，卫检总所决定安庆卫检局加挂“中华人民共和国安庆进口食品卫生监督检验所”牌子和启用印章。1997 年 5 月，国家卫检局决定成立管理局，明确安庆卫检局划归合肥卫检局管理。

安庆动植检局 1986年6月19日，劳动人事部、国务院口岸领导小组决定设立安庆动植检所，所需办公、生活用房，由地方统筹规划、统一建设、免费提供。编制5人，由农牧渔业部解决，省农牧渔业厅帮助解决。1988年5月19日，农牧渔业部决定建立安庆动植检所，副处级，编制5人，由安徽省农业厅负责该所的筹建工作。1992年4月23日，安庆动植检所更名为安庆动植检局。1992年6月1日，安庆动植检局正式对外挂牌。1994年5月19日，国家动植检局明确安庆动植检局归合肥动植检局管理。1996年10月29日，农业部明确安庆动植检局为正处级。

安庆商检局 1986年6月19日，劳动人事部、国务院口岸领导小组决定设立安庆商检局，所需办公、生活用房，由地方统筹规划、统一建设、免费提供。编制30名，由国家商检局解决，安徽商检局筹建。1986年8月12日，国家商检局批准成立安庆商检局（正处级），隶属安徽商检局领导。1991年11月25日，安徽商检局和安庆市人民政府就组建安庆商检局达成有关协议。1992年1月14日，安徽商检局批准成立安庆商检局筹备处。1992年11月13日，安徽商检局决定成立安庆商检局。1997年5月21日，安徽商检局印发《关于印发安庆商检局职能配置、内设机构和人员编制方案的通知》，决定安庆商检局行政编制21名，领导职数3名。

安庆检验检疫局 1999年11月13日，国家检验检疫局下发《关于安徽检验检疫局下属分支局办事处设置和人员编制的批复》，安庆检验检疫局为正处级，行政编制14名、事业编制3名。根据安徽检验检疫局《关于安庆检验检疫局职能配置、内设机构和人员编制方案》要求，安庆检验检疫局是安徽检验检疫局设在安庆的垂直管理机构，设置4个职能科室，即办公室、综合业务科、检验一科、检验二科。2001年2月22日，安徽检验检疫局决定成立安庆检验检疫局技术与服务分中心。2004年8月14日，安徽检验检疫局批准成立安徽国际旅行卫生保健中心安庆分中心。2007年11月9日，安徽检验检疫局确定安庆检验检疫局行政编制16人、事业编制3人。

主要职责和内设机构 负责宣传贯彻商检法、动植物检疫法、国境卫生检疫法及其实施条例和国家有关检验检疫工作的方针、政策。管理所辖区域内出入境检验检疫、鉴定和监管工作；研究制定本局工作计划和发展规划，并组织实施。负责所辖区域内出入境人员卫生检疫、传染病监测和卫生监督工作，负责进出口食品卫生、质量的检验检疫和监管工作。组织实施辖区内出入境动植物及其产品、装载容器、运输工具的检验检疫和监管工作。负责所辖区域内进出口商品的法定检验、鉴定和法律法规规定的其它检验鉴定工作；对重要的进出口商品实施装运前的预检验、监造、监装和监管；归口管理对外贸易合同约定和申请办理的进出口商品的检验鉴定工作。负责所辖区域内进出口商品的鉴定、外商投资财产价值鉴定、进出口危险货物包装容器的鉴定工作。

负责所辖区域内进口安全质量许可、质量认证、出口质量许可、卫生检疫注册登记的考核和监管工作。对认可的涉外检验、鉴定机构（含中外合资、合作的检验、鉴定机构）和人民进行监督管理。负责辖区内检验检疫鉴定证书、一般原产地证书和普惠制原产地证书的签发和管理，负责办理报验、签证、计收费和业务综合工作。执行国家和国家质检总局签订的有关国际合作协议，组织实施和推广应用国际贸易商品质量和检验检疫方法标准。负责辖区内对外开放口岸的查验、协调工作。负责本单位的文档秘、科技、人事、财务、党政、纪检监察等综合管理工作。承办国家质检总局、安徽检验检疫局和市委、市政府的交办的其他事项。

办公室　协助局领导协调机关日常办公；负责局党组会、局务会等重要会议的协调和秘书工作；负责文秘、机要保密、信息宣传、文印、文书档案和督查督办工作；负责财务、人事管理、后勤保障、职工福利、接待、车辆管理、机关劳动纪律检查等行政管理工作。

综合业务科　接受并办理辖区内的报检、签证、计费和放行工作；承担普惠制原产地证书和一般产地证书的签发、退证查询与管理工作；负责辖区内的卫生检疫监测和卫生监督工作；负责检验检疫业务统计、商品质量情况分析和法规工作，管理检验检疫证单、证书、业务用印鉴，负责辖区内口岸鉴定业务的协调。

检验一科　负责辖区内进出境动植物及其产品、化工原料及产品、食品、药品的法定检验检疫和监督管理工作，负责主管商品的标签、封识、标志、批次和样品的管理，对实施出口质量许可、卫生检疫注册登记的商品和单位以及认可检验鉴定机构（包括中外合资、合作的检验鉴定机构）、人员进行考核和监督管理，归口管理涉及安全卫生的进出口商品的监督检查等其它业务工作。

检验二科　负责辖区内金属材料、家用电器、机电仪、成套设备、车辆、轻工与纺织产品的法定检验鉴定和监督管理工作，负责主管商品的标签、封识、标志、批次和样品的管理，对实施进出口安全许可、出口质量许可、质量认证的商品和单位以及认可检验鉴定机构（包括中外合资、合作的检验鉴定机构）、人员进行考核和监督管理，归口管理涉及安全的进出口商品的后续管理等业务工作。

人员情况　安庆卫检局、安庆动植检局、安庆商检局、安庆检验检疫局人员情况见表。

1988—1999 年安庆卫检局人员情况统计表

表 10-3-1

年份	在编人数	性别		党员	行政编制人员				事业编制人员			文化程度					专业职称	工人技术等级			正处级	副处级	正科级	副科级
		男	女		干部	职工	工人		干部	职工	合同工	博士生	研究生	大本	专科	中专		高级	中级	初级				
							固定	合同																
1988	5	3	2	3	4	1								3		2							1	
1989	5	3	2	3	4	1								3		2							1	
1990	5	3	2	3	4	1								3		2							1	
1991	5	4	1	3	4	1								2		3							1	1
1992	5	4	1	3	4	1								2		3							1	1
1993	5	4	1	3	4	1								2		3							2	1
1994	5	4	1	3	4	1							1	2		3							2	1
1995	5	4	1	4	4	1							1	2		2						1	2	1
1996	5	4	1	4	4	1							1	2		2						1	2	2
1997	5	4	1	4	4	1							1	2		2					1			2
1998	5	4	1	4	4	1							1	2		2					1			2
1999	4	3	1	4	3	1							1	2		2					1			2

1988—1999 年安庆动植检局人员情况统计表

表 10-3-2

年份	在编人数	性别		党员	行政编制人员				事业编制人员			文化程度					专业职称	工人技术等级			正处级	副处级	正科级	副科级
		男	女		干部	职工	工人		干部	职工	合同工	博士生	研究生	大本	专科	高中		高级	中级	初级				
							固定	合同																
1988	5	4	1	4	4	1								3	1	1				1		1		1
1989	5	4	1	4	4	1								3	1	1				1		1		1
1990	5	4	1	4	4	1								3	1	1				1		1		1
1991	5	4	1	4	4	1								3	1	1				1		1		1
1992	5	4	1	4	4	1								3	1	1				1		1		1
1993	5	4	1	4	4	1								3	1	1				1		1		1
1994	5	4	1	4	4	1								3	1	1				1		1		1
1995	5	4	1	4	4	1								3	1	1				1		1		1
1996	5	4	1	2	3	1								3	1	1				1		1	2	
1997	6	5	1	3	4	2								3	1	2				1		1	2	
1998	6	5	1	3	4	2								3	1	2				1		1	2	
1999	6	5	1	3	4	2								3	1	2				1		1	2	

1992—1999 年安庆商检局人员情况统计表

表 10-3-3

年份	在编人数	性别 男	性别 女	党员	行政编制人员 干部	行政编制人员 职工	行政编制人员 工人 固定	行政编制人员 工人 合同	事业编制人员 干部	事业编制人员 职工	事业编制人员 合同工	文化程度 博士生	文化程度 研究生	文化程度 大本	文化程度 专科	文化程度 高中	专业职称	工人技术等级 高级	工人技术等级 中级	工人技术等级 初级	正处级	副处级	正科级	副科级
1992	3	2	1	3	2	1									2	1						1	1	
1993	14	12	2	5	13	1								11	2	1						1		
1994	19	16	3	7	18	1								13	4	2						1	3	
1995	20	17	3	9	19	1								14	4	2					1	1	3	
1996	20	18	2	9	19	1								14	5	1					1	1	3	
1997	18	16	2	11	17	1								12	6						1	1	3	2
1998	18	16	2	11	17	1								12	6						1	1	3	2
1999	17	15	2	11	17	1								12	6						1	1	3	2

1999—2010年安庆检验检疫局人员情况统计表

表10-3-4

年份	在编人数	性别		党员	行政编制人员				事业编制人员			文化程度					专业职称	工人技术等级			正处级	副处级	正科级	副科级
		男	女		干部	职工	工人		干部	职工	合同工	博士生	研究生	大本	专科	高中		高级	中级	初级				
							固定	合同																
1999	27	23	4	17	21				3	3			1	21	3	2					2	1	4	3
2000	26	22	4	16	20				3	3			1	20	3	2					2	1	4	3
2001	25	22	3	15	19				3	3			1	19	3	2					2	1	4	3
2002	25	22	3	17	19				3	3			1	19	3	2					2	1	4	4
2003	24	21	3	16	18				3	3			1	18	3	2					2	1	4	4
2004	26	23	3	19	20				4	2			1	20	3	2					2	2	4	5
2005	24	21	3	19	18				4	2			2	18	2	2					2	1	4	5
2006	24	21	3	20	18				3	2			4	16	2	2					1	2	4	5
2007	25	22	3	20	19				3	2			5	16	2	2					2	2	7	2
2008	25	21	4	20	19				3	2			5	16	2	2					2	2	7	2
2009	25	21	4	20	19				3	2			5	16	2	2					2	2	7	2
2010	25	21	4	20	19				3	2			5	16	2	2					1	2	7	2

第二节　业务建设

安庆卫检局　1989年5月开始，开展进、出安庆口岸船舶卫生检疫及卫生监督工作。空港从1989年5月开始接替芜湖所承担的合港旅游卫生检疫业务，每周1次2人往返合肥—安庆。1990年6月1日，正式移交合肥卫检所。海港从1989年3月开始卫生检疫业务。

1989—1990年安庆卫检所出入境检疫统计表

表10-3-5

年份	空港										检出率		
	入境旅客（人）	出境旅客（人）	包机（架次）	交通员工（人）	出入境船舶（艘）	交通员工（人）	集装箱卫生处理（只）	集装箱检疫（只）	体检人数（人）	签发证书（份）	HBSAG阳性	乙型肺炎	发放、回收健康声明卡（份）
1989	2173	2199	32	352	42	656		20	17	139	0	0	2173
1990	2536	2131	62	2678	46	1441			328	1005	21	1	2375

1992—1999 年安庆卫检局出入境检疫统计表

表 10-3-6

年份	海　港						检出率				
	出入境船舶（艘）	交通员工（人）	集装箱卫生处理（只）	集装箱检疫（只）	体检人数(人）	签发证书（份）	HBSAG阳性	乙型肺炎	肝功能异常者	其他	签发、换发各种单证（份）
1992	70	1295	40	58	459		19	2		1	2590
1993	56	1342	101	419	487		28	3			2592
1994	50	1482	1500 吨	14 (4680 吨）	483		20	9	28	1	2186
1995	36	828	21 吨	5500 吨	353		20	2			2167
1996	53	1266		80 只（3500 吨）	455		22			4	
1997	66	1799		168 只 （24233 吨）	817		22			5	
1998	30	642			646					5	
1999	33	603	10	347	483					42	

安庆动植检局 1988年8月，安庆动植检局正式对外开展工作，承担安庆和池州出入境动植物及其产品的检疫，以及生产、加工存放进出境动植物及其产品企业的检疫监管业务，并承担蚌埠天兔集团进境原羊毛的后续监管，固镇良种鸡示范市场从美国引进AA祖代雏鸡的检疫监管工作。

木制包装主要是进口设备的外包装，均采取现场拆装，集中场地熏蒸，木板材是安庆台商独资宏展公司进口来自美国的枫木和白杨木，用于加工木制画框出口。

1993年10月—1994年10月，受安徽检验检疫局委托承担黄山空港的检疫工作。

未发生一起因检疫发生的退货、索赔事件。

1991—1992年安庆动植检局业务统计表

表10-3-7

年份	出口									进口
	棉花	脱水蔬菜	速冻藕片	木质微型家具和墙板	出境船舱检疫	进境木质包装箱和消毒	邮寄检疫	麂子皮	黄狼尾	原羊毛
1991	500吨	53吨	10吨							
1992	3045吨/10批次			47582件/10批次	2艘次	40件	2批次	36000张/3批	10000根/3批	1079吨/15批

1993年安庆动植检局业务统计表

表10-3-8

年份	出口										进口
	棉花	木质微型家具	冷冻蔬菜	饲料	红豆	芝麻	木盆、木桶	进出境飞机	国际旅客	截获动植物产品	原羊毛
1993	2026吨	15000件	16吨	56吨	4吨	318.6吨	193箱	108架次	6420人次	36批次	2400吨

1994—1996年安庆动植检局业务统计表

表10-3-9

年份	出境	入境	进出境动植物及其产品	皮张	竹编	集装箱
1994	34批次	21批次				
1995	51批次/2253.3吨/1897.08万元	13批次/1421.29吨/4226.96万元				
1996			5212.22吨/6842.59万元	34250张	941件	132只

1997—1998 年安庆动植检局业务统计表

表 10-3-10

年份	进出境动植物及其产品	检疫船舶	集装箱	熏蒸货物	植检产品	动检产品
1997	5430.4 吨 /3883.13 万元 /106 批次	6 艘次	158 标箱	1300 吨 /16 类 /26 个品种		
1998					7480 吨 /253 批	28 批

安庆商检局 1994 年 5 月 1 日，安庆商检局正式对外开展出口商品检验业务，负责安庆市及池州地区安徽商检局划交的检验工作。

1994 年 5 月，安徽商检局划交安庆商检局 23 家出口生产厂的检验工作，主要出口厂有安庆鸿庆精机有限公司、安庆红旗机床厂、安庆石化总厂、安庆印染色织总厂、安庆人民服装厂、安庆友谊服装厂等，涉及出口商品为成品油、机床、色织布、服装等。

1995 年起，根据安徽商检局"成熟一个企业，接交一个企业"的原则，随着安庆商检局自身条件不断完善，陆续对外开展了罐头、大米、芝麻、冻菜、白云石、乙腈、氰化钠、工具钳、轴承、毛毯、坯布、鞋、羽绒制品等出口商品检验业务。

1994—1999 年安庆商检局出口商品检验批次及货值统计表

表 10-3-11

年份	检验批次（批）	货值（万美元）
1994	252	1145
1995	461	1912
1996	518	2632
1997	812	3810
1998	1280	4822
1999	1422	5591

大宗出口商品 安庆商检局成立之初，出口商品主要为安庆石化总厂的成品油（A 重油等），但由于受国内外市场油价影响逐年下降，1996 年停止出口，1996 年后，主要出口商品为农副产品（大米、芝麻）、纺织服装及化矿产品（白云石等）。

1998 — 2000 年安庆商检局主要出口商品检验批次及货值统计表

表 10-3-12

商品	1998 年			1999 年			2000 年		
	批次	数量	货值（万元）	批次	数量	货值（万元）	批次	数量	货值（万元）
农副产品（大米及芝麻）	436	87475 吨	20050	326	84865 吨	21751	639	74638 吨	16767
矿石（白云石等）	52	198994 吨	3386	54	198044 吨	3384	78	237219 吨	3839
化工产品	45	26942 吨	2532	50	2 万吨	4000	54	11330 吨	4396
服装	35	20.85 万件	1017	202	81.15 万件	3607	311	160.28 万件	3031
坯布	46	574 万米	2559	156	1346 万米	7089	158	654 万米	6443
毛毯	87	32.9 万条	1563	160	46.1 万条	2742	161	74 万条	3886

进口商品检验　按照安徽商检局检验业务分工规定，安庆商检局负责安庆市和池州地区辖区的 200 万美元以下货值的进口检验工作（进口塑料、铜精砂、棉花由安徽检验检疫局负责）。

1994—1999 年安庆商检局进口商品检验批次及货值统计表

表 10-3-13

年度	检验批次（批）	货值（万美元）
1994	5	89
1995	26	3436
1996	33	1515
1997	28	1950
1998	39	678
1999	48	191

出口商品包装检验　1995年1月，安庆商检局正式对外开展出口商品普包检验（纸箱），包装生产厂主要为安庆外贸包装厂、安庆纸箱厂等。

1995—1999年安庆商检局纸箱包装检验情况统计表

表10-3-14

年份	批次	数量（万只）
1995	288	38
1996	371	54
1997	276	60
1998	243	31
1999	239	49

水尺计重　1994年，安庆商检局对外开展出口商品水尺计重工作，出口商品主要为白云石、石油焦等大宗散货，出口市场主要为日本、韩国。1994年12船、4万吨，1995年32船、11.6吨，1996年43船、17万吨，1997年92船、35.6万吨，1998年46船、13.4万吨，1999年28船、9.2万吨，2000年46船、15.1万吨。（1997年水尺计重量较大是因为含铜陵口岸，从1998年7月1日起，铜陵口岸水尺计重移交铜陵商检局，同时从1998年起，一部分白云石过驳到下游港口装船。）

安庆口岸水尺计重工作的特点是船舶较小（3000～5000吨），老龄船舶较多，由于受长江航道及洪水期南京长江大桥高度限制，进港船舶在一段时间内相对稳定。通过船舶再回头装货时了解上航次该船日本方面水尺计重情况，发现日本鉴定结果与中方鉴定结果基本一致（5‰以内），日方鉴定机构采用的各项校正方法与中方相同，相对比较公正客观，7年来未发生大的误差纠纷。

容重计重　安庆口岸容量计重起始于1984年，主要为安庆石化总厂的成品油出口(0#柴油、A重油、石脑油等)，历史上最高量近10万吨（1990年），但由于受国内外市场价格影响，20世纪90年代后，逐年下降，至1996年停止出口。容量计重工作由安徽商检公司1994年开始移交给安庆商检局，具体为1994年7船、2.7万吨，1995年4船、1.6万吨。

安庆口岸成品油出口都以岸罐计重为准，船舱计量仅做参考。由于安庆口岸出口的是成品油且都是专罐专线，而承运的南京油运公司有关船舶船况较好，两者误差基本都在容许范围，船舱计重和岸罐计重相差基本在7～8吨以内，和日本方面传来的数据也基本接近（2‰以内）。

外商投资财产价值鉴定　1998 年，安庆商检局开始实施外商投资财产价值鉴定工作，此前协助安徽商检局机电处做好价值鉴定的前期准备工作。具体为 1998 年 26 批、433.9 万美元，1999 年 14 批、77.2 万美元，2000 年 2 批、122 万美元。

1998—1999 年，价值鉴定工作由原安庆商检局检验二科承担，2000 年以后，由安庆检验检疫局二科负责。

1998 年，受理价值鉴定 26 批、413.9 万美元，降值 39.5 万美元，降值率为 9.5%。1999 年—2000 年，价值鉴定申报价值与鉴定价值基本一致。

安庆检验检疫局　2000 年，根据《安徽检验检疫局关于检验检疫业务分工的暂行规定》，安庆检验检疫局的检验检疫业务范围为，负责安庆市和池州地区（除蜂蜜、芳香油类、生丝、茶叶、酒类商品）辖区的检验检疫业务。

2000—2010 年安庆检验检疫局出入境货物检验检疫情况统计表

表 10-3-15

年份	出境货物总值（美元）	涉及批次	不合格数重量	不合格金额（美元）	入境货物总值（美元）	涉及批次	不合格数重量	不合格金额（美元）
2000	48370000	1853	0	0	1097000	115	0	0
2001	61349408	2337	0	0	15658455	150	342	27795
2002	78822926	2478	0	0	17839535	128	468	2406
2003	94116304	3587	180000	144000	30615031	188	2785	83492
2004	89683188	3777	0	0	42652393	242	354	209076
2005	117994271	5304	0	0	47648673	258	14	190355
2006	136439603	6071	6509	13654	28058330	271	2	22051
2007	198517611	7676	39929	45918	64489652	340	4065	125989
2008	231017579	7369	0	0	109422337	469	3	56000
2009	184597752	6860	18000	3240	3641795	474	502	200697
2010	176636068	5865	17817	9257	87394628	634	1	28153

2000—2010 年安庆检验检疫局签发产地证数量统计表

表 10-3-16

年份	一般产地证（份数）	普惠产地证（份数）	其他证类（份数）
2000	120	34	0
2001	9	70	0
2002	170	355	0
2003	268	544	0
2004	159	669	0
2005	172	645	0
2006	113	714	0
2007	118	864	0
2008	165	1035	0
2009	185	1070	648
2010	185	1389	269

2000—2010 年安庆检验检疫局出入境人员检疫情况统计表

表 10-3-17

<table>
<tr><th></th><th>2000 年</th><th>2001 年</th><th>2002 年</th><th>2003 年</th><th>2004 年</th><th>2005 年</th><th>2006 年</th><th>2007 年</th><th>2008 年</th><th>2009 年</th><th>2010 年</th></tr>
<tr><td>入境船舶检疫及签证（份）</td><td></td><td>82</td><td>250</td><td>10</td><td rowspan="2">72</td><td>38</td><td>5</td><td>11</td><td>14</td><td>13</td><td>1</td></tr>
<tr><td>出境船舶检疫及签证（份）</td><td></td><td>621</td><td>813</td><td>107</td><td>120</td><td>88</td><td>79</td><td>44</td><td>91</td><td>6</td></tr>
<tr><td>检疫查验出入境人员</td><td>1566</td><td>1360</td><td>1778</td><td></td><td></td><td>2481</td><td>1564</td><td>1564</td><td>911</td><td>1707</td><td>64</td></tr>
</table>

续表 10-3-17

出入境人员体检数				613	872	1071	1392	1673	2775	2380	2414
发现病例数	221	300	315			216	267	527	923	175	159
体检签证数						1066	1385	1666	2677	2342	2386
预防接种数	197	760	479	142	182	66	369	351	1030	1308	1233
接种签证数	197	760	479	142	182	66	369	351	1030	1308	1233

2001—2010 年安庆检验检疫局出入境集装箱检疫情况统计表

表 10-3-18　　　　单位：个

	2001 年	2002 年	2003 年	2004 年	2005 年	2006 年	2007 年	2008 年	2009 年	2010 年
入境集装箱检疫及消毒数	82	250	1063	738	797	1127	1412	1542	1233	2037
出境集装箱检疫数	621	813			2030	2390	1673	2589	2374	2061

2000—2010 年安庆检验检疫局出境主要商品检验检疫情况统计表

表 10-3-19

	2000 年	2001 年	2002 年	2003 年	2004 年	2005 年	2006 年	2007 年	2008 年	2009 年	2010 年
芝麻		4000 吨	12210 吨	153 批 /20942 吨 /1602 万美元		130 批 /11856 吨 /1181 万美元	76 批 /5995 吨	117 批 /6425 吨 /820 万元美元	175 批 /10117 吨 /2035 万美元		
冻菜			2398 吨	5512 吨 /442 万美元		313 批 /6118 吨、543 万美元	391 批 /8487 吨 /655 万美元	463 批 /10398 吨 / 货值 693 万美元	398 批 /8204 吨 /896 万美元		
冷冻水产品								7 批 /159.8 吨 /125 万美元	17 批 /300 万美元		

续表 10-3-19

	2000 年	2001 年	2002 年	2003 年	2004 年	2005 年	2006 年	2007 年	2008 年	2009 年	2010 年
羽绒产品							316 批/728 万美元	285 批/751 万美元	323 批/900 万美元		
竹木产品				399 批/406 万美元	387 批/货值 514 万美元	669 批/1982 万美元	606 批/1082 万美元	641 批/1516 万美元	819 批/1530 万美元		
纤维板						32 批/14714 吨/371 万美元	48 批/14659 吨	56 批/17108 吨			
肠衣				28 批/419 吨		14 批/162 吨	15 批/96 吨/655 万美元				
大米	1760 吨		45758 吨	44421 吨/56 万美元							
煤气仪表			444950 只/121.05 万美元								
黍子		300 多吨									
白云石		23.4 万吨									
方解石		2.3 万吨									
氰化钠	4100 吨										
淡水虾										14 批次/393.6 万美元	
染色布											366 批次/1232.4 万美元
裤子											642 批/1911.23 万美元

2001—2010 年安庆检验检疫局出境主要产品检验检疫情况统计表

表 10-3-20　　货值：万美元

年份	动物产品		植物产品		食品化妆品及原料		纺织品		矿产品		机电产品	
	批次	货值	批次	货值	批次	货值	批次	货值	批次	货值	批次	货值
2001	61	174.9	487	2129.3	165	207.4	728	1940.3	52	177.5	277	354
2002	35	50.2	580	2645.1	260	437.7	690	1581.1	58	353.3	366	1979.8
2003	68	229.1	646	3464.7	360	508.8	1226	2540.5	127	483.6	742	1678.5
2004	52	238.4	448	1284.1	348	503.2	1489	3531.7	40	389	1003	2365.3
2005	36	187.1	738	2986.7	350	570.2	2006	4742.7	136	287.2	1626	2306.9
2006	37	152.5	685	1936.3	400	680.8	2426	6823.9	129	266.1	1965	3060.2
2007	32	286.2	720	2711.8	466	809.3	3718	9011.1	107	221.2	2164	5987.6
2008	44	508.1	926	420.7	436	1071.1	334.9	9993.3	104	334	2111	5001.8
2009	51	612.2	736	2912.9	398	990.6	3351	8419.5	105	228.6	1315	2572.8
2010	52	535.4	319	1055.4	333	660.0	3429	9877.8	134	302.5	615	2043.9

第三节　思想文化建设

1990 年 6 月 30 日，安庆动植检所被评为安庆市口岸委共建文明口岸竞赛活动“先进集体”。

1994 年 1 月 18 日，安庆卫检局和动植检局组成的联队获安庆口岸委组织的口岸知识竞赛第一名。

1995 年 3 月，安庆卫检局获得市口岸系统精神文明建设先进单位。

1996 年 6 月 4 日，安庆卫检局获省口岸系统先进单位。

1996 年 10 月 18 日，安庆卫检局、安庆商检局、安庆动植检局获“全国口岸结对共建精神文明先进单位”。

1997 年 10 月 28—31 日，国家商检局委托山东商检局档案定级考核小组对安庆商检局进行档案定级考核，考核分为 94.4 分，通过了三级档案定级。

1997 年 11 月，安庆动植检局被评为安庆口岸共建精神文明先进单位。

1998 年 1 月，安庆动植检局被合肥动植检局考评为优秀。

1998 年 8 月 24 日，安庆动植检局向洪涝灾区捐款 2500 元。

1999 年 2 月，积极响应安庆市委、安庆市政府发动的向特困职工送温暖、献爱心活动，安庆检验检疫系统组织职工共捐款 2840 元（商检）、2290 元（动植检）、300 元（卫检）。

2002 年 4 月 26 日，被安庆市委、市人民政府授予“安庆市文明单位”称号。

2005 年 3 月，安庆检验检疫局获 2003—2004 年度社会治安综合治理达标单位。

2006 年 1 月，安庆检验检疫局获安庆市“兴利达杯”乒乓球邀请赛精神文明奖。

2006 年 2 月 28 日，中共安庆市委、安庆市人民政府《关于表彰 2005 年度“争先进位”“争先创优”先进单位的决定》，安庆检验检疫局在 2005 年度市直机关目标绩效考核中获得三等奖。

2006 年 3 月 21 日，安庆检验检疫局在 2005 年度机关党建考评中得分 91 分，受到安庆市直工委奖励。

2006 年 6 月 17 日，安庆检验检疫局综合实验室通过安徽检验检疫局临床检验中心临床免疫学室间质评满分的成绩。

2007 年 4 月 25 日，安徽省人民政府发文《安徽省人民政府关于表彰劳动模范、先进工作者和先进集体的决定》，安庆检验检疫局二科高三平获“安徽省先进工作者”光荣称号。

2007 年 12 月，安庆检验检疫局获安庆市第二届创建文明行业工作文明窗口。

2007 年，为响应安庆市委、市政府号召，安庆检验检疫局机关党员干部积极响应，为烈士陵园捐款 1220 元，为烈士遗孤上大学捐款 2250 元。

2008 年 3 月，安庆检验检疫局获国家安全小组先进单位。

2008 年 5 月，安庆检验检疫局全体职工积极为汶川地震灾区震区人民多次捐款共 15110 元（其中在职和退休的党员共缴纳“特殊党费”11100 元。）

2010 年 4 月 30 日，安徽国际旅行卫生保健中心安庆分中心获市级工人先锋号称号。

2010 年 8 月 2 日，综合业务科报检大厅获市级青年文明号称号。

2010 年，综合业务科获市级“文明窗口”继续认定。

2010 年 5 月，获安庆市第二届英德利杯羽毛球赛团体赛 A 组第五名。

2010 年 8 月 2 日，安庆市创建青年文明号活动组委会发文《关于命名 2009 年度市级青年文明号的决定》，表彰综合业务科为青年文明号集体。

2010 年 12 月 30 日，综合业务获全国检验检疫“文明服务窗口”。

2010 年，安庆检验检疫局全体正式干部职工积极响应安庆市委、市政府开展的 2011 年元旦、春节期间向困难职工送温暖活动，捐款 2700 元。

第四节　重要记事

1986 年 8 月 12 日，国家商检局批准成立安庆商品检验局（正处级）机构。因当时条件不具备，未能及时组建。

1987 年 9 月 17 日，卫生部、国务院口岸领导小组关于改革卫生检疫机构管理体制的通知，将全国口岸卫生检疫机构划归卫生部统一领导和管理，进出国境的食品卫生监督，检验工作任务，划归口岸卫生检疫机构负责，实行一个窗口，统一对外。

1988 年 3 月 25 日，卫生部批复同意设立安庆卫检所。编制暂定 8 人，未明确隶属关系，经过 1 年的筹建，单位的 3 名业务人员在上海卫检所培训了 3 个月。

1988 年 9 月 2 日，安徽省卫生厅副厅长张亚民等到安庆卫检所看望职工并检查工作。

1988 年 9 月 16—19 日，上海动植检所派吴淞分所徐文军、苏室良到安庆，正式办理蚌埠毛条厂、安庆毛毯厂检疫监管交接事宜。

1989 年 3 月 16 日，安庆卫检所正式对外开展业务工作，首次对安庆港的外贸船舶新安轮办理卫生检疫业务。

1989 年 12 月 29 日，省口岸办主任张理到安庆卫检所看望职工并检查工作。

1990 年 4 月 1 日，农业部人事司姜英、韩琦和省农业厅程泉乐、赵志敏等到安庆动植检所指导工作。

1990 年 6 月 21 日，国家动植检所办公室副主任董长岭由合肥卫检所龙国凡、傅武陪同到安庆卫检所看望职工并检查工作，市口岸委副主任焦贤民前往看望。

1990 年 10 月 22 日，第一次接受出口到日本的冻甲鱼、田螺肉检疫业务，经检疫后顺利出口到日本。

1991 年 9 月，安徽省卫生厅副厅长张亚民等到安庆检验检疫局就安庆卫检所上划至卫生厅事宜与安庆市政府进行洽谈。

1991 年 11 月 11 日，天津卫检所所长王文正代表国家卫检总所与市政府就办公、生活用房进行洽谈，达成纪要。

1991 年 11 月 25 日，安徽商检局和安庆市人民政府就组建安庆商检局达成有关协议。

1992 年 9 月 28 日，安庆市委书记汪石满、市委副秘书长吴义芳到安庆商检局检查指导工作。

1993 年 7 月 10 日，上海卫检局局长顾金祥到安庆卫检局检查指导工作。

1994 年 2 月 8 日，安庆市副市长蔡文中到安庆卫检局检查工作。

1994 年 2 月 14 日，安庆市委书记汪石满、市长周公顺等到安庆卫检局检查指导工作。

1994 年 2 月 22 日，安庆市人民政府致函安徽商检局，明确了安庆商检机构用房的产权归属安庆商检局。

1994 年 3 月 14—15 日，安徽商检局局长赵成友一行就安庆商检局业务下放等问题召开现场办公会。

1994 年 3 月 23 日，安徽商检局发布了《关于安庆商检局开展检验工作的通知》，规定自 1994 年 5 月 1 日起，安庆地区的进出口商品检验工作由安庆商检局负责。

1994 年 4 月 20 日，安庆商检局对安庆市安兴木业公司进口设备逃检行为，作出罚款 5 万元的处罚。

1994 年 5 月 1 日，经安徽商检局批准，安庆商检局正式对外开展检验业务。

1994 年 6 月 16—18 日，杨潮波等到安庆动植检所传达贯彻总检人字〔1994〕33 号文件，调整安庆动植检局隶属关系。

1994 年 7 月 13—15 日，安徽商检局副局长倪进文率领“商检法实施五周年执法检查组”到安庆检查工作。

1994 年 10 月 22 日，国家动植检局《中国进出境动植检》编辑部常务副主编李嘉和到安庆动植检局指导工作。

1995 年 2 月 6 日，安庆市委书记汪石满、市长周公顺等到安庆卫检局检查工作。

1995 年 7 月 20 日，安庆市市长周公顺一行 6 人到安庆动植检局看望职工，并就安庆港对外籍轮开放、有关动植物检疫问题征求意见。

1995 年 11 月 11—13 日，国家商检局副局长吕保英一行在安徽商检局局长倪进文陪同下，检查安庆商检局工作。

1995 年 12 月 14—16 日，安徽商检局局长助理王新对安庆商检局检务单证进行了检查。

1996 年 3 月 27 日，安庆商检局综合实验室通过安徽商检局科技处的验收，达到了三级综合实验室水平。

1996 年 5 月 26—31 日，WHO 在中国地区办的第一期 NM 基础培训班由中国预防医学科学院流行病学微生物学研究所和安庆卫检局在安庆联合举办。

1996 年 6 月 6 日，南京卫检局局长陆永贵到安庆调研口岸开放事宜，安庆市副市长陈庆儿看望。

1996 年 9 月 12 日，安徽商检局局长倪进文到安庆商检局检查指导工作。

1996 年 9 月 12 日，安庆市政府在安庆沧港举行对外籍轮开放首航式，安庆卫检局圆满完成卫生检疫任务。

1996 年 11 月 13—15 日，安徽商检局副局长吴世平率商检工作质量检查组到安庆商检局进行检查，并主持召开检验工作质量总结会。

1997 年 2 月 5 日，安庆市副市长陈庆儿到安庆卫检局检查指导工作并给全体职工拜年。

1997 年 8 月 3 日，安庆卫检局从出境人员体检中检出 1 名梅毒感染者。

1997 年 10 月 16 日，国家卫检总局局长曲绪禄、副局长宋明昌一行到安庆卫检局检查指导工作。

1997 年 11 月 28 日，安庆动植检局参加安庆港香口码头外贸装船点首航联检仪式。

1998 年 3 月 14 日，合肥动植检局副局长张深义到安庆动植检局检查技协财务工作。

1998 年 6 月 17 日，安徽省口岸办副主任黄德夫到安庆商检局检查工作。

1998 年 8 月中旬，安徽省“三检”临时协调小组，委派安徽商检局人教处处长杨成锁等 5 人到安庆商检局进行工作调研。9 月初，省“三检”临时协调小组，派安徽商检局财务、财产审计小组到安庆商检局对财务、资产进行审计。

1998 年 10 月 13—14 日，合肥动植检局副局长张深义一行 4 人到安庆动植检局进行清资核产工作。

1999 年 11 月 25 日，安庆检验检疫局举行隆重的挂牌仪式，安徽检验检疫局副局长吴世平、市政府副市长张金锐参加揭牌仪式。

2000 年 2 月 18 日，安徽检验检疫局副局长吴世平到安庆检验检疫局检查指导工作。

2000 年 8 月 2 日，局长助理傅武陪同国家检验检疫局艾滋病初筛实验室考评小组组长金霞对安庆检验检疫局的实验室进行考评。

2000 年 8 月 18 日，安庆检验检疫局正式启动 CIQ2000 系统。

2000 年 8 月，安徽检验检疫局安庆检验检疫局首次从进境的木质包装中截获有害生物。

2002年6月24—25日，安徽检验检疫局局长助理傅武率检查组到安庆检验检疫局开展检验检疫工作质量检查。

2002年7月1日，国家质检总局、江苏、安徽、北京检验检疫局到安庆检验检疫局进行卫生检查工作。

2002年9月2—3日，安徽检验检疫局纪检组长杨成锁一行到安庆检验检疫局检查纪律工作。

2002年10月28—30日，华东大区实验室考核领导小组对安庆检验检疫局综合实验室进行考核工作。

2002年12月，从进境木质包装中连续检出检疫性害虫。

2004年2月5日，安徽检验检疫局副局长陈华忠一行到安庆检验检疫局管辖范围内禽类产品出口生产加工企业对高致病性禽流感具体工作进行检查并指导。

2004年4月12—13日，安徽检验检疫局副局长陈华忠、局长助理傅武一行4人到安庆检验检疫局开展调研工作，并举行企业座谈会。

2005年2月22日，安徽检验检疫局副局长于競一行3人到安庆检验检疫局调研保健中心筹备工作。

2005年3月7日，安徽检验检疫局副巡视员葛正瑚到安庆检验检疫局检查实验室工作。

2005年4月5日，安徽检验检疫局副局长陈华忠、于競到安庆检验检疫局调研保健分中心建设情况。

2005年6月22—24日，国家质检总局保健中心付维民、董玲，对安庆保健分中心进行检查、考核、验收工作。

2005年7月5日，安徽检验检疫局副局长于競检查安庆检验检疫局保健分中心建设工作。

2005年8月9日，安徽检验检疫局副局长于競在安庆检验检疫局主持召开系统实验室建设现场会，黄山、阜阳、蚌埠、芜湖、铜陵检验检疫局局长参加会议。

2005年11月3日，安庆市委书记韩先聪一行4人调研安庆检验检疫局工作。

2006年4月4—5日，安徽检验检疫局纪检组长杨成锁一行对安庆检验检疫局基建工作进行检查验收。

2006年11月29日，安徽检验检疫局副局长吕小斌一行检查安庆检验检疫局工作质量。

2007年1月25日，安徽检验检疫局副局长于競一行检查安庆保健分中心出入境人员体检新规定的落实情况。

2007年4月6日，安庆检验检疫局首起历时1年半的打击“逃漏检”行政执法案件，圆满结束。

2008年10月23日，安徽检验检疫局副局长吕小斌一行到安庆检验检疫局参加深入学习实践科学发展观活动动员大会，并作重要讲话。

2009年2月14—15日，中国合格评定国家认可委会评审组组长郑腾一行4人对安庆局保健分中心传染病实验室进行现场评审。

2009年2月20—21日，安徽检验检疫局党组书记、局长鲍俊凯一行5人到安庆检验检疫局开展工作调研，考察池州九华冷冻食品有限公司。

2009年6月25—26日，安徽检验检疫局党组书记、局长邱栋久一行4人到安庆检验检疫局进行调研，会见安庆市副市长肖超英、袁方，并深入企业开展调研。

2009年9月22日，安徽检验检疫局纪检组长、副局长张艳芳一行3人到安庆检验检疫局，在全体干部职工大会上宣布朱秋明任职事宜，以及胡政彬调动事宜。

2009年11月2日，安徽检验检疫局纪检组长张艳芳一行5人到安庆检验检疫局召开安庆、池州业务交接会议。

2009年11月12日，安庆检验检疫局将安徽宜德电子有限公司纳入检验检疫流程改革试点首家企业。

2010年3月12日，国家质检总局人事司司长田世宏在安徽检验检疫局局长邱栋久的陪同下，对安庆检验检疫局局长朱秋明竞选厅级领导干部进行民主测评、并召集科以上领导干部谈话。

2010年4月22日，国家质量认证CQC总部的专家到安庆检验检疫局检查指导安庆保健分中心工作。

2010年7月6日，安徽检验检疫局副局长吕小斌一行7人到安庆检验检疫局开展窗口建设和证单质量提升活动工作检查。

2010年10月11日，安庆检验检疫局综合实验楼项目可行性研究报告获得国家质检总局正式批复。

2010年10月19日，安庆市创建青年文明号活动组委会召开2010年安庆市青年文明号命名表彰大会，授予安庆检验检疫局综合业务科为青年文明号集体。

2010年12月9日，安徽省安庆曙光化工股份有限公司总经理陈长斌和公司经营部部长程胜利，到安庆检验检疫局送上一面绣着“真诚服务 优质高效”的锦旗；安庆安粮食品有限责任公司总经理一行代表企业向安庆检验检疫局送来一面绣有“严谨务实，倾心服务”的锦旗，2家企业的负责人分别对检验检疫多年来对企业的热心帮扶表达深深的谢意，高度评价了检验人员在“争先创优”活动中开拓思路，优质服务。

2010年12月22日，安庆检验检疫局党支部与安徽时联特种溶剂股份有限公司党支部签订创先争优共建协议书。

2010 年 12 月 23 日，安庆检验检疫局与安庆海关建立创先争优合作共建机制。

第五节　主要工作

卫生检疫　从 2004 年起，逐步建立完善各类口岸公共卫生突发事件应急预案、应急物资储备机制。2005 年，逐步配备各类卫生检疫口岸现场便携设备，开展霍乱监测、口岸微小气候及放射性监测工作及口岸医学媒介生物 3 年三阶段本底调查工作，从无到有建立口岸医学媒介生物实验室并走在全省系统前列。2007 年上半年，开展集装箱卫生处理（消毒）工作及口岸集装箱场（站）卫生注册工作，逐步填补了口岸卫生检疫工作各项空白，为地方经济服务的能力不断提高。

保健中心　2005 年 6 月，完成新建安庆保健分中心任务，通过国家质检总局验收。负责安庆、铜陵、池州 3 个辖区。

2007 年，安庆检疫检疫局保健中心在国家质检总局和国家认监委组织的实验室职能考评和能力验证考核中 3 项均列全国检验检疫系统保健中心第三名。7 月，参加全国《乙肝表面抗原检测》水平测试获 3 项综合评价 100%，在省临检中心免疫化学分析实验室间 9 月、11 月质评中取得 5 项评价 100%，标志安庆检验检疫局保健中心体检工作又上新台阶。

2008 年，通过中国合格评定国家认可委员会委派的实验室现场评定和中国质量认证中心组织的 ISO 9001 质量体系现场认证考核。2008 年 3 月，保健中心卫生检疫实验室通过 CNAS 组织的 ISO/IEC17025 现场审核。

2010 年，安庆检验检疫局保健分中心卫生检疫实验室通过国家认监委组织的“ISO/IEC17025”年度监督评审、ISO 9001 年度评审、国家卫检司“符合性飞行”检查。参加其组织的能力验证五项检测全部满分，获得国家爱滋病确诊实验室证书。完成口岸医学媒介生物本底调查第三阶段蜚蠊本底调查工作，口岸媒介生物展示室建设走在全省前列。

业务流程改革　2009 年，立足“围绕发展、服务企业”的大局，安庆检验检疫局党组，积极探索、大胆创新，提出了流程改革的新思路，决定在产品质量稳定、管理体系健全、风险系数很小且不需要签发检验证书的企业中进行试点。选择安徽宜德电子有限公司作为首批流程改革试点企业，该公司诚信度高、规章制度健全、产品质量稳定、每周报检批次较多，若试点成功可以起到很好的示范作用。通过实地调研了解情况及反复研究，改革业务流程如下：企业报检——检务计费——CIQ2000，后续流程经授权全部由检验人员操作，除对外证书由检务出证外电子凭条一律由具体检验人员负责，检验人员每个月底将纸质档案交检务归档，检务人员在进行归档的同时进行复核，此举措减少环节，大大提高通关速度，深受企业好评。

综合实验楼建设 2010年，在安庆市委、市政府的大力支持下，市政府拟划拨大桥开发区C-19地块（位于独秀大道，临大道宽66米，深155米）作为安庆检验检疫局综合实验楼新址，新址地理位置优越，交通便利，是安庆市未来的中心。

第六节 重要案例

2005年11月，安庆某企业进口法检商品计5套、38.54万美元，在未经检验的情况下，擅自安装使用。安庆检验检疫局依法进行调查，当事人拒不配合，到处告状，甚至谩骂检验和执法人员，社会影响较为恶劣。安庆检验检疫局经过依法立案和取证，在安徽检验检疫局党组以及法制处等职能部门的指导协助下，在县、市政府及司法部门的支持下，坚持文明、和谐执法，同时，积极为该企业此批设备出现的质量问题向外方索赔，此案历时1年，成功结案，使安庆检验检疫局在地方的执法形象和知名度得到了提升，受到地方政府的高度评价。

第四章　铜陵检验检疫局

铜陵地处皖江之滨，享有“中国古铜都”的美誉，支柱产业为有色金属、化工、电子和建材工业。1993 年经国务院批准，铜陵成为对外籍船舶直接开放的一类口岸。铜陵市以加工贸易经济为主，经济外向度较高，居全省前列。

1999 年 11 月，铜陵检验检疫局由原铜陵卫检局、铜陵动植检局和铜陵商检局合并组建而成，隶属于安徽检验检疫局，正处级建制。铜陵检验检疫局坐落在铜陵市中心地带铜都大道中段 1668 号，办公区域占地面积约 20 亩，办公用房面积 5600 平方米，其中实验室用房面积 1670 平方米，内设 1 室 4 科（办公室、检验检疫一科、二科、口岸卫生检疫科、综合业务科）和 2 个分中心（技术分中心、机关服务分中心），建有 1 个国家级重点实验室——铜原料及产品国家重点检测实验室。有正式职工 23 人，中共党员 20 人，本科及以上学历 21 人，其中研究生 7 人。

第一节　机构沿革

机构概况　1993 年 12 月 31 日，国家动植检总所决定设立铜陵动植检局，作为合肥动植检局的分支机构，规格正处级。

1995 年 4 月 17 日，国家卫检总所批复设立铜陵卫生检疫局，规格正处级，编制 20 人。

1996 年 12 月 20 日，安徽商检局决定成立铜陵商检局，正县建制。1996 年 12 月 28 日，安徽商检局在铜陵举行铜陵商检局开检及揭牌仪式，安徽省副省长张平以及安徽省口岸办主任任伯鹏、铜陵市委书记钱明高、市长王盛榜等出席揭牌仪式。

1999 年 11 月 25 日，铜陵检验检疫局成立。

主要职责和内设机构　组织实施铜陵口岸出入境卫生检疫、传染病监测和卫生监督工作；管理国外疫情的收集、分析、整理，提供信息指导和咨询服务。组织实施铜陵口岸出入境动植物检疫和监督管理；管理国内外重大动植物疫情的收集、分析、整理，提供信息指导和咨询服务。组织实施铜陵口岸进出口食品和化妆品的安全、卫生、质量监督检验和监督管理；管理进出口食品和化妆品生产、加工单位的卫生注册登记，管理出口企业对外卫生注册工作。组织实施铜陵地区进出口商品法定检验和监督管理，监督管理进出口商品鉴定和外商投资财产价值鉴定；管理国家实行进口许可制度的民用商品入境验证工作，审查批准法定检验商品免验和组织办理复验；组织进出口商品检验检疫的前期监督和后续管理；管理检验检疫标志（标识）、进口安全质量许可、出口质量许可，并负责监督管理。组织实施铜陵地区检验检疫科技发展、实验室建设规划，组织重大科研和技术引进；负责质量监督检验检疫的统计、信息、宣传、教育、培训及相关专业职业资格管理工作；负责质量监督检验检疫的情报信息的收集、分析、整理，提供信息指导和咨询服务。完成国家质检总局、安徽检验检疫局交办的其他任务。

办公室　负责本局文件的组织起草工作；负责党组和局长会议决议的督促落实及结果呈报；负责组织制定局办公室年度工作及其他专项工作计划，实施后进行总结；负责按照领导要求做好调查研究，并撰写调研报告；负责与地方党委、政府及部门、相关单位的联系工作；协助局领导处理好突发事件；协调车辆管理等全局日常性工作，保证各项工作有条不紊、持续发展；负责局领导交办的其他工作的落实。

综合业务科　组织实施本科职责范围内的全部行政执法工作；组织制定并实施本科年度工作及其他专项工作计划；组织编写并审定本科年度工作总结及其他专项总结；负责向局领导请示和汇报本科工作；负责本科草拟的局发文提交前的修改和审核；负责组织本科贯彻执行和宣传检验检疫工作的法律、法规、政策规定和工作规程；负责组织检验检疫报检、计费和签证工作；负责组织对报检单位的登记备案工作；负责组织证单和业务印鉴的订制、使用及管理工作，证书档案的管理工作；负责组织入境流向单的处理、反馈及管理工作；负责与上级机关和地方相关部门的工作联系，负责口岸业务协调工作；负责组织研究拟定综合科工作规划、计划、规章制度和管理办法；负责向局领导请示、汇报本科工作及提出工作建议；负责本科职责、工作任务、绩效目标的分解及分配；对本科全部工作的质量、工作进度进行监督；负责组织落实本处室绩效管理目标；负责组织本科行政执法监督和行政执法过错追究工作；负责组织实施局领导交办的其他工作。

检验检疫一科　负责实施本科职责范围内的出入境动植物及其产品、食品、农产品等检验检疫及监管工作；负责编写本科室年度总结及其他专项总结；负责向局领导请示和汇报本科工作；负责本科草拟的局发文件的修改和审核；负责本局辖区外来有害生物的监测工作；负责国内外动植物疫情信息、检验检疫规定等搜集、整理、传递工作；负责本科职责范围内进出境动植物及其产品、食品、农产品注册登记的初审和日常监管工作；负责组织实施局领导交办的其他工作。

检验检疫二科　负责宣传、贯彻、执行进出口化矿产品、机电产品、纺织品服装、轻工产品、废物原料等法律、法规及规章等；负责组织实施本科职责范围内的全部行政执法工作；负责组织制定并实施本科年度工作及其他专项工作计划；负责组织编写并审定本科年度工作总结及其他专项总结；负责向局领导请示和汇报本科工作；负责本科草拟的局发文提交前的修改和审核；负责组织本局交办的规范性文件的审核；负责组织本科业务工作的分工与调整；负责组织对重要的检验监管事项制定方案并监督实施；负责对外业务工作的联络；负责组织实施局领导交办的其他工作。

口岸卫生检疫科　认真宣传、贯彻国境卫生检疫法等卫生检疫有关的法律法规；确定科室工作人员工作职责，制定科室工作计划，负责实施铜陵口岸卫生检疫及口岸查验工作；拟定本局卫生检疫工作的规划、计划及有关制度；负责实施铜陵口岸出入境卫生检疫、传染病监测和卫生监督；负责实施对口岸传染病的预防与控制工作；负责对铜陵口岸所辖区域卫生除害处理单位的监督管理和业务指导；完成局领导及上级交办的其他工作。

人员情况　1999 至 2010 年，铜陵检验检疫局人员情况见下表。

1999—2010 年铜陵检验检疫局人员统计表

表 10-4-1

年份	在编人数	性别		党员	行政编制人员				事业编制人员			文化程度					专业职称	工人技术等级			正处级	副处级	正科级	副科级
		男	女		干部	职工	工人		干部	职工	合同工	博士生	研究生	大本	专科	高中		高级	中级	初级				
							固定	合同																
1999	23	16	7	15	18	0	0	0	3	2	0	0	1	15	6	1	6	1	0	0	1	2	12	1
2000	24	17	7	16	18	0	0	0	3	3	0	0	1	16	5	2	6	1	0	0	1	2	12	1
2001	25	18	7	17	18	0	0	0	4	3	0	0	1	17	5	2	6	1	0	0	1	2	12	1
2002	23	18	5	16	16	0	0	0	4	3	0	0	1	16	4	2	6	1	0	0	1	3	9	2
2003	23	18	5	18	16	0	0	0	4	3	0	0	3	14	4	2	6	1	0	0	1	3	9	2
2004	22	17	5	20	15	0	0	0	4	3	0	0	2	14	4	2	6	1	0	0	1	3	9	4
2005	22	17	5	20	15	0	0	0	4	3	0	0	5	11	4	2	6	1	0	0	1	3	9	4
2006	22	17	5	20	15	0	0	0	4	3	0	0	5	11	4	2	6	1	0	0	1	3	10	3
2007	23	17	5	21	16	0	0	0	4	3	0	0	6	11	4	2	6	1	0	0	2	3	10	3
2008	25	20	5	22	18	0	0	0	4	3	0	0	6	16	1	2	7	1	0	0	2	3	10	3
2009	23	18	5	20	16	0	0	0	4	3	0	0	7	14	1	1	7	1	0	0	1	3	11	3
2010	23	18	5	20	16	0	0	0	4	3	0	0	7	14	1	1	7	1	0	0	1	3	13	3

第二节　业务建设

铜陵卫检局　1995 年，铜陵卫检局开展进出境卫生检疫业务。1995 年，检疫国际航行船舶 4 艘次、检疫入出境人员 78 人次、货物 1.23 万吨、标箱 123 只、传染病监测体检 105 人次、体检异常 4 人。1996 年，检疫国际航行船舶 1 艘次、熏蒸处理 1 艘次、检疫入出境人员 26 人次、传染病监测体检 216 人次、体检异常 11 人次。1997 年，检疫国际航行船舶 36 艘次、检疫入出境 827 人次、货物 11 万吨、标箱 179 只、传染病监测体检 206 人次、体检异常 10 人次。1998 年，检疫国际航行船舶 62 艘次、检疫入出境 826 人次、货物 12.5 万吨、传染病监测体检 251 人次、体检异常 19 人次。1999 年，检疫国际航行船舶 72 艘次、检疫入出境人员 959 人次、货物 14.9 万吨、传染病监测体检 150 人次、体检异常 7 人次。

铜陵动植检局　铜陵动植检局是代表国家在铜陵口岸依法行使动植物检疫各项职能的行政机关。1995 年 4 月 5 日开展业务，在做好进出境动植物及产品检疫工作的基础上，积极开展标箱、木质包装物、来自动植物疫区的国际航行船舶的检疫工作。1995 年，检疫进出境动植物及产品货值 82.92 万元，检疫出境木质包装箱 123 只，检疫出境标箱 1 只，检疫进境船舶 2 艘次，签注出境船舶 2 艘次。1996 年，检疫进出境动植物及产品货值 301.70 万元，检疫出境木质包装箱 67 只。1997 年，检疫进出境动植物及产品货值 162.14 万元，检疫出境木质包装箱 1009 只，检疫进境船舶 16 艘次，签注出境船舶 20 艘次。1998 年，检疫进出境动植物及产品货值 264.97 万元，检疫木质包装箱 140 只，检疫进境船舶 10 艘次，签注出境船舶 54 艘次。检疫的品种主要有：牡丹树、栾树、金鱼、蘑菇干片、脱水葱段、废黄麻、蜂蜜、动物骨胶等。

铜陵商检局　1996 年 12 月 28 日，铜陵商检局正式挂牌，1997 年，陆续开展商检业务，截至 1999 年 11 月，检验 1176 批、4.47 亿美元。承接铜陵有色公司、金隆公司、铜化集团、海螺水泥厂、英路集团、池州冶炼厂、市外贸公司等 40 余家外贸单位和进出口企业检验业务；对化工产品、机械电子产品、轻工纺织产品、以及铜精矿原料等 10 多个种类的进出口商品实施检验、鉴定和价值评估，对流通领域的部分进口家电实施监管。经安徽商检局批准，自 1997 年 9 月开始，铜陵商检局开始普惠制和产地证签证工作，截至 1999 年 11 月，签发一般原产地证书 168 份、1.54 亿美元；签发普惠制原产地证书 219 份、276 万美元。

1998 年 7 月 1 日，铜陵商检局开始接管安庆商检局在铜陵港的公正鉴定业务，从而拉开铜陵商检局对内、对外公正鉴定业务的序幕。1998 年 4 月，为接手即将开展的公正鉴定业务，铜陵商检局党组派出 3 人前往宁波商检局学习有关水尺计重的知识和技能，为铜陵地区公正鉴定工作的有效开展奠定了坚实的基础。公正鉴定业务以对散装矿产品的水尺计重工作为主，截至2010年年底，完成外贸、内贸水尺计重460船次，约150万吨，鉴重的主要商品是白云石、方解石和水泥熟料。

铜陵检验检疫局 1999年，“三检”合一。同年11月25日，铜陵检验检疫局成立。主要承担地区出入境货物的法定检验检疫和监督管理以及本口岸出入境卫生检疫、传染病检测及卫生监督工作等。主要业务及监管工作如下表：

1999—2010 年铜陵检验检疫局业务情况统计表

表 10-4-2

项目 / 年份	检验检疫货值（亿美元）	进口商品批次、货值（亿美元）		出口商品批次、货值（亿美元）		进出境动植物及其产品		输美加木包装	国际航行船舶检疫		进出境人员健康检查人次
		批	亿美元	批	亿美元	批	万美元	批	出境（艘次）	入境（艘次）	
1999	2.09	108	1.36	548	0.73	0	0	0	70	7	959
2000	2.06	115	1.38	662	0.68	0	0	0	65	2	846
2001	2.08	99	1.16	832	0.92	0	0	0	93	26	1203
2002	2.85	181	1.52	1153	1.33	0	0	0	55	91	350
2003	2.04	140	1.17	1563	0.87	0	0	0	49	68	409
2004	2.27	142	1.17	1882	1.1	47	20.6	3	99	31	317
2005	2.31	129	0.91	2776	1.4	108	44.2	7	116	49	1306
2006	6.82	99	1.46	3324	5.36	246	589.2	23	112	39	2270
2007	3.71	364	2.69	3387	1.02	342	507.1	0	92	28	1617
2008	4.73	459	3.8	3610	0.93	359	598.4	13	104	31	1969
2009	2.45	256	1.61	2881	0.84	200	435.7	103	76	74	1780
2010	3.93	219	2.5	4001	1.43	543	763.2	65	86	48	1318

2001—2010年铜陵检验检疫局入境废五金检验检疫情况统计表

表10-4-3

年份	批次	重量（吨）	金额（万美元）
2001	20	12844.7	381.0
2002	40	31649.9	3604.4
2003	42	24085.4	484.7
2004	5	3167.5	229.9
2005	1	79.7	16.7
2006	6	4450.1	224.6
2007	12	7020.6	393.9
2008	19	16289.8	1032.0
2009	64	64800.3	3959.3
2010	40	37138	2903.5

2001—2008年铜陵检验检疫局入境废杂铜检验检疫情况统计表

表10-4-4

年份	批次	重量（吨）	金额（美元）
2001	3	2516.154	3477742
2002	26	12732.025	20801820
2003	17	9845.483	18886160
2004	4	388.777	1001267
2005	1	17.049	12182
2006	3	1017.373	5023.003
2007	3	929.045	6713870
2008	28	9396.262	52115583

1999—2010年铜陵检验检疫局入境铜精矿检验检疫情况统计表

表10-4-5

年份	批次	重量（万吨）	金额（万美元）	不合格		
				批次	重量	金额
1999	45	28.6	10412	0	0	0
2000	40	38.8	19692	0	0	0
2001	24	22.6	10663	0	0	0
2002	26	26.0	9701	0	0	0
2003	24	18.2	9670	0	0	0
2004	14	10.4	7262	0	0	0
2005	11	10.5	8608	0	0	0
2006	16	10.2	13399	0	0	0
2007	105	8.3	16119	0	0	0
2008	43	8.3	16711	0	0	0
2009	31	4.4	5924	1	0.18	287.5
2010	51	8.9	16740	2	0.61	1266.1

1999—2010年铜陵检验检疫局入境木质包装检疫情况统计表

表10-4-6

年份	批次	数量（只）
1999	1	2
2000	0	0
2001	0	0
2002	5	96
2003	38	2927
2004	42	11829

续表 10-4-6

年份	批次	数量（只）
2005	48	53082
2006	54	1567
2007	125	2595
2008	25	1977
2009	7	620
2010	9	175

2001—2010 年铜陵检验检疫局出境纺织品检验检疫情况统计表

表 10-4-7

年份	批次	金额（万美元）
2001	440	1024.3
2002	818	2068.7
2003	1157	2524.4
2004	1499	3180.6
2005	2300	4319.9
2006	2739	4127.9
2007	2704	4351.2
2008	2705	6133.1
2009	2126	5553.7
2010	2882	8806.7

2001—2010 年铜陵检验检疫局出境羽绒制品检验检疫情况统计表

表 10-4-8

年份	批次	金额（万美元）
2001	45	296.8
2002	86	524.5
2003	93	773.8
2004	91	653.4
2005	93	888
2006	71	578.1
2007	99	481.7
2008	164	581.3
2009	132	652.8
2010	88	548.4

1999—2010 年铜陵检验检疫局出境木质包装检验检疫情况统计表

表 10-4-9

年份	批次	数量（只）
1999	18	1118
2000	23	1453
2001	22	1345
2002	36	1780
2003	42	1927
2004	56	2074
2005	55	2168
2006	122	4298
2007	112	6725
2008	154	7930
2009	211	12546
2010	500	15378

实验室建设 铜陵检验检疫局一直重视铜原料及产品检测重点实验室的建设，努力将其建成一个具有特色和先进检测水平的实验室。2002年1—10月，铜原料及产品检测重点实验室分析铜精矿23批460个样品，分析元素2100项次；分析电解铜31批31个样品，分析元素558项次；分析粗铜9批次46个样品，分析元素136项次；分析其他样品38批61个样品，分析元素324项次，出具检验报告101份。为铜陵检验检疫局把关服务提供了有力的技术保证。实验室紧紧围绕认证工作，根据ISO/IEC17025：1999的要求建立了科学的质量保证体系，严格按照该体系的要求开展分析和管理工作，并通过CNACL委员会的现场评审。随着检测能力的不断，铜原料及产品检测重点实验室已发展成为系统内颇具特色和影响的实验室，技术交流与合作得到进一步发展。该实验室还承担了国家质检总局进口铜精矿水平测试样品的制备工作。

铜陵检验检疫局传染病检测实验室按照既定质量体系文件抓好日常检验工作；ALT、AST、HbsAg、HIV-Ab检验时，做标准血清质控，保证实验结果的准确可靠，实验中未出现失控现象。同时积极参加国家质检总局组织的水平测试，努力提升实验室检测水平与信誉。

第三节　思想文化建设

2000年，成立以局领导班子为主要人员的学习中心组，坚持每月集中学习，规定学习读本和内容。党小组也按支部计划2次组织党员集中专题学习，重点学习“三个代表”重要思想、有关文件以及党的基础理论知识。思想政治工作做到“三化”，即：民主化——领导不摆官架子，多倾听群众意见；深入化——干部少讲空话大话，多交心沟通；经常化——不拘形式积极主动开展思想政治工作，把问题解决在萌芽状态。党组和党支部6次专门研究文明创建工作，召开全局文明创建动员大会，4次召开各种实施和落实会议。建立健全文明创建工作机构，并明确1名支委具体抓落实，确保文明创建活动紧张有序进行。认真抓好学习和贯彻中央和省市委关于端正党风，严肃党纪，反腐倡廉以及有关法律法规，集中学习3次、重点辅导1次、进行考核1次。

2001年，党组中心组坚持每月不少于1次集中学习，重点学习中国共产党十五届四中全会精神、“三个代表”重要思想、有关文件以及党的基础理论知识。召开4次党员大会、10次支委会、10次党小组会。加大警示教育力度，利用成克杰、胡长清典型案例教育党员干部，通过教育，做到“严格要求、严格管理、严格纪律、严格监督”。根据检验检疫工作实际，制定了《铜陵检验检疫局2001年党风廉政建设工作意见》《铜陵检验检疫局2001年党风廉政建设责任分解实施细则》《铜陵检验检疫局2001年党风廉政建设责任制考核办法》，落实分解铜陵检验检疫局党风廉政目标责任制，把责任目标层层分解。

2002年，铜陵检验检疫局班子成员加强自身建设，强调用科学的理论教育和武装人，认真学习“三个代表”重要思想、中国共产党第十六次全国代表大会工作报告，政治上同党中央保持一致。把机关党建工作纳入本单位（部门）工作目标考核内容，党组或行政领导班子每半年听取一次党建工作汇报。对党支部进行改选，选举产生新一届党支部，并制订党建计划。全面加强党员思想文化建设和党风廉政建设。节假日坚持急事急办、特事特办，努力提高服务外贸水平。帮助、监督铜陵市2家企业做好卫生登记工作，并使2企业一次性通过安徽检验检疫局的卫生登记，为其产品顺利出口创造了条件。认真兑现向社会公开的《十项服务承诺》内容，主动接受地方行风监督检查和媒体的明查暗访。认真贯彻落实2002年全省检验检疫系统纪检监察工作会议精神，主要抓了“四个联系”“三个加强”方面的工作。

2003年，继续坚持业务例会制度。由分管副局长主持，科室负责人参加，学习最新的政策法规、检验检疫最新动态，讨论、协调、解决检验检疫工作中出现的新问题、新情况，提高工作效率。开展基层组织建设年活动，领导班子认真学习“三个代表”重要思想，党建活动理论与实际一把抓。组织党员去泾县烈士陵园进行扫墓，开展诚信教育活动，不断加强基层党组织建设，进一步增强凝聚力和集体荣誉感。举办迎春节文体活动和“讲文明、讲道德、讲诚信”街头宣传活动，去福利院看望慰问孤儿，开展爱国卫生月活动，党建工作获得“优秀基层党支部”荣誉称号，参加铜陵市政府组织的政风评议活动。每季度局内组织1次单证自查，发现问题及时纠正。

2004年，重点学习《行政许可法》《中国共产党纪律处分条例》、中国共产党十六届四中全会精神等。组织职工参加地方党委组织的“廉政教育月”主题活动，科以上干部参加了铜陵市直机关工委组织的反腐倡廉警示教育图片展览，观看《王怀忠的两面人生》等警示教育片。铜陵检验检疫局党支部制定“党员先进性教育”活动计划，积极开展“四为”主题实践活动。健全党内生活，认真落实党支部“三会一课”制度和目标管理考核制度。组织职工向救济急难基金捐款7976.5元，开展“树组工干部形象”集中学习教育活动和廉洁从政知识测试活动。严格执行新的检验检疫收费标准，认真服务外贸企业。在铜陵市委、市政府组织的全市行政执法单位行风评议活动中受到考评组好评。

2005年，铜陵检验检疫局认真开展学习动员、分析评议和整改提高3个阶段的保持共产党员先进性教育活动，并取得了阶段性的成果。局支部重在解决党组织的发展等实际问题，重视机关党员干部的党性政纪教育与思想交流，坚持“三会一课”制度，每季度1次支部大会、2次支委会，每2个月1次党小组会。在保持共产党员先进性教育活动中，开展“我为党旗增光辉”的主题实践活动，旨在了解并听取企业对检验检疫工作的批评、意见和建议，切实解决企业急需梳理和解决的问题，为促进铜陵地区外贸事业的健康发展贡献力量。通过“保先”教育活动，党风廉政意识得到进一步加强，未发现党员有违纪违规现象。

2006年，大力开展爱国主题教育活动，组织青年职工参观新四军军部旧址、瞻仰皖南事变革命烈士陵园。参加“送温暖”捐款，捐赠7640元，向“关爱女孩工程”结对帮扶对象捐赠800元。

2007年，召开全体党员大会3次、党课教育1次、支委会10次。各项基础工作符合规范，党员花名册、党费收据、党员介绍信、党内统计报表有专人保管，支部会议记录符合规范，党内统计能及时、准确上报。顺利通过铜陵市文明办组织的“市级文明单位”验收检查。组织全体职工参加铜陵市《市直机关文明市民教育》测试活动。组织全体职工进行“送温暖、献爱心”捐款，1天时间就收到1400元捐款。认真贯彻中纪委文件精神，全面落实党风廉政责任制，组织全体党员参加省政府关于“加强作风建设 促进廉洁从政”知识测试活动，组织全体职工参加国家质检总局预防渎职侵权犯罪知识竞答。

2008年，在全局范围开展党员党性分析评议和深入学习实践科学发展观活动。深入开展“纪律教育月”活动，组织全体职工学习《建立健全惩治和预防腐败体系2008—2012年工作规划》，收看了《抵制诱惑警示录》《秉公用权启示录》等警示教育专题片。组织部分职工参观全省地税系统廉政文化展。

2009年，第5次通过“市级文明单位”验收。开展系列公益活动为困难群众送温暖、献爱心，把组织的温暖送到群众的心坎上。组织全体职工赴铜陵市螺丝山森林公园义务植树，为美化、绿化铜陵贡献力量。全局24名职工为台湾“莫拉克”台风灾区捐款，职工参与率100%。组织全体党员参观铜陵市“特别支部”展览馆，祭扫渡江战役烈士塔，向展览馆捐赠2000元修缮资金。开展“万名党员惠民行”活动。11月，获铜陵市“学习型机关”称号。

2010年，大力实施“百家组织大联建、百名干部下基层、百个项目促发展、百件实事惠民生”工程建设。党支部与钱湾村党总支组建了联合党总支，共同制订“四百工程”实施方案，各项活动的开展得到落实。组织部分党员干部前往泾县参观新四军军部旧址，接受党性教育，收到良好效果。组织全体职工参加铜陵市国家保密局组织的“城乡规划杯”保密知识竞赛，参赛率达到100%。参加由铜陵市直机关工委举办的“柔和经典杯”2011年迎新年登山越野赛。

第四节　重要记事

1993年12月31日，国家动植检总所决定设立铜陵动植检局，作为合肥动植检局的分支机构，规格正处级。

1995年4月17日，国家卫检总所批复设立铜陵卫生检疫局，规格正处级，编制20人。

1996年9月，原英国籍“毕加索一号”货轮，因海事纠纷在芜湖口岸扣留达6月，后卖给珠海轮船公司更名为“广源”轮，由于扣留长，船舶卫生状况极差，铜陵卫检局通过检疫查验并实施药物加器械灭鼠、喷洒杀虫、消毒，对船员过敏性、化脓性皮肤病进行药物治疗。灭鼠4只（均为褐家鼠）、蟑螂1000只，治疗病人15人，经10天的卫生处理，卫生基本符合要求，签发“卫生处理证书”“除鼠证书”。

1996年12月20日，安徽商检局决定成立铜陵商检局，正县建制。

1997年3月10日，铜陵联富房地产公司从美国AMF公司进口木质保龄球道材料，经铜陵动植检局现场实施检疫，发现木板中带有大量活虫，最多的一块木板有活虫60多头，虫蛀率达45%。经专家鉴定，该虫为狭颈动白蚁（安徽省尚无分布，中国分布范围很小）。为防止害虫扩散蔓延，铜陵动植检局及时作出封存熏蒸除害处理，防止了国外疫病的传入，保护了铜陵地区农业生产的安全并成功地帮助货主向外商索赔。

1997年5月20日，国家商检局副局长方培明在安徽商检局局长倪进文陪同下，检查指导铜陵商检局工作，对铜陵商检局整体规划提出指导意见。

1998年6月12日，国家检验检疫局副局长王凤清由安徽商检局副局长陶武盛陪同，检查指导铜陵商检局工作，并与铜陵市委书记李和中、副市长束庆涛座谈。

1998年10月，铜陵市铜化集团铜箔厂从美国进口了一套钛阳极。铜陵商检局在检验过程中发现其多处部位的尺寸与合同要求不符，无法使用。检验人员反复核实资料和数据后，及时对外出具索赔证书。外方在事实面前不得不承认自己的过错。这是铜陵商检局开检后出具的第一份对外索赔证书，为企业挽回了十余万元的经济损失。

1999年7月，国家检验检疫局副局长葛志荣由安徽商检局副局长陶武盛、王新陪同，检查指导铜陵检验检疫局工作。

1999年6月，安徽商检局建成全国检验检疫系统唯一的火试金实验室，配有千万分之一天平、直读光谱等先进设备，投入资金数百万元，其中火试金测定铜精矿中金银的技术，达到国际同行业先进水平。

1999年11月16日，安徽检验检疫局决定成立铜陵检验检疫局行政领导班子；11月23日，中共安徽检验检疫局党组批准成立中共铜陵检验检疫局党组；11月25日，铜陵检验检疫局成立。

2000 年 5 月，铜陵国际旅行卫生保健分中心艾滋病初筛实验室通过国家出入境检验检疫局考核。

2000 年，铜陵检验检疫局被铜陵市政府评为“创建省级园林城市先进单位”。

2000 年，铜陵检验检疫局被铜陵市政府授予“花园式单位”。

2001 年 3 月 1 日，国家出入境检验检疫实验室认可委员会向铜陵检验检疫局铜原料及产品实验室颁发“实验室认可证书”。

2001 年 5 月，铜陵检验检疫局对铜陵有色金属集团公司申报的一批美国进口废杂铜进行检验。这是铜陵检验检疫局首次开展进口废物原料检验检疫工作。

2001 年 8 月，铜陵检验检疫局被铜陵市文明委授予“文明单位”。

2001 年 9 月，铜陵检验检疫局在对流通领域进口肉类进行检查时，发现铜陵市一冻库内有 9 箱来自巴西的冻牛肚。经核查该牛肚来自巴西口蹄疫疫区。按照《中华人民共和国进出境动植物检疫法》及其实施条例的规定，全部对其进行销毁处理。

2003 年 2 月，铜陵检验检疫局铜原料及产品国家重点检测实验室通过国家认监委计量认证，获得 CMA 证书。

2003 年 4 月，铜陵检验检疫局采取措施，严防“非典”疫情传入传出，保证正常的检验检疫工作秩序。

2003 年 10 月，国际知名公证行英国 AH.KNIGHT 公司派专家到铜陵检验检疫局交流铜精矿检测技术。

2003 年，铜陵检验检疫局帮助铜陵地区 4 家企业获国家质检总局批准进入“绿色通道”体系，从而加快企业进出口货物的通关放行速度，受到企业好评。

2004 年 4 月，智利 ES.CONDIDA 公司专家来到铜陵检验检疫局进行技术交流。

2004 年 8 月，安徽局对全省保健中心改革，铜陵保健分中心撤销，业务交安庆保健分中心。

2004 年 11 月，铜陵检验检疫局检出上海华源投资发展（集团）有限公司进口的一批南非铜矿石放射性超标。

2006 年 3 月，铜陵检验检疫局实验楼开工建设。

2006 年 12 月，铜陵检验检疫局铜原料及产品国家重点检测实验室获“全国科技兴检先进集体”荣誉称号，综合业务科获“省级青年文明号”荣誉称号。

2007 年 3 月，铜陵检验检疫局新办公楼举行奠基典礼，新办公楼建设全面开始。

2008 年 2 月，国家质检总局局长李长江到铜陵检验检疫局视察。

2008 年 11 月，铜陵检验检疫局“粗铜中的金、银量测定”项目获铜陵市科技进步三等奖。

2009 年 10 月，铜陵检验检疫局再次检出金隆铜业有限公司进口的一批进口铜矿石放射性超标。

2010 年 1 月，铜陵检验检疫局铜原料及产品国家重点检测实验室顺利通过 CNAS 复评审并获得认可资格。这是该实验室自成立以来的第三个认可周期。

2010 年 10 月 19 日，铜陵检验检疫局铜原料及产品检测国家重点实验室顺利通过国家质检总局重点实验室验收组的检查、验收。

2010 年 10 月 28 日，国家质检总局副司长马元林率基建验收组一行，到铜陵检验检疫局就综合实验楼和新办公楼的基建工作进行检查验收。

2010 年，铜陵检验检疫局参与国家标准、专业标准制修订立项。《进口铜精矿中金含量的测定 阴离子交换—火焰原子吸收光谱法》（SN/T 2501–2010）和《阴极铜化学成分的测定 光电发射光谱法》（SN/T 2260–2010））

第五章 马鞍山检验检疫局

马鞍山市地处长江下游南岸，是安徽省东部门户，是20世纪50年代后期崛起的新兴工业城市，是国家重要的钢铁工业基地。其资源富集，1973年开始有商品出口，当年出口商品种类有7种、70万元，检验工作由合肥商检局负责。1980年，芜湖商检处（1986年改名为芜湖商检局）成立后，马鞍山市的进出口商品检验、鉴定和监督管理工作移交给芜湖商检处。20世纪80年代以后，马鞍山对外贸易有了较快发展，对外贸易额成倍增长。为了适应马鞍山对外经济贸易发展的需要，1989年，安徽省政府向国务院报送《关于要求批准马鞍山港开放为一类口岸的请示》，请求批准马鞍山港开放为一类口岸。1990年10月27日，国务院印发《关于同意马鞍山港开辟为一类口岸的批复》，同意马鞍山港开辟为开办国轮外贸运输业务的一类口岸，并设置商检、卫检、动植检等有关的口岸检查检验机构。编制分别为商检20人、卫检10人、动植检10人。

1999年，“三检”合一，马鞍山卫检局、马鞍山动植检局、马鞍山商检局合并组建马鞍山检验检疫局，为安徽检验检疫局分支机构，正处级建制，办公地址位于马鞍山市花雨路107号。1999年11月25日正式对外挂牌办公。内设办公室、综合业务科、检验检疫一科、检验检疫二科、技术中心、机关服务中心，实有职工17人。其业务范围是管理马鞍山市检验检疫、鉴定和监管工作，负责辖区内出入境人员卫生检疫、传染病监测和卫生监督工作，组织实施辖区内出入境动植物及产品、装载容器、运输工具的检验和监督工作。

第一节 机构沿革

马鞍山动植检局 1991年3月16日，国家动植检总所批准设立马鞍山动植检所，副处级建制，编制10人，由安庆动植检所负责筹建。1994年5月19日，马鞍山动植检所更名为马鞍山动植检局，隶属关系改由合肥动植检局管理。1996年4月15日，机构升格为正处级，暂定编制15人。1997年4月28日，马鞍山动植检局正式挂牌成立。办公地址位于花雨路107号联检大楼3—4层。内设办公室和业务科，开展进出境动植物检疫业务。

马鞍山商检局　1991年9月，安徽商检局决定成立马鞍山商检机构，安徽商检局副局长张忠文在省口岸办有关负责人的陪同下到马鞍山，就马鞍山商检局筹建工作和马鞍山市政府协商并达成协议。1991年12月24日，市口岸筹备处报经市计委同意新建商检、卫检、动植检和口岸委联合办公楼，地址位于花雨路17号（后更改为107号），面积3200平方米，计划投资500万元，资金来源由市政府统筹安排。1992年9月27日，位于花雨路107号的马鞍山联检大楼（含商检、动植检、卫检）基建工程由市口岸筹备处作前期准备后正式动工兴建。大楼及附属工程于1994年底全部结束，总投资700万元。1993年9月1日，安徽商检局鉴于联检大楼建设基本完成，研究决定成立马鞍山商检局筹备处，印发《关于成立马鞍山商检局筹备处的通知》，正县级机构。1994年9月11日，国家商检局印发《关于马鞍山商检局（筹备）增加人员编制的批复》，增加编制25人，增加后为45人，由系统内调剂解决。

1997年1月24日，安徽商检局印发《关于成立马鞍山商检局的通知》，正式成立马鞍山商检局，正县级机构，为安徽商检局的分支机构，实行以安徽商检局管理为主的垂直管理体制。1997年2月2日，马鞍山商检局举行挂牌仪式。1997年5月21日，安徽商检局印发《关于印发马鞍山商检局职能配置、内设机构和人员编制方案的通知》，内设1室3科，即办公室、检务科、检验一科、检验二科。行政编制21名、领导职数3名。根据工作需要，实际内设1室1科，即办公室（检务由办公室代管）、检验科。1997年8月18日，马鞍山商检局正式开展检验业务。业务范围是负责马鞍山市的进出口商品的检验、鉴定、监管、认证和行政执法工作的管理及实施。

马鞍山卫检局　1997年9月1日，国家卫检局批准成立马鞍山卫检局，机构规格正县处级，隶属于合肥卫生检疫局。1999年4月28日，马鞍山卫检局挂牌成立。办公地点位于花雨路107号联检大楼1—2层。1999年4月28日，开展卫生检疫业务。业务范围是负责马鞍山市出入境人员实施卫生检疫、传染病监测和卫生监督工作。

马鞍山检验检疫局　1999年11月13日，国家检验检疫局印发《关于安徽检验检疫局下属分支局办事处设置和人员编制的批复》，成立马鞍山检验检疫局，内设办公室、综合业务科、检验检疫一科、检验检疫二科，行政编制14名、事业编制8名。根据工作需要，实际内设办公室、综合业务科、检验检疫科。下属事业单位有技术服务中心和机关服务中心。

1999年11月23日，中共安徽检验检疫局党组印发《关于成立中共马鞍山检验检疫局党组的通知》，决定成立中共马鞍山检验检疫局党组。

1999年11月25日，马鞍山检验检疫局正式成立。安徽检验检疫局党组成员、纪检组长王恩茂，马鞍山市政府市长陈世礼、副市长聂庆义，市委、市政府有关部门，部分外贸进出口单位企业负责人参加挂牌仪式。2001年2月22日，安徽检验检疫局印发《关于成立检验检疫局分支局技术与服务分中心的通知》，同意成立马鞍山检验检疫局技术与服务分中心。2006 年 10 月 18 日，安徽检验检疫局印发《关于调整内设机构的通知》，同意马鞍山检验检疫局增设口岸卫生科。2007 年 11 月 11 日，安徽检验检疫局印发《关于调整部分分支局和直属单位行政事业编制的通知》，增加 4 名行政编制，马鞍山检验检疫局行政编制增加到 18 人、事业编制 8 人，实有人数为 24 人。

主要职责和内设机构 负责宣传贯彻商检法、动植物检疫法、国境卫生检疫法及其实施条例和国家有关检验检疫工作的方针、政策。管理所辖区域内检验检疫、鉴定和监管工作；研究制定本局工作计划和发展规划，并组织实施。负责所辖区域内出入境人员卫生检疫、传染病监测和卫生监督工作，负责进出口食品卫生、质量的检验检疫和监管工作。组织实施辖区内出入境动植物及其产品、装载容器、运输工具的检验检疫和监管工作。负责所辖区域内进出口商品的法定检验、鉴定和法律法规规定的其他检验鉴定工作；对重要的进出口商品实施装运前的预检验、监造、监装和监管；归口管理对外贸易合同约定和申请办理的进出口商品的检验鉴定工作。负责所辖区域内进出口商品的鉴定、外商投资财产价值鉴定、进出口危险货物包装容器的鉴定工作。负责所辖区域进口安全质量许可、质量认证、出口质量许可、卫生检疫注册登记的考核和监管工作。负责辖区内检验检疫鉴定证书、一般原产地证书和普惠制原产地证书的签发和管理，负责办理报验、签证、计收费和业务综合工作。执行国家和国家质检总局签订的有关国际合作协议，组织实施和推广应用国际贸易商品质量和检验检疫方法标准。负责辖区内对外开放口岸的查验、协调工作。负责本单位的文档秘、科技、人事、财务、党政、纪检监察等综合管理工作。承办国家质检总局、安徽检验检疫局和市委、市政府的交办的其他事项。

办公室　协助局领导协调机关日常办公；负责局党组会、局务会等重要会议的协调和秘书工作；负责文秘、机要保密、信息宣传、文印、文书档案和督查督办工作；负责财务、人事管理、后勤保障、职工福利、接待、安全保卫、机关劳动纪律检查等行政管理工作。

综合业务科　接受并办理辖区内的报检、签证、计费和放行工作；承担普惠制原产地证书和一般原产地证书的签发、退证查询与管理工作；负责辖区内的卫生检疫监测和卫生监督工作；负责检验检疫业务统计、商品质量情况分析和法规工作，管理检验检疫证单、证书、业务用印鉴，负责辖区内口岸鉴定业务的协调。

检验检疫一科　负责辖区内动植物及其产品、机电仪、成套设备、车辆、轻工与纺织产品等的法定检验检疫、鉴定和监督管理工作，负责主管商品的标签、封识、标志、批次和样品的管理，对实施进出口安全许可、出口质量许可、质量认证的商品和单位以及认可检验鉴定机构（包括中外合资、合作的检验鉴定机构）、人员进行考核和监督管理，归口管理涉及安全卫生的进出口商品的后续管理等业务工作。

检验检疫二科　负责辖区内进出口金属材料、化矿产品、包装容器等的法定检验鉴定和监管工作；负责主管商品的标志、标签、批次、封识和样品的管理；对实施出口质量许可、质量认证的商品和单位进行考核和监管；对认可的检验鉴定机构（包括中外合资、合作的检验鉴定机构）、人员进行管理，管理其他归口业务。

口岸卫生检疫科　负责全市出入境人员传染病监测、查验和预防接种工作的监管；负责辖区内出入境动植物、动植物产品、动植物性水产品等应检物的法定检验检疫和监管工作；负责对生产加工和存放主管商品的涉外进出口生产经营企业（厂、库）的卫生、检疫注册登记、质量认证的考核和监督检查；负责出入境卫生检疫法律、法规、方针、政策的宣传工作；负责国内外有关传染病疫情信息、国内外动植物病虫害疫情的搜集、分析、整理和报告工作；负责出入境动植物隔离检疫场所以及出境活体动植物、出口企业的考核、审批和督查工作。

技术与服务分中心　承担全局进出口产品抽样实验室检测工作。承担科研与技术开发、服务、提供技术指导。开展有关检验检疫方法标准的收集整理、参与标准制（修）订及对外技术合作与交流。承担委托检验、鉴定和非法定检验检疫鉴定的检测实验。负责办公大楼的卫生保洁、绿化管理维护、消防、水电维护和其他物业服务工作。负责办公大楼的修缮和国有资产经营和管理工作。负责办公大楼的安全保卫、车辆管理、值班安排协调工作。

人员情况　马鞍山商检局、马鞍山动植检局、马鞍山卫检局、马鞍山检验检疫局、人员情况见下表。

表 10-5-1

1997—1999 年马鞍山商检局人员情况统计表

年份	在编人数	性别		党员	行政编制人员				事业编制人员			文化程度					专业职称	工人技术等级			正处级	副处级	正科级	副科级
		男	女		干部	职工	工人 固定	工人 合同	干部	职工	合同工	博士生	研究生	大本	专科	高中		高级	中级	初级				
1997	10	7	3	6	5	5								7	2	1		1				2		3
1998	13	9	4	9	6	7								10	2	1	1	1			1	1		4
1999	14	10	4	11	6	8								11	3		1	1			1	1		4

1997—1999 年马鞍山动植检局人员情况统计表

表 10-5-2

年份	在编人数	性别		党员	行政编制人员				事业编制人员			文化程度					专业职称	工人技术等级			正处级	副处级	正科级	副科级
		男	女		干部	职工	工人		干部	职工	合同工	博士生	研究生	大本	专科	高中		高级	中级	初级				
							固定	合同																
1997	2	2		2	2									2								1	1	
1998	2	2		2	2									2								1	1	
1999	2	2		2	2									2								1	1	

1997—1999 年马鞍山卫检局人员情况统计表

表 10-5-3

年份	在编人数	性别		党员	行政编制人员				事业编制人员			文化程度					专业职称	工人技术等级			正处级	副处级	正科级	副科级
		男	女		干部	职工	工人		干部	职工	合同工	博士生	研究生	大本	专科	高中		高级	中级	初级				
							固定	合同																
1997	1	1		1	1										1								1	
1998	1	1		1	1										1								1	
1999	1	1		1	1										1								1	

1999—2010年马鞍山检验检疫局人员情况统计表

表10-5-4

年份	在编人数	性别		党员	行政编制人员				事业编制人员			文化程度					专业职称	工人技术等级			正处级	副处级	正科级	副科级
		男	女		干部	职工	工人固定	工人合同	干部	职工	合同工	博士生	研究生	大本	专科	高中		高级	中级	初级				
1999	17	13	4	14	9	5			2	1				14	3		1				1	2	3	3
2000	17	13	4	14	9	5			2	1				14	3		1				1	2	3	3
2001	16	13	3	13	9	5			1	1				13	3						1	2	3	3
2002	16	13	3	13	9	5			1	1				13	3						1	2	3	3
2003	14	11	3	11	7	4			1	2				10	4						1		3	3
2004	17	14	3	15	11	2			2	2				13	4						1	1	8	3
2005	18	15	3	16	12	2			2	2				14	4						1	1	8	3
2006	19	16	3	16	11	4			2	2				15	4						1	1	8	3
2007	21	18	3	18	13	4			2	2				17	4						2	2	8	3
2008	24	19	5	19	13	7			2	2			1	19	4						2	2	8	3
2009	23	18	5	16	14	5			2	2			2	18	3						2	2	8	2
2010	24	19	5	20	14	6			2	2			2	19	3						1	4	9	2

第二节 业务建设

马鞍山商检局 1997年8月18日，马鞍山商检局正式对外开展进出口商品检验业务，辖区是马鞍山市（含当涂县）。主要出口企业有马钢、金星化工集团、三德化工、华德制衣、沪皖针织、沪皖色织等企业。主要出口商品有金属材料、化工产品和纺织服装。

1997—1999年马鞍山商检局进出口商品检验情况统计表

表10-5-5

年份	批次		货值（万美元）		不合格产品	
	出口	进口	出口	进口	批次	货值（万美元）
1997	139	3	3154	26	2	12.8
1998	572	22	5816	756	1	380
1999	1467	67	3507	239	10	69.39

1997—1999年马鞍山商检局出口钢材检验情况统计表

表10-5-6

年份	批次	数（重）量（吨）	金额（万美元）	不合格		
				批次	数（重）量（吨）	金额（万美元）
1997	272	587821	11065	0	0	0
1998	243	381990	6655	0	0	0
1999	64	151606	3275	2		5.8

马鞍山动植检局　1997 年 5 月，马鞍山动植检局开始开展业务，检疫船舶 16 艘次，接受植物（花卉）出口报检 1 次。

1998 年，检疫出口动植物产品 31 批、340 万美元，检疫船舶 6 艘次，检疫转关标箱 4 批、39 只。

1999 年，检疫出口动植物产品 33 批（其中木质包装物 669 件）、4002 万美元，检疫船舶 22 艘次。

马鞍山卫检局　1999 年 4 月 28 日—11 月，检疫出入境船舶 17 艘次，查验出入境人员 52 人次，预防接种 26 人次，传染病检测体检 145 人次，签发各类证书 309 份，卫生处理旧金属 2760 吨。

马鞍山检验检疫局　2000 年，检验检疫出入境货物 3159 批、1.18 亿美元，同比分别增长 89% 和 151%。办理外商投资财产鉴定 4 批、187 万美元，检出不合格商品 33 批、93.17 万美元。熏蒸处理木质包装 116 批、3487 件；处理废旧物品 10064 吨、308.6 万美元。检疫查验出入境人员 386 人次，预防接种 220 人次、健康体检 212 人次，查出出境人员带病 16 人、其中乙肝表面抗原阳性 6 人，检疫船舶 23 艘次，检疫标箱 864 只。

2001 年，检验检疫出入境货物 3082 批、1.396 亿美元，货值同比增长 18.2%，其中进境 228 批、1253 万美元，出境货物 2854 批、1.27 亿美元。签发普惠制产地证证书 234 份、2970 万美元。检出不合格商品 12 批、433.1 万美元。出具进口索赔证书 14 份、34.47 万美元。实施木质包装熏蒸处理 145 批、4460 件、5984 吨，植物检疫 25 批。检疫查验出入境人员中，预防接种 355 人次、健康体检 135 人次，检疫船舶 24 艘次，检验检疫标箱 191 批、4894 只。为提高检验检疫工作效率，加快出入境货物申报和检验检疫通关速度，开通了电子报检、电子转单、电子签证系统，即“三电工程”，首批惠及马鞍山市 10 家外贸企业。

2002 年，检验检疫出入境货物 4743 批、1.73 亿美元，同比分别增加 54% 和 24%，其中出境 4463 批、1.07 亿美元，进境 280 批、6601 万美元。签发普惠制产地证证书 225 份、499 万美元，签发一般原产地证书 51 份、611 万美元。查验不合格商品 20 批、58.16 万美元。检疫检查出入境人员中，预防接种 163 人次、健康体检 294 人次，检疫船舶 17 艘次。动植物检疫方面重点加大对食品和动植物产品的监督管理力度，加强对螃蟹等水产品出口企业的卫生注册、登记工作和监督管理工作。

2003 年，检验检疫出入境货物 4346 批、3.26 亿美元，同比分别增长 15% 和 152%，其中出境 3967 批、1.28 亿美元，进境 379 批、1.98 亿美元。签发普惠制产地证证书 185 份、450 万美元，签发一般原产地证书 53 份、1935 万美元。一次性检出不合格商品 104 批、146.6 万美元。检疫木质包装 278 批，7746（托）箱，检疫出不合格进口木质包装 7 批，主要原因为无官方证书或货证不符。检疫查验出入境人员 251 人次，检疫船舶 14 艘次。推荐马钢公司等 3 家出口企业成为首批实施“绿色通道”企业，加速“三电工程”全面实施和完善，10 月 1 日后，电子申报率达到 100%，电子转单率达到 98%，电子签证率达到 100%。

2004 年，检验检疫出入境货物 4495 批、2.7 亿美元，其中出境 3905 批、1.74 亿美元，进境 590 批、9620 万美元。签发普惠制产地证证书 258 份、金额 695 万美元，签发一般原产地证书 58 份， 1520 万美元。检疫出境船舶 10 艘次，签发《交通工具出境卫生检疫证书》10 份，出入境人员健康体检 197 人次，检疫查验出入境人员 148 人次，收缴《出境健康检疫申明卡》148 份。6 月 14 日，对美国进口的轧制油的外包装检疫时，发现外商提供的非针叶木质包装声明与实际使用的木质包装情况不符，该批 78 个木托盘中夹带针叶木质成分，为防止违规入境木质包装危害当地林业安全，及时采取了就地焚烧销毁措施。

2005 年，检验检疫出入境货物 4438 批、4.28 亿美元，货值同比增加 58.4%，其中出境 3520 批、2.81 亿美元，进境 918 批、1.47 亿美元。签发普惠制产地证证书 283 份、949.7 万美元，签发一般原产地证书 33 份、173.7 万美元。检出一次性不合格进出口商品 91 批、5139.49 万美元。为进出口企业出具索赔证书 113 份，索赔 102.66 万美元。查出进境木质包装检疫不合格 6 批，检疫人员对查获的违禁木质包装予以烧毁处理。检疫出境船舶 2 艘次，检疫查验出境人员 34 人次。检疫标箱 14670 只，检疫木质包装 462（托）箱。累计从装载进口废纸原料的标箱中查获 35 批媒介生物和外来生物物种，种类主要以蝇类为主，还有蜈蚣、蜘蛛、蟋蟀、蝴蝶等品种。

2006 年，检验检疫出入境货物 6438 批、11.86 亿美元，同比分别增长 45% 和 177.2%，其中出境 4987 批、5.33 亿美元，进境 1449 批、6.54 亿美元。检疫入境标箱 18670 只，检疫出境木质包装 442 批、32971（托）箱，同比分别增加 13.04% 和 122.57%。签发各类证书 7170 份，其中普惠制产地证证书 480 份、2187.2 万美元，一般原产地证书 86 份、622.87 万美元， FORM E 证书 5 份、35 万美元。检验出不合格进出口商品 85 批，其中出境 13 批、456.34 万美元，入境 72 批、4765.5 万美元。出具索赔证书 115 份、索赔 194.63 万美元。检疫出境木质包装 442 批、32971（托）箱，同比分别增加 13.04% 和 122.57%，不合格 71 批、2246（托）箱。进境废纸卫生检疫不合格 57 批、182 只标箱、2069 吨、27.32 万美元。从入境废纸标箱中截获媒介生物 57 批，主要媒介生物为蝇、蜚蠊，截获携带媒介生物的标箱批次占总批次的 11%。

2007 年，检验检疫出入境货物 6058 批、11.05 亿美元，同比分别减少 5.87% 和 6.83%，其中出境 5004 批、8.6 亿美元，进境 1054 批、2.45 亿美元。签发一般原产地证书 71 份、342 万美元，同比分别下降 17.4% 和 45%，普惠制产地证书 969 份、5464 万美元，同比分别增长 101 % 和 149%，签发东盟 FORM E 产地证书和中国—智利 FORM F 证书

82份、2653万美元。共检出不合格商品（包括入境索赔）233批、344.38万美元。检疫木质包装915批、58641（托）箱，其中入境292批、3626（托）箱，出境629批、55015（托）箱，检疫标箱744批、17407只，检出入境木质包装不合格30批、212（托）箱、41.73万美元，入境废纸不合格57批、212只标箱、41.73万美元。

2008年，受理进出境货物报检6328批、8.28亿美元。其中入境1426批、1.22亿美元，出境4902批次（包含出境货物包装报检343批）、7.1亿美元。签发一般原产地证书86份、283万美元，签发普惠制产地证书929份、6099万美元，签发东盟FORM E产地证书41份、977万美元，签发中国—智利FORM F证书31份、392万美元。检出不合格商品（包括入境索赔）90批、369.95万美元。木质包装检疫748批、67250（托）箱，检疫标箱985批、22425只。检出卫生检疫不合格76批、190只标箱、2177.4吨、51.7万美元。截获医学媒介生物蝇类479只、蜚蠊6只。

2009年，检验检疫出入境货物5419批次，货值3.08亿美元。其中出境货物3880批次，2.26亿美元；进境货物1539批次，8233万美元。检疫出入境集装箱1224批次，39698标箱；其中入境废纸1122批次39322标箱、43.34万吨，货值5662.7万美元；入境设备98批次346标箱；入境棉花4批次，30标箱。检验检疫出入境木质包装429批次，1091标箱，16696（托）箱；其中出境木质包装289批次，15115（托）箱；入境140批次，442标箱，1581（托）箱。签发各类原产地证书2080份，签证金额4074万美元。其中一般原产地证书245份，736万美元；普惠制原产地证书838份，3119万美元；中国—东盟原产地证书35份，金额165万美元；中国—智利原产地证书17份，52.25万美元。共检出不合格货物41批次，货值972.92万美元。其中入境18批次，分别为进口机电设备和进口棉花，进口企业凭马鞍山检验检疫局签发的证书向外商索赔金额达895.53万美元，检出不合格出口货物23批次，货值77.38万美元，主要为机电产品、金属材料和服装。检出出入境木质包装不合格9批次，21标箱，56（托）箱，卫生检疫及动植物检疫不合格123批次，422标箱，4737吨，货值58.13万美元。共截获医学媒介生物蝇类818只，鼠类3只、蜚蠊12只，以及外来生物蜘蛛、胡蜂等。

2010年，共受理进出境货物报检5268批次，检验检疫货值3.855亿美元，同比分别增长8.9%、45.9%。其中出境3699批次（包括出境包装）、2.5亿美元，同比分别增长5.96%、29.78%；入境1569批次、1.35亿美元，同比分别增长11.43%、89.82%。签发检验检疫证单7570份，其中电子转单3806份，证书4839份。签发各类产地证书1231份，签证金额4967.66万美元，同比分别上升19%和32%。其中一般原产地证书226份，金额619万美元；普惠制产地证书894份，金额3691万美元；其他区域性互惠证书111份，金额657万美元。完成木质包装检疫261批次，591标箱，12186（托）箱，其中出境156批，235标箱，11671（托）箱；入境103批，204标箱，716（托）箱。

入境集装箱检疫 1247 批次，其中进境废纸检疫 985 批，34427 标箱 38.99 万吨，货值 8326.56 万美元；棉花检疫 7 批次，44 标箱。检出不合格商品 45 批次，货值 334.8 万美元。其中入境 19 批次，分别为进境废纸、机电设备和棉花，对外索赔金额达 262.4 万美元；出境 26 批次，货值为 72.4 万美元，分别为金属材料、机电产品和服装。完成出入境船舶检疫 53 艘次，其中出境 34 艘次，入境 19 艘次，检疫查验出入境船员 670 人次，实施入境船舶消毒 2 艘次。

卫生检疫查出入境废纸不合格 112 批次，283 标箱，2995 吨，66.09 万美元，主要是携带医学媒介生物。共截获蝇类 331 只，蜚蠊 38 只，以及外来生物椿象、胡蜂等。4 月，山鹰纸业股份有限公司进口一批来自加拿大的 374.14 吨、货值 7.48 万美元废纸，发现碎玻璃、尘土、废塑料等限制夹带物含量高达 12.79%，远高于国家有关标准，被判定为环保不合格。

1999—2010 年马鞍山检验检疫局进出口商品检验情况统计表

表 10-5-7

年份	批次		货值（亿美元）		不合格产品	
	当年	与上年相比	当年	与上年相比	批次	货值（万美元）
1999	246		511.7		0	0
2000	3159	+89%	1.18	+151%	33	93.17
2001	3082	—2.4%	1.396	+18.3%	12	433.10
2002	4743	+53.9%	1.73	+23.9%	20	58.16
2003	4346	—8.4%	3.26	+88.4%	104	146.6
2004	4495	+3.4%	2.7	—17.2%	78	156.2
2005	4438	—1.3%	4.28	+58.5%	98	5347.99
2006	6436	+45%	11.86	+177%	215	5250.62
2007	6058	—5.87%	11.05	—6.83%	233	344.38
2008	6328	+4.5%	8.28	—25.1%	95	409.42
2009	6052	—4.4%	3.46	—58.2%	49	143.63
2010	6403	5.8%	4.65	34.4%	52	352.62

2000—2010年马鞍山检验检疫局产地证统计表

表10-5-8

年份	一般产地证		普惠产地证		其他证类	
	份数	金额（万美元）	份数	金额（万美元）	份数	金额（万美元）
2000			193	2999.7		
2001			234	2970		
2002	51	611	225	499		
2003	53	1935	185	450		
2004	58	1520	258	695		
2005	33	173.7	283	949.7		
2006	86	622.87	480	2187.2	5	35
2007	71	342	969	5464	82	2653
2008	86	283	929	6099	82	1369
2009	275	812	939	3549.5	57	224.9
2010	253	724.7	1040	4477.65	135	779.9

2000—2010年马鞍山检验检疫局出口金属材料检验统计表

表10-5-9

年份	批次	数（重）量（吨）	金额（万美元）	不合格		
				批次	数（重）量（吨）	金额（万美元）
2000	228	21592	8468	0	0	0
2001	221	416766	8816	0	0	0
2002	158	250183	5737	0	0	0
2003	173	313918	8720	0	0	0
2004	163	180000	10528.61	0	0	0
2005	328	390000	19357.17	2	550	22
2006	716	830000	41104.20	6	7715．5	437．06
2007	841	1097000	60582.20	4	162	17．6
2008	422	458000	41751.20	9	243．8	23．96
2009	322	128131	2113.8	3	140	37
2010	319	200737	2114.8	2	28	129.6

1999—2010年马鞍山检验检疫局出口服装检验检疫统计表

表10-5-10

年份	批次	数（重）量（万件/条/套）	金额（万美元）	不合格		
				批次	数（重）量（万件/条/套/吨）	金额（万美元）
1999	1513		2168.9	0	0	0
2000	2112		3432.3	0	0	0
2001	1911	714.4	3467.8	2		2.2
2002	2031	580.7	2665.9	10	11.6	24.9
2003	1877	506.8	2261.9	14	3.3	14.5
2004	1607	492.8	2510.2	11	5.6	21.3
2005	1545	545.5	3016.9	4	1.8	5.8
2006	1649	551.8	3319.1	2	0.6	1.8
2007	1639	615.4	3665.2	1	0.4	2.8
2008	1752	823.4	4314.7	2	6.3	11.9
2009	1804	2239.1	4744.82	3	0.97	3.4
2010	2034	831.14	5180.8	4	1.3	22.2

1997—2010年马鞍山检验检疫局出口钛白粉检验检疫情况统计表

表10-5-11

年份	批次	数（重）量（吨）	金额（万美元）	不合格		
				批次	数（重）量（吨）	金额（万美元）
1997	5	184	18.6	0	0	0
1998						
1999	64		191.1	2		5.8

续表 10-5-12

2000	141		31.66	0	0	0
2001	74	22956.7	280.3	0	0	0
2002	121	4111.4	361.2	0	0	0
2003	113	3737.9	335.9	2	80	7.1
2004	138	4621.6	418.7	0	0	0
2005	119	4478.3	447.3	0	0	0
2006	139	4707.2	464.7	0	0	0
2007	108	5649	642.6	0	0	0
2008	69	3580	625	0	0	0
2009	47	1722	226.67	0	0	0
2010	4	159	12.28	0	0	0

2002—2010 年马鞍山检验检疫局出口柠檬酸检验检疫情况统计表

表 10-5-12

年份	批次	数（重）量（吨）	金额（美元）
2002	646	20543.4	14196000
2003	1083	35459.1	23513000
2004	994	40565.8	30229000
2005	735	35722.2	27795000
2006	1200	46575.155	32896941
2007	983	40459.104	32658991
2008	702	34024.155	37399010
2009	927	44953	39710389
2010	832	41487.5	42034677

2006—2010年马鞍山检验检疫局出口螃蟹检验检疫情况统计表

表10-5-13

年份	批次	数（重）量（千克）	金额（万美元）
2006	19	8076	10.43
2007	17	11332	14.2
2008	15	2448	6
2009	30	14409	39.1
2010	46	20000	63.87

2002—2010年马鞍山检验检疫局出境木质包装检验检疫情况统计表

表10-5-14

年份	批次	数量（托/箱）	金额（万美元）
2002	6	4700	
2003	459	16774	
2004	528	17541	
2005	420	15947	
2006	511	33854	
2007	623	55015	
2008	477	65124	
2009	600	31866	2003.23
2010	468	27060	1962.13

2000—2010年马鞍山检验检疫局进口集装箱检验检疫情况统计表

表10-5-15

年份	批次	数（重）量（吨）	金额（万美元）	不合格		
				批次	重量（吨）	金额（万美元）
2000	30	9851.45	116.14	2	963	11.07

续表 10-5-15

2001	176	49895.39	402.86	1	684.8	5.52
2002	176	70300.62	658.16	2	875	9.63
2003	211	74971	927.9	2	1110	15.46
2004	382	146301	1736.90	26	5844	10.72
2005	513	214126.34	2792.93	36	3767	48.27
2006	575	237357	3016.57	60	2164.59	28.58
2007	510	176840	3021	69	268	54.4
2008	845	299700	6796	109	4272,14	97.56
2009	316	16703		0	0	0
2010	190	12820		0	0	0

2002—2010 年马鞍山检验检疫局入境木质包装检验检疫情况统计表

表 10-5-16

年份	批次	数量（箱 / 托）	金额（万美元）	不合格		
				批次	数量（箱 / 托）	金额（美元）
2002	32	1006		1		44000
2003	327	9843		7		
2004	163	3529		1	78	
2005	296	3767		6		
2006	575	15411		71	2246	
2007	292	3626		30	212	41.73
2008	271	2529		18	87	
2009	1183	457310.38	6118.04	146	5457.79	80.45
2010	1227	436833.41	9086.57	127	4074.06	85.56

第三节 思想文化建设

1997年12月25日，马鞍山市爱国卫生运动委员会《关于命名马鞍山二电厂等6个单位为卫生先进单位的决定》，授予马鞍山商检局“卫生先进单位”荣誉称号。

1998年12月9日，马鞍山商检局检务科被中共马鞍山市直机关、共青团马鞍山市委命名为市级“青年文明号”。

1999年3月5日，马鞍山商检局被市口岸办授予“文明口岸共建先进单位”。

2000年1月，马鞍山检验检疫局机关党支部被市直机关工委授予“1999年市直机关党组织工作目标管理先进党支部”。

2000年3月5日，马鞍山检验检疫局被马鞍山市委、市政府命名为第十届“文明单位”。

2000年6月5日，马鞍山检验检疫局综合业务科被共青团安徽省委命名为省级“青年文明号”。

2000年12月21日，马鞍山检验检疫局被安徽检验检疫局授予“安徽检验检疫系统先进集体”。

2001年1月，马鞍山检验检疫局机关党支部连续2年被市直机关工委授予“目标管理先进党支部”。

2001年3月，马鞍山检验检疫局被市直机关工委命名为“四优”文明机关。

2001年5月，马鞍山检验检疫局综合业务科被共青团中央命名为国家级“青年文明号”。

2001年5月，马鞍山检验检疫局工会被市直机关工会命名为“先进工会”。

2001年7月，马鞍山检验检疫局党组织被市直机关工委表彰为“先进基层党组织”。

2001年9月，马鞍山检验检疫局被市直机关工委表彰为“关心下一代工作先进集体”。

2002年1月，马鞍山检验检疫局被市直机关工委授予“目标管理红旗党支部”称号。

2002年4月，马鞍山检验检疫局被安徽省委、省政府命名为第五届省级“文明单位”。

2003年1月，马鞍山检验检疫局机关党支部被市直机关工委授予“目标管理红旗党组织”称号。

2003年3月，马鞍山检验检疫局被市文明行业创建指导委员会命名为“文明窗口”称号。

2003年6月，马鞍山检验检疫局被市直机关工委授予“关心下一代工作先进集体”。

2003年9月，马鞍山检验检疫局被市政府评为“园林化单位”。5月，局机关工会被市直机关工会授予 2001—2003 年“先进工会”。

2004 年 4 月，马鞍山检验检疫局被省委、省政府授予第六届“省级文明单位”。

2004 年 5 月，马鞍山检验检疫局综合业务科被国家质检总局和共青团中央授予“全国青年文明号”。

2004 年 6 月，马鞍山检验检疫局机关党支部获市直机关 2002—2004 年度“先进基层党组织”。

2005 年 2 月，马鞍山检验检疫局机关党支部被市直机关工委授予“2004 年度党建目标管理红旗党支部”。

2006 年 2 月，马鞍山检验检疫局机关党支部被市直机关工委授予“2005 年度党建目标管理红旗党支部”。

2007 年 1 月，马鞍山检验检疫局机关党支部被市直机关工委授予“2006 年度党建目标考核先进党支部”。

2007 年 5 月，马鞍山检验检疫局综合业务科被国家质检总局和共青团中央命名为“全国青年文明号”。

2008 年 1 月，马鞍山检验检疫局被安徽检验检疫局授予 2007 年度“业务收费先进单位”。

2008 年 2 月，马鞍山检验检疫局机关党支部被市直机关工委授予“2007 年度党建目标管理先进党支部”。

2008 年 5 月，汶川特大地震期间，马鞍山检验检疫局深入发动党员干部和群众开展“情系汶川地震灾区，国检爱心捐助”活动，全局 24 名职工向地震灾区人民捐助现金 19300 元，其中 18 名党员缴纳“特殊党费”6000 元。

2008 年 7 月，在安徽检验检疫局首届“活力团队”趣味运动会上获分支局组第 2 名。

2008 年 11 月 22 日，国家质检总局副局长支树平一行在安徽检验检疫局领导的陪同下，检查指导马鞍山检验检疫局学习实践科学发展观活动开展情况，高度评价马鞍山检验检疫局工作。马鞍山检验检疫局综合业务科再次被共青团中央和国家质检总局命名为“青年文明号”。

2009 年 10 月 20 日，马鞍山检验检疫局综合业务科被共青团安徽省委、安徽检验检疫局命名为“省级青年文明号”。

2010 年 4 月 20 日，马鞍山检验检疫局开展“青海玉树灾区献爱心捐款活动”。

2010 年 5 月 30 日，马鞍山检验检疫局获得安徽检验检疫局第三届“中检杯”活力团队趣味运动会集体一等奖。

2010 年 10 月 14 日，马鞍山检验检疫局创建第九届省级“文明单位”通过市文明办考核验收，《马鞍山日报》予以公示。

2010年12月21日，安徽检验检疫局党组书记、局长邱栋久对马鞍山检验检疫局机关党建工作和“创先争优”活动开展情况进行调研，并给予高度评价。

第四节 重要记事

1997年2月2日，马鞍山商检局举行挂牌仪式。安徽省副省长张润霞，安徽商检局局长倪进文，马鞍山市委书记苏平凡、市长谢群，省、市有关单位和部门负责人110多人在雨山湖饭店参加挂牌仪式。

1997年4月28日，马鞍山动植检局正式挂牌成立，合肥动植检局副局长程泉乐、安徽商检局副局长吴世平、合肥卫检局局长傅武、马鞍山市副市长鲍寿柏以及省、市有关单位和部门负责人参加挂牌仪式。

1997年7月18日，安徽商检局同意建设马鞍山纺织产品实验室。

1997年8月4号，马鞍山市计委印发《关于市商检局新建纺织产品检验室项目的批复》，同意新建纺织产品检验室。建筑面积700平方米，估算投资50万元。

1998年1月起，马鞍山商检局实行财务独立核算。

1998年3月，纺织产品检验室通过市规划、设计部门的规划、设计，4月，通过市建筑管理部门招投标和其他手续办理工作， 4月28日正式动工兴建，工程主体结构10月15日封顶，12月底结束。

1998年6月24日，国家检验检疫局副局长王凤清在安徽商检局党组副书记、副局长陶武盛，副局长王新等陪同下，检查指导马鞍山商检局工作。马鞍山市委书记郑牧民、代市长陈世礼、副市长鲍寿柏向王凤清介绍了马鞍山的城市特点和全市经济发展的总体情况。马鞍山商检局局长缪龙祥汇报了服务外贸有关情况。

1998年6月，安徽商检局拨款66.4万元、马鞍山市政府拨款50万元，在纺织新村购买9套、621平方米住宅。

1999年4月28日，马鞍山卫检局开检，安徽商检局副局长王新、合肥卫检局局长傅武、合肥动植检局副局长程泉乐、省口岸办副主任黄德夫、马鞍山市人大常委会副主任刘桂兰、副市长聂庆义等有关部门和单位领导参加开检仪式。

2000年11月，国家质检总局局长李长江到马鞍山检验检疫局检查指导工作。

2000年12月，马鞍山检验检疫局被安徽检验检疫局授予“安徽检验检疫系统先进集体”。

2003年8月21日，安徽检验检疫局授予马鞍山检验检疫局“在抗击非典斗争中表现突出的先进集体”。

2007年6月，国家质检总局安徽巡视组崔国良、王笃一行听取马鞍山检验检疫局党组近期工作情况的汇报。

2007年7月，马鞍山检验检疫局获人事部、国家质检总局“全国质量工作先进集体”荣誉称号。

2008年5月，马鞍山检验检疫局被中共马鞍山市委、市政府授予2007年度“突出贡献单位”。

2008年10月，马鞍山市委书记丁海中在全市领导干部大会上表扬马鞍山检验检疫局，号召全市各机关单位向马鞍山检验检疫局学习。

2008年11月22日，国家质检总局副局长支树平到马鞍山检验检疫局调研和指导科学发展观活动，听取了马鞍山检验检疫局党组工作汇报，考察了金属材料实验室，并深入星马专汽进行调研。

2009年2月2日，马鞍山市副市长王晓焱到马鞍山检验检疫局调研，听取马鞍山检验检疫局党组工作汇报，对局外贸服务工作给予高度评价，并进一步要求做好把关服务工作

2008年6月26日，共青团安徽省委、安徽出入境检验检疫局授予局综合业务科为“青年文明号”。

2009年7月，马鞍山口岸正式对外籍船舶开放。8月25日，首艘外籍轮“辽远7号”装载马钢公司4000吨钢材出口至香港。

2010年1月8日，安徽检验检疫局副局长吕小斌随安徽省政府副秘书长韩军一行对马鞍山长江港对外籍船舶开放进行验收。

2010年4月1日，马鞍山市政府通报表彰马鞍山检验检疫局等涉外部门：“在2009年面对国际金融危机的背景下，在严格执法的同时，积极落实各项扶持外贸的政策，为进一步优化发展环境，促进地方外向型经济发展作出了积极贡献。”

第六章　黄山检验检疫局

黄山市位于皖浙赣3省结合部，群山环抱之中。黄山市的前身为古徽州，亦称新安。自秦置郡县，距今已有2300多年历史。徽派文化底蕴丰富，内涵深广，是中国三大区域文化（藏学、敦煌学、徽学）之一，涵盖了哲、经、史、医、科、艺诸多领域，古代徽州历来有“山深不偏远，地少士商多”之说。1979年，邓小平提出要把黄山的牌子打出去，1984年，开发皖南旅游区成为建设安徽的战略重点。

1993年5月28日，经国务院批准，黄山市为对外开放一类航空口岸，同时设立黄山动植检局和黄山卫检局，1999年11月，检验检疫机构改革，撤销黄山动植检局、黄山卫检局，成立黄山检验检疫局。

第一节　机构沿革

黄山动植检局　随着黄山市国际旅游事业的迅速发展，为进一步落实邓小平“把黄山的牌子打出去”的指示，1993年，国务院同意设立黄山口岸。与之配套，国家动植检总所批准设立黄山动植检局，属合肥动植检局分支机构，规格正处级，编制14人。

1994年，黄山动植检局成立，办公地点在黄山市屯溪区新安南路12号，市政府提供临时办公用房。1997年12月，新办公大楼落成，1997年12月28日，迁入新办公大楼，地点在黄山市屯溪区机场大道4号。

1994年5月18日，黄山动植检局正式对外办公，其主要职责是按照法律的规定和检疫操作规程、标准，对进出国境的检疫物实施检疫、评定、处理，对检疫物的生产、加工、存放、运输过程进行监督，防止动物传染病、寄生虫病和植物危险性病虫、草以及其他有害生物传入、传出国境，维护农、林、牧、渔业生产和人体健康，促进对外贸易的发展。承担黄山所辖3区4县以及宣城地区的旌德、绩溪及宁国太阳兽业有限公司、各外贸单位进出境动植物检疫工作及黄山机场黄山—香港包机的检疫工作。

黄山卫检局　1993年，黄山口岸正式开通黄山—香港包机，1993年10月，设立合肥卫检局黄山办事处（正科级），共3人，副主任医师1名、卫生主管医师2名。1995年12月，经国家卫检局批准设立黄山卫检局（正县级），内设机构有办公室、业务处。

黄山卫检局主要承担黄山市3区4县及绩溪、宁国、旌德的出入境人员的健康检查，黄山—香港包机出入境旅客的查验，出入境交通工具的卫生监督；国境口岸食品卫生，公共场所卫生的监督检查和从业人员的健康检查；黄山市进口食品卫生监督检查。

1993年—1999年11月25日，查验出入境飞机548架次、出入境旅客41994人次，对1187人出入境人员进行健康检查，发现表抗阳性18人、肝功能异常2人、肺结核1人，对出入境人员进行霍乱疫苗接种736人次、预防服药533人次、甲肝疫苗预防接种90人次、乙肝疫苗预防接种1540人次，发放国境口岸卫生许可证49个，从业人员健康检查560人次。

黄山检验检疫局　1999年11月13日，根据国家检验检疫局《关于安徽检验检疫局下属分支局办事处设置和人员编制的批复》，经中央机构编制委员会办公室、国家检验检疫局批准，成立黄山检验检疫局（正处级）。根据安徽检验检疫局《关于全省各检验检疫分支局办事处对外办公的通知》，1999年11月25日，黄山检验检疫局举行挂牌仪式，开始对外办公。办公地址位于黄山市屯溪区机场大道4号。

随着黄山口岸对外开放的逐步深入，以及检验检疫业务的发展，2003年5月，黄山市委领导批示无偿划拨13.96亩土地为黄山检验检疫局综合实验楼的建设用地，并经国家质检总局批准。2005年8月18日，综合实验楼开工，2007年10月，通过安徽检验检疫局基建领导小组验收。2007年10月29日，黄山检验检疫局迁至黄山市屯溪区迎宾大道86号新综合实验楼办公。

主要职责和内设机构　负责宣传贯彻商检法、动植物检疫法、国境卫生检疫法及其实施条例和国家有关检验检疫工作的方针、政策。管理所辖区域内出入境检验检疫、鉴定和监管工作；研究制定本局工作计划和发展规划，并组织实施。负责所辖区域内出入境人员卫生检疫、传染病监测、卫生监督和卫生处理监管工作，负责进出口食品卫生、质量的检验检疫和监管工作。组织实施辖区内出入境动植物及其产品、运输工具的检验检疫和监管工作。负责所辖区域内进出口商品的法定检验、鉴定和法律法规规定的其他检验鉴定工作；对重要的进出口商品实施装运前的预检验、监造、监装和监管；归口管理对外贸易合同约定和申请办理的进出口商品的检验鉴定工作。负责所辖区域内进出口商品的鉴定、外商投资财产价值鉴定、进出口危险货物包装容器的鉴定工作。负责所辖区域进口安全质量许可、质量认证、出口质量许可、卫生检疫注册登记的考核和监管工作。对认可的涉外检验、鉴定机构（含中外合资、合作的检验、鉴定机构）和人员进行监督管理。负责辖区内检验检疫鉴定证书、一般原产地证书和普惠制原产地证书的签发和管理，负责办理报检、签证、计收费等相关工作。执行国家和国家质检总局签订的有关国际合作协议，组织实施和推广应用国际贸易商品质量和检验检疫方法标准。负责辖区内对外开放口岸的查验、协调工作。负责本单位的文档秘、科技、人事、财务、党政、纪检监察等综合管理工作。承办国家质检总局、安徽检验检疫局和市委、市政府交办的其他事项。

办公室　负责局领导和局内重要活动的组织协调、秘书和议决事项的督察督办工作；负责文件的收发和档案管理工作；负责本局的保密、宣传工作；负责本局的人事和职工教育培训、福利审批管理、机关劳动纪律工作；负责本局的财务管理和固定资产的管理工作；负责外事、来客、来访接待工作；负责本局机关党务工作、纪检监察、精神文明建设与思想政治工作；负责办公用品的采购、登记、分配管理工作；负责本局用章及管理工作；完成上级领导交办的其他工作。

综合业务科　负责检验检疫法律、法规、方针、政策的宣传工作；负责接受报检、签证、计费和放行，检验检疫证书、证单、业务印鉴的管理；负责普惠制产地证和一般产地证的签发和管理；负责检验检疫业务统计；完成上级领导交办的其他工作。

检验检疫科　负责辖区内进出境商品和动植物及其产品的检验、检疫、标志、批次、样品管理；负责对从事进出口生产企业（厂、库）的卫生登记、注册管理，出口质量许可证考核和监督管理；负责商品质量情况分析；完成上级领导交办的其他工作。

国际旅检科　负责国境口岸出入境卫生检疫，传染病监测和卫生监督；收集国内有关传染病的疫情信息；负责传染病监测体检与预防接种的管理工作；负责国境口岸向国际旅行交通工具提供食品、饮用水等服务单位的《卫生许可证》的签发和监管工作；负责国境口岸出入境动植物及其产品和其他应检物的检验检疫和监督管理；负责口岸卫生处理监管；完成上级领导交办的其他工作。

技术与服务分中心　负责局办公及宿舍区安全保卫、保洁及物业管理工作；负责机关车辆管理工作；协助办公室做好办公、劳保用品的采购和发放。

人员情况　1999 至 2010 年，黄山检验检疫局人员情况见下表。

1999—2010 年黄山检验检疫局人员情况统计表

表 10-6-1

年度	在编人数	性别		党员	行政编制人员				事业编制人员			文化程度					专业职称	工人技术等级			正处级	副处级	正科级	副科级
		男	女		干部	职工	工人		干部	职工	合同工	博士生	研究生	大本	专科	高中		高级	中级	初级				
							固定	合同																
1999	13	13			11		2						1	8	2									
2000	13	13			11		2						1	8	2									
2001	13	13			11		2						1	8	2									
2002	14	14			11		3						1	8	3									
2003	13	13			10		3						1	7	3									
2004	17	13	4	8	10		3	4					1	9	1						1	1	3	1
2005	18	13	5	8	10		3	5					1	9	1						1	1	3	1
2006	21	15	6	10	13		3	5					2	10	3						1	1	3	1
2007	26	19	7	10	13		3	10					2	10	3						1	1	3	3
2008	27	19	8	9	15		2	10					3	10	2						1	2	3	3
2009	28	19	9	9	16		2	10					3	11	2						1	2	3	3
2010	31	21	10	10	19		2	10					5	12	2						1	2	3	3

第二节 业务建设

业务概况 黄山检验检疫局成立前，没有商检机构，原有机构为黄山卫检局和黄山动植检局，黄山检验检疫局成立后，一边筹备，一边开检，严格执行“依法把关、监管有效、方便进出、管理科学”的检验检疫工作方针，既严格把关，又热情服务，努力推动黄山旅游经济和外向型经济发展。

“三检”合一后，检验检疫模式发生较大变化，检验检疫政策法规也作出相应调整，减轻了企业负担，极大地方便了进出口企业。但黄山市许多进出口企业对新的检验检疫工作模式和如何开展各项检验检疫业务了解不多，应有关外贸企业的要求，黄山检验检疫局多次举办检验检疫知识培训班。培训班邀请安徽检验检疫局有关专家系统讲解了商检法、动植物检疫法、国境卫生检疫法、食品卫生法及其条例、认证认可相关知识、普惠制等专题培训业务，对黄山市外贸企业如何办理检验检疫业务具有较大的指导作用。

1999 年 11 月 25 日，黄山检验检疫局开始对外办公，2000 年 3 月 1 日，开始办理进出口商品检验业务，实现了进出口商品检验零的突破。主要出口大宗商品有茶叶、玩具、服装、竹木制品、机床、链条、电线电缆等。至 2010 年 12 月，黄山检验检疫局检验检疫进出口商品 27158 批、68660.9 万美元，其中出口商品 26586 批、61597.9 万美元，进口商品 572 批、7063 万美元，检出不合格商品 39 批。

2001—2010 年黄山检验检疫局签证情况统计表

表 10-6-2

类别	2001	2002	2003	2004	2005	2006	2007	2008	2009	2010
签发普惠制产地证（份）	137	163	237	296	286	315	295	375	464	946
签发一般产地证（份）	81	144	188	218	221	310	349	256	329	406
对外出证（份）	270	433	342	673	790	1007	1000	808	943	1147

续表 10-6-2

类别	2001	2002	2003	2004	2005	2006	2007	2008	2009	2010
动植物产品检疫（批）	118	281	346	328	284	371	487	793	579	721
输美加木质包装（批）	16	58	64	121	97	38	32	56	55	100
病危性病虫杂草		1								
一般病虫杂草						1		1		

黄山空港口岸检疫　黄山空港口岸是经国务院批准的国家一类口岸。1993 年 5 月 28 日，正式开通黄山—香港包机，黄山卫检局、黄山动植检局承担黄港包机卫生检疫和动植物检疫工作，防止传染病和动植物及产品有害物的传出和传入。

1999—2010 年，黄山检验检疫局先后执行中国香港、中国澳门地区、中国台湾地区和韩国、日本等国家进出境航空器、人员以及携带物的卫生检疫和动植物检疫工作。在应对"非典型肺炎""高致病性禽流感"等疫情时，严格按照国家质检总局关于防止疫情疫病的"8 个坚持""5 个到位""5 个不漏"的原则，制订相应预案，严防疫病疫情传入传出。自 2000 年起，开展口岸医学生物媒介本底调查工作，每 4 年 1 轮，进行 2 轮调查，获得了大量基本数据，掌握其变化趋势，针对性采取灭杀措施；定期对机场航空配餐企业以及候机楼食品经营服务单位和食品、饮用水从业人员健康进行有效卫生监督管理；开展口岸传染病监测工作。2000—2004 年，对国际旅行人员开展国际旅行知识咨询、健康检查和预防接种工作，健康检查 454 人次，发现问题 8 人次，其中乙型肝炎表面抗原阳性 5 人次，活动性肺结核、肝功能异常、谷丙转氨酶增高各 1 人次，对出境人员预防接种 1043 人次，有效保障了国际旅行人员的健康安全。

2000—2010 年，查验出入境航班 2287 架次、出入境人员 194206 人次、交通工具员工 21541 人次、出入境旅客行李 97991 件，截获禁止入境动植物产品 389 次、508 千克，检疫查验入境标箱 165 只，快速放行中国红十字会北京急救中心的急救飞行 6 架次，运送伤员 6 人。

2000—2010年黄山检验检疫局出入境人员及交通工具查验情况统计表

表10-6-3

年份	进出境旅客检疫（人次）	交通工具员工（人次）	进出境航空器检疫（架次）	入境集装箱检疫（箱次）
2000	12791	1562	181	0
2001	17785	2324	250	0
2002	15925	2605	261	0
2003	7574	1644	146	0
2004	16698	1755	205	0
2005	16275	1662	160	0
2006	33786	3559	366	0
2007	38647	4042	453	0
2008	2685	201	22	60
2009	4116	333	37	22
2010	27924	1854	206	83
合 计	194206	21541	2287	165

2000—2010年黄山检验检疫局出入境旅客行李查验情况统计表

表10-6-4

年份	进出境旅客携带物（件）	截获动植物产品（次数）
2000	6367	17（水果19千克）
2001	8223	27（水果21千克、动物产品2.5千克）
2002	8922	16（水果13千克）
2003	3988	32（水果29千克）
2004	8882	98（水果87千克）

续表 10-6-4

年份	进出境旅客携带物（件）	截获动植物产品（次数）
2005	7771	56（水果 18.5 千克、动物产品 2 千克）
2006	15487	93（水果 238.5 千克、动物产品 2 千克）
2007	22365	22（水果 29 千克、蔬菜 4 千克）
2008	1319	1（水果 1.5 千克）
2009	2013	1（水果 1.5 千克）
2010	12654	26（水果 39.5 千克）
合计	97991	389（508 千克）

2000—2010 年黄山检验检疫局传染病监测情况统计表

表 10-6-5

年份	出境健康检查（人次）	预防接种（人次）	发现问题（人次）
2000	120	120	2
2001	107	430	0
2002	75	194	3
2003	99	247	3
2004	53	52	0
2005	0	0	0
2006	0	0	0
2007	0	0	0
2008	0	0	0
2009	0	0	0
2010	0	0	0
合计	454	1043	8

出口商品

茶叶　茶叶是黄山市重要的出口创汇产品，2003年前，由安徽检验检疫局负责检验检疫。2004年，黄山检验检疫局实施辖区内出口茶叶检验检疫工作。出口茶叶检验检疫主要通过生产加工企业的卫生注册日常监管、加工原料来源监管及加工过程检验监管、最终产品安全卫生检验、内外包装的卫生检验和出证等环节加强管理，保障出口茶叶质量安全。2004—2010年，检验检疫出口茶叶2884批、15493.5万美元，检出不合格产品17批。

玩具　玩具是黄山检验检疫局辖区内重要出口产品之一，出口产品全部为布绒玩具。截至2010年年底，共有4家出口玩具企业获得出口玩具质量许可证。黄山检验检疫局严格按照质量许可证要求进行年度审核，同时对出口产品每年进行一次型式试验检测，出口检验主要关注小零件、锐利边缘、有毒有害物质（如邻苯二甲酸酯、偶氮染料及化学元素的检测）、拉力等项目。出口批次、货值不断增加，出口前景良好。截至2010年年底，累计检验出口玩具1874批、1721.1万美元，检出不合格产品7批。

服装　1996年后，黄山地区来料加工出口服装业务量较大，但法定检验出口服装一直未向检验检疫机构报检。2000年，黄山检验检疫局成立后，根据法定出口商品须先报检后报关的规定，与黄山海关配合，通知出口服装企业在报关前必须先报检，有效地维护了法定检验的严肃性，提高了出口服装产品的质量。2000年，黄山市2家外贸企业将货值13万美元的化纤女衬衫、化纤女裙等法定检验的出口商品，故意报错出口商品税则号，逃避法定检验，在口岸被查获，黄山检验检疫局依法对2企业分别处以4600元和6730元的罚款。

黄山出口服装企业不断增加，产品类别也较多，主要有上衣、裤子、衬衫、裙子、背心、羽绒服、婴儿服装、游泳服等。随着国外技术性贸易壁垒要求的日益提高，对服装的检测项目主要有甲醛、偶氮、色牢度、面料成分、色牢度、儿童服装上的绳带和小部件的安全项目等。截至2010年年底，检验出口服装1907批、6345.5万美元，检出不合格产品1批。

机电　2010年年底，黄山检验检疫局辖区有机电类出口企业23家，出口产品主要有汽车电气开关、机床、小家电和节能灯等。

辖区黄山市昌辉汽车电器有限公司是黄山市生产汽车电气配件的龙头企业，产品远销欧美市场且口碑良好，企业通过了TS 16949:2002汽车质量管理体系认证，其管理水平在黄山市首屈一指；黄山市5家出口机床生产企业全部获得出口质量许可证，黄山检验检疫局每年对其出口产品进行一次型式试验测试。其中工具机、台式车床等迷你类小型机床作为特色产品热销世界多个国家和地区；小家电产品为电吹风和烫发夹，由于涉及到使用者的人身安全，对于绝缘性能和使用温度有着严格的检验要求，每年对其出口产品进行一次型式试验测试，该类产品以其优良质量迅速打入欧盟美发器具行业中、高端市场；黄山辖区所有出口到欧盟及美国的节能灯产品全部通过 CE、UL 等相关认证和 ROSH 符合性声明。截至 2010 年年底，累计检验出口机电类产品 7013 批、13495 万美元，检出不合格产品 3 批。

纸杯　近年来，国际组织、政府和民众对食品安全给予越来越高的重视，由此提出的直接接触食品的包装、容器的安全性、卫生性已引起广泛关注。2009 年，一次性纸杯纳入法检商品目录，作为过渡期商品，申报即可放行。黄山检验检疫局一方面对辖区内出口纸杯生产企业进行全面摸底调查，另一方面对企业负责人和质量负责人进行针对性培训；通过向企业宣传《中华人民共和国进出口商品检验法》和《中华人民共和国食品安全法》及相关法律法规知识，督促企业建立质量安全控制管理体系，加强对原辅材料，包括纸张、油墨、聚乙烯薄膜等的检验，促进企业产品检测能力的提升，保证出口产品质量安全。截至 2010 年年底，黄山检验检疫局放行出口一次性纸杯 264 批，货值 435.4 万美元。

第三节　思想文化建设

2001 年 7 月 2 日，黄山市委书记臧世凯对黄山检验检疫局关于截获松材线虫的报告做出批示：“同意报告所提措施、要求，市委、市政府予以通报表彰”。6 月 25 日，市委常委、市委秘书长张正详批示：“黄山检验检疫局立了一大功，预防松材线虫需全社会重视、参与。”

2002 年 6 月 18 日，黄山检验检疫局党支部在市直各基层党组织中开展的“两优一先”评比活动中获“先进党组织”称号。10 月 28 日，省松材线虫病防治指挥部表彰黄山检验检疫局为“松材线虫病防治工作先进集体”。

2003 年 4 月 15 日，黄山检验检疫局被黄山市创建文明行业活动指导委员会、黄山市总工会命名为全市首批创建文明行业“达标单位”。5 月 29 日，黄山检验检疫局综合业务科被评为“质检系统 2002 年全国青年文明号”。8 月 21 日，黄山检验检疫局在抗击“非典”斗争中被评为先进集体。10 月 17 日，团市委、市文明办决定，授予黄山检验检疫局旅检科“2002 年市级青年文明号”，继续认定黄山检验检疫局综合业务科为“市级青年文明号”。

2004 年 2 月 9 日，中共黄山市委、黄山市政府表彰黄山检验检疫局为“第六届文明单位”。3 月 1 日，黄山市人民政府表彰黄山检验检疫局为“2003 年外贸工作优质服务先进单位”。6 月 21 日，黄山市市直机关工委表彰黄山检验检疫局为先进党组织。

2005 年 3 月 16 日，黄山市政府表彰黄山检验检疫局为“2004 年外贸出口工作优质服务先进单位”。6月2日，国家质检总局、共青团中央继续认定黄山检验检疫局为“质检系统2004年全国青年文明号”。

2006年3月1日，黄山市政府表彰黄山检验检疫局为“2005年对外贸易优质服务先进单位”。3月28日，中共黄山市委、黄山市政府表彰黄山检验检疫局为“黄山市第七届文明单位”。4月11日，国家质检总局、共青团中央继续认定黄山检验检疫局综合业务科为“质检系统2005年全国青年文明号”。6月14日，安徽省创建文明行业活动指导委员会表彰黄山检验检疫局综合业务科为“安徽省文明窗口”。8月22日，黄山检验检疫局获黄山市政府通报嘉奖。

2007年1月11日，黄山检验检疫局为加快黄山航空口岸的对外开放、扩大和提升口岸功能、做好临时国际直航包机的组织和申报作出贡献，市政府给予通报表彰。1月17日，黄山检验检疫局为黄山市外向型经济发展作出贡献，市政府给予通报表彰。2月8日，黄山检验检疫局综合业务科被共青团中央和国家质检总局评为“国家级青年文明号”、被省创建文明号指导委员会评为“安徽省文明窗口”，旅检科被省创建青年文明号组委会继续认定为“省级青年文明号”。2月27日，黄山市政府表彰黄山检验检疫局为“2006年度外贸工作优质服务先进单位”。

2008年3月6日，黄山市政府表彰黄山检验检疫局为“市产品质量和食品安全专项整治工作先进集体”。4月22日，中共黄山市委、黄山市政府表彰黄山检验检疫局为“第八届黄山市文明单位”。

2010年年底，被安徽省档案局考核认定为“机关档案工作目标管理省一级单位”。中共黄山市委、黄山市政府表彰黄山检验检疫局为“第九届黄山市文明单位”。

第四节　重要记事

1995年，黄山索道公司自奥地利进口的设备木质包装箱中，查获安徽省未有记录的4种害虫。

1997年，在绩溪长安塑料有限公司自日本进口的设备木质包装箱上发现大量天牛孔及病变特征。

2001年6月，8只包装着进口设备的集装箱从日本神户经中国上海港，运抵黄山附近的黄山市徽州区，货物包装使用松木3.05立方米，黄山检验检疫局立即对设备所用木质包装进行了抽样检测，在显微镜下观察到了大量的活体松材线虫。6月16日，黄山检验检疫局对该批所有木质包装物进行了焚烧处理。此举受到中共黄山市委、市政府领导称赞。

2001年7月10日，黄山检验检疫局帮助黄山市润发化工有限公司成功从美国金标塑料国际有限公司索赔回 2406 美元。

2002 年，黄山检验检疫局在进口木质包装材料中成功截获松材线虫有害生物，在进口标箱里截获蛾类有害生物，成功阻止了境外动植物疫病疫情的侵入，有效保护了黄山市的旅游资源，确保了黄山松的安全。

2005 年 4 月，国家质检总局党组成员、副局长葛志荣一行到黄山检验检疫局视察工作，听取黄山检验检疫局党组的工作汇报。

2007 年 5 月 18 日，国家质检总局党组书记、局长李长江一行到黄山检验检疫局视察工作。

2007 年，黄山检验检疫局在进口木质包装材料中成功截获滑刃线虫和伞滑刃线虫等有害生物，成功阻止了境外动植物疫病疫情的侵入，有效保护了黄山市的旅游资源。

2010 年，继合肥骆岗机场之后，黄山机场成为安徽省第二家国际机场。

第五节　出口茶叶质量安全示范区

茶叶是黄山市重要的出口创汇产品，以眉茶为主。为更好地控制茶叶产品质量安全，黄山检验检疫局注重从源头抓起，根据国家质检总局《关于对出口茶叶种植基地实行检验检疫备案管理的通知》，从 2006 年 1 月 1 日起，所有出口欧盟茶叶生产企业的原料必须来自备案的基地；从 2008 年 1 月 1 日起，所有出口茶叶生产企业的原料必须来自备案的基地。2006 年，为强化茶叶出口生产基地管理，同时促进当地茶业产业发展，黄山检验检疫局以创新“协会 + 公司 + 基地”的管理模式，指导并帮助辖区内 21.7 万亩茶园通过基地备案审批。2008 年，根据国家质检总局《关于加强出口植物源性食品原料种植基地检验检疫备案管理的通知》，没有通过卫生注册的企业不能申请基地备案，原先以“协会 + 公司 + 基地”管理模式的备案基地被取消，截至 2008 年，黄山检验检疫局辖区有备案基地 9 万亩。

由于欧盟“绿色壁垒”和日本“肯定列表”的实施，出口茶叶的质量安全要求越来越高，为应对国外技术性贸易壁垒，对输欧盟和日本的茶叶，黄山检验检疫局严格按照国家质检总局规定的检测项目进行农残检测，农残检测合格才予以出口。2008 年，安徽检验检疫局根据出口植物源性食品农残监控的数据分析，为保障出口茶叶质量安全，新增了输欧盟、日本的检测项目，并对输欧、日外其他国家和地区的茶叶检测 DDT，输美国、新加坡茶叶增加检测铅，黄山检验检疫局及时调整了农残检测项目。

自开检以来，根据国家质检总局《中华人民共和国出口植物源性食品残留物质监控抽样与检测计划》，黄山检验检疫局每年对原料、半成品抽取样品送安徽检验检疫局技术中心进行检测，主要针对 33 种农药（包括：滴滴涕、硫丹、噻嗪酮、甲胺磷、三唑磷、三氯杀螨醇、八氯二丙醚、高氰戊菊酯、甲氰菊酯、氰戊菊酯、氯氰菊酯、联苯菊脂、三氯杀螨砜、哒螨灵、毒死蜱、乐果、水胺硫磷、敌敌畏、苯硫磷、氟氯氰菊酯、氯氟氰菊酯、杀螟硫磷、马拉硫磷、吡虫啉、啶虫脒、氟虫腈、异稻瘟净、三唑酮、铅、镉、铜、砷、汞）的使用情况进行调查和检测，为及时调整出口法定检测项目提供依据。

为应对国外技术性贸易壁垒，保障茶叶质量安全，从源头控制出口茶叶安全卫生状况，2008 年 11 月，黄山检验检疫局和休宁县政府联合在休宁县召开出口茶叶质量安全示范区创建工作动员大会，出台《示范区创建方案》，明确创建指导思想、任务目标、工作方法，坚持“政府推动、市场拉动、企业带动、监管主动、基层行动”的示范区创建模式，大力推进“农资三级配送、病虫害三级防控和茶叶生产三级清洁网络”建设，全面启动休宁县出口茶叶质量安全示范区创建工作。

第七章　阜阳检验检疫局

阜阳市地处安徽省西北部，历史悠久，人文蔚盛，是春秋时期政治家管仲的故里，诗人嵇康的桑梓，还诞生了鲍叔牙、甘罗、吕蒙、刘福通等历史名人。阜阳市也是国家商品粮、棉、油、肉生产基地，号称“江淮百亿粮仓”，境内煤炭、天然气资源蕴藏丰富，煤炭可开采储量超 80 亿吨，成为华东新兴能源基地。阜阳市正从农业大市向农业强市转变，从工业弱市向工业立市转变，向着建设皖西北区域性中心城市的目标迈进。

阜阳口岸属二类陆运口岸，1994 年 4 月 1 日经安徽省政府批准设立。1999 年 11 月，阜阳检验检疫局批准设立，2002 年 8 月 31 日挂牌，10 月 14 日正式对外开展检验检疫业务。阜阳检验检疫局是安徽检验检疫局分支机构，业务管理辖区为阜阳、亳州两市。阜阳检验检疫局位于阜阳市清河东路 860 号，占地面积 17 亩，办公用房面积 6708 平方米（含实验室用房 617 平方米），职工宿舍面积 1359 平方米，在编职工 16 人、协检员 6 人、退休人员 2 人。

第一节　机构沿革

机构概况　1997 年 7 月，安徽省阜阳市政府与安徽商检局决定，成立阜阳商检局筹建办公室，安徽省阜阳市批复事业编制 15 人，筹建时间为 1997 年 7 月至 2002 年 8 月。

1999 年 11 月，国家检验检疫局《关于安徽检验检疫局下属分支局办事处设置和人员编制的批复》，批准设立阜阳检验检疫局，机构规格为正处级。

1999 年 11 月 16 日，安徽检验检疫局向阜阳市政府发函决定成立阜阳检验检疫局。

2002 年 8 月 31 日，阜阳检验检疫局开检，举行揭牌仪式。安徽检验检疫局局领导及各处室、直属单位、分支机构负责人参加了开检仪式，阜阳市政府副市长宋家伟、马明业等领导和有关部门负责人出席。

2003 年 4 月 20 日，中共安徽检验检疫局党组决定成立“中共阜阳检验检疫局党组”。

主要职责及内设机构　负责辖区内出入境卫生检疫、传染病监测和卫生监督；出入境动植物检验检疫和监督管理；实施进出口商品的法定检验和监督管理，负责进出口商品鉴定、外商投资财产鉴定，办理进出口商品复验；负责对进出口食品及其生产单位的卫生注册登记和对外注册管理，实施进口安全质量许可和出口质量许可以及进出口有关的质量认证认可工作；负责辖区内出口商品普惠制原产地证和一般原产地证的签证工作；负责办理报检、签证、计收费等工作。

办公室　协助局领导协调机关日常工作；负责局党组会、局务会等重要会议的协调和秘书工作；负责文秘、机要保密、信息宣传、文书档案、文印管理和督察督办工作；负责局精神文明创建、效能建设、机关劳动纪律检查和对外接待等工作。

负责管理全局检务工作。负责检验检疫证书（单）签发、业务统计工作、业务工作流程、商品质量分析和法规工作；负责普惠制原产地证书和一般原产地证书的签发、退证查询与调查管理工作；管理检验检疫证单、证书、业务用印鉴和档案归档管理工作；负责综合业务的协调管理工作。

业务科　负责辖区内出入境商品的法定检验检疫和监督管理工作；负责出入境商品的标签、封识、标志、批次和样品管理；对实施进口安全质量许可、出口质量许可、体系认证、卫生注册登记的商品和单位以及认可检验鉴定机构（包括中外合资、合作的检验鉴定机构）人员进行考核和监督管理；归口管理涉及安全卫生的进出口商品的监督检查等其他业务工作；负责辖区内的卫生检疫监测和卫生监督工作。

技术与服务分中心　负责实验室工作；负责技术开发、隔离检疫工作；按照有关规定，承担委托检验、鉴定业务和非法检商品的检验、事务工作，管理所属的服务经营等业务，做好国有资产的保值、增值工作。

人员情况　2002至2010年，阜阳检验检疫局人员情况见下表。

2002—2010年阜阳检验检疫局人员情况统计表

表 10-7-1

年份	在编人数	性别		党员	行政编制人员				事业编制人员			文化程度					专业职称	工人技术等级			正处级	副处级	正科级	副科级
		男	女		干部	职工	工人		干部	职工	合同工	博士生	研究生	大本	专科	高中		高级	中级	初级				
							固定	合同																
2002	9	5	4	7	8	0	0	0	1	0	0	0	1	7	1	0	1	1	0	0	1	2	1	0
2003	14	8	6	13	11	0	0	0	3	0	0	0	1	12	1	1	1	1	0	0	1	3	3	0
2004	15	8	7	13	12	0	0	0	3	0	0	0	1	12	1	1	1	1	0	0	1	2	4	0
2005	14	8	6	12	11	0	0	0	3	0	0	0	3	9	1	1	1	1	0	0	1	2	4	0
2006	18	11	7	14	15	0	0	0	3	0	0	0	6	10	1	0	1	1	0	0	2	2	4	0
2007	17	11	6	13	14	0	0	0	3	0	0	0	7	8	1	1	1	1	0	0	2	3	4	1
2008	13	8	5	10	10	0	0	0	3	0	0	0	6	6	1	0	1	1	0	0	1	2	4	1
2009	16	10	6	10	12	0	0	0	4	0	0	0	7	8	1	0	1	1	0	0	1	2	4	1
2010	17	11	6	10	12	0	0	0	4	0	0	0	7	8	1	0	1	1	0	0	1	2	4	2

第二节　业务建设

2002 年 10 月 10 日，阜阳检验检疫局受理第一票出口冻猪肉报检业务，从而拉开了开检的序幕。阜阳检验检疫局业务基本是由到阜阳帮助工作的安徽检验检疫局检验员帮助开展。2003 年 9 月，安徽检验检疫局要求所有辖区业务均属地报检，阜阳检验检疫局和安徽检验检疫局有关处室进行了业务交接，从而为阜阳检验检疫局业务发展打下基础。2004 年 11 月，由于检验人员有限，阜阳检验检疫局请示安徽检验检疫局，请求将部分中药材检验划交安徽检验检疫局植检处，造成中药材出口既在安徽检验检疫局报检又在阜阳检验检疫局报检的局面。

按照“忠于职守、勇于负责、严格把关、保国安民”的要求，阜阳检验检疫局严格依法行政、依法施检，不断加强检验检疫和监督管理工作。自 2002 年 10 月受理检验检疫业务以来，业务量逐年攀升，检验检疫出入境货物由 2003 年的 2114 批次、4194 万美元，增长至 2010 年的 5154 批、2.46 亿美元。

阜阳检验检疫局为应对金融危机对对外贸易造成的不利影响，积极开展质量安全专项活动，并出台多项措施，支持和服务企业扩大出口。在“质量和安全年”“质量提升”活动中，先后开展百名干部企业行、质量提升进万企、处级干部“一对一”、科级干部帮扶中下游企业等各项行动。并在出口企业分类管理、诚信管理、电子监管等方面取得新突破。辖区进出口企业已全部纳入诚信管理系统，备案登记企业 447 家，周期性评定企业 143 家，产地证企业 45 家。按照工业产品分类管理要求，完成转换和企业分类工作，对 19 家服装企业开展了监督检查。启动出口货物电子监管系统，4 家企业纳入监管。局领导亲力亲为，2010 年先后 20 多次深入辖区企业解决问题，召开 9 次产品质量分析会，确保了产品质量和食品安全，促进了地方外向型经济的发展。

按照安徽检验检疫局统一部署，按时完成进出口食品安全风险监控计划抽样、送样工作，积极组织实施打击违法添加非食用物质和滥用食品添加剂整顿以及“出口动物源性食品残留监控”等专项工作。狠抓进口流向管理，报检落实率持续保持 100%。做好通关单联网核查和电子证书联网核查，开展了打击伪造和使用检验检疫假证书专项行动。积极协助安徽检验检疫局对涉嫌检验检疫假证书的企业进行调查，有效打击和遏制了制售、伪造、贩卖和使用检验检疫假证书的不法行为。严格代理报检企业准入制度，规范代理报检行为，辖区代理报检企业增至两家。

2010 年，完成辖区 24 家出境竹木草企业、1 家进境牛皮加工企业和 1 家出口苗木企业的动植物检验检疫工作督察。协助安徽检验检疫局完成 15 家卫生注册企业登记考核。完成了对 9 家有代表性企业的管理体系认证行政监查工作。开展了对辖区 14 家注册登记的进口可用作原料的固体废物国内收货人的普查工作，注销了 1 家未能持续达到注册登记要求的企业资质。同时完成了 4 家进口食品化妆品收货人备案工作。

2002—2010 年阜阳检验检疫局业务开展情况统计表

表 10-7-2

年份	检验检疫货值（万美元）	进口商品批次、货值（美元）		出口商品批次、货值（美元）		不合格		
		批	万美元	批	万美元	批次	重量（吨）	金额（万美元）
2002	787.45	0	0	397	787.45	0	0	0
2003	4199.06	4	55.33	2114	4143.73	0	0	0
2004	7330.54	19	307.82	2731	7022.72	0	0	0
2005	9849.62	49	1180.65	3007	8668.97	0	0	0
2006	13357.44	47	1099.66	3156	12257.78	3	10.5	1.7
2007	16402.75	24	440.96	3716	15961.79	1	17.8	2.0
2008	18224.27	106	2031.11	4155	16193.16	8	149.6	15.1
2009	15319	98	1590	4194	13729	15	17	19.8
2010	24650	56	1200	5161	23451	4	55	56

出口商品

冻猪肉　冻猪肉原为大宗出口商品，开检以来检验 276 批，7865 万美元，现因无养殖基地，不符合出口条件，已停止出口。

脱水蔬菜　脱水蔬菜是阜阳市临泉县的拳头出口产品，在国际市场有一定影响。

中药材　中药材由安徽检验检疫局和阜阳检验检疫局共同检验，亳州市是中药材交易集散地之一，产品主要出口至韩国、欧盟等国家和地区以及中国台湾。

果菜罐头　阜阳原有 2 家出口罐头公司，由于经营和金融危机的影响，1 家公司停产，只有 1 家正常生产出口。

蜂蜜　阜阳只有一家出口蜂蜜企业，由于建立了备案养蜂基地，从源头控制原料，产品远销欧盟、日本。

小麦蛋白粉（谷沅粉） 2008年受三聚氰胺影响，小麦蛋白粉出口量锐减，阜阳检验检疫局按照国家质检总局规定对小麦蛋白粉的三聚氰胺进行检测。

柠檬酸 受“欣弗”事件影响，阜阳华源制药有限公司几近停产，已不再生产柠檬酸出口。

柳编及木制品 阜南县黄冈柳编历史悠久，文化底蕴深厚，因其工艺独特，手法多变，作品精致美观，具有较高的实用价值、文化价值、审美价值和经济价值，出口呈逐年上升趋势。出口木制品品种、销售国家逐渐增多，产品档次逐步增加。

铅笔 阜阳检验检疫局辖区铅笔生产企业以内销为主，后逐件打开外销市场，有一定出口潜力。

芝麻油、玉米油 随着国内原料的涨价、出口退税的取消，出口量递减。

轴承 开检以来检验238批、110万美元。后因HS编码调整，从法检商品调整为非法检商品。

苗木 随着阜阳苗木公司发展，苗圃规模不断扩大、档次逐渐提高，产品主要出口至韩国，出口逐年增加。

微电机 2005年，由于阜阳青峰机械厂改制破产，转至深圳生产，产品在阜阳停止出口。

瓷餐具 2007年7月，涡阳华都精陶公司取得对美出口陶瓷质量许可证。

服装及其他纺织品 作为阜阳市招商引资产业，经过多年的培育和完善，阜阳市纺织服装行业加速发展，出口量逐年上升。

兔毛 阜阳曾是兔毛出口基地，产品曾享誉海内外。后由于产品掺假现象严重，影响整个行业，仅存1家出口企业，产品主要出口韩国。

蓝湿牛皮 主要以进口为主，受金融危机影响，成品出口很少，主要用作内销。

薄荷素油、薄荷脑 薄荷素有“世界薄荷数中国、中国薄荷看太和”美誉，为阜阳市土特产品。但是由于历史原因，薄荷出口大幅下降。薄荷脑不属于法检产品，但一般国外客户要求出具检验检疫局的品质证，基本批批报检。

马鬃尾 常年出口至欧盟地区，产品质量稳定。

稀释过氧化苯甲酰 因国家打击滥用食品添加剂行动，已取消该产品的生产许可证。

复合调味料 主要产区为阜阳市界首市，工厂规模逐渐扩大，出口逐渐增加。

保鲜桔梗 主要以出口韩国为主，有自己的备案种植基地，出口质量稳定。

火腿肠及肉罐头 需备案的养殖基地，阜阳检验检疫局辖区暂无符合条件企业。

白酒 辖区内白酒出口企业为古井集团，每年出口量较少，出口均是低度酒。

芝麻 芝麻占阜阳检验检疫局辖区出口农产品较大比重，其中出口至韩国的中国原料芝麻阜阳检验检疫局辖区占 50% 左右，出口量呈逐年上升趋势。

2002 —2010 年阜阳检验检疫局出口商品检验检疫情况统计表

表 10-7-3

年份	批次	数量（万件）	金额（万美元）	不合格		
				批次	重量（吨）	金额（万美元）
2002	397	64.81	787.45	0	0	0
2003	2114	294.66	4143.73	0	0	0
2004	2731	360.49	7022.72	0	0	0
2005	3007	365.78	8668.97	0	0	0
2006	3156	436.75	12257.78	3	10.5	1.7
2007	3716	454.18	15961.79	1	17.8	2.0
2008	4155	402.53	16193.16	8	149.6	15.1
2009	4194	374.07	13729.54	15	17	19.8
2010	5161	477.80	23451.68	4	55	56

进口商品

棉花　阜阳华源纺织公司每年都有相当数量的棉花进口。2008 年由于国家储备，进口棉花数量增加较多。主要质量问题是短重、级别达不到品级标准。

医疗设备　随着人民生活水平逐步提高，对医疗设备方面需求量逐渐增加，阜阳医疗器械进口特别是高端医疗设备进口保持平稳增长。

盐湿牛皮　随着人民币升值，进口增加较快。

机电设备　由于阜阳华润电厂正值建设期，进口设备有所增加，其他为零星进口。

芝麻　由于人民币升值，原来完全出口的芝麻已有进口，实际进口量要大的多，多数在口岸报检。

2003—2010 年阜阳检验检疫局进口商品检验检疫情况统计表

表 10-7-4

年份	批次	数量（件）	金额（万美元）
2003	4	1917	55.33
2004	19	5178	307.82
2005	49	2912	1180.65

2006	47	8111	1099.66
2007	24	19217	440.96
2008	106	25281	2031.11
2009	103	12103	1595.47
2010	62	24225	1232.11

第三节　思想文化建设

阜阳检验检疫局机关党支部自2003年以来，一年开展一个主题教育活动，全面加强党的思想、组织和作风建设，加强党的先进性和执政能力建设，强化全体职工积极向上、爱岗敬业、顾全大局、服务奉献的意识，充分发挥了党员的先锋模范作用和支部的战斗堡垒作用。

党的思想建设。阜阳检验检疫局机关党支部由5人组成，局党组成员、副局长兼任党支部书记，局党组对机关党支部工作十分重视，工作上大力支持，活动上积极参与，经费上尽力落实。各位支委既明确分工，又密切合作，支部工作开展的有条不紊，扎扎实实。每年年初，根据上级党委的工作部署，认真制定年度学习计划，同时，根据上级党组织要求，及时调整、充实学习内容，做到党员学习教育活动“有时间、有计划、有内容、有专人负责”。按照上级的安排，坚持抓思想教育经常化，抓理想信念教育不松懈，抓政策法规教育持之以恒。同时做到工作环境、工作秩序良好。领导班子对局内的管理工作十分重视，结合实际，修订和完善35项规章制度，使阜阳检验检疫局各项工作做到有章可循，有据可依，按程序办事，用制度管人，党员在此过程中起到先锋模范作用，各项工作走上了规范化的管理轨道。

党支部获得荣誉。阜阳检验检疫局党支部从2006年至2010年党建工作连续5年被市直机关工委评为先进基层党组织。被阜阳市直机关工作委员会评为市直2006—2007年度优秀理论学习中心组。

党风廉政建设。认真执行党风廉政各项规章制度和各项优良传统，检验检疫工作和党风廉政建设取得良好成效。坚持节假日急事急办、特事特办和公开、透明原则，严格执行新的检验检疫收费标准、并将“检验检疫流程”“商品检验检疫周期”和“检验检疫工作人员八不准”等内容张贴在报检大厅，认真兑现向社会公开的《十项服务承诺》内容，主动接受地方行风监督检查和媒体的明查暗访，外贸企业反应良好。

以检验检疫工作为中心，以服务地方经济社会又好又快发展为己任，以推进机关作风效能建设和精神文明建设为抓手，实现了检验检疫工作和思想文化建设的双丰收。

为促进阜阳检验检疫局事业的全面发展，自2003年以来，在抗击“非典”、抗洪救灾、防控禽流感、EV71病毒、手足口病、汶川特大地震和甲型H1N1流感防控期间，全体职工以大局为重，纷纷慷慨解囊，单位和个人捐款约10万元，局党支部、工会、共青团、妇委会等组织在建立联系点、结对共建、帮助特困职工等各项帮扶活动中，始终走在前列，努力为帮扶对象解决实际问题，为进出口企业提升产品质量作出不懈努力。

2002年，获市级“青年文明号”，2003年，获省级“青年文明号”。2004年，被安徽省委、省政府命名为第六届“安徽省文明单位”，2007年6月，被阜阳市委市政府授予第五届“阜阳市文明单位”，2008年4月被安徽省委、省政府命名为第八届“安徽省文明单位”。获2008年度亳州市商务工作“优质服务单位”。2009年5月，被阜阳市委市政府授予第六届“阜阳市文明单位”。2009年12月，获国家级青年文明号。局党支部连续5年被评为“阜阳市先进基层党支部”。在产品质量和食品安全专项整治工作中受到阜阳市政府通报表彰，2009年2月、2010年12月，分别获“全国检验检疫文明服务窗口”称号。

第八章　池州检验检疫局

池州市，位于安徽省西南部，北与安庆市隔江相望，南接黄山市，西南与江西省九江市为邻，东和东北分别与芜湖市、铜陵市、宣城市接壤，是长江南岸重要的滨江港口城市，荣获省级历史文化名城、皖江城市带承接产业转移示范区城市、全国双拥模范城等荣誉，也是安徽省“两山一湖”（黄山、九华山、太平湖）旅游区的重要组成部分，皖南国际文化旅游示范区核心区域。

2005 年 7 月 4 日，国务院《关于同意安徽池州港口岸对外开放的批复》，同意安徽池州港口岸对外国籍船舶开放。2006 年 1 月 6 日，国家质检总局《关于同意设立池州出入境检验检疫局的批复》，同意设立中华人民共和国池州出入境检验检疫局，机构规格正处级，处级领导职数 3 名，核定行政编制 20 名。池州检验检疫局位于池州市清溪大道 689 号，占地 14.2 亩，建筑面积共 4007.4 平方米，其中办公楼建筑面积共 2800 平方米，生活附属用房建筑面积共 1207.4 平方米。

第一节　机构沿革

机构概况　2007 年 8 月 8 日，安徽检验检疫局研究决定成立池州检验检疫局筹备处。

池州检验检疫局基础设施建设工程是由地方政府投资建设的“交钥匙”工程。2007 年 10 月 6 日土建工程开工，2008 年 1 月 31 日主体工程封顶，2008 年 8 月土建工程竣工，开始内装修。2009 年 7 月 23 日通过国家口岸办、中编办及国家质检总局等部委联合验收组的验收。

2009 年 12 月 29 日，安徽省政府副省长文海英、安徽检验检疫局局长邱栋久、池州市委书记童怀伟共同揭牌，池州检验检疫局正式挂牌成立。

主要职责和内设机构　贯彻执行国家局和省局有关检验检疫工作的方针和决议。承担所辖区域内检验检疫的行政执法工作；负责辖区内出入境人员、商品的法定检验检疫、检定和监督管理工作；对实施出口质量许可、卫生注册登记、检疫注册登记、质量认证的企业进行考核和监督管理；对认可的检验检疫机构、鉴定机构和检验检商品和流通领域进口商品的监管和抽查工作；收集国内外有关疫情信息、对所辖区域内疫情实施监督检查；负责检验检疫标志、批次、封识的管理和上级领导交办的其他工作。

办公室　负责局公文处理各项工作；承担局党组会、局长办公会和其他会议安排工作；负责局党组决定重要事项的督查督办工作；承担管理机关文书、科技及各种资料档案工作；负责保密工作，承担保密领导小组日常工作；负责全局信息、宣传工作；负责协调对外接待管理的计划安排工作；安排局领导的日常工作和服务工作；负责人员管理和干部的考核工作；负责机关劳动纪律的监督检查和职工病事假、公休假的管理；负责本局会计核算和财务管理；负责国有资产管理工作；负责行政监察工作；负责全局的精神文明建设和职工的思想政治工作；承办局领导交办的其他工作。

综合业务科　负责辖区内出入境商品等应检物的法定检验检疫和监管工作，目录外出口商品监督抽查工作；负责辖区内出入境卫生检疫和监督管理工作；负责辖区内检验检疫业务的报检、计费、放行、签证管理工作；协助省局对辖区内代理报检单位注册登记和辖区报检员注册登记两项行政许可项目实施及管理，负责辖区自理报检单位备案登记管理工作；负责辖区检验检疫业务原始档案的整理归档、保管、查询及定期销毁管理工作，以及报检单位及报检员注册登记及日常管理档案的整理和保管；负责出口生产企业分类管理，协助省局绿色通道管理工作，以及出口企业免验产品的组织评定、监管工作，并建立档案；负责检验检疫业务统计及进出口商品质量分析工作；协助省局对辖区内出口食品、化妆品生产、加工单位的卫生注册登记和HACCP验证工作；负责出入境检验检疫法律法规、方针、政策的宣传教育工作；负责进出口企业的违法违规行为档案的建立，实施违法企业黑名单制度；负责计算机信息系统的运行和维护管理工作；负责实验室建设和管理工作；承办局领导交办的其他工作。

人员情况　2010年池州检验检疫局人员情况见下表。

2010年池州检验检疫局人员情况统计表

表10–8–1

<table>
<tr><th rowspan="3">年份</th><th rowspan="3">在编人数</th><th colspan="2">性别</th><th rowspan="3">党员</th><th colspan="4">行政编制人员</th><th colspan="3">事业编制人员</th><th colspan="5">文化程度</th><th rowspan="3">专业职称</th><th colspan="3">工人技术等级</th><th rowspan="3">正处级</th><th rowspan="3">副处级</th><th rowspan="3">正科级</th><th rowspan="3">副科级</th></tr>
<tr><th rowspan="2">男</th><th rowspan="2">女</th><th rowspan="2">干部</th><th rowspan="2">职工</th><th colspan="2">工人</th><th rowspan="2">干部</th><th rowspan="2">职工</th><th rowspan="2">合同工</th><th rowspan="2">博士生</th><th rowspan="2">研究生</th><th rowspan="2">大本</th><th rowspan="2">专科</th><th rowspan="2">高中</th><th rowspan="2">高级</th><th rowspan="2">中级</th><th rowspan="2">初级</th></tr>
<tr><th>固定</th><th>合同</th></tr>
<tr><td>2010</td><td>13</td><td>8</td><td>5</td><td>9</td><td>13</td><td>0</td><td>0</td><td>0</td><td>0</td><td>0</td><td>0</td><td>0</td><td>2</td><td>10</td><td>1</td><td>0</td><td>0</td><td>0</td><td>0</td><td>0</td><td>1</td><td>2</td><td>2</td><td>0</td></tr>
</table>

第二节　业务建设

2009 年 11 月 23 日开检试运行，2010 年，检验检疫出入境商品 2496 批，货值 8583 万美元，检验出境危险品货物包装 271 批。签发各类证单 2701 份。检验检疫出入境船舶 64 艘次，卫生检疫出入境人员 928 人次，检疫查验出入境集装箱 947 标箱。一次性检出不合格出口货物 4 批，货值 14.7 万美元；不合格出境危险品货物包装 5 批；检验进口货物短装 1 批，72.6 万欧元，出具检验证书 1 份。2010 年 6 月，池州检验检疫局在全省分支机构中率先尝试开展出口企业分类管理，首批完成对辖区 26 家主要出口工业产品生产企业的分类评定工作。共评出安徽池州家用机床股份有限公司、安徽省青阳方兴实业有限公司和安徽省东至玩具总厂一类企业 3 家；池州共和机械有限责任公司、安徽大九华铜业有限公司、安徽省东至东海服装有限公司、池州市鸿亮竹业有限公司、安徽青阳秋田木业有限公司等二类企业 14 家；推进以“企业分类 + 产品风险分级”为基础的检验监管新模式。同年 7 月，在全省分支局中率先对辖区 3 家一类企业实行电子监管，将这 3 家企业的钻铣床、阀门和毛绒玩具等 7 种产品纳入电子监管系统，提高了出口货物通关速度。电子监管模式为出口批次多、产品结构稳定、信用等级高的企业带来了实惠。

主要入境检验检疫货物　铅精矿、棉花、机械零部件、金属加工中心、激光照相排版系统、水位控制系统等。其中进口铅精矿 23 批，货值 5296 万美元，批次和货值分别占 77% 和 96%。

主要出境检验检疫货物　主要出口货物批次和货值所占比例分别为：服装、玩具、鞋类等轻纺类占 42% 和 38%；机床、阀门、电线电缆等机电类占 33% 和 29%；竹筷、竹签、竹地板、木制家具等竹木制品类均占 20%；速冻蔬菜、芝麻类食品农产品及其他占 5% 和 13%。

池州检验检疫局出境主要商品检验检疫情况统计表

表 10-8-2

商品类别	批次	金额（万美元）	不合格		
			批次	重量	金额
机床类	632	657.5	1		
服装类	946	1496	2		2.35
竹木制品类	449	931.7	0		0
食品农产品类	158	784.35	1	57	10.15

第三节　思想文化建设

池州检验检疫局党组要求干部职工强化学习、苦练内功，提高政治理论水平；加强组织建设，坚持以领导班子和党员队伍建设为重点，充分发挥局党组的领导核心、党支部的战斗堡垒和党员的先锋模范作用；认真贯彻执行民主集中制，严格民主生活会，重视抓好党员发展，建立和落实机关党建工作责任制，以完善的规章制度促进组织建设；求真务实，全面开展“创先争优”活动。池州检验检疫局以沈浩同志为榜样，采用多种活动形式开展创先争优活动。

池州检验检疫局积极参与池州市共建文明口岸活动，建设“安全、高效、廉洁、和谐”的口岸，“优化通关环境、优化口岸服务、优化协作配合，深化廉政共建”；2010年参与池州市创建第二届安徽省文明城市活动；开展“情系玉树、奉献爱心”为玉树地震灾区捐款活动，共捐款1300元；同年8月在全体职工中开展“春蕾计划”活动，主动与市妇儿工委办公室联系确定资助对象，与贵池区秋浦街道贫困女童何敏同学结对资助；9月团支部组织团员青年走进示范区，实地考察皖江城市带承接产业转移示范区江南集中区；10月，参加池州市妇联组织“恒爱行动——征集爱心父母为孤残儿童编织毛衣、捐赠爱心毛衣”的活动。

第四节　重要记事

2006年11月6日，国家质检总局《关于同意设立池州出入境检验检疫局的批复》，同意设立中华人民共和国池州出入境检验检疫局，机构规格为正处级，处级领导职数3名，核定行政编制20名。

2007年8月8日，安徽检验检疫局研究决定成立池州出入境检验检疫局筹备处。

2009年8月11日，安徽检验检疫局下发《关于撤销池州检验检疫局筹备处的通知》，决定撤销池州检验检疫局筹备处。

2009年11月9日，安徽检验检疫局下发《关于池州检验检疫局业务辖区和分工的通知》，明确池州局业务辖区和分工。

2009年11月23日，池州检验检疫局开检试运行。

2009年12月29日，池州检验检疫局揭牌成立。

2010年5月17日，池州检验检疫局印发《池州检验检疫局党组关于实行党风廉政建设责任制的实施办法》等8项规章制度。

第九章　合肥机场办事处

1988年，合肥骆岗机场被国务院定为一类口岸，1990年，国务院正式批准合肥航空口岸对港澳地区开放，由中国籍飞机承担合肥至香港客货运输业务。

1996年12月30日，农业部批准设立合肥机场动植物检疫局（简称机场动植检局），副处级建制，隶属合肥动植检局管理，暂不定编，人员由合肥动植检局内部调剂。主要负责合肥机场和合肥火车站的进出境动植物检疫工作。1997年8月4日，正式对外挂牌办公，实有职工2人。办公地址：合肥市合作化南路186号华储宾馆6楼，1998年3月，迁至合肥市东流路30号合肥动植检办公大楼。

安徽检验检疫局合肥机场办事处，是1999年“三检”合一时，由中央机构编制委员会办公室批复设置的副处级机构。2006年，合肥骆岗机场通过国家航空口岸对外开放验收组验收，升级为国际机场。

第一节　机　构

主要职责和内设机构　负责所辖区域出入境检验检疫法律法规、方针、政策的宣传工作。负责所辖区域出入境航空器、交通运载工具和国际航空人员的检疫和监督管理。负责所辖区域出入境人员的卫生检疫、传染病监测和携带物查验工作。负责所辖区域涉外宾馆、饭店、俱乐部和为出入境航空器配备食品、生活用水的生产经营单位卫生监督。负责所辖区域环境卫生监督及医学生物媒介监测。负责所辖区域卫生除害处理监管工作。负责所辖区域疫病疫情监测及资料收集、分析、上报工作。承办局领导交办的其他工作。

综合科　负责空白证单的管理工作；负责后勤保障工作；负责车辆管理工作；完成领导交办的其他工作。

旅检一科、旅检二科　负责进出境人员和航空器的卫生检疫查验工作；负责进出境旅客携带物、运载容器、包装物及铺垫材料的现场检疫查验以及截留物品的检疫处理及后续管理工作；负责监督进出境航空器卫生处理监督工作；负责进出境现场突发公共卫生事件先期处理及上报工作；负责旅检工作相关仪器、物品及应急物资的管理、维护工作；负责填写和保存相关记录、统计相关数据工作。

卫生监督科　负责实施口岸食品生产经营单位、服务行业、储存场地卫生许可证签发程序规定的材料初审，并对上述获证企业进行卫生监督和抽样检测，同时做好数据分析统计工作；负责组织口岸从业人员体检和协调对从业人员培训工作；负责实施突发食物中毒事件现场应急处理；负责生物媒介本地调查和数据统计上报工作；负责医学媒介实验室日常维护和管理工作；负责卫生监督仪器设备的管理工作。

货检科　负责进出境交通工具运输货物的检验检疫工作；负责填写和保存相关记录和统计相关数据工作。

人员情况　1999 至 2010 年，部分年份合肥机场办事处人员情况见下表。

1999—2010年部分年份合肥机场办事处人员情况统计表

表 10-9-1

年份	在编人数	性别		党员	行政编制人员				事业编制人员			文化程度					专业职称	工人技术等级			正处级	副处级	正科级	副科级
		男	女		干部	职工	工人 固定	工人 合同	干部	职工	合同工	博士生	研究生	大本	专科	高中		高级	中级	初级				
1999	2	2		2	2									2							1			
2005	6	5	1	2	3	2		1					1	3		1		2				1	1	1
2008	9	8	1	7	5	4							2	4		2		3				1	2	1
2009	9	8	1	6	5					4			3	2		2		2	1	1		1	2	1
2010	10	8	2	6	6					4			2	4		2		2	1	1		1	1	1

第二节　业务建设

业务概况　1972年，合肥骆岗机场动工建设，1978年交付使用，是当时全国十大民用机场之一，也是华东地区国际备降机场。1999年，合肥机场办事处成立以来，先后承担合肥至中国香港、至泰国、韩国、日本、波兰等国家多条临时或常态航班检验检疫任务，也承担了华东地区航班备降以及商务和公务机的检验检疫保障任务。

主要业务　合肥机场办事处主要任务是检验检疫进出境交通工具、旅客以及携带物。自2006年起，全面承担合肥空港食品卫生监督工作，同时承担空港口岸公共场所环境卫生监测。

卫生监督。对机场两家航空配餐企业以及候机楼食品经营服务单位及其食品和饮用水产业人员健康进行监督管理。

自2000年起，开展口岸医学生物媒介本底调查工作，4年一轮次，进行了3轮调查，获得了大量基本数据，掌握其变化，针对性采取灭杀措施。

先后执行日本、泰国、新加坡等国家和中国香港地区进出境航空器、人员以及携带物卫生检疫和动植物检疫，严防疫病疫情传入传出。

1999—2010年合肥机场办事处主要业务统计表

表10-9-2

年份	进出境旅客检疫（人次）	进出境航空器检疫（架次）
1999	6300（估算）	104（估算）
2001	16100	216
2002	23968	308
2003	16458	244
2004	21067	247
2005	18274	232
2006	22162	222
2007	26501	260
2008	39571	400
2009	65719	708
2010	95354	856

第三节 重要记事

1999 年 10 月，成立合肥机场办事处，对往返港澳地区的中国籍飞机开展检验检疫工作。

2003 年 4 月，“非典”时期，严把国门，防止疫情传入传出。

2006 年 6 月，合肥骆岗机场通过国家航空口岸对外开放验收组验收，升级为国际机场，对外国籍飞机开放。

2006 年 6 月，全面承担合肥骆岗机场范围内食品卫生监督管理工作。

2007 年 12 月 4 日，首架外国籍飞机落户合肥，承担由香港港龙航空公司执飞的香港—合肥—香港往返航线检验检疫工作。

2008 年 5—10 月，承担 2008 北京奥运会和残奥会备降保障任务。

2009 年 5—10 月，“甲流”疫情防控期间，发现并及时处置了自安徽省口岸入境的第一例、第二例 H1N1 甲型流感患者。

2010 年，承担上海世博会“护城河”安保任务。

第十章　淮北办事处

淮北市位于淮海地区腹地，苏鲁豫皖交界处，安徽省东北部，是中国五大能源基地之一，淮海经济区核心区城市，是国家和安徽省重要的粮、棉、畜、禽、蚕桑等农副产品生产基地。淮北市古称相邑、相县、别名相城，自有文字记载以来已有 4000 多年历史。

根据淮北市政府设立检验检疫机构的申请，为贯彻落实省委、省政府关于加快皖北地区经济发展的决定，支持淮北外向型经济发展，2002 年 4 月 20 日，安徽检验检疫局驻淮北工作组成立，业务工作隶属于蚌埠检验检疫局领导；2002 年 4 月 28 日，安徽检验检疫局驻淮北工作组挂牌开检；2004 年 12 月 30 日，国家质检总局正式批准设立“安徽检验检疫局淮北办事处”，正处级；2005 年 5 月，安徽检验检疫局驻淮北工作组撤销。2009 年 1 月 20 日，安徽检验检疫局淮北办事处揭牌，同年 7 月 29 日开检。

淮北办事处位于淮北市人民中路 187 号，建筑面积 5652.85 平方米，业务辖区为淮北市、宿州市，共 5 县 4 区。主要出口商品有：印染布、服装、玩具、农副产品、化矿产品、机电设备、精煤焦碳、纺织品、果汁、水果罐头、胶合板等。截至 2010 年年底，淮北办事处有在编职工 11 人（其中 3 人被派往宿州局窗口），聘用协检员 7 人，聘用工勤人员 6 人。

第一节　机构沿革

2002 年 4 月 20 日，安徽检验检疫局驻淮北工作组成立，业务工作隶属于蚌埠检验检疫局领导，6 名工作人员均从蚌埠检验检疫局抽调。

2002 年 4 月 28 日，安徽检验检疫局驻淮北工作组挂牌开检。

2004 年 12 月 31 日， 国家质检总局《关于设立中华人民共和国安徽出入境检验检疫局淮北办事处的批复》，批准设立安徽检验检疫局淮北办事处，机构规格为正处级，核定处级领导职数 3 名，行政编制 20 名，从安徽检验检疫局系统内调剂解决。

2005 年 5 月，安徽检验检疫局驻淮北工作组撤销。

2009 年 1 月 20 日，安徽检验检疫局淮北办事处揭牌。安徽检验检疫局局长鲍俊凯、省政府副秘书长韩军，淮北市政府市长许崇信、合肥海关副巡视员龙道政共同为淮北办事处揭牌。

2009 年 7 月 29 日，安徽检验检疫局淮北办事处正式对外开检。

2009 年 11 月 9 日，安徽检验检疫局批准成立安徽检验检疫局淮北办事处党组。

主要职责及内设机构 负责辖区内出入境卫生检疫、传染病监测和卫生监督。负责出入境动植物检验检疫和监督管理；实施进出口商品的法定检验和监督管理，负责进出口商品鉴定、外商投资财产鉴定，办理进出口商品复验。负责对进出口食品及其生产单位的卫生注册登记和对外注册管理，实施进口安全质量许可和出口质量许可以及进出口有关的质量认证认可工作。负责辖区内出口商品普惠制原产地证和一般原产地证的签证工作。负责办理报检、签证、计收费等工作。

办公室 协助局领导协调机关日常工作；负责局党组会、局务会等重要会议的协调和秘书工作；负责文秘、机要保密、信息宣传、文书档案、文印管理和督察督办工作；负责局精神文明创建、效能建设、机关劳动纪律检查和对外接待等工作；负责机关日常后勤保障工作；做好国有资产管理登记等工作。

通关和综合业务科 负责管理全局检务工作；负责检验检疫证书（单）签发、业务统计工作、业务工作流程、商品质量分析和法规工作；负责普惠制原产地证书和一般原产地证书的签发、退证查询与调查管理工作；管理检验检疫证单、证书、业务用印鉴和档案归档管理工作；负责综合业务的协调管理工作。

一科 负责辖区内出入境动植食产品检验检疫监督管理工作；对实施进口安全质量许可、出口质量许可、体系认证、卫生注册登记的动植食产品和生产单位以及认可检验鉴定机构（包括中外合资、合作的检验鉴定机构）人员进行考核和监督管理；归口管理涉及安全卫生的进出口商品的监督检查等其他业务工作。

二科 负责辖区内出入境工业产品检验检疫监督管理工作；对实施进口安全质量许可、出口质量许可、体系认证、卫生注册登记的工业产品和生产单位以及认可检验鉴定机构（包括中外合资、合作的检验鉴定机构）人员进行考核和监督管理；归口管理涉及安全卫生的进出口商品的监督检查等其他业务工作。

人员情况 2009 至 2010 年，淮北办事处人员情况见下表。

2009—2010年淮北办事处人员情况统计表

表10-10-1

年份	在编人数	性别		党员	行政编制人员				事业编制人员			文化程度					专业职称	工人技术等级			正处级	副处级	正科级	副科级
		男	女		干部	职工	工人		干部	职工	合同工	博士生	研究生	大本	专科	高中		高级	中级	初级				
							固定	合同																
2009	14	10	4	10	14	0	0	0	0	0	0	0	2	12	0	0	0	0	0	0	1	4	2	1
2010	11	8	3	7	11	0	0	0	0	0	0	0	2	9	0	0	0	0	0	0	1	2	2	1

第二节 业务建设

业务概况 2009年7月29日，安徽检验检疫局淮北办事处正式对外开检。开检时主要出口商品有：印染布、玩具、服装、化矿产品、木制品、脱水蔬菜、机电产品等。进口产品主要为成套设备、棉花等。开检时砀山、萧县的出口果蔬罐头等产品的监管工作仍然由蚌埠检验检疫局负责。

2009—2010年淮北办事处业务情况统计表

表10-10-2

年份	检验检疫货值（万美元）	进口商品批次、货值（美元）		出口商品批次、货值（美元）		不合格		
		批	万美元	批	万美元	批次	件	金额（万美元）
2009	7226.75	10	110.09	1599	7116.66	0	0	0
2010	22626.39	38	623.13	4237	22003.26	3	528	8.72

第三节 思想文化建设

自开检以来，淮北办事处机关党支部在淮北市直机关工委的关心指导下，全面加强党的思想、组织和作风建设，加强党的先进性和执政能力建设，强化全体职工积极向上、爱岗敬业、顾全大局、服务奉献的意识，充分发挥了党员的先锋模范作用和支部的战斗堡垒作用。

附 录

安徽省人民政府办公厅转发安徽出入境检验检疫局关于加强出入境检验检疫工作促进开放型经济发展意见的通知

皖政办[2001]37号

各市、县人民政府，省政府各部门、各直属机构：

经省政府同意，现将安徽出入境检验检疫局关于《加强出入境检验检疫工作促进开放型经济发展的意见》，转发给你们。该《意见》从降低收费标准，改进工作作风，提供国际经济知识和信息技术等多方面，主动为地方和企业开展服务，对促进企业按国际规则加强管理，提高素质和国际竞争力，扩大出口具有重要作用。各级政府。各有关部门要主动加强与出入境检验检疫、海关等口岸查验部门的联系与沟通，大力支持他们的工作，企业要进一步提高质量意识，严把进出口商品质量关，自觉接受检验检疫。各地都要充分利用检验检疫部门提供的优质服务，发展开放型经济，促进加快发展、富民强省目标的实现。

安徽省人民政府办公厅

二〇〇一年五月十八日

关于加强出入境检验检疫工作促进开放型经济发展的意见

（安徽出入境检验检疫局 二00一年五月）

为贯彻落实全省发展开放型经济工作经验交流会议精神，现根据国家有关规定和我省实际，就加强出入境检验检疫工作，提供优质服务，促进全省开放型经济发展，提出以下意见。

一、降低收费标准，鼓励加工贸易出口和外商以设备投资。

属于加工贸易的出口货物品质检验费按1999年初标准的70%计收，共同检验的按35%计收，认可检验的按17.5%计收。对来料加工的进口来料不实施品质检验。

对外商投资财产的鉴定，限于外商投资企业及各种对外补偿贸易方式中的境外投资者以实物作价投资的财产，或外商投资企业委托境外投资者用投资资金从境外购买的财产。外商投资财产总值（按鉴定后实际价值计算，下同）500万美元以下的（含500万美元），检验检疫收费标准由1999年初的4%、3%等一律降为2.5%；500万美元—1000万美元的，按2%计收；1000万美元—1亿美元的，按1%计收；1亿美元—1.5亿美元的，按0.5%计收；超过1.5亿美元的部分，不再收费。外商投资财产鉴定与品质鉴定一并办理的，不再计收品质检验费。

二、加强服务，促进企业规范化管理，提高企业素质和国际竞争力。

帮助企业建立健全质量管理体系。出入境检验检疫部门在实施出口质量许可和卫生注册（登记）制度的过程中，要主动提供咨询和技术指导，帮助企业建立健全质量管理体系；帮助食品加工企业引人国际通行的HACCP管理模式开展管理，并积极向国外推荐，争取国外考核人员来我省考核，推动我省食品加工企业国外注册工作，扩大食品出口。

用好普惠制，扩大安徽产品的国际竞争力。普惠制是发达国家给予发展中国家的非互惠关税优惠。普惠制关税税率总体上比最惠国税率低，有的实行零税率。出入境检验检疫部门要与外经贸主管部门配合，广泛宣传普惠制规则，及时向企业通报给惠国特别是欧盟国家普惠制方案变化情况，引导企业调整产品结构和原料来源结构，避开毕业产品，利用普惠制扩大出口；帮助企业培训普惠制签证人员，提高利用普惠制技巧。

开展疫情、疫病监控和有害生物风险分析，促进农产品出口。安徽农产品资源丰富，出口潜力大。出入境检验检疫部门要积极收集、分析国外疫情信息，配合农业主管部门通过各种形式发布国际市场对农产品质量的新规定、新标准，针对我省出口农产品存在的质量问题，提出改进建议。在出口农产品的收购、加工、储存、保鲜、运输、销售等环节，提供质量、安全、卫生方面的控制技术。积极参与地方对出口农产品的品种改良和鉴定、引进工作，协助地方发展生态农业、创汇农业和绿色食品加工业。通过对有害生物的风险分析，为安徽水果进入国际市场提供检疫基础。

运用WTO规则，对出口产业提供保护措施。出入境检验检疫部门要认真研究WTO有关协议，针对我省实际，主动向地方政府和企业提供有关信息和对策建议，帮助企业运用WTO规则维护自身权益。

三、进一步改进工作作风，把高工作效率。

简化手续，提高办事效率。检验检疫机关对企业申报进口证书，要在3个工作日内办结；申报出口证书在2个工作日内完成。放行单半个工作日内出具；普惠制签证1个工作日内签发，对外地人员随到随签，急证加班签发；港口登轮、机场查验24小时全天候服务。

公开办事制度。全面实行工作程序、工作规范、工作要求公示制；实行首问负责制，接受首问人员负责联系好相关部门和人员；公布服务承诺、监督电话；广泛开展文明窗口、优质服务活动。

积极推进分类检验监管制度。出入境检验检疫部门要逐步转变按商品种类进行管理的方式，按照“监管有效、方便进出”的原则，实行分类管理。对生产条件、管理水平、质量状况较好的企业，列入一类、二类，简化检验检疫手续，经批准免去质量体系审查，减少抽查批次。

优化口岸通关机制，提高通关效率。在海关对长江沿岸7省市进出口转关运输货物实行新的监管办法，建立沿江快速通道后，安徽出入境检验检疫机关要加强与其他省市出入境检验检疫机关的沟通协调，争取我省进出口货物在其他口岸快速进出，提高通关效率。同时，安徽出入境检验检疫部门要加强马鞍山、芜湖、铜陵、安庆口岸的设施建设，进一步完善口岸检验检疫机关的查验功能，就近为进出口企业服务。积极配合国家“电子口岸”工程，全面推广网上报检。签单和转单。

做好出口企业质量认证工作。出入境检验检疫部门要积极配合外经贸部门继续做好出口企业质量认证工作，争取2002年全省30%的出口企业通过质量体系认证。对认证工作，要按照国家质检总局的要求，坚持做到统一目录、统一标准、统一程序、统一标志、统一收费标准；对企业的认证，做到一次申请、一次认证、一次发证。对获得认证机构颁发的认证证书的企业，在证书有效期内，可免于出口质量许可证制度的工作条件审查，在检验检疫环节优先报检、优先检验检疫、优先出证放行。

加强与地方政府、有关部门和企业的联系。定期征询意见，接受舆论监督，不断改进工作。

关于印发《安徽省出口淡水小龙虾捕捞区备案监督管理暂行条例》的通知

皖检动函〔2006〕124号

省小龙虾协会、各出口龙虾企业：

为做好我省淡水小龙虾及制品检验检疫及监督管理工作，我局制定了《安徽省出口淡水小龙虾捕捞区备案监督管理暂行规定》，现将《规定》印发给你们，请遵照执行。

二〇〇六年四月十三日

安徽省出口淡水小龙虾捕捞区备案监督管理暂行规定

第一章 总 则

第一条 为加强出口淡水小龙虾及制品检验检疫及监督管理，保证安全卫生质量。根据《中华人民共和国食品卫生法》《出口水产品生产企业注册卫生规范》和《出口淡水小龙虾及其制品检验检疫管理规范》等相关法律法规，结合我省实际情况，制定本规定。

第二条 本规定适用于出口淡水小龙虾及其制品，是指以天然野生淡水小龙虾（学名：克氏螯虾 Crayfish）为原料加工而成的冷冻生、熟淡水小龙虾及其制品。其原料产区捕捞点备案工作程序及监督管理。

第三条 安徽检验检疫局动检处，统一负责全省出口淡水小龙虾企业的原料产区捕捞点备案考核评审；各地、市检验检疫分支局负责所辖地区已备案捕捞点的监督管理工作。

第二章 备案监督管理

第四条 申请备案的龙虾原料的捕捞区，必须符合出口淡水小龙虾原料产区和收购点检验检疫备案条件。必须确保原料产区周围环境卫生良好，无“三废”污染。水质符合渔业水质卫生标准及有关规定，禁止使用农牧主管部门及检验检疫机构规定的违禁药物及有毒有害物质。对不符合的一律不予备案，该原料产区的小龙虾不得用于出口。

第五条 申请备案的龙虾原料的捕捞区，应及时向所在地检验检疫机构提出备案申请，呈交以下材料：

1. 填写《出口淡水小龙虾原料产区及收购点备案申请表》一式三份。

2. 提供产区水质及小龙虾原料的检测合格报告。

3. 原料产区或收购点负责人身份证复印件和签字手书。

4. 原料收购和管理制度资料。

5. 渔业部门同意设立安全可捕捞区的证明复印件。

6. 原料产区和收购点的平面图。

第六条 局动检处和分支局，经对申请备案的资料进行文件审核、现场审核，取样化验后综合评定，符合规定要求的，准予备案和进行编号，发给安全捕捞证书；同时将准予备案的名录报国家质检总局。

第七条 检验检疫机构对已备案原料捕捞区的安全卫生管理，实行三级监督管理制度。首先已备案捕捞区自查，完善管理制度，记好收购台帐，做好标识记录，能够溯源，真实填写供货证明，落实责任到人；其次收购加工出口企业要经常性与原料的捕捞区渔业部门联系，及时了解安全卫生方面动态情况，对不符合规定要求的、无供货证明的龙虾坚决拒收，并及时上报辖区检验检疫局。第三检验检疫机构根据日常监控情况，不定期到原料的捕捞区抽查检验。一旦发现捕捞区受污染，应立即采取隔离封锁等紧急控制措施，通知各出口企业禁收此原料。

第八条 申请备案的龙虾原料捕捞区的检验人员，经检验检疫机关培训、考核合格者，方能从事出口检验、记录工作。捕捞区供货证明，由上述检验人员签发。检验检疫机关对检验人员实行动态管理。

第九条 执行预报验制度，加强过程监控。各生产加工企业在接到出口订单后，须向检验检疫机关预报其出口龙虾的原料收购情况、品种、规格、数量、输入国要求及生产加工时间。以便检验检疫机关对其龙虾原料捕捞区及相关条件进行审核，对其生产过程进行监管。

第十条 检验检疫机构对龙虾企业的加工出口量实施量化管理，按每个捕捞区的最大捕捞量、实际生产日、车间面积、设备、人员数量作为出口报验限量，禁止超量生产，禁止报验量大于实际生产量，禁止收购非备案原料捕捞区的龙虾产品。

第三章 原料安全卫生控制

第十一条 出口龙虾加工企业每年在生产前，须向所在地检验检疫机构申报本年度企业原料捕捞区、收购原料的数量及保证加工原料分别来自上述地区的自律声明；制定出在收购每批龙虾时的标识和溯源计划。

第十二条 出口淡水小龙虾的加工企业，,必须从经检验检疫机构登记备案，并接受日常监督管理的原料产区购买龙虾。不得从非备案原料产区购买龙虾原料，自觉遵守诚信协议自律声明。

第十三条 出口龙虾加工企业在收购原料时，必须凭备案原料产区负责人签发的《出口淡水小龙虾原料产区供货证明》收购。收购时必须按原料捕捞区建立收购台帐，详细记录存档。

第十四条 备案原料产区不准用化学方法捕杀龙虾，不得在有异味、变色的污染水域捕捞龙虾，不准用农药、化肥、饲料包装袋来装龙虾，其它容器具要保持清洁卫生。

第十五条 加工企业对原料实施安全卫生项目的监控。对来源于不同备案产区的淡水小龙虾原料，加工企业每年须随机抽取样品作氯霉素、硝基呋喃及其代谢物、重金属（铅、镉、汞、砷）和多氯联苯的检测。没有检测条件的出口企业需委托送检。经检测发现异常情况的原料应立即停止收购，并报告检验检疫机构和渔业主管部门。

第十六条 检验检疫机构每年春季负责对备案的龙虾原料捕捞区抽查并取样化验，以次作为年度审核依据。按质检总局《残留监控计划》要求，第一次若检出残留超标的，以书面形式通报所在地农牧渔业部门和备案捕捞区，进行追踪调查，其产品不准出口，并再次取样检测，追踪调查样品检测结果仍为阳性时，暂停其产品的出口报检，须停产整顿，待查明原因，采取有效措施并检测合格后，方可恢复出口。

第四章 检验检疫

第十七条 经检验检疫安全卫生项目不合格的，不准返工整理后再报验出口，生产厂必须查明原因，并提供书面报告；连续二次不合格的责令其停产整顿；拒不整顿或整顿后达不到要求的，将暂停出口报验。

第十八条 出口龙虾产品检测不合格的，首先要督促出口企业保证其不合格的产品及时被召回，由检验检疫人员出具《不合格通知单》。对不合格的产品必须实施显著标志，专区存放，与合格的产品严格分开。

第十九条 对检测不合格产品需要复验的，由检验检疫机构按有关规定抽样、封样并送相关实验室检测。

第二十条 检验检疫机关对出口龙虾企业的各种检验检疫原始记录及检测报告、报验单证、厂检单等，要求项目齐全，字迹清楚、真实可靠，整理归档后保存二年以上。

第五章 处 罚

第二十一条 对管理混乱、令行不止、违反“专厂、专号、专用”规定、擅自收购非备案产区小龙虾原料的，暂停受理出口报检，限期整改，直至取消注册资格。

第二十二条 备案产区和收购点逾期不申请年审或年审不合格的，暂停受理出口报检，限期整改，直至取消备案资格。

关于印发《出境货物木质包装热处理要求》的通知

皖检植[2006]55号

各分支局、办事处：

根据《出境货物木质包装检疫处理管理办法》（国家质检总局第69号令）要求，结合安徽省实际，我局在充分调研的基础上，制定了《安徽出入境检验检疫局出境货物木质包装热处理要求》，现印发你们，请遵照执行。

二〇〇六年七月十二日

安徽出入境检验检疫局出境货物木质包装热处理要求

1.热处理技术指标（暂定）

1.1 木材中心温度达70℃。

1.2 木材中心温度持续时间10小时(持续期间，若出现木材中心温度低于56℃时，则此前木材中心温度达到70℃的持续时间不算，新的持续时间从木材中心温度重新升到70℃时始计；若出现木材中心温度在56℃－70℃时，则木材中心温度达到70℃的持续时间累计)。

1.3 热处理除害阶段，热处理库空气相对湿度80%（建议）。

1.4 热处理后，木材含水率20%以下（建议）。

2.热处理设施

2.1 干燥窑

2.1.1 保温、密闭性能良好。

2.2.2 具备供热、调温、调湿、强制循环设备。

2.2.3 热源若非湿热装置提供，应安装加湿设备。

2.2 温度检测仪

2.2.1 配备两个木材中心温度检测传感器及相应仪表。

2.2.2 配备两组耐高温、高湿环境的干、湿球温度检测传感器及相应仪表。

2.2.3 具备不可人为修改、数据实时传输功能。

2.2.4 温度检测精度不大于 ±0.5℃。

2.3 热处理设施的运行能达到热处理技术指标和出入境检验检疫监管要求。

3.热处理监控

3.1 热处理监测数据实时传输系统

3.1.1 配置符合热处理数据实时传输监测的微机、打印机等设备。

3.1.2 安装热处理数据实时监测软件，且能与出入境检验检疫机构电子监管平台联网，实时传输热处理监测数据。

3.2 热处理操作过程视频监控系统

3.2.1 配置符合热处理操作过程视频监控的设备，其中：干燥窑外、成品库应各安装一台智能匀速彩色球形摄像机，具备远程控制摄像机的旋转、俯仰、缩放等功能（摄像机主要技术指标：日夜监控型，480 线，22 倍光学变焦，云台协议为 Pelco—P、pelco—D、philips、Samsung、Panasonic、SonyD3）。

3.2.2 安装热处理操作过程视频监控软件，且能与出入境检验检疫机构电子监管平台联网，实时传输热处理操作视频监控图像。

3.3 热处理过程监控设备运行能达到出入境检验检疫监管要求。

4.其它要求

4.1 符合国家质检总局第 69 号令的其它有关规定。

关于实行出口食品添加剂备案管理的通知

皖检食函〔2007〕261号

各分支局、办事处，动检处、植检处、食检处：

为规范食品添加剂的使用与管理，确保我省出口食品安全，根据国家质检总局的有关规定和要求，安徽出入境检验检疫局决定于2007年10月1日起在出口食品中实行食品添加剂备案制度，现将《安徽省出口食品添加剂使用监督管理办法(试行)》印发给你们，请认真贯彻执行，并就有关事项通知如下：

一、各有关单位要积极向相关企业宣传添加剂备案制度，使企业认识到添加剂备案制度的重要性，并详细告知企业添加剂备案的申报要求、备案程序和所需材料，确保备案工作的顺利开展。

二、各有关单位要认真做好出口食品中食品添加剂的备案工作，对2007年10月1日后仍未进行食品添加剂备案的出口食品企业一律不准其出口。

附件：1. 安徽省出口食品添加剂使用监督管理办法(试行)

2. 出口食品添加剂使用备案书（略）

3. 出口食品添加剂使用备案申请表（略）

二〇〇七年八月三十日

安徽省出口食品添加剂使用监督管理办法（试行）

第一章　总　则

第一条　为保证我省出口食品安全卫生质量，规范使用食品添加剂，根据《中华人民共和国食品卫生法》、《中华人民共和国进出口商品检验法》、《中华人民共和国商检实施条例》、《食品添加剂卫生管理办法》（卫生部令第26号）的有关规定，制定本办法。

第二条　安徽出入境检验检疫局（以下简称安徽局）各相关处室及分支机构负责本辖区出口食品添加剂使用情况的初审及日常监督检查。

第三条 安徽局食检处负责全省出口食品添加剂使用备案的最终审核、发证及业务指导和资料汇总工作。

第四条 本办法适用于安徽省出口食品卫生注册登记企业添加剂使用的监督管理。

第五条 本办法所指食品添加剂依据食品卫生法之定义，即为改善食品品质和色、香、味，以及为防腐和加工工艺的需要而加入食品中的化学合成或天然物质。

第二章 出口食品添加剂使用备案的申报要求

第六条 安徽局对出口食品生产企业食品添加剂的使用实施备案管理制度。

凡出口食品生产企业使用各类食品添加剂，须在使用前向出入境检验检疫机构申请审核备案，并取得《出口食品添加剂使用备案书》（附件2）（以下简称备案书）后，方可使用；未经备案的，不得使用和出口该食品。

第七条 出口食品生产企业向辖区出入境检验检疫机构申请食品添加剂使用审核备案时，应提交以下资料：

一、《出口食品添加剂使用备案申请表》（附件3）（以下简称申请表）一式两份；

二、申请使用的添加剂产品的信息包括添加剂名称、化学名、俗名、品牌、规格，添加剂生产商的名称、地址以及生产许可证号和卫生许可证号等相关信息。

三、申请使用的添加剂产品的标签样张及说明；

四、添加剂生产企业的有效营业执照、卫生许可证等复印件各1份；

五、使用进口添加剂需提供生产国/地区政府或其认定机构出具的允许其生产和销售的证明文件和/或我国出入境检验检疫机构出具的卫生（健康）证明。

第三章 出口食品添加剂备案审核

第八条 安徽局各相关处室及分支机构收到出口食品生产企业递交的审核备案申请资料后，应对资料的真实性、完整性进行初审，如发现企业提交资料不完整，应当时告知或在3个工作日内一次告知企业补充相关资料。对提交资料完整的，各单位应在7个工作日内完成初审，并在申请表上填写审核人员意见和单位意见，然后将此表连同企业提交的其他材料一并交省局食检处复审。

第九条 安徽局食检处根据各单位提交的备案申请表，按照国家质检总局添加剂数据库中各输入国相关标准和法规对添加剂品种及剂量进行复审，并提出审核意见，然后报安徽局分管局领导批准。

第十条 凡通过审核备案的食品添加剂，食检处应对申请企业出具备案书；未通过审核备案的，应在5个工作日内告知各初审单位，并由各初审单位告知申请企业未批准的理由。

第十一条 如相关国家/地区对食品添加剂使用标准或要求发生变化时，食检处应及时书面通知初审单位；初审单位据此要求相关企业对添加剂的使用作出相应调整，并将企业调整情况书面反馈至食检处。

第十二条 在审核备案过程中，如添加剂数据库未收录所申报添加剂信息时，申报企业有义务向出入境检验检疫机构提供进口国的相关标准和要求。

第十三条 安徽局食检处负责所有备案资料的汇总与存档。食检处在对初审单位提交的资料复审后，应将通过审核的备案申请表和备案书各 1 份交回初审单位。初审单位应留存备案申请表，并将备案书交送申报企业。

第四章 出口食品添加剂的采购、存贮和使用

第十四条 出口食品生产企业必须建立完善的食品添加剂采购管理制度。

出口食品生产企业采购使用国内生产的食品添加剂的，须确认添加剂生产企业具有我国省级卫生行政部门发放的卫生许可证；并在购入时索取卫生许可证复印件和产品检验合格证明。

采用进口食品添加剂的，必须索取生产国 / 地区政府或其认定机构出具的允许其生产和销售的证明文件和 / 或我国出入境检验检疫机构出具的卫生（健康）证书。

第十五条 出口食品生产企业必须建立完善的食品添加剂验收、储存、使用管理制度。食品添加剂必须要有明显标识，专人保管，并有相对独立的贮藏空间和场所。贮存食品添加剂的场所应清洁卫生，不得与其他洗涤剂、消毒剂、化学试剂等有毒有害物质一起存放。企业应建立和完善相关记录，以备核查。

第十六条 出口食品生产企业应严格遵守添加剂备案书中限定的添加剂种类和限量标准以及出口国家和地区，不得超出备案书中限定的使用范围。如增加产品种类、所用添加剂品种或变更出口国家、地区时，企业应重新向各出入境检验机构申请备案。

第五章 出口食品添加剂的监督检验

第十七条 出口食品添加剂的监督检验纳入出口食品生产企业的日常监管中。安徽局各相关处室及分支机构负责对本辖区出口食品生产企业的食品添加剂使用情况监督管理，核查所使用的食品添加剂与备案情况是否一致，以及添加剂采购时索取的相关证单是否齐全和存贮、使用情况记录。

第十八条 安徽局各相关处室及分支机构每年应对辖区内出口食品中所用添加剂进行不少于一次的验证监管。在验证监管时抽取相应样品送省局技术中心或认可实验室对照备案书中所列添加剂的品种和使用剂量进行检测。

第十九条 各单位如发现企业超限量、超范围以及使用未经审核的食品添加剂时，应暂停相关产品出口，情节严重的，按照规定给予相应处罚；并及时将违规信息报省局食检处。

第六章 附 则

第二十条 本管理办法由安徽出入境检验检疫局负责解释。

第二十一条 本管理办法自二 OO 七年十月一日起施行。

关于印发《安徽出境种苗花卉检验检疫监督管理细则》的通知

皖检植〔2007〕204号

各分支局、办事处：

根据国家质检总局《关于加强进出境种苗花卉检验检疫工作的通知》(国质检动函〔2007〕831号)的要求，结合我省实际，我局制定了《安徽出境种苗花卉检验检疫监督管理细则》，现印发给你们，请遵照执行。执行中如遇到问题请与省局联系。

附件：1. 出境种苗花卉生产经营企业注册登记的条件和要求
2. 出境种苗花卉生产经营企业注册登记申请表（略）
3. 安徽出境种苗花卉生产经营企业注册登记考核记录（略）
4. 出境种苗花卉生产经营企业年审考核申报表（略）
5. 出境种苗花卉生产经营企业注册登记名单（略）

二〇〇七年十二月四日

安徽出境种苗花卉检验检疫监督管理细则

第一章　总　则

第一条　为规范我省出境种苗花卉检验检疫和监督管理工作，确保出境种苗花卉质量和安全，防止疫情传出，制定本细则。

第二条　本细则适用于我省出境种苗花卉生产经营企业（以下简称生产经营企业）的注册登记、监督管理以及种苗花卉的检验检疫工作。

第三条　安徽出入境检验检疫局植物检验检疫处（以下简称省局植检处）主管全省出境种苗花卉监督管理与辖区业务的检验检疫工作。

各分支机构负责所辖地区出境种苗花卉的检验检疫与日常监督管理工作。

第二章 注册登记

第四条 申请注册登记的生产经营企业须具备以下资质：

（一）工商营业执照；

（二）税务登记证；

（三）种子生产许可证；

（四）种子经营许可证；

（五）加工包装厂；

（六）种植基地或与注册基地建有固定的供货关系；

（七）其他检验检疫部门要求的资质。

第五条 申请注册登记的生产经营企业必须符合《出境种苗花卉生产经营企业注册登记的条件和要求》（附件1）的规定。

第六条 申请注册登记的生产经营企业，应当向所在地检验检疫机构提出书面申请，并提交以下材料（一式两份）：

（一）《出境种苗花卉生产经营企业注册登记申请表》（附件2）；

（二）当地植保（森保）部门提供的近年来在该基地种苗花卉上发生的有害生物情况证明（疫情调查报告）；

（三）经营企业提供的未发生重大的质量安全事故的证明；

（四）企业资质证明：工商营业执照、税务登记证、种子经营许可证、种子生产许可证等复印件；

（五）企业质量管理体系包括：

1. 组织机构；
2. 人员培训的证明；
3. 有害生物监测与控制的制度；
4. 农药使用管理的制度；
5. 良好农业操作规范；
6. 溯源体系；
7. 加工流程、工艺；
8. 出现疫情的应急处理措施；

（六）种植档案：来源、流向、种植收获时间、有害生物发生情况及防治措施、日常管理情况；

（七）植保员有关资格证明或者相应技术学历证书复印件；

（八）基地位置示意图及加工包装厂位置布局示意图；

（九）基地租赁合同，基地地址及规模证明（村级及以上部门）；

（十）清洗、加工、防虫防病、除害处理的设施清单；

（十一）水源、农药符合我国及进口国环保要求的证明；

（十二）加工包装厂与注册基地签订的有关种苗花卉生产、收购合约复印件；

（十三）包装箱上标明的信息；

（十四）实验室基本情况；

（十五）检测人员资质；

（十六）质量监督员资质；

（十七）其他检验检疫机构要求的材料。

第七条 受理申请的检验检疫机构按照规定对申请材料进行审核，确定材料是否齐全、是否符合有关规定要求，做出受理或者不受理的决定，并出具书面凭证。提交的材料不齐全或者不规范的，应当当场或者在接到申请后5个工作日内一次告知申请人补正。逾期不告知的，自收到申请材料之日起即为受理。

审核合格后，应当组织专家组对申请注册登记的出境种苗花卉生产经营企业进行现场考核。现场考核按《安徽出境种苗花卉生产经营企业注册登记考核记录》（附件3）进行。

第八条 受理申请的检验检疫机构，应当自受理之日起15个工作日内，组织专家组完成现场考核；考核合格后，应将全部资料提交省局植检处，省局植检处应当在收到资料后10个工作日内做出准予注册登记或者不予注册登记的决定，必要时可进行现场复核。现场考核时间不计入工作日。

省局植检处负责将《出境种苗花卉生产经营企业注册登记名单》报国家质检总局备案(附件5，电子版发往Email:hepf@aqsiq.gov.cn)。

第九条 注册登记证书有效期为3年，注册登记证书有效期满前3个月，生产经营企业应当向所在地检验检疫机构申请换证。

第十条 注册登记的生产经营企业出现以下情况之一的，应当向检验检疫机构办理申请变更手续：

（一）基地种植面积扩大；

（二）基地承包者或者负责人、植保员发生变化；

（三）加工包装厂法人代表或者负责人发生变化；

（四）向加工包装厂提供种苗花卉货源的注册登记基地发生改变；

（五）加工包装厂加工种苗花卉种类改变；

（六）其他较大变更情况。

第十一条 注册登记的生产经营企业出现以下情况之一的，应当向检验检疫机构重新申请注册登记：

（一）基地位置及种植种苗花卉种类发生变化；

（二）加工包装厂改建、扩建、迁址；

（三）其他重大变更情况。

第三章　监督管理

第十二条　检验检疫机构对生产经营企业进行监督管理。基地的监督频率每年至少1次，加工包装厂可结合日常检验检疫进行监管并作每年至少2次的定期督查。现场监督管理时，应当填写《安徽出境种苗花卉生产经营企业注册登记考核记录》，并存入企业档案。

第十三条　检验检疫机构对出境种苗花卉基地实施监督管理内容包括：

（一）基地周围环境、种苗花卉生长状况、管理人员情况；

（二）基地有害生物发生、监测、防治情况及有关记录；

（三）基地农用化学品存放状况，购买、领取及使用记录；

（四）双边协议、议定书或输入国家或地区法律法规相关规定的落实情况。

第十四条　检验检疫机构对出境种苗花卉加工包装厂实施监督管理内容包括：

（一）加工包装厂区环境及卫生状况、生产设施及包装材料的使用情况，管理人员情况；

（二）化学品存放状况，购买、领取及使用记录；

（三）种苗花卉的来源、加工、自检、存储、出口等有关记录；

（四）种苗花卉有害生物检测控制记录；

（五）双边协议、议定书或输入国家、地区法律法规相关规定的落实情况；

（六）核查实验室仪器、设备的运行状态，检验人员资质和操作及检测记录等。

第十五条　出境种苗花卉生产经营企业出现下列情况之一的，检验检疫机构应责令其限期整改，并暂停受理报检，直至整改符合要求：

（一）不按规定使用农用化学品的；

（二）加工包装厂的种苗花卉来源不明；

（三）加工包装厂内来源不同的种苗花卉混放，没有隔离防疫措施，难以区分；

（四）未按规定在包装上标明有关信息的；

（五）加工包装厂检疫处理设施出现较大技术问题的；

（六）检验检疫机构检出国外关注的有害生物的；

（七）输入国家或者地区检出检疫性有害生物的。

第十六条　检验检疫机构每年对注册登记的生产经营企业进行年度审核，并填写《安徽出境种苗花卉生产经营企业注册登记考核记录》。生产经营企业应在次年1月申请上一年度年审，并提交上年度《出境种苗花卉生产经营企业年审考核申报表》（附件4）。对年审考核不合格的生产经营企业限期整改。

第十七条 已注册登记的出境种苗花卉生产经营企业出现以下情况之一的，取消其注册登记资格：

（一）限期整改不符合要求的；

（二）隐瞒或瞒报质量和安全问题的；

（三）拒不接受检验检疫机构监督管理的；

（四）未按第十一条规定重新申请注册登记的。

被取消注册登记资格的生产经营企业，一年后方可重新提出注册申请。

第十八条 生产经营企业应当加强种植基地的有害生物监测与防控工作，对提供货源的注册基地也应提出上述要求，确保提供优质安全、无疫病的种苗花卉货源。

生产经营企业从其他注册登记的生产经营企业购置种苗花卉货源时，应当索取供货证明，注明种苗花卉名称、数量及生产经营企业名称和注册登记编号等信息。

第四章 出境检验检疫

第十九条 出境种苗花卉的检验检疫按《检验检疫手册（植物检验检疫分册）》的有关程序进行。

第二十条 出境种苗花卉应向加工包装厂所在地检验检疫机构报检，按报检规定提供有关单证。

出境种苗花卉，报检时还应当提供生产经营企业注册登记证书复印件以及本企业或基地所在地植保（森保）部门出具的有害生物发生情况证明。货源来自其他注册的生产经营企业时还须提供供货证明。

出境种苗花卉来源不清楚的，不予受理报检。

第二十一条 检验检疫机构根据下列要求对出境种苗花卉实施检验检疫：

（一）我国与输入国家或者地区签订的双边检疫协议（含协定、议定书、备忘录等）；

（二）输入国家或者地区进境种苗花卉检验检疫规定或要求；

（三）国际植物检疫措施标准；

（四）我国出境种苗花卉检验检疫规定；

（五）贸易合同和信用证等订明的检验检疫要求。

第二十二条 检验检疫机构依照相关工作程序和技术标准实施现场检验检疫和实验室检测：

（一）核查货单是否相符；

（二）检查包装箱的相关信息是否符合有关规定及输入国或者地区的要求；

（三）按照规定标准抽取样品，检查种苗花卉的质量和携带有害生物等情况，发现可疑疫情的，应及时按有关规定和要求将相关样品和有害生物等送实验室检疫鉴定。

第二十三条 出境种苗花卉经检验检疫合格的，按照有关规定签发检验检疫证书、出境货物通关单或者出境货物换证凭单等有关检验检疫证单，准予出境。未经检验检疫或者检验检疫不合格的，不准出境。

出境种苗花卉经检验检疫不合格的，检验检疫机构应向出境种苗花卉生产经营企业反馈有关信息，并督促企业调查原因，采取改进措施。出境种苗花卉注册基地不在本辖区的，实施检验检疫的检验检疫机构应将有关情况及时通知注册基地所在地检验检疫机构。

第五章 附 则

第二十四条 本细则下列用语含义：

（一）“基地”，是指种苗花卉的连片种植地。

（二）“加工包装厂”，是指种苗花卉采收后，进行挑选、分级、加工、处理、包装、储藏等一系列操作的固定场所，一般包括初选区、加工包装区、储藏库等。

（三）“自有基地”，是指加工包装厂自行管理或参与管理的，并负责种苗花卉疫情监控工作的基地。

第二十五条 对注册登记的出境种苗花卉生产企业实行编号管理。编号为：****ZM###

****：为检验检疫机构代码（4 位），如 3402，34 为安徽检验检疫局，02 指芜湖检验检疫局。ZM：种苗。###：登记号（3 位）。

第二十六条 有以下情况之一的，检验检疫机构将按有关规定予以处罚：

（一）来自注册生产经营企业的种苗花卉混有非注册生产经营企业种苗花卉的；

（二）盗用生产经营企业注册登记编号的；

（三）伪造或变造供货证明的；

（四）经检验检疫合格后的种苗花卉被调换的；

（五）其他违反本细则规定导致严重安全、卫生质量事故的。

第二十七条 本细则由安徽检验检疫局负责解释。

第二十八条 本细则自 2007 年 12 月 1 日起施行。

附件1：

出境种苗花卉生产经营企业注册登记的条件和要求

一、出境种苗花卉基地基本条件：

（一）应符合我国或输入国规定的防疫措施要求。一般连片种植；有清洁的灌溉水源；土地、气候条件适宜等；

（二）近两年未发生重大植物疫情，未出现重大质量安全事故；

（三）应建立完善的质量管理体系。质量管理体系文件包括组织机构、人员培训、有害生物监测与控制、农用化学品使用管理、良好农业操作规范（详细记录栽培过程中的农事活动）等有关资料；

（四）建立种植档案，对种苗花卉品种、种植面积、地块（图示）、来源流向、种植收获时间，有害生物监测防治措施等日常管理情况进行详细记录；

（五）建立批次或标签管理制度，确保可追溯性；

（六）应配备专职或者兼职植保员，负责基地有害生物监测、报告、防治等工作；

（七）符合其他相关规定。

二、出境种苗花卉加工包装厂的条件：

（一）厂区整洁卫生，有满足种苗花卉贮存要求的原料场、成品库；

（二）存放、加工、处理、储藏等功能区相对独立、布局合理，且与生活区采取隔离措施并有适当的距离；

（三）具有符合检疫要求的清洗、加工、防虫防病及除害处理设施；

（四）加工种苗花卉所使用的水源及使用的农用化学品均须符合我国或输入国有关卫生环保要求；

（五）建立完善的质量管理体系，包括对种苗花卉加工、包装、储运等相关环节疫情防控措施、应急处置措施、人员培训等内容；

（六）建立产品进货和销售台账，种苗花卉各个环节溯源信息要有详细记录；

（七）出境种苗花卉包装材料应干净卫生，不得二次使用，在包装上标明货物名称、数量、生产经营企业注册登记号、生产批号等信息；

（八）配备专职或者兼职植保员，负责原料种苗花卉验收、加工、包装、存放等环节防疫措施的落实、质量安全控制、成品自检等工作；

（九）有与其加工能力相适应的提供种苗花卉货源的自有基地，或与注册基地建有固定的供货关系；

（十）符合其他相关规定。

关于印发《安徽省出境水生动物苗种场注册登记暂行办法》的通知

皖检动〔2008〕16号

各分支局、有关市、县渔业行政主管部门：

为了加强安徽水生动物养殖的溯源管理，保障出境水生动物及产品的安全卫生质量，规范安徽出境水生动物及产品的养殖行为，根据国家质检总局《出境水生动物检验检疫监督管理办法》的有关规定，特制定本管理办法。今后，凡是备案水生动物养殖场必须来自本办法所规定的注册登记苗种场。本办法自印发之日起执行。

附件：安徽省出境水生动物苗种场注册登记暂行办法

二〇〇八年三月四日

安徽省出境水生动物苗种场注册登记暂行办法

第一章 总 则

第一条 为了规范出境水生动物检验检疫工作，提高出境水生动物安全卫生质量，根据国家质检总局《出境水生动物检验检疫管理办法》，制定本办法。

第二条 本办法适用于安徽省出境水生动物苗种场（以下简称苗种场）的检验检疫和监督管理。

第三条 安徽出入境检验检疫局会同省渔业行政主管部门负责辖区内的苗种场的注册登记及管理工作。

第二章 注册登记

第一节 注册登记条件

第四条 苗种场的申请注册登记应当符合下列条件：

（一）苗种质量符合出境质量安全标准。

（二）场内和周边卫生环境良好，无工业、生活垃圾等污染源和水产品加工厂，场区布局合理、科学，有明确的标识。

（三）苗种场养殖水面应当具备一定规模。一般土池养殖面积不少于150亩或水泥池等养殖面积不少于20亩；具备独立的引进水生动物的隔离池、苗种出场前的物理或技术隔离能力；进、排水独立、配套。

（四）养殖用水符合国家渔业水质标准，具有资质机构出具的水质检测报告。

（五）苗种繁殖、养殖、防疫、饲料、包装、运输和药物存放等设施、设备和材料应当符合检验检疫要求。

（六）具有符合检验检疫要求的养殖、包装、防疫、饲料和药物存放及使用、废弃物和废水处理、人员管理、引进水生动物等专项管理制度。

（七）配备有养殖、防疫方面中级职称以上的专业技术人员，有从业人员培训计划。

（八）场区位于水生动物疫病的非疫区。即过去2年内没有发生国际动物卫生组织（OIE）规定应当通报和农业部规定应当上报的水生动物疾病。

第二节　注册登记申请

第五条　苗种场应当向安徽出入境检验检疫局申请注册登记，并提交下列材料（一式3份）：

（一）申请表（安徽省出境水生动物苗种场检验检疫注册登记申请表）。

（二）工商营业执照(复印件)。

（三）养殖证(复印件)。

（四）水产苗种生产许可证(复印件)。

（五）水产良种场资格认定文件(复印件)。

（六）场区平面示意图及彩色照片（包括场区全貌、场区大门、养殖池及其编号、药品库、饲料库、包装场所等）。

（七）水生动物卫生防疫和疫情报告制度。

（八）从场外引进水生动物的管理制度。

（九）养殖、药物使用、饲料使用、包装物料管理制度。

（十）水质检测报告（由安徽省渔业环境监测中心出具）。

（十一）专业技术人员资质证明（学历、职称等）。

（十二）废弃物、废水处理程序。

（十三）苗种直接出口的和进口国家或者地区对水生动物疾病有明确检测要求的，需提供相关检测报告。

第六条　安徽出入境检验检疫局应当对申请材料及时进行审查，根据下列情况在5个工作日内作出受理或者不予受理决定，并书面通知申请人：

（一）申请材料存在可以当场更正错误的，允许申请人当场更正。

（二）申请材料不齐全或者不符合法定形式的，应当场或者在5个工作日内一次书面告知申请人需要补正的全部内容，逾期不告知的，自收到申请材料之日起即为受理。

（三）申请材料齐全、符合法定形式或者申请人按照要求提交全部补正申请材料的，给予受理申请。

第七条 每个苗种场使用一个注册登记编号。

第三节 注册登记审查与决定

第八条 安徽出入境检验检疫局应当在受理申请后10个工作日内，会同省渔业主管部门组成评审组，对申请注册登记的苗种场进行现场评审，并按有关规定对苗种等产品抽样检测。

第九条 评审组在现场评审结束后5个工作日内向安徽出入境检验检疫局提交评审报告。

第十条 安徽出入境检验检疫局收到评审报告和苗种检测报告后，在5个工作日内分别做出下列决定：

（一）经评审合格的，予以注册登记，颁发《出境水生动物养殖场/中转场检验检疫注册登记证》（以下简称《注册登记证》）。

（二）经评审不合格的，出具《出境水生动物养殖场/中转场检验检疫注册登记未获批准通知书》。

第十一条 《注册登记证》自颁发之日起生效，有效期5年。

第四节 注册登记变更与延续

第十二条 注册登记的苗种场如变更企业名称、法定代表人、养殖品种、养殖规模等，应当在变更后30日内向所在地直属检验检疫局提出书面申请，填写《出境水生动物苗种场检验检疫注册登记申请表》，并提交与变更内容相关的资料（一式3份）。

变更养殖品种或者养殖规模的，须报经安徽出入境检验检疫局和省渔业行政主管部门审核，并组织现场考核验收，验收合格后，办理变更手续。

苗种场迁址的，应当重新向安徽出入境检验检疫局申请办理注册登记手续。

因停产、转产、倒闭等原因不再从事出境水生动物苗种生产的，应当向安徽出入境检验检疫局办理注销手续。

第十三条 获得注册登记的苗种场需要延续注册登记有效期的，应当在有效期届满30日前按照本办法规定提出申请。

第三章 监督管理

第十四条 安徽出入境检验检疫局会同省渔业行政主管部门对苗种场实行日常监督管理。

第十五条 苗种场应当建立自检自控体系，并对其水生动物苗种的安全卫生质量负责。

第十六条 苗种场应当建立完善的养殖生产记录档案，如实填写《出境水生动物苗种场检验检疫监管手册》，详细记录生产过程中水质监测、水生动物引进、疫病发生、药物和饲料的采购及使用情况，以及每批水生动物的投苗、转池（塘、网箱）、用药、用料、出场等情况，并存档备查。

第十七条 养殖、捕捞器具等应当定期消毒。运载水生动物苗种的容器、用水、运输工具应当保持清洁，并符合动物防疫要求。

第十八条 苗种场应当遵守国家有关药物管理规定，不得存放、使用我国和进口国家或者地区禁止使用的药物；对允许使用的药物，遵守药物使用和停药期的规定。

中转、包装、运输期间使用的消毒药物应当符合国家有关规定。

第十九条 苗种场使用的养殖饲料应当符合下列规定：

（一）采购的饲料应符合国家质检总局《出境食用动物饲用饲料检验检疫管理办法》的相关规定。

（二）自制的植物源性饲料，应确保植物原料安全、卫生和无污染。

（三）鲜活饵料不得来自水生动物疫区或者污染水域，不得含有我国和进口国家或者地区政府规定禁止使用的药物。

（四）禁止饲喂同种水生动物（含卵和幼体）鲜活饵料。

第二十条 苗种场发生国际动物卫生组织(OIE)规定需要通报或者农业部规定需要上报的重大水生动物疫情时，应当立即启动有关应急预案，采取紧急控制和预防措施并按照规定上报和报送安徽出入境检验检疫局。

第二十一条 安徽出入境检验检疫局会同渔业主管部门对苗种场实施日常监督管理的内容包括：

（一）环境卫生。

（二）疫病控制。

（三）有毒有害物质自检自控。

（四）引种、投苗、繁殖、养殖。

（五）饲料使用及管理。

（六）药物使用及管理。

（七）进、排水系统及水质。

（八）发病水生动物隔离处理。

（九）死亡水生动物及废弃物无害化处理。

（十）包装物、铺垫材料、生产用具、运输工具、运输用水或冰的安全卫生。

（十一）《出境水生动物苗种场检验检疫监管手册》记录情况。

第二十二条 安徽出入境检验检疫局和省渔业行政主管部门每年对注册登记苗种场实施年审，对年审合格的，在《注册登记证》上加注年审合格记录。

苗种场于每年 11 月底前，向安徽出入境检验检疫局提出年审申请或公函。

第二十三条 安徽出入境检验检疫局和省渔业行政主管部门对 苗种场建立诚信档案。根据上一年度的疫病和有毒有害物质监控、日常监督、年度审核和检验检疫情况，建立良好记录企业名单和不良记录企业名单，实行分类管理。对良好记录企业在项目安排上予以倾斜，在检验费用上予以减免。

第二十四条 苗种场有下列情形之一的，检验检疫机构将注销其相关注册登记：

（一）注册登记有效期届满，未按照规定办理延续手续的。

（二）企业依法终止或者因停产、转产、倒闭等原因不再从事出境水生动物苗种生产的。

（三）注册登记依法被撤销、撤回或者《注册登记证》被依法吊销的。

（四）年审不合格且在限期内整改不合格的。

（五）拒不接受检验检疫监督管理的。

（六）出借、转让注册登记资格的。

（七）存放、使用禁止的药物。

（八）因不可抗力导致注册登记事项无法实施的。

（九）检验检疫法律、法规规定应当注销注册登记的其他情形。

第四章 附 则

第二十五条 本办法下列用语的含义

（一）出境水生动物苗种场，是指直接出口或为出口水生动物及水产品的养殖基地提供水产苗种的繁育场。

（二）苗种，是指鱼类等水生动物的受精卵、苗或种。

关于印发《安徽出境货物木质包装标识加施企业监管实施规范（试行）》的通知

皖检植〔2008〕20号

各分支局、办事处：

为规范安徽出境货物木质包装标识加施企业监管工作，确保除害处理、标识加施符合要求，依据《出境货物木质包装检疫处理管理办法》和《安徽出境货物木质包装检疫处理监督管理细则》的相关规定，我局制定了《安徽出境货物木质包装标识加施企业监管实施规范（试行）》。现印发你们，请遵照执行。

二〇〇八年三月十三日

安徽出境货物木质包装标识加施企业监管实施规范（试行）

第一条 为规范安徽出境货物木质包装标识加施企业（以下简称木包装企业）监管工作，确保除害处理、标识加施符合要求，依据《出境货物木质包装检疫处理管理办法》和《安徽出境货物木质包装检疫处理监督管理细则》的相关规定，制定本规范。

第二条 本规范适用于安徽木包装企业的监督管理，包括日常监管、年度审核和复查换证等工作。

第三条 各检验检疫机构负责对辖区内木包装企业实施日常监管，督促企业规范生产。

（一）日常监管频次原则上每季度1次。监管情况填入《出境货物木质包装标识加施资格企业监管考核记录》（附件1）。

（二）《出境货物木质包装标识加施资格企业监管考核记录》一式两份，由木包装企业和检验检疫机构留存档案，保存期不少于3年。

第四条 年度审核工作按以下程序进行。

（一）木包装企业应于每年1月10日前向所在地检验检疫机构递交书面年审申请、企业年度业务总结和《出境货物木质包装除害处理标识加施情况统计表》（附件2）。

（二）检验检疫机构受理申请后，应组织考核组于当年2月10日前完成辖区内木包装企业的年度审核。

（三）年度审核情况填入《出境货物木质包装标识加施资格企业监管考核记录》(一式两份），由木包装企业和检验检疫机构留存档案，保存期不少于3年。

（四）年度审核结束后，检验检疫机构应于2月底前，将年度审核情况及产品质量分析报告报省局植检处。

第五条 复查换证工作按照以下程序进行。

（一）《出境货物木质包装除害处理标识加施资格证书》有效期满，需要办理延期手续的，木包装企业应在有效期满前1个月，向所在地检验检疫机构提出书面复查换证申请。

（二）申请复查换证木包装企业除提交书面申请外，还须提供三年来工作情况总结及《出境货物木质包装除害处理标识加施情况统计表》。

（三）检验检疫机构应于受理申请后15个工作日内组织考核组完成复查换证考核。考核情况填入《出境货物木质包装标识加施资格企业监管考核记录》。

（四）考核结束，检验检疫机构须将所有资料报省局植检处审核复查。省局植检处应在收到资料后10个工作日内完成审核复查，必要时对部分木包装企业进行现场核查。

（五）审核复查合格或整改后合格者，资格证书重新换发。审核复查不合格或整改后仍不合格者，取消加施资格。

第六条 省局植检处负责将木包装企业标识加施资格变动情况及时上报国家质检总局。

第七条 本规范所指检验检疫机构包括分支检验检疫局、办事处、省局植检处。

第八条 本规范未尽事宜，按照《出境货物木质包装检疫处理管理办法》和《安徽出境货物木质包装检疫处理监督管理细则》执行。

第九条 本规范自发布之日起实施。

关于印发《安徽检验检疫局出口企业备案管理办法》的通知

皖检认〔2008〕29号

各分支局、各有关处室：

为了对出口生产企业实施全备案管理，建立规范的出口产品报检、检验工作秩序，促进企业诚信建设，根据《中华人民共和国进出口商品检验法实施条例》和国务院《关于加强食品等产品安全监督管理的特别规定》，我局制定了《安徽检验检疫局出口企业备案管理办法》，现印发给你们，请遵照执行。

附件：出口企业备案申请表

二〇〇八年四月九日

安徽出入境检验检疫局出口企业备案管理办法

第一章　总　则

第一条　为了加强对安徽省辖区内出口企业的管理，建立规范的出口产品报检、检验工作秩序，促进企业诚信建设，根据《中华人民共和国进出口商品检验法实施条例》和国务院《关于加强食品等产品安全监督管理的特别规定》，制定本办法。

第二条　本办法适用于安徽省行政区域内所有出口企业。

第三条　安徽出入境检验检疫局（以下简称安徽局）主管全省出口企业备案管理工作，负责组织实施年度监督检查、指导各检验检疫机构开展出口企业备案工作。

安徽局各检验检疫机构负责本辖区内的出口企业的备案、初审和日常监督管理工作。

第四条　所有的出口企业应向产地检验检疫机构办理备案登记，取得备案登记证书后，方可办理出口商品检验检疫报检业务。

第五条　检验检疫机构应对辖区内所有的出口企业实行备案，建立、维护和更新出口企业质量档案和数据库。

第六条 出口企业生产属于实施行政许可范围内的产品，应按相关规定办理注册登记和出口质量许可证审批手续。

第二章 备案的程序和要求

第七条 出口企业申请备案登记，应提交以下材料：

（一）出口企业备案申请表（其中包括企业概况、三年来产品生产和出口情况、主要生产设备情况、监视和测量设备情况、主要原辅材料明细表、出口产品描述、工厂厂区车间平面图、工艺流程图和生产工艺关键部位图片资料等内容）；

（二）企业工商营业执照、组织机构代码证（复印件）；

（三）质量管理体系文件；

（四）企业生产的产品与进口国标准一致的符合性声明；

（五）企业法人签署的质量承诺书；

（六）产品型式实验报告或检测报告；

（七）根据不同产品要求提供的其他资料。

第八条 检验检疫机构对出口企业提交的备案材料进行初步审核，审核材料是否完整真实，其产品是否符合进口国的标准和要求，设计是否满足人身健康安全的规定，并在5个工作日内作出受理或者要求补正的决定。受理后的备案材料报省局主管部门审批。

第九条 安徽局出口企业备案主管部门（以下简称安徽局主管部门）负责对申请备案的出口企业的材料进行审核，必要时进行现场审核验证。符合备案条件的，提出备案意见报分管局领导审批。

经审核不符合备案要求的，给予出口企业不超过30天的整改时限，审核不符合备案要求的或逾期不能完成整改的不予备案，其产品不准出口。

第十条 安徽局主管部门对同意备案的出口企业颁发备案证书，证书有效期为3年，到期前3个月内出口企业申请复查换证。

第三章 监督管理

第十一条 安徽局主管部门和检验检疫机构对备案的出口企业实施监督管理。监督管理的主要内容包括：

（一）质量管理体系是否持续改进和有效运行；

（二）出口产品原料、辅料和成品的安全卫生质量状况；

（三）出口检验检疫有无不合格情况及国外通报和退货情况；

第十二条 监督管理方式包括：

（一）日常监督管理。由检验检疫机构结合检验工作实施日常监督管理。

（二）年度监督管理。每年由安徽局主管部门组织对出口企业进行监督检查。

（三）专项监督检查。根据国家质检总局、认监委的部署和安排或根据检验检疫工作要求，对全部或部分出口企业进行专项监督检查。

第十三条 出口企业应如实向检验检疫机构申报，对申报材料的真实性负责，不得虚报瞒报和弄虚作假。

第四章 出口企业备案的责任追溯

第十四条 出口商品造成国外通报或召回的，出口企业应立即向检验检疫机构报告，并协助进行调查。

第十五条 各检验检疫机构接到报告后，应向安徽局主管部门通报，承担或配合安徽局相关部门对案件进行调查。

第十六条 安徽局主管部门对造成国外通报、召回并负有责任的出口企业，按照被通报案件造成的影响大小和严重程度，提出相应整改要求和处理意见。对整改情况要进行跟踪验证，违反法律法规的，要按法律法规的规定报有关部门依法查处。

第十七条 对造成国外通报或承担召回责任的出口企业，检验检疫机构应实施加严检验监管，必要时列入黑名单，其调查和处理情况存入企业档案。

第十八条 对造成国外通报或召回的案件，经调查确由检验检疫机构或检验检疫人员工作失误造成的，按有关规定追究相关责任人的责任。

第五章 附 则

第十九条 本办法自发布之日起施行。

第二十条 本办法由安徽局认证处负责解释。

关于印发《安徽省进出口食品包装检验监管工作规范》的通知

皖检轻〔2009〕4号

各分支局、办事处，各有关处室、各直属单位：

为了加强和规范进出口食品包装检验监管工作，进一步提高工作质量，根据国家质检总局的有关规定，我局制定了《安徽省进出口食品包装检验监管工作规范》，现印发给你们，请遵照执行。

在执行中如遇到问题，请及时与省局轻纺处联系。

二〇〇九年一月二十四日

安徽省进出口食品包装检验监管工作规范

一、目的、范围、职责

（一）目的

加强和规范进出口食品包装容器及包装材料(以下简称食品包装)检验监管工作，确保进出口食品及食品包装的安全、卫生质量，保护国内外消费者人身健康安全，根据《进出口商品检验法》及其实施条例、《食品卫生法》等法律法规，以及《进出口食品包装容器、包装材料实施检验监管工作管理规定》（国质检检〔2006〕135号）（以下简称《管理规定》）、《进出口食品包装容器、包装材料检验监管工作规范（试行）》（质检检函〔2006〕107号）、《安徽检验检疫局出口企业备案管理办法》（皖检认〔2008〕29号）等文件规定，特制定本工作规范。

（二）范围

本工作规范适用于已经或预期与食品直接接触的进出口食品包装及材料的检验监管工作。

（三）职责

省局轻纺处负责全省进出口食品包装及与食品接触的材料的检验监管及备案管理工作。各分支局负责辖区内进出口食品包装的检验监管工作和备案工作的实施。

（四）相关文件

1.《进出口食品包装容器、包装材料实施检验监管工作管理规定》（国质检检〔2006〕135 号）。

2.《进出口食品包装容器、包装材料检验监管工作规范（试行）》（质检检函〔2006〕107 号）。

3. 关于进一步做好与食品接触材料和制品检验监管工作的通知（质检检函〔2006〕165 号）。

4. 关于全面启动进出口与食品接触材料、器具检验监管工作的通知（质检检函〔2006〕182 号）。

5. 关于加强出口与食品接触器皿、餐厨具等消费品检验监督有关工作的通知（质检检函〔2006〕242 号）。

6. 关于进一步加强进出口食品包装、包装材料检验监管工作的通知（皖检轻〔2006〕57 号）。

7. 关于实施进出口食品凭《出入境货物包装性能检验结果单》报检的通知（皖检轻函〔2006〕377 号）。

8.《安徽检验检疫局出口企业备案管理办法》（皖检认〔2008〕29 号）。

9.《食品包装检验监管工作会议纪要》（2006 年第八期）。

（五）术语

1. 食品

指列入《出入境检验检疫机构实施检验检疫的进出境商品目录》(以下简称《目录》)中第一类（02 章、03 章、04 章、05 章）、第二类（07 章、08 章、09 章）、第三类、第四类的用于人类食用的相关商品。

2. 食品包装

食品包装是指用于盛装食品或为保护食品安全卫生、方便运输、促进销售，按一定的技术方法而加工制成的与食品直接接触的容器、材料及辅助物等的总称。材料及辅助物包括纸、竹、木、金属、搪瓷、陶瓷、塑料、橡胶、天然纤维、化学纤维、玻璃制品和接触食品的涂料等。

二、检验依据

（一）进口食品包装

1. 按照我国法律法规、国家强制性标准和相关卫生管理办法实施检验。

2. 我国尚无技术标准的，应依法及时制定，未制定之前，可参照国家质检总局指定的相关标准实施检验。

（二）出口食品包装

1. 按照输入国法律法规、强制性标准实施检验。

2. 输入国法律法规、技术标准无明确规定的，按照我国法律法规、国家强制性标准实施检验。

3. 有关法律法规及文件规定名称。

4. 有关检验标准。

三、备案工作

（一）进口食品包装的进口商的备案：

1. 进口食品包装的进口商申请备案，应同时具备以下条件：

（1）申请备案的进口食品包装必须为国外固定生产厂商生产，且国内进口商具有对国外生产厂商的风险评估资料。

风险评估资料至少应包含：国外生产企业的基本情况介绍、质量保证体系的评价、进口食品包装质量分析及质量风险等内容。

（2）进口食品包装质量稳定，外观和安全、卫生项目经检验检测符合相关标准要求。

2. 进口商申请备案时提交以下相应书面材料，材料应齐全、一致、真实、有效。

（1）企业申请报告。

（2）《出入境食品包装及材料备案登记申请表》。

（3）进口商的《企业法人营业执照》（复印件）。

（4）进口食品容器、包装材料的成份、助剂说明材料。

（5）备案登记申请单位就其产品中有害有毒物质符合中华人民共和国卫生标准和卫生要求的自律声明。

（6）进口食品容器、包装材料的国外机构检验检疫证书。

（7）其他相关资料。

（二）出口食品包装生产企业的备案：

1. 出口食品包装生产企业申请备案，应同时具备以下条件：

（1）企业必须具有健全的质量管理体系，且运行正常、有效。

（2）企业具有健全的质量检验部门，具有满足产品检验要求的基本检测设备和专职检验员。

（3）企业生产设备必须保持清洁卫生、运行正常，不得有任何影响产品安全、卫生的现象。

（4）企业生产车间必须清洁卫生、无污染，半成品堆放必须符合卫生要求。

（5）原材料库、成品库的地面、墙壁必须干燥、清洁、卫生，不得有活害虫、鼠类的存在，不得存放有毒有害物品或其他污染物；货物应按品种、批次分类存放，防止相互混杂。

（6）运输工具必须清洁干燥并加铺衬垫，有防雨、防潮和防止有毒有害物质污染的设备等。

（7）首次用于加工出口食品包装的原辅材料，包括印油、助剂等应经检验检疫机构检测合格并登记。

（8）出口食品包装质量稳定，经检验检疫机构检验检测符合相关标准要求。

2. 出口食品包装生产企业申请时应提交以下资料：

（1）企业申请报告。

（2）《出入境食品包装及材料备案登记申请表》。

（3）出口生产企业《企业法人营业执照》（复印件）。

（4）食品容器、包装材料的成份、助剂说明材料。

（5）食品容器、包装材料的生产工艺说明材料。

（6）备案登记申请单位就其产品中有害有毒物质符合我国卫生标准和卫生要求的自律声明。

（7）生产企业平面图。

（8）生产企业概况。

（9）其他相关资料。

（三）备案管理工作：

1. 备案申请受理工作：省局轻纺处和各分支局负责受理辖区内的食品包装企业的备案申请。受理后填写《进出口食品包装生产企业备案工作流程卡》。

2. 备案企业核查工作：

（1）进口商的备案，按照进口食品包装的进口商申请备案应具备的条件要求进行核查。

（2）出口食品包装生产企业的备案核查。

由受理申请的部门组成核查小组，按《出口食品包装生产企业备案实施细则》的要求，对申请企业进行现场核查，符合《出口食品包装容器生产企业备案实施细则》要求的，填写《进出口食品包装生产企业核查记录》，报省局轻纺处办理备案。

3. 上报的备案材料

（1）进口商备案的材料。

A 企业申请报告。

B《出入境食品包装及材料备案登记申请表》。

C 进口商的《企业法人营业执照》（复印件）。

D 进口食品容器、包装材料的成份、助剂说明材料。

E 备案登记申请单位就其产品中有害有毒物质符合中华人民共和国卫生标准和卫生要求的自律声明。

F 进口食品容器、包装材料的国外机构检验检疫证书。

G 国内进口商对国外生产厂商的风险评估资料。

H 申报产品的检测报告

I 其他相关资料。

（2）出口食品包装生产企业备案的材料。

A 企业申请报告。

B《出入境食品包装及材料备案登记申请表》。

C 出口生产企业《企业法人营业执照》（复印件）。

D 食品容器、包装材料的成份、助剂说明材料。

E 食品容器、包装材料的生产工艺说明材料。

F 备案登记申请单位就其产品中有害有毒物质符合我国卫生标准和卫生要求的自律声明。

G 生产企业平面图。

H 生产企业概况。

I《进出口食品包装生产企业核查记录》。

J 申报产品的检测报告。

K 其他相关资料。

4. 备案证书和企业代码的发放

省局轻纺处对上报材料核查后，统一发放《出入境食品包装备案书》、《进出口食品包装及材料生产企业检验监管手册》（附件一）和企业代码。

备案证书有效期 2 年，有效期期满前 3 个月如企业需要应申请延续，经复查合格后换发新的备案证书。

四、报检及通关

报检按照《出入境检验检疫报检规定》及有关规定执行。

（一）进口食品包装

作为商品直接进口的食品包装，进口商报检时应填写《入境货物报检单》，同时随单提供提单、合同、发票、装箱单等。

盛装进口食品的食品包装，在进口食品报检时列名包装情况。

（二）出口食品包装

作为商品直接出口的食品包装，出口食品包装生产企业或经营单位报检时应填写《出境货物报检单》，同时提供合同、信用证、发票、装箱单、厂检合格单等。

用于盛装出口食品的食品包装，出口食品包装生产企业报检时应如实填写《出入境货物包装检验申请单》，同时提供该食品包装的检测合格报告、厂检合格单、出口食品包装及材料生产企业的声明和生产工艺单等。

（三）办理合并的《出入境货物包装性能检验结果单》（以下简称《结果单》）

出口食品生产企业或进口商报检时应如实填写《出入境货物包装检验申请单》及《合并办理食品包装结果单记录》（附件二），同时附进出口食品的内包装、销售包装、运输包装及包装材料的《结果单》正本向所辖区域检验检疫机关包装检验部门办理合并的《结果单》。

五、检验

（一）检验项目

主要包括食品包装的外观检验和安全、卫生项目的实验室检测。具备检测条件的直属局可自行进行检测；不具备检测条件的直属局，送国家质检总局指定的实验室检测。

（二）对于进出口食品包装及与食品接触的材料，应按规定的检测周期对食品包装的外观和安全、卫生项目进行检验。

1. 检验周期。

按照《管理规定》第四条规定：同一企业、同一种材料、同一种加工工艺的进出口食品包装，实行安全、卫生项目的周期检测。检测周期暂定为3个月，连续3次周期检测合格的，检测周期可延长为6个月；连续2次检验不合格的企业，检测周期缩短为1个月。在检测周期内，检验检疫机构将不定期进行外观检验及部分安全、卫生项目检测；经抽查检验不合格的不准出口，并要求分析不合格原因、及时整改，整改期间批批检验。

2. 检测周期内《结果单》办理。

对已实施备案管理的进出口食品包装，如果用于盛装食品出口，在检测周期内可凭检测合格报告，按照出口食品包装的有关要求申请办理《结果单》。

（三）进口食品包装检验

1. 作为商品直接进口的食品包装，受理报检后应认真核查企业报检时提供的《入境货物报检单》、提单、合同、发票、装箱单等相关单据，经检验合格出具《入境货物检验检疫证明》。

2. 对已列入《目录》的进口食品包装，如用于盛装出口食品，可凭《入境货物检验检疫证明》换发《结果单》，必要时应对安全、卫生项目进行检测。

3. 对未列入《目录》的进口食品包装，按照表外商品监督抽查管理规定实施抽查检验，如用于盛装出口食品，应按照出口食品包装有关规定办理《结果单》。

4. 对已盛装进口食品的食品包装，应在进口食品检验同时对食品包装进行抽查检验。

（四）出口食品包装检验

作为商品直接出口的食品包装，受理报检后应认真核查《出境货物报检单》、合同、信用证、发票、装箱单、厂检合格单等相关单据，经检验合格后出具《出境货物换证凭单》。

用于盛装出口食品的食品包装，受理报检后应认真核查《出入境货物包装检验申请单》、检测合格报告、厂检合格单、出口食品包装及材料生产企业的声明等相关单据，经检验合格后出具《结果单》。

（五）不合格处理

对经检验不合格的进出口食品包装，出具《检验检疫处理通知单》或《出境货物不合格通知单》；尚未盛装食品的不准销售盛装食品，已盛装食品的，其盛装的食品不准销售、食用。

六、《结果单》的用语及有效期

（一）用语

《结果单》的检验检疫结果栏中用“经检验本批食品包装及材料符合《检验标准名称》要求（或进口国要求）”。

（二）《结果单》有效期 12 个月

七、核查验证

（一）办理合并《结果单》

1. 各出口食品生产企业或进口食品经营单位凭进出口食品的内包装、销售包装、运输包装及包装材料的《结果单》到辖区内的检验检疫局包装检验部门办理合并的进出口食品包装《结果单》。包装检验部门在办理合并的《结果单》时，依据运输包装及其配套的内包装、销售包装或包装材料的数量核销其各自包装容器或包装材料结果单上的数量。

2. 包装检验部门在合并办理该进出口食品包装的《结果单》时，在“包装容器名称及规格”一栏中分别注明运输包装及其配套的内包装、销售包装或包装材料的名称及规格；在“检验依据”一栏中分别注明包装容器或包装材料的检验依据；在“检验结果”一栏中用“经检验本批食品包装及材料符合上述检验标准的要求（或进口国要求）”。

合并办理的《结果单》的有效期以各类包装检验结果单的最短截止时间为准。

（二）核查证单

进出口食品检验部门或检务部门在食品检验放行中，应认真核查食品生产企业所使用的食品包装是否经检验检疫部门检验合格、是否货证相符，并根据已合并办理的《结果单》核销其使用包装的数量。并在《换证凭单》上注明其进出口食品包装《结果单》的证单号。

（三）抽查检验

出口食品检验人员在出口食品检验放行中，如果发现食品企业所使用的食品包装可能存在安全、卫生等质量问题，应及时抽取样品，并通知包装施检部门处理。

八、监督管理

（一）加强对进出口食品包装经营企业、生产企业的监督管理，有效地控制和提高进出口食品包装质量，即要防止因出口食品包装质量而影响出口食品质量问题的发生，也要防止不合格的进口食品包装危害消费者。

（二）加强科学信息交流，及时搜集和掌握国外发达国家和地区对食品包装的有关法规、指令、技术的最新要求，做到快速反应，有效应对；各分支局应加强对出口食品包装生产企业的监督管理，发现重大问题及时上报，对发生情节严重的进出口食品包装质量问题，及时向省局轻纺处反馈，由轻纺处向总局检验司汇报。

（三）出口食品包装生产企业的代号按《管理规定》第七条执行。企业代号实行专厂专号专用，任何企业及个人不得借用、冒用、盗用及转让企业的代号；发现有上述行为的，应按有关法律法规处理。

（四）各分支局在检验监管工作中，对发现的新情况、新问题及典型案例，应及时向省局轻纺处反映。

九、其他

（一）进出口食品包装的检验计收费应按国家有关规定执行。

（二）本工作规范未尽事宜，按国家质检总局有关规定执行。

（三）本工作规范引用的法律、法规、标准及规范性文件在新规范下发时有效，所有法律、法规、标准及规范性文件都会被修订，使用本规范的各方应探讨法律、法规、标准及规范性文件最新版本的可能性。

（四）本工作规范由安徽检验检疫局负责解释。

关于印发《安徽检验检疫局出口植物源性食品中有毒有害物质监控工作细则》的通知

皖检植〔2009〕70号

各分支局、相关处室，各直属单位：

为全面、规范实施《中国出口植物源性食品中有毒有害物质监控工作指南》（以下简称《植食监控指南》），充分发挥《植食监控指南》作用，促进我省植物源性食品出口，现将《安徽检验检疫局出口植物源性食品中有毒有害物质监控工作细则》，印发给你们，请遵照执行。

二〇〇九年七月一日

安徽检验检疫局出口植物源性食品中有毒有害物质监控工作细则

第一章 总 则

第一条 为全面、规范实施《中国出口植物源性食品中有毒有害物质监控工作指南》（以下简称《植食监控指南》），充分发挥《植食监控指南》作用，保证植物源性食品监控工作系统性、有效性，促进我省植物源性食品的出口，制定本细则。

第二条 《中国出口植物源性食品中有毒有害物质监控工作指南》中选定的法律法规和国家质检总局制定的相关文件为本细则的法律法规依据。

第三条 安徽检验检疫局出口植物源性食品中有毒有害物质监控工作遵循风险分析和预防为主原则，通过在全省范围内采集能真实反映出口植物源性食品中有毒有害物质含量的区域分布和变化趋势的样品，对关注的有毒有害物质按规定的方法进行检测，并通过对监控结果进行有效评估，全面、准确掌握安徽境内的植物源性食品中有毒有害物质存在的规律和变化趋势，制定并采取相应的控制措施，保证出口植物源性食品检验检疫和监控工作的针对性和有效性。

第二章　组织机构与职责

第四条　省局成立“出口植物源性食品有毒有害物质监控工作领导小组”（以下简称“监控领导小组”）。由分管局领导任组长，植检处、食检处和技术中心主要负责人任副组长，以上各单位确定1—2名技术人员参加，日常工作由植检处负责。小组成员保持相对稳定，确保实施《植食监控指南》工作的连续性。成员确需变动的，应及时调整充实。

第五条　“监控领导小组”，制定安徽出口植物源性食品有毒有害物质监控年度工作计划；负责出口植物源性食品有毒有害物质监控信息的收集、整理、统计、分析、交流；组织实施安徽出口植物源性食品有毒有害物质监控工作；负责与质检总局的联系、协调；起草监控工作报告并提出相关建议。

第六条　“监控领导小组”要组织对监控、样品采集人员的培训，使相关人员能正确理解国家质检总局和我局相关规定和要求。

第三章　监控计划制定

第七条　根据国家质检总局的年度监控工作计划以及当前国际贸易上比较敏感的植物源性食品，结合安徽境内上年度植物源性食品出口的情况，制定安徽出口植物源性食品有毒有害物质监控年度工作计划。

第八条　监控产品选定原则

（一）选取安徽境内出口植物源性食品中出口量大、质量敏感、风险较高的产品作为监控对象。

（二）国家局指定的植物产品。

第九条　监控物质选定原则

（一）我国和主要进口国（地区）禁止、限制使用的或被关注的有毒有害物质。

（二）植物源性食品在种植、栽培、养护、保鲜、加工、包装、储藏和运输中使用或接触的化学品。

（三）通过环境污染等途径可能影响出口植物源性食品的有毒有害物质。

第四章　监控计划实施

第十条　监控样品采集原则

（一）要根据被监控产品特性和风险的高低有针对性的采集。

（二）样品采集要兼顾区域分布和重点监控相结合。

（三）保证样品采集的代表性、可追溯性。

（四）样品量应满足监控检测、留样需要。

（五）保证样品在传递过程中被监控物质不发生显著变化。

第十一条　样品采集应由经过培训的人员承担。样品要尽可能考虑在源头抽取，并及时运送，不得突击取样、集中送样。

第十二条 样品采集后,采集人员要认真填写抽(送)样单,各相关部门应妥善保存。

第十三条 检测方法选用原则

（一）监控物质检测实验室必须按照ISO/IEC17025标准建立实验室质量管理和质量保证体系，并取得国家认监委认可资质。

（二）实验室对监控物质的检测方法尽可能使用国际和国内权威机构颁布的检测标准、检测规程和国家质检总局推荐的方法实施。

第十四条 监控样品由局技术中心负责检测。

（一）实验室在收到样品后，应按要求实施规范检测，检测记录要完整，检测数据和报告要核查。不得集中检测样品，集中出具检测报告。

（二）对监控样品超过标准的不合格结果需复验，复验确认后于3个工作日内反馈给业务主管处室。

第五章 监控结果应用

第十五条 “监控领导小组”按规定将监控数据以统一格式传送给国家质检总局出口植物源性食品有毒有害物质监控秘书处；及时将相关重大监控情况与预防性管理措施报告国家质检总局；按时上报年度监控评估分析报告并抄送业务主管处室和分支机构。

第十六条 建立业务主管处室与技术中心协调机制。

（一）各业务主管处（室）及分支机构应积极了解、掌握国内外植物源性食品有毒有害物质残留限量、检测方法等信息，及时与技术中心沟通；对新的检测项目、限量标准，业务主管处室要及时向技术检测中心通报。

（二）技术中心在监控样品检测结束后，及时将检测结果，以书面形式或电子版本传送给业务主管处室。处室专人负责监控结果的汇总、整理，并将检测结果传送给相关处室和分支机构，并告之相关的出口加工企业和出口备案基地。

（三）“监控领导小组”针对工作中出现的问题，不定期组织召开业务主管处室与技术中心的协作会议，确保监控工作体系稳步有效地运行。

第十七条 建立不合格结果追溯机制。

业务主管处室（或分支检验检疫局一起）根据不合格结果，及时到出口种植基地、出口加工企业，对监控的样品进行追根溯源，分析、查找原因，并做出书面报告。

第十八条 建立国内外通报产品调查体系。

根据国内外植物源性食品出口通报产品情况，有关部门及时开展调查，形成书面报告。依据调查结果，研究、调整我局监控实施方案或下一年度的监控计划。

第十九条 加强预防性管理措施。

对监控样品检测中出现的不合格结果，业务主管处室应进行风险评估，形成风险评估报告。

根据风险评估结果，指导出口加工企业，制定针对性的预防措施，保证产品的质量。

第二十条 结合监控结果情况，采取调整措施。

根据监控结果，及时调整出口产品的检验项目。对不合格结果，依据风险评估报告，视情况在全省发警示通报；对植物源性食品有毒有害物质监控和日常检验中未检测出的项目进行调整。

调整措施，根据监控结果情况，经“监控领导小组”讨论决定，由业务主管处室以书面形式通知各分支检验检疫局。

第二十一条 本细则自发文之日起施行。

关于印发《安徽检验检疫局电子监管工作规范》的通知

皖检检〔2009〕89号

各分支局、办事处，各处室、技术中心：

为稳步推进安徽出境货物电子监管工作，规范并指导我局电子监管业务操作行为，现将《安徽检验检疫局电子监管工作规范》印发给你们，请遵照执行。

二〇〇九年七月一日

安徽检验检疫局电子监管工作规范

第一章 总 则

第一条 为统一规范全省电子监管工作业务流程和操作，明确工作职责和要求，保证电子监管工作质量，达到依法施检、科学监管的目标，制定本规范。

第二条 本规范适用于安徽局出口产品数据电子监管工作的实施和管理。

第三条 电子监管相关部门的职责分工

（一）检验监管处负责电子监管推广工作的组织、协调和业务操作指导；

（二）局办公室负责安徽局出口电子监管系统安装、升级、维护、线路保障等技术工作；

（三）施检部门负责业务范围内总局监控表单的引用，安徽局监控表单的维护、发布、解除工作；施检人员负责运用电子监管系统对出口企业的出口货物实施日常检验检疫和监督管理。（四）认监处负责电子监管企业产品的相关许可、注册、备案等的设定和维护；

（五）检务部门负责物理单证的受理、审核和证单证书缮制发放；

（六）技术中心负责出口产品实验室检测项目的维护和检测结果的录入和审核工作。

第二章 产品监控表单维护

第四条 施检部门依照权限及时引用相关产品的总局监控项目表单。

第五条 施检部门可结合我局检验检疫工作实际，对总局监控表单中的监控项目及参数进行维护。但必须遵守下列规定：

（一）对强制级别为“强制标准”的监控表单项目，施检部门不得进行删减和更改。

（二）对强制级别为“强制项目”的监控表单项目，施检部门不得进行删减，但可结合我局检验检疫工作实际对监控项目评定指标进行重新设定。

（三）对强制级别为“非强制”的监控表单项目，施检部门可结合我省检验检疫工作实际进行删减、或对监控项目评定指标进行重新设定。

第六条 施检部门在以下情况下应对监控表单进行及时维护：

（一）总局监控表单已经进行修改；

（二）有相关新的产品风险预警通报情况；

（三）新标准发布或老标准修订；

（四）进口国要求变更。

第七条 监控表单发布和解除

施检部门依照权限负责本处室相关产品监控表单的发布工作。

施检部门依照权限对失效的已发布产品监控表单进行解除。

施检部门应保留已发布监控项目表单的书面记录，并建立已解除监控项目表单的历史存档记录。

施检部门对监控表单的发布、维护和解除，应向检验监管处进行备案。

第三章 监管指令维护

第八条 监控项目表单维护、发布与解除

施检部门负责将产品监控项目表单发布到相关企业端。

根据总局产品监控项目表单变动情况，施检部门应及时更新相关企业表单，确保企业监控项目表单的有效性。

施检人员负责监督检查企业按照下发的监控项目表单进行检测，并如实录入检测结果，如实申报。

第九条 产品监管指令维护

施检部门负责相关企业产品监管指令的设置和维护。

除免验产品、市场采购等可采用“无生产批”模式外，其它出口企业及其产品的监管，原则上均应采用“有生产批”模式。

“出证拦截开关”必须打开，对拦截批必须实施现场检验检疫。

根据企业产品的检验检疫监管模式要求，设定企业产品抽查检验检疫比例。

第十条 体系监管规划维护

体系监管规划由施检部门负责，监督检查原则上一年不少于一次。

施检部门负责人负责监管任务的分配，体系监管现场检查人员负责对体系监管结果的登记。

根据监管结果，可对企业实施下列五种处理方式进行监管：列入重点监管企业、修改抽批率、修改监督频次、标识异常生产批、标识异常周期。

不符合体系监管规划中基本条件的，列为重点监管企业。

实施重点监控时间原则上不少于2个月。经过现场检验核实确认已整改完成的，可经施检部门负责人批准后解除重点监控。

有下列情况之一时，各施检部门可标识异常生产批或标识异常周期：

（一）现场检验发现有不合格批次的；

（二）关键工序运行异常，未得到有效控制的；

（三）视频监控中发现有直接影响产品质量的异常情况的。

上述问题如企业已进行有效整改（必要时可经现场验证），施检部门可视情况给予解除。

根据监管结果，对企业按照体系监管规划进行综合评分。依照得分情况，进行抽批率修改。

在体系监督检查过程中，若发现有严重质量隐患，施检部门可按半年、季、月为监督检查周期依次加严递增监督频次，并在系统中设置。

第十一条 监管检测规划维护

监管检测规划参照体系监管规划。

周期性检测周期可为一个月至半年，应按照质检总局和安徽局的有关规定执行。

检测不合格，则对企业的自控体系及该产品存在的风险进行重新评估，落实整改措施，对该周期内的产品加严检测。

第四章 检验监管

第十二条 报检批合格评定

对电子审单正常的批次，可由检验检疫人员进行手工评定也可由系统自动审核放行。

对电子审单异常的批次，按以下方式进行处理：

（一）对于“电子抽批”、“出证拦截”的报检批，检验检疫人员必须进行现场检验检疫。

（二）对于“生产批监控异常”的报检批，检验检疫人员应仔细分析监控异常信息，根据导致异常的原因，确定检验检疫处理方式。

（三）对于“B类风险预警”、“产品重点监控”、“CIQ监管异常”的报检批，检验检疫人员应加强监管力度，适时增加抽查检测力度和现场检验检疫频次。

（四）对于“项目结果超过有效期”报检批次，检验检疫人员可要求企业重新进行检验检疫后上报相关数据，也可直接进行现场检验检疫。

（五）对于“输入国家 / 地区改变”、“评定标准改变”的生产批，如原来的监控要求已覆盖改变后的监控要求，则可直接进行综合评定，如改变后的监控要求超出了原来的监控内容，则按新要求进行检验检疫，也可直接进行现场检验检疫。

（六）对于“产品未注册或失效”的报检批，应重新审核企业相关资质情况，如产品不属于注册备案范围则正常进行综合评定，如企业已具备相应资质要求，则通知相关部门在电子监管系统中进行企业相关信息维护，如企业不符合相应资质要求则停止其相关产品报检并立即通知企业。

对需要进行现场检验检疫的报检批，检验检疫人员应在电子监管系统中记录现场检验记录。现场检验记录内容包括：检验检疫数量，检验检疫依据、抽样数量、检验检疫情况、评定结果等。如现场检验记录可覆盖检验检疫原始记录全部内容则可用电子监管查验记录替代检验检疫原始记录。

第十三条　体系监管

施检部门按规定的周期、项目对出口企业实施监督管理，应在电子监管系统中进行记录。

对监督管理过程中发现的不符合项，施检部门应督促相关企业进行整改并对整改结果进行验证。

对监督管理过程中发现问题较多、超出允许范围的企业，应按规定要求调整其检验检疫监管模式，同时在电子监管系统中进行相关监管指令维护；对于管理较好、在监督管理中未发现不符合项或有较少不符合项、达到放宽监管要求的企业，则也相应调整体系监管指令。

第五章　附　则

第十四条　几个相关名词术语的含义

监控项目表单：依据有关技术法规、标准、风险预警信息以及出口国家和地区的要求，由检验检疫机构建立的针对某一种或某一类出口产品的监控项目和参数要求的集合。其自上而下可分为总局监控项目表单、直属局监控项目表单、企业监控项目表单。

强制标准：在本规范中是指依据有关技术法规、标准、风险预警信息以及出口国家和地区的要求，针对某一种或某一类出口产品所必须实施检验检疫项目和评定指标要求。

强制项目：在本规范中是指依据有关技术法规、标准、风险预警信息以及出口国家和地区的要求，针对某一种或某一类出口产品所必须实施检验检疫项目，但其评定指标可进行重新设定。

第十五条 本管理办法由安徽检验检疫局检验监管处负责解释。

第十六条 本管理办法自发布之日起施行。原《安徽检验检疫局电子监管工作规范（试行）》（皖检检〔2007〕194号）同时废止。

关于印发《安徽检验检疫局报检员管理暂行办法》的通知

皖检务〔2009〕92号

各分支局、各办事处，各处室、各直属单位：

《安徽检验检疫局报检员管理暂行办法》经局务会审议通过，现印发给你们，请遵照执行。

二〇〇九年七月一日

安徽检验检疫局报检员管理暂行办法

一、总则

（一）为规范报检员管理工作，统一工作程序，根据《中华人民共和国进出口商品检验法》及其实施条例、《出入境检验检疫报检员管理规定》等法律法规有关规定，结合我局实际，制定本办法。

（二）报检员管理工作实行辖区管理的原则，省局和各分支机构负责所辖地区报检员管理工作，各检验检疫机构检务部门负责报检员注册登记和日常监管工作。

（三）报检员管理工作主要包括资格考试、注册登记、差错登记、日常监管、定期审核、注销登记等。

二、资格考试

（一）报检员资格考试实行全国统一考试制度，符合有关规定条件的考生，方可报名参加考试。

（二）考生参加考试程序为：网上报名、现场受理、资格确认、缴纳考试发证费、领取准考证、按时参加考试、领取《报检员资格证》。

（三）局检务主管部门负责考试工作的组织协调、宣传公告、方案制定、考务系统管理（考场安排和考生分配），辖区考生报名资格的审核确认、制作发放准考证及咨询，参与考场验收、考试组织，《报检员资格证》验收发放等。

（四）各分支机构检务部门负责辖区报名工作的宣传公告、报名资格审核确认、制作发放准考证及考务咨询、《报检员资格证》发放等。

（五）局有关职能部门和直属单位根据责任分工分别负责考试工作的组织指导、考场验收及考试巡查，试卷管理和保密监督，试卷、考场和考试管理情况的监督，考试经费的核拨、管理和监督，联系落实考场及考务后勤保障等。

三、注册登记

（一）根据国家质检总局的规定，从事出入境检验检疫报检业务人员在报检时必须首先办理报检员注册手续，取得《报检员证》，实行持证报检。

（二）已经通过报检员资格全国统一考试，获得《报检员资格证》的人员，方可申请报检员注册登记，从事报检业务。

（三）报检员注册申请程序。在检验机构备案登记并取得报检单位代码的企业，通过中国电子检验检疫业务网，向辖区检验检疫机构发送报检员注册申请，然后现场提交规定书面申请材料。

（四）检务部门受理审查程序。按照有关规定进行资料审核，对申请材料不齐全或不符合法定形式的，应当场告知申请人需要补正的全部内容。对申请材料齐全的，应当场或自受理之日起5个工作日内完成申请材料的实质性审查，履行网上审核注册程序，制作发放《报检员证》。

（五）报检员信息变更时，应当办理信息变更申请手续。对所注册报检单位注册号不变仅涉及报检单位名称变更的，应现场提交《报检员注册信息变更申请》及相关证明材料，经检务部门审核后予以换发《报检员证》。对报检员所注册报检单位注册号变更的，应首先办理原注册单位的报检员注销申请，再办理新注册单位的报检员注册申请。

四、差错登记

（一）检务部门对报检员在办理报检业务过程中出现的差错或违规行为，实行差错登记记分管理，通过报检员管理系统统一实施。

（二）检务部门记分时应严格按照国家局相关规定执行，同时应对其差错或违规行为进行纠正。

（三）对报检员无异议的差错记录修改，审核人员予以通过并确认该记分。对报检员拒绝在《报检员差错/违规行为记录单》上签名确认的，由审核人员审核签字后进行记分。

（四）对报检员有异议的差错记录修改，审核人员应对照国家局相关规定对报检员予以解释。对于差错或违规行为属实，证据确凿且适用规定正确的，确认原差错登记记录。报检员提出的事实、理由或者证据成立的，根据实际情况取消或变更原记分。

五、日常监管

（一）检务部门应重视报检员差错记分或违规违纪违法行为情况的处理，依据有关规定对其施行暂停或取消报检资格的管理。

（二）报检员在被暂停报检资格期间，不得办理报检业务。检务部门应暂时收回有关《报检员证》，无法收回的应予以公告。

（三）对暂停期限未满、调往当地或异地其他企业从事报检业务的，检务部门不予办理变更手续、不予出具《报检员证注销证明》。

（四）被取消报检资格的，检务部门应当将有关处理决定上报国家质检总局取消其《报检员资格证》，且3年内不允许参加报检员资格考试。同时应收缴有关《报检员证》和《报检员资格证》，无法收缴的应予以公告。

（五）自理报检单位报检员在注册地以外检验检疫机构检务部门办理报检业务时，有关检务部门应按规定对其进行管理。发现报检员有差错行为的，应予以记分。对达到暂停报检资格条件的，由注册地检务部门按照有关规定予以处理。如发现需吊销《报检员证》的，应按有关规定进行处理，并将处理决定及时通报注册地检务部门。

六、定期审核

（一）《报检员证》的有效期为2年。报检员应在其《报检员证》有效期届满前60日至30日之间，向发证检务部门提出延期申请。被暂停报检资格的，也应在规定期限前提出延期申请。

（二）报检员应通过中国电子检验检疫业务网，向辖区检验检疫机构发送《报检员证》延期申请。

（三）对于符合条件的延期申请，报检员管理系统将自动延期，届时报检员应打印出空白延期申请书按要求填写，随附本单位出具的报检员证明及《报检员证》，提交检务部门进行审核。

（四）对于系统不予自动延期的延期申请，报检员应打印出右上角带编号的延期申请书，并随附所在单位确认为本单位报检员证明及《报检员证》，提交检务部门进行人工审核。

（五）检务部门应按照有关规定对《报检员证》延期申请进行网上人工审核提交。对延期审核合格的，还应在《报检员证》尾页填写延长时限，并加盖报检员证专用章。

（六）对于不按期提出延期申请或延期审核不合格的，《报检员证》和《报检员资格证》自动作废，同时应于收缴，无法收缴的应予以公告。

七、注销、重新注册、补发

（一）报检员因故办理《报检员证》注销手续的，其所属企业应提交《报检员证注销申请表》和《报检员证》申请办理，检务部门应按规定及时通过管理系统予以审核，并出具加盖检验检疫专用章的《报检员证注销证明》。

（二）报检员调往其他企业、原所属企业未能提出注销申请的，可由报检员直接提交《报检员证注销申请表》和与原所属企业解除劳动关系的有效证明文件或调入企业声明承担相关法律责任的文件等，办理注销手续。

（三）报检员调往其他企业申请重新注册的，检务部门应审核注册申请材料和《报检员证注销证明》，对符合规定的予以重新注册，换发《报检员证》。

（四）对报检员因《报检员证》的遗失、损毁提出补发申请的，发证检务部门应审核《报检员证补发申请表》和登报声明作废材料或损毁的证件。对审核合格的，予以补发。所补发《报检员证》编号和初次发证日期不变，原记分记录继续有效。未补发《报检员证》前，报检员不得办理报检业务。

（五）报检员因故丢失或损毁《报检员资格证》而申请补发的，申请人应现场提交《报检员资格证补发申请表》及有关规定材料，如丢失的还应提交在指定报刊上登报声明的证明，如损毁的还应交回原证，由局检务处于每年1月或9月，统一报送总局给予审核补发。

八、附则

（一）本办法由局检务主管部门负责解释。

（二）本办法自印发之日起施行。原《关于做好注册报检员定期审核工作的通知》（皖检务函〔2007〕23号）同时废止。

关于印发《安徽检验检疫局签证放行管理暂行办法》的通知

皖检务〔2009〕93号

各分支局、各办事处，各处室、各直属单位：

《安徽检验检疫局签证放行管理暂行办法》经局务会审议通过，现印发给你们，请遵照执行。

二〇〇九年七月一日

安徽检验检疫局签证放行管理暂行办法

一、总则

（一）为加强出入境检验检疫签证放行工作管理，规范签证行为，保证放行工作质量，依据《中华人民共和国进出口商品检验法》及其实施条例、《出入境检验检疫签证管理办法》等法律法规有关规定，并结合我局实际，制定本办法。

（二）签证放行工作由局检务主管部门统一管理，各检验检疫机构检务部门负责辖区内签证放行业务的日常管理，各相关施检部门负责各类证稿的拟制和审签工作，财务部门负责收费管理工作。

（三）签证放行流程主要包括受理报检、审单、计费、收费、拟制与审签证稿、缮制与审校证单、签发证单、归档等。

二、有效期及签证周期

（一）检验检疫证单一般应以检讫日期作为签发日期，检验检疫证单的有效期不得超过检验检疫有效期。

（二）《入境货物通关单》的有效期为60天。

一般报检的《出境货物换证凭单》（《出境货物换证凭条》）和《出境货物通关单》的有效期为：一般货物60天；植物和植物产品21天，北方冬季可适当延长至35天；鲜活类货物14天。

（三）施检部门在CIQ系统结果登记时的证单有效期和相关证单底稿的有效期均应按检验检疫证单有效期填写。

（四）对于检验检疫有效期大于证单有效期的，施检部门受理初次报检业务时，应在检验检疫原始记录上注明实际有效期，作为相关审核依据。

（五）检验检疫证单发出后，如超过证单有效期的，不予更改、补充或重发。

（六）对于已签发证单因故未使用而超过证单有效期，但未超过检验检疫有效期的，按以下办法处理：

1. 对于不需要重新检验检疫的，企业凭未使用的检验检疫证单和施检部门有关书面证明（主要认定“此单为×××单的延期，该批货物仍在检验检疫有效期内”等，并应有施检人员和部门负责人签字确认），以及规定的报检单据重新报检，申报“核查货证”。检务部门审核无误后予以受理，按规定计收证单费。

2. 对于相关货物检验检疫有效期即将到期，不能保证货物出口通关时符合有关规定标准的，施检部门应要求企业按一般报检类别重新报检及检验。

（七）检务部门签发证单，出境货物证单应在收到证稿后2个工作日内、入境货物证单应在收到证稿后3个工作日内完成，特殊情况除外。

三、证书及证稿审核

（一）施检部门应根据检验检疫结果和合格评定标准，及时、准确地按照规定的证单种类、证单格式和证稿拟制规范拟制检验检疫证稿。涉及品质检验的证稿应包括抽（采）样情况、检验依据、检验结果、评定意见等四项基本内容。

（二）施检部门在综合业务管理系统中拟制证稿时，应使用规定模板正确拟制，关键信息须完整准确，文档保护功能须正常有效，应重视加强检查审核，防止出现拟制差错或系统转出的电子信息丢失情况。

（三）各类证单的底稿应由施检人员拟制并签字，由部门审核人员核签；经检验不合格的，应由施检部门负责人核签。提交到检务部门的各类证单底稿，均应有施检人员及部门审核人员签字。

（四）检务部门应按规定的证单种类、用途、格式和证稿内容及时缮制与审校证书，并在兽医官、授权检疫官、授权签字人等签名后签发证书。国外官方有备案要求的，由备案签字人签发相应证书。

（五）办理放行业务时，提交到检务部门的单据须随附施检部门审签的《出境货物换证凭单》证稿打印件；办理出口食品类放行业务时，应随附具有相互关联性的自行扦样报告和检验机构认可的检测报告。

四、电子转单及换证凭单

（一）对于经施检部门检验检疫合格后，在外省海关报关出口的，由检务部门实施电子转单，出具《出境货物换证凭条》。或对符合签发“换证凭单”规定条件的，签发《出境货物换证凭单》。

（二）对于实施电子监管等方式监管并符合快速核放规定条件出口的，企业应持电子监管系统确认该批货物为快速核放的回执，并加盖单位公章，可由检务部门直接实施电子转单。

（三）对于申请出口预验的，只能出具标明“预验”字样的《出境货物换证凭单》。如货物具备正式出口条件，企业应在本检验机构重新报检，凭“预验”的换证凭单申报“核查货证”；检务部门审核无误后予以受理，按规定计收证单费；施检部门应根据其实际发货数量核销换证凭单，检务部门方可实施电子转单，或签发“一般报检”的换证凭单。

（四）根据工作需要，可以使用换证凭单作为生产原料的检验检测报告，但应注明“原料供应”字样，并不得直接实施电子转单或凭以直接签发通关单。对需要正式出口的，应进行重新报检。

五、通关单及直通放行

（一）对于经产地检验检疫合格在省内海关报关出口的，可由检务部门签发《出境货物通关单》。

（二）对于实施电子监管等方式监管并符合快速核放规定条件出口的，可由检务部门直接签发《出境货物通关单》。

（三）对于使用换证凭单作为生产原料的检验检测报告，或标明“预验”字样的《出境货物换证凭单》，不得凭以直接换发《出境货物通关单》。如货物具备正式出口条件，企业应在本检验机构重新报检。

（四）对于从本地口岸报关出境的异地货物，凭产地检验机构出具的《出境货物换证凭单》或《出境货物换证凭条》换发《出境货物通关单》。换证凭单可以分批核销，核销次数不得超过换证凭单栏目数量。电子转单一次有效，不得分批核销。

（五）对于在省内空港入境业务，或其他口岸入境的转关业务，由检务部门签发《入境货物通关单》，相关施检部门实施检验检疫工作。

（六）对于在异地口岸清关的我省入境货物，应在口岸报关地检验检疫机构申请签发《入境货物通关单》，货物到达目的地后，向我局申请检验检疫。货物经检验检疫合格的，签发《入境货物检验检疫证明》或《卫生证书》，不合格的对外签发检验检疫证书，供有关方面对外索赔。

六、附则

（一）本办法由局检务主管部门负责解释。

（二）本办法自下发之日起施行，原《关于进一步加强报检放行审核管理的通知》（皖检务函〔2007〕303号）同时废止。

关于印发安徽检验检疫局报检计费管理暂行办法的通知

皖检务〔2009〕94号

各分支局、各办事处，各处室、各直属单位：

《安徽检验检疫局报检计费管理暂行办法》经局务会审议通过，现印发给你们，请遵照执行。

二〇〇九年七月一日

安徽检验检疫局报检计费管理暂行办法

一、总则

（一）为加强出入境检验检疫报检计费工作管理，规范报检计费行为，保证工作质量，根据《中华人民共和国进出口商品检验法》及其实施条例、《出入境检验检疫报检规定》、《出入境检验检疫收费办法》等法律法规有关规定，结合我局实际，制定本办法。

（二）报检受理范围。法律、行政法规规定必须由检验检疫机构检验检疫的；有关国际条约、双边或多边协议规定必须经检验检疫机构检验检疫的；输入国家或地区规定必须凭检验检疫机构出具的证书方准入境的。

（三）计费业务责任分工。出入境货物、运输工具、集装箱及其它法定检验检疫物实施检验、检疫、鉴定等检验检疫业务的计费由检务部门负责；实验室检验计费由技术中心负责；有关卫生考核注册及质量许可考核注册的计费由认证部门负责。出入境人员的卫生检疫计费由保健中心负责。

二、报检资格条件

（一）自理报检单位应按规定申请办理备案登记手续，取得单位备案登记代码。单位报检人员应经报检员资格全国统一考试合格后办理注册手续，领取《自理报检员证》，凭证办理自理报检业务。

（二）代理报检单位应按规定申请办理注册登记手续，取得单位注册登记代码。单位报检人员应经报检员资格全国统一考试合格后办理注册手续，领取《报检员证》，凭证办理代理报检业务。

（三）报检实行网上申报。取得单位登记代码的报检单位，必须安装专用的电子申报软件，具有本单位的注册报检员，方可办理自理报检业务。其他报检单位须委托代理报检单位报检，届时应向检验检疫机构提供规定格式的报检委托书。

三、报检资质审核

（一）严格登记制度管理，没有办理备案登记手续的企业，不得办理报检业务。

（二）严格凭证制度管理，无《报检员证》的人员，不得办理报检业务。自理报检单位的注册报检员，只能办理本单位的报检业务。

（三）严格辖区制度管理。对于出境货物，坚持实行产地检验机构报检管理；对于入境货物，坚持实行目的地检验检疫机构报检管理；除有特殊规定或特殊情况经过检验检疫机构同意以外，原则上不得实行跨辖区报检。代理报检单位只能在注册登记辖区内从事代理报检业务。

（四）对于质量许可证或卫生注册（登记）证失效或被注销证书的企业，检务部门应依据局相关监管部门的通知，通过综合业务管理系统进行封号处理，注销其报检资质。对于因故需暂停或恢复报检资格的企业，届时应依据监管部门的通知，进行暂时封号或解封处理。

四、报检信息及单据审核

（一）规范企业电子报检行为。报检信息应完整，不得缺项；报检信息必输项应准确，不得出错；凭许可证或注册（登记）证报检的企业，应如实提供有效注册信息，不得无证申报，或使用过期（注销）证号，或借用他人证号进行申报。

（二）严格报检信息的审核。对于实行人工受理报检的，检务部门应对企业提交的报检单据与电子报检信息进行对比审核；对于实行电子报检后台人工审核的，检务部门应对电子报检信息进行逻辑审核，施检部门应对企业提交的报检单据与电子报检信息进行对比审核；对于实行系统自动审单审核的，施检部门应对企业电子报检信息和报检单据进行对比审核，严防因报检差错影响工作质量。

（三）出境法检商品报检随附单据中应有已核销的包装单复印件或已经核销完的包装单正本，用于人类食用的法检商品应提供内外包装合并的包装单。

（四）对于申请出具通关单的商品，如使用集装箱运输报检时应输入集装箱规格、数量及号码，如装运出境食品、食品原料和药用动植物类商品的，还应提供《集装箱检验检疫结果单》。

（五）对于涉及质量许可、卫生注册（登记），或其他需审批审核的货物，必须提供有关规定证明。

（六）入境货物报检时，必须完整申报其包装，并经相关施检部门确定为非木质包装或木质包装已检疫，检务部门才能办理出具《入境货物通关单》手续。

（七）入境流向货物检验申请时，应凭电子转单信息受理报检；因特殊原因无法正常调用电子转单信息的，可按一般报检流程受理，但应在报检的“特殊要求”栏内注明入境口岸检验检疫机构签发的通关单号。

五、计费审核

（一）对于实行后台网上计费审核的，检务部门根据综合业务管理系统自动审单受理的报检信息，通过计收费管理系统进行审核计费。

（二）对于实行前台受理计费的，检务部门根据受理的企业报检单据，通过计收费管理系统进行审核计费。

（三）对于更改报检计费的，如报检货值增加应重新补计增加部分的检验费，如申请撤销报检经施检部门确认尚未实施检验检疫的货物，应撤销其报检号并改计费金额为零。

（四）对符合共检规定拟实行共检计费的，相关检验部门应提出专题报告，经局检验监管主管部门审核后，报经局领导批准，然后抄送检务部门按规定计费。

六、特殊情况的计费

（一）出境非法检货物根据有关特殊规定报检的，应按法检货物计收品质检验费、数量鉴定费和使用鉴定费，届时应采取人工审核计费方式，遇有低货值申报情况或最低收费情况时，应按规定进行相应的调整。

（二）入境非法检货物根据有关特殊规定报检的，应按法检货物计收品质检验费及数量鉴定费。对于大型成套设备、旧机电产品，均应按法检货物计费。

（三）对于涉及加工贸易出境货物要求按优惠规定计费的，报检单位应提供《加工贸易电子手册》、《加工贸易业务批准证》和对应的进出口合同（皆需复印件并随附原件），进行认真审核界定，确认符合规定条件的，方可按规定优惠计费，并逐批核销手册核定的出口货物名称及成品总值，直至在对应的有效期内核销完毕。否则，检务部门应将业务管理系统自动7折的计费结果及时调整为100%，防止发生漏计费情况。

七、附则

（一）检务部门应按照相关法律法规规章的规定和标准及时准确计费，并核实收费管理系统的自动计费结果。如系统的计费结果与应收费用规定不符的，应予人工更正。

（二）检务部门应及时掌握有关减免检验检疫收费文件规定，适时对外宣传和告知，严格按照规定标准审核计费。

（三）本办法由局检务主管部门负责解释。

（四）本办法自印发之日起施行。原《关于加强加工贸易出境货物品质检验费计收费管理的紧急通知》（皖检务函〔2004〕290号）同时废止。

关于印发《安徽出入境货物检验检疫流程管理办法》的通知

皖检检〔2009〕96号

各分支局、各业务处、技术中心：

为进一步完善安徽出入境货物检验检疫流程管理，规范执法行为，现将《安徽出入境货物检验检疫流程管理办法》印发给你们，请遵照执行。

二○○九年七月一日

安徽出入境货物检验检疫流程管理办法

第一章 总 则

第一条 为建立依法把关、监管有效、方便进出、管理科学的出入境检验检疫程序，提高工作效率和工作质量，根据出入境检验检疫法律法规规定，制定本办法。

第二条 本办法适用于安徽检验检疫系统出入境法定检验检疫货物（以下简称“出入境货物”）的检验检疫工作。

第三条 本办法所称出入境货物检验检疫流程，是指对出入境货物实施受理报检、计收费、检验检疫、卫生除害处理和签证放行的全过程。

第四条 对出入境货物实施检验检疫遵守“一次报检、一次抽（采）样、一次检验检疫、一次卫生除害处理、一次计收费、一次签证放行”的原则。

第五条 出入境货物检验检疫工作的各环节应在规定时限内完成，不得无故拖延。

第六条 出入境货物检验检疫工作使用统一的综合业务管理系统进行。

第二章 报 检

第七条 采用人工审单方式受理报检的，检务部门负责审核报检单位提交的纸面单据和电子报检数据。审核合格的，受理报检并由综合业务管理系统产生报检编号，电子报检数据自动转施检部门；审核不合格的，应根据不同情况按有关规定处理。

第八条 采用自动审单方式受理报检的，由综合业务管理系统自动审核生成报检编号并自动转施检部门。报检单位提交纸面单据后，施检部门负责对纸面单据进行审核，发现不符合要求的，应根据不同情况按有关规定处理。

第三章 计收费

第九条 人工受理报检的，检务部门应在受理报检后立即计费并转财务部门收费；自动受理报检的，既可在受理报检后及时计收费，也可在检验检疫工作结束后、放行之前计收费。

第十条 对同一批货物应收的检验检疫费，应一次性计算完毕，特殊情况除外。

第十一条 对业务量大、诚信度高的企业可根据实际情况采用按月结算方式。具备条件的，可以采用电子缴费方式。

第四章 检验检疫

第十二条 施检部门相关人员应及时操作综合业务管理系统，对综合业务管理系统内存在的报检批次，根据检验检疫监管要求不同和产品风险程度，及时做出分类处理。

第十三条 对实施电子监管的报检批次，电子监管系统根据各施检部门设定的监控表单自动评定合格的，直接由检务部门放行；需人工干预评定的，若无需现场检验检疫、实验室检测或卫生除害处理，应及时实施综合评定，合格后及时向检务部门提交放行数据。对凭监管记录放行的非抽检批或采用过程检验等不宜形成原始记录的检验方式的，施检部门可不填写检验检疫原始记录，直接凭电子监管数据放行。

施检部门应做好电子监管系统的调整和维护工作，保证电子监管下的快速核放能够顺利实施，报检数据得到及时处理。

第十四条 对需要现场检验检疫的，施检部门应在接受到电子报检数据后 2 个工作日内联系报检单位安排检验检疫工作，检验检疫工作时限应遵照执行本局相关规定；检验检疫工作完成并判定为合格的，应在 1 个工作日内填写完毕原始检验记录，并将放行数据提交检务部门。

第十五条 对需要实验室检测的，现场检验检疫工作和抽（采）样工作应一并完成，样品应在抽（采）样工作完成后 0.5 个工作日内送往检测部门。

第十六条 对需要卫生除害处理的，应立即通知卫生除害处理单位实施卫生除害处理。施检部门应在工作联系单上对实验室检测和卫生除害处理单位明确时限要求。

第十七条 对于在口岸实施核查货证的出境货物，施检部门应在 1 工作日内核查完毕，合格后，将放行数据提交检务部门；对于口岸验证的出境货物，检务部门应当当场予以验证放行。

第十八条 报检单位要求出具检验检疫证书的，施检部门原则上要在施检完毕后 1 个工作日内完成证书证稿的拟制工作，与放行数据同时提交检务部门；对于需要在放行后出具的证书，施检部门在出证所需条件具备的情况下要及时完成证书证稿的拟制工作，并提交检务部门；对检验检疫证书随出口货物运输工具同时启运的，应在运输工具离港前完成证稿拟制工作，并留有相应的缮制证书的时间。

第五章　实验室检测和卫生除害处理

第十九条　实验室检测部门应优先完成法定检测项目的实验室检测工作，并应在检测工作完毕后 0.5 个工作日内，将有关结果提交施检部门。

第二十条　卫生除害处理单位应按规定完成卫生除害处理工作，并在工作完成后 0.5 个工作日内将结果提交有关部门。

第六章　签证放行

第二十一条　对具备放行条件的出境货物，检务部门应及时予以放行，出具《出境货物换证凭单》、《出境货物转单凭条》或《出境货物通关单》，出具《出境货物通关单》并同时向海关发送电子通关数据。

第二十二条　对需要出具检验检疫证书的出境货物，在放行时具备签发证书条件的，签证和放行应一并完成；需要放行后出具的证书，检务部门应在接收到相关单据后 2 个工作日内完成签证工作。

第二十三条　检务部门在保证签证工作质量和效率的前提下，可以根据情况进行签证流程整合，实行审校合一或审制校合一签证模式。

第二十四条　在对证书进行敏感分析、明确责任的前提下，各分支局可对证书的手签问题进行调整，授权检务人员手签，检务部门被授权签字人对证单与证稿的一致性负责，施检人员对证书内容的真实性负责。

第二十五条　对不合格证单、援外物资证书、兽医卫生证书及手签权国外备案的证书由施检部门手签。

第二十六条　对检验检疫合格的入境货物施检部门应在检验检疫完毕后 1 个工作日内拟制证稿，检务部门在 3 个工作日内出具相关证明类证单。

第二十七条　具备放行条件的入境货物应在收费后及时予以放行，对需施检部门确认的，施检部门确认后及时放行；需要在通关前实施检验检疫和卫生除害处理的货物，应在有关工作完成之后放行。

第七章　附　则

第二十八条　各业务部门在实施出入境货物检验检疫流程管理时，应与进出口企业诚信管理紧密结合起来。在检验检疫流程的各环节，若发现进出口企业有违规失信行为，应及时、客观、准确地依照信用信息采集条目进行信用信息采集，在 3 个工作日内录入到诚信管理系统；对有严重违规失信行为或屡次违规失信累计扣分 12 分以上者，要即刻启动应急管理，依照企业违规失信程度，分别给予即时布控、即时降级、列入黑名单等处置。

第二十九条 各业务部门在实施出入境货物检验检疫监督管理时，应严格根据进出口企业当前的信用等级实施相应的监管措施。对被实施即时布控企业，在期限内要采取加严监管措施；对被实施即时降级、列入黑名单的企业，要即刻取消一类管理、绿色通道、直通放行等便利措施，对 D 级企业要实行限制性管理措施，重新评定或依法撤消已取得的相关资质。

第三十条 检务部门的岗位设置应根据业务特点配置，提倡将报检、计费、签证放行等环节进行整合合并，为报检单位提供“一站式”和“一个窗口”式服务。

第三十一条 本办法由安徽检验检疫局检验监管处负责解释。

第三十二条 本办法自下发之日起施行。原《安徽检验检疫局检验检疫流程管理暂行规定》（皖检务〔2000〕26 号）同时废止。

关于印发《安徽检验检疫局加强进出境集装箱检验检疫工作规定》的通知

皖检卫〔2009〕115号

各分支局、办事处，各处室、各直属单位：

《安徽检验检疫局加强进出境集装箱检验检疫工作规定》已经局务会审议通过。现印发给你们，请遵照执行。

二〇〇九年七月十四日

安徽检验检疫局加强进出境集装箱检验检疫工作规定

第一章　总　则

第一条　为适应安徽境内口岸国际集装箱运输发展的需要，加强进出境集装箱的检验检疫管理，确保进出境集装箱检验检疫的工作质量，指导和规范全局系统内进出境集装箱检验检疫工作。根据《中华人民共和国进出口商品检验法》及其实施条例、《中华人民共和国进出境动植物检疫法》及其实施条例、《中华人民共和国国境卫生检疫法》及其实施细则、《进出境集装箱检验检疫管理办法》（国家质检总局第17号令）要求，结合安徽各口岸实际，制定本规定。

第二条　本规定所称进出境集装箱是指国际标准化组织所规定的集装箱，包括进境、出境的重箱和空箱。

第三条　所有通过安徽口岸的进出境集装箱依据本规定实施检验检疫，集装箱的承运人或其代理报检人，应在集装箱进出境前向安徽检验检疫局检务部门以及各地分支机构报检，未经检验检疫，不得装运、提运或拆箱。

第二章　集装箱检验检疫的目的和内容

第四条　集装箱检验检疫的目的

防止传染病、寄生虫病和植物危险性病、虫、杂草以及其他有害生物通过集装箱及集装箱货物传入、传出，保护农、林、牧、渔业生产和人体健康，保证集装箱运输的货物质量，促进对外贸易的发展。

第五条 集装箱检验检疫的内容

（一）集装箱适载性检验

对装运出口易腐烂变质食品、冷冻品的集装箱实施清洁、卫生、冷藏、密固等适载检验，承运人、装箱单位或其代理人必须在装运前向检验检疫机构申请检验，经检验取得证书的方可装运。适载检验内容应包括：箱号清晰，箱体完好，无危险、有毒、有害物品标志；集装箱的活动部分、胶垫、箱门开关和风雨密状况良好；箱内清洁、干燥、无异味、无活害虫、无残留有毒、有害物品；保温集装箱气密和隔热性能良好；冷藏集装箱的冷藏性能良好；罐式集装箱前次未装过有毒有害物品。

（二）集装箱检疫

主要是检查集装箱是否来自疫区；是否被人类传染病和动物传染病病原体污染；是否带有植物危险性病、虫、杂草以及其它有害生物；有无啮齿动物、蚊、蝇、蟑螂等病媒生物；是否被有毒有害物质污染；是否清洁；是否带有土壤、动植物残留物；有无废旧物品、特殊物品、尸体、棺柩等；并按规定实施卫生除害处理。

第三章 集装箱检验检疫工作程序

第六条 集装箱报检

集装箱运抵口岸后，报检人填写《出 / 入境集装箱报检单》，随附集装箱相关资料向安徽检验检疫局检务部门及分支机构报检。一份完整的报检单据至少应包括报检单、报检委托书、相关货物单证等内容。

如入境集装箱内装载的货物为法检商品，报检人报检时需填写《入境货物报检单》，集装箱检疫机构作为辅检部门，要主动和主检部门建立良好的联系沟通，共同配合做好入境货物及集装箱的检验检疫工作。

第七条 适载性预检验

对出境的装运易腐烂变质食品的集装箱实施预检验制度。适载性检验可由经培训的检验检疫机构以外的人员（以下简称预检人员）进行适载性预先检验，检验检疫机构进行业务监督管理。经预检人员预检合格的集装箱，由预检人员填写《集装箱适载性检验预检记录》，随报检单证一并提交报检。对预检人员已检合格的集装箱由检验检疫人员按不低于 1% 的比例进行监督抽查，检验或抽查结束由检验人员填写《集装箱适载性检验 / 抽查原始记录》。对判定检验合格的集装箱，由检验检疫机构签发《集装箱检验检疫结果单》，对判定检验不合格的集装箱，经整理或调整后达到适载性检验要求的，再予以签发《集装箱检验检疫结果单》。

第八条 审单

（一）检验检疫人员审核有关单证，检查单证是否齐全、是否合乎报检要求，确定抽查集装箱数，并通知报检人。

（二）集装箱抽查数量按以下原则确定：

1. 进境集装箱重箱的开箱检疫查验数量应不低于检验检疫批对应总箱量的5%。

2. 进境集装箱空箱的开箱检疫查验数量根据检验检疫批对应总箱量确定抽查箱数和箱号，总箱量为5个自然箱以下（含5箱）的，全部检查；6至100箱的，按不低于5%抽查（最低不少于5箱）；101至500箱的，按不低于3%抽查（最低不少于5箱）；500箱以上的，按不低于1%抽查（最低不少于15箱）。

3. 出境集装箱根据疫情、是否装运出口易腐烂变质食品等相关信息进行风险分析，确定现场查验的数量，一般不低于总量的1%，其中对拟装载出境植物、动植物产品和其他检疫物的集装箱应逐箱进行查验。

4. 装运进口废物原料的集装箱按进口废物原料电子监管系统指定的箱号随同货物一并检验检疫。

（三）报检人接到通知后，将指定集装箱调至检验检疫场地，并及时联系具体检验检疫人员实施检验检疫。

第九条 现场检疫查验

（一）查验准备

根据集装箱所装载的货物性质、是否来自疫区等情况，在实施现场检验检疫前应准备必要的器械、防护用品。

（二）开箱前检疫查验

开箱前，以目视方法核查集装箱箱号、封识号与报检单据是否一致，查看集装箱箱体是否完整、检查集装箱外表包括角件、叉车孔、地板下部等处是否带有软体动物（非洲大蜗牛）、种子、杂草籽、土壤等。

（三）箱内检疫查验

1. 对实施过熏蒸处理的集装箱进行查验时，应先对箱内熏蒸气体浓度进行检测，发现熏蒸剂残留超过安全标准（5ppm）的，应进行通风散毒后，方可实施检疫，防止意外事故发生。

2. 开箱后，检查箱体、货物、包装、铺垫物、填充物等有无啮齿类动物、鼠咬痕、鼠粪、鼠迹等；检查货物空隙、货物表面有无飞行或附着的蚊、蝇、游离蚤、蜱、螨、蜚蠊等；箱内有无积水及可能滋生的蚊幼虫。如有，应及时采样，进行鉴定。

3. 开箱后应检查集装箱内是否夹带旧服装、旧麻袋、旧塑料器具等废旧物品，是否夹带工业、生活垃圾等。

4. 对现场开箱查验的集装箱应同时检疫检查有无动植物危险性病、虫、杂草、土壤、动物尸体、动植物残留物等，若发现上述疫情应及时采样，进行分类鉴定。

5．对于可能被致病微生物污染的集装箱，应进行微生物检测。

6．对于装载放射源、可能超过放射性豁免水平的矿产品以及其他法律法规、国际条约、贸易合同规定必须进行放射性检测货物的集装箱，应实施放射性检测。

7．对于装载有毒有害化学物品或可能被有毒有害化学物品污染的集装箱，应进行化学污染检查。

（四）记录

现场查验后，根据情况填写好记录，以备事后查阅。

（五）处置

1．扩大抽检比例

查验不合格的，对该批集装箱应扩大抽检比例继续查验，直至整批集装箱全部开箱查验。

2．卫生除害处理

查验发现有下列情况之一的，需实施卫生除害处理（并要结合《国际卫生条例（2005）》要求，确定卫生处理对象）：

（1）来自检疫传染病疫区的；

（2）被检疫传染病污染的；

（3）发现与人类健康有关的啮齿动物或病媒昆虫的；

（4）废旧物品或可能携带致病微生物对人类健康造成危害的其它物品；

（5）出入境的尸体、棺柩、骸骨不符合卫生要求的；

（6）国境口岸或交通工具上发现啮齿动物有反常死亡或死因不明的；

（7）出境货物使用的木质包装，包括用于承载、包装、铺垫、支撑、加固货物的木质材料，如木板箱、木条箱、木托盘、木框、木桶、木轴、木楔、垫木、枕木、衬木等；

（8）来自植物疫区的交通工具及交通工具上的植物性废弃物及其存放场所、容器；

（9）装载植物和植物产品出境的运输工具，经检疫不合格的；

（10）进出境植物和植物产品，经检疫不合格的；

（11）装载动物和动物产品出境的运输工具及工具上的泔水、动物性废弃物及其存放场所、容器，经检疫不合格的；

（12）进出境动物和动物产品，经检疫不合格的。

3．其它无害化处理

查验发现被有害化学物质污染的集装箱必须采取冲洗、擦拭、酸碱中和、稀释等有效清洁措施；

查验发现放射性超标的集装箱，应及时上报上级主管部门，同时报告当地相关部门，按照有关规定进行防辐射处理。

不符合适载性检验要求的集装箱，应经整理或通过调换集装箱等方式达到适载性检验要求。

4．退运、销毁等处理

查验发现以下情况之一的视情节销毁货物或将集装箱连同货物整体退运：

（1）非装运进口废物原料的集装箱夹带有废旧物品的；

（2）严重超过放射性标准的且无法实施防辐射处理的货物的（不包括专用放射源）；

（3）特殊物品包装泄漏或被污染的；

（4）国家法律、行政法规针对具体情况有明确规定的。

第十条 签发证书、归档

（一）检疫查验合格的集装箱，按照规定签发《集装箱检验检疫结果单》，并将有关材料归档。

（二）经过卫生除害处理、其它无害化处理后符合检验检疫要求的集装箱，按照规定签发《检验检疫处理通知书》，并将有关材料归档。

（三）必须作销毁或退运处理的，按照规定移交海关、环保等部门处理或直接监督销毁，并将有关材料归档。

第四章 集装箱检验检疫情况统计上报及质量分析工作

第十一条 施检部门对在检验检疫中发现的疫情及有毒有害物质应进行详细的记录，做好数据的收集整理工作。

第十二条 每月4号之前，各施检部门认真填写《出入境集装箱检疫情况统计表》（CIQ2000中综合统计报表11）。

第十三条 根据《关于进一步规范集装箱检验检疫质量分析工作的通知》（质检检函〔2008〕262号）的要求，各施检部门要认真做好进出境集装箱检验检疫质量分析工作，参照《进出境集装箱检验检疫工作质量分析报告参考格式》撰写每年度的进出境集装箱检验检疫工作质量分析报告。

第五章 附 则

第十四条 进境集装箱装载的法检货物按有关规定实施检验检疫。

第十五条 对集装箱及其所载货物实施卫生除害处理时应当避免造成不必要的损害。

第十六条 用于集装箱卫生除害处理的方法、药物须经国家质检总局认可。

第十七条 本规定由安徽检验检疫局负责解释。

第十八条 本规定自印发之日起执行。

关于印发《安徽出入境检验检疫局封识管理制度》的通知

皖检检〔2009〕116号

各分支局、办事处，各处室、各直属单位：

为进一步规范我局检验检疫封识的使用管理，做好出入境检验检疫监督管理工作，根据国家质检总局《出入境检验检疫封识管理办法》（2000年第22号局长令），特制定本制度。现印发给你们，请遵照执行。

关于出口食品运输包装检验检疫标志使用管理，请按国家质检总局《出口食品运输包装加施检验检疫标志操作规范》（国质检通〔2007〕378号）的有关规定执行。

二〇〇九年七月十四日

安徽出入境检验检疫局检验检疫封识管理制度

第一条 为进一步提高我局检验检疫封识（以下简称封识）管理水平，做好出入境检验检疫监督管理工作，根据国家质检总局《出入境检验检疫封识管理办法》，特制定本管理制度。

第二条 本管理制度所称封识是指出入境检验检疫机构在出入境检验检疫工作中因需要实施具有强制性和约束力的封存及控制措施而加施在检验检疫物及其运载工具、集装箱、装载容器和包装物或存放检验检疫物的场所上的专用标识。

第三条 封识的种类包括：封条封识、卡扣封识和印章封识三种。

第四条 本管理制度适用于安徽检验检疫局出入境检验检疫封识的管理工作，包括封识的申领、使用和管理等。

第五条 安徽检验检疫局负责辖区内封识的综合管理工作。省局封识管理部门负责全局系统内封识工作的指导协调、监督管理以及封识的统一订购、登记、备案、发放；各分支机构、各业务处室负责所辖区域内封识的计划编制、管理和使用、施封及监装工作。

第六条 各分支机构、各业务处室应指定专人负责封识的申领、登记、保管、分发和管理等工作，并保存相关记录（至少 1 年以上）。封识应专库专柜存放。

第七条 封识应加施在需要施封的检验检疫物及其运载工具、集装箱、装载容器和包装物上，或存放检验检疫物的场所。

第八条 各分支机构、各业务处室根据检验检疫物的包装材料的性质和储运条件，确定应采用的封识材料和封识方法。选用的封识应醒目、牢固，不易自然损坏。

第九条 有下列情况之一的，根据检验检疫工作需要可以加施封识：

（一）因口岸条件限制等原因，由检验检疫机构决定运往指定地点检验检疫的；

（二）进境货物在口岸已作外包装检验检疫，需运往指定地点生产、加工、存放，并由目的地检验检疫机构检验检疫和监管的；

（三）根据出入境检验检疫法律法规规定，对禁止进境货物作退回、销毁处理的；

（四）经检验检疫不合格，作退回、销毁、除害等处理的；

（五）经检验检疫合格，避免掺假作伪或发生批次混乱的；

（六）经检验检疫发现进境的船舶、飞机、车辆等运载工具和集装箱装有禁止进境或应当在中国境内控制使用的自用物品的，或者在上述运载工具上发现有传染病媒介（鼠、病媒昆虫）和危险性病虫害须密封控制、防止扩散的；

（七）对已造成食物中毒事故或者有证据证明可能导致食物中毒事故的食品及生产、经营场所，需要进一步实施口岸卫生监督和调查处理的；

（八）正在进行密闭熏蒸除害处理的；

（九）装载过境检验检验物的运载工具、集装箱、装载容器、包装物等；

（十）凭样品成交的样品及进口索赔需要签封的样品；

（十一）外贸合同约定或政府协议规定需要加施封识的；

（十二）其他因检验检疫需要施封的。

第十条 各分支局、各业务处室应加强组织对货物施封监装工作。出口货物经检验检疫合格后，根据检验检疫物及其包装材料性质和储运条件等确定合适的封识种类和封识方法，防止出现封识脱落、自然损坏、封识号有误等情况发生。并做好施封和监装记录，有关单位和人员给予协助配合。

第十一条 凡属于进口货物，对已加施封识的，报检人应当在目的地检验检疫机构监督下或许可后方可启封，并接受检验检疫。

第十二条 加强与口岸检验检疫机构的及时沟通，对进出口货物运输过程中擅自损坏封识、调换货物、更改批次或换包装的有关企业，按照有关法律法规，依法予以处罚。

第十三条 各分支机构、各业务处室应严格按照《出入境检验检疫封识管理办法》和本制度规定对出口货物进行施封。对已施封的货物经口岸检验检疫机构查验不合格的，由省局组织调查，找出原因，分清责任。对确属人为原因的，按有关规定，追究相关责任人的责任。

第十四条 本管理制度自公布之日起施行。原省局于2000年9月13日发布的《关于出入境检验检疫标志、封识使用管理的通知》（皖检科〔2009〕143号）同时废止。

关于印发《安徽省一般出境货物运输包装检验监管工作规范》的通知

皖检轻〔2009〕180号

各分支局、办事处，各处室、各直属单位：

为了加强和规范我省一般出境货物运输包装的检验监管工作，进一步提高工作质量，依据国家质检总局的有关规定，我局制定了《安徽省一般出境货物运输包装检验监管工作规范》，现印发给你们，请遵照执行。

各分支局执行过程中遇到问题，请及时将情况反馈省局轻纺处。

二〇〇九年九月七日

安徽省一般出境货物运输包装检验监管工作规范

第一章　总　则

第一条　为了加强一般出境货物运输包装的检验和监督管理工作，正确履行检验和监督管理职责，规范检验检疫人员工作行为，统一检验工作程序，保证检验和监督管理工作质量，确保出境货物的安全，减少因包装不良而造成的损失，根据《中华人民共和国进出口商品检验法》及其有关配套法规，制定本工作规范。

第二条　本工作规范适用于一般出境货物运输包装的检验及监督管理工作。出境危险货物包装的检验，按照《出境危险货物运输包装检验监管工作规范》的规定办理。

第二章　检验依据

第三条　一般出境货物运输包装的检验依据：

（一）政府间双边协议、协定、备忘录和相对应的标准。

（二）进口国法律、法规规定的国家技术规范的强制性要求。

（三）我国法律、法规规定的国家技术规范的强制性要求。

（四）我国标准高于合同、信用证或协议约定检验检疫标准或技术条件的，按照我国标准进行检验检疫。

（五）除转口贸易外，合同、信用证约定的检验检疫标准或技术条件高于国内和国际标准的，按照合同、信用证执行；合同、信用证约定的检验检疫标准或技术条件低于进口国规定的，按照进口国规定执行；合同、信用证条款对产品质量的约定不一致时，按信用证条款执行。

（六）对合同、信用证条款没有约定国家技术规范的强制性要求的，按国家质检总局指定的有关标准进行检验检疫。

（七）现行有效版本标准（附件1）。当有新标准颁布或标准被修订时，应及时使用最新版本。

第三章 检验程序

第四条 一般出境货物运输包装的检验程序为：

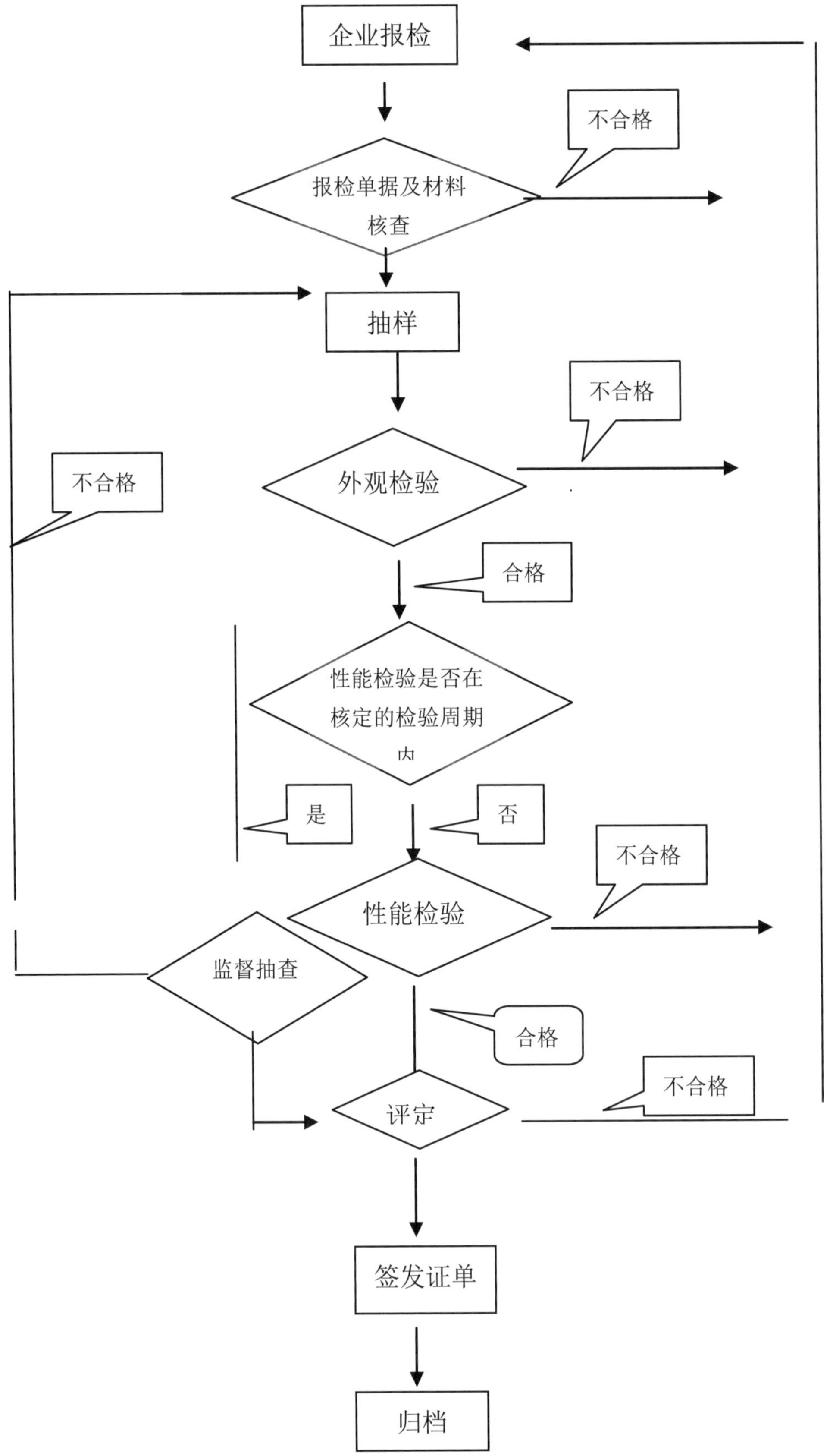
企业报检
不合格
报检单据及材料核查
抽样
不合格
外观检验
不合格
合格
性能检验是否在核定的检验周期内
是
否
不合格
性能检验
监督抽查
合格
不合格
评定
签发证单
归档

第五条 检验方式

所有一般出境货物运输包装的检验应在厂检合格的基础上进行，其包装性能检验的周期为1年，即对同一厂家、同一规格品种的产品在首次报检时实施包装性能检验，在检测周期内对性能检验合格的该类产品可以直接放行。

第四章 报 检

第六条 首次申请一般出境货物运输包装检验的生产企业应向安徽出入境检验检疫局办理备案，并取得企业代码。报检人员应持有检验检疫系统统一发放的报检员证。

第七条 报检所需单据及报检材料：

（一）报检单位的《出境货物运输包装生产企业检验监管手册》（附件2）。

（二）《出入境货物包装申请单》。

（三）厂检结果单。

（四）包装容器生产企业的生产通知单。

（五）合同或包装容器使用单位对包装容器的有关要求。

（六）该设计型号包装容器的性能检验报告或复印件。

（七）报检单位应提供“出境货物包装容器生产企业声明”（附件3）。

（八）申请瓦楞纸箱检验时，还应提供所用原纸或纸板的检验合格证明。

第五章 核查单据

第八条 检验人员核查报检单据的要求：

（一）报检单位应具有报检资格，其报检员须持“报检员证”报检。

（二）审单时应注意报检单填写的内容是否完整、准确，所附单据是否齐全，检验检疫依据是否明确，以及所有报检材料的一致性、有效性。

（三）办理一般出境货物运输包装检验申请的时间应满足检验检疫部门包装容器检验时限的规定。

（四）每份报检单仅限填报一个检验批的包装容器。

（五）对报检单位《出境货物运输包装生产企业检验监管手册》进行审核。

（六）对瓦楞纸箱用原辅材料检验合格证明进行核查与核销。

（七）审核该设计型号包装容器的性能检验报告是否在检验合格有效期内。

第六章 抽 样

第九条 检验人员接到申请单后，应认真核对检验内容和报检数量，确定抽样依据、检验批及抽样数量。

第十条 检验人员按照相关检验依据的要求进行抽样。

第十一条 一般出境货物运输包装的外观检验样品从同一检验批中随机抽取，性能检验样品从外观检验合格的样品中抽取。

第十二条 做好抽样记录，包括抽样依据、抽样数量、抽样地点等。抽取性能检验样品应填写《出境货物运输包装性能检验委托单》（一式 2 份）（附件 4），并将其中 1 份交企业，以备送样之用。

第七章 外观检验

第十三条 检验人员在进行外观检验时，应检查所报检产品的品种、数量、规格、标志、印刷等，并依据相应的检验依据进行检验。检验人员应现场做好外观检验记录。

第八章 性能检验

第十四条 一般出境货物运输包装的性能检验样品应送交国家质检总局认可的包装实验室，由认可的包装实验室按相应的检验依据进行性能检验，并出具性能检验报告。

第九章 评 定

第十五条 对于按规定需要进行性能检验的产品应做好检验记录，其记录应真实、全面、客观、准确地反映检验的实际情况。检验人员在做记录时应认真填写，要求字迹清晰、书面整洁，空格处划上横线，不漏项、不错项、不随意更改。记录校正须改正时，改正处应划改并签名或签章。

对于在合格检验周期内的产品，检验人员直接在厂检合格单上签字后办理放行。

第十六条 检验人员根据外观检验、性能各项检验结果、周期检验情况，按照相关检验依据的要求，综合评定该批包装容器是否合格。

第十七条 对经检验不合格的产品，签发“出境货物不合格通知单”。

第十章 签发证单

第十八条 根据外观检验结果和性能检验的检测报告，由检验检疫人员及时拟制证稿。

第十九条 贸易合同或信用证有特殊规定的，按要求拟制证稿（国家质检总局另有规定的除外）。

第二十条 检验检疫人员完成证稿拟制并经同岗位或授权人审核后，交检务部门制证。制证后经审核无误后签发。

第二十一条 证稿内容一般应体现四项基本内容，即抽样情况、检验依据、检验结果和评定意见。证稿的用语应力求公正、准确、真实、可靠，符合国家质检总局标准证书的格式要求。

第二十二条 出境货物运输包装性能检验结果单证书有效期一般为二年。

第十一章 归 档

第二十三条 申请单按工作流程签字，原始检验记录填写完整，按规定时间归档。报检单证、报检材料、检验原始记录、实验室检测报告、证书副本、有关证书复印件等按相关规定由检务部门，档案保存期为 1 年。

第十二章　监督管理

第二十四条　一般出境货物运输包装的生产企业应先填写《出境货物运输包装生产企业备案登记表》(附件5)，经所辖地区检验检疫部门按备案条件确认无误后，向安徽出入境检验检疫局办理备案，领取并填写《出境货物运输包装生产企业检验监管手册》，发放企业代码。

第二十五条　一般出境货物运输包装的生产企业备案条件：

（一）包装生产企业生产的包装容器经检验检疫部门抽样检测，质量达到出口商品包装的标准。

（二）企业具有必备的包装生产设备，并具有生产合格一般出境货物运输包装的能力。

（三）企业有专门的检验机构或专职检验人员，并具有一定的检测设备和检测能力。

（四）企业各级领导能认真执行《中华人民共和国进出口商品检验法》及有关规定，企业建立了完善、有效的质量管理体系。

第二十六条　对一般出境货物运输包装的生产企业实行检验检疫编号管理，省局轻纺处负责统一发放全省的一般出境货物运输包装生产企业的代码。包装生产企业的一般出境货物运输包装必须铸印安徽出入境检验检疫局统一规定的牢固、清晰的编号。一般出境货物运输包装生产企业必须严格遵守检验检疫编号管理规定，不得擅自借用、转让或盗用检验检疫编号。违反本规定的，按《中华人民共和国进出口商品检验法》有关规定进行处罚。

第二十七条　遵照国家质检总局颁布的有关出口包装检验管理办法，对一般出境货物运输包装的生产企业的出口包装质量、检验工作质量以及质量管理体系运行情况进行监督管理，同时对一般出境货物运输包装进行检验和抽查，具体情况应记录在《出境货物运输包装生产企业检验监管手册》。

第二十八条　对于在检验周期内的出口包装容器检验检疫部门可以根据实际情况或用户的反映进行抽查。对本区域敏感货物的包装每年抽查不得少于2次。对于在抽查中发现弄虚作假、以次充好等行为的企业按《中华人民共和国进出口商品检验法》的有关规定进行处罚。

第二十九条　监督检查的情况及包装的检测情况应如实的填写在报检单位的《出境货物运输包装生产企业检验监管手册》上，并由具体经办人员签字。

第三十条　出口包装容器检验检疫部门应严格按照出境货物运输包装生产企业当前的实际信用等级实施相应的监管措施。检验检疫人员对监督检查或抽查等日常监管中发现的企业违规失信行为，应在进出口企业诚信管理系统中及时、客观、准确地予以记录，企业累计信用扣分24分以上者，给予即时降级；累计扣分达36分者，列入黑名单，直接降为D级，并同时对其备案资质重新评审。

第三十一条 重大检验质量事件必须及时上报。

第十三章 附 则

第三十二条 本规范未尽事宜，按国家质检总局有关规定执行。

第三十三条 本规范所引用的法律、法规、标准及规范性文件在本规范下发时均有效。所有法律、法规、标准及规范文件都会被修订，使用本规范的各方应探讨法律、法规、标准及规范性文件最新版本的可能性。

第三十四条 本规范自发布之日起执行。《安徽省出境货物运输包装检验监管工作程序（试行）》（皖检化〔2004〕101号）废止。

关于印发《安徽出入境货物检验检疫风险分析管理办法》的通知

皖检检〔2009〕178号

各分支局、办事处，各处室、各直属单位：

现将《安徽出入境货物检验检疫风险分析管理办法》印发给你们，请遵照执行。

二〇〇九年九月七日

安徽出入境货物检验检疫风险分析管理办法

第一章 总 则

第一条 为规范安徽出入境货物、物品（以下简称货物）检验检疫风险分析工作，有效预防和控制疫病疫情、有毒有害物质以及其他对安全、卫生、环保、健康、反欺诈等方面可能造成危害的因素随出入境货物传入传出国境，提高检验检疫工作有效性和针对性，建立长效检验检疫监管机制，根据国家质检总局的有关规定，结合安徽地区实际，制定本办法。

第二条 本办法适用于安徽出入境货物的检验检疫风险分析。

第三条 本办法所称风险分析，是指利用科学评估方法对疫病疫情、有毒有害物质以及其他对安全、卫生、环保、健康、反欺诈等方面可能造成危害的因素，随出入境货物传入传出国境的可能性进行预测和判断，从而采取相应管理措施的过程，包括风险识别、风险评估、风险管理和风险交流。

第四条 安徽出入境检验检疫局（以下简称安徽局）成立风险分析工作委员会，统一领导和管理安徽出入境货物检验检疫风险分析工作。

第五条 风险分析工作委员会的主要职责：

（一）统一领导和管理安徽地区出入境货物检验检疫风险分析工作，为安徽局提供出入境检验检疫决策咨询。

（二）提出制定出入境货物检验检疫风险分析工作有关方针、政策的参考意见。

（三）对重要的出入境货物检验检疫风险分析报告进行审议，提出制定有关政策措施意见。

（四）决定省内或系统内出入境货物风险分析工作交流与合作。

（五）利用风险分析成果对某一类或某一种商品提出有针对性的检验监管模式。并报国家局备案。

第六条 安徽局风险分析工作委员会的秘书处设在检验监管处，承担风险分析工作委员会的日常工作，并具体协调出入境货物检验检疫风险分析各项工作的开展。

第七条 秘书处的职责包括：

（一）制定风险分析工作管理制度及工作计划。

（二）协调风险管理措施的制定和完善更新。

（三）组织开展风险信息收集工作。

（四）统一公布经风险分析工作委员会审议通过的出入境货物风险类别目录和风险管理措施。

（五）协调突发事件的应急管理。

（六）组织开展风险交流。

（七）对风险控制能力进行评价。

（八）完成风险分析工作委员会指定的其他工作职责。

第八条 安徽局风险分析工作委员会下设动物、植物、食品、轻纺、机电、卫生检疫风险分析专业组，通关数据统计分析专业组和实验室检测数据统计分析专业组（含化矿）。

风险分析专业组由各业务处、分支机构（包括办事处，下同）、检验检疫技术中心有关专家组成，负责具体组织实施出入境货物检验检疫风险分析工作，风险分析专业组办公室设在安徽局各业务处，组长由各业务处处长担任。通关数据统计专业组办公室设在安徽局检务处，组长由检务处处长担任。实验室检测数据统计分析专业组办公室设在技术中心，组长由中心主任担任。

第九条 风险分析专业组的职责包括：

（一）制定风险分析年度工作计划和特别项目工作计划。

（二）制定业务范围所涉货物风险分析的作业指导书。

（三）收集、整理、分析与本专业组相关的出入境货物检验检疫风险信息。

（四）开展对业务范围所涉货物及其潜在危害因素的风险评估研究，提出业务范围所涉货物风险类别划分建议。

（五）根据出入境货物风险类别不同，提出相应的出入境货物风险管理措施建议。

（六）指导和监督分支机构执行风险管理措施。

（七）完成风险分析工作委员会指定的其他工作职责。

（八）通关数据专业组负责对安徽地区出入境货物检验检疫通关数据和相关风险信息进行收集和分析，并及时报送风险分析秘书处。

（九）实验室检测数据专业组负责对实验室检测数据进行分析，并及时报送风险分析秘书处，且对相应货物的风险种类和实验室检测提出工作建议。

第十条 通关数据统计专业组负责对安徽出入境货物检验检疫通关数据和相关风险信息进行统计分析并及时报送安徽局风险分析工作委员会秘书处。

第十一条 实验室检测数据统计分析专业组负责对实验室检测数据进行统计分析并及时报送安徽局风险分析工作委员会秘书处，且对相应货物的风险种类和实验室检测提出工作建议。

第十二条 安徽局分支机构的职责包括：

（一）负责协助收集、整理、分类风险信息并及时报送。

（二）参与具体货物风险评估研究。

（三）执行安徽局公布的各项出入境货物风险管理措施。

（四）完成风险分析工作委员会指定的其他工作职责。

第十三条 安徽局技术中心除第十一条职责外，还包括：

（一）负责协助收集、整理、分类风险信息并及时报送。

（二）在风险分析专业组的组织协调下开展对具体货物及其危害因素的风险评估研究。

（三）按照安徽局公布的各项出入境货物风险管理措施实施检测。

（四）完成风险分析工作委员会指定的其他工作职责。

第二章 风险识别

第十四条 风险识别是指为有效开展风险分析工作而进行周密系统的调查分析，收集与风险分析工作相关的各类信息并综合归类，揭示出入境货物潜在风险。

风险识别包括风险信息收集和风险因素的确定。

第十五条 风险分析秘书处根据出入境货物的特点建立固定的风险信息收集网络，组织开展出入境货物检验检疫风险信息收集工作。

第十六条 出入境货物检验检疫风险信息主要包括：

（一）货物风险信息，如货物品种、生产加工工艺、结构特征、动植物种养殖过程以及贮藏、运输过程等信息。

（二）涉及货物检验检疫风险的历史数据，包括货物存在风险的历史数据、检验检疫不合格数据等。

（三）影响货物检验检疫风险的其他敏感因子，包括检验检疫法律法规、风险预警和警示通报、贸易特征、社会关注度等信息。

第十七条 风险信息收集实行专人负责制。安徽局业务处、分支机构、技术中心应指定专门人员，具体承办风险信息的收集、整理、分析、报送工作。

第十八条 安徽局业务处、分支机构、技术中心信息报送人员应定期向风险分析专业组报送信息。

第十九条 对收集到的初始风险信息，各风险分析专业组进行必要的筛选、提炼、对比、分类、组合后，根据风险信息可能随出入境货物传入传出的风险因素加以识别，报安徽局风险分析工作委员会秘书处，作为实施风险评估及风险管理措施的依据。

第三章 风险评估

第二十条 风险评估是指风险识别之后，采用定性、定量或者两者相结合的分析方法对疫病疫情、有毒有害物质以及其他对安全、卫生、环保、健康、反欺诈等方面可能造成危害的因素，随出入境货物传入传出的风险程度进行客观估计。

第二十一条 风险评估包括货物风险评估和综合风险评估两部分。

货物风险评估是指根据货物特性，对货物本身存在危害因素的可能性、危害产生的影响和后果作出定性或定量评价。

综合风险评估是指在货物风险评估的基础上，综合考虑涉及货物检验检疫风险的历史数据和影响货物检验检疫风险的敏感因子，对出入境货物可能存在的风险作出综合评价。

第二十二条 出入境货物的风险划分为高、中、低三类风险，其中高风险又可细分为最高、较高和高三个类别。具体划分风险类别的评价方法另行制定。

第二十三条 风险评估采用定期评估和动态评估相结合的方式。定期评估是指每年定期对出入境货物的风险类别进行评价，动态评估是指根据涉及货物检验检疫风险的历史数据和影响货物检验检疫风险的敏感因子不定期地调整出入境货物的风险类别。

第二十四条 安徽局风险分析专业组完成对业务范围所涉货物的风险评估工作后，应当及时将出入境货物风险评估结果报送安徽局风险分析工作委员会秘书处。

第四章 风险管理

第二十五条 风险管理是指根据风险评估的结果，选择和实施适当的管理措施，有效地控制风险。

第二十六条 风险管理措施包括：

（一）风险警示的发布和解除，包括发布警示事项、警示内容、控制措施和警示有效期以及对风险不存在或已降到适当程度的解除警示。

（二）检验检疫措施，包括出入境货物重点检验检疫项目、内容及检验检疫监管模式等。

（三）应急控制措施，即对出入境货物采取临时紧急措施，或禁止明确存在重大风险的货物出入境。

第二十七条 安徽局风险分析专业组根据风险评估的结果，结合安徽局资源状况和风险管理的目标，拟定对出入境货物采取相应的风险管理措施建议，提交安徽局风险分析工作委员会进行审议。

第二十八条 安徽局风险分析工作委员会对风险分析专业组提出的风险管理措施进行审议，确定各类出入境货物相应的风险管理措施并公布执行。

第二十九条 安徽局风险分析专业组应定期或不定期组织对各项风险管理措施实施情况进行检查。

第五章 风险交流

第三十条 风险交流是指在风险分析过程中有关各方（包括风险信息收集者、风险评估者、风险管理者、社会相关团体以及公众）进行的信息交流。

风险交流应当贯穿于风险分析工作的全过程。

第三十一条 风险交流内容包括交流风险信息、风险分析方法、风险分析评估标准、风险管理措施等以及举办风险分析工作人员培训等。

第三十二条 安徽局风险分析工作委员会统一负责全局的风险交流，制定、发布全局风险交流工作计划并监督执行。

第三十三条 安徽局风险分析专业组具体负责本专业的风险交流，制定和落实本专业的风险交流工作计划。

第三十四条 安徽局风险分析工作委员会秘书处负责对风险交流计划和执行情况进行定期、系统评估，及时跟进风险交流工作情况，为出入境货物风险分析决策工作提供依据。

第六章 附 则

第三十五条 除货物外，运输工具及集装箱等其他检验检疫业务的风险分析管理工作参照此办法执行，质检总局另有规定的，按质检总局规定执行。

第三十六条 本办法由安徽局负责解释。

第三十七条 本办法自下发之日起施行。

关于印发《安徽出入境检验检疫局进口商品检验管理办法》的通知

皖检检〔2009〕177号

各分支局、办事处，各处室、各直属单位：

为规范我局进口商品检验管理工作，提高进口商品检验覆盖率，根据《中华人民共和国进出口商品检验法》及其实施条例，特制定《安徽出入境检验检疫局进口商品检验管理办法》，现将该管理办法印发给你们，请认真遵照执行。

二〇〇九年九月二十七日

安徽出入境检验检疫局进口商品检验管理办法

第一章　总　则

第一条　为了规范我局进口商品检验管理工作，提高进口商品检验覆盖率，根据《中华人民共和国进出口商品检验法》及其实施条例，制定本管理办法。

第二条　根据法律法规规定在安徽出入境检验检疫局及其分支机构辖区内进口商品的检验适用于本管理办法。

第三条　安徽出入境检验检疫局负责全省进口商品的检验管理工作，各分支机构、各业务处室要严格遵守属地管理原则负责本辖区的进口商品的检验工作。一律不准跨辖区报检和实施检验（另有规定的除外）。

第二章　信息收集

第四条　省局各相关处室、各分支机构应加强与口岸检验机构的信息交流，建立进口商品检验信息沟通协调机制。

第五条　省局各相关处室、各分支机构应加强与当地的海关、商务、港口等部门的信息交流，建立进口商品检验信息沟通协调机制。

第六条　各分支机构、各业务处室要加强进口商品的检验工作，强化进口商品检验人员配备和设备技术支持，可指定综合科室负责进口商品信息收集和协调工作，安排专人负责重点企业及大项目的跟踪工作，其他有关业务部门积极配合做好相关检验工作。

第七条 省局相关处室要指定专人每日查询口岸内地联合执法系统，充分掌握辖区进口商品信息，及时将相关进口商品入境信息分送给相关分支局、业务处室。

第三章 检 验

第八条 法定检验的进口商品的收货人应在口岸通关后20个工作日内持合同、发票、装箱单、提单与必要的货证和相关批准文件，向属地检验检疫机构申请检验。检验检疫机构接受报检后应组织相关业务人员实施检验。

第九条 法定检验的进口商品经检验，涉及人身财产安全、健康、环境保护项目不合格的，由检验检疫机构责令当事人销毁或出具退货处理通知单，并书面告知海关。其他项目不合格的，可以在检验检疫机构的监督下进行技术处理，经重新检验合格的，方可销售或使用。当事人申请检验检疫机构出证的，检验检疫机构应当及时出证。

法定检验的进口商品未经检验或检验不合格的，不准销售、不准使用。

第十条 非法定检验的进口商品经检验检疫机构抽查不合格的，实行验证管理的进口商品经检验检疫机构验证不合格的，参照第九条的规定处理。

第十一条 各分支机构、各业务处室应建立健全进口商品检验工作的协调机制，加强进口商品检验的合作，对属于其他业务部门的应尽及时告知义务。

第十二条 各分支机构、各业务处室要建立进口商品检验档案管理制度，对进口商品实施检验后要及时登记、核销和归档。

第四章 监督管理

第十三条 各分支机构、各业务处室要主动向相关进口单位催报检。进口商品通关后5个工作日内检验检疫机构应及时催告相关企业报检，10个工作日内未报检的发书面催告单限期报检。20个工作日后仍未报检的，应按照企业诚信管理有关规定及时对企业违规失信行为进行相应信用采集，累计信用扣分24分以上者给予即时降级，累计扣分达36分者列入黑名单并直接降级为D级，对即时降级和列入黑名单的企业按照新的信用等级实施监管及实施针对性监管。

第十四条 对逃避检验，伪造、变造、买卖、涂改、骗取检验证单、证书、印章的，销售或使用未经检验或经检验不合格的进口商品的，除按企业诚信管理有关规定及时对企业违规失信行为进行信用采集外，应及时将有关材料报法制部门进行立案查处；构成犯罪的，依法追究刑事责任。

第十五条 检验检疫机构工作人员，违反相关法律和规定的，按照法律法规给予行政处分；构成犯罪的，依法追究刑事责任。

第十六条 省局监督管理部门定期或不定期对进口商品检验工作落实情况和案件查处情况进行检查，并将检查情况纳入年终考核项目。

第五章　附　则

第十七条　出入境检验检疫机构实施法定检验、经许可的检验检疫机构办理检验鉴定业务，按照国家有关规定收取费用。

第十八条　本管理办法由安徽出入境检验检疫局负责解释。

第十九条　本管理办法自公布之日起实施。

安徽检验检疫赋

（代局史馆《前言》）

缪传真

滔滔长江，巍巍黄山。
吴天楚地，人文斑斓。
南北交汇，左右逢源。
通江达海，古已扬帆。
丝绸茶叶，大唐通蛮。
徽商崛起，海外名传。
光绪二载，外埠丢权。
民国时期，洋货纷繁。
计划经济，政府把关。
改革开放，重新纪元。
贸易增长，接续翻番。
检验检疫，自古已然。
现代制度，六十年间。
卫检保健，人命关天。
动检商检，利剑高悬。
国门五道，此处守三。
事业肇始，路筚缕蓝。
机构设置，口岸发端。
循序渐进，由偏而全。
三检分设，各有因缘。
世纪之末，汇聚团圆。
二十年来，百尺高竿。
严守国门，确保平安。

提升质量，标准领先。
服务大局，调控严宽。
品质无极，增长无巅。
底线在手，责任在肩。
行政执法，秉公发言。
法规体系，细究深研。
技术执法，追赶前沿。
认证认可，验证在前。
合格假定，风险共担。
抽样检测，窥豹以斑。
诚信管理，力克欺瞒。
体制变革，动力源泉。
科技创新，攻坚克难。
信息革命，内通外联。
键指天下，电子成单。
国门风云，如潮卷澜。
疫病疫情，汹涌潺湲。
保国安民，风口浪尖。
职守以恒，忠心以丹。
鼠疫心悸，霍乱胆寒。
非典险恶，甲流凶残。
有害生物，摧毁田园。
瞬息万变，无孔不钻。
慧眼明灯，防患未然。
应急处置，统领全盘。
严密防守，梦绕情牵。
核心能力，岂敢等闲。
自由贸易，法则如栏。
保护主义，剑锋走偏。
顽如杂草，乱如巉岩。
数据说话，直面阻拦。
冲破壁垒，贴我标签。
人畅其流，货达其鲜。

六旬岁月，策马扬鞭。
党性指引，行动指南。
五大发展，心强志坚。
依法治检，按部就班。
栉风沐雨，历经苦甘。
真情服务，不尚空谈。
理不求直，法臻善完。
砥砺品行，崇廉肃贪。
也有坦途，也有险滩。
也曾激战，也曾凯旋。
跌宕可越，曲折可穿。
困境奋起，顺境欢颜。
史册如镜，手迹如笺。
存此资治，记忆前贤。
新的使命，新的登攀。
势如江水，磅礴绵延。
鉴往知来，勇往直前。
不忘初心，事业永年。
后来居上，谱写新篇。

编纂始末

《安徽省志·检验检疫志》是第一部客观全面、系统地介绍安徽检验检疫事业发展的专业志，翔实地展示了安徽检验检疫系统1960年至2010年共50年的发展历程，勾勒了安徽对外经济贸易、对外交往发展的主要轮廓，反映了安徽检验检疫机构服务安徽省外向型经济发展、保卫国门安全作出的贡献。

《安徽省志·检验检疫志》始编于2013年8月。时逢盛世，全国第二轮修志工作全面展开。根据《安徽省志（1986—2005）编纂工作方案》具体规定和要求，《检验检疫志》作为《安徽省志》的一部分志加入第二轮修志工作。

安徽检验检疫局党组高度重视，召开党组会专题研究志书编纂工作。会议决定正式启动《安徽省志·检验检疫志》的编纂工作，断限至2010年。随后，成立《安徽省志·检验检疫志》编委会和编辑室，专设安徽检验检疫局史志办。编委之一、时任办公室主任陈野负责总体策划、沟通协调。安排张玉兰同志到局史志办负责《安徽省志·检验检疫志》的总纂工作及篇目拟定、规范体例、收集组稿、资料审稿、汇编成书，并组织送审评议等沟通协调工作。全书采取众手成志、一笔总纂的方式。制定了上起1960年，下至2010年的编纂方案、志书体例、篇目结构、行文规范、图表设计等总框架。体例采用篇、章、节与条目结合形式，不加标注，以便于阅读，力求各节叙述完整。全书共设10篇，34章，153节。

在局史志办和办公室人员的共同努力下，在安徽检验检疫系统各部门各单位的通力合作下，在安徽省志办副主任吴静、处长吴良琴和原处长王晖、科长张军等领导和专家的指导帮助下，先后历经九次的修改调整、不断完善，2015年8月，完成《安徽省志·检验检疫志》初审稿。2015年8月，在安徽检验检疫局召开了《安徽省志·检验检疫志》评议会，通过了对志稿的第一次审稿评议。

评议会后，根据领导、专家提出的修改意见和建议，展开新一轮内容调整。2015年11月，富有多年检验检疫工作经验的通关处调研员宫宴同志被抽调至史志办，协助完成志书的再修改任务。2016年年初，缪传真同志调任办公室主任，提出要继续发扬严谨细致的工作作风，圆满完成二审和三审送稿工作。2016年6月，完成送审稿送审后再修改。2016年8月，在黄山国检宾馆召开了《安徽省志·检验检疫志》打磨评审会，请省地方志领导，专家学者评审、修改，进一步提高志书质量。

评审会后至2017年4月，根据评审意见建议继续完善志书内容，并在全系统范围内再次广泛征求意见，反复修改，形成《安徽省志·检验检疫志》三审送审稿。期间，张玉兰、宫宴同志相继于2016年9月和11月退休，后续编纂工作由办公室焦莹和刘娟同志负责。

2017年9月，根据省地方志办领导三审意见和方志出版社意见，对志书稿内容再次修改。

2018年3月1日，在安徽检验检疫局组织召开《安徽省志·检验检疫志》会审会。省地方志办公室党组书记、主任郭德成，党组成员、副主任吴静，省志处处长吴良琴，安徽检验检疫局党组书记、局长吕小斌，党组成员、副局长丁艺宏，办公室主任缪传真等参加会审，一致认为《安徽省志·检验检疫志》编纂质量高，符合出版条件，待个别内容修改后可以如期出版发行。

《安徽省志·检验检疫志》的编纂出版，得到了安徽检验检疫局两届党组织的全面指导和大力支持。原党组书记、局长姜宗亮，现任党组书记、局长吕小斌对修志工作十分关注，亲自过问，协调解决修志过程中的困难和问题。省地方志办公室吴静等领导多次莅临指导，吴良琴、张军、张敏、纪荣荣、许宗茂、马锦运等专家学者参与评审，局办公室杨凯、周贤慧、杨启惠、李凌云等参与初稿编纂工作，全局系统相关单位和个人提供了图片和资料，安徽大学外语学院傅悦对目录进行了英文翻译和审核。在此一并表示感谢。

由于编者水平有限，书中错漏之处在所难免，敬请读者予以批评指正。

《安徽省志·检验检疫志》编辑室

2018年3月